Le origini dell'Opera a Milano (1598-1649)

Studi sulla storia della musica in Lombardia

Collana di testi musicologici

diretta da

Albert Dunning

Volume II

Publications of the Pietro Antonio Locatelli Foundation
Pubblicazioni della Fondazione Pietro Antonio Locatelli
Publications de la Fondation Pietro Antonio Locatelli
Veröffentlichungen der Pietro Antonio Locatelli - Stiftung
Publicaciones de la Fundación Pietro Antonio Locatelli
Amsterdam - Cremona

Le origini dell'Opera a Milano (1598-1649)

Davide Daolmi

BREPOLS
TURNHOUT
MCMXCVIII

La stampa del presente volume è stata realizzata anche con il contributo di
Fondazione Cariplo, Milano

Editing and impagination by the
Fondazione Pietro Antonio Locatelli (Cremona, Italy)

D/1997/0095/52

ISBN 2-503-50664-X

Indice

Prefazione ix
Abbreviazioni xv

Parte i
Lo studio

Introduzione: «L'è che san che la musica è pagà» 1

I palazzi e le feste 13

Capitolo i: Il «teatro» di palazzo Reale (1598-1599) 29
Entrata solenne della regina Margherita 31
Erezione del salone di corte 35
Inaugurazione e spettacoli 41
L'*Arminia* 45

Le piante 51

Capitolo ii: Comici, opere pie e giostre (1600-1609) 65
La corte delle commedie 67
Orfanotrofi e teatro 70
Gian Battista Andreini 75
Le giostre per l'Infante di Spagna 78
Fuochi sacri 87

La commedia 93

Capitolo iii: Gestione impresariale degli spettacoli (1610-1619) 119
La concessione alla Casa delle Vergini Spagnole 120
Il diario del cerimoniere di corte 126
Compagnie di comici a Milano negli anni Dieci 130

Il teatro e la scena 139

Appendice: La questione della spesa per il palco del 1612 155

Feste a S. Fedele 167

Capitolo iv: Prima e dopo la peste (1620-1639) 183
Feste di canonizzazione 185
Le celebrazioni per il primogenito 189
Entrate solenni e mondanità 194

Gli anni Trenta 201

Capitolo v: L'opera nel sistema teatrale (1640-1649) 215
Antonio Lonati impresario 217
Un nuovo teatro 223
I Febiarmonici 225
La sede del teatro pubblico 233

L'entrata della regina Anna 241

Parte ii
Le fonti

Documenti
Trascrizione di manoscritti e carte d'archivio 263

Gherardini incisore 345

ALTRE FONTI
Frammenti tratti da pubblicazioni e opere a stampa 365

Intavolature 391

PARTE III
GLI STRUMENTI

SCHEDE
Sintesi ausiliarie di aspetti diversi della cultura milanese 417

Lo Stato e la Chiesa 437

LIBRETTI
Elenco dei testi teatrali pubblicati a Milano 447

L'Adamo 479

CRONOLOGIA
Successione degli eventi con fonti e bibliografia specifica 495

Interni e allegorie 529

BIBLIOGRAFIA 539

INDICI
delle fonti manoscritti 561
delle tavole 571
analitico 579

Prefazione

Riunite da una destinazione coerente, le diverse parti messe a confronto in questo studio muovono da un approfondimento delle condizioni storiche e soprattutto culturali che a Milano hanno permesso la formazione del teatro d'opera o, se si preferisce, che hanno potuto assecondare in loco le prime esuberanze dell'opera veneziana, contribuendo alla sua fortuna.

Milano, come si dirà, non giunge in ritardo rispetto ad altri centri coinvolti dal fermento operistico, ma poco si sa delle sue rappresentazioni, e in generale quando si pensa alla diffusione dell'opera in musica, la città non viene presa in considerazione. Eppure un'attività imprenditoriale legata a un teatro pubblico si forma a Milano fin dal 1601, creando via via una sempre crescente propaganda dello spettacolo – e conseguentemente una coscienza fruitiva specifica (malgrado gli ostacoli ideologici imposti almeno fino agli anni Trenta dal controllo episcopale) – che in seguito si identificherà con la storia stessa dell'opera in musica.

Avrei voluto occuparmi esclusivamente del teatro d'opera, ma sono stato obbligato a ricostruire, mattone su mattone, le condizioni storiche che hanno accolto tale tradizione. Da qui ad affrontare, pur marginalmente, anche alcune specificità della commedia dell'arte è stato tutt'uno. La felice tesi di Pirrotta espressa fin dal 1954 in *Commedia dell'arte e melodramma*,[1] si è rivelata infatti in tutta la sua fondatezza, permettendomi di verificare in un ambito circoscritto la necessità di non distinguere eccessivamente, soprattutto in questo periodo, fra forme di teatro oggi appartenenti a specifiche categorie.

1. Pirrotta 1954; ripubblicato con qualche aggiunta in Pirrotta 1987, pp. 147-171.

Si è ricostruito, per quanto possibile, una cronologia della librettistica teatrale a stampa per meglio collocare la presunta improvvisa comparsa di libretti d'opera nel contesto proprio della scrittura teatrale e per configurare un'idea della tipologia del testo teatrale – purtroppo solo editoriale – che si proponeva ai fruitori di tale letteratura. Questo ha permesso di mettere in evidenza quanto le differenze tipografiche fra il libretto di una commedia e quello di un'opera in musica siano labili, tanto da rendere più concreta la convinzione che la commedia – recitata magari con ariette, canzoni, cori, sinfonie e balli – non doveva discostarsi poi tanto dalle prime opere in musica (per altro non sappiamo con quanta intensità declamatoria venissero rappresentate tragedie e drammi sacri, ma non si può escludere che nella specificità transitoria di questi anni il modo di recitare potesse tendere al canto).

È stata rivolta particolare attenzione anche alla festa, nel suo aspetto più specificamente narrativo e scenografico, per meglio comprendere la rappresentatività spesso mitologica o fantastica dell'opera, e in questo senso collocare più adeguatamente lo stupore della spettacolarità in una cultura dell'apparenza come doveva essere vissuta a Milano. Certa scenografia pastorale, o la tipica ambientazione di piazza, le macchine, le luci, i colpi di scena, tutto l'aspetto più caratteristico dell'immaginario dell'opera sembrano trarre evidente spunto dall'apparenza grandiosa delle occasioni celebrative, dei carri trionfali, dei costumi da parata, delle macchine per i fuochi. Per limitare al possibile un argomento che rischiava di essere ingestibile ho preferito trascurare processioni e cerimonie funebri, in generale troppo informate da un'esigenza religiosa che il teatro d'opera sembra evitare.[2]

Le tre parti che compongono questo lavoro – lo studio, le fonti, gli strumenti – mirano quindi a ricostruire un percorso storico e contemporaneamen-

2. In realtà è evidente che dalle forme più semplici di processione alle pompe funebri (che assumono una forte componente scenica), fino ai drammi sacri, alle sacre rappresentazioni (dove la musica svolge un ruolo determinante), ovunque è possibile trovare spunti importanti per una genesi dell'opera milanese, ma l'attenzione alla sola spettacolarità profana – già di per sé assai dispersiva – muove dall'esigenza di affrontare criticamente un ambito meno indagato (in riferimento alla musica ma non solo). Relativamente a Milano sul dramma sacro invece si veda CASCETTA 1995; per gli aspetti teatrali della ritualità liturgica gli studi specifici di DALLAJ 1982, DELL'ORTO 1991, BOSATRA 1992 e BERNARDI 1992 e 1995[b]; sulle cerimonie funebri GRANDIS 1990 e 1995.

te a offrire i mezzi adeguati ad un necessario approfondimento. Si è così affiancata, distribuita in dodici tappe, una attenta scelta iconografica con molte immagini inedite, o comunque riprodotte di rado, utili a restituire l'immaginario visivo che deve aver suggestionato lo spettatore seicentesco.

I cinque capitoli che costituiscono il corpo principale sfruttano un percorso parzialmente cronologico con l'intento di affrontare di volta in volta aspetti più generali che coinvolgono la cultura teatrale di tutta la prima metà del secolo.

Segue una selezionata raccolta di documenti (sono stati esclusi quelli già trascritti altrove, con l'eccezione dei pochi difficilmenti reperibili) soprattutto manoscritti ma in qualche caso anche a stampa: sezione indispensabile per restituire al meglio l'identità propria del periodo e per fornire un diretto strumento di verifica, tanto più importante in un ambito, come si vedrà, così controverso.

L'ultima parte accoglie alcune schede relative ad argomenti che meritavano un momento di sintesi (ovvero la cui trattazione tendeva a disperdersi nei vari capitoli del libro), l'elenco dei titoli dei libretti stampati in città, e una cronologia ordinata anno per anno delle varie manifestazioni svoltesi a Milano con bibliografia specifica (fonti e studi).

È stata mia cura permettere una rapida consultazione delle varie parti del volume attraverso un sistema di rimandi preceduto dal simbolo ▷. La configurazione della sigla affiancata permette di identificare immediatamente la sezione del volume e conseguentemente il riferimento preciso. A scopo esplicativo ecco una possibile casistica:

▷I^{36}	v. capitolo I, nota 36	▷A.6	v. *Altre fonti*, framm. n. 6
▷II^{36}	v. capitolo II, nota 36	▷C^{1636}	v. *Cronologia*, anno 1636
▷III^{36}	v. capitolo III, nota 36	▷D.6	v. *Documenti*, n. 6
▷III*app*^{36}	v. *Appendice* cap. III, nota 36	▷L.6	v. *Libretti*, n. 6
▷IV^{36}	v. capitolo IV, nota 36	▷S.6	v. *Schede*, n. 6
▷V^{36}	v. capitolo V, nota 36	▷T.6	v. tavola n. 6

I riferimenti bibliografici sono indicati col cognome dell'autore (in maiuscoletto) e l'anno; se l'autore o eventuale curatore risultasse mancante questo è sostituito con l'*incipit* del titolo (in corsivo). Per la dicitura completa si rimanda ovviamente alla bibliografia conclusiva organizzata cronologicamente.

★ ★ ★

Il materiale documentario è stato recuperato prevalentemente in archivi e biblioteche milanesi. Non mi è stato possibile accedere alla biblioteca Ambrosiana perché chiusa per restauri fin dal marzo 1990, né ho potuto consultare alcuni volumi presenti in biblioteche o archivi privati dei quali si dirà caso per caso.

Le fonti a stampa consultate sono indicate nella bibliografia, da cui tuttavia sono stati eliminati i titoli dei testi teatrali e degli scenari già presenti nella sezione *Libretti*. Le fonti manoscritte utilizzate sono elencate nel primo indice analitico ordinate per archivio e fondo, con riferimento al luogo in cui sono citati e numero progressivo che il manoscritto assume, quando presente, nella sezione *Documenti*.

Per quanto mi è stato possibile ho scelto di trascrivere questi documenti integralmente, convinto che la citazione, privando i fatti delle loro contingenze, rischi in genere di assecondare l'erudizione gratuita e la strumentalità delle tesi. Per la trascrizione mi sono attenuto ad un criterio moderatamente conservativo, sciogliendo le abbraviature, uniformando le maiuscole all'uso moderno e ritoccando qui e là la punteggiatura. In particolare:

Ho sempre sciolte le abbreviature tranne quando di interpretazione dubbia, mentre quelle più comuni sono state uniformate a questa lista:

L.	lire	sig.	signore
d.	denari	s.	soldi
n.	numero	S.M.	sua maestà
N.S.	nostro signore / signora	S.V.	signoria vostra
S.	san / santo / santa / sant'	Ss.Vv.	signorie vostre / loro
S.A.	sua altezza	V.M.	vostra maestà
S.E.	sua eccellenza	V.S.	vostra signoria

Per le integrazioni delle abbreviature senza segno tachigrafico (ovvero con chiusa in esponente) nei casi dubbi ho seguito l'uso moderno (per es. «febr.°» diventa *febraio* e non, come più probabilmente avrebbero scritto all'epoca, *febraro*).

Quando la distinzione fonetica lo richiedeva la lettera *u* è stata trascritta *v* e viceversa. Non ho invece modificato la grafia di *ti* o *ci* anche quando prevedeva suono *zi*.

Ho eliminato la ridondanza di virgole tipica del Seicento, come quelle che precedono l'*et* copulativo e il *che*; le ho aggiunte invece nelle enumerazioni o per evidenziare una incidentale. Per evitare di perdere la continuità di certi lunghi periodi ho evitato, tranne in rari casi, di forzare dei punti, limitandomi a inserire più discreti punti e virgola. Nei casi indispensabili alla miglior comprensione del testo ho inserito degli a capo lasciando la minuscola all'inizio del nuovo periodo.

Per il resto l'uso di maiuscole o minuscole, degli apostrofi e degli accenti è stato uniformato all'uso moderno. I termini in latino presenti in documenti italiani sono trascritti in corsivo.

Sono stati usati inoltre alcuni altri segni con finalità specifiche:

.?.	in sostituzione di parole illegibili o non decifrate
[...]	in sostituzione di soppressioni di testo generalmente dovute a esigenze di sintesi
‹ ›	per integrazioni di lettere all'interno di una parola non indicate da alcuna abbreviatura: per es. *medemo* diventa *mede‹si›mo*
⟨ ⟩	per l'integrazione di parole evidentemente mancanti
[tondo]	per l'aggiunta di parole necessarie alla comprensione del testo
[*corsivo*]	per l'inserimento di considerazioni esplicative
[?]	dopo parole il cui significato è risultato oscuro ovvero d'incerta lettura

Ho adottato gli stessi criteri anche per la trascrizioni di testi a stampa, optando per una soluzione maggiormente conservativa dei titoli riportati in bibliografia (lasciando cioè, ove possibile, le abbreviature come nell'originale). Ho invece assecondato l'uso, consueto in questi casi, di una trascrizione esclusivamente diplomatica per i testi presenti in incisioni o disegni.

* * *

In conclusione voglio qui rinnovare i miei ringraziamenti al professor Sergio Durante per l'attenzione con cui ha seguito all'epoca le mie ricerche, e ringraziare la professoressa Maria Caraci Vela che ha visionato la prima stesura di questo lavoro.[3] A entrambi devo la mia riconoscenza per la determinazione con cui hanno incoraggiato una sua pubblicazione.

3. Il dattiloscritto su cui pone le basi il presente volume coincide con la mia tesi di laurea in Musicologia, discussa presso la Scuola di Paleografia e Filologia Musicale di Cremona, Università degli Studi di Pavia, nel dicembre del 1993.

A tal proposito ringrazio la Fondazione Locatelli nella persona del professor Albert Dunning che ha permesso di dare alle stampe l'attuale versione, ampiamente riveduta, aggiornata e in più parti ripensata.

Voglio inoltre ringraziare il professor Lorenzo Bianconi per i consigli puntuali e preziosi con cui ha glossato il dattiloscritto originale. Spero di aver correttamente interpretato le generose segnalazioni e di averle collocate adeguatamente nell'attuale stesura.

Colgo quindi l'occasione per ringraziare tutti i responsabili di archivi e biblioteche che mi hanno aiutato e in particolare la dottoressa Maria Pia Bortolotti dell'Archivio di Stato di Milano, la dottoressa Agostina Zecca Laterza della biblioteca del Conservatorio di Milano e la dottoressa Mariangela Donà dell'Associazione per l'URFM.

Devo poi ringraziare per motivi diversi Paola Arrigoni, Alberto Bergamaschi, Dario Bezzanti, Biancamaria Brumana, Marco Brusa, Marco Emanuele, Enrica Falciola, Dante Isella, Carlo Marcandalli, Giovanni Morelli, Paolo Paolini, Vincenzo Patanè, Franco Pavan, Cesare Questa, Sergio Rebora, Roberto Recchia, Angela Romagnoli, Nicola Sansone, Piero Santi, Michele Tognoli, Marco Valenti, Enrica Zanolini dell'Amministrazione Borromeo, i collaboratori della Fondazione Locatelli e tutti coloro che per mia imperdonabile trascuratezza ho dimenticato di includere.

Dedico questo libro ai miei genitori.

Milano, gennaio 1997 *Davide Daolmi*

Abbreviazioni

Archivi e biblioteche

ASDM	Milano, Archivio storico diocesano (già della Curia Arcivescovile)
ACSA	Milano, Archivio della Chiesa di Sant'Alessandro
ACVS	S. Fruttuoso (Monza), Archivio della Casa delle Vergini Spagnole
ARSI	Roma, Archivium Romanum Societatis Iesu
ASBM	Milano, Archivio storico dei padri Barnabiti presso l'istituto Zaccaria
ASF	Firenze, Archivio di Stato
ASM	Milano, Archivio di Stato
CcS	*Carteggio delle cancellerie dello Stato*
Culto	*Culto parte antica*
FC	*Fondi camerali parte antica*
PE	*Potenze estere post 1535*
PS	*Potenze sovrane post 1535*
RcS	*Registri delle cancellerie dello Stato*
SP	*Spettacoli pubblici parte antica*
ASMn	Mantova, Archivio di Stato
A-W.Albertina	Wien, Graphische Sammlung Albertina
C-M.McGill	Montreal, Blacker-Wood Library of Zoology (McGill University)
F-Pn	Paris, Bibliothèque Nationale
F-Po	Paris, Bibliothèque-Musée de l'Opéra
I-ANbc	Ancona, Biblioteca comunale Luciano Benincasa
I-Bc	Bologna, Civico museo bibliografico musicale
I-Bu	Bologna, Biblioteca universitaria
I-BGc	Bergamo, Biblioteca civica Angelo Mai
I-BGi	Bergamo, Biblioteca del Liceo musicale già Istituto Donizetti
I-BR.Tosio	Brescia, Pinacoteca Tosio e Martinengo
I-Fn	Firenze, Biblioteca nazionale centrale
I-Ma	Milano, Biblioteca Ambrosiana
I-M.Accademia	Milano, Biblioteca dell'Accademia di Brera

I-Mb	Milano, Biblioteca nazionale Braidense
I-M.Bertarelli	Milano, Civica raccolta di stampe Achille Bertarelli
I-M.Brera	Milano, Pinacoteca di Brera
I-Mc	Milano, Biblioteca del Conservatorio di musica Giuseppe Verdi
I-M.Cattolica	Milano, Biblioteca dell'Università Cattolica del Sacro Cuore
I-Mcom	Milano, Biblioteca comunale
I-Md	Milano, Archivio della fabbrica del Duomo
I-M.Filodrammatici	Milano, Accademia del Teatro Filodrammatici
I-M.Lombarda	Milano, Biblioteca della Società storica lombarda
I-M.Manzoni	Milano, Biblioteca del Centro nazionale studi manzoniani
I-M.Milano	Milano, Museo di Milano
I-M.Scala	Milano, Biblioteca Livia Simoni e Museo teatrale alla Scala
I-M.Sforzesco	Milano, Civica raccolta d'arte del castello Sforzesco
I-M.Statale	Milano, Biblioteca dell'Università statale
I-Mt	Milano, Biblioteca Trivulziana e Archivio storico civico
I-MOe	Modena, Biblioteca Estense
I-R.Burcardo	Roma, Biblioteca e raccolta teatrale del Burcardo
I-Rc	Roma, Biblioteca Casanatense
I-R.S.Luca	Roma, Accademia di San Luca
I-Rvat	Roma, Biblioteca Apostolica Vaticana
I-SG.Comunale	San Giminiano, Biblioteca comunale
I-Tr	Torino, Biblioteca Reale
URFM	Milano, Ufficio Ricerca Fondi Musicali presso I-Mc

Periodici

(per i quali è stata usata una sigla)

«ASL»	Archivio Storico Lombardo
«EM»	Early Music
«GdM»	Gazzetta di Milano
«RIdM»	Rivista Italiana di Musicologia
«RMI»	Rivista Musicale Italiana

Dizionari, repertori, miscellanee

AfD	*Annali della fabbrica del Duomo dall'origine fino al presente*, 9 voll. a cura dell'Amministrazione, Milano, E. Reggiani, 1877-1885.
ALBK	*Allgemeines Lexicon der Bildenden Künstler*, 36 voll. a cura di U. Thieme e F. Becker, Leipzig, W. Engelmann, 1907-1947.
DBI	*Dizionario biografico degli italiani*, Roma, Treccani, 1960 (in corso di pubblicazione).
DEUMM	*Dizionario enciclopedico universale della musica e dei musicisti*, 13 voll. a cura di Alberto Basso, Torino, UTET, 1983-1990.

EdS	*Enciclopedia dello spettacolo*, 11 voll. a cura di Silvio D'Amico, Roma, Le Maschere, 1954-1968.
Grove6	*The New Grove Dictionary of Music and Musicians*, 20 voll. a cura di Stanley Sadie, [6]London, Macmillan, 1980.
GroveI	*The New Grove Dictionary of Musical Instruments*, 3 voll. a cura di Stanley Sadie, London, Macmillan, 1984.
IUPI	*Incipitario unificato della poesia italiana*, 2 voll. a cura di Marco Santagata, Modena, Panini, 1988.
MGG	*Die Musik in Geschichte und Gegenwart*, 17 voll. a cura di Friedrich Blume, Kassel-Basel-London-New York, Bärenreiter, 1949-1968.
MGG2	*Die Musik in Geschichte und Gegenwart*, a cura di Ludwig Finscher, [2]Stuttgart-Weimar, Metzler, 1994 (in corso di pubblicazione).
MtG	*«Millain the great». Milano nelle brume del Seicento*, Milano, Cassa di risparmio delle provincie lombarde, 1989.
NV	*Nuovo Vogel. Bibliografia della musica italiana vocale profana pubblicata dal 1500 al 1700*, 3 voll. a cura di E. Vogel, A. Einstein, F. Lesure e C. Sartori, Pomezia, Staderini-Minkoff, 1977.
RISM	*Répertoire international des sources musicales. Recueils imprimés*, München-Duisburg, Henle, 1960.
SarL	*I libretti italiani a stampa dalle origini al 1800*, 7 voll., a cura di Claudio Sartori, Cuneo, Bertola & Locatelli, 1989-1995.
SdG	*La scena della gloria. Drammaturgia e spettacolo a Milano in età spagnola*, a cura di Annamaria Cascetta e Roberta Carpani, Milano, Vita e Pensiero, 1995 (La città e lo spettacolo, 4)
SdM	*Storia di Milano*, 17 voll., Milano, Fondazione Treccani, 1953-1966; rist. anast. *ibidem* 1995-96.

Introduzione

«L'è che san che la musica è pagà»

Nella prima sala del Museo di Milano, recentemente risistemato, trovano spazio quattro grandi quadri a olio affatto curiosi. Sono raffigurazioni seicentesche di celebrazioni milanesi. L'autore è ignoto, ma il tratto rimane pur sempre riconoscibile. Il disegno è preciso, quasi fiammingo, eppure l'impostazione nel complesso appare bislacca, con la prospettiva sghemba, i palazzi sembrano sostenuti da muri di gomma e paiono comunque mal posizionati, o semplicemente troppo ingombranti nell'economia del dipinto. Sono quattro luoghi di Milano per quattro momenti di festa: una processione di carri allegorici sul corso di porta Orientale (attuale porta Venezia), un chiassoso carnevale in piazza del Duomo, un affollamento di carrozze davanti all'ospedale Maggiore e un'altra parata di carrozze diretta al castello Sforzesco.[1]

Da questi dipinti seicenteschi, pur nell'eccezionalità dell'evento rappresentato, sembra potersi cogliere tutta la quotidianità che informa l'esperienza di ciascuno degli uomini e delle donne che ingombrano le piazze ritratte – caso raro nella imperante idealizzazione della fantasia pittorica barocca.

Si osservi il carnevale in piazza del Duomo, databile entro l'anno 1650: sulla destra alcune maschere coloratissime danzano assumendo pose alla francese, dietro un diavolo nero, due uomini che si azzuffano, una carrozza esce da palazzo Reale[2] preceduta da suonatori d'arpa e viola, le edicole appoggiate al

1. Si vedano le riproduzioni e le annotazioni relative nella prima sezione iconografica *I palazzi e le feste* di seguito alla presente *Introduzione* ▷T.1-5.

2. Quello che oggi chiamiamo comunemente *palazzo Reale* ha avuto nel passato diverse denominazioni. Oltre alle più antiche *arengo* o *arengario* si trovano anche i vari possibili attributi delle parole 'corte' e 'palazzo': *corte ducale*, *regia-ducal corte*, *corte di Sua Eccelenza* o semplicemente

muro di palazzo vendono stoffe e ottoni, sotto i gradini del Duomo Arlecchino e Pantalone improvvisano, alcuni nobili spagnoli sul fondo, al centro una carrozza nera trainata da due cavalli bianchi bardati a festa, un arrotino, muratori sulle impalcature del Duomo, cavalieri, preti, un venditore di mele, due francescani, e altri comici incuriosiscono la folla. Ancora: al centro in primo piano un ciarlatano spaccia i suoi nuovi ritrovati su un palchetto improvvisato, e con lui un altro Arlecchino gesticola, una donna suona la chitarra, e un'altra si china per far provare il prodigioso unguento a un nobile piumato, altri osservano divertiti.

Quando verrà sera tutte queste persone andranno a palazzo, nel teatro, a vedere la nuova opera in musica. Sulla porta di palazzo già campeggia il cartello col titolo dello spettacolo e il nome della compagnia. Affitteranno una sedia, chi per cinque soldi, chi per una parpagliola, altri si sistemeranno nei palchetti, secondo l'estrazione, e la tela calerà per esempio sulla *Farsa Musicale*,[3] un'opera buffa adattissima per il carnevale, l'ultima fatica del signor Righenzi con la musica del maestro Rossi, lo stesso che ha *«messo le note»* al *Crispo*,[4] il dramma dell'anno precedente che ha avuto tanta fortuna e tante dame ha commosso.

Passare dal pianto al riso non è novità in questi tempi moderni, solo i vecchi se ne preoccupano, e il prologo della *Farsa*, appositamente scritto in milanese, li sbeffeggia con il fare scettico del solito staffiere, obbligato a cercare un posto in palco per il suo padrone.[5]

---

corte, e quindi anche *palazzo ducale*, *palazzo regio*, *palazzo reale*, *regio ducal palazzo etc.* Il nome più corretto sarebbe corte o palazzo *ducale*, ché Milano nel XVII secolo era un ducato, non un regno, ma volendo adottare per chiarezza una definizione univoca ho preferito *palazzo Reale* (con la maiuscola, intendendo cioè un nome attribuito al palazzo, non una specificazione che sarebbe stata impropria). La scelta è stata in parte motivata dalla consuetudine (a chi abita oggi a Milano l'accezione *palazzo ducale* suona estranea), in parte confortata dalla storia, dato che anche all'epoca era chiamato *regio*. Nelle citazioni ho ovviamente mantenuto l'uso dell'estensore.

3. *SarL*, 9784.

4. *SarL*, 6924 e segg.

5. Una prima versione integrale del prologo con traduzione è stata pubblicata in FABBRI 1990, pp. 255-257, 270-271. I passi qui riportati fanno invece riferimento alla revisione critica di Dante Isella (di prossima pubblicazione col titolo *«L'è pur la mala cossa ess servitor»*) in cui, fra l'altro, si approfondisce l'ipotesi che autore dei versi sia Carlo Maria Maggi. Voglio a tal proposito ringraziare la disponibilità del dott. Isella che gentilmente ha messo a mia diposizione il suo dattiloscritto.

Sol ghe mancava quest,
Ch'el soltass in del có
De sti musich c'han fà el Crisp des bott
Da vorrè rezità
On'opera da rid.

Ci mancava solo questo: che saltasse in mente a questi musici che hanno fatto *Il Crispo* dieci volte di voler recitare un'opera da ridere!

Ma come sempre i posti in palco non si trovano e si ha un bel daffare a convincer Nano, il faccendiere che amministra gli affari dell'impresario del teatro pubblico.

Staffiere: L'è dò hor che te cerch, vorré' un palchett,
Ma ch'el fuss in bon sit.
Nano: Questa l'è na gabella da fà lit.
E' trovaró on partí. No ghe n'è più.
Chi voeur di mé palchitt ha da met sù.

Staffiere: È due ore che ti cerco! Vorrei un palchetto. Ma che sia in buona posizione. *Nano*: [*a parte*] Ecco un imbroglio da litigare. Troverò io una soluzione. [*allo staffiere*] Non ce n'è più. Chi vuole i mie palchetti deve tirar fuori [i soldi].

E poi Nano non si fida, ha troppa esperienza: a trattare con i ricchi alla fine ci ha sempre rimesso.

Nano: Chi più n'hà manc ne dà:
no'm pias sti usanz.
Staffiere: La stanza è semper piena, e 'u lamenté?
Nano: Sì, de gent che no sborsa mai dané.
Per intrà per nagott
Ognun quai invention và mendicand:
Chi voeur portà on fagott,
Chi on penagg, chi on vestí, chi on instroment,
Chi voeur fà da brazzant.
Ghe n'è fina de quij
Che se metten denanz on scossarin
Per sparmì da comprà ol bollettin.
Staffiere: L'è che san che la musica è pagà.

Nano: Chi ha più soldi meno ne dà: non mi piacciono queste usanze! *Staffiere:* La sala è sempre piena, e vi lamentate? *Nano:* Sì, di gente che non paga mai. Per poter entrare gratis tutti s'inventano qualche scusa: chi porta un bagaglio [*per la scena ?*], chi un pennacchio, chi un vestito, chi uno strumento, chi vuol fare l'accompagnatore [di una dama]. Ci sono persino quelli che si mettono un grembiulino per non comprare il biglietto! *Staffiere:* Perché sanno che la musica è quella: pagare.

Perché sanno che la musica è sempre quella: pagare, pagare, pagare. Vien da pensare che malgrado i secoli trascorsi le cose non sono cambiate poi tanto. Ma dobbiamo ammettere, con il nostro staffiere, che anche per lo storico moderno la musica e il teatro di quegli anni si rivelano più spesso a una questione di soldi. Mandati di pagamento e note di spesa sono infatti la gran parte dei documenti superstiti, a cui magari si aggiungono beghe per conti non onorati, ritardi nei finanziamenti e di seguito. Se si dovesse valutare la portata culturale della musica a Milano nel Seicento solo sulla scorta di questa documentazione si sarebbe obbligati a considerarla un fatto meramente economico e speculativo. È evidente che si deve tener conto che da sempre si è preferito conservare atti notarili e incartamenti amministrativi piuttosto che amabile corrispondenza galante (che forse si sarebbe rivelata più interessante) – e stabilire se questo sia causa o effetto della poca considerazione tributata alla storia culturale di Milano ci obbligherebbe a disquisire su questioni di filosofia della storia.

È un fatto che se si sposta l'attenzione dagli incartamenti d'archivio per osservare nel suo insieme la produzione, varia e quanto mai diversificata, offerta dall'intelligenza creativa della città non si può fare a meno di cogliere il costante fermento che l'informa; pittura, architettura, artigianato, moda, scienze naturali, fisica, matematica, letteratura: ogni campo, seppure sembra non brillare di figure immortali (ma quante personalità straordinarie sarebbero da rivalutare o da scoprire),[6] diventa parte di un ideale progetto culturale d'insieme, tipico di una filosofia per molti aspetti ancora felicemente integralista e omnicomprensiva come quella barocca – concezione, se vogliamo, esattamente antitetica a quella che sarà degli enciclopedisti, dove ogni parte esiste con identità propria, anche a prescindere dal tutto.[7]

6. In riferimento alle ripetute assenze di personaggi lombardi fra le voci del *DBI*, Signorotto 1996, p. 71 nota 9, giustamente osserva che *«la penalizzazione di Milano rispetto ad altri Stati italiani (si pensi alle molte* voci, *utilissime, dedicate a patrizi veneti, o al fatto che per il Viceregno compaiano anche dei governatori spagnoli) è uno dei segni del ritardo della storiografia lombarda»*.

7. Posizione, questa omnicomprensiva, così lontana dal razionalismo moderno che spesso è stata colta quale espressione di contraddittorietà: *«È diffusa in effetti, la visione del Seicento come "un nodo aggrovigliato di tendenze diverse" (Alberto Tenenti), un secolo di crisi (Roland Mousnier), un'epoca in cui irrompe il disordine (Pierre Chaunu)»* osserva Villari 1991, p. ix, giustamente precisando che *«L'aspetto peculiare della conflittualità barocca, infatti, non è tanto il contrasto tra soggetti diversi quanto invece la presenza di atteggiamenti apparentemente incompatibili o evidentemente contraddittori all'interno dello stesso soggetto»*.

La *Farsa musicale* fu rappresentata nel carnevale del 1664, e il suo prologo fa supporre un'attività teatrale già vivacissima: l'impresario che si lagna, la gente che non paga, il teatro sempre pieno. A pensarci bene quella stessa vivacità traspariva dai quadri dell'anonimo pittore. Eppure se si leggono le poche storie del teatro milanese, questi sembrano anni totalmente privi di avvenimenti.

Qualcosa parrebbe muoversi verso la fine del Seicento, ma prima? Possibile che tutto sia comparso all'improvviso? Possibile che l'attività teatrale e più in generale quella culturale di Milano finisca col Cinquecento e riprenda a conclusione del secolo successivo? Quando poi, in realtà, le testimonianze figurative e letterarie sembrano dimostrare tutt'altro.

Ho affrontato questo studio col preciso intento di capire, prima ancora di voler colmare eventualmente delle lacune. Volevo conoscere il teatro e la musica e se possibile integrarli nella cultura del periodo, ma mi sono accorto subito che mancavano troppe informazioni, non solo sulla musica, ma in generale sul pensiero, sul costume, e quasi su tutto ciò che poteva aiutare a farsi un'idea un po' meno romanzesca di quella che è stata stimolata dai *Promessi sposi* manzoniani.[8] Del Seicento milanese l'unico aspetto adeguatamente studiato, oltre alla peste del 1630, è la storia politico-economica – ed eventualmente il pensiero politico della chiesa milanese. Il resto è folclore, e qualunque studio, anche specifico, o è di stampo aneddotico o più probabilmente poggia su una palude di informazioni inconsistenti.

Solo recentemente ci si è accorti che l'epoca merita un'attenzione meno improvvisata.[9] Ma fino a questo momento la disinformazione è stata una tara

8. In un'opera come la *SdM*, per tanti aspetti fondamentale e impostata con un rigore scientifico raro per gli anni Cinquanta, si trovano ancora frasi come questa: «*Sugli aspetti generali del periodo, meglio che l'opera di qualsiasi storico o cronista, ci illumina il romanzo di Alessandro Manzoni*». Queste righe, che aprono un capitolo dal titolo *Caratteri generali della cultura milanese* (GIANNESSI 1958, p. 422), purtroppo non sono il preambolo letterario di un discorso più specifico, ma sintesi inquietante dell'intero studio.

9. Specificamente in riferimento alla storia del teatro locale una serie di studi è stata promossa da Annamaria Cascetta dell'Università Cattolica di Milano, studi che sono confluiti fra l'altro in *SdG*, volume curato con Roberta Carpani. Altri articoli, di cui si dirà di volta in volta, sono apparsi più sistematicamente su «Comunicazioni sociali». Studi sulla musica a Milano e in Lombardia hanno invece cominciato ad essere recentemente affrontati su più vasta scala, anche attraverso lo spoglio e l'identificazione di fondi documentari, per iniziativa di Mariangela Donà dell'Associazione per l'URFM presso il conservatorio di Milano.

così macroscopica nella critica storica della cultura milanese del Seicento che alla fine ci si è abituati, e l'ignoranza documentaria è diventata ideologia: è un dato di fatto che la storia della dominazione spagnola sia la più triste, la più brutta, la più oscura.

Ma ci sono dei motivi che vanno al di là del semplice pregiudizio. Il ducato di Milano diventa dominio spagnolo nel 1535, e rimane tale fino al 1706. L'interesse della Spagna per Milano è puramente strategico: fronteggia le mire espansionistiche della Francia, controlla i territori del nord Italia e fa da ponte all'alleato asburgico per riconsolidare la frattura del Sacro Romano Impero.

Milano, sfruttata quale presidio militare, non possiede perciò una corte e questo lascia l'attività artistica e culturale in parte priva di stimoli, o eventualmente soggetta alla discrezione dei vari governatori troppo frequentemente sostituiti.

L'attenzione alla ricostruzione culturale dell'epoca si scontra perciò fin dall'inizio con la pregiudiziale che l'attività artistica sotto il dominio spagnolo crolli drasticamente. D'altro canto non è raro nemmeno l'esplicito disprezzo che più di uno storico ha confessato verso gli uomini e la cultura di questo periodo, perché incapaci – viene detto – di sottrarsi alla dominazione dello straniero. Questo atteggiamento tipicamente post-risorgimentale ha coinciso purtroppo con la diffusione della ricerca storica positivista, che malgrado i limiti noti avrebbe potuto produrre i primi saggi critici sul Seicento milanese. Risultato è che tale periodo, considerato poco dignitoso per la storia d'Italia, è stato consapevolmente trascurato. L'aneddotica del dopoguerra ha fatto il resto per affossare definitivamente quel poco che si conosceva.

D'altra parte è oggettivamente riscontrabile un'effettiva carenza di documentazione. Come si accennava, l'Archivio di Stato di Milano trabocca di incartamenti amministrativi che riguardano il Seicento, ma tutto tace in merito all'attività artistica e culturale. Nemmeno le pubblicazioni a stampa sembrano in qualche modo darci un aiuto. Scarsa, scarsissima la letteratura scientifica,[10] ma povera anche quella agiografica o d'intrattenimento. Manca insomma una dimostrazione 'ufficiale' del fermento artistico, dal che la deduzione più facile è che questo sia venuto a mancare.

10. Fa sicuramente eccezione la trattatistica medica, ma sono evidenti le esigenze contingenti legate alla diffusione della peste; *cfr.* BELLONI 1958.

In realtà addentrandosi meglio nella storia di Milano di quegli anni, frugando fra le carte superstiti, e cercando di ricostruire, per quanto possibile, il poco rimasto, si può in parte capire cosa sia successo; si intuisce quale strana compartecipazione di elementi ha provocato questa che retrospettivamente può apparire una crisi culturale.

Da un lato, si è detto, la scarsa volontà del recupero storico, ma dall'altro – subdola e tuttavia consapevole – la volontà precisa del pensiero civile ed artistico seicentesco a non voler essere pubblico, almeno di quello che non condivideva le sorti del regime. In altre parole è successo che parte della nobiltà colta milanese, impossibilitata dal controllo politico e religioso ad esprimersi in tutto il suo fulgore barocco, si è arroccata nelle proprie ville, chi in città, chi in campagna, e ha cominciato a costituire una sorta di stato privato all'interno dello stato pubblico, uno stato totalmente disinteressato al recupero dell'egemonia politica ma vivo e partecipe del fermento culturale, uno stato del pensiero e delle idee del tutto svincolato dagli affari politici.

Espressione tipica di questa cultura forzosamente schiva e che non vuole pubblicità sono le abitazioni nobili, grigie e spesso insignificanti all'esterno, dentro ricche di giardini curatissimi, e arredate con preziosa mobilia, quadreria, oggetti d'arte e biblioteche.[11] In questo disegno si inserisce anche la soluzione drastica che sceglie per esempio il conte Carlo Borromeo quando verso il 1630 trasforma uno scoglio del lago Maggiore in quella residenza da sogno che sovrasta oggi l'isola Bella.

Sorgôno così accademie di letterati e artisti. Qui si fa poesia, si discute di astronomia, di matematica, si fa musica, si scrivono commedie e testi teatrali, si producono saggi filosofici e si redigono trattati di economia politica. Ma nulla di tutto ciò è dato alle stampe: non sarebbe pubblicato, non otterrebbe l'*imprimatur* governativo, né quello ecclesiastico. In questi scritti c'è una vivacità intellettuale pericolosissima, sono il fermento di un desiderio di autonomia, nessun go-

---

11. «*Un autorevole personaggio* [...] *dopo aver girato mezza Europa, con quello spirito irrequieto che animava alcuni patrizî del Sei e del Settecento, scrisse che amava percorrere "le grandi e spaziose vie di Milano" osservando chiese e palazzi, i quali, nota acutamente, "sono più comodi che apparenti, più belli di dentro che per di fuori". Così il Gualdo-Priorato dimostrava d'aver compreso l'anima ambrosiana, piuttosto aliena dal fasto esteriore e dalle ostentazioni*» riferisce BASCAPÈ 1945, p. 47; ma questo era il giudizio espresso un po' da tutti i viaggiatori dell'epoca, *cfr.* per esempio BENZONI 1989, p. 26.

vernatore spagnolo li approverebbe. E d'altra parte in tali discorsi accademici spesso si coglie quasi uno spirito anticlericale.

L'Inquisizione spagnola non era riuscita ad entrare a Milano per esplicita volontà dell'arcivescovo Carlo Borromeo, ma il controllo della dirittura morale e spirituale – anche se gestito in casa con metodi certamente meno cruenti – era comunque rigidissimo. Nella specificità milanese si viene cioè a ricreare quel fenomeno oscurantista provocato in Italia dai condizionamenti della Riforma cattolica, causa e fermento di quel sottobosco culturale che con miopia storica si è sbrigativamente liquidato come 'libertinismo'.[12]

A Milano la produzione letteraria di accademie e spiriti liberi, elegantemente copiata in volumi spesso unici, era amorevolmente custodita in centinaia di biblioteche private. Ne dà riscontro l'operazione preziosissima di Filippo Argelati, erudito bolognese, ma vissuto a Milano, che nel 1745 pubblica i ponderosi quattro volumi della *Bibliotheca scriptorum mediolanensium* dove sono elencate migliaia e migliaia di opere per lo più manoscritte, tutti prodotti dell'ingegno milanese in gran parte dimenticati.

Quasi tutti questi titoli, se ancora esistono, sono sparpagliati in quelli che con una definizione univoca sono chiamati *Archivi privati lombardi*, per i quali la Regione Lombardia ha istituito una Sovrintendenza. L'inconveniente – non così trascurabile – è che l'elenco di questi archivi non è pubblico e se anche fosse nota l'esistenza di una di queste biblioteche, le formalità di accesso si rivelano tali e così fastidiose da scoraggiare lo studioso più paziente.[13]

L'impressione è che sia mancata una reale volontà di recupero della cultura seicentesca in generale, e che questo abbia reso finora difficoltoso qualunque approccio. A ciò si devono aggiungere, soprattutto in merito alla storia del pensiero, i danni oggettivi operati dall'atteggiamento partigiano di chi pur di restituire dignità ai milanesi – 'imbelli' di fronte all'oppressore – ha spudoratamente reinventato la realtà.

---

12. Un bell'esempio, portato recentemente alla luce, di questo straordinario sottobosco è condensato nei *Rabisch* dell'accademia di Giovan Paolo Lomazzo (ISELLA 1993). Tale fenomeno, parzialmente anomalo, si sviluppa soprattutto fra Cinque e Seicento; solo dalla metà del XVII secolo l'integrazione sempre più diffusa del patriziato milanese con la classe dirigente spagnola farà sopire tali private velleità; *cfr.* CARPANETTO-RECUPERATI 1986, pp. 75-80.

13. Si legga per esempio *infra* ⊳II[3] Il caso è abbastanza marginale, ma le difficoltà d'accesso a questo patrimonio le ho riscontrate più volte in situazioni analoghe.

Il caso con cui mi sono scontrato affrontando questo lavoro non è più significativo di altri, ma è utile per comprendere la leggerezza, se non addirittura la malafede che ha mosso molta critica storica di questo secolo. Si è per esempio preferito credere che il primo teatro d'opera a Milano fosse una costruzione grande e sontuosa, citata in molte cronache per la sua bellezza e costruita apposta per il passaggio di una regina, piuttosto che una piccola sala ricavata da un cortile. E questo malgrado evidenti incongruenze e grossolane contraddizioni legate all'interpretazione dei documenti rimasti. Oltretutto negando le affermazioni esplicite di chi si era occupato precedentemente della storia del teatro milanese del Seicento.[14]

Dopo i primi tentativi di Paglicci Brozzi le imprecisioni si accumulano e stratificano, spesso per errori banali, spesso per scarso rigore, e in generale perché non si assume mai la consapevolezza delle incongruenze esplicite che si evidenziano fra uno studio e un altro. Sintomatica la collocazione sempre più vaga di quel teatrino, che poi era il vero teatro d'opera del Seicento, e che tutti ritengono essere una trascurabile sala di prosa perché all'epoca chiamata *«delle commedie»*.

Paglicci Brozzi lo chiama *«teatro di corte»*,[15] e lo colloca *«nel braccio di palazzo Reale, che fronteggia via delle Ore»*.[16] Via delle Ore nel Seicento, oltre a co-

14. Ludovico Settimo Silvestri, nel primo volume della sua *Drammaturgia Milanese* – una raccolta di libretti, oggi custodita in F-Po, ma allora clamorosamente presentata all'Esposizione Musicale Milanese del 1881 (sul fondo Silvestri ci dà esauriente notizia in ripetuti interventi CARPANI 1988, 1992 e 1993) – dice testualmente: *«Qualche tempo dopo* [la sua erezione], *trascurato questo salone, esso servì per uso di cavallerizza. Crescendo però il gusto per le drammatiche rappresentazioni, né essendo forse più bastante il locale destinato in corte a tale oggetto...»* (c.n.n.). Più esplicito, tredici anni dopo, PAGLICCI BROZZI 1894, p. 10, precisa: *«Un altro teatro più piccolo* [...] *veniva adoperato per gli spettacoli usuali, così ne venne che il grande teatro, corrispondente alla via de' Rastrelli, fosse trascurato nel secolo* XVII, *e perfino adattato all'uso di cavallerizza»*. Queste che, come si vedrà, si riveleranno essere le uniche due tesi corrette, o almeno non troppo lontane dal vero, circa gli edifici teatrali presenti a Milano nel Seicento, saranno continuamente contraddette dagli storici successivi, malgrado la totale assenza di un'indagine critica.

15. Si noti che con *«teatro di corte»* MEZZANOTTE 1915[a] intenderà riferirsi a quello che lui chiama *«Salone Margherita»*; l'aspetto è marginale ma ha contribuito a confondere ulteriormente le idee. In realtà per Paglicci Brozzi nel Seicento esisteva un solo teatro a palazzo – che *non* era il salone di Mezzanotte (per cui invece il *«teatrino di corte»* è solo quello delle commedie) – tanto che nel suo proseguimento alla storia del teatro milanese (PAGLICCI BROZZI 1894), parlerà indifferentemente di *«teatro Ducale»* e *«teatrino di corte»*.

16. PAGLICCI BROZZI 1891, p. 33.

steggiare il lato dell'Arcivescovado opposto al Duomo, proseguiva in quella che oggi è chiamata via Pecorari,[17] per cui il braccio di palazzo è facilmente identificabile, ma osservando la pianta seicentesca di palazzo Reale non è così immediata la collocazione di un teatro.

Un chiarimento sembra venire nel 1941 da Vianello che pone il teatro *«in un cortile interno dell'odierna manica corta che costituiva allora il lato sinistro del primo cortile»*.[18] Che il teatro fosse in un cortile è già un aiuto, ma il dubbio rimane su quale sia il cortile. Piace, in questo contesto, cogliere l'aspetto comico di una indicazione come *«il lato sinistro del primo cortile»*. Sinistro rispetto a che? Primo di cosa?

Per confonderci ulteriormente le idee vale la pena proseguire la lettura di Vianello che riferisce dei restauri del 1666 citando una fonte in cui il teatro è posizionato *«verso il Duomo»*,[19] ovvero in tutt'altro luogo rispetto alla via delle Ore. Qualche anno dopo anche Barblan sosterrà che il teatro delle commedie *«sorgeva nel lato sinistro del palazzo prospicente l'Arcivescovado»*.[20]

A corona di tutto questo guazzabuglio Canella colloca senza incertezze il teatro delle commedie in un cortile di palazzo adiacente a quello proposto dalla formulazione di Barblan, ex seconda tesi di Vianello.[21]

Per la posizione dell'altra sala di palazzo Reale, quella grande, chiamata arbitrariamente da Mezzanotte *«Salone Margherita»*, fortunatamente non ci sono dubbi, ma grosse incertezze riguardano gli spettacoli lì allestiti. Paglicci Brozzi, che pone alla base del suo discorso spazi pur diversi ma non attivi contemporaneamente, non si preoccupa di distinguere dove venissero rappresentati i singoli spettacoli. E così Mezzanotte, per il quale però il teatro delle commedie, o

17. Si confronti la pianta seicentesca di palazzo ▷T.11 con quelle successive ▷T.12 T.13 che in alto portano chiaramente scritto *«strada detta delle Hore»* ovvero *«contrada detta delle Ore verso la porta Falsa»*; la porta Falsa era una vecchia porta che fino al secolo precedente dava sulla via delle Ore, ma che nei primi anni del Settecento, quando furono disegnate le piante, non era evidentemente più accessibile.

18. VIANELLO 1941, p. 99. Oggi palazzo Reale ha due maniche corte, aspetto che riesce a creare ulteriori dubbi, ma nel 1941 la manica di destra (osservando la facciata di palazzo dalla piazzetta antistante) era detta *«lunga»* perché non ancora completato il rifacimento urbano per l'accesso a piazza Diaz (*cfr.* VERCELLONI 1989[b], p. 118).

19. VIANELLO 1941, p. 100 nota 21.

20. BARBLAN 1959, p. 968.

21. CANELLA 1966, p. 30. Il cortile è quello indicato col numero 6 ▷T.11.

teatrino, viene costruito solo nel 1708.[22] Vianello, che per primo ammette la presenza di due teatri, è propenso a collocare l'opera in musica nel *«Salone Margherita»* e la prosa nell'altro teatro, almeno fino al 1686 *«quando l'impresa dei fratelli Piantanida restaurò a proprie spese il vecchio teatrino delle commedie per destinarlo all'opera* [...] *e per varii anni si ebbero nel palazzo Ducale contemporaneamente due stagioni d'opera, nel teatro nuovo e nel teatro vecchio»*.[23] Una tesi identica è sposata da Eva Tea che però fa allestire nel teatro delle commedie una rappresentazione dell'*Adamo* di Andreini, generalmente considerato uno dei primi esempi di opera in musica.[24] Se non bastasse, Barblan vuole Antonio Lonati amministratore degli spettacoli del *«Salone Margherita»* (quando per Vianello sarebbe dovuto essere impresario del teatro delle commedie) e coerentemente sposta l'allestimento dell'*Adamo* nel salone.[25] Capriolo, per non sbagliare, riferisce della rappresentazione dell'*Adamo* del 1613 sia nel *«Salone Margherita»* che nel teatro delle commedie.[26] Considerando che l'*Adamo* probabilmente non fu mai rappresentato a Milano, ce n'è abbastanza per tacere delle imprecisioni meno appariscenti.

Il vero si confonde al falso in modo così intricato che è impossibile ricostruire uno sviluppo coerente rifacendosi a tale letteratura, come è stato fatto finora. Tutto deve essere riconsiderato e vagliato criticamente recuperando le poche fonti ancora rimaste.

22. MEZZANOTTE 1915[a], p. 23. Ma se per Paglicci Brozzi tutti gli spettacoli erano dati nel teatrino, per Mezzanotte gli stessi venivano allestiti nel salone.

23. VIANELLO 1941, p. 50.

24. TEA 1959, p. 824.

25. BARBLAN 1959, p. 957 nota 1 e pp. 595-596.

26. CAPRIOLO 1960, col. 551.

I Palazzi e le Feste

Tavola 1

Particolare da: Scene carnevalesche in piazza Duomo

olio su tela, cm 115 × 205 al totale [metà del xvii sec.] ▷t.2

Milano, Museo di Milano.

TAVOLA 2

TAV. 2. *Scene carnevalesche in piazza del Duomo*
olio su tela, cm 115 × 205 [metà del XVII sec.]
Milano, Museo di Milano.

UN'IPOTESI DI DATAZIONE. Alcuni dipinti di grande formato – il cui soggetto legato a feste milanesi seicentesche ha sollecitato la mia attenzione – sembrano offrire, pur nel tratto singolarmente *naïf*, uno spaccato di vita quotidiana cittadina di suggestivo realismo, e perciò utile a perfezionare la sempre troppo frammentaria lettura di questi anni.
Il gruppo di nove quadri è tenuto insieme (oltre al soggetto festivo) dall'attribuzione al nome di un pittore – anzi al soprannome: il Sebastianone – che nulla ci dice né sui dipinti (che non possono essere tutti suoi, e forse non lo sono in nessun caso), né sul pittore (che anzi, ignoto qualunque dato biografico, sembra esistere solo conseguentemente a essi).
I dipinti a me noti sono quattro tele conservate al Museo di Milano (qui riprodotte ▷T.2-5), più altre quattro originariamente della collezione privata Borromeo e un ultimo appartenente alla Quadreria dell'ospedale Maggiore. Fra questi, due dei dipinti della collezione civica sono pressoché identici ad altri due della ex collezione Borromeo (identificati nella tabella che segue con *a* e *b* fra parentesi). Quali siano copie e quali originali lo si evince dall'ipotesi di datazione che qui propongo elaborata sui pochi dati noti e altre osservazioni che esporrò di seguito.
I quattro dipinti della collezione Borromeo (per il Duomo e il castello ▷T.2C T.3A, mentre si vedano gli altri due in BERTARELLI-MONTI 1927, pp. 135 e 149, ovvero in *SdM*, pp. 506 e 507) sono quelli storicamente legati al nome del Sebastianone, ma non vi sono dati che possano suffragare tale attribuzione. D'altra parte al momento non sono possibili ulteriori approfondi-

Titolo	Periodo	Collocazione
Scene carnevalesche in piazza del Duomo (a) *Veduta nei pressi del Castello* (b)	*ante* 1650	Museo di Milano
Il cortile dell'ospedale Maggiore	*post* 1649	Quadreria dell'Ospedale
La piazza del Duomo di Milano (a) *La piazza del castello Visconteo* (b) *Il mercato di Melegnano* *Statua di S. Carlo al Cordusio - Giorno del mercato*	1676-1689	ex collezione Borromeo
L'ospedale Maggiore nel giorno della festa del Perdono *I carri carnevaleschi sul corso di porta Orientale*	1700 ca.	Museo di Milano

menti essendo tutti e quattro – già nell'abitazione milanese dei fratelli Borromeo – non più reperibili e attualmente forse dispersi nel mercato antiquario. Bertarelli e Monti, che videro i quadri, tacciono il nome del Sebastianone (invece riportato sulle fotografie rimaste nell'archivio dell'Amministrazione Borromeo che gentilmente mi ha concesso la riproduzione) e neppure paiono metterli in relazione fra loro: ma la mano sembra la medesima (per quanto la stampa fotografica può lasciare intendere). Invece gli stessi riferiscono un dato assai importante: lo stemma posto sopra la porta del Duomo nel primo quadro è quello di Innocenzo XI Odescalchi, papa dal 1676 al 1689 (Bertarelli-Monti 1927, p. 84), limitandone presumibilmente la data di realizzazione.

Tale dipinto ▷T.2C, si diceva, è sostanzialmente simile all'altro del Museo di Milano ▷T.2. Le differenze più significative sono relative alla raffigurazione del Duomo. Lo stato dei lavori appare più avanzato nel dipinto dei Borromeo (c'è in più la finestra superiore che fiancheggia il portale centrale e lo stesso portale è circondato da una superficie marmorea assai più vasta ripetto all'altro dipinto), dal che si suppone che questo sia la copia e quello del Museo di Milano l'originale. Evidentemente il pittore ha tratto la scena carnevalesca (che per la sua eterogeneità poteva rimanere attuale) ma ha scelto di fissare i progressi raggiunti nella costruzione della cattedrale. A conferma di questa ipotesi viene in aiuto il confronto fra il dipinto supposto originale e un'incisione attribuita a Gherardini celebrativa dei funerali dell'arcivescovo Monti del 1650 ▷T.67. Lo stato dei lavori operati sul Duomo e testimoniato dalle due raffigurazioni è quasi identico; semmai più avanzato nell'incisione. Si può quindi supporre il dipinto di poco precedente (di quanto non saprei dire, ma v. *infra* ▷T.57 T.59).

Riprendendo ora in mano la tabella, si possono più facilmente spiegare le ipotesi di datazione. Dei quattro dipinti del Museo di Milano, lo stile (per formato e soggetto rappresentato) permette di distinguere i primi due (Duomo e castello) dagli altri due assai più tardi (festa del Perdono e porta Orientale). La foggia degli abiti e soprattutto delle carrozze raffigurate in questi ultimi ci obbliga a datarli assai verso la fine del secolo, vicinissimo all'anno 1700 (anche la recente riorganizzazione del museo, che ha fra l'altro rettificato la precedente datazione dei quadri, viene a conforto di tale ipotesi).

Circa la data degli altri dipinti della collezione Borromeo, tutti apparentemente attribuibili alla stessa mano, si è obbligati, in assenza di altri dati, a riferisi allo stemma Odescalchi che, in effetti, delimita il periodo di un solo quadro e fa supporre la realizzazione degli altri per quanto

TAVOLA 2A

TAVOLA 2B

possibile prossima. Per gli stessi motivi anche la *Piazza del castello* risulterebbe copia della *Veduta* dello stesso (e non viceversa), mentre non saprei dire se i due mercati (Cordusio e Melegnano) traggano spunto da altro o siano originali.
Infine il *Cortile* – conservato nella Quadreria dell'Ospedale, altre volte relazionato ai dipinti del Museo di Milano, altre ancora al Sebastianone (riprodotto per esempio in VERCELLONI 1989[b], p. 21) – appare in realtà di mano diversa, di formato decisamente più grande (cm 194 × 344), e attribuito, sulla scorta di una nota d'archivio, a Gerolamo Chignoli (benché l'interpretazione non paia univoca). A parte ciò la datazione posteriore al 1649 la si evince dal soggetto: solo in quell'anno fu terminata la costruzione della porzione di cortile raffigurata (*cfr.* FIORIO 1988, III, p. 32).
TAVOLA 2. Il grande quadro di soggetto carnevalesco, con la sua copia qui riprodotta ▷T.2C, pur nella scarsità di documentazione a esso relativa, si rivela opera di particolare interesse per più aspetti della storia milanese. S'è già accennato alle testimonianze circa la costruzione del Duomo, ma quelle più significative riguardano la società. Sono pochi suggerimenti legati alla musica e allo spettacolo, anche se le considerazioni potrebbero essere molteplici e di natura diversa: dall'abbigliamento (si noti il sistematico uso del cappello), al costume (che fa il gruppo di uomini a sinistra sui gradini del Duomo? pigia l'uva e vende vino al dettaglio?), al sociale (pochissime, per esempio, le donne in piazza). In breve:
TAVOLA 2A. Certamente è tempo di carnevale, maschere e arlecchini sono ovunque. Al centro in primo piano è una bella rappresentazione di un banco da ciarlatano, quasi il contr'altare figurativo della lettera di Francesco Scarione di Parma, in arte Dottor Boccalone, che fu a

Milano nel 1624 e '25, e che nuovamente nel '33 chiede al governatore di poter *«montare in banco con la sua compagnia, con personaggi mascherati, con suoni e canti* [... per] *dispensare oglij, unguenti, cerotti, acque et altre cose spettanti all'arte et professione sua, et ancora cose di profumaria»* ▷V[5] D.77. La scena ferma vari momenti: l'imbonitore con abito elegante che enumera i prodigi del suo ritrovato, al fianco un tavolo con i prodotti da vendere; il pubblico osserva con attenzione, forse meravigliato, forse solo divertito; Arlecchino fa da spalla improvvisando su un canovaccio ormai aduso; v'è una donna che suona la chitarra e forse canta; un'altra è china a prendere i soldi della merce appena venduta: l'acquirente ha un bel vestito, sarà un gentiluomo incuriosito o farà anch'egli parte del gioco?

Un banco del tutto simile a questo lo ritroviamo fra le raffigurazioni di Dioniso Minaggio che dedica uno dei suoi *collage* di piume al mestiere di *«cavadenti»* (sul codice Minaggio ▷T.23). Si coglie improvvisamente l'aspetto 'teatrale' di tale professione e meglio si comprende perché venisse accomunata a quella di ciarlatani, saltimbanchi, erborari e agli stessi comici di professione.

TAVOLA 2B. Altrettanto curioso è il gruppo di otto maschere (di cui tre ben visibili) posto a destra del quadro, dal costume rosso a ricami bianco e oro (che non so identificare). Colpisce l'enorme quanto insolito copricapo, non meno che l'artificiosa copertura dei genitali, esibiti e incorniciati da vezzose barbette. Stanno ballando forse sulla musica che alcuni uomini (con maschere dal lungo naso) eseguono alle loro spalle (si riconoscono una viola e un'arpa). L'originalità della scena deve aver colpito anche Melchiorre Gherardini che si premurerà prenderla a modello in una sua piccola incisione ▷T.57.

TAVOLA 1. Ma un altro particolare merita attenzione. Dal portone principale di palazzo Reale, posto a destra del Duomo, pende un cartello su cui a fatica si può leggere «DOMANI SI RECCITA...». Purtroppo ciò che segue è del tutto indecifrabile (né migliori risultati si riescono a trarre dai negativi dell'altro dipinto già dei Borromeo). Tuttavia rimane un riferimento significativo dell'attività teatrale che si svolgeva a palazzo e di cui si tratterà nelle prossime pagine. La sua presenza determina infatti, almeno in parte, il peso dello spettacolo pubblico all'interno della società milanese, testimonia di una consuetudine (nessuno bada al cartello, quasi fosse parte propria del carnevale, quasi informasse di un evento – lo spettacolo pubblico – già noto a tutti), identifica un elemento ovvio della festa, che non deve essere spiegato.

TAVOLA 2C. In merito alla copia poco più tarda del quadro non posso fare a meno di suggerire uno spunto critico. Lo stemma posto in cima al portone principale del Duomo (e assente nell'originale), s'è detto, appartiene a papa Innocenzo XI Odescalchi (dato facilmente verificabile in qualunque repertorio araldico). È certamente un omaggio al pontefice di origine milanese, ma in tal dipinto, così provvisoriamente disposto su una cattedrale che più che in costruzione sembra reduce da sinistri d'ogni sorta, appare quasi beffa della morale cattolica. Innocenzo XI, infatti, proprio per la sua intransigenza restaurativa che lo vedeva opporsi con netto rifiuto a qualunque espressione non abbastanza ortodossa (come lo spettacolo e il teatro in genere), veniva chiamato proprio a Milano *«el papa minga»*, il-papa-che-dice-di-no, che si oppone, che rifiuta, il papa da cui non si ottiene mai nulla. Il dipinto, in questo senso, pur prendendo a prestito un soggetto preesistente, sembra contrapporre su due piani distinti (e iconograficamente separati da un'asse orizzontale) la giocosità della festa sottostante, spensierata e forse scarsa-

TAVOLA 2C

mente morale, alla superiore austerità di una Chiesa – l'istituzione e l'edificio – che in realtà non appare così solida, anzi, si rivela nella sua precaria incompiutezza. Parrebbe insomma di poter leggere nelle intenzioni dell'anonimo pittore quasi un giudizio insinuato, ovvero un taglio allegorico (anche se non del tutto consapevole) che, se presagito nel dipinto originale (pur senza lo stemma dell'integerrimo papa), è avvalorato nella riproposizione proprio dall'esplicito riferimento dell'elemento araldico.

TAVOLA 3

TAV. 3. *Veduta nei pressi del Castello*
olio su tela, cm 115 × 205 [metà del XVII sec.]
Milano, Museo di Milano.

Il corso delle carrozze (in porta Romana) sarà nel Settecento una delle caratteristiche più singolari della città. Ricordato fra gli altri anche da Parini, concederà all'aristocrazia milanese il suo momento di pubblica esibizione (un altro sarà il teatro); *cfr.* LEVI PISETSKY 1958, pp. 879 e segg. Ma già nel Seicento la carrozza era un simbolo. Lampugnani, sotto pseudonimo, pubblicherà negli anni Quaranta *Della carrozza da nolo* e successivamente *Della carrozza di ritorno*, due gustosi libelli che satireggiano sulle nuove influenze della moda nel vestire e in genere nell'apparire in pubblico. GUALDO PRIORATO 1666, p. 117, ci informa che: «*La piazza o sia spianata avanti al castello è grandissima e pur questa, nell'estate verso il tardi, sogliono andar a passeggiare i cittadini et artigiani coll'occasione che vi sono anche diverse chiese a quali vanno a pigliar la perdonanza*». Non è difficile intuire che «*la perdonanza*» è l'alibi per uscir di casa e incontrare gente, e il passeggio, con o senza carrozza, una derivazione 'alla moda' del ruolo solitamente svolto dalla piazza. Dobbiamo ritenere che il dipinto anonimo voglia in questo senso rappresentare, come per il carnevale davanti al duomo ▷T.2, un elemento chiave della società dell'epoca: l'esibizione che diventa partecipazione e festa in una manifestazione probabilmente ricorrente. In questo senso non stupisce che il soggetto, anche questa volta, sia il medesimo di un'incisione di Gherardini ▷T.62, di una delle tavole riprodotte in TORRE 1674 ▷T.7, e di un altro dipinto anonimo (riprodotto in *SdM,* XI, p. 336, proprietà Crivelli) databile intorno all'anno 1700.
TAVOLA 3A-C. Nella copia tratta da questo dipinto, già della collezione milanese dei fratelli Borromeo (ora disperso), la carrozza in primo piano in basso a sinistra è sostituita da un'altra,

TAVOLA 3A

TAVOLA 3B

TAVOLA 3C

e diversa è pure la scena circostante. È un particolare curioso e verrebbe da pensare che si sia voluto fare riferimento a personaggi reali (o per sopprimerli dall'originale o per celebrarli nella copia).

TAVOLA 4

TAV. 4. *L'ospedale Maggiore nel giorno della festa del Perdono*
olio su tela, cm 140 × 230 [fine XVII sec.]
Milano, Museo di Milano.

La festa del Perdono (5 dicembre degli anni pari) qui rappresentata, è una celebrazione legata espressamente all'ospedale Maggiore (*cfr.* BASCAPÈ 1957, pp. 412-414, e più estesamente BERTARELLI-MONTI 1927, p. 66): ovvero un altro modo di intrecciare spettacolarità e opera pia, soluzione tipica della cultura barocca (v. in merito il cap. II). Si osservi come le carrozze presenti in questo dipinto e in quello raffigurante porta Orientale ▷T.5 abbiano una foggia più snella e moderna rispetto ai due quadri precedenti ▷T.2-3 e alle tavole contenute in TORRE 1674 ▷T.7-8. Particolarmente in riferimento al tetto dell'abitacolo si nota che queste si distinguono per la copertura circondata da un'ampio spessore in genere decorato, e sono da riferire alla prima metà del secolo; quelle del dipinto, di foggia francese col tetto piatto, appartengono invece a un uso più vicino a fine Seicento, primo Settecento.

TAVOLA 5

TAV. 5. *I carri carnevaleschi sul corso di porta Orientale*
olio su tela, cm 140 × 230 [fine XVII sec.]
Milano, Museo di Milano.

Corso di porta Orientale è oggi corso Venezia, qui scorciato dall'attuale piazza S. Babila. Porta Orientale, che si vede in fondo, non esiste più (era situata in quello che oggi è l'incrocio fra corso Venezia e via Senato). Il carro allegorico, ben visibile al centro, è seguito da un altro rimasto un po' al buio (mentre ben si notano i sei cavalli che lo trainano). I due carri sono simili (benché differenti nei particolari) ai sei riprodotti nelle incisioni allegate alla *Breve*... 1622 ▷T.35-40 e più che a un carnevale fanno pensare a un'occasione particolare di festività. Si osservi come, dopo oltre mezzo secolo (il dipinto è riferibile alla fine del Seicento), la tradizione dei carri sia stata mantenuta sostanzialmente immutata.
Qua e là sul dipinto riaffiorano tracce di un disegno precedente, probabilmente evidenziatesi col tempo. Osservando con cura queste tracce e cercando per quanto possibile di ricongiungerle si nota che il soggetto sottostante è piazza S. Fedele, raffigurato secondo un'inquadratura pressoché identica all'incisione pubblicata in TORRE 1674 ▷T.8. L'aspetto curioso è che i carri allegorici del 1622 furono allestiti per le canonizzazioni celebrate proprio in piazza S. Fedele.

Ioseph Garauaglia Delin. PORTA ROMANA CON SVOI BASTIONI. Agnellus scul.

TAVOLA 6

TAV. 6. Ioseph GARAVAGLIA, *Porta Romana con suoi bastioni*
incisione di Federico Agnelli, cm 18,5 × 30 [1674]
in TORRE 1674, p. 7, tav. 1.

In altro a destra: 7
Sotto: Ioseph Garauaglia Delin. | PORTA ROMANA CON SVOI BASTIONI | Agnellus scul.

È la prima di una serie di 8 tavole pubblicate nel *Ritratto* di Torre, approssimativamente tutte dello stesso formato, tranne l'ultima raffigurante un progetto di facciata del Duomo di Carlo Buzio (cm 26 × 34) e presente solo in alcuni esemplari. Autore, titolo e incisore occupano la parte bassa delle tavole, in alto a destra è indicato il numero di pagina presso cui va inserita la tavola. Per la ristampa del 1714 (quella da cui è tratta la moderna edizione anastatica Forni) sono stati usati gli stessi rami, pur ormai visibilmente deteriorati.
L'arco qui raffigurato è quello attribuito ad Aurelio Trezzi ed eretto per l'ingresso della regina Margherita nel 1598 ⊳I[8] e segg. Tale arco è situato nella cerchia esterna delle mura, ancor oggi in piedi accanto al suo bastione, ma privo delle porzioni che lo fiancheggiavano. Non so quanto quest'opera venisse a modificare la soluzione precedente perché non trovo raffigurazioni apprezzabili. Nemmeno la pianta prospettica del Lafréry (1573), o l'altra di Hogenberg (1572) offrono un valido riferimento, pur disponendo porta Romana in primo piano. Come dimostrato in VERGA 1911, p. 24, entrambe le piante furono disegnate sulla scorta di un modello

elaborato precedentemente la definitiva costruzione delle mura (non finite segnatamente nei pressi di porta Romana). È questa l'unica spiegazione che possa motivare perché in tali piante (e copie successive, compresa quella allegorica di Nunzio Galizi del 1578 ▹T.9) la porta sia posizionata a sinistra del bastione (diversamente dall'incisione riprodotta in Torre, ma diversamente anche dalle piante di Richino, 1603 ▹T.15 e Barateri, 1629 ▹T.16). Non è pensabile che proprio il rifacimento del 1598 abbia spostato la collocazione della porta: primo perché appare soluzione quantomeno insolita (né alcuna fonte informa in merito), secondo perché sia il disegno planimetrico di Clarici ▹T.15, sia l'altra pianta disegnata successivamente alla costruzione delle mura (estranea però al Lafréry o eventuali copie e contemporaneamente precedente al 1598; *cfr. Il vero disegno*... riprodotto in ARRIGONI 1970, II, p. 103, n. 1371), collocano correttamente porta Romana a destra del bastione che l'affianca.
Si confronti questo disegno con l'altro, sempre di porta Romana, approntato per il passaggio della regina Anna nel 1649 ▹T.52A T.53B, dove decorazioni posticce, presumibilmente in legno e gesso, quasi rendono irriconoscibile l'arco originale.

TAVOLA 7

TAV. 7. Filippo BIFFI, *Castello di Porta di Giove*
incisione di Federico Agnelli, cm 18,5 × 30 [1674]
in TORRE 1674, p. 215, tav. 5.

In alto a destra: 215
Sotto: Filip. Biffi Delin. | CASTELLO DI PORTA DI GIOVE | Agnelli scul.

«È piantato il castello tra le porte Vercellina e Comasina: al tempo antico qui pure era una porta che si chiamava porta di Giove» (GUALDO PRIORATO 1666, p. 9), da cui evidentemente il titolo di quest'incisione che ricorda abbastanza da vicino il grande quadro su medesimo soggetto della collezione civica di cui s'è detto ▷T.3 (particolarmente in riferimento alla carrozza in primo piano a sinistra, similmente disposta, dettaglio che fa supporre che da quello abbia almeno preso spunto). Comunque sia, la componente coreografica di questo particolare momento, forse festivo, che trae vita più dal corso di carrozze che dal castello, ha suggestionato più d'un pittore ▷T.3A T.62. BERTARELLI-MONTI 1927, p. 165, c'informano che l'attività svolta dal carro che innaffia il selciato sulla destra dovrebbe essere un rudimentale servizio di 'bonza', necessario a evitare la polvere alzata dalle carrozze. Le bonze, che oggi sono cisterne contenenti bitume, derivano il nome proprio dalle botti usate per tali operazioni.

TAVOLA 8

TAV. 8. Ioseph GARAVAGLIA, [*Piazza S. Fedele*]
incisione di Federico Agnelli, cm 18,5 × 30 [1674]
in TORRE 1674, p. 293, tav. 7.

In alto a destra: 293
Sotto: A. PALAZZO di Tomaso Marini.
B. Fianco della Fabrica di S. GIO: le Case Rotte.
C. Chiesa di S. FEDELE de' Padri GIESUITI.
D. Casa Professa de' sudetti Padri.
Iosep. Garauaglia Del. | Agnelli scul.

È la piazza di S. Fedele, sostanzialmente immutata ripetto a come appare oggi. Su questa piazza nel 1622 fu eretto un apparato per celebrare la canonizzazione di Ignazio di Loyola e Francesco Saverio ▷T.34. È questo il soggetto che traspare nel dipinto che raffigura i carri sul corso di porta Orientale conservato al Museo di Milano ▷T.5.

Capitolo I

Il «teatro» di palazzo Reale
1598-1599

Vi sono eventi nella storia che non hanno data. Dal diluvio universale alle edizioni 'senza anno' è facile subire l'imbarazzo di situazioni storicamente definite che, per motivi diversi, non tollerano una collocazione cronologica precisa. Tale constatazione, tuttavia, rimane superflua fintanto che non si concede verità anche al suo contrario: vi sono date 'storiche' che – incredibilmente – non hanno eventi.

In altre parole, a parte gli anni dimenticati in cui non sembra essere successo niente, esistono momenti a cui la tradizione storiografica concede dignità di elemento chiave, di svolta sostanziale, e dove invece, in realtà, trionfa il nulla.

Una di queste date è il 1598. Ritenuta fondamentale per lo sviluppo del teatro milanese, ne ha per lungo tempo segnato il confine fra storia e preistoria. Gentile Pagani intitola nel 1884 un suo breve scritto *Del teatro in Milano avanti il 1598*; Paglicci Brozzi, sette anni dopo, fa iniziare la sua narrazione sul teatro milanese del Seicento proprio da quell'anno: *«poiché fino all'anno 1598 esiste la monografia sopradetta, non credo qui opportuno ritornare sullo studio già fatto»*.[1] Ancora, Francesco Somma, sempre in quegli anni, scriveva una storia del teatro di Milano molto attenta alle vicende posteriori al 1598,[2] ma questa, con grande

1. Paglicci Brozzi 1891, p. 7.

2. L'imponente collezione di documenti e libretti sul teatro milanese di Francesco Somma, per suo volere testamentario, è confluita l'anno 1905 nella biblioteca del Conservatorio di Milano. I manoscritti da lui compilati per redigere *«una cronistoria dei teatri di Milano dal 1599 in poi»*, come riferisce nel testamento, sono stati schedati solo di recente; *cfr.* Zecca Laterza 1994. Ebbi modo di consultare i quaderni di Somma prima del loro censimento e, pur constatando l'ampiezza di documentazione raccolta per i secoli xviii e xix, non riuscii ad entusiasmarmi in merito al materiale relativo al Seicento: non solo di poca importanza, ma frequentemente

disapprovazione di Pagani, non fu mai pubblicata: *«C'è bensì in Milano chi possiede copiosi materiali per una storia circostanziata dei teatri regi (1598-1868); ma è deplorevole che dopo dodici anni circa da che fu promessa quella storia non sia ancora venuta alla luce»*.[3]

Tanta attenzione a tale data rimanda a uno scritto erudito del 1759 di Gian Battista Castiglione che ripropone dottamente la storia della censura teatrale operata a Milano dal cardinale Carlo Borromeo, arcivescovo dal 1560 al 1584.[4] Il volume, che ha un apparato critico vastissimo e addirittura un *Indice delle cose più notabili*, riferisce in una delle tante digressioni:

---

scorretto. Purtroppo Barblan 1959 fece ampio uso delle notizie raccolte da Somma (le cui fonti spesso sono taciute) dando voce a tutta una serie di fraintendimenti che trovavano sostegno, da parte di entrambi, nella volontà sciovinista di celebrare le glorie locali.

3. Pagani 1892, p. 690. Pagani, come egli stesso aveva riferito otto anni prima, conosceva da tempo le ricerche di Somma; *cfr.* Pagani 1884, p. 12 in nota. È improbabile che Pagani abbia fatto riferimento all'attività di ricerca di Ludovico Settimo Silvestri resa pubblica nell'Esposizione del 1881, ovvero proprio dodici anni prima (v. *Introduzione*, nota 13): Silvestri era morto nel 1886 e da tempo la sua collezione di libretti non era più a Milano, essendo stata venduta alla Bibliothèque de l'Opéra di Parigi lo stesso anno dell'Esposizione.

4. Carlo Borromeo è stato giudicato, secondo necessità, a volte favorevole a volte contrario al teatro: ancora nel 1748 Daniele Concina ricorre a S. Carlo quale ammirevole fustigatore delle scene (Concina 1752, ampliamento della versione del '48, poi tradotta dal latino in italiano nel 1755); per tutta risposta Giovanni Antonio Bianchi preferirà ricordare Borromeo, insieme a Filippo Neri e Francesco di Sales, esempio di moderazione e tolleranza verso lo spettacolo (Bianchi 1753). Scaturiranno tre opuscoli anonimi (uno per santo) a dimostrare l'infondatezza delle tesi di Bianchi (*Veri sentimenti di S. Carlo...* 1753, *Veri sentimenti di S. Filippo...* 1755 e *Veri sentimenti di S. Francesco...* 1755). Sarà proprio Castiglione 1759 a restituire ragionevolezza alla disputa, ponendosi almeno a parole scarsamente interessato a dimostrare una tesi sull'altra, ma desideroso di chiarire *«tutto ciò che S. Carlo, con l'aiuto de' saggi e scelti suoi ministri, abbia scritto ed operato nella materia degli spettacoli, affinché a ciascuno che legger voglia i documenti da me prodotti sia libero il farne favorevole o sinistro giudicio»* (p. ix). Correttezza documentaria sostanzialmente mantenuta, seppur a tratti disposta a favorire il rigore censorio di Carlo Borromeo. Taviani 1969, infatti, nel suo pregevolissimo scritto, osservò che Castiglione ebbe *«il desiderio di confutare l'opinione* [...] *secondo cui Carlo Borromeo avrebbe assunto un atteggiamento tollerante verso il teatro»* (p. 6 in nota). Vero è che l'arcivescovo era disposto a confrontarsi con un teatro codificato, scritto, il cui contenuto etico potesse essere controllato, giudicato ed eventualmente censurato. Il teatro all'improvviso della commedia dell'arte, la gestualità incontenibile, la corporeità esibita e spontanea, era tutto ciò che Borromeo aborriva: a prescindere dalle reali potenzialità eversive, era comunque un'espressione che sfuggiva a qualunque controllo e, per ciò solo, immorale.

> Il primo stabilimento del teatro nella ducal corte seguì l'anno 1598, quando vi fece la solenne entrata l'arciduchessa Margherita di Austria [...] superiore a ogni altro sì per la magnificenza nella mole e sì per ingegno nell'arte fu il teatro preparato per la festa di un ballo che alli 2 di decembre vi si fece, e per commedie e rappresentazioni che in appresso far si dovevano.[5]

Da qui la storia seguente. Accolto tradizionalmente il nome di *«Salone Margherita»*,[6] questo gran *«teatro»* si ritrovò a ospitare per tutto il Seicento commedie, drammi musicali e opere in musica, dominando – si è detto – il panorama teatrale e musicale di Milano.

In realtà, come per l'irreale paese di Uqbar raccontato da Borges, si è creata attorno a questa sala una letteratura in gran parte fittizia che è riuscita persino a collocare con discreta precisione inesistenti lavori di restauro e titoli di opere e commedie all'interno di un ambiente che oggi stenteremmo a definire un teatro e che, se mai ospitò spettacoli teatrali, lo fece solo in poche occasioni solenni; una letteratura che alla fine è sembrata tributare alla costruzione dell'edificio quell'incentivo creativo destinato a sfociare nelle glorie milanesi del melodramma settecentesco, quando invece gli incentivi furono certamente altri.

Tutto questo discorso per giustificare una scelta: anche questo lavoro comincia dal 1598. Con qualche imbarazzo, certo, ma necessariamente obbligato a rivolgere un tributo alla critica storica (non alla Storia), una 'professionale' attenzione alla parzialità, motivata dall'esigenza di correggere un errore e restituire coerenza, per quanto possibile, alla nascita dell'opera in musica a Milano – consapevole che tale data non si possa considerare spartiacque o peggio anno zero del teatro d'opera locale.

ENTRATA SOLENNE DELLA REGINA MARGHERITA

Per i milanesi del tempo, invece, il 1598 fu un anno memorabile ma per altri motivi. I libri di storia si prodigheranno a ricordare l'annessione al ducato

5. CASTIGLIONE 1759, pp. 22-23 in nota.

6. *«Veniva pure chiamato* [...] *"Salone Margherita"»* riferisce MEZZANOTTE 1915[a], p. 20, ma non si dice da chi, né dove egli abbia trovato tale indicazione. Non ho trovato alcuna fonte che nomini in tal modo il presunto teatro. Qui lo si chiamerà sempre *salone di corte*, l'accezione più comune nel Seicento dopo quella di *teatro* (che invece crea fraintendimenti).

di Milano del marchesato di Finale (movimento politico che fra aristocratici spagnoli e milanesi avrà interessato sì e no una ventina di persone in tutto); e i testi più dettagliati riusciranno poi a far rientrare negli affari della città anche la pace di Vervins fra Enrico iv di Francia e Filippo ii re di Spagna e quindi duca di Milano. Nemmeno la morte di Filippo ii – del grande Filippo di tanta letteratura romantica – turbò oltremodo i milanesi.[7] Un re si sostituisce più in fretta di un papa, e le celebrazioni per i funerali (quelle che avrebbero potuto essere il vero avvenimento sociale del momento) furono offuscate da un'altra circostanza da tempo programmata: l'arrivo in città – questo sì solenne e grandioso – della regina Margherita d'Austria, sposatasi qualche giorno prima col nuovo re Filippo iii. In tale occasione, riferiscono le cronache, fu necessario contenere ufficialmente il delirio del popolo.[8]

Fu nell'ambito di queste celebrazioni che il governatore Juan Fernandez de Velasco, connestabile di Castiglia,[9] fece erigere un sontuoso salone all'interno di palazzo Reale, simbolo laico della supremazia spagnola sulla chiesa milanese e ulteriore ostentazione di ostilità di quel governatorato contro il potere ecclesiastico.

Per cogliere il valore politico dell'erezione di questo edificio bisogna fare un passo indietro. Fin da Carlo Borromeo l'arcivescovo a Milano, per i vincoli romani e il prestigio locale, era l'unica figura che veramente poteva opporsi al potere regio. Filippo ii, ben consapevole della situazione, cercò sempre di evitare il conflitto diretto con la curia, controllando per quanto possibile che l'operato dei suoi governatori non interferisse con quello ecclesiastico.[10] L'or-

7. Poverissime le informazioni sugli atti ufficiali legati alle esequie, presumibilmente fatte in sordina per non compromettere l'imminente ingresso della regina Margherita. L'unica pubblicazione milanese che le ricordi è la *Vera relatione…* 1599 tradotta dallo spagnolo da Girolamo Rigone – edizione ignota a Grandis 1995 che pure segnala (p. 661 in nota) alcune fonti manoscritte conservate in I-Mt.

8. *«Quando poi gionse l'aurora del giorno prefisso, vota quasi sarebbe rimasta la città et fuor delle mura per molti miglia le si sarebbe fatta incontro; ma [fu] pubblicato un ordine che per degni rispetti niuno ardisse d'uscire fuori»*, si legge in *Apparato…* 1598, p. 33.

9. Due volte governatore: dal maggio 1592 all'aprile 1600 e dall'ottobre 1610 al maggio 1612; per un elenco dei governatori di Milano *cfr.* Bellati 1776 e in merito al periodo preso in considerazione in questo studio v. la scheda in fine capitolo sulla scorta di Arese 1970 ▷s.1.

10. *«Il Borromeo col mezzo della religione gli manteneva fedele e quieto lo Stato di Milano senza bisogno di tanti soldati»* è scritto negli atti di beatificazione di S. Carlo; frammento riportato da Pagani 1884, p. 30.

goglio di Velasco, personaggio molto ben sostenuto sia a Roma che a Madrid, non riuscì però a essere ammorbidito e con Federico Borromeo, la cui levatura culturale poteva realmente contrapporsi al potere del governo, si aprì la strada a interminabili ripicche.

Insediato arcivescovo, Federico affronta da subito una questione 'sostanziale': fa togliere il tronetto del governatore dall'altare maggiore del Duomo – tronetto espressamente imposto qualche anno prima dallo stesso Velasco che aveva dovuto smuovere papa Sisto V per contrastare le opposizioni dei canonisti milanesi.[11] Le ostilità successive sono storia e non è necessario ribadirle,[12] ma è in questa politica così devota alle forme che si colloca la costruzione della nuova sala.

D'altra parte la volontà di Federico di proseguire la crociata censoria contro gli spettacoli teatrali, tanto auspicata da Carlo, ammirato predecessore, dava il destro a Velasco per esprimere il suo favore incondizionato verso le commedie, con grande disappunto della curia tutta. Le controversie fra arcivescovo e governatore sono raccontate con la solita dovizia di documenti dal citato Castiglione che, alla fine del suo lungo *excursus* sulla scarsa propensione teatrale di Carlo, dedica un'appendice di quindici pagine al non meno drastico nipote Federico.[13]

Il nuovo arcivescovo, neanche un anno dopo l'investitura chiede a Velasco che venga scrupolosamente controllata la produzione teatrale dello Stato affinché non dilaghi il turpe vizio di mettere in scena ovunque – e persino durante

11. Il tronetto fu collocato durante l'episcopato di Gaspare Visconti (1582-1595), quasi un interregno fra i due grandi Borromeo. Una delle principali fonti delle varie controversie fra arcivescovo e governatore è il *Quaderno*... 1597, una raccolta di lettere, memoriali e documenti vari sui temi del disaccordo. Il libro, curato sotto gli auspici di Velasco, si rivela necessariamente di parte nella scelta del materiale, ma non per questo meno interessante: alle pp. 116-124 si parla anche del tronetto in Duomo con tanto di piantina dettagliata del perimetro dell'altare maggiore.

12. BELLATI 1776, p. 6, nelle brevi note che accompagnano la cronologia dei governatori, ritiene opportuno ricordare che «*il contestabile di Castiglia provvidamente istituì la carica di assistente regio nelle congregazioni, consorzi, confraternite e simili; e segnò diversi editti in sostegno della reale giurisdizione e dei supremi diritti del sovrano, specialmente contro le abusive pretese delle curie ecclesiastiche palliate col manto della Chiesa. In questa materia fu stampato nel 1597 un libro intitolato:* Quaderno de varia escrituras en las diferencias de iurisdiciones ecclesiastica y real del Estado de Milan», di cui ho accennato sopra. Per una storia più circostanziata v. BENDISCIOLI 1957, pp. 314-318.

13. CASTIGLIONE 1759, pp. 165-180, a cui rimando per ulteriori approfondimenti. Intanto v. la sintesi qui proposta ▷s.4.

le messe – disdicevoli rappresentazioni di comici girovaghi. Velasco si limita a confermare, con qualche ulteriore precisazione, le prescrizioni del governatore Carlo d'Aragona che lo aveva preceduto, preoccupandosi di ribadire il suo incondizionato appoggio ai commedianti: *«Essendo cosa non men debita che degna et convenevole l'aiutare et favorire quelli che col loro virtuoso studio procurano il beneficio particolare, con sodisfatione del publico in generale»*.[14] Sostanzialmente non si potranno recitare commedie a Natale, a Pasqua, di venerdì e nelle feste religiose, durante lo svolgimento delle messe, dei vespri e delle compiete, e si eviteranno argomenti religiosi o disdicevoli, sottoponendo comunque il testo di queste commedie a due funzionari regi per essere approvato.

Federico però non è soddisfatto e poco dopo pubblica un suo editto contro *«ciurmatori, cerretani e commedianti»*[15] entrando inevitabilmente in contrasto con le volontà di Velasco che non ha alcuna intenzione di prendere in considerazione posizioni diverse. L'arcivescovo trascina la questione a Roma, inviando una lettera a Clemente viii. Estremamente seccato da questo ulteriore fastidio, il papa scrive a Filippo ii in data 15 ottobre 1596 affinché si occupi lui della faccenda, convincendo Federico di aver diligentemente sottolineato la pericolosità di questi spettacoli forieri di ogni sorta di vizio. Anche Velasco scrive al re ma per esprimere un punto di vista appena differente.[16] Filippo ii non ha grossa difficoltà ad appoggiare il suo governatore sostenendo salomonicamente che le commedie non sono di per sé un peccato e che qualunque giudizio si sarebbe dovuto formulare caso per caso. Senza darsi per vinto, il primo febbraio 1597 Federico scrive personalmente al re enumerando gli sfasci del milanese provocati da ministri regi così poco propensi a osservare i giusti consigli dell'arcivescovo, non trascurando di inorridire di fronte al dilagare dei pubblici spettacoli.[17]

14. Dall'editto di Velasco del 13 maggio 1596, riportato in: *Quaderno...* 1597, p. 257; Castiglione 1759, p. 165; Muoni 1859, p. 125 con l'erronea data del 1645; Pagani 1884, p. 41 che rettifica l'errore di Muoni; e Paglicci Brozzi 1891, p. 55 che, sulla scorta di Muoni e dimentico di Pagani, ripropone nuovamente il 1645, provocando il disappunto di Sanesi 1938, pp. 45-47.

15. Castiglione 1759, p. 168; l'editto è citato in Rivola 1656, p. 209.

16. Il memoriale di Velasco è integralmente contenuto in *Quaderno...* 1597, pp. 1-92; il frammento relativo alle commedie è qui tradotto ▷a.1.

17. L'ampio passo relativo a commedie e commedianti è citato da Castiglione 1759, pp. 169-170 e riportato con traduzione in Taviani 1969, pp. 40-43.

Visto il disinteresse di Filippo II, l'erede spirituale di Carlo decide allora di eternare il suo pensiero facendo scrivere al suo vicario generale monsignor Antonio Seneca[18] un breve ma succoso trattato contro le commedie e in generale contro qualunque forma di spettacolo.[19] Anche questa volta, però, il suo disappunto non sembra avere molta fortuna e comprendendo la scarsa compatibilità col governatore, Federico decide nell'aprile 1597 di prendere la strada di Roma rifiutandosi di far ritorno a Milano fino al giugno 1601 quando ormai, morto Filippo II, la situazione politica sarà completamente mutata: Velasco è stato sostituito dal conte di Fuentes e il nuovo governatore appare già ampiamente istruito a evitare qualunque scontro coll'arcivescovo e la chiesa in generale.[20]

EREZIONE DEL SALONE DI CORTE

Partito Federico, Velasco ha però libero gioco per progettare la giusta rivalsa contro l'assente guida spirituale di Milano. L'occasione propizia non tarda a venire: donna Margherita d'Austria, figlia di Carlo arciduca di Stiria, nipote diretta di Ferdinando I d'Asburgo (qualcosa come il defunto imperatore del Sacro Romano Impero), dovendo raggiungere a Madrid il futuro sposo, nonché futuro sovrano di Spagna, nel suo lungo quanto ostentatamente regale viaggio farà tappa a Milano.

L'arrivo è previsto per la fine del 1598 e la città deve rifarsi il trucco. Ai primi di luglio Velasco chiama il conte Mandelli, vicario di provvisione, gli riferisce la notizia dell'imminente arrivo della principessa e gli ordina di riunire i Sessanta decurioni affinché decidano cosa fare in merito.[21] Il 9 luglio il Con-

18. Già vicario di Carlo, sulla sua vita si dilunga il solito CASTIGLIONE 1759, pp. 171-172.

19. Riportato integralmente in CASTIGLIONE 1759, pp. 172-180 e, con traduzione, in TAVIANI 1969, pp. 109-116; il manoscritto (che PAGANI 1884, p. 42, dice a stampa) sarebbe conservato secondo Castiglione in I-Ma.

20. Ma anche da Roma le controversie continueranno su aspetti di carattere più strettamente politico-economico; in merito *cfr.* FORMENTINI 1878. Per una raccolta ampia e documentata dei vari scritti contro lo spettacolo apparsi in Italia fra Cinque e Seicento v. il prezioso volume di TAVIANI 1969.

21. Nell'ambito di una struttura governativa sostanzialmente spagnola, Milano godeva di alcune istituzioni propriamente municipali ⊳s.2. Le due più importanti erano il consiglio dei Sessanta decurioni (o Cameretta) e il Tribunale di provvisione presieduto da un vicario. Pur

siglio generale stabilisce che il Tribunale di provvisione dovrà eleggere sei delegati fra i Sessanta perché stabiliscano un piano cerimoniale adeguato.[22] I sei presentano una proposta per il 28 corrente che prevede di rifare in pietra l'arco di porta Romana da dove sarebbe entrata la principessa, erigere altri due archi sul suo percorso fino a piazza del Duomo, e fare una spianata fuori dalla città perché duecento giovani nobili vestiti di bianco e oro abbiano modo di accogliere la principessa; vi saranno anche dodici ambasciatori della città e venti cavalieri vestiti di rosso e oro.[23]

Non si parla assolutamente della costruzione di alcun nuovo edificio, né a palazzo né altrove. I possibili documenti che avrebbero dovuto ordinarne il progetto sembrano scomparsi. Si intuisce che il salone fu una volontà precisa di Velasco che, senza farsi troppo consigliare, lo inserì nelle opere di ristrutturazione di palazzo, escludendo ogni cerimonia. L'estensore dell'ampia descrizione di questo solenne ingresso, in merito alla costruzione specifica: *«si può dire, che*

subordinati al governatore, erano gli unici strumenti che la città aveva per far valere il diritto locale, essendo costituiti prevalentemente dall'aristocrazia milanese (si colga la parzialità tutta risorgimentale di un articolo, per esempio, come quello di Formentini 1878 per cui tutto il male del governatorato spagnolo era, per quanto possibile, compensato dalla ragionevole lungimiranza ambrosiana della Cameretta). Per una sintesi delle loro competenze *cfr.* Bendiscioli 1957, pp. 96 e segg.; più circostanziato sebbene non recentissimo Visconti 1913, pp. 409-430; per un adeguato aggiornamento Petronio 1972 e, filtrato da un'osservazione più problematica, Signorotto 1996; v. anche Arese 1965 e 1970.

22. I-Mt, *Dicasteri*, cart. 26 ▹d.2. I verbali del Consiglio dei lx decurioni (ex Consiglio generale, anche chiamato Cameretta in relazione al luogo dove si riunivano) dal 1554 al 1796 sono ivi custoditi (cartt. 8-132). La trascrizione delle rubriche di ordinazione di questi verbali (in pratica ciò che era stato deciso) è raccolta cronologicamente in cinque volumi mss. compilati in questo secolo da un archivista dell'I-Mt. Esiste *ibidem* anche un codice della seconda metà del xvii secolo che per gli anni 1550-1650 raccoglie le rubriche per soggetto: s'intitola *Indice degli ordini della città di Milano* ed è catalogato come *Cod. Triv.* 1354. Da questo, alla voce *«Apparati»*, sono risalito all'ordinazione del 1570 che riferisce come in quell'anno le spese per un ingresso reale siano state per la prima volta a carico della municipalità e non del governo spagnolo: *«Che si faccia intendere a S.E. che la città non è mai stata solita in simile occasione di far fare i torneamenti, combattimenti e commedie, ma che si sogliono fare dalla regia Camera tali spese / Che in quanto alle compagnie de' vestiti di bianco e vestiti di rosso ciò non è mai stato fatto dalla città ma bensì d'ordine di S.E. ossia dai governatori pro tempore e che per ciò è conveniente che proceda un tal ordine»*; *cfr.* I-Mt, *Dicasteri*, cart. 15 (4.iv.1570).

23. I-Mt, *Dicasteri*, cart. 26 ▹d.3. In realtà poi gli archi eretti saranno sette, quattro in più di quelli previsti.

prudentissimo architetto ne sia stato l'eccellentissimo signor contestabile»,[24] ovvero il

24. *Apparato*... 1598, p.n.n. 39. È una pubblicazione costituita da: frontespizio (p. 1); dedica al conte di Haro, figlio di Velasco, datata 6.XII.1598 e firmata da Guido Mazenta (pp. 3-4); descrizione degli apparati (pp. 5-32); *Entrata Reale* (pp. 33-38) e *Teatro Reale* (pp. 38-42). Esiste un'altra edizione dell'anno successivo, in alcuni esemplari priva dell'ultima sezione intitolata *Teatro Reale*. Generalmente quest'opera è attribuita a Guido Mazenta, il firmatario della dedica, ma se capisco bene sono almeno due i redattori della relazione. La prima parte, rivolta alla descrizione degli apparati, è scritta da colui che li ha progettati; si legge infatti che essendo *«cosa molto bisognevole il dar particolar ragguaglio del modo che si poteva tenere nell'abbellire alcuni luoghi più nobili della detta città nell'occasione di tale accoglimento, a questo carico sotto entrai io per ubbidire al Tribunale delle provigioni et alli signori eletti dal Consiglio generale»* (p. 5) e di seguito vengono descritti gli archi e gli apparati. Si potrebbe supporre che l'incarico fosse relativo alla sola descrizione, ma nella seconda sezione intitolata *Entrata reale* si legge: *«passò sua maestà per archi grandissimi, sontuosissimamente ornati d'oro, di statue e di concetti varij già descritti dall'autore di quelli, il quale per molta gratia ha havuto di puotere alla sua patria con ogni suo studio et fedeltà in tale occasione nobilmente servire»* (p. 36). Ci si riferisce chiaramente alla parte precedente come redatta da un altro, con tutta probabilità l'architetto. Mazenta se ha compilato l'una non può aver steso l'altra (ma è anche probabile che si sia limitato a firmare la dedica). Non mi risulta che Guido Mazenta fosse architetto (mentre lo era il figlio Giovanni Ambrogio) e neppure risulta ad ARGELATI 1745, col. 895.E e segg., che al più lo suppone competente in idraulica, sulla scorta di una sua pubblicazione sulla possibilità di rendere navigabile l'Adda. Se (Gianni) MEZZANOTTE 1961, p. 232, parla di sfuggita dei due architetti *«Mazenta, Guido e Giovanni Ambrogio»* è perché probabilmente fraintende alcuni passi – che effettivamente possono trarre in inganno – di (Paolo) MEZZANOTTE 1957, dove Guido Mazenta, prefetto di S. Lorenzo, è coinvolto in questioni architettoniche sul restauro della sua chiesa. Recentemente RICCI 1993, p. 181, riferendosi a queste feste, ha ritenuto Mazenta *«responsabile con il fratello dell'invenzione degli apparati e della regia del cerimoniale»*. Chi sia il fratello a cui si riferisce mi è ignoto, né MEZZANOTTE 1961, la fonte dichiarata di questa notizia, è di ragguaglio, ma anche senza fratello l'affermazione per cui sia Mazenta l'architetto rimane da dimostrare. È invece probabile che il testo dell'*Entrata* e del *Teatro* siano di Mazenta e la descrizione degli apparati dell'architetto preposto. MEZZANOTTE 1915[a] fa tuttavia alcune ipotesi circa l'erezione del salone (v. oltre) e in merito agli apparati (fra cui è prevista l'erezione in muratura di un rinnovato arco per Porta Romana) riferisce (p. 9) che una nota ms. in I-Mt, *Famiglie*, cart. 118, attribuirebbe la costruzione dell'arco ad Aurelio Trezzi. La nota esiste tuttora ma non è identificabile la fonte di tale notizia. Attualmente non verificabili, per inagibilità della biblioteca, le ipotesi circa un disegno d'arco conservato i I-Ma, F 251 inf., n. 2, che COGLIATI ARANO 1975, p. 8, attribuisce a Lorenzo Binago e ritiene eretto per le celebrazioni della regina Margherita, e che RICCI 1993, p. 181, preferisce destinare a quelle degli arciduchi d'Austria del 1599 (per approfondimenti ▷T.45). Un'ultima precisazione: Mazenta, che MEZZANOTTE 1915[a], p. 8, giudica semplice cronista, non faceva parte – come detto – dei sei deputati per la cerimonia, non figurando fra i nomi dei sei eletti (*cfr.* I-Mt, *Dicasteri*, cart. 26,

governatore Velasco, a cui viene attribuita non la paternità materiale della sua realizzazione,[25] ma certamente l'azione propositrice.

Il salone sarà ricordato da Fermin Lopez di Mendicorroz, in un suo scritto del 1625 sulla vita di Velasco, di tale stupore *«que puede competir con qualquiera de los famosos destos tiempos»*.[26] Fonte ufficiale e specchio della sua sontuosità rimane però la cronaca.

> Quadrata è in somma la detta fabrica, la quale col nome di teatro è lecito di nominare essendosi dimandato teatro, benché triangolare fosse et non semicircolare quello che anticamente era in Milano fabricato da gl'imperatori. E lungo piedi cento quaranta e largo piedi ottanta sette[27]

Confrontando una pianta di palazzo precedente il 1598 e una successiva, si nota che l'edificio fu ricavato restringendo una parte del giardino, nello stesso luogo dove, quattro anni prima, furono allestite le scene per *Il precipitio di Fetonte*, l'ultima memorabile festa musicale.[28] Come si riferisce, una fila delle colonne del salone era di granito e l'altra di legno, giustificando l'estrema rapidità di costruzione (le colonne di pietra essendo originariamente quelle del porticato).[29]

9.vii.1958) e d'altra parte diventerà decurione solo due anni dopo (*cfr.* Arese 1965, p. 192). Su Mazenta v. anche Isella 1993, pp. 144-145.

25. Come ritiene Castiglione 1759, p. 25, interpretando un po' troppo letteralmente questa frase del cronista.

26. Lopez di Mendicorroz 1625, p. 136; v. il frammento qui tradotto ▷a.2.

27. *Apparato*... 1598, p. 39. Il piede milanese era pari circa a cm 43,5 (*cfr.* Martini 1883, p. 350, ovvero ▷s.11), per cui il salone dovrebbe misurare circa m 61 × 38; si tratta di un rettangolo aureo quasi perfetto (tenendo conto dell'arrotondamento) e in effetti anche sulla pianta seicentesca di palazzo Reale ▷t.11 si riscontrano le proporzioni di un rettangolo aureo (benché la nave centrale sia decisamente disassata). Tuttavia, confrontando queste misure con la scala del disegno, ci si accorge che l'estensore ha ecceduto un po' rispetto al reale. Le misure dovrebbero infatti aggirarsi intorno a piedi 100 × 62 circa (ovvero m 43,5 × 27). In effetti, confrontando il disegno dello spaccato del salone ▷t.27, ci si accorge che se le dodici colonne disposte sul lato lungo occupassero uno spazio di 100 piedi, ciascuna colonna sarebbe alta 20 piedi (m 8,7), esattamente come qualche riga più in basso è detto nella cronaca: *«le cui colonne sono lunghe piedi vinti et la metà di quelle sono di granito»*.

28. Grande spettacolo voluto sempre da Velasco. *Cfr.* Pagani 1884, pp. 16-17; Vianello 1941, pp. 37-38 e 91-94, Barblan 1959, pp. 951-952, Ferrari Barassi 1984 e Ricci 1993.

29. A quanto dice Lopez di Mendicorroz 1625, p. 136, il salone fu eretto *«en los pocos dias que el Condestable estuvo ausente»*, ovvero nei giorni in cui Velasco si era allontanato da Milano per omaggiare la principessa Margherita in sosta a Ferrara prima di raggiungere Milano ▷a.2.

La testa della sala verso la corte principale ospiterà il palcoscenico,[30] mentre sul lato opposto una loggia – con trono e baldacchino – disposta su un portichetto è destinata alla principessa.[31]

Un disegno, ritrovato da Mezzanotte in Ambrosiana, restituisce uno spaccato dell'interno del salone:[32] si tratta di una sezione longitudinale perfettamente coincidente con la descrizione della cronaca:

> Appoggiati a questi pilastri sono trentadue termini di rilievo maggiori del naturale, ciascuno de quali sostiene con ambe le braccia due candeglieri, et tutti sono coperti con metallo.
> Sopra i detti pilastri sono imposti gli archi che sostengono la volta del teatro, la quale è fatta di legno[33]

Ricchissime le decorazioni e gli affreschi: tre scene mitologiche sul soffitto rappresentano una giovane fra fiori e divinità, un bimbo circondato dalle ninfe, e la stessa principessa accompagnata dalla Religione e dalla Carità. Ancora sul soffitto un'aquila e la Fenice ritrovata, Apollo con le muse, Prometeo fra le arti liberali, e tutt'attorno una serie di diciotto rappresentazioni simboliche.

Pur sapendo che i lavori per il salone furono controllati dal figlio di Velasco, il conte di Haro, nei pochi giorni che il padre era a Ferrara,[34] non viene riferito il nome di alcuno che abbia contribuito a questo capolavoro, né pittori, né decoratori, né architetti; citando solo Camillo Schiaffenati[35] quale autore del

30. *«Il palcoscenico si rizzava in uno spazio rettangolare nel fondo, terminato con nicchia, che accentuava la somiglianza colle antiche basiliche. [...] ne abbiamo fra le carte del Bisnato uno schizzo a matita, però del tutto incompleto»*, MEZZANOTTE 1915[a], p. 20; questo schizzo, l'unico che riferirebbe della posizione del palcoscenico, sarebbe in I-Ma, *Raccolta Ferrario*, ma non ho avuto modo di confrontare personalmente tale preziosissima fonte. Alessandro Bisnato o Bisnate è uno degli architetti che ha contribuito ai lavori di restauro del teatro nel 1613 (v. *infra*).

31. Ancora visibile nell'incisione di Gherardini del 1630 ▷T.61.

32. MEZZANOTTE 1915[a], p. 20 e *ibidem* fig. 6 fuori testo ▷T.27. La figura è stata datata 1613 ma, se non vi sono dubbi che si tratti del salone non è dato sapere quando il disegno fu fatto, forse potrebbe trattarsi del disegno usato per la costruzione (1598).

33. *Apparato*... 1589, p. 39. I *«rilievi»* nel disegno sono dodici e non trentadue perché appartengono a uno solo dei quattro lati del teatro.

34. Così rifersce CASTIGLIONE 1759, p. 25, probabilmente sulla scorta della *Breve*... 1598, p. 12, dove si dice esplicitamente: *«il theatro, le sale, camere, gallerie et altre cose antiche et nuove che l'eccellentissimo sig. conte di Haro haveva fatto condegnamente ornare e ordinare, S.E. absente»*.

35. Colui che poi firmerà gli intermezzi dell'*Arminia* del 1599. Per ulteriori informazioni su Schiaffenati *cfr.* QUADRIO 1752, II-2, p. 63, IV, p. 115 e Indice, p. 68; v. anche ARGELATI 1745, col. 1303.

testo di una delle tante iscrizioni di cui era ricco il salone. Fortunatamente però altre fonti colmano la lacuna. Carlo Torre, nel suo *Ritratto di Milano*, una specie di guida Touring del 1674, descrivendo le meraviglie della sala, precisa che:

> la soffitta della nave di mezzo restò dipinta dal Duchino, effigiando l'Insubria sedendo in verde pianura contemplatrice d'un ciel sereno colmo di deità gentilesche[36]

Tre quarti di secolo dopo quindi, con spirito patriottico, Torre preferisce scorgere nella floreale fanciulla l'Insubria, ovvero la Lombardia, quando Lopez di Mendicorroz cinquant'anni prima non aveva dubbi nel vedervi la stessa regina;[37] in ogni caso ciò che conta è la paternità pittorica. Il Duchino, ovvero Camillo Landriani, è pittore di discreta fama, soprattutto per i suoi dipinti del Duomo, e fu apprezzato in vita per i suoi allestimenti scenici.[38]

Altre decorazioni e rifiniture furono opera di Valerio Profondavalle, e sempre sua è la mano che ha dipinto la struttura del palcoscenico e i fondali delle cinque scene di cui si componeva la prima commedia ospitata nel teatro.[39]

---

36. Torre 1674, p. 363.

37. Mezzanotte 1915[a], p. 21, ritiene, sulla scorta della cronaca, che Torre sbagli clamorosamente in questa attribuzione; in realtà il testo del 1598 non chiarisce in alcun modo l'identità della fanciulla, per cui ogni opinione rimane legittima.

38. Manca uno studio specifico su Landriani. Riferisce di lui Borsieri 1619, pp. 64-65: «*È morto, ha poco tempo P. Camillo Duchino già secolare d'Ottavio Genovese. Costui era ingegnosissimo per giostre e per tornei, buono ne' ritratti e (ciò ch'era più degno di stupore) di tal ingegno che contro il costume degli altri pittori andava migliorando mentre invecchiava. Egli è ben vero che ciò procedeva per buona parte dalla compagnia di Girolamo Grosso, che soleva dipingere con lui e stimarsi degno pittore*»; su i dipinti del Duchino in Duomo *cfr.* Ward Neilson 1969 dove sono riportate tre tavole in b/n di suoi lavori. Una sintesi sul pittore, anche bibliografica, è in Isella 1993, pp. 351-353.

39. *Cfr.* ASM, *Autografi*, cart. 106, fasc. 11 ▷d.7. Pittore di corte almeno fino al 1598, Valerio Profondavalle è anche l'autore della serie dei governatori dipinta nel 1594 nel portico del giardino e conseguentemente inglobata nel salone; *cfr.* ASM, *Autografi*, cart. 106, fasc. 11 ▷d.1. La serie è ampiamente descritta da Torre 1674, pp. 363-383: «*Se volete rimirare de' governatori nostri le naturali fattezze, eccole tutte disposte in dipinti quadri sotto i laterali portici* [*del salone*]». La serie, per quanto sono riuscito a sapere, è andata purtroppo dispersa nei vari rifacimenti del palazzo, accidente tanto più spiacevole in quanto di molti governatori non è rimasta alcuna memoria iconografica. È tuttavia probabile che i piccoli e generici ritratti pubblicati in Monti 1667 ▷t.74, una sintetica cronologia dei governatori milanesi, siano copie – almeno per i governatori di più antica data – di questi «*dipinti quadri*» di Profondavalle, non potendo imma-

Minori certezze coinvolgono invece i possibili architetti o ingegneri (allora non vi era distinzione fra le due professioni). Mezzanotte ritiene di averli individuati in Tolomeo Rinaldi e Giovanni Battista Clarìci perché entrambi i nomi, quali ingegneri di palazzo, sono sempre presenti nei sopraluoghi e nelle stime dei lavori fatti intorno al salone,[40] d'altra parte non vi è alcun documento che confermi un loro reale coinvolgimento nella progettazione.[41] Secondo Barblan, invece, artefice è Antonio Maria Prata che, comparendo ripetutamente in alcuni mandati di pagamento per vari lavori a palazzo legati all'arrivo della regina, avrebbe avuto modo di prodursi anche nel salone, ma questo non autorizza necessariamente a pensare che fosse anche il progettista.[42]

INAUGURAZIONE E SPETTACOLI

Il 13 novembre 1598 la principessa Margherita arriva a Ferrara e due giorni dopo si unisce in matrimonio per procura con Filippo III,[43] diventato da poco re per l'improvvisa morte del padre avvenuta il 13 settembre di quell'anno. La cerimonia di nozze è celebrata da papa Clemente VIII che contemporaneamente consacra anche l'unione dell'infanta Isabella, sorella di Filippo III, con l'arciduca Alberto d'Austria, figlio di Massimiliano II, anch'egli nipote di Ferdinando I. Per l'occasione l'arciduca aveva dovuto abbandonare l'abito cardinalizio, con tanto di sacra approvazione papale, per perpetuare quella tradizione così mal vista dalla Francia che voleva il Sacro Romano Impero tenuto insieme dai vincoli di sangue, malgrado la pace di Augusta.[44]

---

ginare da quale altra fonte Silvestro Curletti, l'incisore e marito (all'epoca già morto) dell'autrice Antonia Monti, possa aver ricavato il ritratto.

40. Per notizie su i due architetti v. MEZZANOTTE 1915[a], pp. 11-12. Clarici è l'autore della prima pianta planimetrica di Milano, disegnata verso il 1580 ▷T.15.

41. Il nome di Aurelio Trezzi, a cui l'archivista Pagani – secondo VIANELLO 1941, p. 96 – avrebbe attributo il progetto del salone, è saltato fuori per un fraintendimento in merito ad alcune precisazioni di MEZZANOTTE 1915[a], p. 9, sul rifacimento di porta Romana ▷I[24].

42. *Cfr.* BARBLAN 1959, p. 952; e ASM, *RcS*, XXII.42, in part. le carte 18v, 19v ▷D.4 D.6, ma anche le carte 29r e 49r. Da questi mandati non si riesce, come vorrebbe PAGLICCI BROZZI 1891, p. 15 in nota, a ricavare la spesa esatta elargita per il salone, essendo spesso i soldi stanziati, comprensivi di vari lavori fatti in tutto il palazzo.

43. *Cfr. Felicissima...* 1598.

44. Si osservi con quale sistematicità le case di Spagna e Austria combinavano matrimoni fra di loro ▷S.3

Il 30 novembre, finalmente, Margherita con tutto il seguito entra a Milano acclamata regina.[45]

> Parve punto all'hora che anco il Sole, apparecchiandosi questa novella Aurora di voler entrare, tutte le nubi oscure dissolvesse et che Milano divenuto fosse di tutto il mondo amplissimo theatro[46]

La grande gioia che avrebbe dovuto accoglierla è almeno formalmente smorzata dalla notizia della morte di Filippo ii. La cerimonia, malgrado il lutto, non subisce grandi mutamenti. Sono soppresse alcune feste programmate all'interno del salone,[47] e sembra che la regina non fosse particolarmente ansiosa di permettere un'adeguata inaugurazione del nuovo edificio. Riferisce infatti Castiglione che, secondo un manoscritto anonimo da lui consultato, la novella sposa

> non volle mai assistere a' giuochi, a' tornei, a teatri per essa preparati, adducendo sempre per scansarsene qualche scusa legittima o apparente, come era la morte di Filippo ii suo suocero o quella di sua sorella la regina di Polonia. Per non rifiutare tutte le grazie per lei destinate dal governatore si accontentò che si recitasse dagli scolari di Brera una tragicommedia latina rappresentante il caso di quel re che, superbo, fu umiliato dall'angelo andato a' bagni, e raccontato da S. Antonino, e ad essa assistette con suo giubilo[48]

45. *«Per l'ultimo di novembre»* riferisce *Apparato...* 1598, p. 33, non quindi *«ai primi di novembre»* come dice Barblan 1959, p. 952. Per l'occasione fu coniata amche una medaglia ▷t.75

46. *Apparato...* 1598, p. 33.

47. *«Fin'hora [il salone] non ha potuto per il duolo della morte del potentissimo re nostro signore a festa alcuna pubblica servire»*, *Apparato...* 1598, p. 38; *«fin'hora»* s'intende una data compresa fra il 30 novembre (arrivo della regina) e il 31 dicembre, visto che l'*Apparato* ha come data di pubblicazione il 1598.

48. Castiglione 1759, p. 26; che fa riferimeno ai manoscritti (ora conservati in ARSI) utilizzati per compilare le pubblicazioni periodiche della Compagnia; nel particolare il passo è contenuto in *Annue... mdcxcviii* 1607, pp. 102-103 ▷a.3. Il *«caso di quel re»* rimanda al racconto intitolato *Rappresentazione del re superbo*, più volte ripubblicato fra Siena e Firenze. Di questa piuttosto laica sacra rappresentazione d'autore anonimo Cioni 1961, pp. 260-263, elenca 16 fra ristampe e nuove edizioni, a cui *Sacre...* 1988 ne aggiunge un'altra (n. 676) e un manoscritto (n. 13). Il testo è stato edito modernamente in Bonfantini 1942, pp. 621-655, e precedentemente in D'Ancona 1872, iii, pp. 175-198, che nell'interessante premessa ricostruisce le origini antichissime e orientali di questa favola, segnalando le varie trasformazioni delle redazioni successive fra cui anche quella di S. Antonino, contenuta nella seconda parte

Conoscendo la devozione della regina, ampiamente raccontata sempre da Castiglione, non stupisce più di tanto questa ostentata bigotteria contro il teatro, ma viene il sospetto che lo zampino di Federico aleggi occulto, se non si dimentica che l'intraprendente arcivescovo non si era lasciato sfuggire l'occasione di ossequiare la regina incontrandola personalmente a Ferrara.

In ogni caso la tragicommedia di cui si parla fu quella recitata il 2 gennaio 1599[49] con le scene di Profondavalle (come accennato sopra). Non si sa molto altro in merito, tranne che era pratica comune nelle scuole dei padri Gesuiti dedicarsi all'allestimento di queste rappresentazioni, malgrado gli ampi divieti posti già da Carlo e confermati da Federico.[50]

La tradizione storiografica nota non esita ad attribuire a necessità controriformistiche (o se si preferisce alla politica di un cattolicesimo riformato) questa concessione alle 'lascivie' teatrali per riavvicinare il distratto popolo di Dio, ma è ovvio che ci si trova ancora una volta di fronte a un alibi tanto precario quanto inutile. Roma non era ufficialmente favorevole agli spettacoli, né profani, né sacri, ma sapeva apprezzarli, così come li sapevano apprezzare i cardinali più in vista; ugualmente i Gesuiti non avevano attuato una consapevo-

della sua *Summa* (III, cap. II, 4, p. 113). Che Castiglione rimandi al santo fiorentino e non ad altri estensori è forse per restituire un valore edificante alla storia. Ma certamente non dalla *Summa*, bensì dal testo volgare della sacra rappresentazione – già organizzato in forma teatrale – si trasse con ogni probabilità la tragicommedia latina rappresentata di fronte alla regina Margherita (forse non è casuale che nella biblioteche milanesi, I-Mt soprattutto, sopravvivano quasi esclusivamente le edizioni degli anni Ottanta del Cinquecento, ovvero quelle stampate negli anni appena precedenti). Si leggano qui i frammenti scelti del testo fiorentino, fra cui il prologo dell'angelo, sorta di riassunto della vicenda, e le parti che suggeriscono significativi inserti musicali ▷A.4.

49. «*Hoggi si è poi fatta la tragedia spirituale, che si scrisse il latino essendovi sta* [sic] *presente la Reina, arciduchessa e arciduca*», così riferisce l'ambasciatore Nicolò Bellone in una lettera datata 2 gennaio 1599 e indirizzata alla corte di Mantova, riportata in Bertolotti 1888, p. 1019.

50. In realtà le rappresentazioni allestite dai Gesuiti, almeno fino alla morte di Federico, venivano intese quali esercitazioni scolastiche devote, e in questo modo scansavano almeno in parte le proibizioni canoniche. «*Quanto alle restrizioni sceniche* [...] *esse furono largamente superate dalle prassi instaurate nei collegi, specialmente nelle occasioni pubbliche*» osserva giustamente Damiano 1995, p. 487, studio a cui si rimanda per un approfondimento sul teatro gesuitico a Milano in questi anni; v. anche Bigotto 1986. Quella stessa estate gli studenti di Brera rappresenteranno per gli arciduchi Alberto e Isabella anche la tragicommedia *Sapientia victrix* ▷A.8, e si ha notizia di altre rappresentazioni anche negli anni successivi ▷A.9-10.

le politica di propaganda, avevano semplicemente ammesso il valore educativo della tradizione oratoria classica per giustificare una dedizione giudicata certo pericolosa, ma di cui non si sapeva fare a meno. Le scuole del milanese gestite dai Gesuiti, con Brera quale fulgido esempio, riconducevano proprio alla *Regola* interna una precisa intenzione degli studi di retorica. Nella *Ratio atque Institutio Studiorum*, edita nel 1586, 1591 e 1599,[51] era esplicitamente prescritta l'imitazione lirica e poetica. In uno dei testi più usati a tal proposito, l'*Ars Poëtica* di Alessandro Donati, si precisa fra l'altro che:

> Scopo naturale della poetica è l'utilità, la correzione dei costumi e la pulizia degli affetti, ma anche il piacere che stimola l'uomo a percepire tale utilità: la tragedia purifica con la misericordia e il terrore; l'epopea attraverso l'esempio conduce alla virtù; la nuova commedia ottiene lo stesso fine con finti personaggi e eleva la speranza attraverso le fortunate vicende degli umili, come la tragedia ammonisce gli spiriti orgogliosi con la sconfitta dei superbi; la lirica promuove il culto divino con inni, e innalza i meritevoli con le lodi[52]

L'accademia Partenia Minore di Brera, preparava gli studenti di Retorica secondo queste prescrizioni. Fuori dall'orario scolastico, venivano prodotte dagli studenti migliori, esercitazioni poetiche, applausi, descrizioni d'apparati, azioni sceniche e tragedie.[53]

La tragicommedia degli scolari di Brera non fu in verità l'unico intrattenimento svoltosi a palazzo; uno spettacolo di danza aveva già avuto luogo l'8 dicembre del 1598 (rinnovato il giorno dopo in casa Vistarino) solennizzando una tradizione felicissima per Milano che aveva prodotto fino ad allora i migliori maestri di ballo.[54] Ultimo di questa tradizione ormai destinata

51. Per una traduzione testo a fronte della *Ratio studiorum* vedi: *La «Ratio Studiorum»*... 1989; in particolare sul teatro *cfr.* le regole 212-215, pp. 128-131.

52. *«Poetica [...] scopus naturalis est utilitas, et morum correctio, et effectionum purgatio; sed adiecta est etiam delectatio ut homines ad hanc utilitatem percipiendam allicerentur. Tragoedia, misericordia et terrore, purgat effectus. Epopoeia, si loquimur exemplis excitat ad virtutem. Nova comoedia, fictis personis, retinet eundem finem, erigitque spem infimorum prosperis eventibus: ut adversis elatis potentum spiritus deprimit tragoedia. Lyrica seu divinum cultum hymnis promovet: seu laudatione praestantes evehit»*, cit. in CHINEA 1931, p. 613; v. anche più diffusamente CHINEA 1953.

53. E molti di questi venivano dati alle stampe; per le notizie a me note circa l'attività teatrale dei gesuiti v. qui *Cronologia* e *Libretti*.

54. Per un più ampio discorso sul ballo a Milano, non affrontato in questa sede, v. LA ROCCA 1990 e PONTREMOLI 1994.

a trasferirsi in Francia è Cesare Negri, detto il Trombone, che nel 1602 pubblica un prestigioso trattato in cui fra l'altro racconta di tale esibizione in onore della regina Margherita.[55] Non pare, scorrendo lo scritto di Negri, che questa coreografia si possa collocare nel nuovo salone, perché i riferimenti all'edificio, che altrove l'autore non trascura di menzionare, sono in questo caso assenti. Da parte sua Castiglione riferisce che il teatro fu allestito *«per la festa di un ballo, che alli 2 di dicembre vi si fece»*, aggiungendo che tale spettacolo fu *«superiore ad ogni altro sì per la magnificenza della mole, e sì per l'ingegno nell'arte»*.[56] Ma con buona probabilità questa volta non si può dare credito a Castiglione il quale per altro, in tale circostanza, non rivela la fonte della notizia. Quando il cronista commenta con rammarico che il salone non era stato ancora destinato al suo scopo, devono essere passati parecchi giorni dall'arrivo della regina,[57] e la pignoleria del nostro estensore non avrebbe certo potuto dimenticare uno spettacolo di così grandi proporzioni. O Castiglione sbaglia data e collocazione,[58] o il 2 dicembre era la data predestinata ad un altro ballo che per il lutto o i capricci della novella sposa fu sospeso: Negri stesso preciserà che le danze allestite nel salone il 18 luglio del 1599 in realtà erano state preparate per la regina Margherita. Invece la festa dell'8 dicembre, a cui assistette l'arciduca Alberto, si svolse realmente ma non nel salone.[59] Null'altro sembra essere stato rappresentato in onore della nobile sposa.

L'*ARMINIA*

Il 3 febbraio 1599 la regina parte da Milano definitivamente diretta in Spagna; con lei anche l'infanta Isabella e Alberto d'Asburgo che ritorneranno subito in Austria passando nuovamente per Milano. In quest'altra occasione ulteriori feste non vengono certo a mancare, anzi, tutto ciò che la prima volta era saltato per il lutto viene riciclato per la nuova occasione.[60] Il 5 luglio 1599

55. NEGRI 1602, p. 13.

56. CASTIGLIONE 1759, p. 25.

57. Infatti ▷I[47].

58. È l'ipotesi più probabile: quasi certamente Castiglione fa riferimento a NEGRI 1602 quando riferisce del ballo dell'8 dicembre, ballo che tuttavia non fu allestito nel salone.

59. *«Andai nel palazzo ducale»*, riferisce Negri, non nel *«teatro»* ▷A.5.

60. Preziose informazioni sono raccolte nelle delibere del Consiglio generale (I-Mt, *Dicasteri*, cartt. 27, 29 e 31) dove alla seduta del 30.IV.1599 ▷D.9, si definiscono i preparativi per

Alberto e Isabella sono di nuovo a Milano e il 18 luglio possono assistere ai grandi festeggiamenti danzati preparati sempre da Cesare Negri – per l'occasione coreografo, ballerino e preziosa fonte dell'accaduto.[61]

La sera del 21 luglio è la data della prima grande rappresentazione di una pastorale farcita d'intermezzi cantati: si tratta dell'*Arminia*[62] di Gian Battista

l'arrivo dell'infanta Isabella. Si stabilisce di rappresentare anche una pastorale *«della quale erano già cominciati gli abiti»* (v. *infra*). Trovo gustoso il particolare che i costumi fossero già stati fatti e, inutilizzati, si erano comunque conservati per una migliore occasione. Per la pastorale è prevista una spesa di 1500 scudi (9.000 lire ca.) oltre ai costumi che ci sono già. Il 12.v.1599 si eleggono gli ambasciatori e il 3.vii.1599 ▷d.10, vengono stanziate per gli apparati 21.000 lire e altre 9.000 lire per la pastorale. Altri soldi sono concessi nella seduta convocata d'urgenza il 16.vii.1599 ▷d.11, che fanno lievitare la somma prevista per la pastorale a ben 27.000 lire. I festeggiamenti sono finiti e nelle carte della seduta del 23.xii.1599 ▷d.14, è contenuta la relazione delle spese, in cui si sottolinea che dei soldi per la pastorale sono state risparmiate circa 2.250 lire, mentre per gli apparati, in seguito ad alcuni incidenti, non si è riusciti a star dentro alle 21.000 lire previste. Si chiede perciò di utilizzare l'avanzo della pastorale, smontare e rivendere il materiale utilizzato per gli archi e contribuire con altri 270 scudi (1.620 lire). Il Consiglio, secondo verbale, accetta. Strascichi a questa delibera si incontrano nelle sedute del 30.iv.1603 e del 17.v.1608. Sulla venuta di Alberto e Isabella v. anche ASM, *PE*, cart. 130, fasc. 1605.

61. Negri 1602, pp. 14-16 e 271-273; dove compare anche un brano musicale con accompagnamento intavolato per liuto forse dello stesso Negri ▷t.69-70. Per la descrizione del ballo ▷a.6.

62. La data comunemente attribuita a questa rappresentazione è il 18 luglio, ma le fonti note che riferiscono dell'*Arminia* – ovvero il libretto manoscritto della pastorale (in I-Mt, *Cod. Triv.* 5), quello a stampa e lo scenario sempre a stampa degli intermedi – non la riportano. Negri 1602, che descrive in data 18 luglio i balli eseguiti nel salone (p. 14), non parla affatto della pastorale, se non riproponendo il testo dello scenario degli intermedi (pp. 285-291) inserito qualche pagina dopo la descrizione dei due balli della festa del 18 luglio (pp. 271-276). Niente fa credere che tale festa e la pastorale dovessero avvenire lo stesso giorno, anzi per l'importanza, la complessità e la lunghezza dei due spettacoli più ragionevole è pensare il contrario. Castiglione 1758, p. 27, non potendo far riferimento ad altre fonti, dice semplicemente che l'*Arminia* fu *«recitata nel mese di luglio»* e distingue chiaramente fra ballo e pastorale. Mezzanotte 1915[a], p. 14, sulla scorta poco attenta di Negri, data la rappresentazione di *Arminia* al 18 luglio; il fraintendimento si è poi consolidato con Barblan 1959, p. 953, fino a Tizzoni 1995, p. 228 e 233. L'unica fonte a mia conoscenza che precisi la data di rappresentazione è una serie di 10 lettere riportate in D'Ancona 1891, pp. 572-574 in nota, qui sintetizzate ▷s.5. Di queste si trascrive il testo, presumibilmente stralciato, senza indicarne la collocazione. Dalle lettere si ricavano altre preziose notizie: a) Alberto e Isabella giunsero il 5 luglio e ripartirono il 22, assistettero ad una festa a palazzo (domenica 11), ai fuochi al castello (lunedì

Visconti, nobile milanese.[63] Impresari del suo allestimento sono i pittori Nunzio Galizi e Giuliano Posbonelli,[64] architetto e ingegnere supervisore, s'è detto, niente di meno che Antonio Maria Viani, detto Vianino.[65] In questa occasione vengono inseriti fra i cinque atti della rappresentazione quattro intermezzi cantati, altrettanti piccoli concerti per voci e strumenti e un gran ballo finale. Autore degli intermezzi è Camillo Schiaffenati come riferisce il breve scenario rimasto superstite.[66] Naturalmente ignoto l'autore delle musiche, sia degli in-

12), a un'altra festa mascherata (il ballo descritto da Negri del 18), a una commedia (lunedì 19) e all'*Arminia* con gli intermedi (mercoledì 21); b) per l'*Arminia* fu richiesto eplicitamente al duca di Mantova il noto architetto e scenografo Antonio Maria Viani, l'unico considerato capace di gestire la complessità dei mutamenti scenici previsti, e ricompensato con 500 scudi; c) dello scenario degli intermedi fu richiesta una ristampa, la prima versione essendo ritenuta, forse dallo stesso Viani, non fedele all'allestimento.

63. Su Gian Battista Visconti v. NICOLINI 1957, pp. 525-526, e soprattutto ARGELATI 1745, coll. 1616-1619, che riporta anche un prezioso catalogo dei suoi scritti, elencando ben trentacinque numeri d'opera. Oltre all'*Arminia* viene citata anche *L'Orangia*, altra opera teatrale scritta nel 1589; tuttavia più di un indizio fa dubitare della paternità di quest'ultima: nel volumetto manoscritto della tragedia (I-Mt, *Cod. Triv.* 6) fra i nomi degli interpreti si può leggere *«Il sig. Gian Battista Visconte; La Sidonia»* e sotto *«Il Chorago, et il Nontio l'autore stesso»*. Perché una volta è detto *«autore»* e un'altra è chiamato per nome? Non si potevano raggruppare Sidonia, Chorago e Nunzio? C'è da aggiungere che il suo nome aggiunto successivamente sul frontespizio è insistentemente cancellato, tanto da renderlo quasi indecifrabile. D'altra parte, a quanto riferisce Argelati, Visconti nel 1589 dovrebbe avere 14-15 anni, età adeguata per svolgere un ruolo *en travesti* (Sidonia), un po' meno per scrivere tragedie. PEDUZZI 1995, che *«rinviene»* il manoscritto (in realtà già reso noto da SOLERTI 1903, p. 225) avendone già trascritto l'intero testo (PEDUZZI 1990), non si pone alcuno di questi dubbi, nemmeno di fronte a dialogo fra Nunzio e Sidonia (fine V atto), combinazione che obbligherebbe Visconti giovinetto a improbabili virtuosismi da trasformista, dovendo interpretare (se fosse lui l'autore) entrambe le parti.

64. ASM, *PS*, cart. 4, fasc. 16 ▷D.15.

65. Colui che pochi anni dopo costruirà il teatro Ducale a Mantova. Non conosco uno studio specifico su questa singolare figura; per un primo approccio e riferimenti bibliografici v. CARANDINI 1990 *ad indicem*.

66. Lo scenario, che non è segnalato in *SarL*, consta di un riassunto dei quattro intermezzi e del testo dell'aria con eco di Orfeo ▷L.54. Come s'è detto ▷I[62], di tale scenario dovrebbero esserci due versioni, la prima ritenuta non fedele all'allestimento. Essendo tutte le copie note identiche, e descrivendo queste la rappresentazione come qualcosa che sarà (destinata cioè allo spettatore per una lettura informativa e precedente l'allestimento), si possono fare due ipotesi: o la ristampa corretta non s'è fatta (e quello noto è lo scenario secondo la prima versione), oppure dobbiamo credere che la versione corretta abbia voluto mantenere i tempi al futuro come l'originale. Se così fosse tuttavia pare improbabile che non sia sopravvissuta alcuna copia

termezzi che dei quattro concerti, mentre la coreografia del ballo fu del solito Negri che oltre a riferire il riassunto delle vicende cantate (copiandolo quasi completamente dallo scenario del 1599), descrive ampiamente i movimenti danzati senza trascurare di stamparne la musica.[67] Non mi soffermo sul contenuto degli intermezzi perché ampiamente descritti altrove,[68] merita invece attenzione l'imbarazzo palese che doveva aver creato Plutone, re degli inferi, commosso dal canto d'Orfeo, nella sua insolita esibizione canora:

> Plutone, il qual sarà un musico che in bassi modi risponderà un breve dialogo [...] Et se bene non pare che il decoro et verisimile della favola ammetta musica in Plutone, si è introdotto per maggior sodisfattione degli spettatori et ascoltanti, et per servir al gusto di chi può comandare.[69]

Si intuisce la scarsa abitudine dello spettatore milanese al recitar cantando, ma anche una non comune disponibilità alla nuova musica di *«chi può comandare»*, ovvero, presumibilmente, di Velasco, che doveva aver ascoltato le sperimentazioni vocali del nascente teatro musicale fiorentino e non voleva essere da meno.[70]

---

della prima edizione: lo scenario era stato distribuito precedentemente la rappresentazione e lo stampatore non poteva più essere in grado di recuperare le vecchie copie per distruggerle (d'altra parte anche NEGRI 1602 ▷I[62] si rifà all'edizione oggi nota). Si deve più ragionevolmente ritenere, in mancanza d'altre notizie, che la versione corretta non fu mai stampata, malgrado le intenzioni. In questo caso, purtroppo, dobbiamo rassegnarci alla triste considerazione che gli intermedi così come ci sono stati descritti siano *«molto differenti dalla verità»* e *«usciti stroppiatamente e assai lontani dal vero»*; *cfr.* D'ANCONA 1891, pp. 573-574, ovvero ▷S.5.

67. NEGRI 1602, pp. 285-296; il ballo – si è già detto – era stato tuttavia preparato per la regina Margherita ▷T.71 A.7.

68. V. SOLERTI 1903, p. 225, che lo trascrive integralmente; VIANELLO 1941, pp. 97-98; BARBLAN 1959, pp. 953-955; e TIZZONI 1995, pp. 237-240.

69. Dallo scenario cit. sopra.

70. Firenze è già documentato motivo di confronto per la produzione milanese fin dal 1548, quando fu rappresentata, con tanto di intermedi, la commedia *Gli Inganni*, che grande fortuna ebbe poi in altre corti italiane; *cfr.* VIANELLO 1941, pp. 30-31. Solo vent'anni dopo il recitar cantando era diventato familiare e Monteverdi era sinonimo del moderno comporre. *«Seguir la via trovata nell'accademia del Monteverde»* dice BORSIERI 1619, p. 57, quando parla delle composizioni a voce sola. D'altra parte Monteverdi si recò più volte a Milano e pochi mesi dopo l'allestimento mantovano del suo *Orfeo*, fece ascoltare la nuova opera in forma privata al teologo Cherubino Ferrari, in quell'epoca in città (*cfr.* FABBRI 1985, p. 123). Ancora Monteverdi è preso a paragone di ciò che meglio offre la musica in Italia, se per elogiare

La nobile coppia assistette anche ad alcune commedie rappresentate a palazzo dal famoso Pedrolino. Il capocomico fu ricompensato con centocinquanta ducatoni, una cifra sicuramente ragguardevole, ma che l'occasione imponeva di spendere. D'altra parte non si sa quanti furono questi allestimenti e dal mandato si coglie che non era abitudine della corte finanziare i commedianti, se tali spese furono considerate *«straordinarie et impensate»*.[71] Non si conosce nemmeno il luogo in cui ebbero luogo tali rappresentazioni, ma quasi certamente non nel salone, essendo tradizione accogliere le varie compagnie di recitanti che passavano per Milano in quel cortile di palazzo destinato alle commedie di cui si parlerà più avanti. Esiste inoltre un mandato di pagamento per Antonio Maria Prata dell'ottobre di quell'anno che riferisce appunto dei restauri in una corte dove si erano fatte delle commedie, inducendo a sospettare una relazione fra le due informazioni.[72]

Ma già con l'anno successivo, dopo tanto splendore, le sorti della nuova sala cominciano a oscurarsi. Forse perché Velasco, abbandonando l'incarico di governatore, non può più sostenerne la fortuna, forse perché Federico torna a Milano con tutto il suo bagaglio censorio rinnovato, forse per altri motivi,

---

Claudia Sessa, la famosa monaca cantante e compositrice, si disse che i più grandi principi dopo averla sentita *«non equalmente restavano sodisfatti dal cantar' di Claudio Monteverde, né di quell'altro musico recitativo che spesso udissero nelle lor corti, benché l'uno e l'altro professasse d'haver'al proprio servigio i migliori musici di quei tempi»* (BORSIERI 1619, p. 51). Di Claudia Sessa si dice che era *«spiritosa nel movimento della voce, pronta e veloce ne' trilli, affettuosa e padrona negli accenti, e sopra il tutto così prattica delle altrui compositioni che poteva chiamarsi in un tempo stesso musica e recitatrice, dando loro spesso quello spirito e quella vivacità che forse regolarmente non havevano»* (*ibidem*, pp. 51-52). Lord Herbert di Cherbury, di tutto il soggiorno milanese del 1615, nella sua autobiografia annota solamente di avere sentito *«cantare quella famosa monaca»*; *cfr.* BURKE 1989, p. 142. Sulla Sessa compositrice v. KENDRICK 1996, pp. 139-141 e 233-237 che riproduce integralmente le pagine di Borsieri.

71. *Cfr.* ASM, *RcS*, XXII.42, c. 232r ▷D.12. Il documento era già noto a SOLERTI-LANZA 1891, p. 168, nota 5; *cfr.* l'interpretazione di questo mandato in SANESI 1938, pp. 35-37, che riporta anche il testo. Dalle notizie di D'Ancona, di cui s'è già detto, si ricava che certamente Pedrolino fece spettacolo il 19 luglio, forse anche l'11, ma di altre possibili date non c'è notizia. L'attività di Pedrolino (ovvero Giovanni Pellesini; *cfr.* VALERI 1896) è documentata a Milano fra i Confidenti nel 1583; con la compagnia del duca di Parma forse nel '91 e certamente dal '93 al '95; con gli Uniti nel 1601 e anni successivi; e nel 1609 con i Fedeli; *cfr.* ARCAINI 1995, pp. 272, 281-283 e 291 (con riferimento delle fonti). Per informazioni più generali sulla figura di Pedrolino (ma non sempre ineccepibili) v. anche BRUNELLI 1960.

72. ASM, *RcS*, XXII.42, c. 284v ▷D.13.

certo è che il grande edificio scompare dalle cronache che parlano di teatro, e le poche volte che è nominato, spettacoli e nuovi allestimenti non sembrano più riguardarlo. La questione però è assai ingarbugliata: la storia ufficiale, malgrado l'evidenza di alcuni fatti, ha continuato a collocare nell'edificio tutta o quasi la produzione teatrale del Seicento milanese, contribuendo a confondere le già scarse informazioni che sono rimaste. Un'attenta ricostruzione del destino oscuro di questa controversa sala sarà perciò interesse dei prossimi capitoli.

Le Piante

Tavola 9
Particolare da: Nunzio Galizi [pianta allegorica di Milano]
acquaforte, cm 46 × 64,5 al totale [1578]
Milano, Civica raccolta di stampe Achille Bertarelli.

TAVOLA 9. La pianta – da cui si trae il particolare di porta Romana, passaggio privilegiato per ingressi solenni di sovrani e governatori – fu disegnata nel 1578 da Nunzio Galizi (padre della più nota Fede e in questo studio incontrato quale pittore delle scene d'*Arminia* ▷I[64] e dei carri del 1605 ▷II[62]). Omaggio allegorico alla fine della peste e dedicata a Giuliano Gosellini, è evidentemente tratta dal *tipo di Lafréry* ▷T.15 perché di quello ricalca la struttura, certe sommarietà e grossolane imprecisioni. In particolare proprio porta Romana appare posizionata a sinistra del bastione murario, quando invece si trovava a destra ▷T.6.

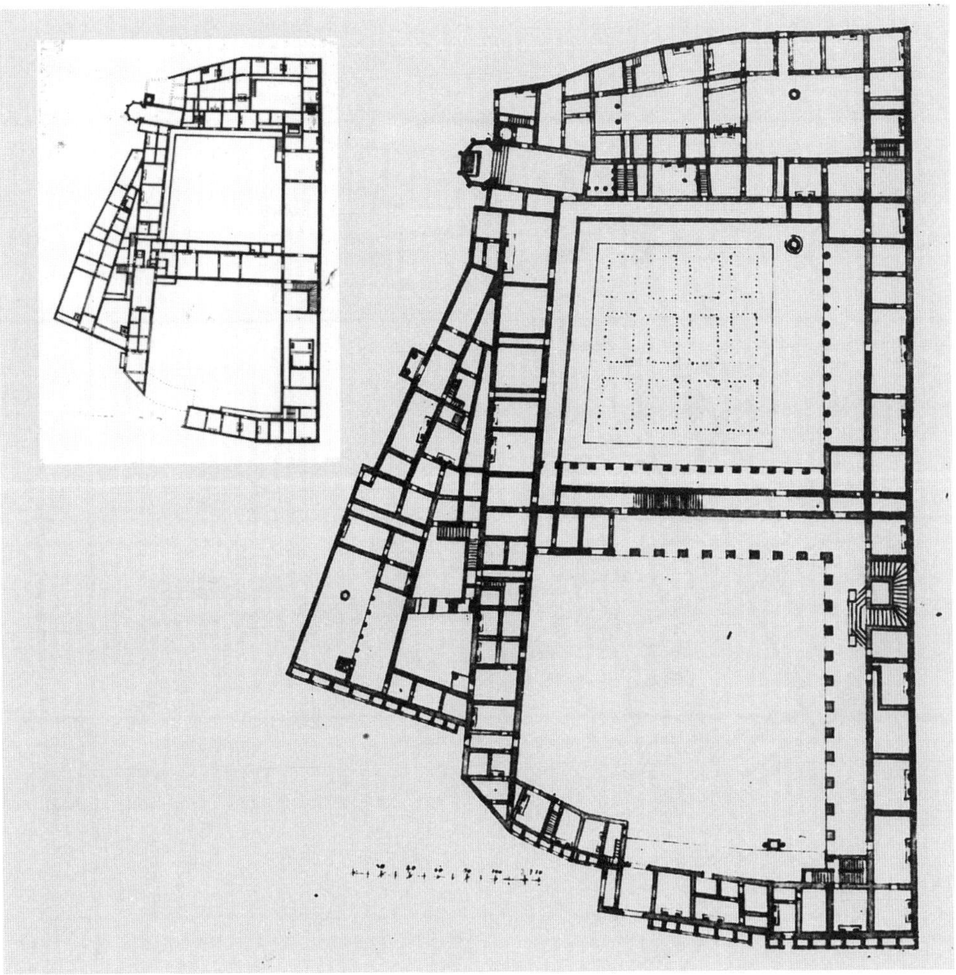

TAVOLA 10

TAV. 10. [*Pianta cinquecentesca di palazzo Reale*]
disegno a china con coloriture in tinta bruna, cm 42 × 27 entrambi [*ante* 1598]
Milano, Archivio storico civico, *Raccolta Bianconi*, vol. I, c. 4r A-B.

L'assetto del piano terra di palazzo Reale qui riprodotto (nel riquadro il piano superiore) è precedente la costruzione del salone di corte (1598). La pianta non è perfettamente proporzionata, ma si avvicina abbastanza ad un'approssimazione tollerabile. Rispetto alla planimetria cittadina del Richino ▷T.15 qui l'orientamento è capovolto lasciando quindi il Duomo (non disegnato) in basso a sinistra. Lo stesso orientamento manterranno tutte le altre piante di palazzo Reale che ho potuto consultare.

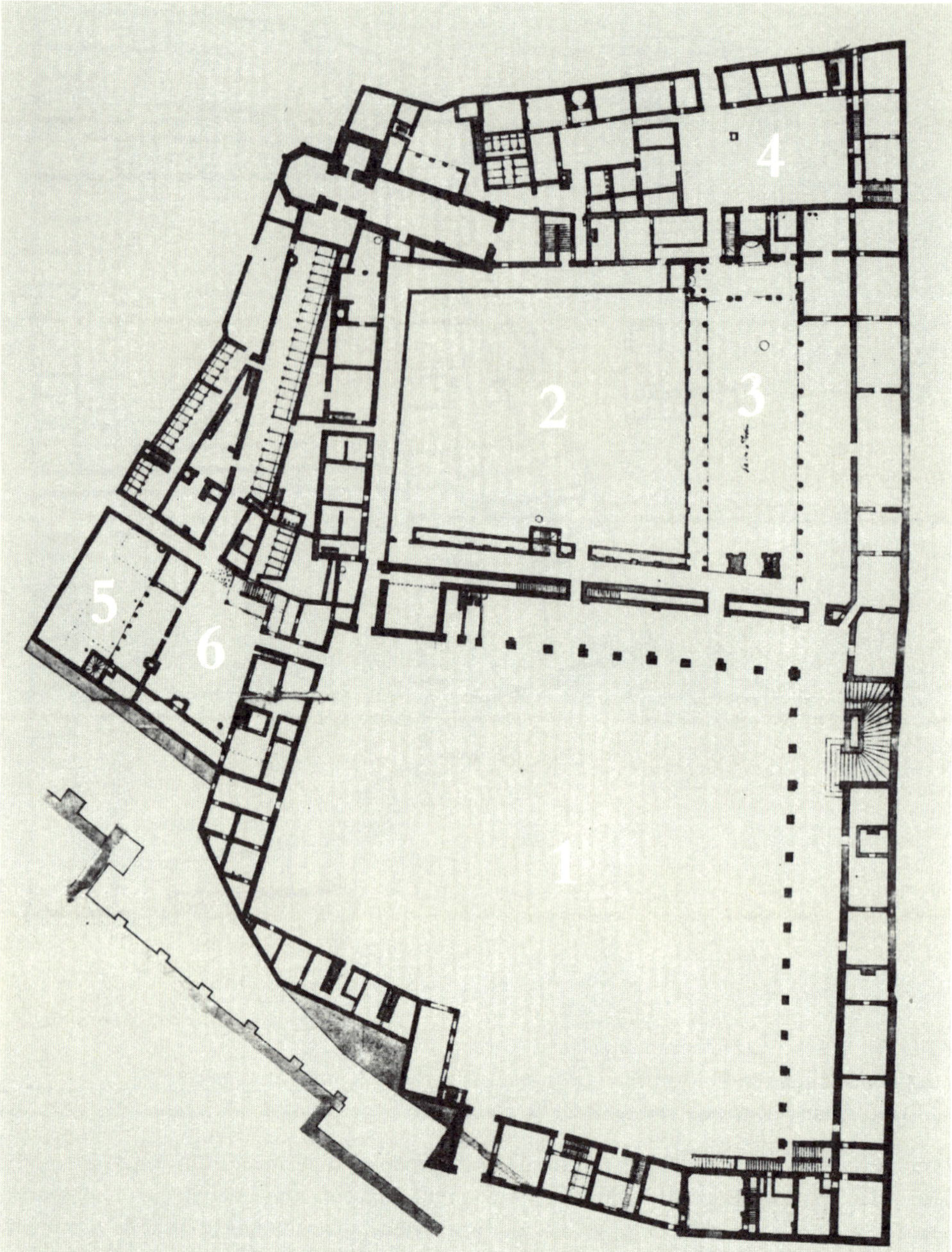

TAVOLA 11

Tav. 11. [*Pianta seicentesca di palazzo Reale*]
disegno a china e acquarello bruno e giallo, cm 76 × 51,5 [1616 ca.]
Milano, Archivio storico civico, *Raccolta Bianconi*, vol. I, c. 1.

La presenza del salone di corte ricavato dal restringimento del giardino [2], come si vede facendo un confronto con la pianta precedente, data questo disegno dopo il 1598. Tuttavia un foglio volante da sovrapporre al braccio prospicente la piazza del Duomo, con le varianti architettoniche proposte nel 1616 necessarie a lasciare spazio al Duomo (*cfr.* MEZZANOTTE 1942), fa pensare che questa pianta nacque in relazione a tale progetto e che sia quindi riferibile a quella data. Diversamente dal precedente questo disegno è perfettamente in proporzione.
È approssimativamente questo lo stato del palazzo durante la prima metà del Seicento dove si possono riconoscere i luoghi di principale interesse per questo studio:
1. corte grande
2. giardino
3. salone di corte
4. corte della commedia o di via delle Ore (in seguito detta *«della porta falsa»*)
5. teatro di corte (non ancora allestito al tempo di questo disegno)
6. corte del teatro (nome acquisito di conseguenza)
La presenza della definizione *«teatro di corte»* [5] è documentata nella seconda metà del secolo. Alla data di stesura di questa pianta, quando l'attività teatrale pubblica si svolgeva prevalentemente nella *«corte della commedia»* [4] e il teatro di corte non era ancora stato allestito, il luogo sembra un semplice cortile (si riconosce il disegno di un breve tratto di colonne, e nella pianta cinquecentesca precedente un cerchiolino potrebbe riferire la collocazione di una fontana). Si noti l'impiccio, peraltro presente già nelle fonti, fra 'teatro di corte' e 'corte del teatro'. Qui corte è sinonimo di cortile, là di palazzo Reale.
Ho sovrapposto (qui a fianco) la pianta seicentesca a quella che è l'odierna pianta della zona. Immediate appaiono le mutazioni subite dal palazzo particolarmente in riferimento alla trasformazione della corte grande in quella che è l'attuale piazzetta Reale. Via Pecorari all'epoca era detta *«delle Ore»*, nome oggi sopravvissuto solo per il tratto di strada che costeggia l'Arcivescovado.

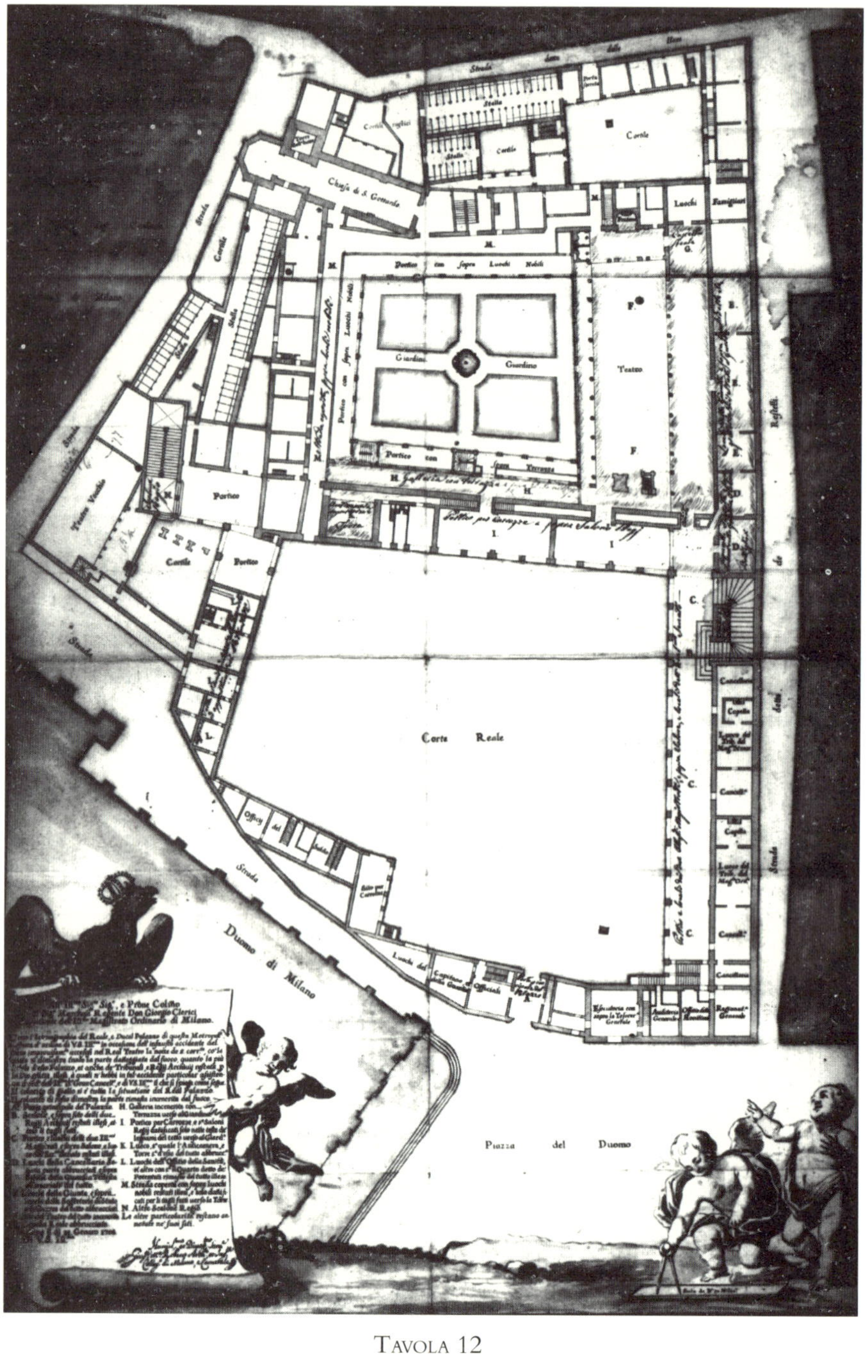
Chiesa di S. Gottardo
Cortile
Giardino
Giardino
Teatro
Portico
Corte Reale
Strada
Duomo di Milano
Piazza del Duomo

TAVOLA 12

TAV. 12. Giuseppe Maria ROBECCO, [*Pianta settecentesca di palazzo Reale*]
disegno a china, acquarello e matita, cm 78 × 53 [21.I.1708]
Milano, Archivio di Stato, *Fondi camerali p. a.*, cart. 193.

In occasione dell'incendio del teatro Ducale, allestito nel salone di corte il 1699 e bruciato nella notte fra il 5 e il 6 gennaio 1708, Giuseppe Maria Robecco *«architetto e ingegnere collegiato di Milano e camerale»*, come si firma, disegna la pianta di palazzo, indicando con un tratteggio a matita rossa le parti distrutte dal fuoco.

La pianta, malgrado la sua accuratezza, finora non era stata ancora pubblicata; eppure è la prima, dopo quasi un secolo, che testimoni lo stato architettonico del palazzo. È senza dubbio copiata dalla precedente (le dimensioni sono identiche e anche certi particolari sono chiaramente tratti dall'altro disegno), ma non si è trascurato di aggiornare quelle parti che avevano subìto trasformazioni. In questo senso compare la *«scala regia»*, accanto al così detto *«teatro vecchio»*, con le modifiche circostanti; pure è ridisegnata la parte a ridosso di via delle Ore che ora accoglie le scuderie. Stupisce osservare che il *«teatro»*, quello bruciato, abbia le stesse fattezze, fin nei più minuti particolari, del vecchio salone di corte. Da come ne parla PAGLICCI BROZZI 1894 la ristrutturazione del 1699 avrebbe dovuto essere radicale, trasformando il luogo da un salone in un vero teatro all'italiana, forma oltretutto già acquisita dal *«vecchio»* teatro verso il Duomo. Invece dal disegno si dedurrebbe che la struttura in muratura è stata mantenuta e, all'interno, sono stati costruiti la scena e gli ordini dei palchetti. A riprova, una testimonianza riportata in PAGLICCI BROZZI 1894, p. 14, ricorda il teatro bruciato *«qual veniva sostenuto da molte colonne di marmo»*. Si deve osservare, quindi, che lo spazio architettonico meriterà un radicale ripensamento solo nel 1717, quando verrà eretto il Nuovo Regio Ducal Teatro.

Dalla pianta si ricava anche l'ultimo stadio, acquisito dopo vari rimaneggiamenti, del teatro *«vecchio»* — il teatro di corte attivo per quasi tutto il Seicento (ormai inutilizzato da nove anni). Il sito è stato tutto ripensato (v. pianta precedente): s'è chiuso l'ingresso sulla strada, s'è aperto un portico che dal cortile del teatro dà sulla corte grande e, soprattutto, è stata costruita una imponente scala detta *«regia»*. La scala è ricordata da TORRE 1674 e quindi deve essere precedente agli anni Settanta, ma non saprei dire di quanto, né se i rifacimenti siano avvenuti tutti in uno stesso momento (come peraltro pare probabile). Forse furono operati in occasione del passaggio della regina Margherita del 1666 destinata sposa a Leopoldo I.

Si può supporre, ma rimane un'ipotesi, che la scala, così importante, sia stata costruita, oltre che per raggiungere gli appartamenti della famiglia del governatore, anche per l'accesso ai palchetti dei piani superiori del teatro.

Un'ultima annotazione: il muro che divide il sito del teatro da quello trapezoidale a fianco della scala godeva di un'apertura sufficientemente ampia da permettere il necessario sfondamento della scena; altrimenti TORRE 1674, p. 366, non avrebbe potuto ammirarne lo *«scenico palco con lunga veduta»* (v. in questo senso anche il bozzetto del teatro del 1708 ▷T.29B).

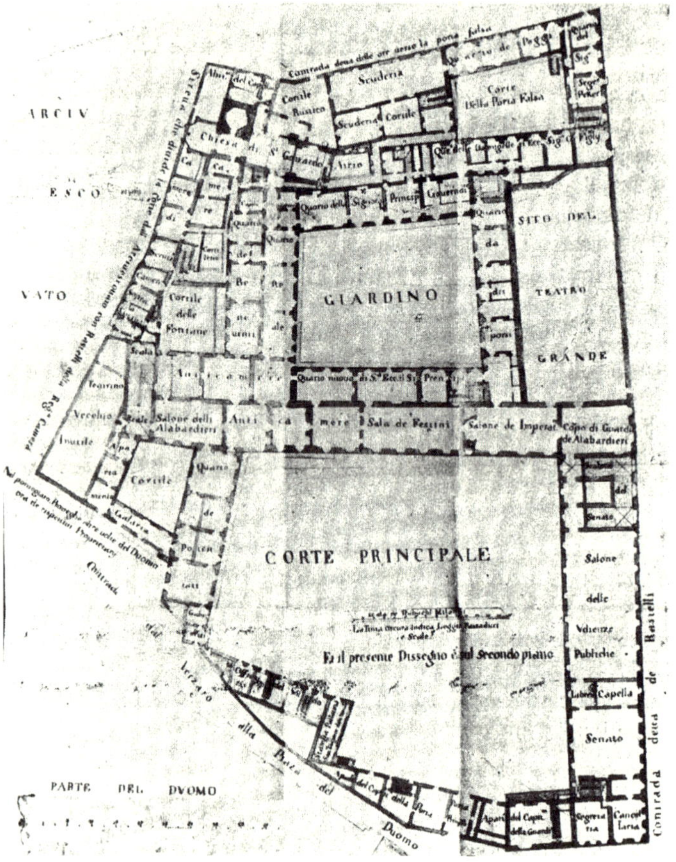

TAVOLA 13

[*Pianta settecentesca di palazzo Reale. Piano superiore*]
disegno [inizio XVIII sec.]
Milano, Biblioteca Ambrosiana, *Raccolta Ferrario*.

TAV. 13. La pianta fu disegnata quando ormai sul perimetro del salone di corte era stato eretto il teatro Ducale, quindi dopo il 1717. Sul lato opposto della pianta, è il sito del teatro di corte ormai evidentemente in disuso, dove si legge «*teatrino vecchio inutile*». Altre denominazioni si rivelano importanti: «*scala reale*» è detta la scala adiacente all'ex teatro di corte e non ancora costruita quando fu disegnata la pianta seicentesca ⊳T.11; la corte là indicata col numero 6 è qui detta semplicemente «*cortile*» e le stanze poste a fianco sono denominate «*quarto de potentati*»; la strada che costeggia il palazzo sulla destra è la «*contrada detta de Rastelli*», mentre in alto si legge «*contrada detta delle Ore verso la porta Falsa*»; e ancora «*cortile della porta Falsa*» è il nome della ex corte delle commedie. Si deduce che la porta riconoscibile nella pianta seicentesca deve essere stata chiusa e per questo chiamata «*Falsa*». Questa pianta riproduce il piano superiore del palazzo e quindi non sono indicate eventuali porte; ma un altro disegno, realizzato dall'architetto Pietro Antonio Trezzino nel 1753 che riproduce i due piani del palazzo (I-Mt, *Raccolta Bianconi*, vol. I, cc. 4v e 5v), permette di riconoscere come la porta verso via delle Ore sia stata effettivamente chiusa essendo un'altra aperta verso via Rastrelli o Rastelli.

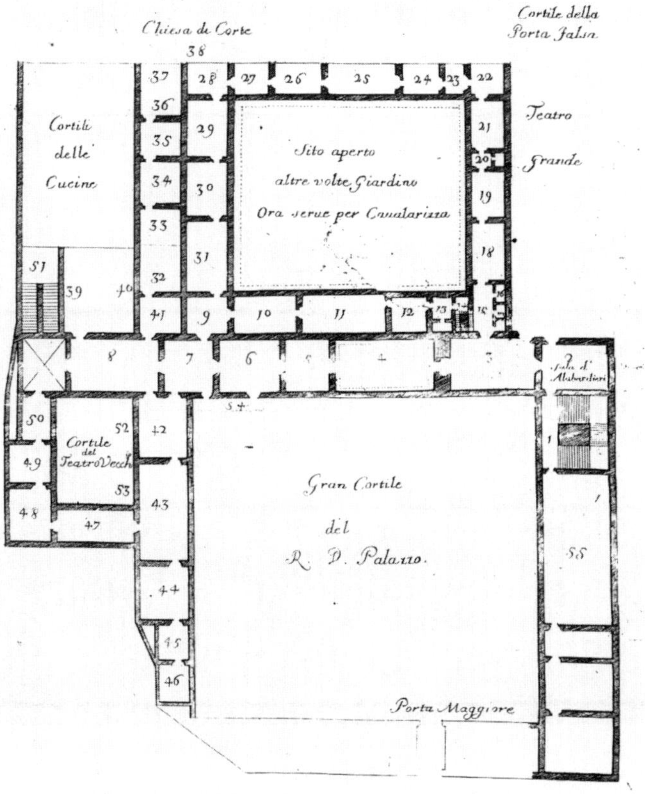

TAVOLA 14

[*Disposizione di alcune stanze di palazzo Reale*]
incisione,
cm 34,5 × 26,5 [1739]
in una miscellanea conservata in I-Mb, 14.16.E.1/9.

TAV. 14. Questa pianta accompagna un fascicoletto di otto pagine, numerate da 65 a 72, che si rivelano essere le ultime pagine di un libretto a stampa non identificato. Che la pagina 72 sia l'ultima lo si ricava dalla dicitura «*Il fine*» posta in calce. La pagina 65 invece apre con un titolo: *Spiegazione della pianta in cui sono delineati gli appartamenti e dell'uso di ciascuna parte di essi*. Seguono quindi 55 paragrafetti numerati che occupano le otto pagine e che rimandano ai numeri del disegno descrivendo sommariamente ciascuna stanza. Una nota coeva, aggiunta a china fra una riga e l'altra del titolo subito dopo la parola «*appartamenti*», precisa «*nella Regia Ducal Corte di Milano nel 1739*». Il disegno, seppur sommario e parziale, appare sostanzialmente simile alla pianta precedente ▷T.13 e conferma la datazione attribuita. Rispetto a questa, due indicazioni si rivelano interessanti. La corte del teatro non è semplicemente un cortile, ma il «*cortile del teatro vecchio*», e il giardino è detto «*sito aperto, altre volte giardino, ora serve per cavalarizza*». È forse questa la fonte di Somma che a suo dire avrebbe dimostrato l'infondata asserzione del Latuada? ▷III[18].

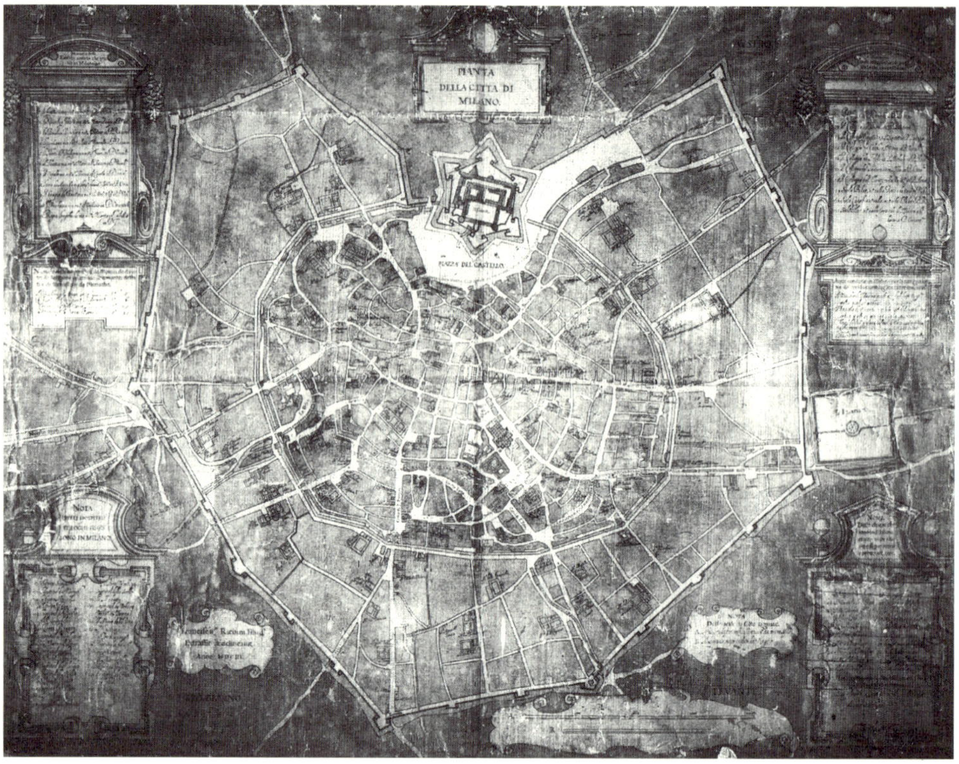

TAVOLA 15

TAV. 15. Francesco Maria RICHINO, *Pianta della città di Milano*
disegno, cm 87 × 114 [1603]
Milano, Civica raccolta di stampe Achille Bertarelli.

Nel riquadro in alto: PIANTA DELLA CITTA DI MILANO
Nel cartiglio in basso a sinistra: Franciscus Richini filius extraxit et delineavit Anno MDCIII
In quello di destra: NOTA Delle scale di sotto signate.
A. Misura di doi millia Braccie da muro Mil'si
B. Misura di mezo miglio da Viaggio
Per i testi delle altre edicole v. VERGA 1911, pp. 39-51 e 96-104.

Si tratta di uno dei due esempi conosciuti di pianta planimetrica della città di Milano precedenti a Barateri, realizzato più di un secolo prima che tale soluzione entrasse nell'uso della cartografia cittadina (le cui piante venivano generalmente rappresentate a volo d'uccello). È opera del giovane Richino – architetto che tanta celebrità raggiungerà in seguito – probabilmente ricavata dall'altro disegno, pure planimetrico e databile intorno al 1580, di Giovanni Battista Clarici o Claricio (colui che secondo MEZZANOTTE 1915[a] intervenne nel progetto del salone di corte

▷I[40]). La pianta di Clarici, conservata a Roma (Accademia di S. Luca, *Archivio dei disegni*; riprodotta a colori in VERCELLONI 1989[a], p. 54), fu segnalata da SCOTTI 1981, p. 76 nota 28, e supposta modello per Richino da GAMBI-GOZZOLI 1982, p. 144 nota 73, nel loro fondamentale volume sulla cartografia milanese. Il rapporto Clarici-Richino è tuttora controverso, ma tale supposizione sembra più che ragionevole: la pianta di Richino infatti, oltre ad avere orientamento e scala identici, è meno precisa di quella di Clarici, e fu disegnata un anno dopo la morte di questi. Inoltre VERGA 1911, p. 41, pur non conoscendo la pianta di Clarici, riferisce di un lavoro del 1600, a cui si sarebbe rifatto il Richino, definito come *«carta dei contorni di Milano entro il raggio di cinque miglia* [...] *eseguita dal Claricio»* che in qualche modo avvalora la tesi sostenuta.

Del disegno del Richino si conoscono due esemplari, l'originale della raccolta Bertarelli (già appartenente alla Trivulziana) e una copia in Ambrosiana (da cui fu tratto un facsimile pubblicato nel 1873 alla fine del II volume degli *AfD*). L'opera è straordinaria per precisione e attendibilità, ma non venendo pubblicata non fu mai presa in considerazione dai cartografi dell'epoca (benché forse servì a Barateri, ▷T.16).

Nella storia delle piante cittadine, prima della bellissima pianta planimetrica di Marcantonio Dal Re del 1734, si collocano, quali pietre miliari dell'arte tipografica, altre due piante: una è il modello – perduto e databile intorno al 1560 – da cui hanno tratto il disegno a volo d'uccello i cartografi Hogemberg (1752) e Lafréry (1573), comunemente noto come *tipo di Lafréry*; e l'altra, pure a volo d'uccello ma su base planimetrica, è appunto la pianta incisa su disegno di Marco Antonio Barateri (1629). Tutte le altre si rifanno all'una o all'altra (preferibilmente al Lafréry), trascurando decisamente sia il disegno di Richino che quello di Clarici. Eppure il modello cinquecentesco a confronto con queste si rivela approssimativo e inaffidabile, a cominciare dalle mura, il cui numero di bastioni è 'riassunto' (d'altra parte il modello di riferimento fu realizzato in un periodo in cui i lavori di fortificazione della città non erano terminati). L'orientamento del disegno di Richino è ancora quello 'alla Lafréry', ovvero *non* col Nord in alto (come farà Barateri) ma con il Nord-Ovest, per lasciare il castello a corona della città.

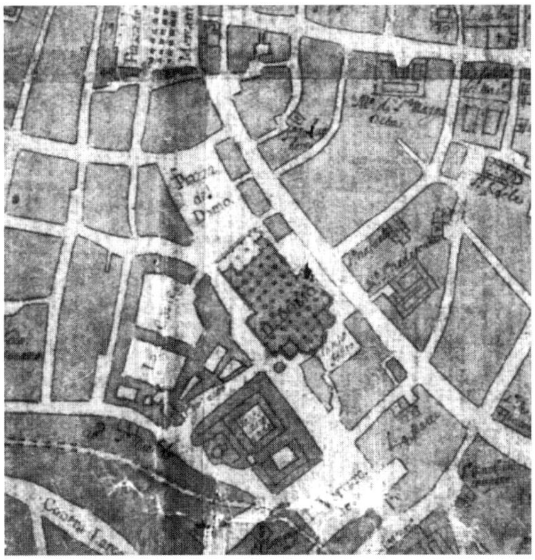

Nel particolare a fianco sono messi in evidenza il Duomo, la piazza antistante, palazzo Reale (più in basso) e a destra piazza S. Fedele a cui, su due lati contigui, si affacciano allora come oggi la chiesa omonima e palazzo Marino. Nella pianta di palazzo Reale, visibile accanto al Duomo, sono riconoscibili i suoi vari cortili e cortiletti: posizionata in basso a sinistra è la piccola corte *«presso via delle Ore»* in cui nei primi anni del Seicento si allestivano commedie e spettacoli pubblici ▷T.11/4.

TAVOLA 16

TAV. 16. Marco Antonio BARATERI, *La gran città di Milano*
incisione di Giovanni Paolo Bianchi, cm 76 × 80 [1629]
Milano, Civica raccolta di stampe Achille Bertarelli.

Nella cornice in alto a sinistra: All'Illmo e Rev.^{mo} Sig.^{re} Federico Cardinale Borromeo Arcivescovo Vigilantissimo di Milano [...] In Milano a dì 16 febraro 1629. D.V. S. Illma e R.^{ma} Devotissimo Ser.^{re} Marco Antonio Barateri.

Per i 256 numeri di legenda v. VERGA 1611, pp. 51-54 e 105-111.

È senza dubbio il più accurato esempio di pianta milanese seicentesca. Pur a volo d'uccello, il disegno fa evidentemente riferimento a un progetto planimetrico che obbliga gli edifici a proporzioni reciproche ignote al *tipo di Lafréry*, tanto che ALBERICI 1973, p. 66, ipotizza che

Barateri abbia utilizzato il disegno di Richino ▷T.15. L'orientamento col Nord in alto (e non più il castello) tuttavia è radicalmente innovativo e sarà poi mantenuto nelle piante del secolo successivo. L'ansia speculativa di questa pianta di straordinaria bellezza la si ritrova anche nella scala (non dichiarata) di 1:5000.

Esistono varie ristampe nel corso del Seicento con lievi rettifiche conseguenti al nuovo assetto della città. Se ne conoscono almeno cinque:

1. originale del 1629 [copia mutila in I-Mt]
2. con la data della dedica mutata in 1649 [già in I-M.Milano ora in I-M.Bertarelli]
3. con la stessa ritoccata in 1658 [perduta?]
4. con l'aggiunta sotto il cartiglio del titolo *Il Bonacina For. 1664* [in I-Ma, SR 355]
5. con la stessa modificata in *Gio. Batta. Bonacina For. in Milano 1699* [in I-M.Bertarelli]

Precisa è l'incisione, seppur lontana dalla qualità degli stampatori del Nord Europa. Nel 1704 Pierre Mortier ripubblicherà la pianta nel suo *Nouveau Théatre d'Italie* traendola dall'incisione di Jan Blaeu (figlio del più noto Willem Janszoon *Blavius*) eseguita evidentemente molti anni prima, essendo questi morto nel 1672. Tale incisione, seppur meno accurata in qualche particolare è di qualità tecnica decisamente superiore all'originale.

Nel particolare sottostante approssimativamente gli stessi luoghi evidenziati nel particolare della tavola precedente.

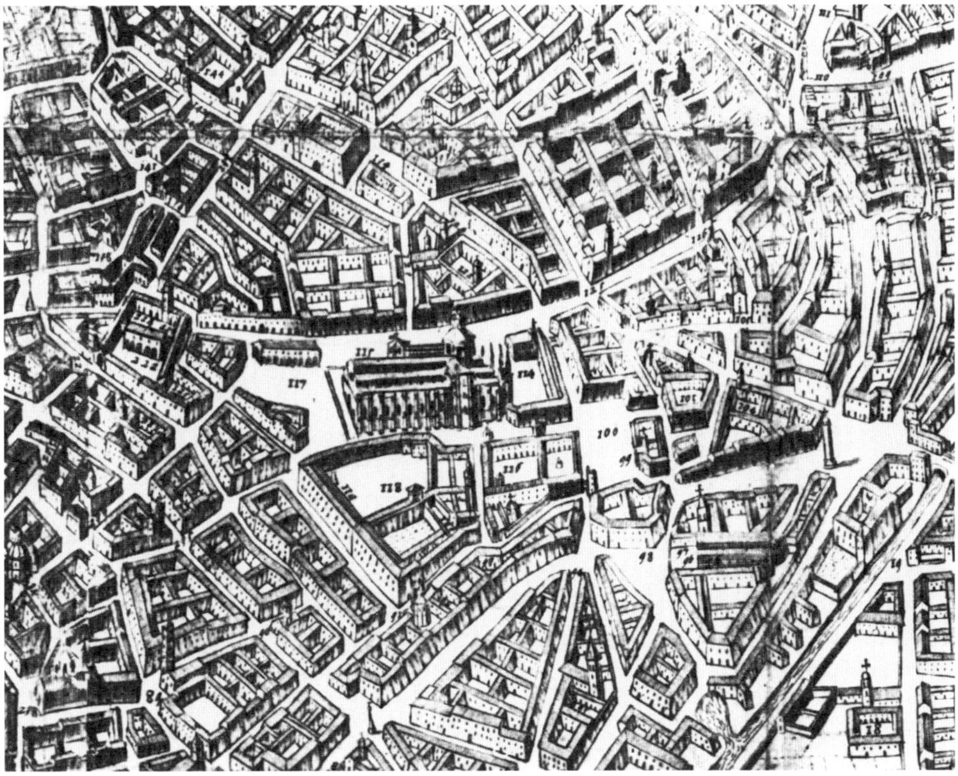

Capitolo II

Comici, opere pie e giostre
1600-1609

Al volgere del nuovo secolo si apre un periodo sempre meno favorevole per l'economia e la cultura milanese.[1] Morto il grande Filippo II, i successori non sembrano brillare per intelligenza politica, e Milano, sfruttata soprattutto quale avanguardia strategica della lontana Spagna, risente dell'indifferenza culturale dei suoi governatori. L'esuberante Velasco, tanto sensibile alle nuove prospettive del teatro, aveva il pessimo gusto di far fuggire gli arcivescovi, e una delle prime azioni del bigotto Filippo III fu di richiamare in patria l'imbarazzante delegato regio. Milano, se scarsamente sollecitata dall'unica iniziativa istituzionale, dovrà lasciare le sorti dello spettacolo nelle mani di compagnie girovaghe schiacciate fra necessità economiche e una rivitalizzata censura ecclesiastica sostenuta dal cardinale Federico, immantinente tornato a Milano dopo la dipartita di Velasco. *Arminia* fu l'ultimo grande spettacolo di corte. Quello che viene dopo, abbandonati i fasti del mecenatismo di governo, appare in effetti legato quasi esclusivamente alla sempre più organizzata commedia dell'arte.

Era stato nominato nuovo governatore Pedro Enriquez de Acevedo, conte di Fuentes;[2] di lui si disse che *«pare dilettavasi delle pubbliche feste e de' balli come mezzi per palesare la sua magnificenza, e vi si tratteneva tutta la notte»*.[3] Sicuramente

---

1. Per un'indagine sull'economia del Seicento lombardo v. Sella 1979.

2. Governatore dal 20 aprile 1600 fino alla sua morte, il 22 luglio 1610 ▷s.1.

3. La citazione è tratta da Verri 1851, II, p. 289, ricavata da un manoscritto di Giambattista Visconti, *Stato della Repubblica Milanese l'anno 1610*, trovato all'epoca nell'archivio Belgiojoso d'Este. Di questo scritto di Visconti parla anche Argelati 1745, col. 1618, citandolo in un lungo elenco di altri lavori dello stesso Visconti, tutti custoditi in quella che viene chiamata *«Bibliotheca fratrum marchionum Vicecomitum»*. Porro 1884, p. 456, classifica come *Cod. Triv.*

Acevedo aveva instaurato con i più importanti comici che passavano per Milano un rapporto privilegiato. Fra questi brilla il nome della protagonista più importante e più amata della commedia dell'arte: Isabella Andreini. Non nuova alle scene milanesi, giunge a Milano (con Pellesini) fra i comici Uniti nell'estate del 1601.[4] Si conosce la richiesta di concessione rivolta al governatore il 12 giugno per poter recitare a palazzo,[5] e mi è stato possibile ritrovare anche la conseguente licenza rilasciata agli Uniti il 20 dello stesso mese.[6] Il documento, firmato da Acevedo, è quasi totalmente identico a quello già rilasciato sempre agli Uniti cinque anni prima da Velasco.[7] Due sono le differenze sostanziali: qui si parla esplicitamente dei *«soggetti»* che devono essere vagliati dall'autorità governativa, intendendo evidentemente che l'*approbatio* avveniva su uno scenario e non sul testo definitivo della commedia, come avrebbe invece voluto l'arcivescovo Federico.[8] L'altro aspetto, più significativo, precisa che le rappresentazioni

1176 un *«Cod. cart. in fol. del Sec. XVII»* di Giambattista Visconti contenente *«opera varia»*, aggiungendo che *«l'Argelati nella col. 1618 cita gli opuscoli contenuti in questo volume»*. I mss. catalogati da Porro erano della famiglia Trivulzio e furono in gran parte acquistati dalla biblioteca Trivulziana di Milano, non il *Cod. Triv.* 1176. A Milano il difficoltosissimo accesso agli archivi privati è mediato dalla Sovraintendenza archivistica per la Lombardia, a cui mi sono rivolto per avere chiarimenti in merito. Sono ancora in attesa di una risposta.

4. Sposata ad un'altra leggendaria figura della commedia dell'arte, Francesco Andreini detto Capitan Spavento, Isabella Canali Andreini fu soprattutto legata alla compagnia dei Gelosi con la quale recitò a Milano nel 1574, '76 e '83. A Milano pubblica nel 1601 le *Rime* (Andreini 1601). Di lei è rimasta gran quantità di ritratti che ne sottolineano la nobiltà della figura e la posa sempre aristocratica, nulla a che vedere con l'immagine popolare e scanzonata che comunemente si attribuisce ai comici dell'arte ▷T.18. Per un'ampia raccolta di documenti che la riguardano v. Rasi 1905, *sub voce* e, più sintetico, Pannella 1974 con relativa bibliografia; v. inoltre l'importante lavoro di Taviani 1984.

5. Il testo della richiesta è riportato in Paglicci Brozzi 1891, p. 11, che assieme a un memoriale del 12 ottobre riproduce un altro documento di Isabella Andreini adesso custodito in ASM, *Autografi*, cart. 94, fasc. 3. Benché l'inventario del fondo indichi la presenza di questi due documenti, in realtà nel fascicolo compare solo la lettera del 12 ottobre, quella del 12 giugno è stata trasferita in *Autografi*, cart. 95, fasc. 19bis.

6. ASM, *RcS*, XXI.25, c. 33v ▷D.19.

7. Più volte trascritto ▷I[14].

8. Velasco aveva già affrontato il problema nella sua lettera a Filippo II ▷A.1: *«Successivamente mi è toccato dire che sarebbe stato opportuno recitare pubblicamente in Italia opere scritte in versi e in prosa come usavano i greci e i latini, e come si fa in Spagna. Ma è possibile questo, quando, concordato il soggetto, si rappresentano sulle scene commedie nuove ogni giorno nel testo e nelle azioni?»*.

sarebbero dovute avvenire esclusivamente *«in questo palazzo nel luogo solito»*, diversamente da prima dove era precisato: *«non solo in questa città, ma in tutte le altre città, terre et luoghi del presente Stato di Milano»*.

La corte delle commedie

La presenza a palazzo di un *«luogo solito»* per recitare apre la strada ad alcune considerazioni. Dal gustoso spaccato che Velasco aveva fatto sul costume teatrale nella relazione inviata a Filippo II, si ricava una precisazione importantissima: tutte le commedie rappresentate a Milano venivano recitate all'interno di palazzo Reale.[9] Questa notizia, che avrebbe meritato maggiore attenzione dalla storiografia del teatro milanese, obbliga a un interrogativo: quale ala del palazzo poteva essere adibita a teatro?

La *«corte ove si facevano le commedie»*,[10] oltre a confermare le parole di Velasco, suppone da un lato un'abitudine, quella appunto di fare rappresentazioni in quel cortile e solo in quello, dall'altro rende verosimile una pratica: la rappresentazione all'aperto. Se pare ragionevole che le compagnie più famose potessero saltuariamente recitare nelle stanze private di palazzo, è impensabile che i vari comici girovaghi, di passaggio a Milano, potessero insediarsi in una sala della corte. Abituati molti di questi a recitare nelle piazze, con un pubblico vociante e improvvisato, erano sicuramente più consoni alla terra battuta che ai marmi, e certo l'amministrazione non avrebbe concesso più di un cortile per aprire le porte al popolo.[11]

---

9. *«Si scelse inoltre di rappresentare le commedie dentro il palazzo per evitare problemi e disordini che negli affollamenti di gente giovane nascono facilmente nei luoghi più liberi»; ibidem*. Non so se Velasco abbia emesso un'ordinanza specifica in merito; nella raccolta di gride del suo primo incarico di governatore (1592-1600), pur ricomparendo per ben tre volte indicazioni sul comportamento da mantenere durante commedie e mascherate in tempo di carnevale, mai viene fatto cenno alla decisione di limitare gli spettacoli alla sola corte ducale (*cfr.* in *Compendio*... 1600, gride emesse in data 16.I.1593, 27.I.1594 e 13.I.1597, rispettivamente alle pp. 4, 49 e 137), eppure non v'è dubbio che le pur frammentarie notizie sui luoghi di spettacolo frequentati dalle compagnie comiche a Milano (piazza Mercanti, via Solada, gli Incarnatini, le stanze d'ebrei ▷II[77]) col Seicento vengono completamente a cessare. Unica eccezione la stanza di Angelo Lucchese, di cui si dirà, che tuttavia si inserisce nel sistema quale situazione straordinaria.

10. Cit. precedentemente ▷D.13.

11. Esisteva tuttavia anche una sorta di rappresentazione privata, forse in misura più contenuta e saltuaria, e probabilmente praticata solo nei primi decenni del Seicento. Ho trovato in

L'unico documento che ho trovato riferire con precisione la collocazione di questa corte chiamata appunto *«delle commedie»* o *«della commedia»* è la copia di una stima di spese, datata 1601, fatta da Tolomeo Rinaldi in merito a dei lavori del pittore Andrea Pellegrini,[12] dove fra l'altro si legge:

> Nella corte delle comedie dipinto a lunette il corridore sopra alla porta che passa nella contrada delle hore[13]

Tenendo presente che l'attuale via Pecorari nel Seicento si chiamava ancora via delle Ore, appare chiaro che l'unico cortile che avesse accesso a tale strada è quello qui indicato a tavola 11 con il numero 4. La collocazione precisa dei luoghi in cui si facevano rappresentazioni è fondamentale per la comprensione di come il costume teatrale si è evoluto nel secolo. Ancora più determinante se si tiene conto che finora, nei pochi studi sulla Milano del Seicento, lo spazio dello spettacolo è stato più facilmente definito per ipotesi che su dati concreti.

D'altra parte, la scelta di utilizzare un luogo delimitato per far teatro – scelta che in parte contraddiceva la tradizione della commedia dell'arte – non era solo l'esigenza di un ordine pubblico, ma recuperava un'abitudine tipica-

---

merito un'indicazione su un *«appartamento»* o *«stanza»* delle commedie non meglio specificata: il 12 giugno 1601 Isabella Andreini – lo abbiamo appena visto – chiede a Acevedo di far spettacolo *«nella stanza solita del suo palazzo»* (cit. in PAGLICCI BROZZI 1891, p. 11), che potrebbe anche essere il salone di corte, ma in tal caso si sarebbe dovuto trovare qualche traccia nella cronaca dell'epoca visto l'importanza del luogo, e invece non si hanno indicazioni in merito; bisogna poi considerare che allora il salone era univocamente chiamato *«teatro»* e non *«stanza»* o simili; inoltre, come dirò più avanti, le uniche testimonianze che in questi anni riferiscono di rappresentazioni teatrali nel salone di corte dopo l'*Arminia* sono solo in occasione del *Teseo* del 1649; esiste infine anche un documento senza data (ma che riferisce dei lavori fatti da Giovanni Battista Crespi detto il Cerano a Milano nei primissimi anni del Seicento) in cui fra l'altro si legge: *«Nell'appartamento delle comedie integrato un uscio di brocato et finito un altro novo et dato di bigio a 3 camini»* (ASM, *Autografi*, cart. 106, fasc. 18). Rimane invece non documentata l'affermazione di MALAGUZZI VALERI 1901, p. 327, secondo cui fra il 1574 e il 1594 fu costruita a palazzo una *«sala delle commedie»*, perché fra le fonti da lui citate in merito a questa affermazione ho solamente trovato una nota di spesa di Valerio Profondavalle del 22 agosto 1594 in cui si legge: *«dato il verde al piastello della cancelleria secreta et alla glorietta della comedia»* (ASM, *Autografi*, cart. 106, fasc. 11), dove la presenza di una glorietta fa più facilmente supporre che si stia parlando di un cortile.

12. Padre del più noto Pellegrino Pellegrini; *cfr.* MALAGUZZI VALERI 1901.

13. ASM, *Autografi*, cart. 106, fasc. 4 ▷D.16.

mente spagnola solleticando l'orgoglio nazionalistico dell'amministrazione governativa. Sostanzialmente si riproponeva la struttura dei *corrales* madrileni trapiantata con qualche adattamento nella corte milanese.[14] Non si attuava una struttura indipendente e costruita *ad hoc*, ma semplicemente si adattava la parte del palazzo che meglio poteva servire allo scopo, ovvero un cortile laterale, magari con accesso diretto alla strada.[15]

Le considerazioni che nascono da una situazione come quella che gravita intorno alla corte delle commedie, si indirizzano facilmente verso le opportunità dell'ordine politico che gestiva lo svago della città. Il controllo del piacere appare veramente radicale. Il teatro a Milano era, oltre alla marginale giurisdizione gesuitica, completamente gestito dall'amministrazione governativa, a cui si affiancava la censura ecclesiastica. I comici girovaghi, che rischiavano di mettere in forse questo sistema di controllo, furono subito ricondotti all'interno di un luogo circoscritto e addirittura collocato dentro la corte. Quando governatore e arcivescovo erano in opposizione, forse qualcosa scappava dalle maglie di questo controllo, quando invece il devotissimo Acevedo e Federico-figliuol-prodigo decisero di coalizzarsi, l'oscurantismo cominciò a imperversare e le lagne dei comici, di cui si era fatto parte civile Velasco, espressero tutto il loro diritto di cittadinanza.

L'iter burocratico necessario perché una compagnia potesse accedere in città è già stato descritto altrove,[16] ma nel momento in cui il luogo principe per

14. Il *corral* inteso come teatro compare nella storia spagnola dopo la metà del XVI secolo. Si trattava di una costruzione organizzata in uno spazio aperto o *patio*, che raccoglieva pubblico e palco rialzato, circondato da una struttura di stanze e percorsi coperti detta *vivienda*. Il *patio* era a cielo aperto e la *vivienda* ospitava le attrezzerie e gli stessi attori che erano generalmente proprietari del *corral*. Per una genesi dei *corrales* e sulla loro organizzazione v. ARRÓNIZ 1977, pp. 54 e segg.

15. Per altro questa soluzione era già stata sperimentata con successo a Saragozza, Barcellona e Segovia, dove dei teatri stabili erano stati allestiti nei cortili degli ospedali. Sul rapporto fra l'ospedale e il teatro v. oltre.

16. Per farsi un'idea del clima censorio che si era creato a Milano alla fine del Cinquecento si vedano le pp. 30-39 di PAGANI 1884. Sul sistema con cui i comici accedevano in città v. i primi capitoli di PAGLICCI BROZZI 1891. In sintesi il capocomico doveva inviare una supplica al governatore ancor prima di accedere in città, e se era accordato l'ingresso veniva rilasciata una patente valida solo per il periodo stabilito (generalmente una stagione). Si noti che l'amministrazione milanese non brillava per solerzia nel rispondere a queste suppliche. Nel registro *Patenti* (ASM, *RcS*, XXI) si trovano concessioni che datano anche otto mesi dopo la richiesta.

lo spettacolo era sotto le finestre del governatore, ecco che al giogo della censura di Dio (quella ufficiale) si aggiunge quella del Re che, almeno a parole, non avrebbe dovuto creare troppi problemi.[17]

Orfanotrofi e teatro

In quest'ambito, dove il sollazzo completamente privato della sua componente culturale rischia la gratuità, l'amministrazione spagnola di Acevedo escogita il conforto benevolo e caritatevole della pia sovvenzione per giustificare il teatro pubblico agli occhi della chiesa e del mondo. Viene scelto così, per l'occasione, un orfanotrofio, magari quello a cui sono destinati i figli dei nobili spagnoli morti in guerra – anzi, le figlie, fa più misericordioso – e a questo si stabilisce di offrire l'intera tassa di tutti gli spettacoli pubblici quale provento per la pia istituzione, mettendo d'accordo clero, aristocrazia, pubblica morale e pubblico piacere.

In vero l'idea non è così originale, perché tale opportunità era già stata sperimentata a Madrid ed era patrimonio acquisito della più recente tradizione teatrale spagnola.[18] L'esportazione in Italia, poi, aveva già dato i suoi buoni frutti a Napoli[19] e Milano entra a far parte del gioco con l'ovvietà della norma.[20]

Posticipando di qualche riga il discorso più propriamente storico, piace osservare che questa relazione fra il sacro della carità e il profano della finzione

17. V. in merito a questa tesi il bel saggio di Ferrone 1993 (particolarmente le considerazioni a p. 33), dove proprio alla gestione politica del teatro è attribuita la causa della fine della commedia dell'arte.

18. Dal libro mastro della *Confradía de la Pasión*, la più importante compagnia di attori che operava a Madrid, compare fra le spese anche il sostentamento di una dozzina di poveri. Ottenuto dal re nel 1567 il monopolio di tutta l'attività teatrale della città, sembra che proprio in quell'occasione la compagnia si impegnò ad allargare la sua attività di assistenza costruendo un ospedale per le fanciulle orfane o comunque indigenti con annesso il teatro stabile. Nel 1574 anche la *Confradía de la Soledad* entrò nel meccanismo di sovvenzione delle opere pie; *cfr.* Arróniz 1977, pp. 22 e segg.

19. *«Filippo II concesse all'ospedale degl'Incurabili quel medesimo che aveva già concesso sin dal 1568 a due confraternite di Madrid, un diritto sugli utili delle commedie»*; Croce 1966, pp. 35-36, dove fra l'altro si riporta uno stralcio della lettera di concessione.

20. I vincoli tutti economici che legavano lo spettacolo all'opera pia sono riconoscibili, pur nella peculiarità locale, più o meno in tutt'Europa. Per una prima ricognizione bibliografica v. l'appendice 5 al fondamentale articolo di Bianconi-Walker 1984, pp. 293-296 (la traduzione italiana in Annibaldi 1993 è priva di questa sezione).

produce i presupposti che giustificano la reciproca ingerenza di due realtà apparentemente distanti. In altre parole, la modalità e l'insistenza con cui nel XVII secolo e in quello successivo le pie istituzioni rimanevano in qualche modo legate alle scene sembra imporre il fardello di una metafora che conduce un popolo senza padre (orfani, indigenti, *etc.*) a un luogo (il teatro all'improvviso e poi musicale) anch'esso privo di solide radici storiche e, come si diceva, abbandonato a se stesso nella severa strada moralizzatrice cattolica.

Non è mia intenzione proporre una spicciola filosofia della cultura teatrale seicentesca, e d'altra parte l'intento di questo studio è di tutt'altra natura, ma il caso milanese, pur nell'accezione filospagnola, rientra ancora una volta in quella prospettiva che riavvicina fra loro due componenti dell'alternativa sociale – gli orfanelli e il teatro – ponendoli però su piani morali completamente antitetici: gli uni coinvolti in quelle che saranno apprezzabili pie istituzioni, e malgrado ciò costantemente tenuti a margine; l'altro piegato dal giogo severo del censore e dell'uomo di principio,[21] ma assiduamente ricercato e apprezzato da tutti, tanto da diventare cardine sociale di un'epoca.

Non c'è bisogno di tirare in ballo gli studi di Foucault per capire che due situazioni che sono 'altro' rispetto alla quotidianità si ritrovano necessariamente accomunate quando la *ragione* sceglie di concedere alla *follia* – alla diversità – un luogo proprio. Bisogna però accettare che il pensiero barocco, con ammirevole originalità, ha finalmente acquisito lo sforzo cominciato da Erasmo di concepire la follia come parte stessa della ragione.[22] Questo permette di guardare con occhio meno incantato gli sviluppi che porteranno al teatro per musica e in generale caratterizzeranno la situazione storica dell'Italia del Seicento.

Milano non si sottrae a questo principio; percorre però la sua strada in modo personale e riserva all'istituzione caritatevole non l'allevamento della gente di teatro (come avverrà per esempio nella simbiosi attuata fra conservatòri

21. Oltre alla censura ufficiale cattolica, entra in gioco anche quella letteratura moraleggiante (che giunge fino all'imponente opera CONCINA 1755 stampata in più riprese) di cui dà estesa testimonianza TAVIANI 1969.

22. «*Il fatto è che ora la verità della follia è una sola e stessa cosa con la vittoria della ragione e il suo definitivo dominio: perché la verità della follia è di essere all'interno della ragione, di esserne un aspetto, una forza e come un bisogno momentaneo per diventare più sicura di se stessa*», scrive FOUCAULT 1961, p. 56, parlando della formazione della cultura barocca; v. anche le tesi di MARAVALL 1975 in part. alle pp. 249-258.

e teatri napoletani), ma proponendo un alibi morale per la sua organizzazione economica.[23]

Veniamo ai fatti. Nel 1578 viene fondato a Milano, sotto i particolari auspici della corona di Spagna, un collegio destinato a ospitare le figlie di soldati e ufficiali spagnoli deceduti. Preso il nome di Real Casa delle Vergini Spagnole[24] presto cominciò a risentire di entrate incerte e insufficienti che spinsero gli allora amministratori a escogitare le soluzioni più ingegnose per raccogliere soldi.

Tali amministratori erano certo consapevoli della scarsa moralità delle faccende musicali, tanto che la *Regola* del collegio vietava alle ragazze di far musica al suo interno,[25] ma l'opportunità di gestire le rappresentazioni teatrali della città, vista la qualità del guadagno, non li spaventò più di tanto se, come avverrà, si ritrovarono a non sottilizzare troppo sulle modalità d'incasso: prima timidamente, affittando qualche sedia durante le rappresentazioni, poi con sempre maggiore determinazione arrivarono a occuparsi delle compagnie, degli allestimenti, della pubblicità, della costruzione di nuovi teatri, fino a controllare il monopolio dei lotti e del gioco d'azzardo.

Il primo documento che avvicina le sorti del collegio delle Vergini Spagnole al teatro milanese è datato 20 giugno 1601. È una concessione di Acevedo, in cui si offrono alla Casa le entrate che fino a quel momento l'ufficiale medico di palazzo aveva ricavato da comici e saltimbanchi.[26]

---

23. V. in merito FERRONE 1993, p. 52.

24. Dettagliate informazioni sul Collegio sono in FALCIOLA 1985 che ha consultato fra l'altro le trentacinque cartelle dell'archivio delle Vergini Spagnole (ACVS) attualmente conservato presso l'Amministrazione del Collegio della Guastalla. Le cartelle 21-24 raccolgono il materiale relativo al teatro, ma mancano completamente i documenti precedenti al 1655; altre notizie in ARCAINI 1995, p. 305 e segg.

25. Tuttavia tale *Regola* non doveva essere molto seguita, perché nel 1693 si decise di chiudere a chiave l'organo del collegio e di non permettere più alle ragazze di suonare; *cfr.* FALCIOLA 1985, p. 32.

26. Il documento è integralmente trascritto in PAGLICCI BROZZI 1891, pp. 15-17 e, secondo quanto viene riferito, l'originale si troverebbe in ASM, «*Carteggio generale, Gennaio 1601*». «*Carteggio generale*» era l'indicazione che si usava alla fine dell'Ottocento per designare l'attuale *Carteggio delle Cancellerie dello Stato*, dove non sono riuscito a trovare alcuna concessione, né fra i documenti del mese di gennaio (cart. 357), né fra quelli del mese di giugno (cart. 358) dove più presumibilmente avrebbe dovuto essere collocata. Mi si dice che il vecchio *Carteggio generale* fu danneggiato durante la guerra e successivamente smistato in *CcS*, e *RcS*, destinando un numero indeterminato di documenti ad altri fondi. Ho trovato copia della lettera nei *RcS* (XXI.25, c. 32v), cosa, fra l'altro, che mi ha permesso di precisare l'ambiguità della data (a p. 15

Esisteva nella cultura cittadina del Seicento un eterogeneo gruppo di persone per cui la professione di medico e di attore si confondeva. Vi erano *«comici, ballacani, saltimbanchi»*, dall'attività più facilmente scenica, e *«ciarlatani, erborari, cavadenti»*, quale sorta di farmacisti tuttofare. Tutte queste categorie, difficilmente distinte nei documenti seicenteschi, erano sotto il controllo di un medico ufficiale, il protofisico dello Stato, che riceveva un emolumento da quelle stesse persone a cui concedeva la licenza di smerciare le proprie prodigiose pozioni sulla piazza della città – commercio che avveniva non senza una estemporanea esibizione pubblica delle proprietà dei vari prodotti. Dovere del protofisico era di accertare la validità dei medicinali posti in vendita:[27] appare perciò evidente quanto poco rassicuranti dovevano rivelarsi queste licenze se, come accadeva, venivano letteralmente comprate attraverso un meccanismo perverso che permetteva all'ufficiale di palazzo un guadagno direttamente proporzionale al numero di licenze concesse.

Inizialmente, intenzione del governatore dovette essere quella di escludere completamente il protofisico e mettere tutto nelle mani degli amministratori delle Vergini, ma Bartolomeo Assandro,[28] attuale incaricato di palazzo, protestò vivamente: niente da dire in merito ai comici, che poco competono alla nobile professione di medico, ma chi avrebbe esaminato e giudiziosamente approvato i farmaci e le pozioni spacciate dagli ambulanti? Il suo memoriale ci permette di conoscere i fatti con una certa precisione.[29] Assandro avrebbe ritenuto ragionevole privarsi solo degli emolumenti ottenuti dai comici, ma non

Paglicci Brozzi scrive *«29 giugno»*, e *«20 giugno»* a p. 17); tuttavia i *RcS* esistevano anche nell'Ottocento, ed è possibile che sia sopravvissuta, ancora vagante in chissà quale fondo, la lettera originale.

27. V. l'elenco dei protofisici che operarono a Milano ⊳s.6.

28. Sulla nobile famiglia Assandro v. Claretta 1883 (specificamente su Bartolomeo le pp. 692-700). Nell'articolo sono riportati alcuni documenti custoditi in I-Ma, *Raccolta Fagnani*, fra cui la nomina firmata da Velasco a protofisico generale dell'esercito regio (12 dicembre 1594) e quella successiva, di Filippo II, a protofisico del ducato di Milano (3 settembre 1597).

29. In ASM, *Autografi*, cart. 212, fasc. 43 ⊳d.18, già conosciuto da Paglicci Brozzi 1891, pp. 17-18. Il documento non è datato, ma sul retro compare una annotazione circa la risposta del governatore del 20 giugno 1601, giorno che coincide con la concessione alle Vergini. Si intuisce che, diversamente da quanto afferma Paglicci Brozzi, la lamentela di Assandro è precedente alle decisioni del governatore. D'altra parte Assandro dice testualmente: *«intendendo egli che V.E. tratta d'applicare»*, frase che testimonia un'intenzione, non la consapevolezza di un accaduto.

degli altri. Il governatore, nella sua magnanimità, accettò la soluzione proposta dal protofisco,[30] o così sembra.[31] L'aspetto più interessante della vicenda è l'ammissione di una distinzione fra comici e ciarlatani, fino a questo momento mai palesata in alcun documento: Acevedo stesso nella sua concessione sottolinea la differenza concedendo ai comici un paragrafo a parte – tuttavia rimane inespresso un giudizio di valore, non si coglie cioè se gli uni o gli altri meritino, in riferimento alla professione, più o meno riguardo o credito.

Da questo momento in poi, fino alla metà del Settecento, la storia del collegio delle Vergini Spagnole coinciderà con quella del teatro milanese, la Casa promuovendo dalla metà del secolo l'importazione dell'opera veneziana e partecipando a tutti i grandi momenti dello sviluppo dell'opera in musica a Milano. Non si può quindi affrontare tale storia senza curiosare fra i registri amministrativi del collegio, ma come già constatato, la mancanza di notizie sul primo Seicento obbliga ad abbandonare per almeno un decennio le faccende economiche dell'orfanotrofio:[32] nel frattempo i documenti sul teatro scarseggiano.

---

30. La decisione fu notificata alla Casa delle Vergini il 29 giugno dal funzionario della Cancelleria segreta Giovanni Battista Cozzo ▷d.18.

31. Dalla sintetica risposta, datata 20 giugno e annotata in calce al memoriale di Assandro, è chiaramente espresso che chiunque abbia medicinali da smerciare dovrà prima sottoporli al protofisico, ma che l'emolumento debba continuare a essere versato allo stesso non è detto e che sia così rimane puramente una deduzione, seppur ragionevole. D'altra parte, se la concessione ufficiale di Acevedo, rilasciata proprio lo stesso giorno, esclude esplicitamente il protofisico da qualunque interferenza non solo con i comici, ma anche con i ciarlatani in genere, bisogna ammettere che di nuovo il protofisico è reintegrato nelle sue competenze con due successive conferme a tale concessione, quella del 1616 ▷d.57 e quella sostanzialmente identica del 1619 ▷s.7: in entrambi i casi però non è fatta menzione di emolumento alcuno. Essendo questione economica, pare improbabile che sia stata lasciata sottintesa: è cioè anche possibile che non si parli di emolumenti perché i comici, obbligati a pagare l'affitto della sala, fossero dispensati da altre tasse per la licenza (come del resto veniva supposto nel doc. del 1611 ▷d.39 e sarà esplicitamente confermato fin dall'atto notarile del 1641, il primo in nostro possesso). Ma se così fosse, che dire dei ciarlatani? Loro che non pagavano affitti dovevano oppure no pagare l'emolumento? e a chi? visto che è detto (1616) che dal protofisco otterranno l'*«approbatione»* e dalla Casa la *«licenza»*. Purtroppo non ho altri elementi per chiarire la questione, ma l'impressione è che non fosse chiara nemmeno allora se le controversie fra Casa e protofisico continuarono per una decina d'anni come riferisce Falciola 1985, p. 244. Per una sintesi di tutta la questione con un'ipotesi risolutiva ▷s.8

32. *Ibidem*, p. 9.

Gian Battista Andreini

È però di questi anni una presenza significativa per Milano e in generale per la storia del teatro: Gian Battista Andreini.[33] Diversamente dai Gonzaga e da altri signori d'Italia, Milano non proteggeva ufficialmente alcuna compagnia comica, ma Andreini, figlio della grande Isabella e di Francesco, sembra essere particolarmente apprezzato dal governatore Acevedo. Lo stesso Andreini, quando nel 1623 pubblicherà a Venezia per i tipi di Paolo Guerigli l'ampio poema *La Tecla vergine e martire*, dedicherà la sua premessa *«A' benigni lettori milanesi»* esprimendo, malgrado i natali fiorentini, il suo attaccamento a Milano:

> della qual città figlio, ancorché immeritevole, mi potrei chiamare, non solo per gli onori che i miei genitori sempre quivi han ricevuto, ma eziandio per averci avuto e sorelle e moglie e figliuolo Milanesi

Nel 1601, a Milano probabilmente con i genitori, si sposa con la milanese Virginia Ramponi[34] e il suo unico figlio è tenuto a battesimo niente di meno che dallo stesso Acevedo.[35] Nel 1605 pubblica *La divina Visione*,[36] un poemetto che esalta la memoria di S. Carlo – anzi del *«beato Carlo»*, come è detto, visto che allora non era ancora santo – del cugino Federico Borromeo e dello stesso Acevedo. Si tratta di un lavoro composito, a tratti adulatorio, a tratti cinicamente interessato, altrove politicamente critico, che disorienta qualunque giudizio. È la storia di una Milano moralmente perduta, fatta dominio del Diavolo

---

33. Per una sintesi della sua attività a Milano v. Arcaini 1995, pp. 289 e segg.; più in generale il preziosissimo *Comici*...1993 (dove sono raccolte tutte le sue lettere) e relativa bibliografia.

34. La più ampia raccolta di fonti su Virginia Ramponi, detta Florinda, si trova ancora una volta in Rasi 1905, i, pp. 139-151. Vale la pena di ricordare che Virginia Ramponi era particolarmente apprezzata come cantante tanto da poter sostituire all'ultimo momento Caterina Martinelli nella parte di Arianna nell'opera omonima di Monteverdi (rappresentata a Mantova nel 1608), suscitando l'incredibile ammirazione del pubblico. Lo stesso governatore Acevedo era un suo ammiratore, come riferisce Lelio Belloni nella lettera del 25 settembre 1606 indirizzata ad Annibale Chieppio: *«ben spesso va ad intrattener l'eccellenza sua con cantare et sonare»* (framm. cit. in Ferrone 1993, p. 264). In Ellio 1612 sarà poi paragonata a una sirena ▷iii[44].

35. Così riferisce Paglicci Brozzi 1891, p. 43; v. in merito Arcaini 1995, p. 290 nota 109.

36. Firenze, Volcmar Timan, 1604. Paglicci Brozzi 1891, p. 43, riferisce di averne consultato una copia in I-Ma; esiste un esemplare (purtroppo mutilo di alcune pagine) della ristampa veneziana del 1610 in I-Mb, vv.vii.45/2.

e salvata dallo sguardo benevolo di Carlo che anche dopo morto persegue il bene della città. Il riferimento politico è chiaro, ma pericoloso, perché la piaga è ancora aperta: l'immagine di una Milano corrotta dal demonio è la stessa che Federico aveva delineato nel famoso scritto spedito a Madrid per opporsi a Velasco.[37] Nel 1601, quando Andreini era a Milano, se ne parlava ancora, e solo la sostituzione di Velasco con Acevedo riappacificò un po' le acque. Certo l'arditezza di Andreini è però soffocata dalla piaggeria di far consegnare da Carlo le redini della giustizia nelle mani e di Federico e dello stesso Acevedo come è detto in queste tre ottave:

44. E perché sian le lodi tue più note[38]
ed anco altrui la tua memoria giove,
vuol che l'alme d'Insubria tue devote
habbian pastor che 'l nome tuo rinove.
Questi fia FEDERICO, in cui men vote
che 'n te voglie di grazia il Ciel non piove;[39]
questi mirando poi nel tuo bel seno
farà contenti i tuoi fedeli a pieno.

45. Questi (disse il Signor), che 'n alto seggio
riposi già tra la purpurea schiera,
vuò ch'al favor e grave mal ch'io veggio
sovra Milano opri la destra altiera;
questi a quel peso più d'ogn'altro i‹o› chieggio
che con virtù si placida e severa,
fugando il mal, fermando il ben, s'adopre
e mostri insieme altrui la fede e l'opre.

46. E perché Astrea[40] più ferma e stabil fede
ivi fondar sicuramente possa,
prode guerriero a mostrar lui già riede
di forte man qual sia mirabil possa;

37. Di cui s'è detto ▷i[19], a cui si aggiunge la pubblicazione di un famoso libello contro la città (v. Formentini 1878).

38. È Dio che attraverso un angelo parla a Carlo.

39. Ovvero: Sia Federico il tuo successore, a cui il Cielo ha concesso un desiderio di grazia non minore del tuo.

40. Dea della giustizia che *«grondante di sangue»* fuggì dalla terra per la corruzione umana (Ovidio, *Metamorfosi*, i.149).

FONTE[41] di Pace, di Giustizia e Fede
ei fia per me dal gran Ibero mossa;
ei, che PIETRO dirassi, in pietra ferma
seco fermar saprà l'Isubria inferma.

Nel 1606 Andreini ritorna a Milano. In ricordo della madre Isabella, morta due anni prima, fa pubblicare il poemetto *Il pianto d'Apollo*, e le *Rime funebri in morte di Isabella* di altri autori.[42] Insiste quindi – quasi la *Divina visione* non fosse bastata – a indossare l'abito di cortigiano ossequioso, dedicando al governatore Acevedo la ristampa della *Florinda*.[43] E d'altra parte dobbiamo credere che il suo intento adulatorio dovette andare a buon fine se, come sembra, mise in discussione l'autorità di un altro celebre comico, Pier Maria Cecchini, volendo fermarsi a Milano anche per l'inverno in opposizione alle decisioni già prese dalle due compagnie.[44]

Malgrado la straordinarietà della figura di Andreini non è però nelle sue opere – o non solo – che si deve cercare la formazione di una coscienza del teatro d'opera, come si è fatto troppo spesso. Lo stupore e l'apparenza tipica del melodramma, affondano le loro radici nell'eccezionalità dell'evento inatteso, nella celebrazione spettacolare, nella festa. Quella festa che coinvolge tutti i ceti sociali, in un misto di sacro e profano, di superstizione fantastica e tradizione sociale. Quasi un nucleo cardine dell'espressione culturale del Seicento, che mentre ammoniva alla devozione gratificava con il divertimento, che proponeva il soprannaturale attraverso la complicità di un preciso progetto scientifico, che in una parola rendeva necessario lo sforzo creativo. Un fenomeno quello della festa che ha nell'apparenza teatrale e nell'artificio musicale i suoi due momenti più significativi e importanti, successivamente *sintetizzati* e alla fine, quando l'opera in musica codificherà il suo linguaggio, purtroppo solo *riassunti*.

---

41. Ricordo che il nome completo del governatore era Pedro Enrichez de Acevedo, conte di Fuentes; la «*fonte*» e la «*pietra*» sono perciò i riferimenti allegorici del «*gran Ibero*».

42. Entrambi per Girolamo Bordoni e Pietromartire Locarni; ai due titoli, nello stesso volumetto, è allegato il poemetto comico *Lo sfortunato poeta*.

43. Milano, G. Bordone, 1606. La prima edizione fiorentina del 1603 fu completamente distrutta dallo stesso Andreini, come racconta nella premessa della *Saggia egiziana* (Firenze 1604) ⊳L.46-47.

44. Il racconto della vicenda, con le lettere di Cecchini e Andreini, è in BEVILACQUA 1894, pp. 39-44; v. anche *Comici*… 1993, I, pp. 77-79 e 220-226 che riferisce qualche notizia in più. Su Cecchini v. *infra*.

Uno studio anche antropologico, e magari più circostanziato di quanto non sia stato fatto finora, forse permetterebbe di capire meglio il costume e il pensiero di un secolo così trascurato.[45]

Per riprendere il discorso sui fermenti spettacolari di Milano, proprio una grande festa, dopo qualche anno di assopimento, fu celebrata nella primavera del 1605. Si può parlare di congiunzione fortuita o di fatalità certo è che una nobile nascita e una nobile morte – quasi che il disegno divino si fosse posto velleità compensative – obbligarono Milano a ridestarsi.

Le giostre per l'infante di Spagna

Il 4 marzo 1605 muore papa Clemente VIII: Federico Borromeo nei giorni successivi è chiamato a Roma per il conclave.[46] Milano, priva di guida spirituale, decide di darsi alle scomposte feste, ma serve un pretesto, l'occasione per il giubilo. Non si è ancora depositato il polverone della carrozza di Federico che, neanche a dirlo, nasce il primogenito del re, l'infante di Spagna e futuro Filippo IV. La notizia arriva a Milano il 20 aprile, quando il nuovo papa Leone XI era già stato eletto da tre settimane. Fortunatamente Federico sembra interessato a trattenersi a Roma e quindi c'è ancora tempo. I preparativi per le celebrazioni cominciano il giorno stesso e sabato 23 si aprono le allegrezze con una processione solenne: domenica grande messa cantata e lunedì riunione del Consiglio generale in prospettiva delle spese per i festeggiamenti.[47] Dei preparativi e sullo svolgimento delle feste è cronista ufficiale Cesare Parona con una pubblicazione di ben 230 pagine stampata a spese della città.[48]

45. Su questo aspetto, peraltro ormai generalmente acquisito dalla critica, si può leggere per esempio Stefani 1974, cap. I, e soprattutto il bel libro di Carandini 1990 utile anche per una sintesi bibliografica.

46. *Cfr.* Rivola 1656, p. 282 e segg.

47. I-Mt, *Dicasteri*, cart. 30, 24 aprile 1605; purtroppo manca il verbale della seduta e bisogna accontentarsi della rubrica di ordinazione: *«Che la spesa degli apparati e feste di allegrezza per la nascita del serenissimo principe di Spagna si limiti alla somma di scudi 6000 in giù»*. Processione e allegrezze erano già state allestite nell'aprile del 1601 per la gravidanza della regina Margherita che partorì Anna Maria Maurizia; *cfr.* I-Mt, *Dicasteri*, cart. 28, 16 aprile 1601.

48. Parona 1607; il Consiglio generale approva la pubblicazione del lavoro di Parona nella seduta del 5 settembre 1607 (I-Mt, *Dicasteri*, cart. 31) dove compaiono due lettere e un memoriale a firma sua. Cesare Parona tradurrà poi nel 1608 anche la descrizione delle feste di Valladolid, città natale dell'infante. Un altro nome che si lega a queste giostre è quello di

Le celebrazioni – pur grandiose, con tanto di monte infuocato in piazza del Duomo[49] – si sarebbero dovute concludere nel giro di una settimana, ma il 27 aprile muore inaspettatamente il papa neoeletto. Tutto da rifare. Nuovo conclave fino all'elezione di Paolo v del 16 maggio 1605. Milano ne approfitta. Benché la città non avesse intenzione di spendere altri soldi, *«ciascuna porta, borgo, corso, ponte et piazza»*[50] si organizza a proprie spese e i festeggiamenti proseguono sfrenati per i tre mesi successivi, con uno strascico conclusosi la primavera dell'anno dopo.[51]

Giovanni Soranzo, che da queste trae spunto per almeno un quarto della sua produzione editoriale. Dapprima pubblica una descrizione delle feste in forma poetica (Soranzo 1606[a]) con alcune aggiunte (Soranzo 1606[b]). Qui le vere identità dei partecipanti alla giostra sono glossate a margine del nome del personaggio. Viene ricordato anche Luca Pastrovichi, che non fu nel numero dei cavalieri, ma poteva ben figurare nelle vesti di Tirsi perché *«cantò gli amori suoi in una favola pastorale e nella 1. e 2. parte delle sue leggiadrissime rime»*. Il riferimento è a *Tirsi costante*, pubblicata a Milano l'anno successivo ⊳l.97 ed evidentemente conosciuta manoscritta da Soranzo (sempre che non vi fosse un'edizione precedente). Ma non finisce qui, Soranzo pubblica ancora un altro poema in cui si sviluppano fantasiosamente le trame della giostra (Soranzo 1606[c]) e cinque anni dopo, sempre ispirandosi a queste feste, dà alla luce *Lo Armidoro* (Soranzo 1611), un'opera monumentale di 42 canti contenenti ciascuno oltre un centinaio di ottave, qualcosa come tre volte la *Gerusalemme liberata*. Alla fine dell'opera un indice analitico di circa 350 nomi riferisce di tutti i milanesi suoi contemporanei citati nello scritto, quasi un censimento della Milano bene di allora. Sulla descrizione delle celebrazioni più noto è il manoscritto citato ampiamente da Vianello 1941, p. 78, custodito in I-Ma, e più in generale sulle feste per l'infante v. ASM, *PE*, cart. 130, fasc. 1605. Per una visione complessiva sulle feste per la nascita di principi spagnoli in questo periodo v. Bertolini-Gariboldi 1995.

49. C'è tutta una prima parte dei festeggiamenti che le cronache hanno taciuto o trattato di sfuggita (forse abbagliate dalla grandiosità delle giostre che sono seguite). Purtroppo le fonti di tali feste sono in I-Ma, s 131 sup. e quindi attulmente inaccessibili. Circa il grandioso monte realizzato da Alessandro Bisnati di cui ivi si parla (che Bertolini-Gariboldi 1995, pp. 656-657, giungono a ritenere mai realizzato) ho trovato una conferma importante alla sua erezione in un diario del cerimoniere di corte (preziosa fonte manoscritta poco nota di cui parlerò più avanti) dove si legge che *«Sopra la piazza del Duomo si fecero levar tutte le botteghe et si fecero gran porte trionfanti; erano quattro e nel mezzo di detta piazza vi era una montagna piena di fuoco artificiato bellissima»* (I-Mt, *Cod. Triv.* 1490, c. 31r). Pur mancando fonti iconografiche che permettano un più diretto approccio all'immaginario scenografico realizzato, non si fa fatica a intuire che questo doveva essere molto simile ai monti infuocati raffigurati nelle feste milanesi degli anni Trenta ⊳t.42-43 t.46.

50. Parona 1607, p. 18.

51. *«Non v'è memoria ch'in alcun tempo altra città continuasse tanto negli applausi di feste per una sola occasione»*, Parona 1607, c.n.n.

Vianello ha già esposto una descrizione di queste feste,[52] ma due momenti di tali allegrezze meritano particolare memoria non foss'altro per la massiccia presenza della musica, protagonista e cornice di veri e propri allestimenti scenici. Fra le celebrazioni organizzate dalle varie contrade cittadine spicca quella *«de' Calzolari»* che così è introdotta da Parona:

> A' 7 [maggio 1605] l'Arte de' Calzolari unì cento de' loro capi, de' quali era abbate Antonio Divitio. Postisi questi in habito di pastori a duo a duo con molti sonatori avanti, havevano nel mezzo un carro verdeggiante con motto:
>
> VIVA IL RE DI SPAGNA E 'L SUCCESSORE
> E TUTTI I CALZOLARI PER SUO AMORE.
>
> All'altre tre parti del carro v'era l'arma del re et quelle di S.E. et della città di Milano. Sopra vi sedeano molti in habito di ninfe. Erano questi eccellenti musici.[53]

Attraversarono tutta la città ed entrarono in corte *«sotto le finestre di S.E.»*, ballarono, si esibirono in salti e piroette, cantarono e fecero *«la miglior musica che potessero»*. Oliviero Pietrasanta, detto il Reggiò, recitò una specie di bosinata in milanese,[54] dove fra lo sbrodolio di felicitazioni per il nuovo nato venne ricordato il passaggio della regina Margherita (anche qui con «teatro» ci si riferisce agli apparati scenici approntati):

Gh'era pò in del intrà	*C'erano poi, entrando*
Ne la corte ducal	*nella corte ducale,*
Do port trionfal	*due porte trionfali:*
Nell'intrà, e l'altra al mez;	*[una] all'inizio, l'altra a metà.*
Sò ben mi, che l'è un pez,	*So bene che per un pezzo*
Che no sarà più sti cos	*non vi saranno più queste cose*
Sovra al rest maravios,	*meravigliose sopra le altre:*
Quel teatro sì bè fag	*quel teatro così ben fatto,*
Cos da fa vegnì ol lag	*cose da far venire il latte*[55]
A tut quei, che ghe entrava	*a tutti quelli che vi entravano;*
Ca‹n›ti, e trombe, che suonava	*canti e trombe che suonavano*
Con diversi terremot,	*con incredibile fracasso,*

52. Vianello 1941, pp. 78-87.

53. Parona 1607, p. 22.

54. Sul repertorio delle bosinate, con riferimento a questa, v. Repossi 1985.

55. Forse un modo di dire che significa stupore, qualcosa all'opposto della frase *«far perdere il latte»*.

Che ve dig, che da not	*e vi dico che di notte*
Al pareva cal fiocass.[56]	*pareva nevicasse.*
...	

Quindi fu incendiato il carro che, pieno di fuochi d'artificio, brillò e scoppiettò per tutta la sera.

Assai più stupefacente e realmente strutturata come una rappresentazione teatrale fu la giostra organizzata dal cavalier Giovanni Borromeo svoltasi il 18 giugno 1605, sempre nell'ambito delle celebrazioni per il nuovo principe. Secondo la consuetudine cavalleresca il 14 maggio apparve affisso alla porta di palazzo Reale la *«Disfida del cavalier Costante»*.

La *«disfida»* era una specie di scenario in cui venivano appunto sfidati i cavalieri della città in conseguenza di motivazioni fantastiche legate ai capricci di dèi e improbabili eroi desiderosi di far valere le proprie squinternate ragioni. È un aspetto abbastanza significativo della giostra, perché costituisce l'antefatto all'azione e in questo senso sostiene una funzione simile all'*argomento* dei libretti tardo seicenteschi. Nel caso specifico si racconta che, nato il principe, Amore ha ordinato a tutti, per esprimere la gioia di tanto evento, di non trattenere alcuna passione e di vivere ciascuno *«l'amoroso suo foco»*; ma in seguito a ciò, prosegue la Disfida, i cavalieri milanesi accusarono le proprie donne di scarsa propensione agli affari amorosi – ovvero sembrava non essere proprio uso delle signore concedersi a chiunque.

A questo punto entrava in gioco il cavalier Costante che, sdegnoso, non poteva credere alla frigidità del gentil sesso insùbre, *«riflettendo tutta la colpa ne' cavalieri, i quali non usano i dovuti et proporzionati mezzi per destare il sopito fuoco nelli cuori delle dame loro»*[57] – insomma sono i signori che non ci sanno fare. E per questo, e per dimostrare la buona disposizione delle donzelle, questi scendeva in campo per loro contro i mariti zotici che – si aggiunge – non conoscono altro linguaggio che quello delle armi. La Disfida annunciava inoltre la data della giostra prevista per il 21 maggio, il regolamento della stessa, ovvero i *«capitoli»* e il nome dei giudici di gara.

Il 21 maggio però fu giorno di pioggia e si dovette attendere il 18 giugno, quando tre grandi carri allegorici trascinati sul corso di porta Romana aprirono i giuochi. Il carro del cavalier Costante era preceduto da due padrini, sei

56. Frammento tratto dagli oltre 330 versi che recitò Pietrasanta; *cfr.* Parona 1607, p. 25.
57. Parona 1607, p. 81.

trombettieri a cavallo, sei staffieri, sei cavalli e sei paggi ancora a cavallo, tutti riccamente vestiti e bardati. Il carro rappresentava un grande scoglio circondato da due enormi ippocampi, due tritoni, quattro sirene e delfini e pesci esotici. Sullo scoglio troneggiava Marte protetto da Giove. Secondo il racconto, la protezione era necessaria perché Marte, obbligato ad attraversare il mare per raggiungere il regno d'Amore, avrebbe dovuto fare i conti con Nettuno a cui aveva ucciso il figlio Alirocchio (d'altra parte Alirocchio si era permesso di possedere con violenza la figlia del dio della guerra, o almeno così sembrava).[58] Nello stupore generale lo scoglio si frantumò permettendo al cavalier Costante, a cavallo del suo destriero, di balzare fuori e scomparire all'orizzonte.

Entrò quindi la prima quadriglia sfidante. Padrino era il conte Francesco d'Adda seguìto anch'egli da trombettieri, staffieri e paggi bardatissimi e naturalmente dagli otto cavalieri della sua squadra che per l'occasione sostenevano ciascuno un'*«impresa»*, ovvero una tavola dipinta, con motto allegorico. Capitano dei cavalieri era Ambrogio d'Adda, e fra gli altri incontriamo Giambattista Visconti, il già citato autore dell'*Arminia*. Il carro era tutto una nuvola su cui troneggiava un baldacchino con Venere intronata. Attorno era un mostro con cinque dee e *«cinque imprese tutte amorose»*. Parona si dilunga nella descrizione del carro, delle imprese e dei costumi, descrizione che rivela l'intento di stupire e in qualche modo può aiutare a capire quanta attenzione doveva essere destinata alle scenografie teatrali coeve. Venere si mette a cantare sui versi che il padrino del carro aveva cominciato a distribuire ai presenti e l'applauso ovviamente è immancabile.

Fanfara di trombe e altra entrata di cavalieri vestiti da mostri marini: un elmo a forma di delfino e conchiglie e perle quali decorazioni delle armature squamate (da fare invidia a capitano Nemo). I quattro sfidanti trionfavano in groppa a cavalli grondanti anch'essi di conchiglie e lustrini.[59] Carlo Maria Visconti padrino e Cesare da Rò capitano.

Il carro era veramente impressionante: un castello fatato con le fondamenta nel mare; attorno a contenere l'acqua, scogli e mostri marini, delfini e altri pesci; la ninfa Dori guidava il carro trainato da due grandi ippocampi; nell'acqua quattro musici vestiti da tritoni che suonavano strumenti a fiato; su

58. Secondo il mito il nome del figlio di Marte (Ares) è Alirrozio; v. in generale il mito in Graves 1955, cap. 19.*b*.

59. Per apprezzare la magnificenza di questi costumi ▷a.11.

ogni lato del castello quattro sfarzose imprese con motto e in cima allo stesso un enorme globo rappresentante i possedimenti del re di Spagna. Mentre il carro passava «*attendevano i tritoni di continuo a suonare balletti allegrissimi*», e giunto al centro del corso, dal globo, che si aprì in quattro spicchi, volarono fuori due aquile e comparve un fanciullo rappresentante Amore. Fermatosi il carro, Amore cantò sui versi che Dori aveva distribuito alle dame presenti.[60]

Nel frattempo Francesco d'Adda, già padrino dell'altra quadriglia si travestì da Bradamante e si presentò pulzella-in-armi su un cavallo alato, avendo fatto affiggere lungo il corso la «*Risposta di Bradamante dalla Lancia d'Oro alla disfida del cavalier Costante*», dove in sostanza si accusava detto cavaliere di scarsa competenza in questioni di cuore e lo si sfidava personalmente a duello – se le signore si sono dimostrate poco concilianti non c'è da stupirsi, come non c'è da stupirsi se i loro mariti hanno voluto lamentarsi di ciò: è un modo per affermare la dignità delle proprie compagne. E poi questo cavalier Costante cosa pretende? Che le dame milanesi si adoprino al godimento sconsiderato gettandosi sventatamente a destra e a manca? Questi in sintesi gli argomenti della *Risposta*.

---

60. Buona parte di questi fogli volanti è raccolta con altri scritti di circostanza in un unico volume conservato in I-Mb (gg.iii.42), fra cui ho trovato una *Poetica inventione* anonima e non datata, stampata da Gratiadio Ferioli in cui si raccolgono cori, canzonette e arie abilmente inserite in un contesto scenico e celebrativo svoltosi con buona probabilità durante tali feste ▷a.12; questo l'elenco dei fogli conservati:

- 9/1 *Risposta del cavaglier Grifone al cavaglier della Serpe - Risposta del cavaglier Aquilante al cavaglier della Serpe*, Milano, Francesco Paganello, s.a.
- 9/2 *Campione*, versi de «*La giovanesca setta*», Milano, Giacomo Maria Meda, s.a.
- 9/3 *Rime del sig. Deodato Deverij, dottor in leggi, in nascimento del figlio dell'invittissimo re di Spagna*, Milano, Gratiadio Ferioli, 1605.
- 9/4 *Fidandro a' cavalieri*, Milano, Pandolfo e Marco Tullio Malatesta, s.a.
- 9/5 *Giostra grega*, s.n.t. [v. Bertolini-Gariboldi 1995, p. 653]
- 9/6 *Tolto dal Greco. I duoi cavaglieri erranti a qualinque cavagliero*, Milano, Bernardino La‹n›toni, 1607.
- 9/7 *Risposta per il cavalier delle Fiamme al cavalier della Serpe*, s.n.t.
- 9/8 *Al monstro de mil ojos i mil lenguas, tardo mensajero de lo verdadero i mui pressuroso de lo falso*, Milano, Pandolfo e Marco Tullio Malatesta, s.a.
- 9/9 *Clori a cavalieri e dame di Milano*, Milano, P. e Marco Tullio Malatesta, s.a.
- 9/10 *Bellona alle dame milanesi*, Milano, Gratiadio Ferioli, 1605.
- 9/11 *Risposta del cavalier Floridano il Costante*, Milano, Francesco Paganello, s.a.
- 9/12 *Poetica inventione*... ▷a.12
- 9/13 *Risposta del moro re Dalindo alla sfida del cavalier Olimpico*, Milano, Francesco Paganello, s.a.
- 9/14 *Amore alle dame et ai cavaglieri di Milano*, Milano, Gratiadio Ferioli, 1605.

Parona ci ragguaglia sui vincitori della giostra, fra cui, oltre alle undici gare vinte da Giovanni Borromeo, sono ricordati anche Giambattista Visconti e Giovanni Battista Avogadri, non dimenticando di segnalare però che l'apprezzamento più entusiasta fu assegnato col *«pregio del masgalano»* al carro di Cesare da Rò. E alla fine della lunga e puntuale descrizione si incontra, inaspettatamente, una rarissima e preziosa attribuzione di paternità:

> Lo scoglio del mantenitore[61] fu fabbricato dal pittore Nuntio Gallitio, pittore trentino. Il carro di Venere et l'altro del castello et globo furono formati di Paolo Camillo Landriani, detto il Duchino, pittore milanese.[62]

Poi la narrazione riprende. Vi è una seconda giostra, sempre organizzata da Giovanni Borromeo nelle vesti di Clorinda, che proseguirà le trame della precedente. Il motivo di sfida è sempre quello: la disponibilità godereccia delle signore milanesi e l'onore dei mariti più o meno becchi. La giostra sembrava doversi correre di lì a poco, ma Clorinda-ex-Cavalier-Costante è vittima d'ogni sventura. Prima si sloga un dito (nuova data il 25 ottobre); poi gli muore la moglie (tutto rimandato al carnevale del 1606) e l'8 febbraio, data della gara, le strade di Milano sono ricoperte di neve – il Fato non poteva tramare più sfavorevolmente. Finalmente il 15 aprile il secondo *round*, più miserello del primo, e forse un po' insoddisfacente, tanto che don Sancio Salina, non pago, decide di organizzarne un'altra per il 26 dello stesso mese (con un'appendice il 18 maggio).

In tutte queste altre giostre non comparvero carri, né troppa musica (tranne le immancabili fanfare), ma costumi e coreografia furono così sontuosi e impressionanti che

> tanto rimase così gran numero di astanti soddisfatto di sì compiuta et memorabil festa che affermavano i più vecchi cavalieri non essersene veduta tale, né più ben'ordinata nella città di Milano da cinquanta anni in qua.[63]

Le giostre si fecero davanti al Duomo, e all'occasione l'area fu completamente circondata di gradinate (per il popolo) e baldacchini (per nobili e fore-

61. Ovvero Giovanni Borromeo. Il *«mantenitore»* era il padrino della compagnia, il promotore della giostra; sull'uso di questo termine v. VIANELLO 1936, p. 371 in nota.

62. PARONA 1607, p. 112. Gli stessi pittori già incontrati per l'allestimento di *Arminia*, e le decorazioni nel salone. Nella memoria citata di BORSIERI 1619 ▷I[38] il Duchino era apprezzato proprio perché *«ingegnosissimo per giostre e per tornei»*.

63. PARONA 1607, p. 183.

stieri), lasciando alle dame tutte le finestre che davano sulla piazza, *«onde restò capace il sito alla vista di ben duecentomila persone»*.[64]

Parona esprime la consapevolezza di essere di fronte a un vero prodotto letterario nella meticolosità della trascrizione e nell'attenzione tributata ai suoi autori fra cui, oltre allo stesso Parona, sono citati due accademici Inquieti, don Aquilino Coppini e Pompeo Barnabiti, ancora il padre Tadeo Niguarda *«et altri Incogniti»*.[65]

La ricchezza inventiva dei costumi, gli intrecci pretestuosi ma di grande fascino, e forse la magia di questa sorta di fiaba cittadina, diedero spunto a Giovanni Soranzo per comporre un'egloga pastorale i cui personaggi erano gli stessi che parteciparono al torneo. In memoria dell'evento vengono glossati a margine dei vari Tirsi, Armidoro, Fidandro, i nomi dei cavalieri che impersonarono tale parte durante il torneo.[66]

---

64. *Ibidem*, p. 129; v. alcune memorie iconografiche dell'epoca in cui si osserva l'uso di allestire precari terrazzini destinati al pubblico, eretti sui tetti delle case prospicenti la piazza del Duomo ▷T.42 T.58-60 T.64. Per farsi un'idea di come venisse 'sconvolta' la piazza in occasione di giostre si legga il rendiconto dei lavori redatto da Tolomeo Rinaldi per la giostra allestita nel carnevale 1609 (ASM, *FC*, cart 139, 24.IV.1609) ▷D.26.

65. *Ibidem*, p. 229. Don Aquilino Coppini è citato da Argelati 1745, coll. 461 e 1980, che lo ricorda letterato e insigne compositore di musica sacra: *«et musicae etiam artis peritissimus fuit. Hanc tamen ita coluit, ut ipsam non ad aurium tantummodo (quae est hujusmodi hominum consuetudo) blandimenta, sed potius ad animorum utilitatem converteret. Quaecumque enim aetate sua in Musicales modulos prurientes auribus redegerant, Coppinus ad divini cultos harmoniam transtulit»*; e fra l'elenco delle sue opere cita: *Partito della musica, tolta da' madrigali di Claudio Monteverde*, in 6 tomi, Milano, Tradato, 1607. Quest'opera, che recita più precisamente *Musica tolta da madrigali di Claudio Monteverde e d'altri autori, a cinque et a sei voci, e fatta spirituale da Aquilino Coppini...*, è in realtà in sette tomi, sei per ciascuna parte vocale e un altro per il *«partito»*, ovvero partitura delle composizioni a sei voci. Nel 1608, presso gli eredi di Tradate, viene pubblicato il secondo volume a prosecuzione del precedente (l'unica copia conosciuta era in I-Ma, ma purtroppo è andata perduta durante l'ultima guerra) e nel 1609 il terzo (Alessandro et eredi di Agostino Tradate). Una ristampa dell'edizione del 1607 ricompare presso Melchion et eredi di Tradate nel 1611. Sull'opera di Coppini v. le belle pagine di Kendrick 1996, pp. 229-233. Anche Borsieri 1619, p. 57, dedica a Coppini qualche riga ricordando proprio tali pubblicazioni: *«Fra questi* [i musicisti che svolgono altro mestiere] *può degnamente annoverarsi Aquilino Coppini, che si è dilettato di ridurre i concerti profani ad altri spirituali; ma egli attende anzi alle lettere humane con molta sua gloria, havendo impetrata quella lettura publica di rethorica, la quale è in Pavia, e prima quell'altra che già soleva essere in Milano»*.

66. Soranzo 1606[c].

È abbastanza interessante notare come la giostra, che era originariamente una esibizione di perizia militare, e quindi di forza, si trasforma ormai nell'esaltazione di un'originalità creativa tutta barocca, nella proposizione di una teoria estetica che esalta colui che la promuove, ovvero il mantenitore, come si diceva. Il pretesto narrativo che sostiene questa sorta di rappresentazione, in un certo senso muove dalle stesse esigenze che saranno delle trame d'opera, diventando lo strumento per esternare abilità operative su vari livelli: artigianale, organizzativo, creativo, *etc.* Che l'immaginario della giostra – di questo tipo di giostra – abbia perciò influenzato gli indirizzi del teatro musicale non deve apparire una stravaganza, né si potrà giudicare forzato, credo, apparentare due manifestazioni dell'esibizione seicentesca che scaturiscono entrambe dallo stesso meccanismo celebrativo.

D'altra parte il fatto che la festa barocca non si esaurisca con l'affermazione dell'opera in musica, non intacca la tesi di continuità: l'opera, come sintesi artificiale e profana della festa, non si sostituisce a questa, ma coglie gli aspetti più codificabili (come i costumi, la musica, le macchine, gli apparati) e li trasferisce, distillandoli, nella cornice scenica della favola. Nel teatro il sacro della festa è tenuto a parte – *«non si mescolino cose divine»* prescrivono i documenti – e questo non permette di confondere le due realtà, né di escluderle reciprocamente. Il divertimento, lo svago, nella sua miserabilità così umana, non può permettersi di gestire paramenti e simbologie religiose perché espressione di un mondo infinitamente più esteso – timori ereticali e sovversivi a parte. Mentre il sacro, che tutto *capisce* (che comprende e contiene allo stesso tempo), può accogliere al suo interno anche condizioni di divertimento – soprattutto, come si è già detto, nei canoni di una mentalità che ogni cosa assorbe, buona o cattiva che sia.

In quest'ottica rientrano anche le feste per la canonizzazione di Carlo Borromeo.[67] Non vi sarebbe tuttavia motivo di occuparsene, se il ritrovamento di alcuni preziosi incartamenti relativi all'allestimento di una macchina per fuochi artificiali adoperata durante tali celebrazioni, non permetta di cogliere meglio l'ansia di spettacolarità propria di quello stesso desiderio che di lì a poco sosterrà l'opera seicentesca.

67. *Relatione...* 1610.

Fuochi sacri

Gli sforzi dei milanesi per ottenere la santificazione di Carlo erano cominciati fin dai primissimi anni del secolo, e il 3 settembre 1610 Milano vede finalmente il proprio desiderio realizzato.[68] Acevedo, il cui governatorato aveva seguito passo passo le tappe per la canonizzazione, muore il 22 luglio. Nuovo governatore, insediato ai primi d'ottobre, sarà ancora una volta Velasco. Nelle sedute del Consiglio generale del 21 agosto 1609 e del 25 ottobre 1610 si definiscono i preparativi per le celebrazioni.[69] Si stabilisce che *«la città dia apparenti segni di festa ed allegrezza, con la condizione però che la spesa non ecceda la somma di scudi 500»*. Il 4 novembre 1610 comincia la settimana di feste secondo gli ordini che quella mattina stessa appaiono affissi per le strade di Milano.[70] Il primo giorno di processione: *«Si ordina che per dove si stenderà la medema processione s'habbiano tutte le strade d'addobbare de razzi, quadri et altri ornamenti»*; si stabilisce inoltre, terminata la processione di far fuochi d'artificio in piazza del Duomo; la sera i lumi alle finestre. Nei sei giorni seguenti ciascuna porta festeggerà secondo il proprio arbitrio e il settimo giorno messa solenne in Duomo.

Gran movimento è intorno alla macchina per i fuochi artificiali, o almeno soprattutto su questa è rimasta copia di documenti. Si tratta di una costruzione a forma di piramide, alta la bellezza di trenta metri, poggiante su una base di oltre otto. Quattro porte (una per lato) custodiscono altrettanti animali (due cammelli e due unicorni) che al momento opportuno usciranno per gettare fuochi e lampi. Tutta la superficie è minuziosamente decorata e sui tre ordini della piramide saranno posti 2360 punti di fuoco. Otto girandole, torce, e un *«ballone»* destinato a scoppiare coroneranno l'esplosivo apparato. Fra i vari aspetti curiosi che si colgono nella lettura dei fogli relativi all'organizzazione di questa macchina, stupisce la durata dei fuochi: i quattro animali dovranno gettare fuoco per *«almen' mezza hora per ciascuno animale»*, le illuminazioni della pirami-

68. Per seguire le varie difficoltose tappe della richiesta di canonizzazione v. Vianello 1940.

69. *Cfr.* I-Mt, *Dicasteri*, cart. 32.

70. Un originale della grida a stampa è in I-Mt, *Dicasteri*, cart. 32, 10.xi.1610, dove sono custoditi anche gli altri documenti; in particolare: la convenzione del 27 ottobre 1610 con l'impresario della macchina per i fuochi artificiali ▹d.30; la descrizione dei fuochi (28 ottobre) ▹d.31; la convenzione del 29 ottobre col *«bombardero»* ▹d.32; una lettera del 3 novembre (dove si dice che i fuochi si faranno dopo la processione); e la nota di spese generali per i festeggiamenti ▹d.33 da cui si ricava che effettivamente furono spesi 500 scudi, ovvero circa 3.000 lire.

de è previsto che *«durino almen per tre hore continue»*;[71] ci si ricorda improvvisamente di quanto dilatati appaiano i tempi della società seicentesca. Così in generale le feste, che durano settimane o addirittura mesi, così, più specificamente, il teatro che con le sue quattro o cinque ore mette sistematicamente alla prova i ritmi dello spettatore moderno.

Per tornare alla piramide, dei 500 scudi previsti per la spesa circa 400 sono assorbiti dalla macchina, il resto a chi ha dipinto i *«cilestri»* distribuiti durante la messa – che saranno mai? – qualcosa per la cera delle candele e 180 lire ai musici di palazzo che hanno suonato e cantato a cornice delle celebrazioni (quando, non è detto).[72] In fondo poca roba: sembra che un santo milanese valga assi meno del vagito natale di un principe spagnolo.

L'ultimo episodio di qualche interesse con cui si chiude questo primo decennio di secolo riguarda un altro importante protagonista della commedia dell'arte: Pier Maria Cecchini.[73] Questi compare fra i documenti municipali mosso dall'irruenza di un episodio apprezzatissimo dai suoi biografi: Carlo De Vecchi, anch'egli comico, viene ucciso a Torino da Cecchini per *«honorate cagioni»* che presumibilmente dovevano riguardare la moglie Orsola.[74] Bandito da

71. *Convenzione col bombardero* ▷D.32.

72. Compaiono in ASM, *RcS*, XXII, i mandati di pagamento per i musici della cappella di palazzo. 'Spigolare' fra questi documenti, come direbbe qualche ricercatore del secolo scorso, è tutt'altro che operazione entusiasmante, per cui, tanto per proporre un resoconto pur sommario, mi sono limitato ai primi otto anni del secolo. Non ho tratto che numeri: 17 musici fra maestro di cappella voci e strumenti nel 1601 (ASM, *RcS*, XXII.44, c. 130v) ▷D.17 che diventano 18 l'anno successivo (*ibidem*, XXII.45, c. 33v) ▷D.21; se capisco bene, nel giugno 1606 se ne aggiunge un altro, tal Camillo de Gabrieli (*ibidem*, XXII.48, c. 221v) ▷D.25. La paga si aggira intorno alle 30 lire mensili per ciascuno (sempre che prendano tutti la stessa cifra); per altri dati ▷S.13. Ho trovato poi degli ordini di pagamento per 200 lire destinate al prete Domenico Raperio, cantore della cattedrale di Vigevano; una cifra esigua (circa sette mesi di paga di un musico di palazzo) da distribuire fra i musici della sua cattedrale; il contributo è annuale, ma non si dice quanti siano i musici (XXII.42, c. 43r ▷D5; XXII.47, c. 190v e XXII.48, c. 271r). Un altro mandato, assai più tardo, cita ancora Raperio (ASM, *RcS*, XXII.58, c. 31v) ▷69, ma confesso di capire assai poco di tutto ciò che viene detto. Ancora sui musici ▷IV[7] IV[46].

73. Cecchini, fra gli Accesi detto Frittellino, era già stato a Milano nell'estate del 1602 e in quella del 1605. V. l'ottimo articolo di TAVIANI 1979, il più recente BURATELLI 1988 e *Comici*... 1993.

74. Orsola Posmoni Cecchini, detta Flaminia, è ricordata in una pubblicazione milanese a lei dedicata (*Raccolta*... 1608) dove fra l'altro si dice che era stata apprezzata nella tragedia *Delfa* da poco recitata a Milano.

quella città ottiene la possibilità di risiedere a Milano, come da salvacondotto del 3 giugno 1610.[75] Muore però Acevedo e il Senato (preposto *ad interim* a rilasciare licenze ai comici) non si rivela così disponibile nei confronti di Cecchini. È forse la condanna per omicidio il motivo per cui viene vietato, a lui e alla sua compagnia, l'uso dello spazio di palazzo per far spettacolo, concedendogli solo *«la casa di messer Angelo Lucchese dove altre volte si è reccitato»*,[76] probabilmente uno

75. La notizia, con la data sbagliata del 1600 è stata riferita per la prima volta da Paglicci Brozzi 1891, p. 25, per cui tale supplica di Cecchini indirizzata a Velasco sarebbe stata in *«Archivio di Milano, Autografi, Pier Maria Cecchini»*, fondo attualmente inesistente. L'errore, rettificato da Buratelli 1988, p. 42, ha permesso di rintracciare il documento in ASM, *CcS*, cart. 397, *sub data*.

76. Già ne aveva parlato con molte imprecisioni Paglicci Brozzi 1891, p. 30; ora le varie lettere, correttamente identificate e trascritte, sono in *Comici*... 1993, i, pp. 240-247. Circa Angelo Lucchese non sono riuscito a trovare alcuna notizia, tuttavia ritengo improbabile che questi, come s'è più volte detto, fosse ebreo se già dal 1572 (*cfr.* Vianello 1941, p. 35) era stato proibito di far spettacoli nelle case dei giudei (e il governo non contravverrebbe così esplicitamente a un proprio editto). Credo inoltre di poter affermare che la sua casa non sia situata, come detto finora, in contrada Rastrelli nei pressi di palazzo Reale. Non ho prove in merito, ma solo una serie d'indizi. Il documento che riferisce di Angelo Lucchese recita: *«Il luoco adonque sarà, mentre che non si compiaciano di concederlo in corte, nella contrada di Rastrelli in casa di messer Angelo Lucchese»* (ASM, *CcS*, cart. 398, 9.viii.1610). Per l'esperienza che ho di questa prosa seicentesca mi pare improbabile che una precisazione anticipi la frase principale; voglio dire che *«in casa di messer Angelo»* è dove si farà commedia, se questa fosse stata in *«contrada di Rastrelli»* sarebbe stato detto di seguito, non prima. *«Nella contrada di Rastrelli»* è più probabilmente una precisazione di *«in corte»*. Per il lettore moderno è la posizione della virgola a trarre in inganno, ma chi ha anche solo letto alcuni documenti del periodo sa di come le virgole siano posizionate se non a caso, certo con una logica mediata dalla volontà di congiungere piuttosto che quella di separare (è questo il motivo per cui nelle trascrizioni qui prodotte si è preferito modernizzare la punteggiatura). Ma a questo punto che senso ha la frase *«in corte nella contrada di Rastrelli»*? Credo si voglia precisare che la *«corte»* di cui si parla non è palazzo Reale, ma la corte delle commedie che è posizionata in un angolo del palazzo fra via delle Ore e via Rastrelli. Ma perché, in tal caso, viene chimata *«Rastrelli»* e non *«delle Ore»*? Se si recupera l'altra lettera di Cecchini (ASM, *ibidem*, 18.viii.1610) si legge che *«conoscendo i discomodi et danni che* [si] *patiscono nel far comedie fuori di corte et li scandali che possono succedere, supplicano humilmente vostri signori illustrissimi et eccellentissimi a compiacersi di ritornarli al possesso della gratia di essa corte, facendo l'entrata per la porta di dietro, quando però non li fosse in piacere che si facesse per la porta maggiore di essa corte»*. A questo punto si possono fare due ipotesi: o la corte delle commedie ha come entrata principale la medesima di palazzo Reale verso piazza del Duomo, restando quella su via delle Ore un accesso

dei vari luoghi privati in cui si faceva spettacolo a Milano.[77] In questo periodo viene rappresentata e pubblicata *La Flaminia schiava*[78] con Orsola nei panni della protagonista. Non si sa se anche questa rappresentazione avvenne in casa Lucchese.

Cecchini tuttavia a Milano non svolge solo l'attività di comico, ma pure quella momentanea di spia per il duca di Mantova. Sono state recentemente portate in luce quattro lettere, le uniche di simil tenore fra quelle conosciute di Cecchini, in cui più si nota l'imbarazzo di Cecchini per questa nuova attività pittosto che abilità diplomatiche.[79] Mantova, con l'aiuto della Spagna, vorrebbe recuperare il ducato di Sabbioneta (lasciato a se stesso dopo la morte di Vespasiano Gonzaga nel 1591) e sceglie Milano come luogo per le trattative segrete. D'altra parte la città è appena stata sfiorata dalla possibilità d'essere occupata dai

secondario (in tal caso il pubblico avrebbe dovuto attraversare tutti e due i principali cortili di palazzo per andare alla commedia e in ogni caso Cecchini parla di via Rastrelli), ovvero – è l'altra ipotesi – la corte delle commedie aveva due entrate, una principale su via delle Ore e una secondaria verso via Rastrelli (si noti che Cecchini la dice *«di dietro»*, quindi probabilmente posta alle spalle del pubblico, precisazione che fa supporre il palco posizionato sul lato del cortile opposto a via Rastrelli). Si potrebbe quindi rileggere la lettera precedente in questo modo: giacché non ci avete dato il permesso di accedere al solito cortile delle commedie neanche passando dalla porta secondaria, stabilendo come unico luogo a noi concesso per fare spettacoli la casa di Angelo Lucchese, ora fateci avere la licenza per recitare. Non entrare dalla porta principale era forse un modo per limitare la pubblicità, possibile imposizione del senato titubante a concedere licenza a un comico su cui pesava la condanna per omicidio.

77. Non sembra probabile che per recitare in case private ci fosse bisogno di licenza, in questo caso conta invece la limitazione dell'attività di Cecchini dovuta all'accusa di omicidio. In merito agli altri luoghi di spettacolo a Milano (a parte quelli che potevano avvenire nei collegi o in case private per un pubblico di amici) sopravvivono poche notizie, e relative alla fine del Cinquecento. ARCAINI 1995, p. 266, sulla scorta del *Cheribizio* (NOVATI 1912), riferisce degli spettacoli in piazza Mercanti; si ricorda poi una stanza in via Solada nel Broletto e ad una locanda di ebrei (pp. 302-303). Ancora Francesco Andreini nelle *Bravure del Capitan Spavento* cita le *«case de gl'Incarnatini»* a porta Tosa, dove si facevano rappresentazioni ▷T.20; PAGLICCI BROZZI 1891, p. 34, ipotizza in merito che potesse trattarsi di stanze messe a disposizione da ebrei. Che col Seicento indicazioni circa sale pubbliche o piazze vengano improvvisamente a mancare è forse conseguenza diretta dell'imposizione espressa nella citata lettera di Velasco per cui ogni spettacolo doveva rappresentarsi all'interno di palazzo Reale ▷II[9].

78. Milano, Bordoni, 1610; ripubblicata a Venezia nel '12 e nel '29 ▷L.45.

79. Le lettere sono riprodotte in *Comici*... 1993, I, pp. 241-245.

Savoia (sostenuti dalla Francia) e la morte di Acevedo, privando la città del governatore, crea tensioni e disorientamenti interni. Come si vede una situazione forse troppo difficile per essere gestita dall'assai poco sereno Cecchini.

La compagnia lascerà Milano in autunno per ritornarvi la stagione successiva. La sua presenza non è più documentata in città fino al luglio del 1620 anno in cui sarà cacciato dalla compagnia per incomprensioni interne.[80]

80. Circa queste notizie, oltre alla bibliografia segnalata sopra ▷II[73], v. Arcaini 1995, pp. 228-229.

La Commedia

Tavola 17
Dionisio Minaggio, *Trastullo e Ricciolina*
piume d'uccello e foglie essiccate, cm 48 × 35 [1618]
Montreal, Blacker-Wood Library of Zoology.

TAVOLA 17. Trastullo e Ricciolina sono due nomi abbastanza comuni fra i comici dell'arte. Ricciolina qui raffigurata dovrebbe però essere Vittoria Nobili, attiva col marito Orazio nella compagnia di Cecchini. Lo strumento che suona Trastullo è un colascione (MERSENNE 1637, II.17), sorta di mandola d'origine orientale, assai raro a trovarsi nelle raffigurazioni di questi anni. Su Dioniso Minaggio ▷T.23.

TAVOLA 18

TAV. 18. [*Ritratto di Isabella Andreini*]
incisione, cm 11,5 × 9 [1601]
in ANDREINI 1601.

Sull'ovale: ISABELLA ANDREINI PADOVANA COMICA GELOSA

Isabella Andreini, nata Canali, è probabilmente, fra i comici dell'arte, la più rappresentata, o per lo meno colei di cui sopravvive il maggior numero di ritratti, di cui qui si riproduce l'unico inserito in una pubblicazione milanese. Le altre raffigurazioni a me note sono le incisioni apparse in altre sue pubblicazioni (ovvero nella *Mirtilla* del 1588 e nelle *Lettere* del 1607; *cfr.* ANDREINI 1588, 1607) a cui si aggiungono un medaglione coniato in vari metalli forse a

Lione in occasione della sua morte (*cfr.* Ferrone 1993, p. 270 nota 97) e la miniatura conservata in I-M.Scala (la cui identità del soggetto è riferita in *Museo*... 1975, i, tav. 464, senza ulteriori precisazioni).

L'elemento che maggiormente colpisce, e che ricorre in tutti i suoi ritratti, è la nobiltà degli abiti, del volto, dello sguardo. Abituati come siamo a veder Zanni e Arlecchini tratteggiati in goffe posture e costumi di scena, si rimane fin troppo colpiti da un aspetto forse orchestrato ad arte. Perché delle due l'una, o Isabella partecipava effettivamente di una condizione sociale estranea alla maggior parte dei colleghi ovvero, come pare più probabile, lei e il marito Francesco (▷T.19), da veri consumati istrioni, sapevano gestire la propria immagine con la stessa creatività con cui interpretavano i loro scenari. L'importanza di questo apparire è ben espressa dalle parole di Taviani 1984, p. 5: «*Fu infatti l'Andreini* [Isabella], *benché d'umili origini, a sradicare la propria figura d'attrice dal quadro di riferimenti sociali e culturali forniti dalle* meretrices honestae, *per fondare, agli occhi degli spettatori e degli attori stessi, l'immagine di un'attrice nobildonna, madre, moglie e poetessa: un'immagine così estrema, così simile alle più onorate immagini di donna, e da esse così profondamente diversa per la sua faticosa artificialità, da costituire il punto di passaggio obbligato verso quella mentalità che di lì in avanti vedrà nell'attrice una virtuosa*».

TAVOLA 19

TAV. 19. Abraham TUMMERMANN [*Ritratto di Francesco Andreini*]
incisione, cm 14,8 × 12 [1609]
in ANDREINI 1609.

Sull'ovale: FRANCESCO ANDREINI COMICO GELOSO
In basso: AbrahamusTum‹m›ermanus belga habitator VeronæAurifex ad Cervam auream Sculpsit

L'attenzione alla propria immagine, anche dal punto di vista iconografico, s'è detto, è caratteristica peculiare della famiglia Andreini. Lo è quale motivo di elevazione sociale, ma lo è anche quale testimonianza di sé come autore separato della propria maschera e quindi artista (non ci si stupisca: i dubbi che la commedia dell'arte non sia 'arte' permangono tuttora). Così la posa in abbigliamento civile, preferito a quello d'attore, si realizza in tal senso. Così lo stemma posto ai piedi dell'ovale contribuisce allo scopo, anche quale semplice gioco di apparenze pur improbabili, utile in ogni modo a nobilitare una professione spesso accusata d'immoralità, attraverso l'elevazione, anche fittizia, del singolo attore. RASI 1905, *sub voce*, aveva segnalato la presenza di questo stemma senza porsi troppe domande sul senso di una simbologia che male s'inseriva nella biografia di un comico. Certo esistevano anche stemmi borghesi, o comunque non necessariamente riconducibili al sangue, ma da dove saltava fuori quest'arma di cui poi si fregerà nei suoi ritratti anche il figlio Gian Battista? ⊳T.21-22. Rasi credette di riconoscere lo stesso stemma ai piedi della lunetta nel chiostro maggiore della chiesa della Santissima Annunziata a Firenze, affrescata da Bernardino Poccetti alla fine del 1607 (il cui soggetto ferma l'incontro avvenuto nel 1270 fra Gheradino Sostegno e il re Filippo di Francia), dove in primo piano sono ritratte due figure che si scopre essere l'una Francesco e l'altra Giovanni Battista, come riferisce quest'ultimo nella sua *Ferza*: «*celebre pittore, i claustri della Santissima Nunziata dipingendo, pregò lo stesso Francesco padre mio a farlo degno d'esser da lui colà dipinto*» (ANDREINI 1625, p. 63). FERRONE 1993, p. 249 – che riconosce fra gli astanti fors'anche il profilo *in memoriam* di Isabella, tanto simile a quello ritratto nel medaglione lionese – giustamente rileva che lo stemma sottostante la lunetta non è quello di Andreini, ma quello, peraltro simile, del committente di Poccetti, Lorenzo Usimbardi: anche qui i tre pugnali, anche qui le sei cime, e i tre gigli al posto delle stelle. Non compaiono gli scacchi (bianchi e rossi se il tratteggio dello stemma inciso altrove è fedele) che rimandano alla città di Pistoia, dove nacque Francesco.

Un furto? Forse, e forse consenziente. Ferrone sottolinea che questo proliferare di stemmi nelle raffigurazioni degli Andreini, che si limita ai pochi anni assai prossimi all'affresco di Poccetti (1603-13, qualcuno in più di quelli proposti dallo studioso ⊳T.22), potrebbe identificare un protettorato degli Usimbardi sulla famiglia di comici.

Eppure, una presunta nobile ascendenza era stata riferita da Gian Maria Pietro Belli nella lettera di dedica alla *Maddalena* di Andreini junior ⊳L.59, dove si legge: «*L'uno* [Francesco] *è de' Cerrachi da Pistoia, hora detti Dal Gallo, nella qual casata vive il molto illustre signor cavaliere Gallo e l'eccellentissimo signor dottore suo fratello; et l'altra* [Isabella] *è de Canali da Venetia, già figlia del signor Paolo Canali, sì come l'autore* [Gian Battista] *in conformità del vero un giorno a pieno farà intendere, e la cagione perché fin ad hora si sieno chiamati gli Andreini*». Gian Battista non spiegò mai l'arcano, ma le altre notizie riferite da Belli sembrano vere (*cfr. Comici*... 1993, I, p. 98): i Cerrachi Del Gallo di Pistoia esistono e pure hanno nome il «*cavaliere*» e il «*dottore suo fratello*» (*cfr.* FERRONE 1993, p. 271 nota 103). Curioso particolare: il maiale che caratterizza lo stemma dei Cerrachi lo ritroviamo anche nell'incisione qui riprodotta (unica volta nell'iconografia 'araldica' degli Andreini). Che dire? Che gli Andreini hanno saputo mescolare ad arte le carte e raccapezzarcisi oggi non è impresa da poco.

Dell'oscuro incisore di questo lavoro sappiamo molto poco, e quel poco pare sintetizzato nella scritta sottostante l'ovale: «*Abraham Tummermann, belga, abitante a Verona, orefice alla Cerva d'Oro,* [*lo*] *incise*». Le altre frammentarie notizie lo dicono attivo sempre a Verona nel 1660 e autore di una raffigurazione dell'anfiteatro di quella città (*cfr.* WURZBACH 1910, p. 37). A queste uniche due opere conosciute si può aggiungere la terza riprodotta di seguito ⊳T.20.

TAVOLA 20

TAV. 20. Abraham TUMMERMANN [*Strumenti pastorali appesi a un albero*]
incisione, cm 8,3 × 6,5 [1609]
in ANDREINI 1609.

In basso: CORINTO PASTORE
Sotto a destra: Ab^r^m tum figeu [= Abraham Tummermann figevit]

Oltre al ritratto di Francesco Andreini, le *Bravure di Capitan Spavento* riproducono questa curiosa tavola il cui significato è da ricondurre a tre paginette poste all'inizio del libro intitolate *Corinto pastore alla defunta sua Fillide et alla boscareccia sampogna*, dove appunto Corinto, la zampogna in mano, piange la morte della compagna: perduta questa vuole privarsi anche di quella, attaccandola al chiodo (anzi, al più 'boscareccio' albero) insieme a tutti gli altri suoi strumenti: «*Hora a te mi rivolgo, mia rustica e boscareccia sampogna. Tu alla mia bocca e alle mie mani se' stata gran tempo piacevole essercitio, mentre me ne andava teco cantando hora il bel volto, hora il bel nome et hora l'honesto e maritale amore della mia vaga e gratiosa Fillide* [...] *Riman‹i›ti adunque per sempre appesa a questa verde et honorata pianta, e teco rimanghino per sempre appesi a questi verdi et honorati tronchi tutti gli altri miei pastorali stromenti solo invertiti a gloria e honor della mia cara Fillide».*

Corinto è sempre lui, Francesco Andreini, come è detto più avanti al *Ragionamento 14°*, quello famoso in cui si ricorda il nome di ciascun componente della compagnia dei Gelosi e delle rappresentazioni in casa Incarnatini ▷II[77]:

CAPITANO: [Fra i comici Gelosi vi era] un certo Francesco Andreini, marito della detta signora Isabella, che rappresentava la parte di un capitano superbo e vantatore che se bene mi ricordo dal nome mio si faceva chiamare il Capitano Spavento da Vall'Inferna.

TRAPPOLA: Me ne ricordo anch'io, padrone, e giurerei d'averlo sentito in Milano, a porta Tosa, recitare insieme con tutti quei personaggi che raccontato havete nella casa degli Incarnatini, e di più mi ricordo ch'egli recitava la parte d'un dottor Siciliano molto ridicolosa, faceva ancora la parte d'un negromante (detto Falsirone) molto stupenda per le molte lingue ch'egli possedeva, come la francese, la spagnola, la schiava, la greca e la turchesa. E maravigliosamente poi la parte d'un pastore nominato Corinto, nelle pastorali suonando varij e diversi strumenti da fiato composti di molti flauti, cantandovi sopra versi boscarecci e sdruccioli ad imitazione del Sannazaro, detto Atio Sincero, pastor napolitano. [p. 35]

Dobbiamo supporre che i *«varij e diversi strumenti da fiato composti di molti flauti»* siano quelli appesi all'albero e riprodotti nell'incisione? A ben guardare, se pare potersi riconoscere lo strumento al centro in un cromorno (benché privo della capsula che racchiude l'ancia), più difficoltosa è l'identificazione degli altri due.

Il curioso gruppo di flauti a cinque canne sulla destra sembra assai simile a quello presente nell'incisione che ritrae Gabrielli ▷T.24 n. 39; qualcosa che lo ricorda molto si può riconoscere vicino al cartiglio nel ritratto di Cantù ▷T.25, e ancora in un dipinto originariamente attribuito a Evaristo Baschenis, poi a Cristoforo Munari ▷T.91.

Oltre a queste tre raffigurazioni ne esiste anche un'altra di particolare interesse. Athanasius Kircher, l'affascinante poligrafo gesuita, nel suo volume sulla musica ci informa che: *«Non è molto che l'assai nobile e ingegnosissimo signor Manfredo Settala, amico carissimo, mi ha inviato un altro curioso strumento a fiato, del quale mostriamo la figura: è formato da 5 canne di cui 3, A B C, sono inserite su un asse FG sul quale le altre due, D E, sembrano imperniate; ma non sono riuscito a sapere quale sia il suo uso specifico»* [*«Misit non ita pridem ad me praenobilissimus ac ingegnosissimus vir d. Manfredus Septalius, amicus sincerissimus, aliud exoticum instrumentum fistulare, cuius iconem hic exibemus: constat 5 fistulis, quoarum 3 ABC axi FG insertae, reliquae duae DE intra axem videntur circumagi; quis tamen proprie eius usus sit comperire non licuit»*] (KIRCHER 1650, pp. 505-506). La figura qui a fianco che poi Kircher propone (ripresa identica nell'*Encyclopédie*

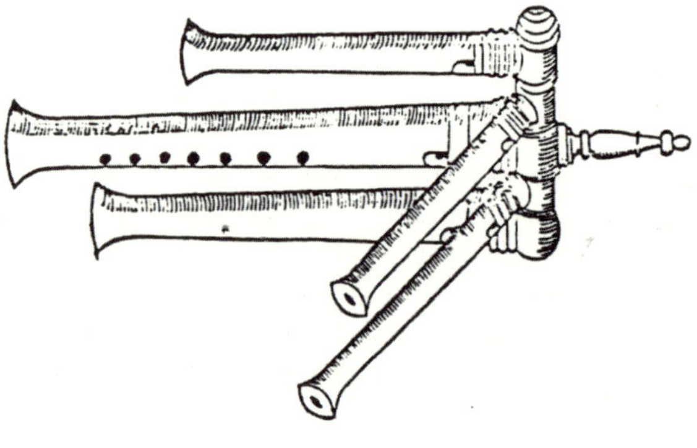

di Diderot e D'Alembert) è incredibilmente simile allo strumento di Andreini. Settala, altro curioso erudito del Seicento milanese (figlio e fratello dei due medici di manzoniana memoria attivi durante la peste del 1630), divenne famoso ai suoi tempi per lo straordinario museo che aveva messo insieme (*Museo*... 1983). L'elenco dei 'pezzi' ivi contenuti fu pubblicato nel *Museo Septalianum* (TERZAGO 1664), subito tradotto in italiano e arricchito da Pietro Francesco Scarabelli (TERZAGO 1666). A p. 365 di questa edizione, nell'ultimo capitolo dedicato agli *Stromenti musicali rari e curiosi*, si legge: «*Una zampogna o armonia di flauti, a cinque canne di busso tutte a suono diverso capricciosissime, quali hanno la regola principale, in 4, in 5, in 3 et in 8, opera del medesimo signore*» ovvero di Settala stesso, indicato quale costruttore degli strumenti elencati sopra. Potremmo dubitare della relazione fra questa descrizione e quella di Kircher se PUGLISI 1981 non avesse riconosciuto lo strumento raffigurato dal gesuita nella collezione del Civico museo bibliografico musicale di Bologna, e su questo avesse riscontrato il marchio «MANFRE» accanto allo stemma dei Settala (*cfr. ibidem* l'analisi dello strumento e le modalità d'esecuzione). Ora lo strumento è stato trasferito al Museo civico medievale di Bologna il cui recente catalogo offre, oltre alla fotografia, una dettagliatissima descrizione con significativa bibliografia (VAN DER MEER 1993, n. 22).

Possiamo supporre che Manfredo Settala, che si dilettava nella costruzione di meccanismi diversi, abbia realizzato questo suo strumento ispirandosi proprio all'incisione di Andreini. Nelle *Bravure* si parla infatti di «*zampogna*» e di strumenti «*composti da molti flauti*», e Terzago usa le stesse parole: «*zampogna o armonia di flauti*». Il fatto poi che ne abbia inviato un esemplare a Kircher fa supporre che abbia realizzato più d'una di queste 'armonie', magari applicando soluzioni diverse. Si spiegherebbero forse in questo modo le differenze riscontrabili fra le raffigurazioni note (sempre che l'incisore o il pittore non vi abbia messo del suo): [a] cinque imboccature (forse ad ancia doppia) con una sola canna tastabile quello di Andreini; [b] un'unica imboccatura senz'ancia con due canne tastabili la versione conservata a Bologna; [c] lo stesso ma con una sola canna tastabile quello raffigurato da Kircher; [d] tutte le canne tastabili nell'incisione di Biffi; [e] apparentemente identico lo strumento ai piedi di Buffetto; [f] come pure quello che si scorge nel dipinto attribuito a Munari.

Assai poco famigliare appare invece l'altro gruppo di canne, quello a sinistra (che pur ricorda lo strumento che Ovidio mette in mano al vecchio Batto ▷T.32[4]). L'ipotesi che le sei canne non tastabili possano suonare contemporaneamente sembra alquanto peregrina. Queste appaiono infatti tagliate a distanza di tono e l'effetto *cluster* risultante coprirebbe ogni tentativo melodico operato sulla canna principale (ma forse non è il caso di fidarsi troppo del disegno).

Sia le «*zampogne*» che il cromorno (sempre che proprio perché dette zampogne non pretendano di attaccarsi a qualche sacca) appaiono strumenti ad ancia doppia (malgrado non lo sia l'«*armonia di flauti*» di Settala) dal classico suono pastorale, ma anche strumenti di facile esecuzione. Prerogativa poi del cromorno – se è tale – era la sua impossibilità di eseguire armonici; cosa che, se da un lato ne limitava l'estensione e la versatilità (e proprio per questo cadrà presto in disuso), dall'altro non richiedeva particolare studio nell'emissione del fiato. Potremmo supporre Andreini più un dilettante di talento che un vero virtuoso, ma non si può dimenticare che anche lo strumento più semplice può essere trattato con impensabile maestria.

Tavola 21

[*Ritratto di Gian Battista Andreini ventinovenne*] incisione, cm 11,5 × 9 [1606] in Andreini 1606 ▷l.46-47.

Sull'ovale: IOANNES BAPTISTA ANDREINVS FLORENTINVS ANNO ÆTATIS SVÆ XXVIIII

Tav. 21. Pur apparso nella *Florinda* stampata a Milano, possiamo supporre che l'anonimo incisore sia fiorentino e che Andreini non aveva 29 anni (come si legge sull'ovale) quando posò per il ritratto, ma alcuni meno. Sappiamo infatti che la prima edizione della *Florinda* apparve a Firenze nel 1603, e subito distrutta: «*colpa solo di male accorto stampatore, il quale, per esser io lontano, mi stampò così malamente il quarto e quinto atto ch'io, tutto ardendo e avvampando di sdegno, necessitato fui, allo sdegno cedendo, arderne il numero di cinquecento*» (Andreini 1604[a], p. 4). Ritengo che il ritratto della ristampa milanese qui riprodotto è lo stesso inciso tre anni prima (per la prima edizione) qua e là ritoccato. I ventinove anni di Andreini, infatti, indicati con XXVIIII al posto del più comune XXIX, si giustificano solo se tale XXVIIII fosse una rettifica di XXVI, l'età che doveva avere nel 1603. Si può a questo punto suggerire che anche barba e baffi siano stati aggiunti, sembrando il volto glabro assai più coerente con il tratteggio dell'incisione e fors'anche con la più giovane età. Ma questa è solo un'ipotesi.

TAVOLA 22

Carlo Antonio PROCACCINI,
[*Ritratto di Andreini*]
incisione di Cesare Bassani, cm 12 × 9,5
[1613]
in ANDREINI 1613
⊳L.1.

Sull'ovale: GIO: BATTISTA ANDREINI FIORENTINO COMICO FEDELE DEL SER.MO S.RE DVCA DI MANTOVA D'ETÀ D'ANNI XVL
Sotto: Cesare Bassani F.

TAV. 22. Quest'altro ritratto di Andreini, inserito nella prima edizione dell'*Adamo*, fu ricavato, come è detto, da un disegno di Carlo Antonio Procaccini (fratello dei più noti Camillo e Giulio Cesare) ⊳T.79.
S'osservi lo stemma degli Andreini qui disarticolato nei quattro angoli esterni all'ovale. Apparso per la prima volta timidamente nella distrutta edizione fiorentina della *Florinda* (1603) ⊳T.21, piccolo e poco riconoscibile, s'è arricchito di qualche decorazione, l'anno successivo, nella stampa milanese della *Divina visione* (ANDREINI 1604[b]), per poi trionfare nelle *Bravure* del padre ⊳T.19. Lo ritroviamo qui per l'ultima volta (il ritratto non fu più ripubblicato nella ristampa del 1617), quasi gioco geometrico, forse ormai privo del valore propagandistico precedentemente attribuitogli.

Tavola 23

TAV. 23. Dionisio MINAGGIO, *Scapino e Spinetta*
piume d'uccello e foglie essiccate, cm 48 × 35 [1618]
Montreal, Blacker-Wood Library of Zoology and Ornithology (McGill University).

Nei due cartigli: SCHAPIN - SPINETA

L'immagine qui riprodotta è tratta da una delle 156 tavole che compongono il così detto *Codice Minaggio*. Si tratta di un prezioso volume *in folio* rilegato intorno al 1618 e costituito per oltre due terzi da raffigurazioni di carattere ornitologico, realizzate dal giardiniere del governatore, prevalentemente con piume d'uccello, più raramente con foglie essicate, carta colorata e altri materiali (per notizie sul codice v. *infra*).

Qui, Scapino – Francesco Gabrielli – è raffigurato in atto di eseguire una serenata a Spinetta (chiaramente un gioco con l'omonimo strumento a tastiera), compagna sulla scena e moglie nella vita. Dal ramo pende una teoria di strumenti musicali raffigurati con buona approssimazione. Dall'alto si riconoscono un cornetto (ricurvo) intrecciato a un flautino e a una specie di dulciana o ciaramella (forse, s'intravede l'ancia doppia); appena sotto è un liuto, le cui piccole dimensioni fanno supporre un tentativo di piano prospettico non del tutto riuscito: dovremmo cioè supporre l'albero in lontananza per giustificare le ridotte dimensioni del liuto, più piccole del mandolino imbracciato da Gabrielli (cornetto, dulciana e flauto, acquisirebbero in questo modo una proporzione più realistica); proseguendo, si vede una viola col suo archetto (apparentemente da braccio, ovvero con quattro corde e priva di capotasti, ma chissà se possiamo fidarci), una tiorba o forse un chitarrone (in verità con le corde di bordone curiosamente tastabili, e privo del cavigliere per le corde principali: Minaggio è solitamente preciso e quindi si potrebbe anche pensare a un mandola straordinariamente grande), segue una zampogna, e quello che potrebbe essere una specie di salterio (o forse due); chiude la fila uno strumento a percussione a lamine intonate (è ben visibile il battente disposto di traverso) quasi certamente in legno – l'antenato del moderno xilofono – che ricorda da vicino la descrizione di uno strumento collezionato da Manfredo Settala: «*Dieciotto bastoni, il primo de' quali è longo un palmo e mezzo, gli altri vanno declinando fin al mezzo che si formano una piramide, e stando essi bastoni legati fra se con puoca distanza battuti con un martelletto di legno rendono un tal consonanza qual rende molto gusto all'orecchio*» (TERZAGO 1666, pp. 367-368).

IL CODICE MINAGGIO. Della paternità di questo curioso lavoro c'informa il cartiglio disegnato sulla prima tavola del volume, in cui si legge: DIONISIO MINAGGIO | GIARDINIERO DI S^A^ E^A^ GU | BERNATOR DEL STAT^O^ | DI MILANO INVENTOR | ET FECCIT LANO DEL | 1618. Non si sa altro di questo curioso personaggio che si rivela persona di discreta cultura, di raffinata disposizione artistica (oltreché d'infinita pazienza), ottimo conoscitore d'uccelli, ed esperto nell'arte della tassidermia. L'unico testo moderno che riproduce tutte le tavole a colori del codice (precisando tavola per tavola da che uccello sono state tratte le piume e circostanziando al possibile l'opera di Minaggio) ritiene che il governatore a cui è dedicata l'opera sia Pedro Toledo Osorio (*cfr.* VIOLANI 1988, p. 31) che termina il suo mandato proprio quell'anno. Credo invece più plausibile che Minaggio abbia voluto omaggiare il nuovo governatore Gomez Suarez de Figueroa, duca di Feria (da cui le sue sorti di giardiniere sarebbero dipese per gli anni a venire) piuttosto che lasciare memoria di sé a quello uscente, personaggio peraltro noto per il suo pessimo carattere. Sia come sia, delle vicende successive del codice si sa solo che ricomparve all'inizio di questo secolo quando fu comprato dalla Blacker-Wood Library of Zoology and Ornithology, la biblioteca della McGill University di Montreal in Canada. In quell'occasione ciascuna carta del volume fu staccata dalla rigida rilegatura in cuoio e ottone (che non permetteva una comoda consultazione delle tavole e rischiava di danneggiarle ulteriormente) e fu incorniciata in vetro e *passepartout*. Precedentemente, forse, il volume appartenne all'inglese Taylor White (1701-1772), appassionato di storia naturale: è solo una supposizione, ma potrebbe essere sua la mano che numerò a china le 156 carte del codice da 1 a 155 (la terza carta è diventata 2a). Le tavole incorniciate furono riordinate con altra numerazione e un'altra ulteriore è stata assunta nella pubblicazione di cui s'è accennato (curata in occasione della mostra milanese commemorativa dei 150 anni del Museo di scienze naturali di Milano) – tale soluzione, non prevedendo alcun tipo di indice, rende difficoltosa la ricostruzione della successione originale. L'interesse per questo codice, oltre a essere legato alle 13 (o forse 14) tavole di attori della commedia dell'arte – evidentemente conosciuti da Minaggio nelle loro tappe milanesi (e quindi, in qualche modo, testimonianza di una loro presenza in città prima del 1618) – è motivato dalla cospicua presenza di raffigurazioni di strumenti musicali. Sono infatti presenti 9 musici in atto di trar suoni dal loro strumento, più altre 5 tavole in cui si riconosce la presenza di uno strumento inserito in ambientazioni diverse. Nell'economia complessiva delle 43 tavole che non ritraggono uccelli, ben 25 sono dedicate a comici o musicisti, e le restanti a scene di caccia e a qualche altro mestiere (per amor di completezza vale la pena sottolineare che alcune tavole dedicate a singoli uccelli raffigurano scorci di paesi, case, chiese, castelli, probabilmente riconducibili a luoghi attorno a Milano).

L'elenco riportato nella tabella qui a fianco identifica tutte quelle tavole che non hanno esclusivo interesse ornitologico (i puntini indicano la presenza contemporanea anche di un uccello, mentre l'asterisco segnala quando compaiono strumenti musicali) le stesse essendo ordinate secondo la numerazione originale delle carte (la colonna C.; nella colonna N. l'ordine proposto in VIOLANI 1988). Fra queste val la pena di segnalarne alcune:

cc. 2 e 2a: il nobile cavaliere, qui raffigurato in due momenti della caccia, potrebbe essere la stessa persona: che sia il governatore a cui Minaggio ha dedicato l'opera?

c. 3: un giovane cacciatore con due cani al guinzaglio suona un cornetto. Da come viene impugnato (con una sola mano, rivolto verso l'alto) non pare il classico cornetto tastato, ma un piccolo e più rozzo corno naturale da caccia, senza buchi, usato come richiamo o più probabilmente quale segnale tattico.

c. 7: se l'oggetto che ha in mano il giovane nobilmente vestito è proprio un richiamo per uccelli come suppone Violani, dobbiamo aggiungere un altro strumento all'elenco.

c. 53: un vecchio ricurvo sul suo bastone suona un flauto o forse un cornetto diritto (vista la forma svasata). Spero che la fisiologica attività in cui è intento il cane, qui ritratta con cura del particolare, non sia condizionata dagli svaghi musicali del padrone.

c. 77: il violino che suona il giovane – con abito elegante, forse da nobile (si nota la spada che spunta dal mantello) – dovrebbe essere una viola da braccio di piccolo taglio (senza capotasti, quattro corde, tagli a effe) tenuta, come s'usava, sul braccio e non sulla spalla.

c. 78: diversamente la viola qui raffigurata (apparentemente sempre da braccio, benché di

C.	N.	Soggetto	C.	N.	Soggetto
1	1	...e pastore con cartiglio	75	154	arrotino
2	130	cavaliere	76	116	cavaliere orientale
2a	115	cavaliere a caccia	77	148	giovane con viola piccola★
3	117	cacciatore con cornetto★	78	149	uomo con viola grande★
4	118	cacciatore con coniglio	79	150	uomo con arpa★
5	119	cacciatore con fucile	80	151	uomo con arciliuto [?]★
6	120	uomo con civetta	81	152	uomo con mandolino★
7	122	uomo con richiamo	82	145	uomo con viola★
8	121	uomo con cerbottana	83	146	uomo con cornetto★
9	123	uomo con balestra	84	147	uomo con zampogna★
10	124	due presso un muro	85	66	...con paese sul fiume
11	125	due uomini	100	131	LI CHOMEZI - LEANDER
12	126	uomo con retino e giovane	101	141	TRAPOLINO - BALTRAM
13	127	uomo che carica il fucile	102	133	POLICIANELO
14	128	uomo che caccia il cinghiale	103	134	DOTOR CAMPANAZ
36	93	...e case sul fiume	104	135	TRASTULO - RICOLINA★
38	95	...con ponte e monaci	105	136	MARIO - FLAVIA
39	85	...con paese	106	137	FLORINDA
42	102	...con paese	107	138	PIOMBINO
47	101	...con pescatore	108	139	CAPITAN MATAMOR
50	74	...con castello	109	140	CHOLA NAPOLITANO
51	129	uomo orientale con arco	110	132	SCHAPIN - SPINETA★
52	96	...con paese	111	142	coppia
53	155	uomo che suona il flauto★	113	143	CIETRULO - BAGATINO
54	114	rami e case	114	144	CHOCHOLI
62	109	...con paese sul fiume	115	99	...con case
70	113	...e donna con cesto	116	36	...con chiesa
72	156	ciabattino	142	153	cavadenti
73	111	...con paese	155	35	...con paese sul fiume

taglio assai più grande) è suonata da un uomo di più modeste condizioni, pur sempre un borghese. S'osservi come la cassa dello strumento, che ha le dimensioni di un violoncello appena più piccolo, sia appoggiata sul ginocchio alzato della gamba sinistra e l'archetto sia impugnato dal lato in cui si trova la corda acuta (come il moderno violino) e non all'opposto (come il violoncello).

c. 79: una testa d'uccello colorata è la decorazione della piccola arpa suonata da un giovane di media condizione sociale.

c. 80: è dubbio lo strumento raffigurato in questa tavola peraltro particolarmente bella. Il manico, se fosse un liuto, pare troppo lungo (si contano 14 capotasti) e comunque non piegato – d'altra parte sono troppe le corde per essere un colascione. È più probabilmente una mandola, pur sempre con la tastiera incredibilmente lunga e dalla cassa insolitamente grande. O Minaggio è stato poco preciso (ma perché solo per tale strumento?) oppure si tratta di una forma di arciliuto, magari di passaggio (con corde gravi eppure tastabili e quindi senza bordoni) evidentemente abbastanza diffuso all'epoca.

c. 81: qui il giovane che suona il mandolino è seduto, e appoggia il suo strumento sulla gamba destra incrociata all'altra.

c. 82: è una viola da braccio impugnata da un uomo ben vestito (con tanto di spada, come per la tavola a c. 77). Sembra che la cassa sia appoggiata al petto e non sul braccio.

c. 83: in questa tavola ▷T.23A, oltre al cornetto comune, come d'uso tenuto lateralmente, compare un bambino che ha in mano della carta da musica dove si riconoscono le tipiche losanghine della notazione bianca.

c. 84: si osservino ▷T.23B i lineamenti grossolani del volto di quest'uomo intento a suonare il suo strumento: sembra si voglia identificare la tipologia solitamente corpulenta dello zampognaro, accanto all'eleganza, spesso esibita, di altri musici raffigurati. C'è forse una nota ironica nello sguardo trasognato della donna intenta a filare: fra tanti garbati musicanti l'unico che ha suscitato attenzioni femminili è questo montanaro un po' rozzo che soffia nella sua sacca.

c. 100: La scritta *«li chomezi»* indica evidentemente l'inizio di una nuova sezione, dedicata appunto ai comici, che terminerà a c. 114. Leandro è quasi certamente Benedetto Ricci, comico nella compagnia dei Fedeli di Gian Battista Andreini; è meno probabile che possa riferisi a Francesco Pilastri attivo intorno al 1595 nella compagnia degli Uniti (*cfr. Comici*... 1993, II, p. 72).

c. 101: Trappolino è Giovan Battista Fiorilli (ARCAINI 1995, p. 297) identificabile anche con l'interlocutore di Capitan Spavento nelle *Bravure* di Francesco Andreini ▷T.19; Baltram, o Beltrame, è Niccolò Barbieri (*Comici*... 1993, I, pp. 173 e segg.), l'autore della famosa *Supplica*.

c. 102: Pulcinella è Silvio Fiorillo, napoletano ma attivo soprattuto in Lombardia (*Comici*... 1993, I, pp. 309 e segg.).

c. 103: il Dottor Graziano Campanaccia da Budri (altre volte Zan Badile) è Giovanni Rivani, protagonista e autore prestanome della *Campanaccia* di Gian Battista Andreini (FERRONE 1993, p. 196).

c. 104: ▷T.17

c. 105: Flavia è Margherita Luciani dei comici Fedeli, mentre non so identificare Mario. Il marito della Luciani era Girolamo Garavini, il famoso Capitano Rinoceronte; che sia sempre lui in versione 'amoroso'?

c. 106: è la celeberrima moglie di Gian Battista Andreini, Virginia Ramponi che cantò nell'*Arianna* di Monteverdi ▷II[34].

c. 107: Piombino è Girolamo Salimbeni, altre volte detto Zanobio, la sua attività è testimoniata fra il 1593 al 1608, spesso con i Gelosi.

c. 108: è sempre Silvio Fiorillo, che alternava la maschera di Pulcinella a quella di Capitan Mattamoros.

c. 109: Cola è il comico napoletano Aniello Di Mauro (*Comici*... 1993, I, pp. 89 nota 7 e 313).

c. 111: si è supposto per questa coppia, presumibilmente di comici, il ruolo d'innamorati (e forse l'assenza di un'identificazione suppone proprio la genericità del ruolo), ma i tratti dell'uomo potrebbero ricordare quelli di Gian Battista Andreini e quelli della donna molto assomigliano alla Florinda di c. 106: che sia proprio la famosissima coppia Andreini?

c. 113: Citrullo era la maschera di Giovan Serio Cioffo, attivo negli anni '10 nella compagnia di Silvio Fiorillo; ma un Bagattino con un altro Citrullo (forse Francesco Sacco) compa-

TAVOLA 23A

TAVOLA 23B

iono nel '27 (un decennio dopo il nostro codice quindi) nella nuova compagnia dei Confidenti (*Comici...* 1993, II, p. 63).

c. 114: Cocalino dei Cocalini da Torzelo è sempre Gian Battista Andreini che con questo pseudonimo pubblica *La venetiana* nel 1619 (FERRONE 1993, p. 196).

c. 142: una rara immagine di cavadenti, la professione solitamente accomunata a ciarlatani, saltimbanchi e spesso agli stessi comici ▷T.2A. Il bancone sopraelevato, l'esibizione del dente estratto, la comica sofferenza del cliente, la teatralità dei gesti: dai vari particolari raffigurati ben si coglie in quali termini tale attività, oggi così asettica e sterilizzata, potesse avere alcunché di spettacolare.

Questi concenti appesi
spiranti e d una finta imago
Coronatori arnesi
innesto gentil d'Arte e Natura
Son di Francesco
di Scappin
figura
RANCESCO GABRIELLI TRA COMICI SCAPINO D ANNI XLV.MDCXXX
Carlo Biffi
Milanese
Fece

TAVOLA 24

Tav. 24. Carlo Biffi, [*Ritratto di Francesco Gabrielli detto Scapino*]
incisione, cm 31,5 × 26,8 [1633]
Milano, Civica raccolta di stampe Achille Bertarelli.

Sull'ovale: FRANCESCO GABRIELLI TRA COMICI SCAPINO D'ANNI XLV, MDCXXXIII
Nel cartiglio sovrastante: Questi concenti appesi
D'aura spiranti e d'una finta imago
Coronatori arnesi
Fatto innesto ge‹n›til d'Arte e Natura
Son di Francesco e di Scappin figura
In basso a destra: Carlo Biffi Milanese Fece

Da questa straordinaria incisione oltre alla data di nascita di Gabrielli (1588) possiamo ricavare un'ulteriore conferma dell'abilità musicale del comico ▷III[71], raffigurato con la mano destra che tiene una maschera e la sinistra che tasta una chitarra o simile strumento, quasi a testimoniare l'ambivalenza delle due professioni. Il ritratto è collocato al centro di un trionfo tutto barocco di strumenti musicali, quelli – s'è detto a volte – che il comico sapeva suonare. Che Gabrielli fosse straordinario musicista e che a tal titolo possano comparire gli strumenti non è dubbio, ma che proprio quelli raffigurati fossero da lui solitamente suonati è meno probabile. Osservando

con più attenzione ci si accorge che molti di questi strumenti sono affatto insoliti (una cetra a tre manici, un'altra con curiosi riccioli, una mezza chitarra con strani accessori...), altri del tutto bizzarri (strumenti a fiato a forma di fucile, di sciabola, di chiave...), e comunque di una varietà così incredibilmente ampia che, senza voler sminuire le abilità di Scapino, si fa fatica a credere che questi fosse di ciascuno virtuoso. D'altra parte nel suo *Testamento* ▷A.17 oltre a ogni sorta di strumento a corde (con la famosa viola regalata alla città di Milano) si elencano solo dei *«tromboni»* e un generico *«altri stromenti»*; una specie di xilofono e altri tre fiati appaiono inoltre nel *collage* di Minaggio ▷T.23. Verrebbe da credere che tanto sforzo iconografico sia più un'allegoria della musica che una testimonianza cronachistica del famoso comico-musicista. A conforto di tale ipotesi potrebbero interpretarsi le due orecchie, poste ai lati del fregio decorativo del cartiglio, da cui fuoriescono le bande che legano insieme tutti gli strumenti. È pur vero d'altra parte che mancano decisamente tastiere di qualunque sorta (cembali, organi, spinette...), assenza forse giustificata da un loro scarso utilizzo nelle rappresentazioni dei comici dell'arte. Ma c'è dell'altro: molti degli strumenti qui raffigurati sono con ogni probabilità gli stessi che più di trent'anni dopo verranno indicati come appartenenti al museo di Manfredo Settala che nella *«canonica dell'insigne collegiata di S. Angelo»* conservava *«100 e più rari peregrini instromenti musicali da esso* [Settala] *in gran parte composti e inventati, quali tutti dal medesimo musicalmente vengono toccati»* (TERZAGO 1666, pp. 363-364). Punto fermo di quest'ipotesi è proprio quell'*«armonia di flauti»* (n. 39) di cui s'è detto ▷T.20, ma altri strumenti, e spesso quelli più strani, compaiono sia in quest'incisione che nella descrizione del museo. In dettaglio:
[N.B. con *Theatrum* si rimanda all'appendice iconografica allegata al II vol. di PRAETORIUS 1620, mentre i numeri di pagina di MERSENNE 1637 si riferiscono all'ed. moderna; per ulteriori notizie e bibliografia si veda *GroveI*]

1. la punta di uno scettro, forse la bizzarra decorazione di uno strumento a fiato.
2. archetto.
3. tamburo militare (*Theatrum*, tav. XXIII, n. 2).
4. cavigliere ricurvo di uno strumento a corde (forse appartenente al n. 6?).
5. cromorno di taglia grave: si riconosce l'imboccatura inserita lateralmente nella capsula che ricopre la doppia ancia, soluzione tipica degli strumenti più grandi (*Theatrum*, tav. XIII, n. 2).
6. mandolino dal lungo manico con cavigliere ricurvo (forse versione tarda di colascione a più corde? v. n. 17).
7. cimbalino, oggi comunemente noto come tamburello basco; così è descritto uno strumento evidentemente simile conservato nella collezione Settala: *«Un cembalo all'africana carico circolarmente di rotelle a due a due d'ottone e di sonagliuzzi d'argento, che girato esso cembalo con la mano, e battendosi esse rotelle fra sé risuona un non so che d'alegro et appunto d'africano»* (TERZAGO 1666, p. 368).
8. lira da gamba con i tipici sei piroli perpendicolari al cavigliere (*Theatrum*, tav. XVII).
9. curiosa cetra a forma di fucile (sul manico o cassa armonica si riconoscono rosa, ponte e relative corde).
10. campana ricurva di strumento a fiato.
11-12. due campane di altrettanti strumenti a fiato.
13. salterio.
14. sordellina, un tipo di zampogna raffigurata anche in MERSENNE 1637, p. 367; TERZAGO

1666, p. 364, si dilunga ampiamente sulla descrizione e le modalità d'esecuzione di sei sordelline del museo Settala.

15. parte terminale di strumento a fiato.

16. potrebbe trattarsi dell'insolita tromba marina descritta in VAN DER MEER 1993, n. 115, del Museo civico medievale di Bologna dove, come detto, è conservata anche l'«*armonia di flauti*» e altri strumenti appartenuti al museo Settala. Tuttavia la presenza di tasti sul manico e un numero imprecisato di corde (sempre che non sia un'ombreggiatura a tratteggio parallelo) obbliga a ritenere lo strumento una cetra dalla cassa curiosamente trapezioidale.

17. mandolino dal manico assai allungato, v. n. 6.

18. cassa armonica di strumento ad arco dalla forma curiosa (forse parte integrante, quale sorta d'insolito salterio, del n. 25?).

19. strumento a fiato a tre canne. «*Tre altri flauti, in uno fa l'ottava bassa et altro fa la quinta e terza, instromento stravagante, inventione e fattura del sig. Manfredo*» (TERZAGO 1666, p. 365); che tale descrizione possa aver qualche attinenza con lo strumento?

20. sorta di arciliuto dalla cassa armonica decisamente insolita (uno strumento molto simile è conservato nel Museo civico medioevale di Bologna (VAN DER MEER 1993, n. 106).

21. cetra da tavola dalla forma allungata chiamata *Scheidtholt* da Praetorius (*Theatrum*, tav. XXI, n. 8)

22. canna di strumento a fiato.

23. archetto.

24. serpentone: «*Un gran serpentone alto due braccia e nell'estremità largo quasi un palmo, quale forma un basso tanto rimbombante che pare dij il moto alle mura delle stanze e delle chiese*» (TERZAGO 1666, p. 365).

25. cassa armonica dalla forma insolita (v. n. 18).

26. ritorta (tastabile?) di strumento a fiato.

27. campana (con buchi) di strumento a fiato (parte del n. precedente?).

28. curioso *ensemble* di chitarra dalla doppia cordiera collegata ad uno strano ingranaggio che fa muovere un teatrino con tre figure danzanti, strumento altrimenti sconosciuto, ma forse relazionabile alla descrizione pur laconica di TERZAGO 1666, p. 367: «*due chittarre con dentro un organo, onde con inventione rara in un medemo tempo si suonano entrambi*».

29. cortale o cervellato, strumento assi diffuso all'epoca e oggi chiamato col nome inglese *rackett* o *rankett*; è in sostanza la versione 'accorciata' di un fagotto la cui canna è trasformata in una ritorta continua inserita nel tozzo cilindro traforato (*Theatrum*, tav. X, nn. 8-9).

30. forse un'ocarina. Qualcosa di simile compare ai piedi di Buffetto ▷T.25 e nel dipinto attribuito a Munari ▷T.91: l'aspetto più curioso è che in tutte queste tre raffigurazioni è ben riconoscibile anche l'«*armonia di flauti*» (qui al n. 39).

31. bandora.

32. campana di strumento a fiato.

33. bizzarro strumento a fiato a forma di chiave (l'asta è tastabile).

34. non saprei identificare con certezza questo strumento a fiato le cui dimensioni lo fanno supporre di taglia grave (che sia un altro tipo di bassanello?).

35. tiorba con cassa armonica a tre rose (la cavigliera delle corde tastabili s'intravede appena).

36. archetto.

37. tromba.

38. chitarrina.

39. l'*«armonia di fluati»* del museo Settala di cui s'è detto ▷T.20.

40. parte di strumento non identificato.

41. chitarra impugnata da Gabrielli (forse la stessa raffigurata per intero al n. 53).

42. musette, caratteristica zampogna con mantice e con i bordoni disposti come nel *rackett* (n. 29); è possibile che in Italia fosse ugualmente chiamata sordellina e che quindi possa rientrare fra quelle descritte da Terzago (n. 14).

43. cavigliere di strumento a corde.

44. arpa.

45. strumento a fiato.

46. sorta di cavigliere di strumento non identificato.

47. curioso strumento a fiato ritorto (se interpreto bene i grovigli del disegno).

48-49. singolarissimo chitarrone a tre manici (l'archetto forse è parte dello strumento); parrebbe lo stesso descritto da TERZAGO 1666, p. 367: *«una chittara e cetra e lira insieme unita, che con dupplicato suono rende armonia»*; dalla cassa dello strumento sembrano poi uscire due o tre bocche, ma mi è ignota la loro funzione

50. viola da braccio (con tagli a C).

51. piccola arpa.

52. triangolo con anelli e battente descritto in MERSENNE 1637, p. 547 (che lo chiama cimbalo). Uno strumento simile è nella collezione Settala: *«Un triangolo di ferro entro il quale sonovi quantità d'anelli di ferro, quale parimente si suona battendo il triangolo con una verga pure di ferro, questo è strumento usato presso i tedeschi»* (TERZAGO 1666, p. 367).

53. chitarra a otto corde.

54. strumento a fiato a forma di sciabola.

55. tromba.

56. ghironda.

57. campana di strumento a fiato.

58. strumento non identificato.

Come si può notare vi sono differenze, seppur di poco conto, fra gli strumenti qui elencati e quelli descritti da Terzago. Qui sono infatti strumenti che là non si riscontrano e viceversa, ma si deve tener conto che fra le due testimonianze iconografiche sono passati più di trent'anni: nel frattempo il museo può essersi ampliato (e d'altra parte è detto esplicitamente che *«altri instrumenti più usitati si tralasciano per non stancare il lettore»*); pure è possibile che Biffi non abbia raffigurato tutto quello conservato da Settala. Per alcuni di questi però la corrispondenza è sicura, segnatamente per quelli più bizzari la cui costruzione è opera testimoniata di Settala. Si può, a questo punto, ipotizzare un ambiente culturale che vede fra i suoi partecipanti figure così diverse come il canonico naturalista Settala, il pittore Biffi e Scapino commediante? Forse.
Tutti e tre sono infatti coinvolti e fortemente affascinati dal teatro e dalla musica. Biffi si era da poco dedicato all'impegnativa incisione di quella macchina impressionante che fu il monte Etna (1630), destinato alle celebrazioni per la nascita dell'infante di Spagna ▷T.42-43, e TERZAGO

1666, p. 366, ci svela la partecipazione di Settala alla realizzazione d'intermedi milanesi: «*Un concerto come di flauti formato da zanche o mani di gamberi marini, inventione del sig. Manfredo, quali adoprati da quattro tritoni usciti nelli intermedij d'una sontuosissima scena avanti alcuni potentati in Milano, ricevettero incredibile appaluso dall'anfiteatro, qual acclamò l'inventione e per rara e singolare; di questi gambari marini ne tratta Ulisse Aldrovando, de crusta lib. 2, cap. 3, de astaco*». Non saprei dire a quale «*sontuosissima scena*» ci si voleva riferire – né l'Aldrovandi citato può darci ragguaglio alcuno, ché il suo imponente volume (*De reliquis animalibus exanguibus...*, Bologna, G.B. Bellagamba, 1606, pp. 108-118) si limita a descrivere, con anche belle tavole, le specie ittiche crostacee senza riferimenti a feste di sorta (e d'altra parte il volume fu pubblicato postumo quando Settala aveva sei anni: nulla poteva aver costruito a quell'età) – ma vengono subito alla memoria le feste del 1605 (alla cui realizzazione certo Settala non poteva aver partecipato, ma alle cui descrizioni si era forse ispirato) dove le sirene e i tritoni del carro del cavalier Costante «*andarono cantando con musica maritima*» (PARONA 1607, p. 84), e dove su un altro carro «*erano quattro vestiti come tritoni finti con code di pesci nell'acque, et questi lietamente suonavano instromenti da fiato involti in buccine marine*» (*ibidem*, p. 96). Forse è un caso, ma sempre nel Civico museo medioevale di Bologna è conservata una originalissima *pochette* a forma di pesce con tanto di squame e coda ritorta (VAN DER MEER 1993, n. 117). È invece assai probabile che l'imponente opera naturalistica di Aldrovandi (che non si limita solo alle specie marine) sia stata effettivamente fonte iconografica per Settala, come lo fu, probabilmente, per i 'ritratti' dei quattro elementi di Arcimboldi.
Un'incisione del tutto simile a questa di Gabrielli, seppur meno bella, è quella che cinque anni dopo fu dedicata all'architetto Francesco Maria Richino, dove al posto degli strumenti musicali sono raffigurati tutt'attorno i più diversi strumenti di misurazione, ugualmente raggruppati e intrecciati (si veda la riproduzione in VERGA 1931, p. 317).

Fortuna per despett
Me fez volar la robba co i dinar,
La patria abbandonar,
E de CARLO CANTV me fez BVFFETT.
Ma po mudo concett.
Quando da ZAN me mess a reuitar
Come CARLO incontrai fortuna auuo
Come BVFFETT, la prouo a la
rouersa.

TAVOLA 25

Tav. 25. Stefano Della Bella, [*Buffetto a Parigi*]
incisione, cm 24,2 × 18,6 [1645]
Paris, Bibliothéque Nationale.

Nel cartiglio in basso: Fortuna per despett
Me fez volar la robba co i dinar
La patria abbandonar
E de Carlo Cantù me fez Buffett
Ma po' mudò concett
Quando da Zan me mess a recitar
Come Carlo incontrai fortuna avversa
Come Buffett la provo a la roversa

Carlo Cantù, in arte Buffetto, qui ritratto in questa nota incisione di Della Bella (v. la dettagliata descrizione in Baudi de Vesme 1906, pp. 92-93) ben rappresenta la figura del comico che ricerca nella sua professione – e nella sua abilità – la base di un riscatto etico (e non nella discendenza più o meno presunta, come per gli Andreini). La chitarra, quale strumento principe del comico dell'arte, è perciò mostrata come simbolo di un mestiere, ma anche quale esibizione di competenza, perizia, destrezza, arte, che lo zanni Buffetto può far rivalere sull'uomo comune Carlo Cantù: in tal senso si esprime il cartiglio ai suoi piedi (v. anche Taviani-Schino 1982, pp. 487-488).
Il disegno fu quasi certamente realizzato a Parigi nel 1645 dove Cantù, integrato a una compagnia di Febiarmonici, doveva rappresentare la *Finta pazza* di Strozzi e Sacrati (come ha fatto notare Carandini 1990, p. 156, l'ambientazione dell'incisione scorcia l'Ile de la Cité dallo stesso punto di vista che Torelli aveva scelto per la scena introduttiva del primo atto della *Finta pazza* parigina, dichiarato omaggio alla città; *cfr.* Bjurstöm 1961, p. 137). In merito al suo viaggio in Francia sopravvive il passaporto rilasciato a lui e a Diana (Giulia Gabrielli, la figlia di Francesco che canterà nel ruolo di Tetide), per poter attraversare Milano e andare a Parigi ▷v[7].
Cantù con la Gabrielli aveva già partecipato alla *Finta pazza* fiorentina (Evangelista 1984, p. 65), confermando l'ipotesi, più volte sostenuta, che l'opera in musica di questi anni prendeva diretto spunto e forma proprio dalla commedia dell'arte, anzi confondendosi a tal punto con essa che potrebbe risultare fuorviante una distinzione dei due generi. È perciò in sospetto di pregiudizio pensare che questa *Finta pazza* possa essere stato spettacolo *«in parte cantato da virtuosi e in parte recitato da comici»* (Carandini 1990, p. 148) solo perché rappresentata col contributo di comici noti.
La chitarra che imbraccia Cantù è raffigurata con estrema precisione tanto da potersi riconoscere i cinque ordini di corde (le cui tre più gravi doppie) tipici della chitarra del primo Seicento. Fra gli altri strumenti a terra, oltre alla già citata *«armonia di flauti»*, si riconosce quella che sembra essere un'ocarina (ma ▷t.24 n. 30 e ▷t.91) e sulla sinistra una zampogna, una viella e alcuni flauti, di cui due a forma di pistola (anche nel ritratto di Gabrielli alcuni strumenti ricordavano armi ▷t.24 nn. 9 e 54).

CAPITOLO III

GESTIONE IMPRESARIALE DEGLI SPETTACOLI
1610-1619

CON IL RITORNO DI VELASCO, per la seconda volta governatore a Milano, sembrano improvvisamente ricomparire alcuni preziosi documenti d'archivio utili a colmare le imbarazzanti lacune che incombono sulla storia delle rappresentazioni milanesi. Dopo un decennio, viene riconsiderato anche il salone di palazzo, e non è difficile immaginare che tale recupero coincida in qualche modo col rinnovato incarico di Velasco: in fondo la sala fu costruita per sua volontà e probabilmente il governatore la considerava una sua creatura. Per la verità nei registri amministrativi compaiono mandati di pagamento per saltuari lavori di restauro e in generale per il suo mantenimento anche negli anni precedenti, ma nulla fa pensare che Acevedo, nei dieci anni passati, lo avesse mai usato per rappresentazioni.[1]

Finalmente, quindi, Velasco organizza per il Carnevale del 1611 una festa con torneo da svolgersi nel salone di palazzo il 14 febbraio.[2] Per l'occasione viene ordinato di rifare il *«suolo»* del salone, si allestiscono *«baltresche»* laterali per far sedere il pubblico, un palco per *«musici e suonatori»*, si riaffrescano con

1. *Cfr.* ASM, *RcS*, XXII.42, c. 134r; XXII.45, c. 37v e 246v; XXII.46, c. 81v; XXII.49, c. 253v ▷D.8 D.20 D.22-23 D.27. Esistono poi tre mandati cumulativi di pagamento per Giovanni Antonio Zanatta che fra l'altro era stipendiato per *«tenere ben chiuso et acconcio il coperto di rame del teatro»*, ovvero il tetto. Il suo incarico dura ininterrottamente fino al maggio del 1611, poi nessuno si preoccupa più di rinnovargli il contratto, ma Zanatta continua imperterrito per altri due anni, creando qualche imbarazzo all'ufficio delle Munizioni: *cfr.* ASM, *RcS*, XXII.45, c. 246v; XXII.49, c. 40v; XXII.52, c. 61r ▷D.22 D.24 D.47.

2. La notizia è riferita da quattro mandati in ASM, *RcS*, XXII.50, cc. 175r, 138r, 138v, 139r ▷D.34-37. Il giorno della rappresentazione si ricava dal documento di c. 138r, dove si precisa che il torneo *«si ha da fare lunedì prossimo futuro»*; il mandato è datato 12 febbraio 1611 e quindi il primo lunedì successivo cade il 14.

«pitture» le pareti e si attende anche ad una illuminazione adeguata.[3] Non si hanno notizie su come si svolse il torneo, né la festa di contorno; ma certo l'iniziativa ebbe grande successo perché creò una serie di reazioni a catena, determinanti nell'evoluzione successiva del sistema teatrale.

LA CONCESSIONE ALLA CASA DELLE VERGINI SPAGNOLE

Il salone così organizzato, con lo spazio per il pubblico, con la presenza di un palco, e inoltre fresco fresco di restauri, deve aver motivato un suo possibile sfruttamento da parte di chi in quel momento aveva il controllo delle compagnie di attori. Per gli amministratori della Casa delle Vergini Spagnole, sempre bisognosi di finanziamenti, sarebbe potuto diventare un ottimo affare. Forse lo stesso Velasco aveva compreso l'importanza di poter adeguatamente utilizzare un luogo coperto adattissimo alla stagione invernale. Fatto sta che gli amministratori delle Vergini si fanno subito avanti proponendo un progetto che dovrebbe permettere loro di ottenere entrate più sicure delle sporadiche elemosina elargite dalla città e dagli emolumenti ricavati dalle licenze per i comici. La proposta si ricava da un documento spagnolo manoscritto su due colonne che riporta a sinistra l'ipotesi di richiesta e a destra la disponibilità eventuale della sua realizzazione.[4]

In sintesi si propone di rendere utile lo spazio all'interno del salone di corte per delle rappresentazioni da tenersi quell'inverno, dove sia concesso agli amministratori delle Vergini Spagnole poter affittare i posti a sedere e vendere frutta, vino e rinfreschi in genere. Il tono della proposta ha il sapore di un esperimento, tanto che l'ipotesi di far pagare una tassa anche ai commedianti viene scartata, almeno fin tanto che questi – è detto – non si abituino alla nuova opportunità.[5] D'altra parte le compagnie comiche non avrebbero avuto di che

3. Come si evince dai documenti sopra citati impresario dei lavori è mastro Francesco Sant'Agostino che viene risarcito con la cifra complessiva di 3.000 lire in quattro rate affannosamente stanziate all'ultimo momento. Inizialmente era previsto un costo di 1.000 lire che subito si sono rivelate insufficienti (le stime dei lavori per appurare la straordinaria lievitazione delle spese furono condotte dall'ingegnere Tolomeo Rinaldi).

4. ASM, *Culto*, cart. 1947 ▷D.39. Il documento è datato da altra mano 26 ottobre 1611, ma come si spiegherà più avanti, la sua vera data di stesura deve essere precedente di almeno qualche giorno, se non addirittura di settimane.

5. V. il punto 2 del documento citato.

lamentarsi, assicurata la presenza di un incaricato alla porta della sala per riscuotere l'ingresso. In pratica il pubblico d'ora in poi avrebbe pagato cinque soldi alla compagnia per poter assistere allo spettacolo e altri cinque agli amministratori delle Vergini per affittare una sedia (la metà per una panchetta), altrimenti sarebbe stato in piedi.

Sembra di poter intendere che questa soluzione fosse concepita a termine, lo scopo essendo quello di poter ottenere i soldi necessari per allestire una sala privata, forse fuori dal palazzo, gestita dalla Casa delle Vergini Spagnole.[6] In realtà, però, questa sala aspetterà qualche anno prima di essere realizzata e nel frattempo gli amministratori del collegio sembrano darsi da fare per ottenere un sempre più saldo controllo sulle rappresentazioni pubbliche che venivano fatte a corte.

Oltre a questo documento in spagnolo esiste anche la concessione vera e propria di Velasco a favore del collegio, stipulata evidentemente dopo gli accordi fin qui definiti. Di tale concessione, già conosciuta e parzialmente pubblicata da Paglicci Brozzi, ho identificato una preziosissima prima bozza in cui si possono riconoscere le correzioni e le rettifiche che hanno portato al documento definitivo.[7] Se si legge questo foglio trascurando le correzioni poste a margine, si ricava una versione precedente, in parte assai diversa da quella corretta, sicuramente più aderente alle argomentazioni trattate nel documento in spagnolo di cui si è detto. Il ripensamento è nella sostanza legato all'utilizzo della sala. La prima versione permetteva al collegio di ricavare gli affitti delle sedie solo dalle rappresentazioni che si sarebbero fatte nel salone, la seconda e definitiva elimina completamente la parola *«teatro»*[8] e dice esplicitamente:

---

6. V. *ibidem* il punto 5.

7. ASM, *Culto*, cart. 1947 ▷D.40. Copia della versione ultima è in ASM, *RcS*, XXI.27, c. 123r; parzialmente trascritta da PAGLICCI BROZZI 1891, pp. 18-19 (che annota un riferimento d'archivio non utilizzabile e probabilmente anche scorretto). La concessione è infatti datata 26 ottobre 1611, perciò il documento sopra citato ▷III[4] deve necessariamente essere precedente, tanto più se esiste un momento intermedio in cui si inserisce la prima bozza poi radicalmente corretta. Si può pensare che la mano di un archivista abbia aggiunto la datazione del documento in spagnolo riferendo una correlazione, peraltro effettiva, con la concessione stipulata in quella stessa data.

8. Il salone di corte, si è già detto, viene quasi sempre chiamato *«teatro»* nelle fonti seicentesche. Ancora TORRE 1674, p. 363, scriveva: *«questo gran salone che da' cittadini nostri teatro dicesi»*. Vedasi la voce «teatro» nell'*Indice analitico*.

> nei luoghi dove occorrerà recitarsi comedie nell'avvenire, et così in questo palazzo come in altre parti di questa città

Dall'ipotesi quindi di fare rappresentazioni nel salone (e forse per un periodo di tempo limitato) si passa a coinvolgere anche le già avviate rappresentazioni della corte delle commedie, quasi temendo che il sistematico utilizzo pubblico del salone potesse rivelarsi inadeguato alle necessità del collegio, magari per l'impossibilità di svolgervi una programmazione continuativa o per il pericolo di compromettere una così preziosa sala.

L'altra ipotesi è che per qualche motivo il salone non si sarebbe potuto utilizzare l'inverno successivo. Infatti dall'estate successiva, nel 1612, la corte delle commedie viene subito organizzata in modo che il collegio possa dare in affitto un certo numero di posti a sedere. Mentre se qualcosa in merito fu fatto per il salone nessun cronista o documento lo riportano. Certo è che se Velasco aveva precisi progetti sulla sua sala, non riesce nemmeno a iniziarli: quella stessa estate deve tornare in Spagna venendo sostituito da Juan de Mendoza, marchese de la Hinojosa, che governerà Milano fino a tutto il 1615.

Uno dei motivi per cui il salone rimase inutilizzato è da ricercarsi forse nelle sue precarie condizioni. Malgrado il *maquillage* subìto l'inverno precedente, le sue strutture portanti erano logore (non si dimentichi che il lato esterno delle colonne era in legno), tanto da compromettere gli appartamenti vicini, quelli – fra l'altro – abitati dal governatore. Mendoza non potrà fare a meno di accorgersene e ripetutamente dovrà occuparsi dei suoi restauri.

All'inizio si tentano lavori di rapida esecuzione: nell'agosto del 1612 Mendoza ordina *«che si rifacci un muro nel teatro di questo palazzo verso il giardino principale d'esso»*.[9] Ci si accorge subito però che sono necessarie opere di ben altra portata, e così nel gennaio del 1614, essendo il rischio di crollo sempre più probabile, vengono stanziati 2000 scudi (12.000 lire ca.) per una ristrutturazione generale e definitiva.[10] È tale l'urgenza che si rasenta l'illegalità evitando di fare l'asta d'appalto: i soldi verranno comunque recuperati da pene pecuniarie già

9. ASM, *SP*, cart. 28, lettera del 22 agosto 1612 indirizzata dal presidente del Magistrato ordinario al commissario delle Munizioni ▷D.42. L'appalto è vinto da Innocenzo Gavirate con una proposta di spesa di 1.325 lire; *cfr.* ASM, *RcS*, XXII.51, c. 71r ▷D.43.

10. ASM, *SP*, cart. 28 ▷D.50; si tratta dell'ordine di Mendoza redatto in spagnolo e inviato al Magistrato ordinario; sullo stesso foglio compare anche una sorta di traduzione in italiano destinata al contrascrittore Torniello.

incassate o da incassare. I lavori sono seguiti dagli ingegneri Alessandro Bisnate e Fabio Mangoni che decidono di sostituire le dodici colonne in legno con altrettante di marmo.[11]

---

11. La fonte della notizia è il verbale del processo d'ammissione affrontato da Mangoni per diventare collegiato (le peripezie sono raccontate in MEZZANOTTE 1915[a], p. 16 e segg.). Tale verbale, datato 14 gennaio 1627 (I-Mt, *Famiglie*, cart. 919, fasc. *Mangoni*) ▷D.64, riferisce appunto che Fabio Mangoni, allora collaboratore di Alessandro Bisnate, *«era lui quello che attendeva a far fabbricare il teatro nel salone di corte, et fu lui quello che faceva tutte le misure et estimationi»*. Mezzanotte ritiene che questa testimonianza sia riferibile ai lavori di restauro del 1613. La parola *«teatro»* in questo contesto significa evidentemente decorazione, apparato, non potendo in nessun modo essere un edificio eretto all'interno di un altro. MEZZANOTTE 1915[a], p. 16, che ha consultato in merito a questi restauri alcune fonti in I-Ma, racconta inoltre una storia più complessa. Già nel 1613 una perizia avrebbe accertato la scarsa stabilità delle colonne di legno. Conseguentemente una proposta dei lavori necessari fatta da Bisnato (20.X.1613) avrebbe previsto una spesa di 44.315 lire con rifacimenti di colonne, architravi, nicchie e pavimento. Mendoza giudica eccessiva la cifra e ridimensiona la spesa complessiva a sole 1000 lire, disponendo semplicemente di rinforzare le colonne con un muro di mattoni (p. 19). Se anche attuata, questa soluzione non fu definitiva, perché nel documento dell'ASM citato precedentemente e confermato dal relativo mandato (ASM, *RcS*, XXII.52, c. 108r) ▷D.51 si parla di una seconda stima di Bisnato, quella appunto che porterà allo stanziamento dei 2000 scudi, ovvero 12.000 lire. D'altra parte un altro documento (ASM, *SP*, cart. 28) ▷D.54 riferisce di una spesa di circa 8578 lire per il marmo destinato alle colonne del salone, facendo ritenere che le colonne furono realmente sostituite. Entrambi questi ultimi due documenti sono ulteriormente avvalorati: il primo da un mandato di 1000 scudi per chi sta svolgendo i restauri (non si capisce se si tratta della seconda rata, come previsto dal mandato del 5.II.1614 ▷D.51, o di una spesa ulteriore, *cfr.* ASM, *RcS*, XXII.52, c. 190v ▷D.53); il secondo a parziale saldo del credito di oltre 3.000 lire da doversi a Antonio Ferrari (che aveva preparato le colonne di marmo), più quasi 3.500 lire a Tullio Pristino per altri lavori (ASM, *RcS*, XXII.52, c. 212r) ▷D.55. Non tragga in inganno quanto riferito da MEZZANOTTE 1915[a], p. 20, in merito al fatto che ancora nel 1628 le colonne sarebbero state di legno. È evidente che la citazione di Mezzanotte, presa a sé, confonde le idee. Nel documento cit. (ASM, *PE*, cart. 10, 2.VI.1628) infatti si parla di vari restauri che necessiterebbe il palazzo, ma le *«colone di legno»* sono certamente le mezze colonne decorative delle pareti interne al salone, quelle stesse che più avanti verranno esplicitamente chiamate *«colonne delli quadroni»*, ovvero che frammezzavano porzioni quadrate di pareti o più probabilmente delimitavano i ritratti dei governatori dipinti da Profondavalle ▷I[39], detti appunto *«quadroni»*. Quelle che danno sul giardino sono sicuramente di pietra: *«Più per l'opera di muro, dovendosi rabboccare e stabilire con la commodità etc. de pittori le pariete del giardino con li pilastri che saranno circa quadretti 1800, et rasar* [?] *di muro in cima perché siano necessarie a coprirlo di coppi, con la fattura de ponti, picatura della malta vecchia* [*etc.*]*»* (il *quadretto* era la misura di superficie milanese, anche detta *braccio quadro*, corrispondente a cm^2 35,6 ca.; *cfr.* MARTINI 1883, p. 350 ▷S.11).

I lavori vanno a buon fine ma il salone non verrà comunque utilizzato per rappresentazioni e commedie, anche perché, a quanto pare, la corte per le commedie sembra riscuotere ottimo successo. Alcune carte, le sole di questi anni, conservate nel fondo *Spettacoli pubblici* dell'Archivio di Stato riferiscono con abbondanza di particolari la sorte di questo cortile.[12] Dalla vicenda si coglie che era uso, fin dal governatorato di Acevedo, allestirvi un palco per le rappresentazioni estive.[13] I comici pagavano un affitto per il suo utilizzo e a loro volta ottenevano un guadagno facendo pagare una quota a chi veniva ad assistere.[14] Con l'estate del 1612 – lo abbiamo visto – Velasco concede alla Casa delle Vergini Spagnole la possibilità di affittare sedie e vender rinfreschi durante le rappresentazioni. L'estate successiva il nuovo governatore Mendoza, probabilmente preoccupato delle ingenti spese di Stato (comincia quell'anno la questione con il Monferrato) decide di far ricadere la spesa per l'erezione annuale del palco sulla Casa delle Vergini che, con decreto del 26 agosto 1613, diventa proprietaria del palco e della manutenzione suo malgrado.[15] Da questo momento in poi il Collegio, di anno in anno, eliminerà poco per volta le panche gratuitamente destinate al popolo, obbligando gradualmente il pubblico a pagare per sedersi.[16]

Per tornare al salone, è necessario dire chiaramente che da questo momento in poi esso perde ogni speranza di entrare nella storia delle rappresentazioni milanesi (a parte il caso clamoroso del *Teseo* del 1649) e in generale nella storia dell'opera in musica, rimanendo tuttavia parte importante dell'attività

12. Tutta la questione viene dettagliata nell'*Appendice* a questo capitolo.

13. Relazione del 22.VII.1613, al punto IV ▷III*app* (pp. 159-161). È ragionevole pensare che, finché a palazzo non verrà allestito un luogo coperto, il periodo più importante per accogliere compagnie comiche era quello estivo; v. su questo punto anche Ferrone 1993, p. 38, nota 26: «*I documenti circa l'attività teatrale milanese sono abbastanza concordi nell'indicare una stagione teatrale che va da Pasqua alla fine di settembre*».

14. Che i comici pagassero un affitto lo si evince dal punto V della relazione del 31 maggio 1613 ▷III*app* (pp. 158-159), affitto che probabilmente viene a sostituire l'emolumento pagato negli anni passati al protifisico che rilasciava le licenze. Che gli stessi comici riscuotessero una specie di biglietto d'ingresso, oltre a essere cosa ovvia, è detto esplicitamente nel documento spagnolo al punto 3 ▷D.39; in generale ▷S.8.

15. Doc. riportato in III*app* (p. 163).

16. Conferme alla concessione rilasciata al collegio delle Vergini per affittare sedie e vendere rinfreschi si ritrovano nel 1616 (ASM, *RcS*, XXI.29, c. 5r ▷D.57), nel 1619 (ASM, *RcS*, XXI.29, c. 95v, datato 28 marzo) e nel 1623 con lettera reale (ASM, *Culto*, cart. 1947 ▷D.63).

celebrativa di palazzo, perché spesso usato per ricevimenti e banchetti, e saltuariamente per tornei a cavallo, offerti al pubblico come già avvenuto nel carnevale del 1611. Questa curiosa destinazione dello spazio sarà in parte ricordata da Serviliano Latuada nella sua *Descrizione di Milano* del 1737, dove trattando del salone e della sua costruzione, riassume in una riga le sue vicende seicentesche:

> Servì dipoi questo luogo a farci la scuola della cavallerizza[17]

L'informazione non è però così illuminante. Quando deve farsi cominciare quel «*dipoi*»? Inoltre Latuada non doveva avere le idee chiarissime su questa presunta «*scuola della cavallerizza*», creando scompiglio anche fra gli storici successivi.[18] In realtà il salone sopravvisse per tutto il Seicento senza subire radicali mutamenti fino al 1699 quando il governatore Vaudemont lo trasformò nel Nuovo Regio Ducal Teatro. Contemporaneamente una «*cavallerizza*» compare nei documenti seicenteschi quale luogo di palazzo non meglio collocato, dove presumibilmente si esercitavano i cavalli.[19] In ogni caso le esibizioni equestri allestite nel salone non avevano niente a che fare con rappresentazioni teatrali, mentre è certo che il luogo veniva spesso usato per solenni momenti celebrativi, in onore forse alla sua sontuosità.[20]

---

17. LATUADA 1737, II, p. 137.

18. Lo scompiglio era più che altro dovuto al fatto che questa affermazione, peraltro vaga, metteva in crisi la tesi che voleva il salone sede di tutte le rappresentazioni seicentesche. Scrive Somma nei suoi quaderni (n. 2, p. 18): «*È erronea l'asserzione di chi pretende che questo teatro essendo rimasto negletto perché non eravi l'uso dei regolari spettacoli nella prima metà del XVII secolo abbia servito di cavallerizza* [...] *Fu il giardino principale che dopo l'incendio del 1708 come si dirà in avanti fu convertito in cavallerizza*». Che il giardino nel Settecento fosse convertito in cavallerizza è senz'altro vero ▷T.14 ma ciò non toglie che il salone, con o senza esercitazioni di militi a cavallo, per nulla godette dei fasti operistici. Divenne invece cavallerizza, ma solo nel 1776, il luogo dove fino a quell'anno era il teatro Ducale distrutto da un incendio (*cfr.* ASM, *FC*, cart. 193, dove in testa ad un fascicolo di incartamenti relativi si può leggere: «*1776. Palazzo Ducale. Cavallerizza. Area del teatro rimasta libera dopo l'incendio del medesimo e destinata da S.M. per la cavallerizza ad uso del serenissimo arciduca*»).

19. Si ha notizia di ripari svolti nel maggio 1639 (ASM, *RcS*, XXII.60, c.173r); e una «*cavallerizza*» è ancora citata come luogo separato dal salone nel frammento del *Cod. Triv.* 1490 di cui si parla di seguito.

20. Fra questi illuminante è l'incisione di Gherardini del banchetto allestito per gli ambasciatori svizzeri nel 1633 ▷T.61.

Il diario del cerimoniere di corte

Un codice manoscritto dell'Archivio storico civico di Milano,[21] finora trascurato dalla storiografia milanese, permette di confermare questa tesi e di far luce su altri aspetti incerti della storia del costume locale. È un volume in quarto, rilegato in pelle, di circa trecento carte per buona parte lasciate bianche. È senza titolo e Porro, nel suo catalogo, lo chiama *Cerimoniale per i governatori*.[22] In realtà si tratta di un diario, compilato dal 1598 al 1630 dal maestro di cerimonie del governatore, dove sono descritti tutti gli avvenimenti pubblici con precisa attenzione all'etichetta da tenersi nelle varie situazioni. È un volume preziosissimo, perché oltre a renderci nota una serie di comportamenti formali per le manifestazioni ufficiali, svela anche alcuni retroscena diplomatici e soprattutto cita un numero impressionante di personaggi più o meno noti che passarono in quegli anni per lo Stato di Milano, compresi quelli in incognito.[23]

---

21. I-Mt, *Cod. Triv.* 1490.

22. Esattamente *Cerimoniale per i governatori di Milano nelle relazioni di diversi ingressi e partenze da questa città di molti personaggi illustri*, Porro 1884, p. 70.

23. Il diario non è redatto tutto dalla stessa mano, ma non si capisce quanti furono i cerimonieri. A carta 119r si legge: «*1629, a dì 25 dicembre. Cominciò Benedetto Trentino a servire l'offitio di maestro delle cerimonie alla eccellenza del sig. marchese Spinola governatore del Stato di Milano*». Non vi sono altri nomi di maestri di cerimonie, ma dal manoscritto si ricava che nel 1598 fu dato ordine da Velasco di compilare tale diario con lo scopo di definire precisamente il rituale pubblico che doveva tenere il governatore. Nel lungo capitolo introduttivo (cc. 1-12) l'estensore precisa: «*ne tratterò nel modo e forma con che io l'ho manegiato molt'anni*». Se nel 1598 il cerimoniere era già al servizio da parecchio tempo, e accogliamo una sua sostituzione solo nel 1629 (altre non sono esplicitate), dobbiamo ritenere che il primo stette in carica almeno una quarantina d'anni, oppure che i cerimonieri che compilarono il diario furono più di due. Sia coma sia – per informare chi volesse approfondirne il contenuto – posso precisare che il nucleo principale dello scritto è preceduto da alcune pagine non numerate in cui è stilato un indice a volte inattendibile e con l'ordine delle pagine non sempre consecutivo; seguono le 12 carte introduttive in cui sono descritti i rituali per le messe (cantate e non), per le processioni, le entrate solenni, le giostre, i tornei e le feste in genere; chiude la sezione introduttiva una colorita lamentela sulle enormi fatiche del maestro di cerimonie ricompensate ancora dallo stipendio stabilito nel 1545 e troppo raramente arrotondato dalle mance dei nobili che giungevano a corte «*salvo dal re di Francia, da cui hebbi una collana de scudi ducento*». Il diario comincia col 29 ottobre 1598 e termina il 4 febbraio 1630 (c. 120v); da c. 78v a 81v c'è una specie d'interruzione in cui ci si sofferma su indicazioni generali di etichetta per il governatore, poi riprende il diario che si interrompe a c. 124r; da c. 124v a 152v le pagine sono bianche, poi riprendono per una dozzina di fogli annotazioni varie (trascrizioni di lettere, altre pagine di diario, *etc.*).

Quello che però interessa in questa sede è l'attenzione rivolta più specificamente a feste con musica o a spettacoli. Bisogna dire subito che le speranze di una messe copiosissima d'informazioni devono essere deluse: sapremo tutto sui ricami del cuscino su cui il tal principe si sarebbe inginocchiato, ma assai più laconico appare in generale il commento sugli eventuali spettacoli. *«Si fecero feste stupende»* è il modo, ad esempio, con cui vengono liquidate le celebrazioni per la regina Margherita del 1598, e così in altri casi. Tuttavia le avare indicazioni che annota il nostro appaiono più di una volta illuminanti e meritano per ciò attenzione.

Per entrare nel dettaglio, oltre a tutti gli avvenimenti fin qui trattati, sono ricordate un paio di feste da ballo mascherate e in generale è posta discreta attenzione al Carnevale.[24] Il salone o *«teatro»* è citato varie volte, e queste sembrano quelle più significative:

> 1609, a dì 8 agosto.
> Vene un ambasciatore del re d'Inghilterra per passaggio che andava a Roma, et prima vene a baciar la mano a S.E. il sig. conte de Fuentes, ma esso conte stava a Nostra Signora di S. Celso a messa che era in sabbato, mi diede ordine ch'invitasse sì li intratenuti come li cavalieri et fu fatto la massa [=*folla, raduno*] nel teatro, arrivò S.E. et dismontò sotto la cavalarizza, et detto ambasciatore vi vene in contra a farli riverenza, ogn'uno fece altrettanto, et S.E. con detto ambasciatore s'inviorno verso il teatro, et se ritirorno in una camera loro dua assentati, et trattorno per il spacio di due hore, et di poi S.E. lo licentiò, et lo compagnò sin'all' restello vicino alla porta di detto teatro, et così fu licentiato.[25]
>
> 1612, a dì 18 luglio.
> Entrata che fece il sig. marchese della Inoijosa quando vene a governar lo Stato di Milano [...]
> [...] et entrasimo a corte, ma subito che entrò detto governatore il capitano della porta se vi fece innanti; et presentò le chiavi in un bacila a detto governatore, et esso governatore le pigliò nelle mani, et di poi le

24. Si confrontino le giornate 11 febbraio 1613 ▷D.45, 23 gennaio ▷D.72 e 4 febbraio 1630 ▷D.75; ancora a c. 108v si legge: *«1624, a dì 20 febraro. Venne a Milano il sig. cardinale Spinola* [...] *L'istesso giorno il dopo pranso circa le 22 hore* [il governatore Figueroa e il cardinale] *montorno in carozza e andorno per la cit‹t›à a vedere le mascare. Fu detto cardinale con S.E. a festa in casa del marchese Vistarino, però retirati, ma vi stava il dossello»*, (come dire che malgrado fossero in incognito vi era un baldacchino in loro onore). Sul carnevale a Milano nel Seicento v. BERNARDI 1995[a].

25. I-Mt, *Cod. Triv.* 1490, cc. 33v-34r.

tornò a riponere in detta bacila, andassemo alla volta del teatro ove stava mi segnora la marchesa con infinite dame; ma prima che S.E. entrasse in detto teatro si voltò indietro, et licentiò tutti li tribunali, et l'ambasciatore lo compagnò sin a mezzo il teatro, et di poi S.E. lo licentiò.
S.E. entrò da mi signora la marchesa, et la salutò, il simile fece con tutte le dame; li cavalieri passeggiavano per il teatro.
Vene monsignor illustrissimo cardinale Borromeo a visitare dette cerimonie, et S.E, avisato da me, lo vene ad incontrare sin'a mezo il teatro, et visitato che furono il sig. cardinale pigliò licenza da dette cerimonie, et il governatore ricompagnò detto cardinale sin al fine dil teatro cioè sin alla porta.[26]

1618, a dì 6 agosto.
Entrata che fece il sig. duca di Feria governatore di Milano [...] vi viene il sig. cardinale Borromeo a visitarlo et esso governatore lo andò ad incontrare sin a mezzo il teatro, et lo ricompagnò .?. porta.[27]

1620, a dì 14 agosto.
Venne a Milano un ambasciatore del re di Persia per passaggio qual veneva dal Gran Turco, et andava a casa sua alogiò a li Tre Re, et non fu spesato altrimente dalla Camera; la mattina seguente esso ambasciatore mandò uno suo secrettario a bacciare la mano al governatore, et esso secrettario stete con S.E. più di un hora a ragionamenti nel teatro [...]
[*...poi il governatore Figueroa fa visita all'ambasciatore...*]
Alla sera istessa detto ambasciatore vene a restituire la visita a S.E. et detta eccellenza lo venne ad incontrare sin a mezzo il teatro di poi stettero a ragionamenti più d'un hora [...][28]

1622, a dì 15 genaro.
Vennero a Milano li signori Grisoni a trattare con S.E. di nuovo, non furono incontrati perché vennero alla sfilata, S.E. li fece convitare che venissero a mangiare con S.E. che fu alli 17 genaro et mangiorno nel teatro [...] S.E. li accompagnò alla porta di detto teatro, et il banchetto fu superbissimo [...][29]

---

26. *Ibidem*, cc. 45r-46v.

27. *Ibidem*, cc. 84r-84v; si noti come il cerimoniale per accogliere il nuovo governatore Figueroa (il duca di Feria) sia sostanzialmente identico a quello descritto sopra per il governatore Mendoza.

28. *Ibidem*, c. 94r.

29. *Ibidem*, cc. 100v-101r; i «*grisoni*» sono gli svizzeri, e «*di nuovo*» perché erano già venuti il mese precedente. Dieci anni dopo (1633) un altro banchetto con gli ambasciatori svizzeri

> 1623, a dì 25 genaro.
> Morse [= *morì*] la moglie del sig. duca di Feria governatore dello Statto di Milano a 4 hore di notte [...] fu messa in una carrozza la qual stava guardando nel teatro con dentro quelli duoi padri Discalzi con il cavallerizzo di S.E. Uscirono fuori dalla porta delle comedie [...][30]

Mai – come appare – il salone è sede di spettacolo. Quando invece il maestro di cerimonie riferisce di commedie, feste o rappresentazioni i luoghi descritti sono altri. Nell'ultimo esempio citato si parla della *«porta delle comedie»* facendo riferimento alla porta posteriore di palazzo. Questo viene a conforto della tesi finora proposta sulla collocazione della corte delle commedie, ulteriormente avvalorata da quest'altro frammento:

> 1615, a dì 29 novembre.
> Vene don Pedro de Toledo Osorio per governatore dello Stato di Milano [...] et volse entrar per la porta dil pallazzo di dietro, cioè quella delle comedie.[31]

In un solo caso si parla dell'allestimento di uno spettacolo nella corte delle commedie, rappresentato il 30 agosto 1629, in cui fu presente il duca di Lerma; ma si deve ritenere che non fosse interesse del maestro delle cerimonie riferire degli spettacoli pubblici. Il caso specifico è forse citato perché il duca non si comportò secondo protocollo evitando di farsi accompagnare da i suoi alabardieri.[32]

Viene riferito anche di una commedia rappresentata la sera del 27 ottobre 1622 *«nella prima sala in fine della galleria andando nel suo quarto»*, ovvero andando verso gli appartamenti del governatore.[33] Esisteva un *«salone ove li go-*

---

sarà ricordato nella già cit. incisione di Gherardini ▷T.61. I controversi rapporti politici con i Grigioni (regione protestante, ma di confine e quindi commercialmente vincolata a Milano) terranno costantemente impegnati i governatori spagnoli.

30. *Ibidem*, cc. 104r-104v.

31. *Ibidem*, cc. 70r-71v.

32. *«Andò a palazzo alla commedia detto duca et non vi andò allabardieri a compagnarlo»* (I-Mt, *Cod. Triv.* 1490, c. 121r) ▷D.65.

33. V. l'intero brano ▷D.62. Circa la collocazione di questa stanza ci sono ancora dei dubbi: l'indicazione è abbastanza precisa ma non so dove alloggiasse il governatore in quegli anni, e anche operando una deduzione dalle piante settecentesche (dove peraltro gli appartamenti dei governatori sono indicati in due siti diversi seppur contigui) non trovo alcuna galleria che possa offrire un riferimento. Inoltre non si parla di *«stanza solita»* o *«delle comme-*

vernatori sogliono far le feste»[34] che con tutta probabilità era quello chiamato *«dei festini»*,[35] a fianco della sala degli Imperatori in cui si svolse un ballo in maschera nel carnevale del 1630;[36] ma sembra improbabile che la commedia fosse rappresentata nel salone delle feste, visto che nei paraggi non vi sono stanze per appartamenti.

Da quanto rilevato finora si può perciò sintetizzare che in questi anni a palazzo esistevano: a) la corte delle commedie, pubblica, amministrata dal collegio delle Vergini Spagnole, per rappresentazioni estive; b) una sala (o forse più d'una) non ben localizzata in cui si allestivano saltuariamente spettacoli privati non aperti al pubblico; c) una sala per le feste da ballo, situata nel braccio centrale del palazzo; d) la sala detta *«degli Imperatori»* per festa saltuarie; e) il salone o *«teatro»*, per banchetti diplomatici, cerimonie e in alcuni casi per giostre a cavallo; f) la corte grande per parate, giostre e tornei.[37]

Compagnie di comici a Milano negli anni Dieci

Ritorniamo all'abbandonata estate del 1612, in quella stagione in cui per la prima volta gli amministratori delle Vergini Spagnole hanno agio di affittare sedie e vendere rinfreschi nella corte delle commedie. Malgrado la frammentarietà delle notizie si riesce forse a delineare il sistema che sottendeva l'arrivo di nuovi comici.

La compagnia di Florinda Concevoli ottiene la licenza di recitare commedie per quell'estate:[38] la formula è quella solita: *«parendoci cosa ragionevole di*

---

die»; verrebbe così da pensare che la commedia si svolse in una sala generalmente non d'uso al teatro, e che nel 1622 non c'era più l'abitudine di far commedie se non nel cortile adibito (ipotesi più che probabile) obbligando il cerimoniere a precisare meglio; v. in generale ▷s.9.

34. I-Mt, *Cod. Triv.* 1490, c. 76r.

35. Lo stesso che nel Settecento sarà chiamato *«Sala della Ringhiera in cui soglionsi dare le feste di ballo di generale invito»* da un opuscolo a stampa intitolato *Spiegazione della pianta...* ▷t.13-14.

36. 23 gennaio 1630 ▷d.72.

37. Per una sintesi dei luoghi di spettacolo a palazzo durante tutto il xvii secolo ▷s.9.

38. ASM, *RcS*, xxi.27, c. 148r ▷d.41. Su Florinda Concevoli non conosco altre notizie se non quelle già raccolte da Paglicci Brozzi: ovvero una domanda del 3 ottobre 1606 per poter esercitare un lotto a Milano con relativa concessione; un'altra domanda di lotto per Cremona e Pavia e concessione per Cremona del 2 novembre 1607. Le indicazioni archivistiche di Paglicci Brozzi sono come sempre un po' vaghe, ma le concessioni governative si ritrovano nei *RcS*; la prima in xxi.25, c. 265r, e la seconda in xxi.26, c. 54r (in realtà la data è 5.x.1607).

favorire quelli che con virtuoso studio...» etc. È dal 1601 che nel registro *Patenti* non compaiono licenze simili, né in futuro sarà più facile ritrovarne (se non in casi particolari).Visto che non è pensabile una così scarsa frequenza di rappresentazioni (e d'altra parte vi sono prove contrarie), dobbiamo ipotizzare che la registrazione delle licenze fosse ormai carico del collegio (i cui registri sono perduti), concedendo alle poche altre ritrovate nelle carte governative l'eccezionalità dovuta all'evento contingente (in genere ingressi solenni).[39]

Nella licenza si ricorda che il soggetto delle commedie rappresentate dovrà essere vagliato dal segretario Giovanni Battista Sacco. Effettivamente proprio l'anno prima, Sacco, che già firmava l'*approbatio* delle pubblicazioni milanesi, ricevette l'incarico da Velasco di valutare la *«modestia et buon termine»* di *«comedie et altri simili atti pubblici»*.[40] Se, come ha recentemente messo in evidenza Siro Ferrone,[41] la morte della commedia dell'arte si deve imputare alla strutturazione sempre più rigida di itinerari e stagioni, anche il controllo più puntuale dei testi e degli scenari da un lato ha limitato la libertà inventiva del comico e dall'altro ha inevitabilmente messo di fronte l'attore a testi teatrali sempre più definiti, sempre più *finiti*; a scenari che poco per volta cominciano ad essere indipendenti dalla loro rappresentazione, esistendo di per sé come opera separata, a testi che non hanno più bisogno degli attori per esistere. La stessa stampa dei libretti, sfruttata inizialmente quale sorta di *copyright*,[42] diventa la strada più facile per dare ragione alla commedia come prodotto reale di uno sforzo creativo: dall'altra parte, quale condizione da sconfiggere, rimane il sincretismo della variegata compagnia comica che continua a legare la sua fortuna alla personalità – necessariamente instabile – dei suoi attori.

In questo stesso anno sappiamo essere tornato a Milano anche Gian Battista Andreini con la sua compagnia. Avrebbero dovuto recitare a palazzo già

In questa serie di registri compaiono anche ripetute concessioni di lotti al Collegio delle Vergini Spagnole.

39. Non basta infatti accontentarsi della dispersione delle fonti, qui si è di fronte a registri con pagine numerate, apparentemente privi di lacune: certo non sempre si riesce a giustificare le motivazioni che muoverebbero l'intervento governativo (v. in proposito ▷T.41 T.79 T.88).

40. ASM, *RcS*, XXI.27, c. 50r ▷D.38; v. inoltre ▷S.6. Il documento era già conosciuto da PAGLICCI BROZZI 1891, p. 109. Su Giovanni Battista Sacco v. ARGELATI 1745, coll. 1269-1272 e 2025.

41. FERRONE 1993, p. 33.

42. V. FERRONE 1993, p. 53.

l'anno precedente, ma il reiterato contrasto con Cecchini fece sfumare questa opportunità.[43] Raggiunta Milano la primavera successiva, Andreini può adeguatamente celebrare la nomina del nuovo governatore che sostituisce il secondo mandato di Velasco: è Juan de Mendoza, marchese de la Hinoyosa.[44] L'insolita presenza di due compagnie in così rapida successione, quella della Concevoli e poi quella di Andreini, si spiega forse proprio dalla affermazione di un nuovo referente per i comici. Ora la presenza degli amministratori del Collegio delle Vergini Spagnole potrebbe rendere più frequente il passaggio di compagnie. Comunque stiano le cose la presenza milanese di Andreini è nota ancora una volta per le sue controversie con Cecchini, piuttosto che per la sua attività scenica. Ora i bisticci riguardano le rispettive mogli Florinda e Flaminia in merito a un prossimo viaggio in Francia.[45]

In Francia Andreini, con moglie e compagnia, si reca l'anno successivo. Prima di raggiungere i fasti parigini, sosta a Milano avendo ottenuto *«amplo e libero passaporto»* da Mendoza.[46] Qui fa stampare quella che è forse la suo opera più famosa, *L'Adamo*, dovendo ripartire probabilmente prima di vederlo pubblicato.[47] *L'Adamo* fu riedito sempre a Milano e sempre da Girolamo Bordoni nel 1617,[48] ma in nessun caso vi sono notizie certe circa una sua rappresentazio-

---

43. Si legga la lettera del 21 marzo 1611 che Florinda scrive da Mantova a Francesco Gonzaga, assente dalla città, rip. in Bevilacqua 1894, p. 54.

44. Governatore dal 4 maggio 1612 al 26 settembre 1615 ▷s.1. Che Andreini abbia recitato alla presenza di Mendoza lo si ricava dalla prefazione allo *Schiavetto* ▷l.91-92; *cfr.* Bevilacqua 1894, p. 55. Virginia Ramponi, moglie di Andreini, è in questa occasione oggetto di elogi da parte del nobile milanese Francesco Ellio che le dedica alcune stanze paragonandola a una sirena (Ellio 1612; poi ristampate sei anni dopo sempre a Milano in *Idilli*... 1618, e in questa versione note a Rasi, i, pp. 149-151).

45. Circa la questione oltre alla bibliografia sugli Andreini già segnalata v. Bevilacqua 1894, pp. 85-88. Testimone delle ostilità è Tristano Martinelli, detto Arlecchino, in questo periodo a Milano; Martinelli era già venuto nell'ottobre del 1594 nella compagnia degli Uniti e fra i Desiosi nel marzo del '97; da tre anni (1610-12) compare a Milano al seguito degli Accesi e vi ritornerà nel '18 e nel '20; *cfr. Comici*... 1993.

46. ASM, *RcS*, xxi.28, c. 61v ▷d.46.

47. *Cfr.* Bevilacqua 1894, p. 59 in nota.

48. *SarL*, 236, 237 ▷l.1-2. Come ho avuto modo di verificare, l'edizione del 1619 non esiste, malgrado *SarL*, 238 rinvenga a Bologna un libretto con tale data. Quel libretto non è una terza ristampa milanese ma l'edizione del 1613 con il 3 ritoccato a china e trasformato in un 9. Circolava pure la notizia di un'edizione del 1618 che anche in quel caso riferiva dello stesso

ne, anzi l'edizione sontuosissima, in quarto, con 42 incisioni di Carlo Antonio Procaccini, non fa certo pensare ad una stampa d'uso da vendere prima dello spettacolo. L'ipotesi più ovvia è che Andreini, come molti altri comici, abbia usato una tipografia milanese per la ragioni più diverse (perché sulla strada, per l'affidabilità degli stampatori, *etc.*). Comunque sia, questo lavoro fu creato per un allestimento ricco di musica e di balli, aspetto così significativo di questa sacra rappresentazione che lo stesso Andreini, quando fece ristampare il libretto a Perugia nel 1641, aggiunse una dozzina di pagine di indicazioni utili alla messinscena e alla musica intitolate *Facilissimo et ispedito modo per rappresentare l'Adamo.*[49] Andreini prescrive così che gli elementi del coro avrebbero dovuto ballare: ogni atto dovendosi concludere con un coro; il prologo sarebbe stato cantato da voci acute alternando le parti solistiche con brani corali messi in musica *«con quei capricci musicali che dall'eccellente musico s'aspettano»*; a Satana e compagni vengono messe in bocca ruvide canzonette; una *«dolcissima sinfonia»* accompagna invece la tentazione di Eva; e nell'ultimo atto trionferanno fuochi artificiali, squilli di trombe, danze ed esplosioni – sempre che non vi siano donne gravide in sala, si preoccupa di avvertire Andreini. Ma non è detto se prima dello spettacolo fosse necessario un sopraluogo che segnalasse lo stato delle signore presenti.[50]

Anche l'altra sacra rappresentazione di Andreini, *La Maddalena*, scritta a Parigi e pubblicata a Mantova nel 1617 (quasi un ripensamento del poema omonimo del 1610), gode di una importante presenza della musica che viene esplicitamente presa in considerazione nella ristampa milanese del 1652.[51] E

---

libretto bolognese (questa volta il 3 ritoccato era letto 8) *cfr.* Arcaini 1995, p. 325 nota 4. Del resto anche *Comici...* 1993, nel catalogo degli scritti di Andreini non fa riferimento ad alcuna edizione del 1619.

49. Pagg. 131-142 dell'edizione perugina. Sul libretto del 1641 Bianca Maria Brumana ha articolato un intervento nell'ambito del convegno autunnale della Fondazione Cini (3-5.ix.1992), adesso in stampa come *Giovanni Battista Andreini e «Il facilissimo, & ispedito modo per rappresentare l'Adamo»*, e inserito in una miscellanea in onore di Alessandro Marabottini, Roma, De Luca. Ringrazio la dottoressa Brumana che gentilmente mi ha fatto avere la bozza dell'articolo.

50. V. in merito ▷t.78-88.

51. La prima ristampa de *La Maddalena* è del 1620 (Milano, G.B. e G.C. Malatesta); l'edizione milanese del 1652 (per gli stessi stampatori) subisce alcune modifiche e vede la luce come *La Maddalena lasciva e penitente*, nel cui libretto, fra l'altro, è ricordato che fu rappresentata di fronte a nobili milanesi, ma non viene detto quando.

d'altra parte proprio nel 1617 a Venezia, Gardano stampa le *Musiche di alcuni excellentissimi musici composte per la Maddalena di G.B.Andreini*, dove incontriamo i nomi di Claudio Monteverdi, Salomone Rossi, Muzio Efrem e Alessandro Guinizzoni da Lucca.

Nella stagione estiva del 1613 vi sarà una non meglio identificata *«compagnia delli comici spagnoli»*.[52] L'anno dopo i Confidenti di don Giovanni de' Medici[53] riusciranno a essere a Milano al posto di Cecchini.[54] E ancora li ritroviamo nell'estate del 1615, dove fra gli altri del gruppo compare anche Flaminio Scala.[55]

Con l'autunno Mendoza è sostituito da Pedro Toledo de Osorio, marchese di Villafranca,[56] che avrà il merito di concludere la riappacificazione, già iniziata da Mendoza, con la curia milanese.[57] Alla fine dell'anno un evento politicamente significativo segna le sorti della Spagna. L'erede al trono, il futuro Filippo IV, sposa Isabella (Elisabetta) di Borbone, figlia di Enrico IV re di Francia. Milano non sembra risentire molto delle nuove formazioni famigliari, e se non fosse per un mandato di pagamento di 100 scudi (appena 6.000 lire), non avremmo altre notizie delle feste organizzate per l'occasione.[58]

---

52. Se ne parla nella relazione del commissario generale delle Munizioni datata 22 luglio 1613 (ASM, *SP*, cart. 28 ▷III*app*); probabilmente si tratta della stessa compagnia che nel 1611 era a Genova (*cfr.* Ivaldi 1980, p. 106). Da un sonetto riportato da Paglicci Brozzi 1891, p. 35, si ha notizia della presenza sulle scene milanesi anche di Giovanni Paolo Fabbri, detto Flaminio. Fabbri pubblica quest'anno a Milano alcune poesie (Fabbri 1613) e in seguito firmerà una convinta difesa della commedia dell'arte in forma di prologo per il *Lelio bandito* di Andreini ▷L.57.

53. Sulla compagnia v. Ferrone 1984.

54. V. anche Ferrone 1993, pp. 124 e 292.

55. Da Milano vengono spedite due lettere, una di Giovan Battista Austoni, detto Battistino dell'8 luglio 1615, l'altra di Francesco Gabrielli, detto Scapino, del 12 agosto 1615 (entrambe citate in Ferrone 1993, p. 182). I due comici fanno parte della compagnia dei Confidenti (fra gli altri oltre a Scala è anche Barbieri; *cfr. Comici*... 1993) per la cui presenza a Milano, testimoniata fino al 1621, v. Arcaini 1995, pp. 278-279.

56. Governatore dal 26 settembre 1615 al 13 febbraio 1618 ▷S.1.

57. Quell'anno Federico Borromeo e Osorio firmeranno la *Concordia* che verrà poi pubblicata nel 1618; v. in generale per tutta la questione Bendiscioli 1957, p. 326-328.

58. ASM, *RcS*, XXII.53, c. 126r ▷D.56. Le feste si svolgeranno parte a palazzo, parte nel castello. Pur non essendo esplicitamente detto lo scopo, si trovano altri indizi dei preparativi per il matrimonio in altri due mandati di pagamento dove compare anche il nome di Paolo Camillo Landriani detto il Duchino che riaffresca il salone (v. ASM, *RcS*, XXII.52, cc. 102v e 137r).

Per il 1616, a parte la presenza dei coniugi Andreini,[59] non trovo altre notizie sui comici a Milano, ma vale la pena ricordare un documento di quest'anno, altrimenti perduto, citato da Paglicci Brozzi in cui si ammonisce la milizia sia spagnola che italiana di non assistere alle commedie senza aver pagato il *«premio»* d'entrata.[60] La presenza di soldati e nobili che non pagavano o entravano a credito è un aspetto importante dell'autofinanziamento dei comici. Il malcostume doveva essere diffusissimo se già se ne accenna nella licenza che Velasco aveva concesso alla Casa delle Vergini Spagnole;[61] si ribadisce con forza il concetto in una grida emanata dal cardinale infante Ferdinando nel 1634[62] e ancora nel 1664 – lo abbiamo visto – la spinosa questione è oggetto del prologo in milanese della *Farsa Musicale*.[63]

Per la stagione del 1617 Cecchini a capo degli Accesi ambisce a venire a Milano: viene inviata la supplica a Osorio, e il governatore concede la licenza.[64] All'ultimo momento però Cecchini è costretto a cedere la piazza ai Confidenti che ancora una volta reciteranno a Milano.[65]

Nel 1618, dopo il cambio della guardia a palazzo, con la nomina a governatore di un altro militare, Gomez Suarez de Figueroa, duca di Feria,[66] ritornano a Milano i Fedeli.[67]

---

59. V. tre loro lettere scritte da Milano fra il 26 giugno e il 3 agosto (*Comici*... 1993, I, pp. 109-112).

60. Paglicci Brozzi 1891, p. 39.

61. *Cfr.* il punto 3 del manoscritto spagnolo ▷D.39.

62. *Cfr.* Paglicci Brozzi 1891, pp. 48-49.

63. V. *Introduzione*.

64. La supplica viene accolta il 2 dicembre 1616 (*cfr. Comici*... 1993, I, pp. 273-274), quella riportata da Paglicci Brozzi 1891 p. 31, è una copia fatta successivamente: lo si intuisce dalla presenza della formula *«a tergo»*, e dalla data (18 gennaio 1617) che contraddirebbe sia la licenza (ASM, *RcS*, XXI.29, c. 38v) ▷D.58 – che in questo caso verrebbe a essere firmata incomprensibilmente due giorni prima, ovvero il 16 gennaio – sia la frase *«desidera venire a recitare le sue commedie l'anno che viene»*.

65. *Cfr.* Ferrone 1993, p. 293.

66. Governatore dal 13 febbraio 1618 al 31 marzo 1626 ▷S.1.

67. Così riferisce Bartoli 1782, I, pp. 140-141, assieme però ad altre date sicuramente scorrette (*cfr.* Sanesi 1938, p. 47). Gli elogi a Virginia Ramponi di cui parla Rasi, I, pp. 149-151, erano già stati pubblicati nel 1612 ▷III[44]. Sappiamo anche che in quella estate era presente Martinelli, ma forse per motivi personali (v. la sua lettere spedita da Milano in *Comici*... 1993, I, pp. 407-409).

Nel 1619 ritornano i Confidenti con Flaminio Scala capocomico[68] e nel gruppo la chiacchierata Celia che, per le scene milanesi e il suo pubblico devoto, mutò d'improvviso costume: da *«puttana errante»* a irreprensibile *«vergine»*[69] – una redenzione sulla falsariga della Maddalena di Andreini, prima *«rotta ad ogni sensualità»*,[70] poi finalmente *«penitente»*. Ma è soprattutto di quest'estate l'esibizione di Francesco Gabrielli, in arte Scapino, comico e straordinario musicista, in una commedia appositamente concepita per mettere in mostra i suoi strumenti e il suo virtuosismo.[71]

68. Si leggano le sue numerose lettere spedite quell'estate da Milano in *Comici*... 1993, i, pp. 536-553, dove le continue piogge che impedivano le rappresentazioni confermano che in quella data era ancora usata la corte (scoperta) di via delle Ore (*cfr. ibidem* pp. 538 nota 2, 541 e 544)

69. Celia è Maria Malloni, *cfr.* per i dettagli Ferrone 1993, pp. 157-158.

70. Bevilacqua 1894, p. 98.

71. La commedia (oggi perduta, ma forse mai scritta e solo improvvisata) s'intitolava *Gli strumenti di Scapino* (*cfr.* Rasi 1905, i, p. 958) ▷t.23-24. Della rappresentazione c'informa Flaminio Scala: *«Scapino fece questi giorni in un'opera vedere tutti li suoi strumenti, e a mezzo* Li strumenti *venne il duca* [di Feria, il governatore] *e li fece intendere che tornasse a principiare* Li strumenti, *e lui disse che erano scordati e non volse sonarli. Il duca se piccò per esservi il marchese di Bellamare e quello che viene a Venezia e disse che Scapino era un gran vigliacco e molto peggio. Tutto questo viene dalla grande ambitione datali dal tarullo e dalla invidia che egli ‹h›a di Mezzettino* [Ottavio Onorati, compare di Gabrielli, nelle grazie del governatore]. *Si dice che il duca aveva animo di dar la mancia alla compagnia e che questo sdegno ne ‹h›a da far spedir gratis»* (*Comici*... 1993, i, p. 551). È quasi certamente in questa occasione che fu stampato il bel sonetto intitolato appunto *Nella famosa rappresentazione di suoni e strumenti* e trascritto da Paglicci Brozzi 1891, p. 53 (che preferisce datarlo verso il 1635). La stampa è s.n.t. ma quasi certamente milanese perché conservata a Brera nel *Fondo Benvenuto* (zcc.v.7/15), una collezione di opuscoli e manoscritti riguardante Milano (v. Daolmi 1996, pp. 3-4 in nota). La fama della sua abilità raggiungerà Parigi tanto che di lì a poco sarà chiamato alla corte francese. Pure la sua straordinaria perizia di strumenti vanterà un capace discepolo in Paolo Zanotti *«musico eccellentissimo e comico»* (Bartoli) *«il qual imita Scapino in modo che l'ha levato il credito in Venetia in questo particolare, in modo che non vogliono udir altri che costui»* (Cecchini); *cfr. Comici*... 1993, pp. 286 e 287 nota 2. Gabrielli (1588-1636) si era fatto notare per la prima volta proprio a Milano nel 1612, tanto che Martinelli scriverà di lui *«che si è fatto un bon zane»*, proponendolo come sostituto di Pedrolino che *«non ‹h›à più vigor naturalle per la vechiezza»* (*Comici*... 1993, i, p. 379), ma la sua fortuna è legata ai Confidenti di Giovanni de' Medici. Compagno di Spinetta sulla scena e nella vita, ebbe una figlia, Giulia, in arte Diana, che canterà nella *Finta pazza* di Strozzi e Sacrati, la prima opera italiana a raggiungere Parigi (1645) ▷t.25. Gabrielli sarà a Milano 'in proprio' poco prima di morire ▷iv[43]. Per una sintesi bio-bibliografica su Gabrielli v. *Comici*... 1993, i, p. 265 nota 4 e Ferrone 1993, p. 134 nota

Ancora nel 1620 Andreini torna a Milano con i Fedeli dove, a quanto riferisce Bartoli, indossa i panni del protagonista nel suo *Lelio bandito*, pubblicato in questa occasione.[72] Dopo questa data i rapporti fra Milano e Andreini si diradano, e anche le notizie circa una sua nuova permanenza sono assai vaghe.

E altrettanto vaghe per non dire del tutto lacunose sono le successive informazioni sui comici e più in generale sul teatro.[73] I dieci anni che precedono la peste del 1630 sono un piccolo mistero (a parte le feste di S. Fedele del 1622), tanto più insolito perché collocato fra due decenni, gli anni Dieci e Trenta, dove bene o male un'idea in merito al succedersi degli eventi principali è discretamente ricostruibile. Ma tant'è. Si può ipotizzare che la presenza incombente della peste, che già dal 1624 preoccupa i Sessanta della Cameretta,[74] abbia avuto gioco in questo improvviso assopimento dello spettacolo, ma forse la perdita di notizie circa l'attività delle scene milanesi sembra doversi imputare al caso.

83. Forse in occasione della sua morte fu stampato il famoso *Testamento di Scapino* (*Infermità*... 1638, qui integralmente trascritto ▷A.17), memoria faceta cantata sulle note dell'*Aria di Scapino* ▷T.72.

72. Stampato per G.B. Bidelli ▷L.57; *cfr.* Bartoli 1782, I, p. 17. Di quest'anno, s'è detto ▷III[51], è anche la ristampa della *Maddalena* ▷L.59, ma le cose per la compagnia non sembrano andare molto bene; v. la sua lettera del 18 luglio 1620 in *Comici*... 1993, I, pp. 119-121.

73. A parte la pubblicazione di testi teatrali, che tuttavia non testimoniano necessariamente della presenza dei loro autori a Milano.

74. V. da quest'anno le rubriche in I-Mt, *Dicasteri. Consiglio generale.*

Il Teatro e la Scena

Tavola 26

[*Selva con lupi*]

incisione, cm 4,5 × 5,5 [1622] ▹t.32

in Briccio 1622, frontespizio ▹l.95.

TAVOLA 27

TAV. 27. [*Sezione longitudinale del salone di corte*]
disegno [1598?]
Milano, Biblioteca Ambrosiana.

Il disegno qui riprodotto, dalla raffinata disposizione prospettica del doppio colonnato, è una raffigurazione dell'interno del salone di corte conservato in I-Ma, *Raccolta Ferrario*, S 148 sup. c. 4 e pubblicato per la prima volta in MEZZANOTTE 1915[a], fig. 6. La presenza delle finestre fa supporre si tratti del lato verso il giardino. Se, come detto ▷I[27], le colonne sono alte 20 piedi, ovvero ca. m 8,7 la sezione qui raffigurata dovrebbe misurare circa 100 piedi (m 34,5) e non 140 come riferisce la cronaca (*Apparato*... 1598, p.n.n. 39). Si può trarre conferma di tale ridimensionamento del salone facendo un confronto con le piante superstiti di palazzo ▷T.11-12.
Mezzanotte, che ipotizza architetti del salone (1598) gli ingegneri Tolomeo Rinaldi e Giovanni Battista Clarici, preferisce attribuire il disegno ad Alessandro Bisnato perché ritrovato fra le sue carte. Bisnato nel 1613, con l'aiuto del giovane Fabio Mangoni, operò lavori di risanamento del salone e in questa occasione dovette forse eseguire il disegno (MEZZANOTTE 1915[a], p. 20). Secondo RICCI 1993, p. 190, invece, la coincidenza del disegno con la descrizzione in *Apparato*... 1598, lo farebbe riferire alla sua erezione. Si può supporre che il foglio sia capitato fra le carte di Bisnato in previsione delle eventuali modifiche, ma per un'indagine più approfondita bisognerà attendere l'agibilità dell'Ambrosiana.
Si confronti questa sezione con l'incisione di Gherardini del 1633, l'unica altra raffigurazione conosciuta dell'interno del salone ▷T.61.

TAVOLA 28

TAV. 28. Andrea BIFFI, *Sala della danza*
incisione di Stefano Durello, cm 22 × 28,7 [1670]
in *Amore...* 1670, tav. f.t.

Sopra al centro: SALA DELLA DANZA
Sotto a sinistra: A: Biffius Del:
Sotto a destra: S. Durellus Sculp:

Questo disegno – inserito con altre tavole nel libretto realizzato in occasione della giostra del 1670 (*cfr.* BERNARDI 1995[a], p. 567 e segg.) – riproduce l'interno di una sala chiamata *«della danza»*. Quasi certamente si tratta di quella che altrove è definita *«sala dei festini»* ▷III[35] e s.9, posta al piano superiore del palazzo nel braccio centrale, con le finestre affacciate sulla corte grande. Il soffitto appare infatti troppo basso perché si possa riferire il disegno del salone di corte ▷T.61, inoltre un doppio ordine di finestre con tali proporzioni (quelle più grandi sottostanti sembrano esser state ricoperte da arazzi) è proprio del piano superiore del palazzo. Andrea Biffi, autore della tavola, è lo stesso che disegnò alcune tavole in TORRE 1674 ▷T.7. Le poche notizie su Stefano Durello rimangono quelle raccolte *sub voce* in *ALBK*.

TAVOLA 29

TAV. 29. Pietro MANNI, [*Boccascena del teatro di corte*]
incisione di Cesare Laurenzio, cm 23,5 × 35 [1671]
Milano, Biblioteca dell'Accademia di Brera.

In basso a sinistra: Pietro Manni Inven.
In basso a destra: Cesare Laurentio Fece

È, a mia conoscenza, la prima raffigurazione dell'interno del teatro di corte o così detto *«delle commedie»* ▷S.9. È inserita in un libretto ignoto a *SarL* dal titolo *La felicità rinvenuta* (*Felicità*... 1671) stampato in occasione dell'onomastico della moglie del governatore allora in carica, Gaspar Tellez Giron, duca d'Ossuna, di cui si riconosce l'elaborata arma in cima al boccascena. Copia del libretto sarebbe in I-Ma (*cfr.* CARPANI 1995, p. 348), ma l'incisione qui riprodotta è stata invece tratta da una interessante miscellanea conservata in I-M.Accademia e segnata D I 16 n. 90 ▷T.30.
Il teatro appare di tutto rispetto, e nient'affatto *«piccolo e brutto»* come spesso è stato definito. Si identifica uno spazio per l'orchestra simile a quello di molti altri teatri italiani coevi, e le decorazioni, il sipario e l'elegante doppio colonnato evidenziano una struttura di una certa qual importanza. Per la disposizione del pubblico possiamo riferici ad altre fonti abbastanza vicine a questi anni: in un libello di Arconati Lamberti ▷V[62], proprio descrivendo uno spettacolo rappresentato ai tempi del duca d'Ossuna (1669-1773), riferisce infatti che *«al di dentro per gli*

spettatori vi sono i palchetti intorno» (ed. mod. in Fabi 1854, p. 27); e Torre 1674, p. 366, pochi anni dopo, nota che nel teatro *«mirasi ornato all'intorno di comodi poggetti per assidervi dame, cavalieri ed altre genti all'ubienza* [sic] *de' drami, ed in prospetto apresi scenico palco con lunga veduta e varij artificij per macchine»*. Tali descrizioni, oltre a identificare un tipico teatro all'italiana, ben si sposano con l'incisione riprodotta. È da osservare che queste fonti (incisione compresa) sono precedenti al 1686, quando l'amministrazione Piantanida ristrutturerà radicalmente il teatro ⊳v[66], e quindi dobbiamo ammettere che non fu necessario aspettare quella data perché Milano avesse un *vero* teatro, come s'è detto spesso.

Quando tuttavia raggiunse una struttura compiuta non saprei dirlo. Già nel contratto stipulato con l'impresario Lonati del 1641 ⊳v[2] si parla di un tetto, di scalinate e di palchetti, identificando una struttura specificamente destinata allo spettacolo pubblico, ma è possibile che questa abbia solo pian piano acquisito la forma del comune teatro 'all'italiana'. Proprio la presenza contemporanea di scalinate e di palchetti, ribadita nel contratto successivo del 1646, mette in sospetto. Spiega infatti Fabrizio Carini Motta nel 1676 – probabilmente l'unico in questo secolo che descrive le fasi di costruzione dei teatri dei suoi tempi – che i teatri con scalinate e palchetti (aperti) *«sono per principi e gran signori nelli quali si fanno operazioni solo per maggiormente ammirare la grandezza di quelli»* (ed. moderna in Craig 1972, p. 41, dove sono raccolte preziose informazioni sull'architetto mantovano), mentre *«vi sono e si fanno anche teatri publici, chiamati vulgarmente del soldo perché conviene, chi desidera vedere et udire l'opere che in essi si fanno, pagare non solo l'ingresso del teatro ma anche il commodo per dimorarvi (desiderando profittarsi chi fa operare)»*. In merito a questi si precisa che *«È usanza comune di fare detti teatri tutti con palchetti, con diversi ordini, l'uno sopra l'altro, ma non aperti* [...] *ma bensì tutti tramezzati, cioè divisi l'un dall'altro, ordine per ordine, ciascheduno de' quali habbia il suo ingresso, per poterli (come si costume) affittare e dar la libertà ad ognuno che ne piglia d'andarvi ed uscire a lor piacimento senza alcuna soggezzione, nemmeno d'esser veduto non volendo»* (*ibidem*). Se questa è certamente la forma che deve aver raggiunto il teatro milanese negli anni Sessanta (testimoniata anche dal prologo della *Farsa musicale* v. *Introduzione*), più probabilmente simile a un teatro per *«principi e gran signori»* doveva apparire il luogo negli anni Quaranta, malgrado già fosse un teatro 'mercenario'. La presenza contemporanea di scalinate e palchetti, come riferiscono i contratti, obbliga a ipotizzare una struttura assai simile ai disegni che Carini Motta indica con viii e ix, qui riprodotti alla Tavola 29a.

Nella successione dei tre alzati di Carini Motta si coglie l'evoluzione possibile che deve aver subito il teatro di palazzo prima di raggiungere la fisionomia a palchetti divisi. La presenza dei soli *«gradi»* o scalinate (*«Fig. viii»*, alzato superiore) appartiene allo spettacolo di corte che lascia al centro lo spazio necessario a tornei e balli ⊳t.28, eventualmente riempito da sedie in occasione di rappresentazioni. Un ibrido fra questa soluzione e quella probabilmente adottata nella corte di via delle Ore – dove si distinguevano gli spazi antistanti per le *«sedie»* da 5 soldi, seguiti dalle *«panchette»* da 2 soldi e mezzo e quindi dalle assi gratuite per la plebe, poi eliminate – dovette essere all'inizio il teatro coperto di Lonati, ovvero qualcosa di simile al secondo alzato di Carini Motta (*«Fig. viii»*, capovolto), la cui distribuzione dei ceti sociali è probabilmente identica a quella comune ai teatri veneziani come quelli descritti dall'inglese Thomas L. Coryat nelle sue *Crudities* del 1611: *«Poiché non vi sono che una o due piccole gallerie nella sala dove siedono i cortigiani; ma tutti gli uomini siedono a basso nella corte, ciascuno sulla sua sedia, per ottener la quale pagano un biglietto»* (cit. in Craig 1972, p. xxxv). Se il popolo restava sulle gradinate sovrastanti

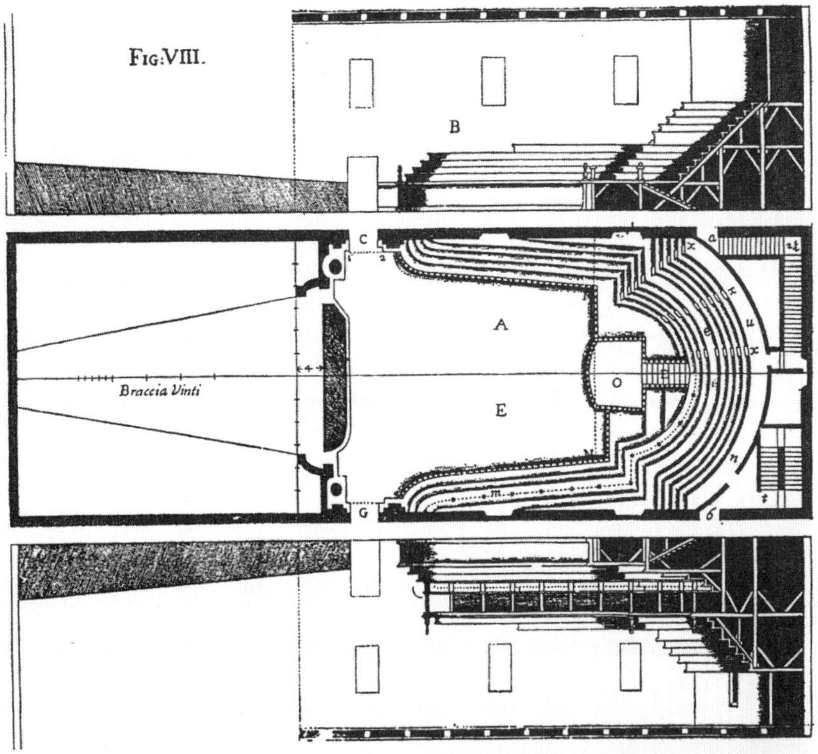

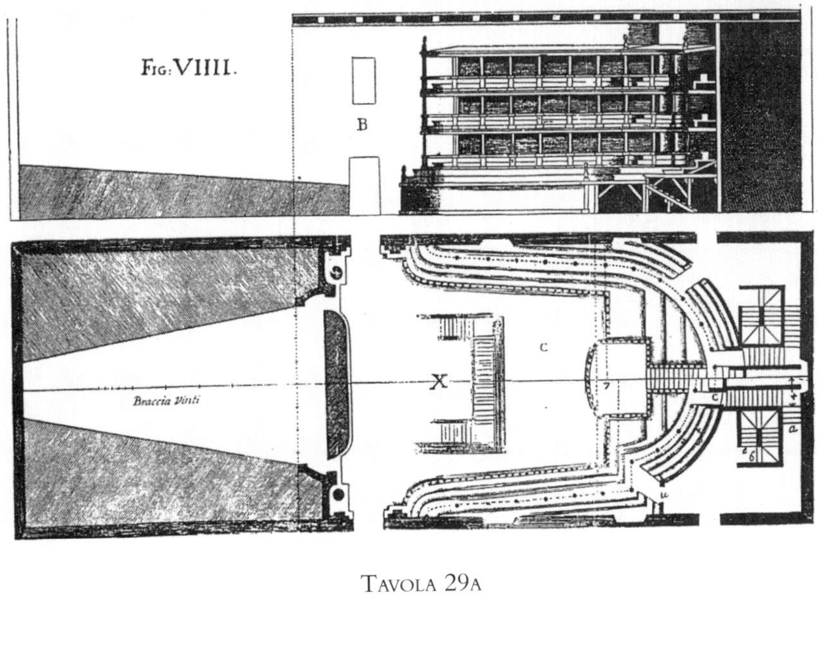

TAVOLA 29A

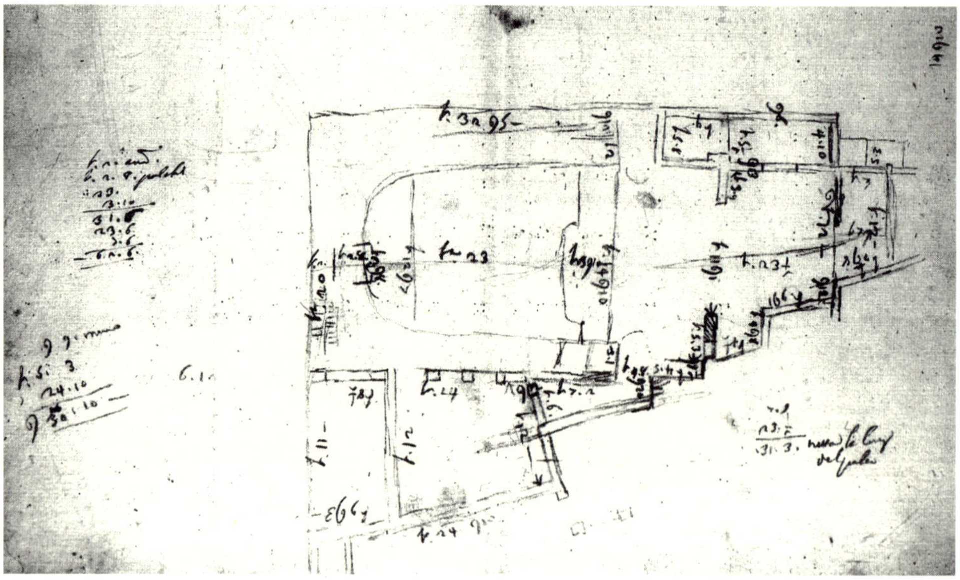

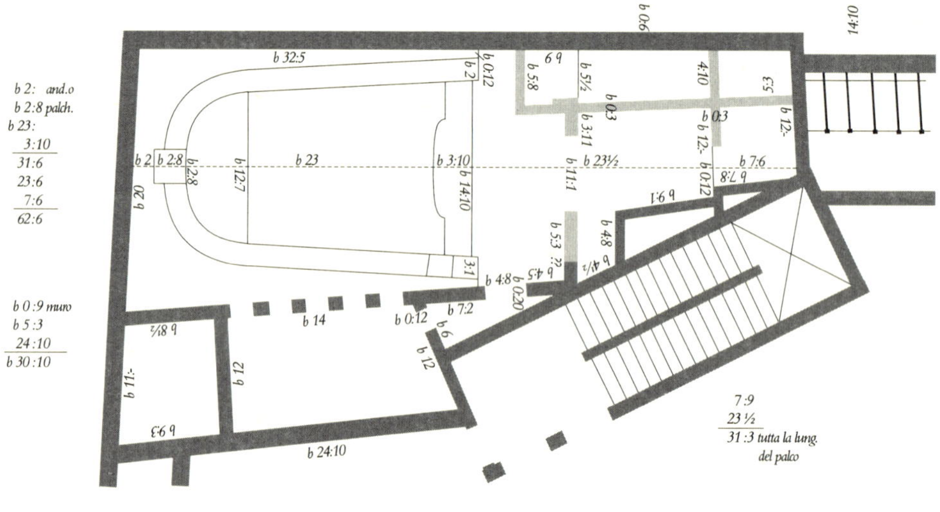

TAVOLE 29B 29C

le gallerie (palchetti aperti), a queste accedeva la nobiltà, mentre al centro sedeva la borghesia cittadina. La fortuna che il teatro pubblico godette poi anche fra i ceti aristocratici obbligò ad aumentare il numero di tali gallerie, disponendole su più file (*«FIG. VIII»*, terzo alzato), per giungere alla fine ai palchetti veri e propri, divisi e da affittare, come sarà negli anni Sessanta. Purtroppo non si riesce a seguire questa possibile evoluzione attraverso le piante di palazzo

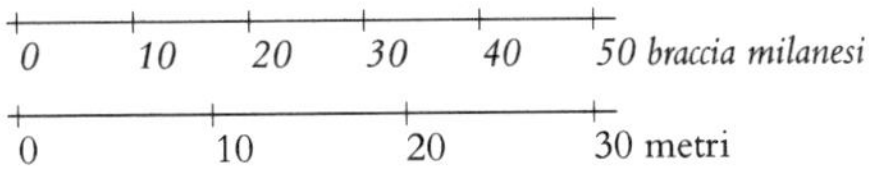

Il cortile
Porzione della pianta di palazzo Reale precedente il 1616 ▷T.11. Corte verso il Duomo dove qualche anno dopo sarà allestito il teatro delle commedie poi teatro di corte.

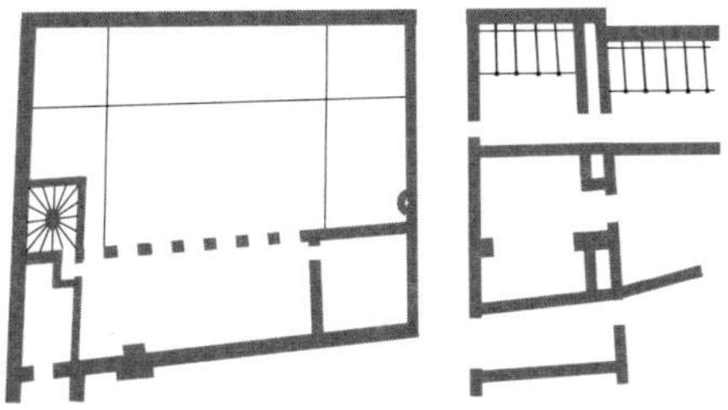

Il teatro
Stessa porzione tratta dalla pianta di Giuseppe Maria Robecco del 1708 ▷T. 12. Chiuso l'accesso alla strada il sito è stato allungato per dar spazio alla scena (la parete divisorie doveva essere aperta). Forse lo scalone nobile serviva anche per accedere ai piani superiori del teatro.

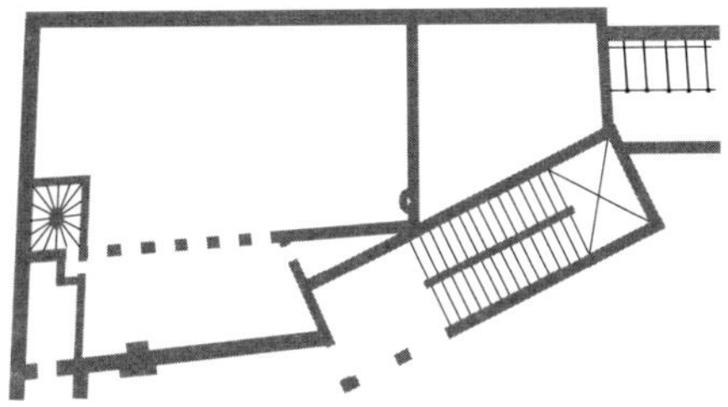

Il progetto
Pianta ricavata dallo schizzo del 1708 con misure relative la scena, l'orchestra e i palchetti ▷T.29B. Forse un progetto, forse lo stato attuale del luogo.

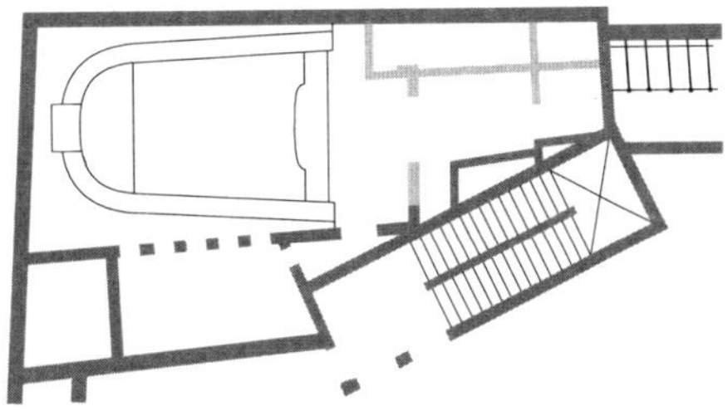

Successiva destinazione
Come è stato riadattato il sito dopo la definitva chiusura del teatro (da una pianta di Pietro Antonio Trezzino del 1753, I-Mt, *Raccolta Bianconi*, vol. I, c. 5v). L'ingresso principale è stato spostato dove prima era il fondo della scena

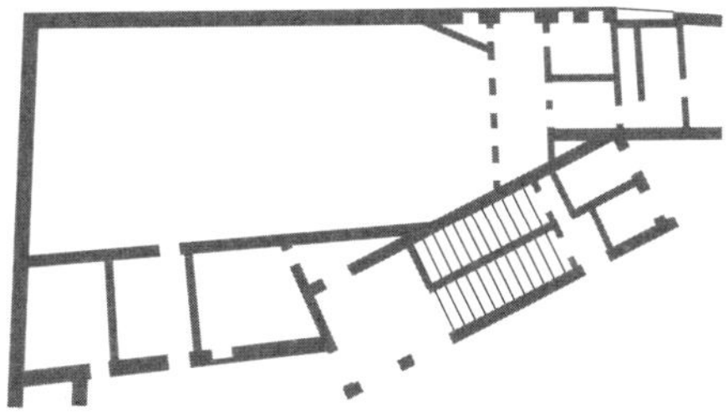

TAVOLA 29D

Reale perché, almeno relativamente al sito dove sarà eretto il teatro gestito da Lonati, possediamo solo un pianta precedente il 1616 ▷T.11, e la prima successiva è del 1708 ▷T.12, che testimoniano del luogo prima della sua erezione e nove anni dopo il suo primo smantellamento. Dal 1708 al 1717 il teatro verrà riaperto *ad interim* e poi del tutto trascurato, ma non vi sono piante in questi anni; quella subito successiva, di datazione incerta, è comunque posteriore alla sua definitiva dismissione e tratteggia il luogo affatto sommariamente ▷T. 13.
L'unica pianta che ricorda il teatro di corte è uno schizzo finora inedito ▷T.29B buttato giù sul verso di un foglio che riproduce la porzione di palazzo bruciata durante l'incendio del 1708 (ASM, *FC*, cart. 193). Non saprei dire se raffiguri lo stato del teatro a quella data, o una bozza del progetto di riadattamento del teatro (come proponevano gli architetti Robecco, Pessina e Villa ▷D.103), o magari i due stadi sovrapposti, quello attuale e quello in progetto; certo le misure indicate a volte entrano in contraddizione (v. la mia rielaborazione ▷T.29C inserita nella rispettiva porzione di pianta secondo il disegno di Robecco dello stesso anno ▷T.12: il muro indicato in chiaro oltre a ingombrare la scena presenta misure che esorbitano dallo spazio disponibile, forse si tratta di pareti divisorie presenti sotto il palco o da eliminare, o non saprei). Lo schizzo offre in ogni caso preziose informazioni: la lunghezza totale del teatro (calcolata anche in una somma a lato) è di 62 braccia e mezzo, circa 37 metri di cui la metà per la profondità della scena; l'orchestra occupa circa m 2,3 distribuendosi su m 8,8, quanto il boccascena; m 1,2 misurano i palchetti in profondità e 1,6 × 1,6 il palco reale; il perimetro del ferro di cavallo può essere approssimativamente misurato in 36 metri, capace quindi di accogliere 25-30 palchetti per ogni ordine.
Nell'incisione di Laurenzio si nota che il palco dista da terra una misura vicina ai $^{3}/_{10}$ dell'altezza del boccascena. Carini Motta suggerisce di costruire il palco non più basso di m 1,4 e non più alto di m 1,8 (CRAIG 1972, p. 7). Supponendolo alto m 1,6 possiamo ricostruire le dimensioni del così detto 'occhio' in m 9 × 5,3 circa, dimensioni che si adeguano pienamente alle misure qui calcolate. La vera differenza che si coglie fra l'incisione e lo schizzo della pianta è la presenza in questa di palchetti di proscenio. Carini Motta si sofferma su questa doppia soluzione (evidentemente comunemente praticata), ma per armonia dell'insieme e comodità degli spettatori sconsiglia di costruire tali palchetti. Forse a Milano, originariamente il boccascena era separato dai palchi (come testimonia l'incisione) e solo in seguito, per sfruttare ogni spazio possibile (e aumentare i guadagni per l'impresario) sono stati costruiti i palchetti a ridosso del boccascena (magari proprio nel rinnovamento del 1686).
Si possono a questo punto confrontare, in merito al sito del teatro, le varie piante conosciute di palazzo (in scala coerente) con in più lo schizzo del 1708 ▷T.29D. Purtroppo fra la prima e la seconda pianta (un secolo di distanza) mancano notizie adeguate per meglio identificare le tappe che hanno permesso la trasformazione di un cortile in un teatro all'italiana. Se confrontiamo la fase conclusiva in cui giunge il teatro con le prescrizioni 'ideali' di Carini Motta (per cui un teatro non avrebbe dovuto eccedere braccia mantovane 117 × 38, ovvero m 54 × 17,5) ci accorgiamo come in effetti il teatro pubblico a Milano fino al 1699 fosse un teatro piuttosto piccolo, ma non si deve dimenticare che Carini Motta propone le dimensioni di una situazione ottimale, scarsamente riconducibile, tranne in rari casi, all'uso comune di teatri 'mercenari'.

TAVOLA 30

TAV. 30. [*Orfeo alla corte di Plutone e Proserpina*]
disegno a matita e sanguigna, cm 31 × 20,5 [XVII sec.]
Milano, Biblioteca dell'Accademia di Brera.

Questo bel disegno di scena infernale è contenuto in una raccolta di tavole (per la quasi totalità incisioni teatrali seicentesche) già della collezione Ala Ponzone, ora nella biblioteca dell'Accademia di Brera, rilegata in un volume segnato DI 16. La prima delle 98 carte (numerate a china) è quella qui riprodotta che raffigura con tutta probabilità una scena teatrale in cui Orfeo suona la sua viola ascoltato da Plutone e Proserpina e da quantità di spiriti infernali. RICCI 1993, pp. 191-192, non ha dubbi nel riferire il bozzetto al primo intermedio dell'*Arminia* rappresentata a Milano nel 1599, quello appunto in cui Orfeo scende negl'inferi. L'identificazione è – per chi si sia occupato del teatro milanese di questi anni – straordinariamente seducente, e verrebbe voglia di sposare l'ipotesi senz'altra questione. In realtà almeno qualche dubbio è obbligo porselo. Lo scenario a stampa degli intermezzi descrive così l'inferno in cui giungerà Orfeo: «*si vedrà Plutone et Proserpina sua moglie sedenti in trono di maestà*»; e fin qui tutto bene (ma niente di troppo originale per identificare il disegno), quindi prosegue: «*con lor giudici, con le tre Furie, con molti spiriti infernali, con molte anime dannate e con le qualità etiandio delle loro pene, et in particolar Tantalo condennato a cibarsi di pomi et acque che più fuggono dalla bocca sua quando egli più lor s'accosta, Issione al girar della rota, Sisifo al rotolar del sasso sopra il monte et altri*». Dove sono i giudici e le tre Furie? Si vedono solo spiriti più o meno pittoreschi, e soprattutto l'unico dannato raffigurato non è Tantalo, né Issione, né Sisifo, ma Tizio, sulla destra, con il rapace che attenta alle sue viscere. E ancor meno riconoscibile è il seguito: «*Si vedranno parimente i campi Elisij pieni d'anime che se ne stanno senza pena, anci fra piaceri e contenti, fra le quali sarà Euridice moglie d'Orfeo. Vedrassi altresì Caronte varcar con la sua barca Euridice, et anche alla porta dell'inferno se ne starà Cerbero*».

Si può inoltre osservare che la maggior parte delle incisioni del volume sono riferibili a Firenze, e forse anche questo disegno rimanda a qualche festa fiorentina (sempre che non si tratti dell'*Orfeo* mantovano di Monteverdi). D'altra parte a sostegno della tesi di Ricci è da dire che un certo numero di tavole riguardano spettacoli milanesi: per esempio i sei carri per la canonizzazione di Loyola e Saverio del 1622 (nn. 84-89) ▷T.35-40, il boccascena del teatro di corte (n. 90) ▷T.29, l'interno del museo Settala (n. 98), e quello che, altro unico disegno della raccolta, pare rivelarsi il bozzetto preparatorio probabilmente di Sebastiano Bianchi per l'incisione intitolata *Il trionfo di Bacco* di Cesare Laurenzio realizzata per le feste del 1671 (n. 91, v. la riproduzione dell'incisione in *SdG*, fig. 75).

Pure non si deve dimenticare che se lo scenario a stampa si discosta dal disegno rimane la possibilità che questo non sia stato in realtà fedele a quelle che furono le scene di Antonio Maria Viani (possibile autore del disegno se l'identificazione di Ricci si rivelasse corretta) che si era infatti lamentato dell'inesattezza delle descrizioni edite, tanto da pretendere una ristampa corretta – ma non sappiamo quale sia l'edizione dello scenario noto, se la prima scarsamente fedele o la successiva (sempre che sia stata stampata) ▷I[62]. Non essendoci per ora prove inconfutabili pro o contro dobbiamo accontentarci di apprezzare le suggestive evocazioni sceniche del disegno, rimandando a una identificazione più sicura qualunque considerazione che cali l'immagine nella storia milanese del primo Seicento (come per esempio quelle sull'originalità del 'fuoriangolo' quale innovativa alternativa alla prospettiva centrale).

Tavola 31

Tav. 31. [*Scena unica per* La Florinda *di Gian Battista Andreini*]
incisione, cm 11 × 15 [1606]
in Andreini 1606 ▷l.46-47.

In cima alla pagina che accoglie questa incisione è scritto: «*La scena si finge nelle foreste di Scozzia*». Non vi sono altre indicazioni in questo senso, se non frasi messe in bocca qua e là ai vari personaggi per cogliere meglio l'ambientazione, l'ora del giorno, la situazione. Possiamo quindi supporre che la raffigurazione identifichi l'unica scena in cui verrà rappresentata l'intera tragedia.

L'immaginario rustico e un po' cupo che si può cogliere ben s'accosta alla volontà di un luogo lontano, misterioso, non ancora raggiunto dalla civiltà. La Scozia per il pubblico milanese (e più in generale per il pubblico di Andreini) doveva essere terra sufficientemente ignota quanto, con le debite distinzioni, poteva esserlo per il pubblico inglese il ducato di Milano aleggiato nella *Tempesta* shakespeariana (scritta solo cinque anni dopo).

TAVOLA 32

TAV. 32. [*Scena unica per* La Tartarea *di Giovanni Briccio*]
incisione, cm 4,2 × 5,6 [1622]
in BRICCIO 1622, p. 4 ▷L.95.

Se la presenza di un'incisione raffigurante la scena può ritrovarsi, pur sporadicamente, in altre pubblicazioni milanesi di questo periodo, la dettagliata descrizione che l'accompagna (qui di seguito trascritta) è invece caso insolito. Quasi certamente la *Tartarea*, commedia *«dilettevole»* (ristampata poi nel 1639), rientra in quel repertorio di pubblicazioni, estraneo alla scena e quindi destinato alla sola lettura, che aveva un discreto mercato anche a Milano ▷IV[5]. La presenza di una raffigurazione (bruttina in verità e quindi non celebrativa, ma semplice strumento) e la sua *«discretione»* doviziosamente dettagliata, sono quindi ausilio al lettore di testi teatrali e alla sua fantasia.

Della scena e sua discretione
Così come alcune comedie sono chiamate *pastorali*[1] per i pastori che le rappresentano, e *boscareccie* per il luogo cioè il bosco, et *maritime* e *pescatorie* per il mare et pescatori; così la presente comedia

1. Questo corsivo, come i successivi, sono assenti nella stampa.

è nominata *Tartarea infernale*[2] per succeder ella tutta nelle infernali viscere della terra, nel luogo dove fingono i poeti esser situate le tartaree porte.
Però il sopradetto disegno dimostra il modo di fabricare overo imaginarsi la scena, la quale, come si vede nel delineamento, è uno spatio chiamato da' poeti Campo della Verità, perché ivi li tre giudici infernali Eaco, Minos e Radamanto giudicano le anime secondo i processi di Giove.[3]
Alla mano destra vi è la porta segnata A, la quale è quella dell'inferno dove entrano i dannati, con un cartello sopra che dice: «Perdete ogni speranza voi ch'entrate», la quale è di ordine rustico con le porte di ferro. L'altra porta incontro segnata D, di ordine dorico con i sportelli di oro, è quella che conduce all'isola de' felici o vero a i Campi Elisi, con un motto sopra che dice: «L'alta giustitia fin qua giù si estende», et per questa porta fingevano gli antichi entrare le anime di quelli che nel mondo erano vissuti bene e moralmente.
Oltra di questo vi sono due bocche di caverna, segnate B C, per le quali vengono i personaggi in scena.
Anco si vede al segno E una testa quasi murata e congiunta con quei sassi, la quale finge di essere di pietra negra con bocca aperta immobile, la quale rappresenta Batto come nell'opera s'intenderà,[4] che per farla parlare si deve accomodare di modo che uno dietro la scena, mettendo la testa dentro la concavità, possi parlare per quella. Tutto il resto della scena finge di vivi sassi e tufi, dove

2. Il frontespizio recita: *La Tartarea, comedia infernale di Giovanni Briccio romano*.

3. Radamanto (con Eaco e Minosse) era stato nominato da Giove giudice dell'Ade; *cfr.* Graves 1955, cap. 88.*i*.

4. Batto, secondo alcuni, sarebbe il soprannome di Aristeo (*cfr.* Graves 1955, cap. 82.*1*). Qui invece il riferimento è diverso, lo si intuisce chiaramente dalle parole dello stesso personaggio (i.1, p. 10): *«Hai tu mai udito ricordare per le antiche historie Batto pastore? quello quale avendo promesso per premio a Mercurio di non notificare il furto che fece delle vacche di Apollo et poscia al medesimo, che travestito non conosceva, per doppio premio scoperse* [= rivelò] *il tutto, fu poi da quello convertito in pietra? O quello son io»*. Si racconta cioè l'episodio famoso che, in modo assai meno involuto, Ovidio inserì nelle sue *Metamorfosi* (ii, 680-707). Il vecchio pastore Batto aveva visto il furto di vacche che Mercurio operò ai danni di Apollo: perché tacesse ricevette da Mercurio una giovenca. Il pastore promise di rimaner muto come un sasso (*«lapis iste prius tua furta loquetur»*) e Mercurio lo mise alla prova: si ripresentò sotto altre sembianze chiedendo notizie del furto, in cambio gli avrebbe regalato ben due capi di bestiame. Batto si lasciò sedurre e accusò Mercurio che a quel punto, rivelatosi d'improvviso, per punizione lo trasformò in un sasso, quello stesso a cui poco prima Batto aveva riferito il proprio silenzio. Prosegue infatti la commedia di Briccio: *«e perché gli giurai che più tosto una pietra che me gli haverebbe detto il ladro di quell'armento, egli rinfacciandomi questa promessa mi mutò in pietra detta parogone* [sic]*, dove dopoi sempre temendo di peggio, ho detto la verità a quelli che fregando l'oro sopra di me chiedono il mio parere della lor bontà»*. Qui Briccio fa contemporaneamente riferimento al mito e alla tradizione scientifica per spiegare l'origine del nome della 'pietra del paragone', ma preferisce quest'ultimo etimo. Secondo Ovidio infatti il sasso è detto *«index»* perché Batto quel sasso *indicò* a esempio del proprio silenzio (e non perché a quello si era *paragonato*). I latini con *silex index* traducevano semplicemente il nome greco *parakon* che era dato ad una pietra nera che sfregata con un metallo rivelava la presenza dell'oro (*parakonân* significa fra l'altro sfregare). Conseguentemente in italiano tale silicio fu da sempre chiamato *pietra del paragone* (un diaspro nero, secondo l'opinione più diffusa, in effetti appartenente a una varietà di miche detta appunto *paragonite*). Briccio a così scelto Batto perché, diventato quel sasso che rivela l'oro, potrà mettere in luce la verità dei racconti che le anime pronunceranno di fronte a Radamanto. È forse solo una coincidenza ma Batto pastore suonava un flauto di sette canne diseguali (*«dispar septenis fistula cannis»*) che molto ricorda il disegno della *«zampogna»* di Corinto appesa all'albero.

per qualche fessura esali alle volte alcune fiamme di fuoco artificiale, fatto di acqua di vita[5] acciò non rendi fetore.

Quella pietra tra le due bocche di caverne è il luoco dove sederà Radamanto giudice.

Si coglie come l'autore, pur nell'intenzione di suggerire un immaginario possibile della scena, abbia cercato di spacciare queste informazioni quali suggerimenti 'professionali' destinati a un capocomico (in un'operazione che estende la finzione teatrale anche agli strumenti legati al testo). E allora l'incisione innazi tutto *«dimostra il modo di fabricare»* e solo eventualmente d'*«imaginarsi la scena»*. Addirittura si specifica come riprodurre il fuoco *«acciò non rendi fetore»*, quando proprio il fuoco, oltre a essere pratica comune in teatro, era tuttavia artificio da professionisti. Il salotto di dilettanti a cui ipoteticamente sembrerebbero rivolti questi suggerimenti, certamente evitava tali rischi, viepiù nell'ambito di una rappresentazione famigliare. D'altra parte informazioni come *«per questa porta fingevano gli antichi...»* rivelano chiaramente l'intenzione evocativa e assi poco servono alla realizzazione fisica dell'apparato scenico.

5. Alcool o sostanza simile.

APPENDICE*

LA QUESTIONE DELLA SPESA PER IL PALCO DEL 1612

NELLA QUASI TOTALE ASSENZA di documenti che pesa sulla possibile ricostruzione del sistema teatrale seicentesco di Milano, fra le altre cose si colloca con una certa compiutezza un corpo di poche lettere custodite in Archivio di Stato[1] che permette di fare luce su alcuni aspetti organizzativi propri delle rappresentazioni stagionali allestite a corte.

Si tratta di sei fogli manoscritti dell'estate 1613 che raccontano involontariamente un affare di spese e responsabilità organizzative per la costruzione di un palco destinato alla rappresentazione di commedie.

Protagonisti, o comunque parti in causa, di questa ingarbugliata storia sono (in ordine di apparizione):

1) il Magistrato ordinario, organo economico-amministrativo di Milano
2) sua eccellenza il governatore, che non si capisce sempre chi sia e che forse è più d'uno
3) il palco per le commedie, che in realtà sono due: quello del 1613 e quello dell'anno precedente
4) gli amministratori della Casa delle Vergini Spagnole, più avanti chiamati anche *«agenti»*
5) il connestabile di Castiglia, ovvero Juan Fernandez de Velasco, il governatore che ha preceduto Juan de Mendoza, marchese de la Hynojosa, attualmente in carica
6) la regia Camera con relativi agenti

* Questa appendice è un approfondimento in merito alla questione a cui fa riferimento il titolo, già accennata nel capitolo precedente. La sua necessità è motivata dalla ricchezza di informazioni documentarie, ma anche da una non così immediata intelleggibilità delle stesse.

1. ASM, *SP*, cart. 28.

7) l'impresario del palco, ovvero chi l'ha costruito, mastro Innocenzo Gavirate[2]
8) il Tribunale di provvissione
9) il commissario generale delle *«Munitioni et lavorerij»*, che si firma *«Ioanni Baptista Rubinus»*
10) la *«solita»* corte in cui viene eretto il palco
11) Francesco Balduino, soprastante delle Munizioni
12) gli impresari di palazzo, che poco hanno a che vedere con l'impresario del palco
13) la compagnia dei comici spagnoli
14) Fermino Lopez, questore del Magistrato ordinario
15) il presidente del Magistrato ordinario
16) l'ingegnere Alessandro Bisnate
17) tal Pirovano, altro questore del Magistrato ordinario
e *ad libitum* Nostro Signore a cui viene affidato instancabilmente *«ogni contento»* del destinatario epistolare.

Questo quasi interminabile elenco di attori – che ricorda più i successivi fasti delle *tragédie* di Versailles che un nostrano affare di rimborsi – è il minimo per cominciare ad addentrarsi nella giungla burocratica dei documenti in questione. Ma tale elenco non è sufficiente. Una sintesi delle parti che agiscono in questo caso si chiarisce solo nella collocazione amministrativa delle funzioni di ciascuno.

Senza dettagliare troppo,[3] è opportuno ricordare che a capo dello stato di Milano era il governatore (n. 5), la *longa manus* della corona di Spagna, a cui faceva riferimento qualunque altra carica o magistratura milanese. Il Magistrato ordinario (n. 1) col Magistrato straordinario costituiva il Magistrato camerale, l'organo che si occupava delle entrate e delle uscite dello stato che dovevano necessariamente passare per la regia Camera (n. 6), ovvero la banca di corte.

Il Magistrato ordinario, come quello straordinario, era costituito da un presidente (n. 15) e da sei questori (nn. 14 e 17). A questo magistrato facevano capo otto uffici[4] fra cui l'ufficio delle *«Munitioni e lavorerij»* che si occupava *«delle forniture di guerra e delle fortificazioni»*[5] e più in generale dell'attività edile

2. Lo stesso che nel 1612 aveva vinto l'appalto per rifare una parete del salone ▷iii[9].

3. Sull'organizzazione amministrativa di Milano nel Seicento v. la bibliografia già segnalata ▷i[21] e inoltre ▷s.2.

4. Visconti 1913, p. 241.

5. Bendiscioli 1957, p. 114.

di palazzo. Presieduto dal commissario generale (n. 10), dipendevano da questo altri sei funzionari fra cui il soprastante (n. 11) e l'ingegnere (n. 16) di cui sopra.[6]

Il Tribunale di provvisione (n. 8) non faceva parte del sistema amministrativo regio, era invece un organo municipale che, almeno legislativamente, aveva una certa autonomia dalla corona. Le *Nuove Costituzioni*[7] dedicano infatti tutta una parte al diritto particolare della città di Milano che per tradizione e prestigio assumeva dei connotati propri. In realtà un'istituzione come il Tribunale di provvisione, che aveva funzione amministrativa e giuridica limitata alla città, doveva comunque sottoporre le proprie decisioni alle magistrature di Stato e quindi era di fatto vincolato nelle decisioni a Madrid.

Questi i dieci attori che ricoprono alcune cariche del sistema amministrativo. Sulla Casa delle Vergini Spagnole e sui relativi amministratori (n. 4) si è già detto al cap. II, sugli altri avremo modo di soffermarci al momento opportuno. A questo punto possiamo senz'altro passare alla lettura dei testi. Il primo è una lettera datata 31 maggio 1613 del commissario generale delle Munizioni che si presume essere letta alla presenza dell'intero Magistrato ordinario. (Le divisioni in parti sono mie e serviranno poi da riferimento).

> Illustre Magistrato
> Con mia relatione di 23 agosto hora passato, in essecutione di decreti di I
> S.E. e delle Ss.Vv. di 14 e 18 del medesimo, dedi raguaglio alle Ss.Vv. della impositione del palco fattosi nell'anno hora passato per il recitare delle comedie ad instanza delli amministratori della Casa delle Vergini Spagnole in questa città
> alle quali, come le Ss.Vv. restano informate, il fu eccellentissimo sig. II
> contestabile di Castiglia governatore in questo Stato, nel ultimo suo governo ha concesso li emolumenti delle sedie, frutta e vino, soliti prepararsi e darsi per servizio delli ascoltatori
> nella qual medesima mia relatione e poi particolarmente in altra mia di III
> 18 ottobre hora passato dedi parimente raguaglio alle Ss.Vv. della introdutione di farsigli pagare esso palco della regia Camera con il tempo preciso et ordini delli eccellentissimi signori governatori, nella maniera che si osserva per li altri lavori e ripari in questo regio palazzo

6. Per ulteriori dettagli indispensabile ▷s.12.

7. È il *corpus* legislativo dello Stato di Milano promulgato da Carlo V nel 1541 e rimasto in vigore fino al 1796; v. Visconti 1913, pp. 5-31.

restando solo la consideratione da me proposta alle Ss.Vv. nella suddetta prima mia relatione se, godendo li detti amministratori di esse Vergini Spagnole li detti emolumenti che sono di qualche importione, habbiano anco da fare la spesa del detto palco, stando che li detti amministratori havevano per casato [?] et in stato di farlo fare per valersi di essi emolumenti, con premessa all'impresario che lo fece che quando la regia Camera non lo havesse pagato l'haverebbero pagato loro IV

se bene poi, per quanto intendo essendosi trattato questo negotio in questo illustre Tribunale, pare che si discorresse che li comedianti havessero loro da far il palco all'incontro della commodità della corte da recitare le comedie senza alcuno fitto V

e perché sono in stato dal detto impresario per la soddisfatione, ne vengo di novo con questa sua a dar parte alle Ss.Vv. a fine che così restando servite faccino la deliberatione che le parerà convenire, in modo che resti provisto alla sodisfattione d'esso impresario, stando in tutto mi rimetto al prudentissimo giudizio delle Ss.Vv. alle quali per fine prego da N.S. ogni contento. In Milano a dì ultimo maggio 1613. VI

Il commissario generale delle Munitioni
e lavorerij dello Stato di Milano

Raccapezzarsi in questo trionfo della proposizione infinita non è cosa da poco (gli a capo e quasi tutte le virgole sono state aggiunte) ma vale la pena provarci: si tratta di un sollecito che il commissario delle Munizioni rivolge al Magistrato ordinario per sapere chi debba pagare il palco costruito nell'estate del 1612. Lo si capisce solo alla fine della lettera [VI] perché le altre cinque parti sono sostanzialmente un riassunto della vicenda in atto. Questi i fatti:

[I] Presumibilmente il 14 e il 18 agosto 1612 due *«decreti»* del Magistrato ordinario (perduti?) chiedevano al commissario generale delle Munizioni informazioni sul palco costruito quell'anno. Il commissario rispose con una relazione del 23 agosto in cui riferiva che il palco era stato costruito su richiesta degli amministratori della Casa delle Vergini Spagnole e sarebbe servito per la rappresentazione di commedie.

[II] Si ricorda incidentalmente che la Casa, per una concessione dell'ex governatore Velasco,[8] ricava i suoi proventi proprio dalla rappresentazione delle commedie attraverso l'affitto delle sedie e la vendita di rinfreschi.

8. Come si è già detto la concessione, parzialmente riportata in Paglicci Brozzi 1891, pp. 18-19, è datata 26 ottobre 1611 e prescrive un quota massima di *«5 soldi per cadrega et una parpaiola per ogni scabello»* (cinque soldi corrispondevano a due parpaiole).

[iii] La prima ipotesi di pagamento, che il commissario ricorda di aver già esposto il 18 ottobre dell'anno passato, attribuisce la spesa alla regia Camera, considerando l'erezione del palco come un normale lavoro di palazzo.

[iv] Tuttavia era sembrato più ragionevole (seconda ipotesi) che fossero gli amministratori delle Vergini a dover pagare il palco, visto che furono loro a sollecitarne la costruzione per poter affittare le sedie (affitto che sembra procurare loro un guadagno *«di qualche importanza»*). Secondo il commissario, poi, gli amministratori delle Vergini avrebbero motivato mastro Innocenzo Gavirate, costruttore e impresario del palco, assicurandogli personale rimborso se la regia Camera avesse evitato di pagarlo.

[v] Terza ipotesi discussa dal Tribunale di provvisione,[9] e quindi da sottoporre alle decisioni del Magistrato ordinario, è che il palco venga fatto pagare ai comici a cui si sarebbe evitato di richiedere l'affitto della corte per poter recitare.

[vi] A questo punto il commissario chiede al magistrato di prendere una decisione poiché lui deve ripagare del lavoro fatto Gavirate che l'ha costruito.

Il sollecito non sortisce grande effetto, tanto che il commissario delle Munizioni quasi due mesi dopo è costretto a scrivere un'altra lettera (la quarta) dal tono vagamente spazientito.

> Illustre Magistrato
> In questo punto dalli agenti della Casa delle Vergini Spagnole mi è stato I
> presentato copia del memoriale alle Ss.Vv. intorno alla spesa per il palco
> per il recitar delle comedie nella solita corte in questo palazzo verso la
> contrada detta delle Hore
> con il decreto fattoci fare dalle Ss.Vv. sino alli 9 del presente che io infor- II
> mi le Ss.Vv. di quello che a loro volta è stato servato circa la spesa e fattura
> delli palchi, et appresso dica se vi è ordine di far palco di quale al presente
> si tratta e da chi è stato fatto detto ordine.
> Per essecutione del quale decreto dico alle Ss.Vv. che già diedi a quelle III
> compito raguaglio di quanto hora mi ricercono con due mie relationi di
> 23 agosto dell'anno hora passato, e di 31 maggio dell'anno presente, in
> essecutione di decreti del medesimo tenore.
> Per le quali, e particolarmente della detta di 23 agosto, le Ss.Vv. così IV
> restando servite haveranno inteso che quando è occorso fare li detti pal-
> chi per la suddetta occasione delle comedie, si sono fatti sempre a spese
> della regia Camera con li ordini di allora delli eccellentissimi signori go-

9. Il Tribunale di provvisione, fra le altre cose si occupava delle entrate e delle spese della città e delle cause in materia edilizia; *cfr.* Bendiscioli 1957, p. 99.

vernatori nella maniera che si fanno li altri lavori, stando che bene si sapeva che essi eccellentissimi signori governatori lo comandavano particolarmente e che l'an‹n›o hora passato il palco di che si tratta si fece con la medesima maniera

in stando li detti agenti della detta Casa delle Vergini Spagnole per V
l'emolumento che ne sentono per la concessione fattali dal fu eccellentissimo sig. contestabile di Castiglia nell'ultimo suo governo di questo Stato dell'affitto delle sedie vendita di frutta e vino e simili che si dispensono per conto d'esse comedie, e perché il fabbro d'esso palco in stava la sodisfatione, si mise in consideratione alle Ss.Vv. se havendo la detta Casa delle Vergini Spagnole il suddetto emolumento fosse tenuta alla spesa del detto palco

come li detti loro agenti nel suddetto suo memoriale presentatomi pre- VI
tendono non haver alcun obligo allegando che tale emolumento gli è stato concesso senza alcun carico per soccorrere le precise necessità di quella Casa et a contemplatione d'esse,

e perché nel detto memoriale si tratta che sendosi disfatto il palco d'esso VII
anno hora passato dalli agenti della regia Camera e servitisi del legname e chiodi in suo servizio, ho voluto informarmi della verità del fatto perché anco le Ss.Vv. sappiano di quanta somma hora si tratta per il pagamento di esso palco ricercato da esso impresario

mi hanno li medesimi agenti della detta Casa presentato fede di Francesco VII
Balduino, soprastante di questo palazzo, di 22 del passato in che attesa havere in esso anno hora passato conforme al solito finite le comedie e fatto disfare e governare nella solita camera della Munitione in questo palazzo tutto il legname che era in opera

e che esso legname cioè tavole insieme con gran parte di altri legnami IX
attinenti a esso palco si sono posti in opera per servizio della casa di S.E. nelle occasioni de ripari ordinarij di questo palazzo

e che il resto di legname si è dato alli impresarij che ordinariamente X
servono in questo palazzo per metterlo in opera in esso, alli quali però quando tratterà di darli sodisfatione per essi ripari e lavori si ritenerà il prezzo conforme al giusto e dovere

il qual prezzo di esso palco, sendo che era in tutto conforme a quello che XI
hora di ordine dalle Ss.Vv. in essecutione di quello di S.E. si fa fare per la compagnia delli comici spagnoli che vogliono recitare le comedie in questo palazzo, come ne è particularmente informato il sig. questore Fermino Lopez collega delle Ss.Vv. dell'ordine particularmente dato per la provisione e fattura di questo novo palco, importare circa cento scudi, occupando il legname la maggior parte di esse spese circa scudi sessanta due. E come meglio anco si riconoscerà in fatto dall'ingegnero o altra persona deputata alla presenza d'esso sig. questore e mia.

Sì che essendosi valso il detto soprastante delli detti legnami, quando pure XII
che la regia Camera fusse tenuta come li agenti della detta casa pretendono il pagamento di esso palco, si ridurebbe il prezzo solamente a meno di quaranta scudi; il che tutto ha detto per informatione alle Ss.Vv. alle quali per fine prego da N.S. ogni compimento di felicità e contento. In Milano a dì 22 luglio 1613.

Il commissario generale delle Munitioni
e lavorerij nello Stato di Milano

Ricapitoliamo: [I] Gli amministratori delle Vergini hanno consegnato al nostro commissario due documenti: la copia di un memoriale destinato al Magistrato ordinario che riguarda la costruzione del palco

[II] e un decreto del 9 luglio corrente in cui il Magistrato ordinario chiede al commissario informazioni su quanto si è speso per il palco e chi ha dato ordine di costruirlo.

Cosa contenga il memoriale degli amministratori delle Vergini lo si capisce più avanti [VI]: si tratta di una dichiarazione che li esime da qualunque impegno economico conseguente ai ricavi sugli affitti delle sedie.

[III] Con grande pazienza il commissario ricorda che ha già informato il Magistrato circa le sorti del palco con due relazioni del 23 agosto 1612 e del 31 maggio 1613 (il documento riportato sopra). Si trascura stranamente la relazione del 18 ottobre 1612 accennata nella lettera precedente.

[IV] Riassunto della lettera del 23 agosto 1612: il palco dell'anno scorso, come tutti quelli precedenti, è stato costruito per volere del governatore e pagato dalla regia Camera. Tale palco era assolutamente identico a quelli costruiti negli anni precedenti.

[V] Riassunto della lettera del 31 maggio 1613: per la verità delle tre ipotesi scorse qui si ricorda solo la seconda, cioè se debbano o meno essere le Vergini a pagare il palco.

[VI] Il commissario a questo punto riferisce del memoriale degli amministratori delle Vergini

[VII] precisando di essersi preoccupato personalmente della verità del contenuto, particolarmente in merito all'utilizzo che avrebbero fatto gli agenti della regia Camera del legname ricavato dal palco una volta smontato. Poiché se, come dice il memoriale, la regia Camera si fosse impossessata del legname, l'impresario avrebbe dovuto essere ricompensato non solo per la fattura ma anche per il materiale.

[VIII] Secondo una dichiarazione del 22 giugno scorso del soprastante delle Munizioni Francesco Balduino, si conferma: a) che il palco fu smontato e il legname custodito nel magazzino dell'ufficio delle Munizioni,

[IX] b) che parte del legname fu utilizzata per riparare l'abitazione di sua eccellenza (evidentemente il governatore),

[X] c) che il resto del legname è stato dato agli impresari di palazzo (a cui però verrà trattenuto il costo del materiale quando capiterà loro di utilizzarlo),

[XI] d) che il palco, completamente identico a quello di quest'anno (costruito per una compagnia di comici spagnoli), era costato circa 100 scudi (38 di fattura e 62 di materiali). Ma di questo, aggiunge il commissario, era comunque già informato il questore del Magistrato ordinario Fermino Lopez che se volesse potrebbe verificare personalmente la situazione coadiuvato magari da un ingegnere o da qualcun altro.

[XII] Quindi, visto che è stato il soprastante delle Munizioni a utilizzare il legname del palco, la regia Camera, se decidesse di accollarsi la spesa del palco (come vorrebbero gli amministratori delle Vergini), avrebbe da pagare solo i 38 scudi di mano d'opera.

Prima di prendere una decisione in merito il Magistrato ordinario vuole fare i suoi calcoli (soprattutto non deve essere rimasto molto convinto da quel *«circa cento scudi»* valutati dal commissario) e chiede quindi una stima precisa del costo del palco dell'anno passato.

La stima è affidata all'ingegner Alessandro Bisnate che non può fare altro che riferirsi al palco attuale. Il 12 agosto il commissario delle Munizioni, allegando le valutazioni dell'ingegner Bisnate, informa il Magistrato ordinario che il costo del palco è di 631 lire, 17 soldi e 6 denari ovvero i circa 100 scudi previsti.[10] A questo punto al Magistrato ordinario verrà qualche dubbio sul fatto che i due palchi siano identici pretendendo una dichiarazione ufficiale in merito. La dichiarazione (del 30 agosto) è del solito commissario ed è proprio da questa che si possono ricavare le notizie su tale giro di lettere (nessuna di queste, infatti, compare nel fascicolo dei documenti in questione).

Prima di affontarla, però, preferisco rivolgere l'attenzione ad altre due comunicazioni di cui parlo adesso per non interrompere l'ordine cronologico. La prima è un appunto, datato 23 agosto e posto in calce alla lettera trascritta

---

10. Il valore dello scudo era variabile; in questi anni si aggira intorno alle 6 lire ▷s.10.

appena sopra, che notifica la decisione del Magistrato ordinario su chi e come pagare il palco del 1612. È evidente che non si è atteso la conferma sull'identità dei due palchi e questo fa pensare che il dato non doveva essere così determinante, o che comunque erano subentrate cause tali da rendere impellente una decisione.

> 1613, 23 agosto.
> Letta la suddetta relatione nell'illustre Magistrato ordinario, è statto detto che si dij sodisfatione all'impresario suddetto di detto palcho per l'importanza del legname chioderia et ferramente che provenuta da detto palcho si è convertita in altr'opere a servizio della regia Camera, et per la fattura del palcho suddetto la regia Camera non è tenuta a tal spesa.

Sostanzialmente: la regia Camera non ha nessuna intenzione di pagare la mano d'opera del palco (quindi dovrà pagarlo la Casa delle Vergini), semmai la regia Camera rimborserà l'impresario Gavirate di quel legname che il soprastante delle Munizioni ha recuperato e usato per lavori diversi. Come dire che la regia Camera paga i suoi conti... e solo quelli.

La seconda comunicazione è del 26 agosto 1613 e assume un certo rilievo nella storia del teatro a Milano. Si tratta della notifica che il Magistrato ordinario fa al commissario delle Munizioni, *«acciò di questo ne facci far nota a libro di cotesto ufficio»*, della consegna del palco agli amministratori delle Vergini. È una concessione a doppio taglio: ora gli amministratori sono proprietari del palco, ma non potranno più esimersi dal pagare i lavori di costruzione.

È evidente che questa assegnazione è conseguenza del trambusto provocato dal palco dell'anno precedente. Ora il palco appartiene alla Casa delle Vergini Spagnole e vi apparterrà in seguito, sollevando l'ammistrazione di palazzo da ogni responsabilità. Opportunamente, dietro ordine del governatore Mendoza, si stabilisce anche che il legname usato non dovrà essere disperso una volta smontato il palco, potendo così essere riutilizzato l'anno successivo per evitare nuove fastidiose cause di rimborso.

> In conformità dell'ordine di S.E. de 12 luglio prossimo passato per la fattura del palcho in questo palazzo per li comici che al presente recitano comedie nel palazzo suddetto, con sua lettera de 23 del corrente habbiamo detto alli administratori delle Vergini Spagnole che pigliano in consegna da Innocenzo Gavirate el palcho suddetto; et si conservi per l'altre occasioni come S.E. commanda. Dil che diamo parte a V.S. acciò di questo ne facci

far nota a libro di cotesto officio, affin‹ch›é consti dell'ordine suddetto di S.E., copia del quale già a V.S. habbiamo inviato, et nell'avenire s'habbi notizia di quanto s'haverà di servare circa detto palcho che occorrerà farsi nel palazzo suddetto. N.S. conservi V.S. In Milano 26 agosto 1613.

Praeses e Magistratus regiorum ducalis
redditum ordinariorum Status Mediolani

Ritorniamo ora alla relazione del 30 agosto del commissario delle Munizioni. Come dicevo prima fu scritta su richiesta del Magistrato ordinario per verificare le eventuali differenze fra il palco di quest'anno e quello dell'anno passato, e fu redatta sulla scorta di una testimonianza del soprastante delle Munizioni Francesco Balduino. Tale testimonianza è del 28 agosto, il giorno stesso in cui il Magistrato invia la richiesta di chiarimenti intormo ai palchi, cioè quattro giorni dopo che il Magistrato aveva comunque deciso di pagare almeno il legname riutilizzato. Evito di trascrivere la nota del soprastante Balduino,[11] venendo interamente riassunta nella lettera del commissario, e passo direttamente alla relazione definitiva.

Illustre Magistrato

Conforme alla lettera delle Ss.Vv. di 28 del presente, nel particolare della I
impostura del palco fatto da mastro Inocentio Gavirate nella corte solita di questo palazzo l'anno hora passato per il recitar delle comedie

il quale palco di esso anno hora passato fu fatto nella medesima maniera II
con la medesima qualità e quantità di legnami chioderia et altro che si trovò fatto nel presente anno, come per feda del soprastante di questo palazzo Francesco Balduino che lo fece disfare e recuperò esso legname, ferramenta e chioderia; servizio che poi, come già le Ss.Vv. restano informante per altra mia relattione, se ne è servito nelli ripari e lavori di questo palazzo occorsi giornalmente

non essendovi altra differenza che: per quello dell'anno passato vi erano III
dieci travotti di più di braccia 8 l'uno per il sedere della plebe

li quali quest'anno non vi sono messi perché li agenti della Casa delle IV
Vergini Spagnole quali, come le Ss.Vv. restano a pieno informate, godono per concessione delli eccellentissimi signori governatori l'utile di affittare li scanni e cadreghe per il sedere delle persone di rispetto, con più li altri delle frutta beveri e simili, vanno ogni anno diminuendo li travotti per il sedere della plebe, acciò che si servano delli scanni e cadreghe per quali pagano un tanto per comedia, il qual danaro cade a utile della detta Casa come per fede di esso soprastante di 28 del presente

11. In ogni caso riprodotta nella sezione *Documenti* ▷D.48.

nella quale si fa parimente mentione che l'anno presente vi s'è messo V
una scala di tavole di pezza per montare al corridore delle sbarre di ferro per servitio delli comici, ma all'incontro l'anno passato ve ne era un altro d'asse di pobbia per la quale montavano li detti comici sopra il palco che, havuta consideratione all'una e l'altra scala, poteva valere qualche cosa di più la detta dell'anno passato che quella dell'anno presente per essere di maggior legname

il quale palco dell'anno presente è stato estimato dall'ingegnero Alessan- VI
dro Bisnate lire seicento trent'una, soldi diecesette, dinari sei come per mia relatione inviata a le Ss.Vv. alli 12 del presente con entro copia della suddetta estimatione del suddetto ingegnero Bisnate,

da quali L. 631, ss. 17, d. 6 vanno levate L. 131, ss.– per la fattura di esso VII
palco con sue circostanze e per la pittura delle suddette cesate contenute nella medesima estimatione, poiché le Ss.Vv. nelle suddette sue sono venute in parere che non si paghi alcuna fattura di esso palco dell'anno hora passato.

Resta dunque l'impostura d'esso palco da pagarsi a esso Gavirate in L. VIII
500, ss. 17, d. 6 a quali aggiungendo quella delli suddetti diece travotti delle dette braccia 8 l'uno a ss. 6, d. 6 il braccio, conforme all'estimatione di quelli dell'anno presente del suddetto ingegnero Bisnate che sono L. 26, ss.– viene il credito d'esso Gavirate ad attendere alla forma in tutto di L. 526, ss. 17, d. 6, per la sodisfattione de quali le Ss.Vv. così restando servite dar quel ordine che megliore parerà alle Ss.Vv. alle quali per fine prega da N.S. ogni compimento di felicità. In Milano a dì 30 agosto 1613.

Il commissario delle Munitioni
et lavorerij nello Stato di Milano

Anche questa volta è opportuno fare un'ultima piccola sintesi:

[I] Accennato all'oggetto dell'argomento

[II] viene data conferma che i due palchi del 1612 e del 1613 sono sostanzialmente uguali, come dichiara anche il soprastante Balduino (colui che ha disfato il vecchio palco e ne ha utilizzato il legname).

[III] Tuttavia nella struttura del vecchio palco erano comprese dieci assi lunghe otto braccia[12] per far sedere il popolo.

[IV] Queste sono venute a mancare, e saranno sempre di meno, in modo che aumenti la richiesta delle sedie che danno in affitto gli amministratori della Casa delle Vergini Spagnole.

12. Un braccio misurava circa 60 centimetri (59,4936...) per cui le panche erano lunghe 4 metri e 80 centimetri e avrebbero dato posto, tutte e dieci, a circa 100-120 persone ▷s.11.

[v] L'anno passato vi era anche una scala *«d'asse di pobbia»* che quest'anno manca; quest'anno però esiste un'altra scala *«di tavole di pezza»* il cui costo, appena inferiore, potrebbe compensare quello della vecchia.

[vi] Il costo del palco attuale è stato stimato dall'ingegner Alessandro Bisnate di 631 lire, 17 soldi e 6 denari, cosa di cui il Magistrato ordinario era già stato informato da una relazione del 12 agosto.

[vii] I costi per la costruzione e la pittura del palco sono di 131 lire che, come il Magistrato ha deciso, non saranno pagati dalla regia Camera, ma dalla Casa delle Vergini.

[viii] Rimangono da pagare a Innocenzo Gavirate 500 lire, 17 soldi e 6 denari più il costo delle dieci assi che vi erano l'anno scorso. Le assi, secondo la stima dell'ingegner Bisnate, costano 6 soldi e 6 denari al braccio, per cui ogni asse costa 2 lire e 12 soldi che fa in tutto 26 lire, spesa da aggiungere al prezzo complessivo, per un totale di 526 lire, 17 soldi e 6 denari. Chi pagherà questi soldi lo decideranno le *«Ss. Vv.»*.

C'è ancora un'altra lettera del commissario delle Munizioni datata 30 settembre 1613. Si tratta di una ricapitolazione generale di tutta questa vicenda che non aggiunge nulla a quanto già detto e perciò evito di riportarla.[13] Ma la questione non è ancora risolta: c'è da conoscere la decisione delle *«signorie loro»* in merito al credito di Gavirate. Evidentemente mancano documenti, perché l'ultima delibera a mia conoscenza è un mandato superstite del 7 aprile 1614[14] in cui si fa riferimento ad altre lettere e relazioni (una di queste è dell'8 febbraio 1614). Quanto sopravvisuto è tuttavia più che sufficente per accertare che il Magistrato ordinario ha saputo svolgere pienamente la sua mansione riuscendo a pagare il meno possibile. In sintesi Gavirate verrà rimborsato dalla regia Camera per solo 300 lire,[15] il resto – ma non è dato saperlo con certezza – sembra rimanere a carico delle Vergini Spagnole. Amen.

---

13. V. ▷d.49.

14. ASM, *RcS*, xxii.52, c. 180r ▷d.52; c'è in verità una piccola modifica alla cifra complessiva del rimborso, pur rimanendo 131 lire di mano d'opera, le 526 lire (più spiccioli) diventano 520.

15. *«Non di meno alle ragioni da voi considerate appare poterne spettare alla regia Camera lire trecento solamente»*, *ibidem*; di queste ragioni però non si ha ulteriore ragguaglio.

Feste a San Fedele

Tavola 33
Giovanni Battista Lampugnano, *Prospettiva…*
incisione, cm 40 × 27 [1622]
Milano, Biblioteca nazionale Braidense.

TAVOLA 33

In basso a destra: Gio: Batta Lampug.° Fece

Sotto: Prospettiva d'una parte interiore del riguardevole Tempio di S. Fedele e del vaghiss.° Apparato espostovi per la solenniss.ª Festa della Canonizatione de' SS. IGNATIO e FRANCESCO celebrata in Milano nel 1622.

1. Tabernacolo del S.mo Sacram.to e Reliquiarij d'argento con Reliquie de novelli S.ti portate in processione.
2. Frontale pretioso co‹n› l'Imag' de SS.ti colorate et allumate di Seta arg.to et Oro.
3. Teatro semicircolare di rilievo indorato.
4. Nicchie co' statue de SS.ti di tutto rilievo al naturale coperte d'arge‹n›to.
5. Gloria celeste co' due SS.ti assunti in essa.
6. Due stendardi portati solennem.te et appesi in alto.
7. Cappelle laterali della Trasfiguratione della B.ta V.e.
8. Cappella nuovam.te dedicata a S. Ignatio.
9. Cappella del Crocifisso co‹n› S. Francesco Saverio.
10. Piedistalli attorniati d'Elogij de' SS.ti.
11. Pilastro co quadri de' miracoli de' SS.ti con Iscrittioni, Imprese, e nomi di Giesù tramisti, e collegati con veli d'argento.
12. Otto Choretti co‹n› otto Chori di Musici.
13. Quadri grandi co‹n› attioni de' SS.ti.
14. Cartelle di tavola contornate spieganti l'attioni.
15. Virtù varie de' SS.ti sopra gl'archi.
16. Iscrittioni con versi appropiati a d.e Virtù.
17. Candelieri d'argento compartiti sopra Altari, Cornici, Piedistalli, Architravi pe‹r› la Chiesa.
18. Candelieri grandi sopra il cornicione di ogn'intorno
19. Pergamo da cui predicorno Vescovi celebranti in Pontificale, et altri eccellenti Oratori di varij Ordini.

È questa una dettagliata descrizione del così detto 'teatro', l'apparato scenico-allegorico che si allestiva nella chiesa preposta in occasione di solenni celebrazioni. Di tale pratica e dei rituali che in queste occasioni si osservavano a Milano dà notizia, fra gli altri, il cerimoniere di corte del governatore (*Cod. Triv.* 1490 ▷III[23]). Su questa serie d'incisioni dedicate alle feste di canonizzazione celebrate a S. Fedele nel 1622 v. oltre ▷T.34.

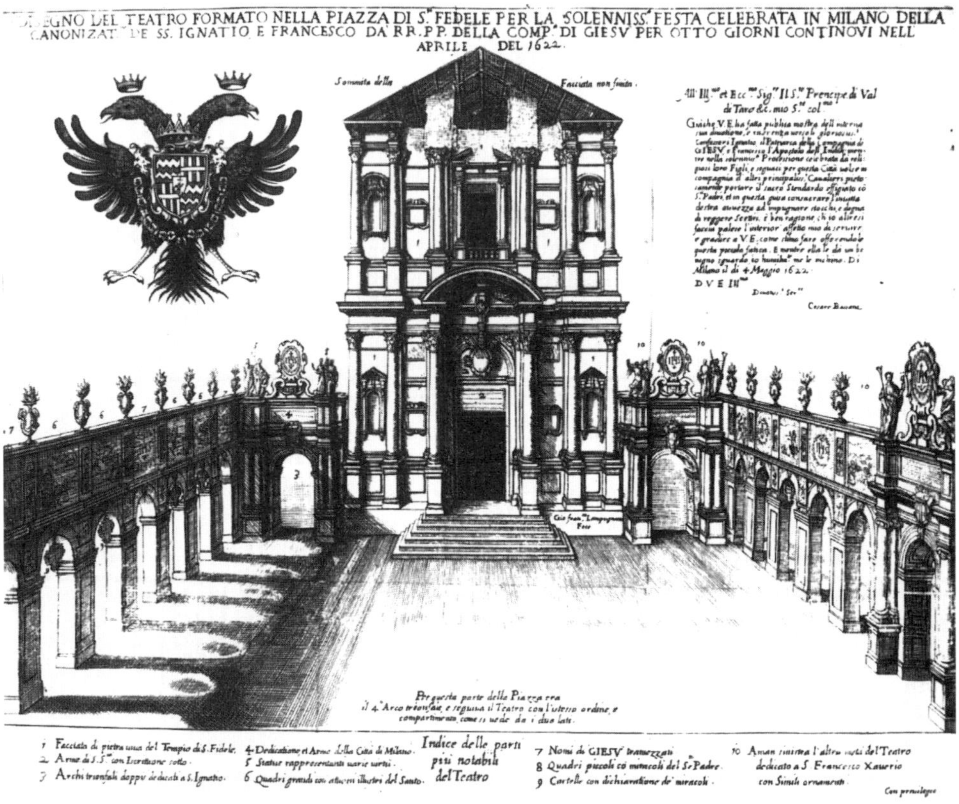

TAVOLA 34

TAV. 34. Cesare BASSANI, *Disegno del teatro formato nella piazza di S. Fedele...* incisione di Giovanni Francesco Lampugnano, cm 32 × 38,5 [1622]
Milano, Biblioteca nazionale Braidense.

In alto: DISEGNO DEL TEATRO FORMATO NELLA PIAZZA DI S.^{to} FEDELE PER LA SOLENNISS.^{a} FESTA CELEBRATA IN MILANO DELLA CANONIZAT.^{ne} DE SS. IGNATIO, E FRANCESCO DA' RR. PP. DELLA COMP.^{a} DI GIESV PER OTTO GIORNI CONTINOVI NELL'APRILE DEL 1622.

A destra in alto: All'Illmo et Ecc.^{mo} Sig.^{re} Il S.^{re} Prencipe di Val di Taro &c. mio S.^{re} col.^{mo} [...] Di Milano il di 4 Maggio 1622. D.V.E.Illma | Divotiss.^{mo} Serv.^{re} | Cesare Bassani.

Sopra la chiesa: Sommità della Facciata non finita.

Ai piedi della chiesa: Gio. fran.^{co} Lampugnano Fece

In basso al centro: Per questa parte della Piazza era il 4° Arco trionfale, e seguiva il Teatro con l'istesso ordine, e compartimento, come si vede da i due lati.

Sotto: Indice delle parti più notabili del Teatro

1. Facciata di pietra viva del Tempio di S. Fidele.

2. Arme di S. S.^{tà} con Iscrittione sotto.
3. Archi trionfali doppij dedicati a S. Ignatio.
4. Dedicatione et Arme della Città di Milano.
5. Statue rappresentanti varie virtù.
6. Quadri grandi con attioni illustri del Santo.
7. Nomi di GIESV̀ tramezzati.
8. Quadri piccoli co‹n› miracoli del S.^{to} Padre.
9. Cartelle con dichiaratione de' miracoli.
10. A man sinistra l'altra metà del Teatro dedicato a S. Francesco Xaverio con Simili ornamenti. | Con privilegio.

La serie di otto incisioni (la piazza S. Fedele, l'interno della chiesa e i sei carri), che meglio di qualunque cronaca testimoniano delle feste per la canonizzazione di Francesco Saverio e Ignazio di Loyola avvenute a Milano nel 1622 ▷IV^{10}, furono integralmente riprodotte, per la prima e unica volta, in un pubblicazione celebrativa a fascicoli (Schio 1923). La scarsa reperibilità di questa edizione e delle incisioni originali ha compromesso la diretta conoscenza di cinque di queste tavole (i carri II-V e l'interno della chiesa). Sia la *SdM*, che Arrigoni 1970 e Alberici 1973, pur pubblicando le altre tre (conservate in I-M.Bertarelli), non le avevano viste, la serie essendo conosciuta solo per le notizie raccolte da Baudi de Vesme 1906, pp. 8-11. Ho avuto la fortuna di rinvenire integralmente il gruppo in un volumetto conservato in I-Mb (KK.IV.8) che raccoglie probabilmente tutti i testi pubblicati in occasione di queste feste del 1622 ▷C^{1622}, ho inoltre visto i sei carri nel volume di stampe conservato in I-M.Accademia di cui s'è detto ▷T.30, dove sul cartiglio di ciascuna incisione sia aggiunto a china (probabilmente da mano coeva) la precisazione *«in Milano»*.
Il perimetro quadrato del colonnato, il così detto *«teatro»*, fu opera di Aurelio Trezzi (*Breve relatione...* 1622, p. 23), lo stesso che, a quanto sembra, progettò l'arco di porta Romana destinato alla regina Margherita (1598) ▷I^{24}. I quattro lati sono tutti addossati ai muri dei palazzi che circondano la piazza, forse solo quello sul lato di palazzo Marino (sulla sinistra nell'immagine) potrebbe essere discosto, ma non tanto da permettere il taglio d'ombra così ottimisticamente raffigurato ▷T.8. Dei quattro grandi archi d'ingresso, o porte, solo tre sono visibili, il quarto, posto sul lato mancante (come detto nella didascalia), doveva trovarsi verso palazzo Marino, la restante porzione essendo occupata da case d'abitazione che oggi hanno lasciato spazio al prolungamento della piazza.
Collaborarono alla realizzazione figurativa di queste feste tutti i più bei nomi dell'arte che in quegli anni operavano a Milano: Giovanni Battista e Giovanni Mauro della Rovere detti i Fiammenghini, Panfilo Nuvolone, Giovanni Battista Crespi detto il Cerano, Gian Battista Secchi detto il Caravaggino, Giulio Cesare Procaccini; a questi si aggiunge Paolo Stella, pittore tedesco (che Zani 1824, XVIII.1, p. 29, chiama anche *Stela*; ignoto a *ALBK*).

Tavola 35

Tav. 35. Federico Agnelli, *Il carro della Grammatica*
incisione, cm 13,5 × 26 [1622]
Milano, Biblioteca nazionale Braidense.

In alto: I
Nel cartiglio: Il carro della Grammatica. Al Sig.[r] Filippo Fassani Principal personaggio.

La tradizione dei carri allegorici, aspetto dominante della festa seicentesca e generalmente momento culminante del carnevale o di giostre celebrative (v. quella del 1605-1606), s'inserisce nelle celebrazioni per le canonizzazioni di Saverio e Loyola quale contraltare laico di una festa di natura religiosa. I carri furono infatti allestiti dagli scolari delle scuole di Brera che per l'occasione scelsero di tributare un omaggio agli studi (grammatica, poesia, eloquenza, filosofia e teologia) e alla pia disposizione che muove agli stessi (la carità, il sesto carro, forse non a caso raffigurato in posizione speculare agli altri).
Di seguito il passo della cronaca in cui si descrive il carro della grammatica – a margine era glossato il nome dei nobili presenti sul carro (qui eliminati per praticità), non quello dei suonatori (*Breve relatione*... 1622, p. 17):

> Sopra questo primo carro eranvi sette personaggi, il primo de' quali rappresentava la Grammatica con veste e manto di seta verde con oro et argento, con un libro et chiave nelle mani come fondamento delle altre scienze [...] Negli altri gradi sedevano gli altri sei giovinetti come suoi allievi in veste dell'istesso colore et ornamento come s'è detto verde, perché la Grammatica è la speranza e l'herba della messe che nell'altre scienze si raccoglie. Ognuno di loro aveva un libro nelle mani dipinto al di fuori, o con impresa o con certo figurato o riverso di medaglia conveniente.

Nel piano di detto carro si facevano sentire eccellenti musici con armoniosi concerti, anco di varij stromenti, tutti vestiti d'habiti finti, il qual portamento fu comune a tutti gli altri musici o virtuosi degli altri carri.

È probabile che i *«sei giovinetti»*, ben riconoscibili con in mano dei fogli (forse di musica), costituissero l'*ensemble* vocale sostenuto dai quattro musici disposti a basso; due di questi, come sembra, suonano strumenti a fiato ricurvi, forse cornetti.

Tutti e sei i carri non erano più alti di m 4,8 o più larghi di m 2,4 per poter passar sotto le porte del *«teatro»* eretto in S. Fedele ▷T.34. Il corteo, preceduto da alabardieri e trombetti, partì da Brera nel primo pomeriggio di sabato 23 aprile e, seguendo il percorso qui tracciato sulla pianta di Barateri (▷T.16; *cfr. Breve relatione*... 1622, pp. 21-22, ▷A.13) si recarono a palazzo Reale dove omaggiarono la corte ritornando a Brera solo dopo esser passati per piazza S. Fedele.

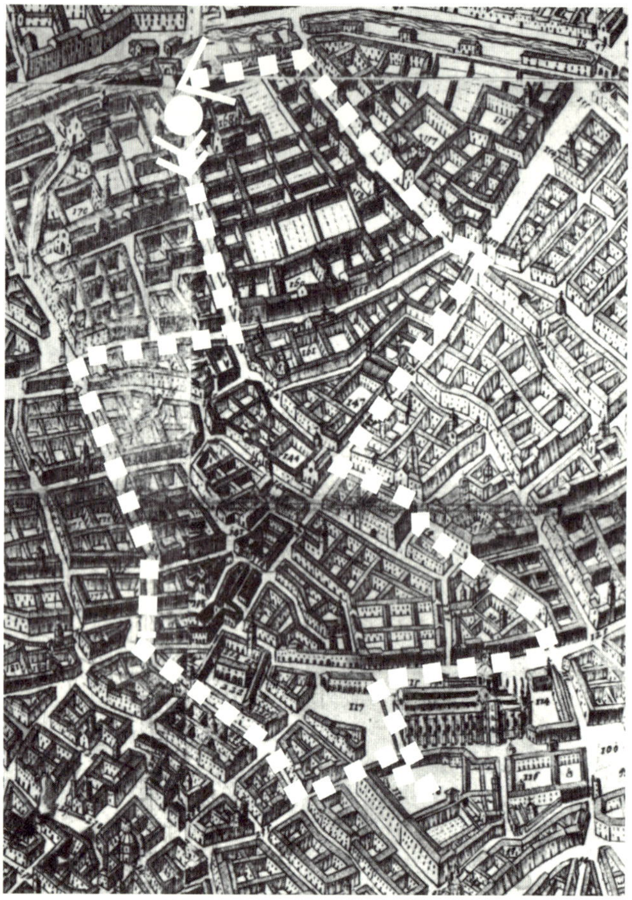

La tavola del carro della Grammatica, unica fra tutte, non presenta il nome dell'autore del disegno o dell'incisore. Deve trattarsi però di un avanti lettera perché l'esemplare conservato in I-M.Bertarelli (riprodotto per esempio in ARRIGONI 1970, I, n. 838) riporta perfettamente leggibile in basso a sinistra: *«Federicus Agnellus Excudit»*. Federico Agnelli, tuttavia, non può essere l'incisore milanese, nato solo nel 1626 (*cfr.* SANTORO 1965, pp. 306-308), ma un altro Federico Agnelli, forse parente (ma ignoto a BORGO-CARATTI 1898), forse quell'incisore di cui ZANI 1824, I.1, p. 326, colloca al 1604 la data di nascita.

TAVOLA 36

TAV. 36. Giovanni Francesco LAMPUGNANI, *Il carro della poesia*
incisione, cm 13,5 × 26 [1622]
Milano, Biblioteca nazionale Braidense.

In alto: II
Nel cartiglio: La Poesia Monte Parnasso. Al Sig.r Conte Alfonso Litta Principal personaggio di q.to carro.
In basso a sinistra: Gio. franc.o Lamp.o fece 1622.

«Principal personaggio» del carro, con la cetra in mano, è il giovane Alfonso Litta all'epoca appena quindicenne, che dal 1652 succederà a Monti quale arcivescovo di Milano creando non pochi problemi al governo spagnolo. Così è descritto il carro nella *Breve relatione*... 1622, p. 18:

> [Sul carro della Poesia] Stava Apolline, principal personaggio, nel più sublime luogo, riguardevole per l'insegne d'arpa et arco, ma vie più per l'habito bianco di finissima tela d'argento in segno del candore, lume e serenità che dee avere il cuore e l'animo de poeti [...] Ne gradi soggetti a lui v'erano accolte in drappello le nove Muse, tutte vestite di seta di colori diversi, riccamente guarnite d'oro et di gioie, con insegne e stromenti accomodati al nome et officio loro come corone in capo, nelle braccia et mani: d'oro, ricche di gemme e di ricami vag‹h›i, di fiori di mirto, d'edera, d'alloro, di piume, globi celesti, trombe, cetre, lire, arpe, cornetti, libri, cornucopie, maschere, scettri et armi nude. Vi si aggiunsero i due gran poeti Omero e Virgilio, quelli con abito greco, plettro et cetra, questi con habito latino, coronato d'alloro e libro nelle mani [...] Finalmente, come alla falda del monte, s'udiva un concerto di viole e di flauti che a vicenda si facevano soavemente sentire.

Malgrado alcune delle Muse (in realtà giovani nobili in costume) sembrino realmente intente a suonare, è più probabile che i loro strumenti – fra cui si riconoscono un paio di legni, una tromba senza ritorte, un liuto, una mandola e una viola di taglia grave – fossero solo simbolici,

come la lira di Apollo o la *«cetra»* (salterio) di Omero. La frase *«alla falda del monte s'udiva un concerto di viole e di flauti»* fa credere che musici fossero nascosti all'interno del carro.
I fratelli Lampugnani, Giovanni Francesco e Giovanni Battista, incisori e pittori solitamente in collaborazione nell'attività artistica, anche in questo caso si dividono il lavoro incidendo tre tavole a testa per questa serie dedicata alle feste per la canonizzazione di Saverio e Loyola.

Tavola 37

Tav. 37. Giovanni Francesco Lampugnani, *Il carro dell'Eloquenza*
incisione, cm 13,5 × 26 [1622]
Milano, Biblioteca nazionale Braidense.

In alto: III
Nel cartiglio: L'Eloquenza. Al Sig.r Antonio Maria Melzo Principal personaggio di questo carro.
In basso a sinistra: Gio. franc.o Lampug.no f.

Dalla *Breve relatione...* 1622, p. 19:

> Era dunque l'Eloquenza vestita maestosamente da regina, in capo oltre l'elmo et corona d'oro portava il già accennato arco celeste tessuto di piume di struzzo di vari colori, et era di notabil grandezza e valore. Nelle mani portava lo scettro, per dimostrare il dominio che tiene sopra gli animi e nelle città, che per‹ci›ò ella è strumento di chi governa. Vestiva tela d'oro, il manto era di tela d'argento rosseggiante con le bande di velo e pizzi d'oro, cinceva stocco et alla grande portava calz'intiere. E perché la persuasione, fine dell'eloquanza, si fa principalmente per mezzo degli argomenti i quali nascono dall'ingegno, e de' costumi i quali dalle virtù, et manco principalmente con la sollevatione de i quattro affetti: Amore et Odio, Speranza e Timore, perciò aveva per compagni nello stesso carro: l'Ingegno, ch'armato d'elmo con cimiero d'aquila alato portava nelle mani un arco e saetta in atto di saettare, con veste di tela d'argento di color cilestro; la Virtù, vestita alla longa d'ormesino bianco con una lancia in mano, il sole nel petto, in capo la corona d'alloro; l'Amore alato, vestito di tela d'argento foderata di zendado incarnato, portava in capo corona d'alloro e tre altre nel braccio; l'Odio, armato di spada e scudo in cui era dipinta una canna con foglie et un ramo di felce, l'elmo in capo, armatura al petto et veste rossa; la Speranza, coronata di fiori, vestita di velo d'argento, dipinta di fiori et verdure, portando un'ancora in mano; il Timore coronato di piume, vestito di velo d'oro, con l'ali ai piedi. [...] La musica fu di voci, liuti e tiorbe.

Fra i cinque musici riconoscibili ai piedi del carro tre imbracciano infatti altrettanti liuti (forse uno di questi, quello di spalle, una tiorba); cosa suonino gli altri due non è riconoscibile, forse sono le *«voci»* di cui si parla.

TAVOLA 38

TAV. 38. Giovanni Battista LAMPUGNANI, *Il carro della filosofia*
incisione, cm 13,5 × 26 [1622]
Milano, Biblioteca nazionale Braidense.

In alto: IIII
Nel cartiglio: La filosofia. Al Sig.r Gasparo Caimo Principal personaggio di questo carro.
In basso a sinistra: Gio. Battista Lampug.no f.

Così la *Breve relatione...* 1622, pp. 19-20:

> Sopra [il carro] v'erano cinque personaggi rappresentanti le cinque parti principali della Filosofia. Il primo personaggio era la Metafisica, overo Sapienza, sedeva sotto baldacchino in habito di regina, vestiva di tela d'oro con manto azzurro di velo d'argento con banda della stessa materia, corona bellissima in capo et scettro nella mano in cima del quale v'era un sole. Nel secondo gradino v'era la Fisica o scienza naturale, vestita di tela d'argento e ricca di gioie, significando i soggetti, nella congnitione de quali s'impiega, nella ghirlanda, fregi e globo ch'haveva. Il terzo personaggio con istromenti mattematici, capigliera incolta, ali al capo, veste bianca d'argento con gioie, fregiata di figure mattematiche, dimostrava quale fosse la sua professione. Il quarto era la Logica, vestita di tela d'argento, e nell'elmo con piume, altre bianche altre nere con una luna per cimiero, nello stocco, nell'acconciatura, de i capelli accennava agl'intelligenti quali fussero le sue proprietà. L'ultimo era la Filosofia Morale vestita di tela d'argento con elmo coronato di foglie di moro et in mano una saetta a cui s'avvolgeva un serpente, con altri abbigliamenti simboli della prudenza che è regola d'ogni virtù. Il concerto era di pifferi e flauti, cui faceva tenore un tamburo.

In realtà nell'incisione sembrano comparire quattro musici fra cui solo uno suona un flauto traverso; mentre non si riconoscono né pifferi, né tamburi. Ben visibile invece un'arpa e un

liuto (o forse una tiorba); l'altro strumentista alla sinistra sembra imbracci uno strumento a corde, forse un mandolino.
Trovo gustosa e incredibilimente moderna l'immagine della Matematica la cui *«capigliera incolta* [...] *dimostrava quale fosse la sua professione»*.

TAVOLA 39

TAV. 39. Giovanni Battista LAMPUGNANI, *Il carro della Teologia*
incisione, cm 13,5 × 26 [1622]
Milano, Biblioteca nazionale Braidense.

In alto: V
Nel cartiglio: La Teologia. Al Sig.r Conte Matteo Bolognino Principal personaggio di questo carro.
Nel cartiglio sul carro: CAPVT INSERIT ASTRIS
In basso a sinistra: Gio. Battista Lamp.° fece l'anno 1622.

Prosegue la *Breve relatione...* 1622, p. 20:

> Sopra il carro v'erano sette personaggi rappresentanti le parti principali della Teologia. Il primo era la Teologia stessa in habito di regina con un sole nel petto con globo azzurro stellato appresso, corteggiata da due angioli [...] Il secondo era la sacra Scrittura rappresentata in S. Paolo per lo Nuovo testamento et Mosè per l'Antico, con verga, tavole e raggi nel volto. Uno vestito da hebreo significava la lingua sacra, et un altro vestito da letterato grave con un libro in mano, i casi di coscienza; il concerto del carro era di viole.

E quattro viole (da braccio o da gamba non è possibile stabilirlo) sono in mano ad altrettanti musici; tre di taglia più piccola e una grave di spalle ben visibile.

Tavola 40

Giovanni Battista Lampugnani, *Il carro della carità zelante*
incisione, cm 13,5 × 26 [1622]
Milano, Biblioteca nazionale Braidense.

In alto: VI
Nel cartiglio: La Carità Zelante. Al Sig.r Bernardo Casato et Sig.r Oratio Landriano principali personaggi del carro.
In basso a destra: Gio. Battista Lampug.no f.

E infine sempre la *Breve relatione...* 1622, pp. 20-21, riferisce:

> Sopra il carro [della Carità] v'erano cinque personaggi i quali rappresentavano cinque principalissime virtù [...] Si vedeva nel trono l'Amore, o Carità zelante, in veste bianca di tela d'argento con ricami d'oro molto alti e ricchi, con manto rosso e corona d'argento in capo lavorata con pietre preziose, e nella destra uno scettro e nella sinistra un cuore. Alla man dritta un grado più a basso sedeva la Fede parimente in veste bianca, armata d'elmo con calice in una mano. Alla sinistra, nello stesso grado, la Speranza vestita di giallo oro, inghirlandata di fiori con un'ancora in mano. Nel terzo grado v'era la Castità in candidissima veste, con corona d'argento in capo, una sferza in mano, con cingolo d'argento con queste parole *Castigo corpus meum*; appresso v'era similmente vestita di bianco l'Oratione, con vaga acconciatura di capigliera e con l'incensiero in mano. Haveva questo carro tre concerti: di cornetti, di pifferi e di flauti che a vicenda e gara mostravano l'arte loro. Lo stendardiero dietro al trono della Charità in piedi portava lo stendardo bianco in figura di doppia fiamma, asperso e divisato di fiammelle rosse e d'oro col suo fregio parimente d'oro con le immagini de i santi nell'habito ordinario della religione, ginocchioni in nuvole riguardanti alcuni raggi celesti, con l'arma et il nome di chi lo portava et offeriva. Era questi vestito di broccato, armato di corazza, e tutto in habito militare ricco e vago.

Dall'incisione non si riconoscono che quattro musici; è quindi possibile che i *«tre concerti»* di cui si parla fossero eseguiti sempre dagli stessi strumentisti che alternavano i vari strumenti a fiato.

CAPITOLO IV

PRIMA E DOPO LA PESTE
1620-1639

NEL 1621 LA SITUAZIONE POLITICA A MILANO è tutt'altro che distesa: l'anno precedente Figueroa, il temibile duca di Feria, aveva ordinato e attuato quella drastica dimostrazione di forza che prese il nome di Sacro macello della Valtellina. Sfruttando un alibi religioso per occupare un territorio che avrebbe aperto un passaggio per l'Austria, aveva messo in preoccupata allerta il resto d'Europa.

L'editoria teatrale, tuttavia, non sembra lasciarsi particolarmente intimorire:[1] in questo clima di burrasca e preoccupazione viene così stampato nella bottega di Giovanni Battista Bidelli *Il Filarmindo, favola pastorale del Sig. Co. Ridolfo Campeggi in questa sesta impressione arricchita con L'Aurora ingannata, favoletta per gli intermedij in musica.*

L'importanza dell'operina è motivata non solo dalla presenza di intermedi con musica, ma dalla quantità di ristampe che in poco più di vent'anni vedono la luce: oltre una dozzina in tutt'Italia.[2] Viene cioè elaborato più o meno consapevolmente un primo tentativo di distribuzione su vasta scala di un prodotto culturale che coinvolge anche Milano. Ci si accorge subito che lo sviluppo dell'operazione non è stato meditato 'a tavolino', ma si è costruito spontaneamente in una successione di tappe ovvie (quelle usuali ai comici dell'arte) che solo successivamente le compagnie di canto cercheranno di ripercorrere con allestimenti appositamente pensati per una regolare distribuzione fra le principali piazze italiane.

---

1. Si osservi in *Cronologia* l'improvviso e consistente aumento di testi drammatici stampati a Milano negli anni Venti.

2. *Cfr. SarL*, 10250-63.

Il *Filarmindo* fu rappresentato la prima volta nel 1605 a Bologna, in occasione delle nozze di Ferdinando Riario e Laura Pepoli.[3] Stampato quell'anno stesso sempre a Bologna presso gli eredi Rossi, fu pubblicato privo degli intermedi dell'*Aurora ingannata*, benché questi pur comparissero già musicati nell'allestimento per le nozze bolognesi. Nel 1608 vengono pubblicate aVenezia le musiche degli intermedi come *Dramatodia overo Canti rappresentativi di Girolamo Giacobbi sopra L'Aurora ingannata*. Il lavoro è dedicato a Campeggi con queste parole:

> Ecco l'*Aurora ingannata* bella di natura per essere stata prodotta da V.S. illustrissima che poco dianzi, come che vilmente vestita, non temme di comparire alle illustrissime nozze del signor marchese Ferdinando Riario ne gl'*Intermedi del Filarmindo*, et ora divenuta più ardita per l'applauso che ne riportò, vuol far mostra di sé al mondo per la via delle stampe [...]

Nel 1613, dopo varie edizioni bolognesi e veneziane del solo *Filarmindo* viene pubblicata sempre a Bologna una nuova edizione (indicata come quinta) che contiene anche l'*Aurora ingannata*. Da questa, pochi anni dopo fioriscono almeno quattro edizioni, sempre con gli intermedi, tutte spacciate per *«sesta impressione»*: nel '18 a Napoli, nel '19 a Viterbo, nel '21 a Milano e nel '24 a Venezia – città quest'ultima dove compariranno in pochi anni anche la settima, l'ottava e la nona ristampa.[4]

Si tratta di stampe probabilmente letterarie (dove peraltro si possono notare le caratteristiche virgolette che indicano la soppressione di alcuni versi legati al particolare allestimento). È una specie di propaganda dell'opera in musica di tipo editoriale, che tuttavia testimonia la presenza di un pubblico di lettori – sufficientemente vasto da fare mercato – evidentemente stimolato dalla sempre

3. *Cfr.* Vecchi 1963.

4. Nel 1662 vengono stampati postumi alcuni lavori del poeta Bernando Morando in cui compare un rifacimento dell'*Aurora ingannata* sempre per il *Filarmindo* di Campeggi. Le due edizioni che ho consultato in I-MOe delle *Poesie dramatiche* di Bernando Morando, Piacenza, G. Bazachi, 1662, non sono proprio identiche: l'edizione da cui ho ricavato le indicazioni tipografiche (l'altra è priva di frontespizio), segnata 54.a.70, alle pp. 313-322 contiene un *Prologo, et Uscita per musica nel Filarmindo* in cui sono presenti il *Prologo*, un'*Aggiunta all'Intermedio terzo* e l'*Uscita*; l'altra edizione (83.d.18) dedica più pagine alla favola d'Aurora (da p. 313 a p. 334), riportando oltre al *Prologo* e all'*Uscita* i quattro intermedi per intero. Su Morando val la pena di confrontare le indicazioni bibliografiche raccolte in Bianconi-Walker 1975, pp. 420-421 in nota.

più apprezzata diffusione del teatro musicale. Diffusione che si estendeva da Venezia a Torino, da Napoli a Milano attraverso gli itinerari dei comici dell'arte su cui presto s'innesterà la circolazione dell'opera in musica. Anche a Milano c'è un pubblico che legge questi libretti e in questo senso un pubblico che conosce e percepisce favorevolmente l'opera poi detta 'mercenaria' (ovvero estranea agli sfarzosi allestimenti di corte che per tradizione si esaurivano con la singola celebrazione), quello stesso pubblico che con buona probabilità legge commedie e testi teatrali in genere.[5]

L'edizione milanese è totalmente priva di dedica e dedicatario. L'*imprimatur* del 24 gennaio 1621 potrebbe far pensare che il libretto fosse stato preparato per un eventuale allestimento per l'imminente carnevale, ma non trovo notizia alcuna che in qualche modo possa ricordare tale spettacolo. Comunque sia, offre una spia a conferma di una Milano che, quale lettrice di libretti teatrali, si rivela sensibile e recettiva al nuovo corso 'in musica' sempre più frequentemente adottato dalle compagnie dell'arte – ma per meglio comprendere il fenomeno nella sua manifestazione più estesa sarebbe auspicabile uno studio trasversale fra le varie edizioni del *Filarmindo*.

Feste di canonizzazione

Nel maggio del 1621 si svolgono a Milano, come in altre città del dominio spagnolo, i funerali di Filippo III,[6] che coinvolgono anche i musici di palazzo.[7] Figueroa, secondo la prassi, deve giurare fedeltà al nuovo re Filippo IV, e per l'occasione viene preparato il salone di corte.[8] L'anno successivo un altro importante sforzo celebrativo segna la quotidianità dei milanesi, questa volta in chiave meno funesta.

Sono le celebrazioni per la canonizzazione di Ignazio di Loyola e Francesco Saverio, svoltesi con grande pompa fra il marzo e l'aprile del 1622 in un

5. Sull'editoria teatrale in questi anni v. Mariti 1978.

6. Grandis 1995, pp. 673-694.

7. Sulla presenza straordinaria dei musici di palazzo v. anche in ASM, *PS*, cart. 10, fasc. 5, le due lettere del 18.V.1621 e del 8.VII.1621 ▷D.60-61; anche ▷IV[46].

8. ASM, *PS*, cart. 7, fasc. 4 ▷D.59. In ASM, *PS*, cart. 8*bis*, fasc. 1, si trova una breve descrizione del cerimoniale per il governatore nell'occasione del giuramento; in altre carte dello stesso fascicolo riferenti le cerimonie per il lutto trovo per la prima volta la precisazione «*Teatro della regina Margherita*», quasi a distinguerlo dal teatro delle commedie che cominciava evidentemente ad acquisire una sua autonomia.

elaborato apparato che circondava la piazza di S. Fedele e sei carri allegorici di cui è rimasta memoria anche per una rara serie di incisioni.[9] Non mi soffermerò dettagliatamente su queste feste perché uno studio di questo secolo ne ha già messo in luce la sfarzosità.[10] Tuttavia mi sembra significativo ricordare quale posizione di rilievo ebbe la musica in simile contesto.

Oltre all'imperversare di messe cantate, di processioni con trombe, tamburi e cori, sui carri era prevista una significativa presenza musicale con preciso effetto scenografico. Così riferisce la cronaca in merito ai vari gruppi strumentali:

> *Carro della Grammatica*
> Nel piano di detto carro si facevano sentire eccellenti musici con armoniosi concenti anco di verij stromenti, tutti vestiti d'habiti finti, il qual portamento fu comune a tutti gli altri musici o virtuosi degli altri carri[11]
>
> *Carro della Poesia*
> Finalmente, come alla falda del monte, s'udiva un concerto di viole e di flauti che a vicenda si facevano soavemente sentire[12]
>
> *Carro dell'Eloquenza*
> La musica fu di voci, liuti e tiorbe[13]
>
> *Carro della Filosofia*
> Il concerto era di pifferi e flauti cui faceva tenore un tamburo[14]
>
> *Carro della Teologia*
> il concerto del carro era di viole[15]
>
> *Carro della Carità*
> Haveva questo carro tre concerti: di cornetti, di pifferi e di flauti che a vicenda e gara mostravano l'arte loro[16]

9. Qui integralmente riprodotte ▷T.33-40.

10. SCHIO 1923. Una pubblicazione per altro rara che si rifà alla cronaca coeva stampata, *Breve*... 1622; v. la sintesi qui stralciata ▷A.13 e il verbale della seduta della Cameretta del 7 marzo 1622 in cui viene deciso per l'occasione di spendere 300 scudi e dove è contenuta anche la supplica dei padri gesuiti di S. Fedele affinché tutta la città partecipi alle celebrazioni (I-Mt, *Dicasteri*, cart. 35).

11. *Breve*... 1622, p. 17 ▷T.35.

12. *Ibidem*, p. 18 ▷T.36.

13. *Ibidem*, p. 19 ▷T.37.

14. *Ibidem*, p. 20 ▷T.38.

15. *Ibidem*, p. 21 ▷T.39.

16. *Ibidem* ▷T.40.

Non so se è possibile pensare a scelte simboliche per gli strumenti: il fatto che solo il carro della grammatica e dell'eloquenza abbia delle voci mi sembra significativo; e così per la teologia, la polifonia delle viole potrebbe rappresentare la complessità della disciplina. Ma perché solo strumenti a fiato per il carro della carità? e cosa c'entra il tamburo con la filosofia? Credo sia più corretto imputare ad una incapacità interpretativa l'attribuzione funzionale delle allegorie degli strumenti, piuttosto che lasciare al caso la loro scelta. D'altra parte ogni altro aspetto del carro aveva una funzione di mimesi, ed è proprio della mentalità barocca creare connessioni e dipendenze fra realtà differenti.[17]

La musica delle messe e delle processioni fu in generale tanto straordinaria e ammirata che per una volta il cronista si è sentito in dovere di fermare anche il nome dell'autore così elogiato:

> La musica poi, che durò nove giorni sempre a otto chori, fu così bella che a giuditio di tutti non si è mai udita cosa tale in Milano: e fra gl'altri un musico principale d'Italia che venne ben da lontano per vedere queste feste e vi fu presente sino al fine, ne restò ammirato e disse più volte che non avvertì mai una minima dissonanza in tutto quel tempo; cosa da lui stimata molto rara in un concerto dove erano più di sessanta musici tra voci e stromenti. Il sig. Cesare Ardemanio, musico eccellentissimo & maestro di capella di S.E., fu il capo di tutta questa nobile armonia & l'autore de' nuovi componimenti fatti e cantati in questa occasione[18]

Non si sa chi fosse questo *«musico principale d'Italia»* che aveva voluto assistere alle celebrazioni, ma almeno su Giulio Cesare Ardemanio, o Ardemagni, si può trarre un'informazione preziosa – finora solo ipotizzata – riguardante il suo impiego di maestro di cappella a corte.[19] Purtroppo l'attenzione finora

---

17. Se però si confrontano i riferimenti ai musici con le incisioni di ciascun carro non si può fare a meno di notare sensibili differenze: o l'incisore o il cronista, o tutti e due forse non sono del tutto attendibili.

18. *Ibidem*, p. 23; a p. 29 si riferisce anche dell'*«eccellente virtuoso»* Melchiorre Biglia, autore di musiche a 4 cori per le feste di Brera ▷A.13, ma su questo musicista, *«amorevole e divoto di quel collegio»* non sono riuscito a trovare notizia alcuna.

19. Giulio Cesare Ardemagni è sicuramente uno dei più importanti musicisti milanesi di questo periodo, ma quasi nulla si sa di lui. Già qualche anno prima di questa data Borsieri 1619, p. 54 (cap. xv), lo cita fra i compositori che si andavano affermando attraverso la stampa di alcune canzoni *«proprie de' maestri di cappelle più studiosi»*, ricordando che alla fine degli anni Dieci era *«organista nella* [chiesa della] *Scala, di mano svegghiatissima, e d'inventioni tutto conforme al gusto de' moderni»*. In altro luogo si dice del fratello Gian Battista, anch'egli musicista, benché

rivolta a questo importante compositore milanese è stata sicuramente inferiore al pregio della sua produzione.

Per il resto gli anni Venti sono assai avari di notizie sull'attività teatrale di Milano. Si continuano a stampare libretti e testi teatrali, anche con una certa regolarità (almeno fino al 1629), ma le cronache tacciono di eventi di rilievo fin quando, con gli allarmi della peste alle porte, con l'aumentare di morti sospette anche in città, invece di contenere le manifestazioni pubbliche, viene

---

dilettante: «*dottore in theologia, prothonotario apostolico, cappellano e pensionario della catholica maestà, e maestro di choro nella chiesa della Scala, attende alle scienze astronomiche e già ha stampate alcune operette in questa professione per un'accademia che si chiama de Cassinensi Inquieti. Ed anco musico e suonator singolare, particolarmente di viola, e si diletta di congregar' uno studio di cose curiosissime havendo un animo veramente nobile*» (*ibidem*, p. 43, cap. XII). In quella sorta di enciclopedia che è l'opera già cit. di SORANZO 1611, sono ricordati entrambi e Giulio Cesare è paragonato a Monteverdi e a Giovanni Battista Lambrugo (o Lamburgo come è scritto) musico di palazzo dal 1605 (*cfr.* BARBLAN 1962, p. 614).

> Ecco il nostro Ardemani [*il fratello Gian Battista*], a cui natura
> largito ingegno ha raro e pellegrino,
> sì che poi co lo studio in stupor fura [= *ruba*]
> il clima più remoto e più vicino.
> Seco è 'l german [*Giulio Cesare*] di sì gentil ventura
> che animando l'avene [*strumento a fiato*] ha del divino;
> odo 'l Lamburgo, il Monte verde [*sic*] io sento:
> ambi nel canto han d'angiolo talento. [42.34]

Da PICINELLI 1670, p. 358 (v. qui il passo ▷A.19), si traggono ulteriori informazioni, fra cui la pubblicazione di alcune sue musiche di scena intitolate «*Musica a più voci con basso per l'organo, concertata in occasione d'una pastorale alludente alla venuta di S. Carlo, Milano, 1628*». Saremmo cioè di fronte al primo esempio milanese a stampa di musica per teatro, tanto più significativo perché svincolato da modelli d'importazione. La notizia è riportata anche da FÉTIS 1865, *sub voce*, ma non penso che Fétis si sia rifatto a Picinelli perché in più ci informa che il volume è in 4° e che la pastorale fu scritta da Ottaviano Soresina. Non so dove Fétis abbia visto questo volume, certo è che il RISM non lo riporta. In un sommario elenco delle opere musicali presenti nell'archivio Borromeo all'isola Bella (BOGGIO 1985) compare questo titolo, ma fino ad ora purtroppo non mi è stato possibile accedere all'archivio. Anche su Ottaviano Soresina non trovo notizie: ARGELATI 1745, col. 1912, riferisce che della nobile famiglia milanese dei Soresina parla Raffaele Fagnani nella sua monumentale opera manoscritta custodita i I-Ma e, come già detto, attualmente inagibile. PORRO 1884, p. 155, descrive un estratto del lavoro di Fagnani come *Cod. Triv.* 870, ma il volume non compare fra i codici conservati in I-Mt. Le altre notizie su Giulio Cesare furono riunite da EITNER 1960, *sub voce*; il RISM cita poi sei raccolte in cui compaiono lavori suoi (1605^{6}, 1608^{13}, 1610^{1}, 1612^{9}, 1617^{2} e 1626^{5}). Non conosco i risultati (che spero di prossima pubblicazione) dello studio in preparazione da Marina Toffetti sui fratelli Ardemagni e sulla produzione musicale di Giulio Cesare.

incredibilmente allestita una delle più grandiose feste che Milano aveva fino a quel momento potuto conoscere.

Le celebrazioni per il primogenito

Era nato un figlio a Filippo IV e la memoria delle grandiose feste del 1605 per un'occasione simile doveva almeno essere eguagliata. Quello che a posteriori potrebbe sembrare un momento del tutto sfavorevole al divertimento fu invece sfruttato per distrarre il popolo sempre più spaventato. In realtà l'attuale governatore, Ambrogio Spinola Doria,[20] aveva Madrid che faceva pressione perché fossero privilegiate le esigenze politico-militari alle precauzioni sanitarie. D'altro canto l'impotenza evidente di chi, comunque, non sapeva cosa fare per fermare il morbo spinse il governo ad attuare una propaganda che minimizzava la gravità: i monatti la notte portavano via le vittime anche con lo scopo di far credere che il numero dei cadaveri stesse diminuendo; furono diffuse teorie che negavano l'infettività della peste, furono riaperte le case degli appestati e, con imperdonabile leggerezza, approfittando anche della diminuita virulenza del periodo invernale, dal novembre 1629 furono celebrate feste su feste: prima per la nascita dell'infante di Spagna, poi il carnevale che fu più fastoso del solito e, se la peste non avesse messo in allarme i paesi vicini bloccando qualunque tipo di comunicazione, si sarebbe anche atteso alla venuta solenne della regina di Ungheria.[21]

Giunta la notizia della nascita dell'infante di Spagna,[22] il 21 novembre 1629 si riunì la Cameretta che, pur continuando a deliberare, benché confusamente, sulla peste dilagante, stabilì che *«si dasse manifesto segno dell'interno contento, che ciascuno haveva sentito di così felice nuova»*.[23] La sconcertante ipocrisia di tale

---

20. Marchese de los Balbases, governatore dal 16 luglio 1629 al 20 settembre 1630; tuttavia dal febbraio del 1630 il governo fu sotto il controllo del Consiglio segreto. Dopo Figueroa furono governatori Consalvo Fernandez de Cordova (dal 31 marzo 1626) e Fernandez Afan de Rivera Enriquez, duca d'Alcala (dal 14 ottobre 1627) che in realtà non occupò mai la carica lasciando il potere nelle mani di Cordova fino all'incarico di Spinola Doria ▷s.1.

21. Per una sintesi anche bibliografica della peste a Milano v. Nicolini 1957.

22. Baldassare di Spagna morirà 16 anni dopo nel gennaio 1647; per l'occasione Milano celebrerà sontuosi funerali di cui resta ampia memoria in ASM, *PS*, cart. 14, e in *Breve*… 1647, cronaca dei funerali.

23. I-Mt, *Dicasteri*, cart. 39 ▷d.66. Le altre sedute in cui viene decisa una spesa complessiva di 17.000 lire si tennero il 13 dicembre 1629 (*ibidem* ▷d.68) 8, 14 e 26 gennaio 1630. Di

delibera si accompagna alla più completa indifferenza per il flagello contingente. I verbali riferiscono della discussione avvenuta: se sia la Cameretta o il Tribunale di provvisione a decidere la spesa; se si dovranno spendere più o meno soldi di quelli spesi nel 1605, *etc.* Nessuno sembra porsi questioni di opportunità, o comunque nulla appare per iscritto. Parrebbe che nella mentalità barocca dell'uomo di governo il *muß es sein* prevalga su tutto. Ma non sembra solo un problema di priorità (che il razionalismo moderno concepisce diversamente) pare invece l'attuazione di un tributo alla dignità dell'accadimento – come, dove e quando si verifica – spogliato di ogni possibile interconnessione. La festa per l'infante non è semplicemente più importante del pericolo di contagio aggravato dalla presenza cospicua, in tali occasioni, di stranieri e curiosi: esiste la festa perché il principe è nato in quel momento e non in un altro; esiste la peste perché in quel momento e non in altro si è diffuso il morbo. D'altra parte non si può escludere la volontà politica di distrarre, per quanto possibile, la città dalle preoccupazioni contingenti: certo ci si chiede con quale spirito si fosse in animo di fare festa. Si fa fatica a volte a calarsi nella mente dell'uomo barocco ed è proprio in questi casi che si alimenta un dubbio sull'intelleggibilità delle altre manifestazioni della storia seicentesca.[24]

Per questa celebrazione fu allestito in piazza del Duomo un vero e proprio apparato scenico destinato ad una rappresentazione allegorica con musica e canti. Esistono due documenti iconografici che restituiscono la magnificenza

---

queste ultime tre sedute bisogna accontentarsi della rubrica di ordinazione perché, come riferisce una nota aggiunta da un archivista, «*Le carte riguardanti da lungo tempo in archivio relative alla peste di tale anno sono per fermo state date al canonico Ripamonti per la compilazione della sua storia di quella peste cavata dagli annali della città*». Lavoro che Giuseppe Ripamonti effettivamente pubblicò (1640), trascurando però di restituire gli incartamenti. In ogni caso per quanto riguarda le feste per l'infante le rubriche così recitano: «[8.I.1630] *Che si stia nella somma già limitata per le allegrezze della nascita del serenissimo principe di Spagna*»; «[14.I.1630] *Che si accrescano L. 3 mila alle 14 mila già concesse per le allegrezze della nascita del serenissimo principe di Spagna*»; e «[26.I.1630] *Che si finisca di presente la festa dei fuochi incamminata per il serenissimo principe di Spagna. / Che si faccia un palco per li signori* LX *e per il Tribunale di provvisione*». Ho trovato, in merito, anche quattro mandati di pagamento: due in generale per le feste, datati 2.XII.1629 (ASM, *RcS*, XXII.58, c. 25r) ▷D.67 e del 28.I.1630 (ASM, *RcS*, XXII.58, c. 40r) ▷D.73, uno destinato a lavori nel salone del 14.I.1630 (ASM, *RcS*, XXII.58, c. 32r) ▷D.71 e un altro per allestire la lizza in porta Romana del 31.I.1630 (ASM, *RcS*, XXII.58, c. 40r) ▷D.74, più probabilmente riferentesi al carnevale. Per altre considerazioni v. anche BERTOLINI-GARIBOLDI 1995.

24. V. più estesamente MARAVALL 1975, cap. VII.

dell'allestimento, e uno di questi è contenuto nella cronaca a stampa altrettanto ricca e sfarzosa.[25] Artefici dell'opera compaiono nomi importanti e già incontrati in simili situazioni:

> Per l'architettura fu eletto l'architetto collegiato Francesco Maria Richino, capace di ogni gran machina per la sodezza dell'arte et celerità dell'ingegno. Per la pittura Bartolomeo Genovesino et Panfilo Nuvolone, ambi di molta fama et valore: come dalle loro opere si può chiaramente vedere. Per la scoltura due diligentissimi et peritissimi maestri in questa arte Girolamo Prevosto et Giovan Pietro Lasagna[26]

25. Si tratta di un disegno ▷T.42 e di un'incisione ▷T.43, inserita questa in *Racconto*... 1630, volume in 4°, cm 23 × 33 (se nel legga il frammento che descrive l'apparato raffigurante un'allegoria del monte Etna ▷A.14). Di tale cronaca, sempre a stampa, esiste anche un'edizione più piccola (cm 10 × 16) che necessariamente ha un numero di pagine più elevato (da 30 a 51). Il motivo di queste due edizioni altrimenti identiche si può forse ricercare nella pubblicazione di un altro libello legato alle celebrazioni per l'infante di Spagna, *I presagi*... (Tesauro 1629). Anche di questo si conservano due stampe identiche nel contenuto, ma differenti nelle dimensioni. In tale secondo caso però il formato piccolo (che è identico a quello del *Racconto*) è quello più ricco e curato con tanto di antiporta figurata. L'ipotesi è che, date come prime versioni il formato grande per il *Racconto*, e quello piccolo per i *Presagi*, furono esse successivamente stampate nelle dimensioni adeguate a poter essere allegate l'una all'altra, cioè i *Presagi* all'edizione grande del *Racconto*, e il *Racconto* a quella piccola dei *Presagi*. A parziale conferma si potrebbe segnalare che Sommervogel (1884, col. 788), attribuisce anche la paternità del *Racconto* a Emanuele Tesauro. Tesauro fu autore di almeno due drammi per Milano: *Hermenegildus* ▷C[1621] e *Il libero arbitrio* (v. Doglio 1969; entrambi i manoscritti sono in I-Tr, *Varia 59 bis*).

26. *Racconto*... 1630 (cm 23 × 33), p. 8. Il Genovesino è Bartolomeo Roverio autore, fra l'altro, di un disegno inciso da Cesare Bassani che rappresenta una scena allegorica d'impianto teatrale ambientata nel cortile del Seminario Maggiore di Milano (riprodotto per esempio in *SdM*, x, p. 464, e *SdG*, fig. 12); Panfilo Nuvolone, padre del più noto Carlo Francesco (che ha ritratto in un famoso dipinto tutta la famiglia intenta a suonare ▷T.90), aveva già collaborato assieme ai Fiammeghini, al Cerano e a Giulio Cesare Procaccini alle feste per la canonizzazione di Loyola del 1622, e a lui viene affidata nel 1631 la raffigurazione dell'arma gentilizia del governatore Figueroa, il duca di Feria, da affiggere in cima alla porta di palazzo Reale (*cfr.* ASM, *FC*, cart. 193); Giovan Pietro Lasagna e Andrea Prevosto sono noti scultori del Duomo: non so se Girolamo sia parente di quest'ultimo. In riferimento al Genovesino e al suo disegno inciso dal Bassani, vale la pena segnalare una tradizione iconografica vivissima nella prima metà del Seicento milanese che elabora fantasiose scenografie barocche, destinate a incorniciare le tesi di dispute filosofiche rappresentate nei collegi milanesi. Si tratta di una produzione poco nota ma spesso di grande qualità grafica e impatto visivo, fondamentale per cogliere lo spirito immaginifico e squisitamente teatrale della cultura cittadina di questi anni; in merito v. Alberici 1973, pp. 73-74 e tavv. 253-256, e Bora 1994, pp. 46-47.

Siamo di fronte a una rappresentazione ibrida. Non si tratta ancora di un'opera in musica, perché malgrado vi sia la presenza di strumenti e un percorso narrativo da seguire, i personaggi non cantano le proprie gesta. Tuttavia una serie copiosa di iscrizioni racconta con precisione le tappe dello svolgimento. La narrazione è allegorica: Tetide chiede a Vulcano di forgiare le armi per il figlio Achille affinché egli possa sconfiggere i turchi in Frigia e restituire la pace al mondo.[27] Tra le incudini di Vulcano e la battaglia contro i turchi, i pretesti per inserire i fuochi d'artificio non mancano, e la festa si concluderà col monte in fiamme.[28] Anche in questo caso si nota la presenza della tradizione all'interno di un tentativo di adesione alle nuove proposte dello spettacolo. Dalla festa con soli fuochi per la canonizzazione di S. Carlo, si è passati ai carri allegorici per S. Ignazio, che raccontavano qualcosa, se non proprio una storia compiuta, per giungere trionfalmente al monte di Vulcano che fra le esplosioni dei fuochi narra una vicenda sceneggiata da personaggi in costume, apparenze e iscrizioni.

Le feste proseguono con la giostra in porta Romana che presumibilmente apre il carnevale del 1630[29] e sembrano dover culminare coll'entrata solenne della regina d'Ungheria. I preparativi per la regina volevano eguagliare almeno quelli disposti per Isabella nel 1599, tanto che la Cameretta si riunì ben quattro volte.[30] Ma non se ne fece niente: la notizia della peste si era ormai diffusa

27. V. l'ampio frammento riportato ▷a.15.

28. Autore dei fuochi fu Girolamo Torciliano da Lucca; già in Verga 1931, p. 334.

29. In ASDM è conservato un *Argomento di festa d'armi a cavallo* ▷l.15 probabilmente organizzato per questo carnevale.

30. Riporto integralmente le rubriche di ordinazione (I-Mt, *Dicasteri*, cart. 39). Mancando come già detto i verbali di questi anni, val la pena di leggerle per cogliere quelle briciole di quotidianità che rendono vivo un popolo, pur nell'aridità di quello che è poco più di un indice: «[6.ii.1630] *Che per la venuta della serenissima regina d'Ongaria per rispetto del numero degli ambasciatori che dovranno incontrarla, si stia in quello fu servato l'anno 1599 nell'incontro della serenissima infante Isabella. / Che lo stesso si servi quanto alla spesa, epperò che li signori ambasciatori vadano a proprie loro spese, ed il sig. vicario a spese della città. / Elezione dei prefati signori ambasciatori, quali sono i signori marchese Francesco Maria Visconte, conte Bartolomeo Caimo, marchese di Caravaggio, conte Carlo Borromeo, conte Carlo Francesco Serbellone*»; «[15.ii.1630] *Che si faccia elezione di sei dei signori* lx *i quali abbiano da considerare ciò che alla città convenga fare per onorare la venuta della serenissima regina d'Ongaria, facendo del tutto relatione alla Cameretta col lor parere. / Elezione de' su‹a›ccennati signori sei, e sono / I signori marchese Vistarini, conte Giovanni Battista Visconte, marchese Cesare Visconte, Galeazzo Arconato, conte Giacomo Mandello, e Odoardo Croce*»; «[2.iii.1630] *Che circa la*

ovunque e fra il 4 marzo e il 18 aprile tutti gli Stati italiani, a uno a uno, bloccano le comunicazioni con Milano.[31] Non trovo notizie certe circa un rifiuto ufficiale della regina, ma a parte le ordinazioni per i preparativi nessun'altra informazione emerge in merito alla presunta avvenuta celebrazione. Non solo non compaiono le cronache della vicenda, come sarebbe stato prevedibile, ma alcun mandato di pagamento è *«dispacciato»* per l'occasione, e d'altra parte appare abbastanza improbabile che la regina, ormai informata della peste, abbia ugualmente voluto avvicinarsi a Milano.[32]

La piena consapevolezza della gravità della situazione è acquisita con l'elezione a ministro della Sanità di Gian Battista Visconti, colui che trent'anni prima aveva scritto il testo dell'*Arminia* e che adesso sembra rivelarsi uomo chiave per la sconfitta del morbo.[33] Col 1631 la mortalità diminuisce e già nel 1632 si ricominciano a stampare libretti e a rappresentare commedie. Silvio Fiorillo pubblica la sua *Lucilla costante*.[34] Ma in generale si preferisce stampare testi di

---

scusa fatta dal sig. marchese di Caravaggio per l'ambasceria alla serenissima regina d'Ongaria se ne mandi a dar parte a S.E. / Che circa gli apparati degli archi da farsi nella venuta di essa serenissima Regina, e circa la loro spesa si stia nel voto delli signori sei eletti dalla Cameretta. / Che alli predetti signori sei si dia la cura per l'esecuzione di tali apparati. / Che l'erezione degli archi si rimetta alli prefati signori come informati della mente della Cameretta. / Che circa il trattenimento a S.M. si mandi a S.E. conforme al parere de' prelodati signori eletti. / Che chi sarà eletto per questo negozio del trattenimento compisca ancora per il particolare del sig. marchese di Caravaggio» e «[18.iii.1630] *Che avendo S.E. iscusato il sig. marchese di Caravaggio dal carico dell'ambasciata per l'incontro della serenissima regina d'Ongheria si stia nel solito circa la surrogatione d'altri in suo luogo. / Elezione del sig. marchese Agostino Litta nel suddetto luogo. / Che coll'occasione di dar parte a S.E. di detta eletione si debba pregare la medesima a non voler più iscusare veruno dall'accettare simil carico, rappresentandole che iscusandosi qualcuno l'ambasceria resterà imperfetta»*.

31. *Cfr.* Nicolini 1957, p. 514.

32. V. *infra* ▷iv[39].V. inoltre *Ordini*... 1692, ii, pp. 62-68 (anche in ASM, *RcS*, xi.3), da cui si ricava che i soldi disposti per i preparativi per la regina d'Ungheria, una volta svanita la necessità di accoglierla, sembra siano stati illegittimamente intascati da qualche funzionario.

33. Visconti diventa ministro nel settembre del 1630; v. le notizie riferite da Nicolini 1957, pp. 525-526.

34. ▷l.58; il libretto dedicato al governatore Figueroa non esplicita una sua possibile rappresentazione, ma sembra ragionevole pensare che questa stampa accompagni il suo allestimento; v. anche Paglicci Brozzi 1891, p. 61, che non ha dubbi in merito. Sul napoletano Silvio Fiorillo v. *Comici*... 1993, dove fra l'altro a p. 310 si afferma che la *Lucilla* si pone quale *«valore riassuntivo della propria più che trentennale attività»*. A Milano Fiorillo aveva già pubblicato l'*Amor giusto* (1605 e 1627), la *Ghirlanda* (1611), *Li tre capitani vanagloriosi* (1623) *La cortesia* (1624?) e *Il mondo conquistato* (1624 e 1627).

argomento spirituale. Così viene recuperata la *Maddalena* di Andreini; e Benedetto Cinquanta, teologo e drammaturgo particolarmente apprezzato, dà alla luce gli *Idilli della passione* e una curiosissima *Peste del* MDCXXX, imperversando nelle tipografie milanesi per i due anni successivi.[35]

Entrate solenni e mondanità

La degradata condizione del milanese è motivo di preoccupazione per la Spagna che non si è improvvisamente mossa a pietà, ma semplicemente teme l'opportunismo strategico di Mazzarino ansioso di occupare un territorio così indebolito. Giunge perciò a Milano il fratello del re, il cardinale infante don Ferdinando: la scusa è di andare in Fiandra. Questi però espropria letteralmente Figueroa (già governatore per la seconda volta dall'aprile 1631) che viene di lì a poco spedito Oltralpe.[36] Una lettera del re del 22 gennaio 1633 aveva già preannunciato il suo arrivo con la precisazione esplicita di osservare il verbo del fratello come fosse quello stesso del re.[37] E l'arrivo del cardinale infante è motivo di gran festa per Milano – almeno nelle apparenze.

Non è mio interesse soffermarmi su questa entrata,[38] ma credo significativo, per comprendere certi formalismi dei rituali celebrativi coevi, accennare a

35. ▷c^{1632} e segg. Su Benedetto Cinquanta v. le notizie che riporta Argelati 1745, col. 433; *cfr.* anche Quadrio 1752, iii.1, pp. 81-82 e Indice, *sub voce*.

36. Questa la versione, per altro documentatissima, esposta in Catalano 1958, p. 54 e segg., che tuttavia non coincide con le date riportate da Arese 1970, p. 78.

37. I-Mt, *Dicasteri*, cart. 40, ordinazione dell'8.iv.1633.

38. Oltre ai documenti d'archivio, cronaca dei festeggiamenti è un opuscolo stampato in due parti (*Racconto*... 1633[a-b]) ▷a.16 che Damiano 1995, p. 500 in nota, attribuisce al padre gesuita Leonardo Velli, già professore di retorica a Brera – mentre Bora 1994, p. 52 nota 2, ritiene il primo di Gaspare Alfieri e di Filippo Ghisolfi il secondo (ma almeno in questo caso si confonde con lo stampatore). Sempre di Velli è *La Silvia «tragicommedia pastorale con gl'intramezzi»*, pubblicata quest'anno da Ghisolfi (ms. in I-Tr, *Varia 59 bis*) e rappresentata a Brera in onore del cardinale infante ▷l.93. Anche i Barnabiti festeggiano l'ingresso del nuovo governatore con una caccia allegorica con concerti e cori il cui soggetto (*Argomento*... 1633), sempre stampato da Ghisolfi, è stato rinvenuto da Cascetta 1995 in ASM, *Miscellanea lombarda*, ii, 64, e integralmente trascritto (pp. 158-159 in nota). *Cfr.* anche ASM, *PE*, cart. 130, fascc. 1633, 1634, 1635, 1640, 1641 e 1642. Fra le altre fonti vale la pena ricordare alcune memorie iconografiche; due di Melchiorre Gherardini (ovvero l'ingresso di Ferdinando in piazza Duomo ▷t.60 e il già citato banchetto in suo onore nel

una questione di protocollo che occupa ben quattro delle cinque sedute della Cameretta destinate a definire i preparativi per la venuta del cardinale Infante.[39] L'inconveniente era marginalmente saltato fuori per la regina d'Ungheria, poi la mancata venuta aveva fatto cadere il problema. La scarsità di fondi dell'erario cittadino aveva obbligato a stabilire che l'ambasciata d'accoglienza di sei nobili doveva avvenire a spese degli stessi, contingenza che apparentemente era sembrato non creare inconveniente alcuno. In realtà già per la regina d'Ungheria uno dei prescelti aveva accusato un improvviso malessere. Anche questa volta, il conte Marliani, eletto a suffragio segreto fra i sei ambasciatori, ottiene dal governatore una dispensa per un impedimento non meglio precisato. Altra seduta per sostituirlo: si decide di fare ballottaggio fra i due che alla prima votazione avevano ottenuto il settimo e l'ottavo posto. Viene prescelto il conte Barbò che pretende però un'altra votazione perché lui era ottavo nella prima selezione: doveva cioè essere il marchese Cesare Visconti (settimo posto) a meritare tale 'onore'. Si rivota per approvare l'emendamento di Barbò – non ci potevano pensare prima? – Cesare Visconti sostituirà Marliani. Ma non finisce qui: Galeazzo Arconati, eletto fra i sei, si ammala inaspettatamente, e Barbò a questo punto non ha altre scuse. Nel frattempo Francesco Maria Visconti pensa bene anche lui di farsi venire qualche acciacco: il conte Panigarola lo sostituisce (ex nono posto). Esausti, i Sessanta stanno per abbandonare la Cameretta quando giunge la nuova che il conte Serbelloni è bloccato a letto (gotta?). A questo punto nell'esasperazione generale qualcuno propone di fare l'ambasciata in cinque. Non sia mai! Il fratello del re si offenderebbe a morte: l'ambasciata si fa in sei e sei saranno i cavalieri. Giovanni Maria Visconti non ha scampo, malgrado il suo rassicurante decimo posto, andrà a incontrare il cardinale infante.

salone di corte ▷T.61) e i disegni di Francesco Maria Richino raffiguranti l'arco di porta Ticinese ▷T.45 e i cavalli eretti in piazza del Duomo ▷T.44.

39. I-Mt, *Dicasteri*, cart. 40 (28.II, 24.III, 8.IV, 25.IV e 3.X.1633). Da queste fonti inoltre si ha conferma che la regina d'Ungheria non aveva messo piede a Milano, perché – è detto – le celebrazioni dovranno essere come quelle «*che si era praticato*» per Isabella nel 1599, ovvero che «*si era conchiuso di fare*» per la regina d'Ungheria. La sostanza delle due formulazioni è diversa: nel primo caso ci si riferisce a qualcosa di realizzato, nel secondo semplicemente a un progetto. E così più avanti, dove si precisa che gli ambasciatori si comporteranno secondo «*ciò fu servato l'anno 1599*», mentre si usa il termine «*ordinato*» in riferimento all'anno 1630 (v. anche il verbale della seduta del 28.II.1633).

A ben guardare, non sembra che l'ansia celebrativa si sia espressa con quello slancio che le cronache sono solite descrivere, soprattutto nel particolare di dover pagare in prima persona; e se è pur vero che la situazione contingente era decisamente sfavorevole, verrebbe tuttavia voglia di ridimensionare quel sorriso un po' ingenuo che viene generalmente dipinto sui volti dei milanesi durante le feste solenni.

In ogni caso la nobiltà non ha nemmeno il tempo di prendere fiato, ché due anni dopo un'altra entrata mette in subbuglio la città. Il 24 settembre 1631 era morto il cardinale Federico Borromeo[40] e, dopo vari contrasti fra Roma e Madrid, il 29 aprile 1635 il nuovo cardinale Cesare Monti entra a Milano.[41] Anche questa volta apparati e grandi feste non possono mancare, e l'allegoria che trionfa fra le macchine è quella non particolarmente originale della montagna; vengono tirati in ballo l'Etna, l'Ararat, il monte Atlante, il monte Olimpo: ogni promontorio è eletto a citazione dell'omonimo nuovo cardinale.[42]

Frattanto Ferdinando, il cardinale infante, ha finalmente deciso di trasferirsi in Fiandra e il nome del nuovo governatore, Gil de Albornoz – anch'egli cardinale, tanto per cambiare – compare in calce alla licenza concessa a Francesco Gabrielli, in arte Scapino, per i tre mesi successivi alla Pasqua del 1635.[43]

---

40. Rivola 1656, pp. 617-619.

41. In merito a una sintesi ben documentata di tutta la controversia v. Borromeo 1989, p. 98 e segg. A Milano il collegio dei Dottori, a cui apparteneva Monti, fece festa già l'anno precedente (1634). A testimonianza è sopravvisuta una cronaca delle *«allegrezze»* (Maioli 1634) sintetizzata da Bora 1994, p. 39. Per l'occasione fu costruito un colossale monte su cui s'erge Atlante che sorregge il mondo, macchina ricordata in un'incisione di Giovanni Battista Bonacina, riprodotta in Arrigoni 1970, ii, tav. 9, n. 848 ▷t.46.

42. I-Mt, *Dicasteri*, cart. 41 (23.iii e 20.vi.1635); per una descrizione a stampa delle macchine v. *Apparati...* 1635 e Pasta 1635. Esiste anche un'incisione del solito Gherardini che riproduce l'ingresso del cardinale (Arrigoni 1970, ii, tav. 7, n. 848) ▷t.64; dell'ingresso del cardinale se ne sono occupati occupati Dallaj 1980 e Bora 1994. Per le straordinarie feste organizzate dai padri barnabiti di S. Alessandro, oltre alla sontuosissima cronaca ufficiale (Boldoni 1636, con 83 incisioni di Giovanni Paolo Bianchi) ▷t.47, v. in generale Cavalca 1995 e una nota di Cascetta 1995, p. 157. Sul *Manlio*, azione allegorica allestita dai padri Gesuiti a Brera v. Chinea 1931, ii, pp. 617-618 ▷l.16. Un'altra pastorale, pure allegorica, fu rappresentata dagli studenti di Campo Santo intitolata *Il monte Libano* ▷l.12.

43. *Cfr.* Paglicci Brozzi 1891, pp. 49-53. Il ritorno di Gabrielli in questa data, già a Milano al seguito dei Confidenti di Giovanni de' Medici (*cfr.* Ferrone 1984), è purtroppo testimoniato solo da Paglicci Brozzi, ché le fonti a cui fa riferimento andarono bruciate nel bombardamento del 1943; circa il sonetto di cui ivi si parla ▷iii[71].

A novembre entra in città Felipe de Guzman, marchese di Leganés, che costellerà i suoi cinque anni di governatorato con sempre nuove pressioni fiscali a sostegno di un esercito ormai sfinito dalla continua allerta provocata dalle tensioni con la Francia.

In questi anni, uno dei rari momenti di festa viene celebrato il primo gennaio 1637 per onorare l'elezione di Ferdinando III d'Austria a re dei Romani, avvenuta il 22 dicembre 1636.[44] Fu allestito attorno al castello Sforzesco un finto assedio militare ricordato – quale unica fonte ufficiale – dalla mano ormai esperta di Melchiorre Gherardini, incisore.[45] Vista la precaria condizione politica di Milano, viene da pensare che l'attacco al castello avesse un possibile valore scaramantico, ma non si può dimenticare che organizzare un festeggiamento che utilizzava la milizia fu probabilmente una necessità, se chi godeva delle scarse entrate dello Stato era ormai solo l'esercito, l'unico a cui si potesse imporre di dimostrare giubilo per un avvenimento totalmente slegato dalla vita milanese.

Poi di nuovo il buio. Almeno fino ai funerali della regina Isabella nel 1644.[46] Durante questi anni si hanno solo scarse notizie su alcuni movimenti di

44. In merito alla questione politica v. i riferimenti bibliografici proposti da Catalano 1958, p. 67.

45. Che si firma per l'occasione «*Melchion Gilardino*». L'incisione è riprodotta in Arrigoni 1970, II, tav. B, n. 849; e in *SdM*, XI, p. 66 ▷T.66. La metà inferiore del foglio riporta una lunga descrizione a stampa della battaglia. Per quest'opera Gherardini chiese ai Sessanta una ricompensa, e con la seduta del 26 maggio 1637 la Cameretta concesse un premio di 100 lire. La supplica è in I-Mt, *Dicasteri*, cart. 42, dove alla data dell'ordinazione si può leggere anche il verbale, che in merito specifica: «*Sopra di che essendosi proposto se si doveva dare al supplicante qualche rimuneratione, fu ordinato a voti segreti che si dij, la quale con gli stessi pareri fu limitata in lire cento imperiali*».

46. Ai funerali – come d'uso – parteciparono anche i musici di palazzo; la notizia si ricava dalla questione che sorse nel 1666 in seguito ai funerali di Filippo IV; in quel caso i musici di palazzo non ottennero il previsto compenso straordinario. Tutta la documentazione è raccolta in ASM, *PS*, cart. 10, fasc. 5, dove fra l'altro si trova l'elenco dei musici di palazzo attivi l'anno 1665:

Teodoro Casato	maestro di cappella
Baltasar Ceresa	soprano
Domenico Broglio	soprano
Antonio Piantanida	contralto
Paolo Antonio Pestagallo	contralto [tenore, secondo altro elenco]

segue:

comici, fra cui spicca un lasciapassare del 30 marzo 1639, concesso ai Confidenti per attraversare lo Stato di Milano prima di raggiungere Parigi,[47] e soprattutto la licenza per fare commedie alla compagnia di «*Jacomo Antonio Fidenzio*

Giovanni Battista Ferrari	tenore
Angelo Maria Caspano	tenore [contralto, secondo altro elenco]
Carlo Ambrosio Ceppi	basso
Baltasar Cabbiati	basso
Cristoforo Pasta	violino
Geronimo Besozzo	violino [violone, secondo altro elenco]
Antonio Messina	cornetta [violino, secondo altro elenco]
Cristoforo Besozzo	basso [violone, secondo altro elenco]
Francesco Bigatto	organo

Dalla lista ricaviamo la composizione dell'organico strumentale e vocale; si nota anche che dall'inizio del Seicento il numero dei componenti è diminuto ▷ii[72]. In merito alla questione del pagamento compaiono anche alcune fedi di musicisti che ammisero di aver partecipato ai funerali del 1644 e fra queste una di Federico Guiderlotto, musico al tempo delle morte di Isabella, che riferisce di essere stato pagato da Antonio Maria Turati, maestro di cappella del Duomo, evidentemente oltre la paga di corte (*ibidem*, maggio 1666) ▷d.102. In questi anni ho poi ritrovato altri mandati di pagamento ai musici ▷s.13 e in particolare uno per Giacinto Alessandro, musico di palazzo, che ha un credito di qualcosa come 149 mesi di paga, oltre dodici anni (*ibidem*, xxii.63, c. 29r, 13.iv.1644). A corona della solerzia con cui venivano pagati i musici si aggiungono poche carte del gennaio 1650 (ASM, *FC*, cart. 191) ▷d.100-101 in cui, oltre al resoconto degli ultimi tre anni di paga, si trova una supplica per ricevere il soldo spettante. Altrove compare il nome di Filippo Piccinino, musicista alla corte di Spagna (Mischiati-Tagliavini 1962, col. 1235) e fratello del più noto Alessandro, che associa curiosamente il proprio soldo a una rendita milanese (ASM, *RcS*, xxii.58, c. 124r, 25.x.1631) ▷d.76. Particolarmente interessante è invece un altro mandato (*ibidem*, xxii.66, c. 35v) ▷d.94 che ci informa della presenza a Milano niente meno che del violinista Biagio Marini; questi avrebbe svolto servizio nella cappella di palazzo per 14 mesi (con uno stipendio di ben 8 scudi al mese) dal settembre 1631 al novembre 1632. Dagli studi attualmente disponibili sul musicista (v. una sintesi bibliografica in Dunn 1980 e Minardi 1986) è noto che fra il 1623 e il 1649 Marini fu maestro di cappella presso la corte di Neuburg, pur svolgendo brevi periodi di attività presso altre città: ora sappiamo che una di queste fu evidentemente anche Milano. Il mandato, che lo rivela creditore di un anno di stipendio, è del 21 gennaio 1649, data perciò oltre 15 anni dopo il suo servizio a palazzo. Si deve credere sia stato lo stesso Marini a sollecitare l'ormai troppo dilazionato saldo, visto che il 1649 è l'anno in cui il musicista torna a Milano quale maestro di cappella alla Scala. Poche notizie su altri musici di palazzo (il già citato Lambrugo, Giacomo Filippino e Angelo Maria Tradati) sono in Barblan 1962, pp. 612-614; v. inoltre circa Michelangelo Grancini ▷v[42].

47. Riportato in Paglicci-Brozzi 1891, p. 54.

detto Cintio» del 3 aprile 1641,[48] compagnia che era già comparsa nei registri milanesi per un lasciapassare del 6 dicembre 1634.[49]

Durante il carnevale del 1641, prima che Cintio possa raggiungere Milano, Mattias de' Medici è ospite del nuovo governatore Juan Velasco de la Cueva, conte di Sirvela. La presenza del generale toscano è legata alla risorta questione del Monferrato e il suo breve soggiorno potrebbe passare inosservato se alcune lettere speditegli subito dopo la sua partenza da Milano da una nobildonna milanese, la contessa Clara Brebbia Panigarola, non permettano di delineare un fugace spaccato della mondanità milanese.[50] Nella lettera del 24 marzo 1641 si accenna alle prodezze di *«virtuosi cantatori»*, principale motivo d'interesse – assieme alla toilette delle dame – dell'appena trascorso carnevale, lettera che concede alla presenza dei cantanti a Milano una dignità finora sconosciuta. E con maggiori dettagli da un'altra del 17 aprile apprendiamo che:

> Con titolo di festeggiare il giorno natale di Sua Maestà si fece mercordì passato una giostra nel cortile di questo palazzo e comparsero a correre due quadriglie di cavalieri di sei per ciascuna, una turchina, una verde, e giocorno diversi premij, l'una contra l'altra e la vittoria fu compensata, ma il masgalano fu della squadra verde, capo della quale era il marchese di Carezena che portò via l'anello.[51]

Manca il conforto di altre fonti circa lo svolgimento di questa giostra, e in merito alle citate lettere, frutto di una corrispondenza privata, viene da pensare a quante notizie siano andate perse circa tutti quegli spettacoli che non si sono elevati a dignità di evento, costituendo semplicemente l'aspetto ludico di una quotidianità prevedibile, ma che, quale tessuto connettivo di un'evoluzione culturale, avrebbero permesso di far luce sulla 'filosofia dello svago' di un Seicento un po' meno ufficiale.

---

48. ASM, *RcS*, xxi.32, c. 180 ▷d.79. La trattazione più ampia su Fidenzi rimane ancora quella di Rasi 1905, i, pp. 880-884. Per una sintesi più aggiornata e organica v. *Comici*... 1993, i, p. 228 nota 1.

49. ASM, *RcS*, xxi.31, c. 146v ▷d.78.

50. Non ho avuto modo di consultare personalmente questa corrispondenza: faccio riferimento a quanto è riportato da Calvi 1989, in part. alle pp. 173-174.

51. Riportato in Calvi 1989, p. 174.

Gli Anni Trenta

Tavola 41
Particolare da: Melchiorre Gherardini, [*Ingresso dell'arcivescovo Monti*]
incisione [19 aprile 1635] ▷t.64
Milano, Biblioteca Ambrosiana.

Tavola 42

Tav. 42. Carlo Biffi [?], [*Monte Etna in piazza del Duomo*]
disegno, cm 34 × 21 [1630]
Milano, Civica raccolta di stampe Achille Bertarelli.

In basso a sinistra: C. B. F. [= Carlo Biffi Fece *ovvero* Carolus Biffus Fecit (?)]

Circa l'attribuzione e altre considerazioni leggasi le note alla tavola successiva ▷T.43.

IL MONTE ETNA, COL TEATRO ET PIEDISTALLI, ERETTI NELLA PIAZZA DEL DUOMO DI MILANO.
In occasione delle publiche Allegrezze, fatte da essa Citta per la Nascita del Serenissimo Prencipe di Spagna, alli 4 Febraro 1670.

TAVOLA 43

TAV. 43. Carlo BIFFI, *Il monte Etna*
incisione di Cesare Bassano, cm 43,5 × 30 [1630]
in *Racconto...* 1630, tav. f.t.

In basso a sinistra: Ricchinus Architect.ˢ Inventor
In basso a destra: Carolus Biffus Delineauit
Sotto: IL MONTE ETNA, COL TEATRO, ET PIEDISTALLI ERETTI NELLA PIAZZA DEL DUOMO DI MILANO. | In occasione delle pubbliche Allegrezze, fatte da essa Città per la Nascita del Serenissimo Prencipe di Spagna, alli 4 di Febraro 1630.

Il *«Ricchinus architectus»* annotato a basso di questa incisione è, come meno laconicamente riferisce la cronaca, Francesco Maria Richino (*Racconto...* 1630, p. 8), il più famoso della famiglia di architetti milanesi – fra cui il padre Bernardo, capostipite che morirà dieci anni dopo e il figlio Gian Domenico, all'epoca dodicenne – autore fra l'altro della pianta planimetrica di Milano (1603) ▷T.15 e degli apparati per l'ingresso del cardinale infante (1633) ▷T.44-45.
Di questa incisione sono state rinvenute tre differenti edizioni: quella inserita nella cronaca (qui riprodotta); altra indipendente con aggiunta a stampa della descrizione della macchina, per i tipi degli eredi di Melchiorre Malatesta (gli stessi della cronaca); e altra avanti lettera (ovvero priva delle scritte sottostanti). S'è detto (ARRIGONI 1970, I, n. 839, e ALBERICI 1973, nn. 373-374) che il disegno di Biffi da cui qui Bassani trae l'incisione sia quello conservato in I-M.Bertarelli qui riprodotto ▷T.41 con la piazza antistante il Duomo. Tuttavia la relazione non pare così scontata; non tanto per l'eliminazione del contesto cittadino, operazione che l'incisore avrebbe potuto compiere agevolmente, quanto perché il disegno presenta particolari e proporzioni differenti dall'incisione e, per quanto se ne sa, potrebbe accogliere come punto d'osservazione la collocazione opposta, ovvero la stessa adottata da Melchiorre Gherardini ▷T.58.
La lettura delle iniziali *«C.B.»* (poste in calce al disegno conservato in Bertarelli) come Carlo Biffi, a questo punto, pur continuando a essere la più probabile potrebbe anche non essere così scontata, potendo appartenere allo stesso Cesare Bassano o, perché no, anche a Carlo Bianchi, frequentemente attivo in questi anni sia come incisore che come disegnatore. Varrebbe la pena fare un approfondimento.
Si leggano a confronto di questa memoria iconografica (e di quelle su medesimo soggetto ▷T.42 T.58) i passi scelti tratti dalla cronaca ▷A.14-15.

Tavola 44

Tav. 44. Francesco Maria Richino, [*Statue equestri*]
disegno a penna con ombreggiature in color bruno, cm 38,5 × 48 [1633]
Milano, Archivio storico civico, *Raccolta Bianconi*, vol. I, c. 6.

In basso a sinistra: Dissegno de Doi Cavalli da farsi sopra la | Piazza del Duomo
In basso a destra: Ricch.° Ing.°
Sotto [annotazione più recente]: Gio. Domenico Ricchino

L'annotazione posta in calce al disegno che lo vuole di Gian Domenico Richino piuttosto che del padre Francesco Maria è stata dimostrata inattendibile da Mezzanotte 1915[b] e giudicata ancora da Mezzanotte 1942, p. 48, di mano settecentesca (magari dello stesso abate Bianconi che lo collezionò). Bora 1994, p. 39, lo ha riferito all'ingresso del cardinale infante del 1633, tesi che trova conferma, oltre che nelle cronache (dove le dimensioni indicate si rivelano pienamente coerenti ▷A.16), anche in relazione all'arco del Richino disegnato per questa stessa occasione ▷T.45. Secondo Bora solo i piedistalli sarebbero del Richino, mentre le statue equestri rimandano alla mano di Giovan Mauro della Rovere detto il Fiammenghino. Il fatto che i due cavalli non compaiano nella tavola di Gherardini disegnata per questa occasione e raffigurante le piazza del Duomo ▷T.60 non deve necessariamente essere imputato, come nota Bora, alla *«sommarietà della rappresentazione»*; piazza del Duomo si prolunga oltre la porzione contenuta nell'incisione occupando lo spazio dove nel 1630 era stato eretto il monte Etna ▷T.42-43. È probabilmente qui che furono posizionati i cavalli.

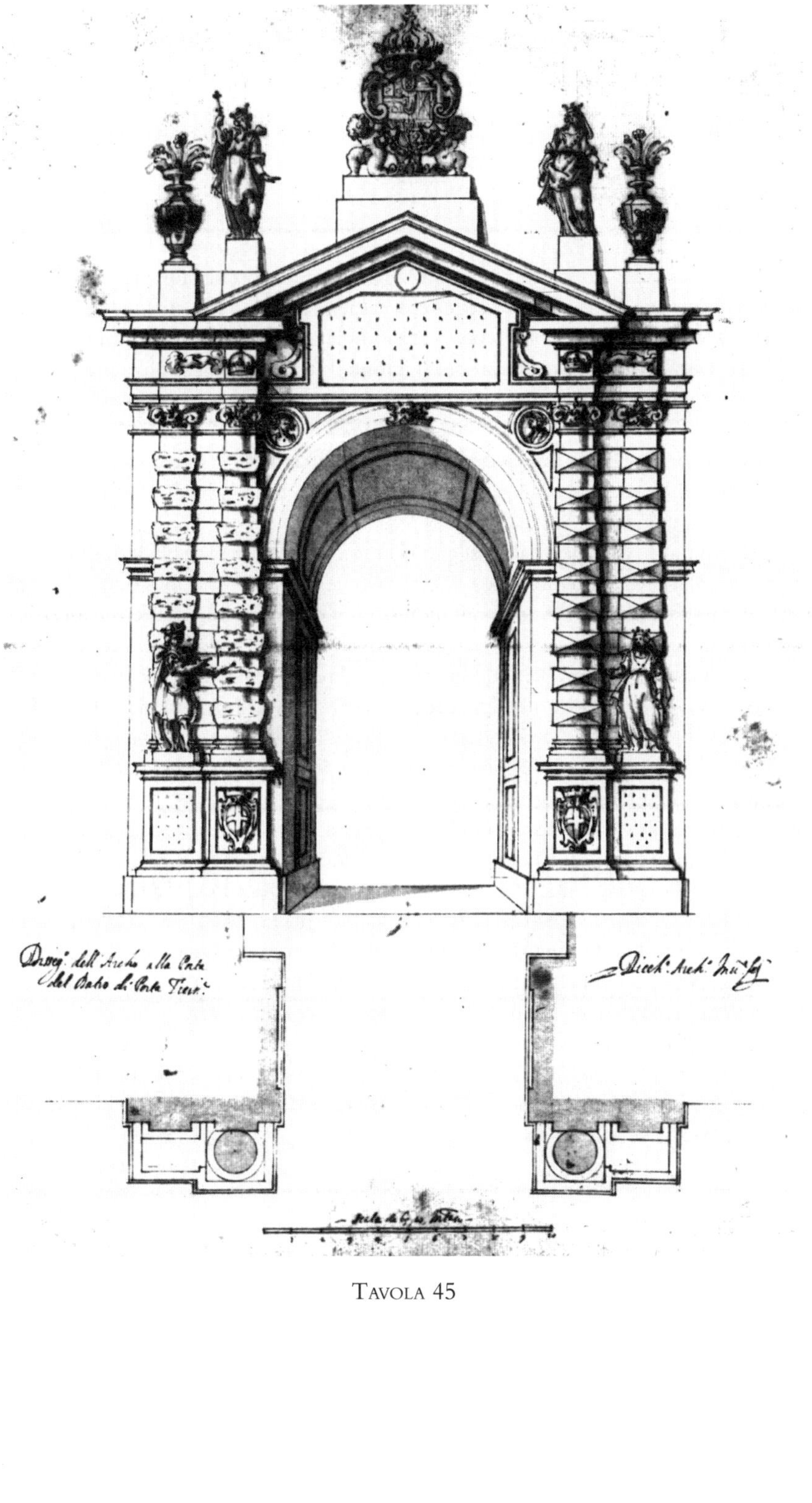

TAVOLA 45

Tav. 45. Francesco Maria Richino, [*Arco di porta Ticinese*]
disegno a penna con ombreggiature in color bruno, cm 50 × 33,5 [1633]
Milano, Archivio storico civico, *Raccolta Bianconi*, tomo v, c. 10b *verso*.

In basso a sinistra: Disseg.° dell'Archo alla Porta | del Datio di Porta Ticin.ª
In basso a destra: Ricch.° Arch.° Inu. ^{et} fe‹cit›
Sotto: Scala de bz 10 M‹i›l‹an›esi

Mezzanotte 1915[b], che per primo riprodusse questo disegno, ritenne l'arco destinato all'ingresso di Maria Anna del 1649. Sempre secondo Mezzanotte, sostanzialmente identico a questo arco sarebbe il disegno di un altro arco conservato in I-Ma, F 251 inf., n. 1. Tale disegno è riprodotto in Cogliati Arano 1975 che lo attribuisce a Pellegrino Tibaldi (morto nel 1596), ma nulla pare aver in comune coll'arco del Richino. Tuttavia *ibidem* si dice che il disegno qui riprodotto si relaziona a un altro disegno ambrosiano, quello segnato con F 251, inf., n. 2 (evidentemente Mezzanotte ha scambiato i numeri). Secondo Cogliati Arano, però, l'arco dell'Ambrosiana sarebbe stato disegnato da Lorenzo Binago per i festeggiamenti della regina Margherita del 1598, mentre recentemente Ricci 1993, p. 181, ha spostato la data al 1599 (passaggio degli arciduchi d'Austria).
Finché non avrò modo di vedere tale disegno non so che dire circa la sua datazione, né con che numero sia inventariato, né quanto possa rivelarsi simile. Ma non ho dubbi in merito a quest'altro disegno: si tratta dell'arco destinato all'ingresso del cardinale infante Ferdinando.
Lo stemma posto in cima è infatti l'arma gentilizia di casa d'Austria, e quindi destinata all'ingresso di un membro della famiglia reale spagnola. Nel periodo in cui Francesco Maria Richino fu attivo a Milano – dai primi anni del Seicento al 1658, data della sua morte (che sia Francesco Maria e non un altro Richino non è stato finora messo in dubbio) – si contano solo due ingressi di reali di Spagna, quello ipotizzato da Mezzanotte del 1649 e quello del cardinale infante Ferdinando, fratello del re, entrato in città come nuovo governatore nel 1633. In quell'occasione, a quanto riferiscono le ordinazioni della Cameretta e la cronaca (*cfr.* i passi riportati ▷A.16) un arco, su disegno di Richino, fu eretto in porta Ticinese (malgrado Balestreri 1995, p. 53 lo dica *«progetto non eseguito»*) e due statue equestri in piazza Duomo. Il disegno delle due statue ▷T.44 (anch'esso riprodotto da Mezzanotte e da lui riferito insieme all'arco alle feste del 1649) è stato recentemente destinato da Bora 1994, p. 39 (che pure era ignaro dell'arco), all'ingresso di Ferdinando. Circa gli archi eretti nel 1649, infine, abbiamo quantità di notizie e raffigurazioni ▷T.52, e in alcun modo si riesce a inserirne un altro in porta Ticinese.
Vorrei estendere l'annotazione suggerita da Bora 1994, p. 39, per le statue equestri ▷T.44, secondo cui la parte *«strettamente figurativa»* del disegno non è del Richino ma di Giovan Mauro della Rovere detto il Fiammenghino. Non sono in grado di giudicare in merito, ma se l'ipotesi è vera in quel caso deve esserlo anche in questo.

Il Monte Atlante eretto dall'Ill.mo Collegio de SS.ri Dottori in Milano in occassione delle publiche Allegrezze per la promotione dell' Emin.mo et R.mo S. Cardinale Monti suo collega, et Arciuescouo parimente di Milano.
nomen Atlas, maior cum maior MONS ego CÆSAR
Al Molto Ill.re S.r Mio P.ne Oss.mo il Sig.re Paolo Antonio Carauaggio
Sotto l'ombra di V.S. uengo ad inalzar il mio pensiero a Dedicarli il disegno di questo Magnanimo Monte. lo riceua in pegno della seruitù mia, e l'aggradisca come dono d'affettuosissimo Seruitore; con che non scemarà l'obligatione mia, mà l'accrescerà maggiormente, mentre io per fine le prego dal Sig.re ogni felicità. Di Milano. il di 15. Marzo. 1634
Di V.S. M. Ill.re
Aff.mo Ser.re
Gio. Batta Bonacina

TAVOLA 46

TAV. 46. Giovanni Battista BONACINA, *Il monte Atlante*
incisione, cm 40,5 × 29,5 [1634]
Milano, Civica raccolta di stampe Achille Bertarelli.

Sopra: Il Monte Atlante eretto dall'Illmo Colegio de SS.^ri Dottori in Milano in occassione delle publiche Allegrezze per la promotione dell'Emin.^mo et R.^mo S. Cardinale Monti sua collega, et Arciuescouo parimente di Milano.

Nel cartiglio sopra il globo: Nunc mihi | nomen Atlas, maior cum | sederet orbis | His humeris | maior MONS ego CÆSAR | ero

[Ora il mio nome è Atlante: quando un globo più grande alloggerà su queste spalle, quale CESARE sarò un MONTE ancor più grande]

Sulla banda attorno al globo: Ut numero inumero certent et lumine Stell‹a›e | Virtutes MONTI numero nec lumine vincunt

[Per quanto le stelle gareggino per numero e fulgore, non per numero, né per fulgore vincono le virtù di MONTI]

In calce alla prima impresa: Gorgonis aspectu riguit ve= | tus iste sed ATLAS | In Placidos homines | Gorgonas ire iubet

[Questo vecchio (*Atlante*) è impietrito dall'aspetto della Gorgone, eppure Atlante induce contro i pacifici uomini le Gorgoni all'ira]

In calce alla seconda impresa: His impia bella qui | escent | Pacis spei

[Con la speranza di pace le crudeli guerre cesseranno per costoro]

Ai piedi della figura: Abdua [Adda]

In calce allo stemma Monti: Vim patitur cælum[1] violento sydera | nisu | Atq: giganteo sunt adeunda pede | MONTIUS ut uinca [*recte* uincat] subiectis MO | NTIBUS astra | Virtutum MONTES dat tibis [*recte* tibi] mille tuus

[Il Cielo soffre violenza: le stelle si devono raggiungere con crudo sforzo e piede da gigante; il tuo MONTI, sottomessi i MONTI, per vincere le stelle ti offre mille MONTI (*quelli dell'arma?*) di virtù]

Sotto: Al Molto Ill.^re S.^re Mio P‹adro›ne Oss.^mo il Sig.^re Paolo Antonio Carauaggio | Sotto l'ombra di VS. uengo ad inalzar il mio pensiero a Dedicarli il disegno di questo Magnanimo Monte, lo riceua in pegno della seruitù mia, e' l'aggradisca come dono d'affettuosissimo seruitore; con che non scemarà l'obligatione mia, ma l'accrescerà maggiormente, mentre io per fine le prego dal Sig.^re ogni felicità. Di Milano il dì 15 Marzo 1634 | Di V.S. M. Ill.^re | Aff.^mo Ser.^re | Gio. Batt‹ist›a Bonacina.

Raffigurazione della macchina eretta nel collegio dei Leggisti in omaggio all'elezione a cardinale di Cesare Monti avvenuta il 28 ottobre 1633 e festeggiata a Milano il 7 marzo 1634 (*cfr.* MAIOLI 1634). Monti era già stato nominato arcivescovo il 29 novembre 1633, ma entrerà in città, con sontuosissime feste, solo il 29 aprile 1635, occasione a cui anche Gherardini dedicherà un'incisione ▷T.64. La macchina si rifà chiaramente, con più modeste pretese, al monte Etna eretto pochi anni prima in piazza del Duomo, questa volta però il monte diventa esplicito emblema del casato dell'arcivescovo.

---

1. Citazione di uno dei passi più controversi del Vangelo (Mt 11,12 con il parallelo Lc 16,16), dove «*vim*» è stato interpretato a volte quale necessario sforzo per raggiungere il regno dei Cieli, altre volte quale prepotenza di furbi e privilegiati.

CÆSARI MONTIO
CARDINALI, ET
ARCHIEP.
SACRORVM ET
LITERARVM
ANTISTITI.
LIMINE LVSTRATO TEMPLI, SVCCEDE LYCEO.
IMPERIVM, CÆSAR, RITE VTRIVSQ. TENES.
IO. BAT.
ARCIMBOL
DIVS
FVNDATOR
GYMNASII
ALEXAN.
Blancus fec.

TAVOLA 47

Tav. 47. Giovanni Paolo Bianchi, [*Arco d'ingresso alle scuole Arcimbolde*]
incisione, cm 27 × 17,4 [1635]
in Boldoni 1636, p. 141.

Nell'iscrizione in alto: CESARI MONTIO | CARDINALI, ET | ARCHIEP. | SACRORUM ET | LITERARUM | ANTISTITI.
Sotto: LIMINE LVSTRATO TEMPLI, SVCCEDE LYCEO | IMPERIVM, CÆSAR, RITE VTRIVSQ. TENES.
Nell'iscrizione sotto l'arco in fondo: IO. BAP. | ARCIMBOL | DIVS | FUNDATOR | GYMNASII | ALEXAN= | DRINI
Sotto: Blancus fec.

Fra le diverse feste organizzate per l'ingresso di Cesare Monti, nuovo arcivescovo di Milano, quella preparata dai padri di S. Alessandro trova pregevole memoria in Boldoni 1636, la cronaca ufficiale che raccoglie fra l'altro numerose incisioni fra cui la presente. L'immagine riproduce l'arco allegorico posto all'ingresso delle scuole Arcimbolde, l'altro luogo con la chiesa di S. Alessandro in cui i padri barnabiti celebrarono la festa nell'agosto 1635 (per una sintesi v. Cavalca 1995 dove sono riprodotte altre incisioni). Monti è raffigurato nella statua in cima all'arco e circondato da quattro putti alati che sorreggono gli emblemi del vescovo e del cardinale (cappello e pastorale). Altri due putti più in basso sorreggono l'arma della famiglia Monti circondata dalla simbologia vescovile e quattro statue sono disposte ai lati dell'arco: in alto a sinistra la Teologia, sotto la Filosofia naturale, in alto a destra la Retorica e sotto la Poesia (che sorregge strumenti musicali, altri sono a terra), allegorie in omaggio al Monti uomo di cultura. Trovo assi poco condivisibile l'ipotesi di Cavalca 1995, pp. 728-729 che vuole ideatore dell'arco Francesco Maria Richino. Lo stile ancora sobrio e pulito che caratterizza la sua opera poco sembra conformarsi alla bizzarra forma piramidale dell'arco (tutto sommato non elegantissimo), ma soprattutto né la cronaca, né l'incisione avrebbero tollerato di trascurare un nome già così importante nella Milano dell'epoca.

TAVOLA 48

TAV. 48. Giovanni Mauro DELLA ROVERE, *Processione per la pace universale...* incisione di Giovanni Paolo Bianchi, cm 48,7 × 50,2 [1637]
Milano, Civica raccolta di stampe Achille Bertarelli.

In basso a destra: G. MAUR. D. LA ROVER. Detto il Fiammeng.no Delinea.

Sotto: PROCESSIONE PER LA PACE VNIVERSALE FRA PRINCIPI CATHOLICI CON IL CORPO DI S. CARLO RIPOSTO NELL'ARCA DI CRISTALLO OFFERTA AL S.TO DA S.M. CATHOLICA | A DÌ IV NOVEMBRE M.DC.XXXVIII. | ALL'EM.MO, E REV.MO SIG.RE IL SIG.R CARD. CESARE MONTI ARCIV.VO DI MILANO | Per minimo saggio di somma diuotione | Gio. Paolo Bianchi Intagliatore Dona, e Consacra.

A. L'Em.mo Cardinale Monti Arciuescouo.
B. Monsig.r Fr.co M.a Abiati Vescouo di Robio.
C. Mons.r Paolo Aresio Vescouo di Tortona.
D. Mons.r B. Luigi Grimani Vescouo di Bergamo.
E. Mons.r Girolamo Binaghi Vescouo di Laudicea, e Suffraganeo di Bologna.
F. Il Sig.r Vicario Generale con li SS.ri Archidiacono, e Primicerio.
G. Il Sig.r Arciprete con li SS.ri duoi Diaconi Assistenti.

H. Il Capitolo de SS.[ri] Canonici Ordinarij.
I. Il Sig.[r] Presidente con i SS.[ri] Senatori portano il baldachino nel Duomo.
L. L'Ecc.[mo] Marchese di Leganes Governatore.
M. Li SS.[ri] Gran Cancelliere, e Consiglieri Secreti.
N. Li SS.[ri] Pres.[ti] de Mag.[ti], SS.[ri] Questori, Vic.[rio] Tribun.[le] di Prouis.[ne] et Coll.[o] de Dottori.
O. Apparato del Duomo con Quadri della Vita, e Miracoli del Santo, et Voti d'Argento.

In occasione del centenario della nascita di Carlo Borromeo, la salma del santo, collocata nella nuova bara di cristallo regalata da Filippo IV, viene trasferita in Duomo. È l'occasione per una solenne processione in cui è coinvolta la città a tutti i livelli. In realtà né l'incisione né la cronaca ufficiale (*Racconto*... 1638) danno notizia dello scandalo accaduto in tale circostanza, scandalo che provocò l'arresto del presidente del Senato Giovanni Battista Trotti.
Il Consiglio segreto, forte di un ordine del 1622, non aveva alcuna intenzione di posizionarsi dietro alla bara – e soprattutto dietro ai rappresentanti del Senato – come appare nell'incisione (i senatori sono quelli con la gorgiera che sostengono il baldacchino, dietro è raffigurato il Consiglio segreto). Il Senato aveva avvisato il governatore che, se il Consiglio segreto fosse stato posto davanti, loro avrebbero abbandonato il corteo di fronte a tutto il popolo. Il governatore Leganes, da parte sua, minacciò di arrestare il presidente Trotti se si fosse verificata la minima alterazione al cerimoniale. Tutti mantennero puntualmente le loro promesse: il Consiglio segreto sopravanzò il Senato, il Senato mollò con sdegno la baracca, e Leganes fece arrestare Trotti. Le proteste dei senatori obbligarono il Consiglio d'Italia di Madrid a disapprovare con fermezza l'operato del governatore, ma gli attriti all'interno del governo milanese – che un'occasione ufficiale aveva reso pubblici – non si placarono tanto in fretta (per tutta la questione, i risvolti politici, fonti e bibliografia v. SIGNOROTTO 1996, p. 89 e segg.).
Giovanni Paolo Bianchi per quest'incisione chiese e ottenne una ricompensa di 150 lire (I-Mt, *Dicasteri*, cart. 43, 23.XII.1638). BORA 1994, p. 44, riproduce lo schizzo preparatorio di Giovanni Mauro Della Rovere, detto il Fiammenghino, attualmente disperso nel mercato antiquario.

Capitolo V

L'opera nel sistema dell'imprenditoria teatrale
1640-1649

Le informazioni sull'effettiva attività che la Casa delle Vergini Spagnole svolgeva relativamente all'amministrazione teatrale di palazzo cominciano con gli anni Quaranta. Finora si è potuto fare riferimento a concessioni governative che hanno delineato solo un'idea generale del tipo di coinvolgimento che la Casa poteva instaurare con l'organizzazione teatrale. Adesso è possibile comprendere anche alcuni aspetti più strettamente economici. Di questi anni è infatti il primo registro contabile sopravvissuto[1] e due contratti stipulati con l'amministratore del teatro.[2]

Il registro – l'unico di questo periodo – è un diario di conti in cui sono segnate le entrate e le uscite dal 1643 al 1649.[3] Ogni anno prevede l'elenco completo, mese per mese, prima di tutte le entrate, poi delle uscite organizzate allo stesso modo.

Da questi conti si delinea la presenza di un amministratore, tal Antonio Lonati (che agisce in proprio non essendo dipendente né dal governo, né dal collegio) in più luoghi definito *«impresario delle sedie e sgabelli della commedia, della frutta, vino e altre cose che si vendono durante le rappresentazioni»*. Come tale,

1. ACVS, *Registro di Cassa*, vol. 2. Il registro non è intestato, traggo la denominazione da Falciola 1985, p. 10 in nota, che lo identifica sulla scorta di un inventario del 1951 pur ritenendo il volume disperso. In realtà esso è attualmente consultabile pur essendo l'unico sopravvissuto di tutto il Seicento. La sua numerazione è infatti moderna: il vol. n. 1 è un libro mastro del Settecento e il vol. n. 3 (il registro di cassa subito successivo) comincia col 1759.

2. Rogati rispettivamente il 25 giugno 1641 (ASM, *Notarile*, 30313) e il 18 dicembre 1646 (ASM, *Culto*, cart. 1948) ▷d.84.

3. Per la verità compaiono anche alcune entrate del gennaio 1650 per il semplice motivo che era rimasto molto spazio vuoto alla fine del volume, ma si deve supporre che i conti per il 1650 dovessero riguardare il registro successivo.

secondo un contratto quinquennale, Lonati è tenuto a versare al collegio – come in effetti avviene – una quota mensile di 660 lire,[4] più altre 180 lire mensili *«por lotes y charlatanes»*, ovvero a indennizzo delle licenze concesse a chi voleva organizzare un lotto o vendere medicinali.[5]

In altre parole per far commedie, lotti o vendere pozioni bisognava come sempre ottenere una licenza, ma se prima questa era rilasciata dal governatore quale sorta di ricevuta per la tassa di esercizio, ora le compagnie comiche possono ottenere la loro licenza senza sborsare danaro, pagando però l'affitto della sala.[6] Il meccanismo in questo modo si è fatto però più complicato perché gli interlocutori delle compagnie sono diventati tre: l'impresario del collegio (che si occupa di far venire le compagnie), il collegio (che rilascia le licenze prima concesse dal governatore) e – rientrato dalla finestra – il governatore (che deve rilasciare un passaporto per il passaggio e la sosta della compagnia a Milano).[7]

4. Ogni mese compare sul registro la segnalazione dell'incasso più o meno espressa con le stesse parole secondo questa formula (gennaio 1643): *«Mas se le haçe cargo al dicho señor tesorero Sbarra de seisçientas y sessanta libras que en dicho dia, ultimo de henero, reçivio de Antonio Lunato impresario de las sillas y escabeles de las comedias, confitura, vino, fruta, y otras cosas de refresco que se venden donde le representan, por lo que toca a pagar este presente mes de henero en conformidad de la obligaçion que tiene hecha da pagar anticipadamente cada mes esta cont.d* [= contabilidad ?] *por el curso de cinco años que comenzaron a correr a calendas de henero del año proximo passado 1642, como pareçe por instrumento rogado ante Carlos Como notario publico de Milan - L. 660»*.

5. Dall'unica licenza a me nota concessa a un ciarlatano sembra di intuire che anch'essi dovevano sottostare ai vincoli dei comici. Si chiede infatti nella lettera di Francesco Scarioni, in arte Dottor Boccalone, di poter vendere *«li suoi medicamenti, et in particolare una pezza lavorata per lo stomaco, un unguento per le scottature et altre cose spettanti all'impirica professione* [...] *sì in Milano come per tutto lo Stato, cioè città, castelli e terre; montare in banco con la sua compagnia, con personaggi mascherati con suoni e canti, sì di giorno di lavoro, come anco la festa, cioè la mattina doppo detta la messa maggiore et la sera doppo il vespero»*; in ASM, *RcS*, xxi.31, c. 59v ▷d.77.

6. V. l'annotazione nella parte introduttiva del contratto stipulato fra il collegio e l'impresario ▷d.84, dove ci si preoccupa di non imporre cifre troppo alte per gli affitti, sia delle sedie che dei *«luochi»* destinati ai comici – ovvero il teatro e le due stanze per il disimpegno (v. *infra*) – perché non diminuisca l'affluenza del pubblico e delle stesse compagnie.

7. V. per esempio i due passaporti rilasciati l'uno a una non meglio precisata compagnia di comici diretti a Ferrara (ASM, *RcS*, xxi.33, c. 103v ▷d.85) e l'altro a *«Diana e Buffetto Comici»* (ASM, *RcS*, xxi.33, c. 54r). Rasi 1905, i, pp. 571-575, che riproduce questo documento, ci informa che Buffetto è Carlo Cantù, mentre Diana è Giulia Gabrielli che canterà nella *Finta pazza* parigina del 1645 ▷t.25. La soluzione di far rilasciare le licenze direttamente al collegio sembra avere un momento di passaggio nella concessione per Cintio del 3 aprile 1641, dove il governatore firma il documento su richiesta del maggiordomo del collegio (ASM, *RcS*, xxi.32,

ANTONIO LONATI IMPRESARIO

Come si è detto il contratto è stipulato per cinque anni dal primo di gennaio del 1642, e quindi destinato a scadere alla fine del 1646.[8] Effettivamente fino a tutto il 1646 non ci sono sorprese nelle note d'entrata. Poi le cose cambiano. Eppure il nuovo contratto, stipulato il 18 dicembre 1646, non differisce molto da quello precedente.[9] Si incontra in più il nome di Carlo Casato quale socio di Lonati, ma le definizioni economiche sembrano le stesse. Questo dura solo quattro anni[10] e prevede come il precedente un contributo di 660 lire mensili per la gestione delle commedie più 180 lire (sempre mensili) per lotti e ciarlatani. Però verificando sul registro superstite, si notano subito delle inspiegabili discrepanze. In riferimento al secondo contratto, nei tre anni riportati – 1647, 1648, 1649 – le 180 lire dei lotti sono sempre presenti con regolarità, non così il contributo per le commedie. Malgrado fosse previsto un pagamento mensile e anticipato, il 1647 vede solo tre voci: due di 2.000 lire ciascuna pagate in aprile e in settembre per coprire i primi sei mesi dell'anno, più 1.032 lire incassate a dicembre come saldo conclusivo, per un totale di 5.032

c. 180r) ▷D.79. Curiosamente, ancora nel 1649 un funzionario del governatore Benavides firma una licenza per la compagnia di Ercole Nelli, ma con la clausula *«che si convengano prima col Collegio delle Vergini Spagnole»* (ASM, *RcS*, XXI.33, c. 228v) ▷D.96. È possibile che la rapida successione dei governatori, e nel particolare l'assenza dello stesso, creasse confusione intorno agli effettivi ruoli di ciascuno in merito all'amministrazione teatrale. Per una visione d'insieme ▷S.8.

8. V. *supra* il passo riportato ▷V[4]. È stato il nome del notaio ivi citato, Carlo Como, che mi ha permesso di risalire al contratto.

9. Ho scelto di riprodurre (quasi integralmente) solo questo secondo contratto perché il precedente si rivela nella sostanza coincidente e semmai meno articolato; ▷D.84. L'unica informazione in più, presente fra i *«capitoli»* dell'atto del 1641 recita: *«L'impresario non haverà da intromettersi nelli zarattani, monti in banco, saltatori sopra la corda, né altri simili, sotto qualsivoglia pretesto, né per il concorso di essi o della gente che andasse a servirli, o vedergli pretendere cosa alcuna, né restauro, né altro ancorché si potesse dire che per tal causa si desviassero le persone di andare a servire le comedie»* (ASM, *Notarile*, 30313, cit., foglio allegato).

10. In merito si coglie un'incongruenza facilmente spiegabile. Per due volte nel contratto si precisa che questo durerà cinque anni *«dalle calende del mese di Genaro dell'anno 1647 prossimo a venire sino ad anni cinque prossimi a venire, che finiranno nelle calende de Genaro dell'anno 1651 parimenti a venire»*. È evidente che gli *«anni cinque»* sono calcolati dal giorno della stipula del contratto, redatto ancora nel 1646, perché dal 1° gennaio 1647 al 1° gennaio 1651 passano solo quattro anni.

lire sulle 10.080 previste dal contratto – nemmeno la metà. Col 1648 riprendono le 660 lire mensili, ma nel 1649 di nuovo il caos (5.242 lire 18 soldi e 10 danari in tutto).[11] Inoltre alla voce n. 43 del gennaio 1649 è segnato un saldo di 474 lire per il 1648, anno in cui invece i pagamenti sono stati regolari.

Non sembra che Lonati e Casato abbiano voluto eludere i patti, altrimenti il contratto sarebbe venuto a cadere. D'altra parte Lonati rimane amministratore ancora per molti anni e se non fosse stata sua abitudine osservare gli accordi non avrebbe potuto continuare l'attività. Più probabile ipotizzare alcune spese sostenute da Lonati – ma contrattualmente a carico del collegio – implicitamente trattenute dalla rendita. L'atto prevede solo alcuni casi in cui il collegio avrebbe potuto non ricevere la rendita pattuita. Vediamo in dettaglio gli undici capitoli relativi alla gestione dell'attività teatrale.

1) è impegno dell'impresario scegliere le compagnie comiche che verranno a recitare *«nel luoco solito posto nella corte di S.E.»*,[12] mentre al collegio spetterà rilasciare le licenze. È aggiunto che per tali licenze i commedianti non dovranno pagare nulla al collegio.

2) se i comici avranno bisogno di una scorta per attraversare lo Stato di Milano, questa sarà fornita dal collegio, ma a spese dell'impresario.

3) sarà necessario coprire, ovvero risistemare con un tetto il luogo dove si fa commedia, il materiale essendo a carico dell'impresario, mentre la mano d'opera sarà pagata dal collegio.

4) il collegio fornirà le sedie (quelle che saranno poi affittate dall'impresario durante gli spettacoli), ma eventuali danni alle stesse saranno a carico di quest'ultimo.

5) lo stesso vale per il palco, le scalinate e i palchetti.

6) le rappresentazioni verranno allestite a piacere dell'impresario, a qualunque ora, purché nei giorni leciti.

11. Si noti che la cifra di dicembre salda i conti per quell'anno, non essendo ipotizzabili ulteriori contributi nel 1650. Nella voce è infatti precisato *«a buena quenta de lo que devian pagar este presente año por dicha su impresas»*. In dettaglio:

Gennaio	L. 660 (voce n. 40)	Luglio	L. 300 (voce n. 59)
Febbraio	L. 600 (voce n. 44)	Agosto	L. 300 (voce n. 62)
Marzo	L. 600 (voce n. 47)	Settembre	L. 720 (voce n. 66)
Aprile	–	Ottobre	L. 660 (voce n. 68)
Maggio	L. 300 (voce n. 55)	Novembre	L. 600 (voce n. 72)
Giugno	L. 300 (voce n. 56)	Dicembre	L. 202:18:10 (voce n. 78)

12. La *«corte di S.E.»* è ovviamente il palazzo Reale, non la corte delle commedie.

7) durante le stesse l'impresario potrà far vendere frutta e vino (la merce non essendo sottoposta a tassa alcuna), avendo inoltre la possibilità di usare *«il luoco solito dentro il theatro delle commedie»* per custodire i rinfreschi e un altro per le sedie.

8) oltre alla concessione della licenza, nessun impegno è richiesto al collegio nei confronti dei comici.

9) né viene prevista alcuna restituzione di soldi, qualunque sia il motivo, fuorché in caso di peste, guerra e assedio, o per la volontà precisa del governatore di vietare rappresentazioni già in programma.

10) il pagamento avverrà mensilmente e

11) gli impresari non potranno far pagare più del solito l'affitto delle sedie (5 soldi la *«cadrega»*, 1 parpaiola lo *«scabello»* e il doppio per le *«opere»* o per quelle rappresentazioni che richiederanno un costo superiore al normale).

Almeno secondo contratto le possibilità per cui il collegio si sarebbe potuto trovare a pagare qualcosa si riducono a casi abbastanza improbabili: un'epidemia di peste, l'assedio della città, una guerra che coinvolgesse il territorio milanese, il veto del governatore a far commedie e – più concretamente – il rifacimento del tetto, essendo la mano d'opera a carico del collegio.

Segnali di peste fortunatamente non ce ne sono, né la città è cinta d'assedio. Il Mazzarino ha effettivamente l'occhio concupiscente su Milano, ma per il momento non può far altro che accerchiare Cremona con le truppe del duca di Modena.[13] La guerra comincia nell'autunno del '47 e prosegue per tutto il '48, e se anche Milano rimane parzialmente coinvolta, è pur vero che Lonati non sgarra di un centesimo nei pagamenti del 1648. Si può forse ipotizzare che la caoticità dei pagamenti del 1649 sia dovuta alla volontà del nuovo governatore Luis de Benavides, Carillo y Toledo, marchese di Caracena,[14] che in seguito alla

13. *Cfr.* CATALANO 1958, pp. 110-126.

14. Governatore dal febbraio 1648: *ad interim* fino a giugno, poi effettivo. A lui dedicato è il libretto di un *Concerto armonico* assai curioso (*SarL*, 23624). Si tratta di un'accademia per voci e strumenti, con le musiche di un solo compositore, Giulio Matioli di Bologna che firma anche la dedica (Milano, 5 gennaio 1649). La cosa più interessante è l'articolato programma che riporta la successione dei brani e il testo di tutti i pezzi cantati. Trascrivo qui di seguito i titoli di ciascun brano (in corsivo quelli accompagnati da un testo):

[1] Sinfonia
[2] *Voce sola*
[3] Sinfonia
[4] *Coro a sei*
[5] Sinfonia
[6] *Due voci* [ritornelli strum. alla fine di ciascuna delle tre strofe]
[7] *Coro*

segue:

venuta della regina Anna, potrebbe aver monopolizzato per suo uso privato il teatro delle commedie, ma questa rimane un'ipotesi. E semplice ipotesi si rivela quella relativa al possibile rifacimento del tetto. Per altro, dalla sistematicità con cui si parla della sua costruzione nei due contratti, si può ragionevolmente pensare che questo necessitasse di restauri se non tutti gli anni certo frequentemente.

La questione del tetto si era posta esplicitamente già nel 1644 quando un incidente impose un chiarimento di competenze. Si ricava tutta la vicenda dalla relazione del 13 febbraio di quell'anno che il funzionario Francesco Prestino redige per il commissario generale delle Munizioni.[15] Un tetto era stato costruito a protezione del teatro delle commedie per far spettacolo anche in inverno, ed estendere in questo modo la stagione che fino a quel momento era stata prevalentemente estiva.[16] L'idea di utilizzare un luogo coperto – soluzione scaturita da un'esigenza squisitamente economica – ha dato una svolta sostanziale al costume teatrale milanese, tanto che l'opportunità di far recitare le compagnie malgrado il freddo dell'inverno e della sera è esplicitamente sottolineata nel contratto stipulato con Lonati.[17] Poiché nello stesso è anche prevista l'eventuale costruzione (o rifacimento) di un tetto, si deve desumere che questa copertura ogni tanto doveva essere ristrutturata. Una normale nevicata forse non avrebbe provocato grossi danni, ma nel gennaio del '44 cadde su Milano una quantità di neve veramente inaspettata e il tetto crollò, insieme ad altri di palazzo.[18]

---

[8] *Voce sola*
[9] Sinfonia
[10] [prosegue il testo del n. 8]
[11] Sinfonia
[12] *Tre voci* [con tre ritornelli c.s.]
[13] *Coro*
[14] Canzone di stromenti
[15] *Voce sola*
[16] Sinfonia
[17] *Quattro voci* [tre ritornelli c.s.]
[18] *Coro*
[19] Sinfonia
[20] *Voce sola*
[21] Coro

15. ASM, *SP*, cart. 28 ▷D.80. Secondo quando è detto la relazione era stata effettuata su richiesta dello stesso commissario (4.II.1644) in seguito a un ordine del Magistrato ordinario (3.II.1644).

16. Almeno in riferimento agli anni precedenti la peste ▷III[13].

17. Si potrà far spettacolo «*tutti li giorni permessi et all'invernata, ancor di not‹t›e nel luoco solito*», e più avanti: «*tutti li tempi et giorni permessi et al tempi del inverno, ancora di notte*»; *cfr.* l'atto del 1646, cit. ▷D.84. Le stesse frasi ricorrono anche nel contratto del 1641.

18. Sappiamo per altre fonti che la neve creò seri problemi alla tenuta di tutti i tetti: «*quando si gettò la neve dalli tetti del regio palazzo di Milano il verno passato, si ruppero molti coppi e con*

La relazione di Prestino si affretta a definire i territori di competenza per capire a chi dovesse spettare il restauro del danno, permettendoci di chiarire i termini con cui governo e collegio si rapportavano in merito alla gestione degli spettacoli. Si comprende subito – e d'altra parte è detto esplicitamente – che il tetto è di proprietà del collegio che lo aveva fatto costruire di sua iniziativa. Il cortile, o stanza, essendo invece collocato nel palazzo, rimane sotto la responsabilità del governo che nel caso specifico ha concesso il luogo senza alcun affitto. Nell'ipotesi di restauro, il tetto, con le sedie, il palco e i palchetti eventualmente danneggiati rimangono perciò a carico del collegio,[19] mentre la grondaia crollata, rientrando nei danni di palazzo, sarà ripristinata a spese delle regia Camera.[20]

Le presunte inadempienze al contratto che si registrano nei conti del 1647 e del 1649 potrebbero essere motivate dai rimborsi che il collegio doveva a Lonato e Casato per la mano d'opera necessaria alla costruzione di un nuovo tetto o più in generale per la ristrutturazione di altre parti del teatro, anche se la cifra mancante appare troppo alta per coprire il rimborso di una eventuale mano d'opera. Più probabile forse il coinvolgimento di aspetti contrattuali contingenti, ma purtroppo dai documenti non si colgono ulteriori giustificazioni

l'acqua che versò la notte si conobbe il danno, che per‹ci›ò con il detto biglietto vi ordinassimo doveste fargli provedere», come da mandato del 23 giugno 1644 (*cfr.* ASM, *RcS*, XXII.63, c. 63r). Vi sono poi strascichi della vicenda anche in un mandato del 2 agosto 1647 dove Carlo Piantanida deve essere rimborsato di 315 lire *«per la fattura d'haver assicurato li tetti del detto regio palazzo»*; v. tutto il mandato (ASM, *RcS*, XXII.64, c. 245v) ▷D.86 dove si riferisce anche della presenza di una *«nevera»*, ovvero di un deposito posto sotto il palco del teatro delle commedie per raccogliere la neve, poi utilizzato come ghiacciaia in estate.

19. Ci sono effettivamente, fra le uscite segnate nel registro citato, due voci relative le spese per il palco e le sedie. Nel primo caso si tratta di 1.200 lire pagate a Giulio Morando per aver ristrutturato il palco danneggiato (*cfr.* ACVS, *Registro di cassa*, 2, uscite, maggio 1644, voce n. 24) ▷D.81. Nel secondo invece vengono restituite a Lonato 100 lire per aver comprato 40 sedie, e altre 20 lire per aver fatto restaurare quelle semplicemente danneggiate dalla caduta del tetto (*cfr.* ACVS, *Registro di cassa*, 2, uscite, dicembre 1644, voce n. 72) ▷D.82.

20. Sforzo palese di gran parte della relazione di Prestino è legato all'aspetto caritatevole di un contributo della regia Camera. In effetti essendo la grondaia crollata a causa del tetto, anche quella dovrebbe essere rifatta a spese del collegio, ma poiché tale spesa sarebbe *«di pocho rilievo alla regia Camera et di molto solevo alle dette Vergini»*, il restauro avrebbe potuto rientrare nelle spese di governo. Effettivamente fra le uscite del registro del collegio le uniche spese riguardano come già detto le sedie e il palco, non si parla né del tetto, né tantomeno di grondaie. È possibile supporre che il consiglio del funzionario sia stato accolto.

possibili e qualunque altra ipotesi al momento rimane priva del conforto delle fonti.

Dagli atti citati invece si ricavano altre informazioni preziose. Era l'amministratore che sceglieva le compagnie e che doveva preoccuparsi della loro incolumità per il viaggio e il soggiorno nello Stato. Questo concede a Lonati la fisionomia di un vero e proprio agente teatrale più che di un semplice imprenditore. Un'attività che gli permise di acquisire un'ampia competenza, pur in una condizione privilegiata come quella milanese (che escludeva cioè la possibilità di concorrenti).[21]

L'altro aspetto significativo è legato al luogo in cui si svolgevano gli spettacoli. Oltre alla presenza di un tetto, lo spazio della platea (quello dove presumibilmente erano collocate le sedie) appare circondato da una serie di «*palchetti*» che definiscono una struttura teatrale ormai molto vicina a quella 'all'italiana' dei teatri sei-settecenteschi. Si nota anche la presenza di una stanza in cui poter custodire il vino, la frutta e i rinfreschi e un'altra per le sedie e in generale per ciò che poteva servire alla gestione del teatro.[22] A questo punto qualche perplessità non può non sorgere in merito alla possibilità di coprire un cortile su cui si affacciavano delle finestre, e per di più le finestre delle stanze del governatore. E poi, dove sarebbero state sistemate le scalinate e i palchetti dalla struttura certamente poco maneggevole? Non pare che la corte verso via delle Ore possa essere stata in grado di ospitare un apparato ormai così complesso.

21. Lonati è amministratore teatrale fin dal 1627. La notizia si ricava dal contratto del 1665, sempre stipulato con il collegio, in cui è riprodotta una lettera del 1664 dove si legge: «*Antonio Lonati devotissimo servitore delle signorie loro illustrissime dice che sarà lo spatio d'anni trentasette che gode in affitto la stanza delle commedie del venerando Collegio*»; ASM, *SP*, cart. 30-31. Barblan 1959, p. 957, nota 1, posticipa la data al 1628, ma ricava acriticamente l'informazione dagli appunti di Somma che sottrae erroneamente i 37 anni dalla data del contratto e non da quella della lettera. Sempre secondo Barblan 1959, *ibidem* Lonati avrebbe terminato la sua attività nel 1674, ma anche in questo caso dobbiamo ritenere l'informazione errata, poiché nel '76 la dedica dei libretti di *Marcello in Siracusa* (*SarL*, 14724) e di *Bianca di Castiglia* (*SarL*, 4092) portano ancora la sua firma quale impresario.

22. Già nel 1606 si parla di una specie di spogliatoio utilizzato durante le rappresentazioni: «*gli parlai dietro il palco doppo la comedia, et mi ritirai in una camara dove si spogliamo et vestimo*», riferisce Cecchini in una sua lettera spedita da Milano il 20 settembre di quell'anno (già in Bevilacqua 1894, p. 41, ora in *Comici*... 1993, i, pp. 223-224).

Un nuovo teatro

In effetti il *«luogo solito»*, di cui si parla qui e in seguito, non è il *«luogo solito»* citato finora. Un po' alla chetichella, tanto da non lasciare alcuna traccia nei documenti, il teatro delle commedie si è trasferito. Il momento preciso in cui ciò è avvenuto non è noto, ma è ragionevole pensare che il nuovo teatro sia stato allestito o nel periodo della 'ricostruzione' successivo alla peste, e quindi a metà degli anni Trenta, o addirittura prima, magari nel '27 quando Lonati diventa amministratore. Certo dopo il 1611, perché nel documento spagnolo citato[23] si parla esplicitamente della necessità di raccogliere dei soldi per costruire una sala per commedie, con la precisa richiesta che il governatore non permetta ad altri la costruzione di edifici teatrali. D'altra parte sino al 1620 almeno, non sembra che tale operazione sia avvenuta, perché fino a quella data le informazioni sono abbastanza fitte da non poter lasciar disperdere un evento così importante come quello dell'allestimento di un teatro vero e proprio – pur nella fisionomia forse sperimentale che deve aver assunto all'inizio. Il ventennio a cavallo della peste, si è già detto, è il momento più avaro di notizie: probabilmente è in questi anni che il teatro si trasferisce, viene adibito di un tetto utile a rappresentazioni (forse con graticciate), è circondato da scalinate e palchetti e acquista una fisionomia appropriata. Se la trasformazione sia avvenuta d'improvviso o gradualmente non è noto.[24]

La nuova collocazione è quella che a tavola 11 ho indicato con il n. 5 e che accoglierà gli spettacoli fino al 1717 (con l'eccezione della parentesi 1699-1708). La discussione critica delle tesi espresse finora e gli indizi che mi hanno spinto a definire tale trasferimento sarà esposta alla fine di questo capitolo perché altre informazioni sono necessarie per chiarire meglio il quadro complessivo della situazione. Per il momento è sufficiente sapere che il teatro delle commedie si è spostato nella parte opposta di palazzo Reale, in una sede decisamente più consona e ampiamente organizzata allo scopo.

Questo è il teatro che ospiterà lo spettacolo pubblico per tutto il secolo, e sopratutto ospiterà tutti gli allestimenti operistici di Milano, fatta eccezione per qualche raro caso di rappresentazione 'di corte'. Ma non è certamente la nuova struttura teatrale a stimolare la produzione o l'acquisizione di una nuova forma

23. ▷D.39, *cfr.* il punto 5.

24. V. qui le ipotesi discusse ▷T.29.

di spettacolo come quella d'opera. Né tantomeno sono le nuove esigenze dell'opera in musica a provocare le mutazioni dell'edificio teatrale. Le date non coinciderebbero, certo, ma non è questo il motivo. (E d'altra parte nella quasi totale assenza di notizie chi può negare che una compagnia di comici-cantanti non abbia inaugurato il nuovo teatro di corte? o addirittura che proprio la presenza insolita di tale compagnia abbia suggerito un radicale maquillage dello spazio?). Non è questo il motivo – dicevo – perché l'opera in musica non casca sulla testa del pubblico milanese come un evento folgorante, né obbliga lo spettatore a rivedere d'improvviso le sue competenze teatrali; semplicemente si inserisce gradualmente nella tradizione ormai in evoluzione della commedia dell'arte, cedendo sempre di più alle lusinghe di componenti tradizionalmente efficaci come la musica, i balli, le canzonette.[25]

La prima opera in musica rappresentata a Milano – quella per il cui reperimento gli storici hanno fatto carte false, preferendo spesso accontentarsi di una mezza verità pur di identificare in questo o quell'altro titolo il memorabile evento – tale straordinaria opera, con buona probabilità, non esiste.[26] Quando a Milano viene rappresentata la prima opera in musica, definita come tale e con tanto di libretto, probabilmente siamo già alla fine di un percorso evolutivo che ha reso assai marginale le differenze fra una commedia d'autore e il teatro musicale vero e proprio.

25. *«Ancor prima della nascita dell'opera la commedia dell'arte aveva già creato la maggior parte delle condizioni necessarie alla sua accettazione»*, è la considerazione sintetica e precisa che raccoglie l'idea chiave di un saggio fondamentale di Pirrotta 1954, al quale si rimanda per un approfondimento di questi temi. D'altra parte proprio ripensando alle straordinarie doti musicali delle più celebrate figure di comici, come Francesco Gabrielli ▷iii[71], Virginia Ramponi ▷ii[34], Carlo Cantù e Diana, la figlia di Gabrielli ▷t.25, o lo stesso Francesco Andreini ▷t.20, non si fa fatica a cogliere i punti di contatto, scambio, trasformazione della commedia dell'arte verso il melodramma. Se forse Gabrielli poteva essere un'eccezione come esecutore, per abilità e versatilità, certo ai comici professionisti erano in genere richieste ben più che generiche competenze musicali, se già i saltimbanchi non potevano essere estranei alla musica.

26. Non è qui il caso di insistere sull'esempio emblematico di Barblan 1959, p. 957, purtroppo seguito da altri, che concede all'*Andromeda* veneziana di Ferrari e Mannelli una trionfale incursione a Milano nel 1644, seguita da altre cinque 'prime' milanesi di altrettante opere di Ferrari, tutte rappresentate nel '44. L'errore si rivela tanto più grave perché, muovendo dal desiderio di esibire l'evento, potrebbe essere consapevole della propria infondatezza. L'*Andromeda* milanese pubblicata da Ramellati è infatti chiaramente un'edizione letteraria, tanto da intitolarsi *Poesie drammatiche di Benedetto Ferrari della Tiorba* ▷l.81.

Non è mia intenzione sminuire l'importanza di questi primi titoli ma appare significativo che nell'arco cronologico definito da questo lavoro, tenendo conto della presenza dei libretti superstiti, due soli siano i titoli d'opera sicuramente rappresentati: *Il pastor regio* (primavera 1646)[27] e *La Delia sposa del Sole* (carnevale 1647).[28] È evidente che altri allestimenti precedenti, magari identificabili con qualche titolo di commedia pubblicata a Milano, avrebbero potuto sostenere anche parzialmente lo stesso ruolo. Come pure è possibile che molti libretti non siano stati stampati o siano perduti. Si conoscono infatti almeno altre due opere certamente allestite a Milano: *La finta pazza*[29] e il *Giasone*.[30]

Tutte queste rappresentazioni di cui si ha testimonianza associano il loro nome ad un altro che si afferma in questo ambito alla fine degli anni Quaranta: i Febiarmonici, una sorta di compagnia di comici-cantanti dalle fattezze magmatiche che invade rapidamente la maggior parte delle corti italiane.

I Febiarmonici

Bianconi e Walker in un noto articolo di qualche anno fa hanno raccolto preziose informazioni per capire meglio chi sono i Febiarmonici.[31] A Milano

27. Testo di Benedetto Ferrari della Tiorba e musica di Francesco Mannelli, libretto già edito a Venezia (1640), Bologna (1641) e Genova (ignota la data). Il libretto milanese è stampato da G.B. e G.C. Malatesta con una dedica degli Accademici Febiarmonici datata 30 marzo 1646; *cfr. SarL*, 18107-18110.

28. Testo di Giulio Strozzi e musica di Paolo Francesco Sacrati. Anche in questo caso le prime edizioni del libretto si segnalano a Venezia (1639 e 1644) e a Genova (1645); *cfr. SarL*, 7315-18.

29. Bianconi-Walker 1975, p. 405, nota 102, ipotizzano una sua datazione prima del 1650; v. anche Bianconi 1987, p. 967. Sempre opera del binomio Strozzi-Sacrati, si ha notizia del suo allestimento milanese per una ristampa non datata di G.P.E. Ramellati che asseconda «*Le continue istanze de' cavalieri, li quali (perché essendosi sparse hormai tutte le copie di già stampate della* Finta pazza*) ne desiano vieppiù d'averne*». Il libretto della *Finta pazza* fu stampato a Venezia (1641 e 1644), Piacenza (1644), Firenze (1645), Bologna (1647), Genova (1647), Torino (1648), Reggio Emilia (1648) e Napoli (1652); *cfr. SarL*, 10495-10503.

30. Testo di Andrea Cicognini e musica di Francesco Cavalli. Come dirò poi, fu allestito nella primavera del 1649 subito dopo le prime veneziane avvenute nel gennaio-febbraio dello stesso anno; il libretto di tale rappresentazione non è noto; *cfr. SarL*, 11787 e segg.

31. Bianconi-Walker 1975.

sembrano comparire per la prima volta col *Pastor regio*.[32] La dedica è firmata «*accademici Febiarmonici*» (30 marzo 1646), ma non sono noti i nomi dei singoli interpreti. Il libretto bolognese del *Pastor regio*[33] (1641) riferisce invece i nomi dei «*musici*», e in testa all'elenco compare il castrato Marc'Antonio Brocca. Da una fonte d'archivio ricaviamo che il «*musico*» ha lavorato col fratello Stefano a Milano con la sua compagnia nell'autunno del 1647 e vuole dirigersi a Torino.

> Per ordine di S.E. si concede amplo e libero passaporto a Marc'Antonio e Steffano fratelli Brocchi, Giuseppe Chiarini, Alessandria [*sic*] Sardonia, Agostino Badaracco e Francesca sua moglie, comici che poco fa hanno dato fine a recitar comedie in questa città di Milano, di passarsene a Torino andando a drittura per la via di Novara e Vercelli[34]

Nel passaporto non compare il nome di Febiarmonici e la compagnia sembra formata da «*comici*» che hanno «*recitato comedie*». Eppure Marc'Antonio Brocca (o Brocchi) non può aver perso la voce in così breve tempo. È un'ulteriore conferma al fatto che i termini «*comico*» e «*musico*» in un contesto teatrale diventano intercambiabili. D'altra parte nella primavera dell'anno successivo alcuni membri del gruppo vogliono tornare a Milano e questa volta i medesimi funzionari che hanno firmato il precedente passaporto sembrano aver acquisito una terminologia più appropriata.

> Ritrovandosi Steffano Brocchi, Agostino Bordaracchi, Alessandra Sardonia e Maria Francesca, musici febiarmonici in Torino dove si trasferirono li giorni passati e desiderando ritornar a questa città di Milano per rappresentare di nuovo le loro opere[35]

«*Di nuovo le loro opere*»: dunque non si tratta di un improvviso cambiamento di repertorio. Eppure ora si parla di Febiarmonici. Semmai in questo caso sembra che il termine sia stato aggettivato, a conferma di quella teoria che vuole il nome Febiarmonici quale sinonimo di compagnia di canto.

---

32. *SarL*, 18109.

33. *SarL*, 18108.

34. ASM, *RcS*, xxi.33, c. 151v ▷d.87. Il passaporto è datato 7 novembre 1647.

35. ASM, *RcS*, xxi.33, c. 171v (24 marzo 1648) ▷d.88. Marc'Antonio è quasi certamente restato a Torino perché assunto quale musico di corte dei Savoia; sarà poi raggiunto anche dal fratello Stefano e accolto anch'egli fra i musici l'8 giugno del 1649 (*cfr.* Bianconi-Walker 1975, p. 404 nota 116).

Cosa avranno messo in scena? Forse *La finta pazza*, forse qualcos'altro. Certo è che di altri libretti disponibili da inserire in questi due periodi (autunno 1647 e primavera 1648) non ce ne sono, e ancora una volta ci si accorge quale distanza, almeno in questo periodo, separa un elenco di pubblicazioni dalla reale successione delle rappresentazioni.

C'è da osservare però che un *Pastor regio* è rappresentato a gennaio del 1646 a Genova sempre dai Febiarmonici[36] e un altro sarà allestito a Piacenza in aprile.[37] Dobbiamo credere si tratti della stessa compagnia che ha fatto tappa, secondo un percorso comune ai comici dell'arte, a Genova, Milano e Piacenza? Pare improbabile, perché la compagnia dei Febiarmonici di Genova rimane in città anche nei mesi successivi,[38] ma in questo caso dovremmo ammettere la presenza di due, o adirittura tre, compagnie omonime che allestiscono la stessa opera quasi negli stessi mesi.[39]

L'altra data milanese legata ai Febiarmonici è la rappresentazione della *Delia sposa del Sole*, dove la loro maestria è lodata nella dedica (20 dicembre 1646). Anche in questo caso sono «*accademici*», ma saranno gli stessi del *Pastor regio*? Non è improbabile che si sia tentato di cavalcare la scia della fortuna dell'opera precedente, ma forse la questione è più complessa. Il libretto è una «*quarta impressione*» e, come detto, già rappresentato a Venezia, Bologna, Genova e Milano.[40] Anche qui tuttavia, come nel caso precedente, non si può dire se

36. Ivaldi 1980, p. 147.

37. Bianconi-Walker 1975, pp. 432-433.

38. Ivaldi 1980, p. 148.

39. Eppure il libretto milanese, «*quarta impressione*», ricorda gli allestimenti di Venezia [i], Bologna [ii] e Genova [iii]; e la «*quinta impressione*» piacentina aggiunge la piazza di Milano. Tutto sotto controllo quindi: ma per quale motivo uno stampatore avrebbe dovuto informare il suo pubblico che la stessa opera era sì già stata rappresentata altrove, ma da un'altra compagnia? Certo, il pubblico di tal particolare non poteva sospettare nulla e forse era più importante far sapere quanta fortuna poteva aver avuto un'opera (a prescindere da chi l'avesse allestita) che dettagliare sugli interpreti, ma in questo caso si dovrebbe supporre una ramificata consapevolezza della scena teatrale italiana, ovvero che tutte le compagnie fossero perfettamente al corrente di cosa stavano allestendo altri in altre città, anche solo pochi giorni prima...

40. Non tragga in inganno la dicitura: non ci riferisce a un altro allestimento milanese, ma a quello appena avvenuto il carnevale trascorso. Era infatti uso, almeno nei primi anni, stampare i libretti dopo l'allestimento, a titolo forse propagandistico (così è per il libretto genovese, detto «*terza impressione*» e «*rappresentato in musica in Genova*»). Semmai è curioso che dell'allestimento bolognese non vi sia libretto, quello che avrebbe dovuto essere la «*seconda impressione*»,

questi Febiarmonici siano gli stessi della rappresentazione genovese. Sappiamo invece che l'impresario Giacinto Adorno aveva trattato nell'autunno passato con Milano (con Antonio Lonati?) per far venire compagnie a Genova.[41] A Genova poi verranno segnalate compagnie di Febiarmonici sia prima che dopo la presenza milanese al carnevale del 1647 (quello cioè della *Delia*), ma i dubbi non cambiano: saranno gli stessi?

Ancora: il *Giasone* (e forse anche *Filli di Sciro*) fu rappresentato dai *«comici Febiarmonici»*, ma pur avendo in merito molte più notizie, non potremmo giurare sull'identità della compagnia. L'allestimento coincide con la venuta della futura regina Maria Anna d'Austria destinata sposa a Filippo IV secondo un cerimoniale che non è nuovo. Come cinquant'anni prima quando la regina Margherita si accingeva a sposare Filippo III, Maria Anna passerà per Milano sicura che la città non si sottrarrà alle dimostrazioni di giubilo organizzate dai devoti sudditi del re di Spagna.

L'avvenimento è noto e studiato,[42] e quindi non è il caso di ripercorrere tutte le tappe del soggiorno milanese della principessa. Meno precise invece le informazioni relative agli spettacoli allestiti in suo onore a palazzo. Le cronache ufficiali riferiscono solo due titoli: *Teseo* e *Giasone* (a cui si aggiunge quasi di soppiatto *Filli di Sciro*), rappresentazioni sostanzialmente diverse, nelle intenzioni e nel risultato, ma destinate a dimostrare la generosità artistica di Milano agli occhi del nobile ospite e quindi agli occhi del mondo.

Teseo è una pastorale o *«tragicommedia»* voluta espressamente dal governatore Benavides per dilettare la principessa Anna.[43] Come la tragicommedia del

---

mentre due sono i libretti stampati per Venezia, quello del 1639 e quello del 1644 che si accolla il ruolo di *«seconda impressione»*.

41. IVALDI 1980, pp. 149 e segg.

42. CENZATO 1987 e CENZATO-ROVARIS 1994; alla cui bibliografia si possono aggiungere la *Festa...* 1649, e BORA 1994, pp. 49-52. Una preziosa indicazione è quella di KENDRICK 1996, p. 154 nota 3, che segnala due motetti a otto voci di Michelangelo Grancini (conservati in I-Md, *Maestri di cappella*, busta 21) composti per l'ingresso della regina Anna: *Ista est speciosa* e *Sacerdos et pontifex*. Fra gli altri documenti d'archivio, sempre utile una lettura delle ordinazioni del Consiglio dei Sessanta in I-Mt, *Dicasteri*, cart. 48 (sedute del 18.XI, 4, 5, 14.XII.1648, 21.I, 27.III e 9.VII.1649) e il materiale raccolto in ASM, *PS*, cartt. 12 e 13; altre fonti saranno segnalate in seguito. Per una sintesi ▷C[1649].

43. Scenario stampato a Milano da Filippo Ghisolfi, 1649; e integralmente riprodotto in CENZATO 1987, pp. 81-100.

1599, sarà recitata dagli scolari di Brera con cori e balli fra un atto e l'altro e un concerto di trombe alla fine del quinto atto – recitato anche il prologo. L'allestimento di questo sontuoso spettacolo di corte occuperà il salone principale, chiamato di nuovo *«teatro»*, tanto per non venir meno alla tradizione gloriosamente instaurata cinquant'anni prima. Certo *«teatro»* è anche quello delle commedie, ma almeno una fonte ci permette di non dubitare della sua collocazione.

> [...] perché faceste subito componere un teatro nel salone maggiore di questo regio palazzo, per recitare una tragicommedia che si va disponendo dalli padri Giesuiti per la venuta della serenissima regina nostra signora[44]

Si noti che in questo caso *«teatro»* è usato (secondo l'altro significato comune nel Seicento) per apparato, scenografia, che al più può riguardare oltre al palco e alle scene per la pastorale, anche i tendaggi, gli arazzi, gli affreschi, le luci, *etc.* propri del salone.[45] Un utilizzo simile della parola *«teatro»* si ritrova, fra gli altri, in un documento del 1648 che ha creato una serie di equivoci a catena sulla costruzione di una fantomatica *«galleria»* posta fra gli appartamenti della regina e il palchetto dal quale poter assistere alla rappresentazione.[46] In realtà i

44. ASM, *RcS*, XXII.66, c. 31r ▷D.93.

45. In una precedente versione del doc. cit. al posto di *«teatro»* si parla espressamente di *«palco, et altre cose adherenti»*; *cfr.* ASM, *RcS*, XXII.66, c. 28v ▷D.92.

46. Il foglio causa di tanta confusione è la copia di un'ordinazione d'asta del 14 novembre 1648 per poter appaltare la costruzione di un percorso che permetta alla regina Anna di accedere al *«teatro annesso alla chiesa di San Gottardo»* (ASM, *PS*, cart. 14 ▷D.91), dove tale *«teatro»* si rivela essere l'apparato tipico che abbelliva le chiese nelle occasioni importanti. Specifica in merito il già citato diario manoscritto del maestro di cerimonia del governatore che in simili occasioni si doveva *«convenientemente ornar la cappella maggiore ove si ha da cantar la messa, et molte volte ancora tutta la chiesa, il che però, cioè di far ornar sii la cappella, sii tutta la chiesa, non è mio carico, ma soglio di mia spontanea volontà procurarlo»* (I-Mt, *Cod. Triv.* 1490, c. 2v). Simile sorte subì anche la chiesa di S. Fedele nel 1622 ▷T.33. Malgrado ciò il fraintendimento ha preso presto una piega così sconcertante da obbligarmi a fare almeno un piccola sintesi di tale 'fantasiosa' evoluzione che vede fin da subito PAGLICCI BROZZI 1891, p. 41 in nota, collegare questa galleria all'unico teatro che riteneva esistere a palazzo, ovvero quello delle commedie. Ma in più si aggiunge che *«L'ing. Richini v'impiegò 20 mila lire»*, intendendo con questo che il progetto di Richini sarebbe costato, come da documento, 20.000 lire. MEZZANOTTE 1915[a], p. 22, interpretando un po' liberamente Paglicci Brozzi, fa anticipare le ventimila lire per la galleria da Richino stesso, perché a suo dire il governo in quel momento non aveva liquidi disponibili, e fa sfociare la stessa nel salone di corte. VIANELLO 1941, p. 98, non aggiunge molto, ma

restauri del salone – che pur vi furono – sono stati di tutt'altra natura, limitandosi a riaffrescare i soffitti e poco altro.[47]

Il *Teseo* fu uno spettacolo privato, con un pubblico selezionato fatto di nobili e ricchi mercanti che contornavano adeguatamente la presenza ufficiale della regina. L'altro spettacolo, il *Giasone*, avrebbe potuto rientrare nella stagione pubblica che Lonati organizzava per Milano, ma probabilmente fu allestito con la collaborazione – e i soldi – del governatore Benavides che voleva impressionare la futura regina. Il pubblico non era più quello selezionato del *Teseo*, ma quello che solitamente affluiva agli spettacoli pubblici. La principessa rimase perciò in un palco del teatro nascosta dietro una gelosia. Il diario a stampa redatto dal maestro di cerimonie, Giuseppe Cicogna, riferisce in merito, e in più ci informa circa la data della rappresentazione (8 luglio), e la conferma dell'utilizzo del teatro delle commedie (chiamato *«patio»*).

> Giovedì 8 del detto mese [di luglio] S.M. scese dal suo appartamento reale al luogo della commedia in un palco che, ornato e con gelosie, le era stato preparato per vedere la commedia di *Giasone e il vello d'oro*, rappresentata in musica – con varie mutazioni di scena e curiose macchine – dalle migliori voci d'Italia allo scopo giunte da diverse parti per ordine dell'eccellentissimo signor marchese di Caracena, festa che S.M. apprezzò molto; e coloro che la videro ammirarono tanto la soavità delle voci ben concertate quanto la perfezione della rappresentazione e delle macchine[48]

---

trasforma questa fantomatica soluzione architettonica (che ormai collega il corridoio reale con il palchetto centrale del salone) in uno dei momenti salienti dei vari rifacimenti dell'edificio. A conclusione solenne di tale raro esempio di filologia storica, Cenzato 1987, p. 69, dopo aver ben circostanziato le amenità precedenti, precisa che *«Tale rifacimento deve aver rispettato le direttive della ricerca architettonica cinque-seicentesca, tesa a superare la fissità della scena rinascimentale e a sostenere, mediante l'applicazione di rigidi parametri geometrici, la nuova scena prospettica»* concedendo alla presunta nuova soluzione di Richino uno dei momenti di svolta nella storia dell'architettura del teatro barocco (tesi riconfermata in Cenzato-Rovaris 1994, p. 89). È quasi un peccato infierire su tanta creatività. A parte ciò è probabilmente alle finestre di questa *«galleria»* che furono appese sei stuoie decorative (ASM, *RcS*, xxii.67, c. 39v) ▷d.99, notizia che induce a pensare che tale corridoio doveva affacciarsi su un lato del giardino di palazzo (corte degli appartamenti nobili adiacente alla chiesa di S. Gottardo).

47. ASM, *RcS*, xxii.63, c. 243r ▷d.83.

48. *«Iuebes 8 de dicho mes bajò S.M. des de su real quarto al patio de las comedias a un aposento, que adornado, y con zelojias le estava prevenido a ber la comedia de Iason y vellozino de oro, representada en musica con varias mutaciones de senas y curiosas tramoias, de las mejores vozes de Italia para este effeto de diversas partes traidas por orden del excelentissimo señor marques de Carazena, fiesta que S.M. estimò*

La cronaca ufficiale, invece, che ricorda il *Giasone* più di sfuggita, quasi per non turbare l'austerità delle altre celebrazioni con uno spettacolo pubblico, riferisce inaspettatamente della presenza di una compagnia di Febiarmonici.

> sarà lecito in questo luogo accennare ancora la comedia che da gli comici Febiarmonici fu in musica rappresentata a S.M. nel solito luogo delle comedie. Ella si intitolò *Iasone et il Toson d'oro*, fu accompagnata da bellissime apparenze et da vaghissime mutationi di scena. I migliori musici d'Italia si unirono per animare questa favola, gli rappresentati la portorono con ogni dolcezza et affetto, et riuscì con appaluso non meno degli attori che dell'auttore. S.M. la vidde con molto gusto in una camera ornata che riguardava nel teatro fra alcune gelosie.[49]

Sia il *Teseo* che il *Giasone* sono anche ricordati dalla «Gazzetta di Milano» rispettivamente del 23 giugno e del 14 luglio[50] dove, oltre alle notizie già note, si dice che le macchine utilizzate in entrambe le opere furono progettate da Curzio Manara,[51] impiegando *«gran spesa»* e quattro mesi di lavoro per il *Teseo*, mentre solo quattro giorni per il *Giasone*, *«cosa che ha reso gran meraviglia a tutti»*.

La «Gazzetta» ci informa inoltre che fra le varie commedie più o meno in musica rappresentate[52] si allestì pure *Filli di Sciro* pastorale rappresentata *«con intermedij e balletti musicali»*.[53] Apparentemente, quindi, opera di corte, ma pro-

mucho, y quantos la vieron admiraron ausì la suavidad de las bien conzertadas vozes, como lo ajustado de la representacion y sus tramoias», CICOGNA 1649[a], pp. 9-10 del diario. Giuseppe Cicogna era cerimoniere di corte almeno dal 1636 (*cfr.* ASM, *FC*, cart. 191, fasc. *Cicogna*).

49. *La pompa...* 1651, pp. 48-49. Poco prima il cronista aveva parlato del *Teseo* allestito nel salone, sottolineando la straordinarietà dell'utilizzo di tale luogo con queste parole: *«ancorché quel teatro fosse ragionevolmente privilegiato, di che niun'altro* [tranne i padri Gesuiti] *vi potesse rappresentare»*, a conferma che il salone non accolse, né accoglierà fino al 1699, l'opera pubblica o qualunque altra rappresentazione non inserita in una celebrazione eccezionale.

50. I passi integrali sono riportati in COSTANTINI-MAGAUDDA 1993, p. 85.

51. Curioso personaggio, *«pellegrino architetto»*, sacerdote e uomo di teatro; BIANCONI-WALKER 1975, pp. 380-381, 399 e segg., riferiscono su di lui alcune notizie, legando la sua attività ad altri allestimenti precedenti e succesivi il *Teseo* e *Giasone* milanese: 1645, Lucca, *Finta pazza* con i Febiarmonici Discordati; 1646 (maggio), Firenze, *Egisto*; 1647 (carnevale), Bologna, *Finta pazza* ed *Egisto*; 1648 (carnevale), Ferrara, *Egisto* con gli Accademici Discordati; 1651, Napoli, *Egisto* e *Nerone*, e forse con i Febiarmonici il *Giasone*, *etc.*

52. CICOGNA 1649[b] riferisce che fra il 4 e il 16 giugno la regina assistette a una decina di commedie; *cfr.* CENZATO-ROVARIS 1994, p. 89 nota 97.

53. Nella «GdM» del 1° marzo 1651 si dice che era stata rappresentata il giovedì precedente la *«famosa opera di Filli di S‹c›iro»*, la stessa che *«fu fatta ancora per la venuta della regina»*; *cfr.*

prio la sua scarsa attenzione da parte delle cronache ufficiali (e la presenza di una replica avvenuta due anni dopo) fa supporre possa trattarsi di prodotto 'mercenario', e quindi a più basso costo, come il *Giasone*.

Chi cantasse e recitasse fra i Febiarmonici non è dato sapere, si sa solo che la compagnia del *«dottor»* Ercole Nelli ebbe licenza di recitare a palazzo proprio nello stesso periodo (giugno, luglio e agosto).[54] Nella compagnia compare anche Giulia Gabrielli, la figlia di Scapino che aveva cantato la parte di Tetide nella *Finta pazza* fiorentina del 1645, quella che poi sarà portata con successo a Parigi.[55] Questo lascia credere che Nelli allestiva anche (o solo?) opere in musica, ma quale ruolo avesse svolto la sua compagnia durante questi festeggiamenti milanesi è impossibile dirlo con precisione.[56]

Comunque sia l'opera in musica d'ora in poi ha anche a Milano la sua identificazione ufficiale, diventando un appuntamento insostituibile per il pubblico cittadino che erigerà alla sua gloria teatri sempre più grandi e funzionali, moltiplicandone le sedi durante tutto il Settecento. Destinando però ad altri una loro storia circostanziata, vediamo almeno di chiarire al meglio gli esordi di

Costantini-Magaudda 1993, p. 85. Una favola pastorale con lo stesso titolo circolava già dal 1607 e fu pubblicata a Milano nel '12, ma alcun suo libretto viene stampato in questi anni, né a Milano né altrove; *cfr. SarL*, 10279-10302.

54. ASM, *RcS*, xxi.33, c. 228 ▷d.96, in cui si elencano anche i nomi della compagnia. Altre licenze di questo periodo ci informano degli spostamenti della compagnia fra Milano, Bologna e Torino (ASM, *RcS*, xxi.33, cc. 178v, 201v e 220r) ▷d.89-90 d.95. Della contemporaneità di due compagnie, quella di Nelli e quella dei Febiarmonici, è detto esplicitamente in un altro documento dove si ordina *«di piantare sotto il portico dove si faceva la cavallerizza in questo regio palazzo il palco per li comedianti, acciò restasse libero l'altro per li Febiarmonici che dovevano rappresentare comedie alla serenissima regina N.S.»* (ASM, *RcS*, xxii.67, c. 39v) ▷d.99. Purtroppo non sono riuscito a identificare tale portico, ma potrei supporre che proprio la corte delle Ore – con le scuderie trasferite lì vicino (si confrontino le piante di palazzo prima e dopo la ristrutturazione ▷t.11-12) – fosse ora adibita a cavallerizza.

55. Per una sintesi, anche bibliografica, sulla *Finta pazza* si possono estrapolare le vicende da Carandini 1990, pp. 142-156. Circa il lasciapassare a *«Diana e Buffetto»* rilasciato a Milano per andare a Parigi ▷v[7] e t.25. A Parigi, in quell'occasione, sembra esservi stato presente anche Curzio Manara, con ruolo imprecisato (*cfr.* Bianconi-Walker 1975, p. 399).

56. Sappiamo che Angela Nelli, moglie di Ercole, poteva essere a Milano fra metà agosto 1650 e metà febbraio dell'anno sucessivo, come pure nel maggio dello stesso (*cfr.* Arcaini 1995, p. 299), ma non ci sono notizie circa una permanenza di lei, o del marito, o della compagnia, alla fine di febbraio 1651, quando fu replicata la *Filli*.

quello che fu il vero primo teatro d'opera a Milano, quello comunemente noto come teatro delle commedie.

La sede del teatro pubblico

Si era accennato prima al trasferimento del teatro dalla corte presso via delle Ore in quella dell'angolo di palazzo Reale che s'incunea fra il Duomo e l'Arcivescovado. Posto che non vi sono dubbi sul fatto che nei primi anni del secolo veniva usata quella corte (indicata a tavola 11 con il n. 4),[57] per un certo periodo non si hanno più riferimenti precisi circa la sua collocazione, poi improvvisamente una strana segnalazione mette in sospetto. È nel documento sopra citato del febbraio 1644 di Francesco Prestino che valuta i danni causati dal crollo del tetto costruito a copertura del teatro delle commedie, dove a un certo punto si propone di

> riffare la gronda a due parte del tetto cascato sopra li lochi che si dice l'appartamento de potentati[58]

Da una pianta settecentesca (tavola 13) appare abbastanza visibile a sinistra della *«corte principale»* (rispetto all'orientamento del disegno) una fila di stanze chiamate *«quarto de potentati»*, ancora più a sinistra, al di là del cortiletto, altre stanze più piccole sono indicate come *«apartamento»*.[59] Adiacente è il *«teatrino vecchio inutile»*, che secondo alcuni sarebbe stato costruito alla fine del Seicento, secondo altri ai primi del Settecento, secondo altri ancora non si sa quando.[60] Trascurando per un attimo le sorti di questo discusso teatrino, ritorniamo alle indicazioni di Prestino.

---

57. *Cfr.* ▷D.13 D.16 III[30-31] III*app* S.9

58. ASM, *SP*, cart. 28 ▷D.80.

59. Anche nella descrizione di una pianta di palazzo disegnata nel 1739 (come da nota ms. in testa alla stampa) ▷T.13, al n. 42 si legge: *«Prima sala dell'appartamento chiamato de' potentati. Da un parte guarda al gran cortile, dall'altra al cortile del teatro vecchio»*.

60. È inutile ripercorrere dettagliatamente le varie opinioni che in questo secolo si sono succedute in merito a ciò che veniva chiamato *«teatrino»*, basti sapere che per Paglicci Brozzi 1894 (il suo secondo scritto sul teatro milanese) il *«teatrino di corte»* era il teatro delle commedie, collocato tuttavia per tutto il Seicento a ridosso di via delle Ore; mentre per Mezzanotte 1915[a], p. 23, è il teatro costruito nel 1708 dopo l'incendio del Ducale (si veda in proposito *ibidem* la nota 2).

Se il crollo del tetto ha coinvolto l'*«appartamento de potentati»* è evidente che i casi sono due: o tale appartamento nel Seicento era altrove, e presumibilmente nei pressi della corte di via delle Ore, oppure la corte delle commedie nel 1644 si deve essere trasferita in uno dei due cortili che fiancheggiano l'appartamento (nn. 5 e 6 di tavola 11).

Nella pianta della fine del Cinquecento (tavola 10) il cortile n. 5[61] ha disegnata una fontana quasi al centro, esattamente come una fontana si nota in un angolo del giardino grande (n. 2), e nella corte attigua delle commedie (n. 4). Ma nella pianta seicentesca il cortile n. 5 non ha più la fontana, dal che si potrebbe supporre una avvenuta modifica del luogo, che rende più concreta l'ipotesi di trasferimento degli spettacoli in quel cortile. Ma non ci sono ancora prove certe.

Un'operina anonima, erroneamente attribita a Gregorio Leti, intitolata *Il governo del duca d'Ossuna*,[62] racconta le imprese di uno dei peggiori governatori di Milano, Gaspar Tellez Giron, duca d'Ossuna appunto, in carica dal 1669 al 1671. In un punto si accenna al teatro delle commedie, più opportunamente chiamato solo *«teatro»*.

> Come si suole in quel tempo [*di carnevale*] rappresentare qualche opera in musica, egli [*il duca d'Ossuna*] ne fece fare una. Il teatro è nella corte vicino alla scala, ed al di dentro per gli spettatori vi sono i palchetti intorno. Le sere che si reppresentava l'opera L'Ossuna mascherato, sapendo da Antonio Lunati che ha l'appalto del teatro, i luoghi dove le più belle dame s'erano poste, andava nella gallerie e con un grimaldello aprendo le porte de' palchetti faceva mille insolenze, mentre il resto degli astanti era nel più caldo dell'attenzione dell'opera[63]

61. Si fa sempre riferimento alla numerazione della pianta seicentesca ▷T.11.

62. Colonia, Battista della Froce, 1678, pubblicata da FABI 1854. Gregorio Leti è in realtà autore di un'altra opera più nota e voluminosa, *Vita di Don Pietro Giron duca d'Ossuna* (Amsterdam 1699), che tratta le vicende del nonno del duca governatore. Il libello è invece scritto da Giovanni Gerolamo Arconati Lamberti; *cfr.* BARCIA 1981, n. 26.

63. Ho tratto il frammento non dall'edizione originale, che non sono riuscito a trovare, ma dalla pubblicazione ottocentesca (v. nota precedente) che ristampa lo scritto del 1678. C'è una nota del curatore, riferita proprio al passo citato, che tenta di identificare questo teatro *«nella corte vicino alla scala»* con il Regio Ducal Teatro che sarà costruito solo nel Settecento. A parte l'evidente errore è curioso che l'edificio sia detto *«piccolo e di brutto aspetto»* (FABI 1854, p. 27) quando, attraverso le stampe oggi rimaste, sappiamo che il Regio settecentesco era grande e sfarzosissimo.

Ho trascritto tutto l'aneddoto perché gustoso, ma la parte significativa è all'inizio, quando si dice *«Il teatro è nella corte vicino alla scala»*. È chiaro che il riferimento *«alla»* scala presuppone la presenza di una scala non solo ancora esistente nel 1678 (anno di publicazione del libello), ma di una certa importanza, probabilmente della più importante di palazzo Reale. Nella pianta seicentesca è indicata una sola scala prestigiosa, ed è quella che le piante settecentesche chiamano *«scalone del Senato»* che difficilmente può essere ritenuta vicino ad alcunché abbia la forma di una teatro. Tuttavia la pianta settecentesca riferisce di una *«scala reale»* a ridosso del teatrino, non presente nella pianta di tavola 11, e quindi costruita successivamente. Se la scala a cui fa riferimento il frammento citato fosse questa, il trasferimento della struttura teatrale sarebbe certo. Ma al *puzzle* mancano ancora delle tessere.

Carlo Torre, letterato e drammaturgo milanese, nel suo *Ritratto di Milano* pubblicato la prima volta nel 1674, ovvero tre o quattro anni dopo l'episodio raccontato sopra, riferisce in un paio di punti del teatro delle commedie con queste parole:

> Discendiamo per questa scala moderna eretta a trasportarsi alle stanze della famiglia, e nel cortile che vedete vi si trova il teatro per le comedie che altre volte era delizioso bagno de' duchi con fontane, e giuochi d'acque[64]

E qualche pagina più avanti:

> Il teatro delle sceniche recite ritrovasi in questo lato sinistro passata che si ha l'ammodernita scala per ascendere alle stanze segrete de' governatori, quale chiudesi con vaghi cancelli di ben lavorato ferro a rabeschi; questo teatro mirasi ornato all'intorno di comodi poggetti per assidervi dame, cavalieri ed altre genti all'ubienza [*sic*] de' drami, ed in prospetto apresi il scenico palco con la lunga veduta e varij artificij per macchine; nel medesimo sito trasferivansi gli duchi nostri estinti alle ricreazioni de' bagni che terme chiamar si potevano[65]

La scala di cui si parla è *«moderna»* o *«ammodernita»*, quindi costruita da poco, cosa che fa pensare si tratti proprio della *«scala reale»* presente solo nella pianta settecentesca. Ma si parla anche delle fontane che c'erano un tempo;

64. Torre 1674, p. 363.
65. *Ibidem*, p. 387.

dobbiamo pensare che il cerchiolino riconoscibile nella pianta di tavola 10 era l'ultimo superstite di una gloriosa tradizione di giochi d'acqua? È vero, quella pianta riporta altre due fontane, una nell'altra corte e l'altra nel giardino, ma non ci sono grandi scale in questi due casi. Gli indizi portano sempre più a ritenere che prima del 1644 il trasferimento degli spettacoli sia effettivamente avvenuto, utilizzando come nuova sede la corte indicata col n. 5. Le prove non sono ancora inconfutabili, ma proviamo a ritenere per un attimo che questa ipotesi sia vera.

Sulla nuova corte non si affacciano finestre, se non forse su un lato, e quindi il cortile può essere circondato almeno parzialmente da palchetti; può anche essere coperto con un tetto, perché le stanze poste di fianco ricevono comunque luce dall'altro cortile (n. 6); e infine può prevedere strutture fisse perché non è posto in un luogo di passaggio. A questo punto la corte vicina a via delle Ore perde la sua funzione, e la porta che permetteva un diretto accesso con l'esterno non è più indispensabile. Nella pianta settecentesca infatti la porta è stata chiusa e il cortile, non potendo più accedere a via delle Ore, cambia nome e viene a chiamarsi *«della porta Falsa»*, probabilmente a ricordare una porta che non c'è più.

Intanto il teatro pubblico prende sempre più piede e nel 1686, Antonio Piantanida, il nuovo impresario che ha sostituito Lonati trasforma il teatro in una costruzione stabile e probabilmente un palco adatto alle nuove esigenze dell'opera. E infatti tutti i libretti di questa stagione riportano sul frontespizio l'indicazione *«Regio Teatro Nuovo di Milano»*.[66]

Nel gennaio del 1695 un incendio coinvolge parte di palazzo Reale, e secondo alcuni, fra cui Mezzanotte, anche il salone principale di corte.[67] Certo il teatro pubblico non viene danneggiato e la stagione continua ininterrotta.

66. Così *Tullo Ostilio* (*SarL*, 24099), *Il re Infante* (*SarL*, 19576), ed *Enea in Italia*, ignoto a *SarL*, ma conservato nel *Fondo Silvestri* in F-Po. L'altro libretto del 1686 è *Antonio e Pompeiano*, che non riporta l'aggettivo *«Nuovo»*, ma dalla data della dedica (20.xii.1686) si intuisce che appartiene alla stagione successiva, quando ormai il rifacimento del teatro non è più una novità.

67. L'incendio ci fu realmente (*cfr.* ASM, *FC*, cart. 209), ma non so dire se effettivamente riguardò anche il salone come affermano Calvi 1886, pp. 293-294 in nota, e Mezzanotte 1915[a], p. 22. Certamente il fatto che gli spettacoli siano continuati ugualmente non è una prova in contrario, come vorrebbe Vianello 1941, pp. 98-99, se, come si sta dimostrando, le rappresentazioni avvenivano in altro luogo del palazzo.

Ma lo spettacolo d'opera, ormai diventato parte determinante della cultura milanese, impone esigenze specifiche e il luogo che ha accolto gli spettacoli per quasi un secolo, pur nella nuova veste, è comunque troppo piccolo. Perciò nel 1699, forse cogliendo l'opportunità di una ricostruzione del salone di corte danneggiato dal fuoco, o forse no, viene allestito il *«Nuovo Regio Ducal Teatro»* nel salone di corte.[68]

Purtroppo il 5 gennaio 1708 un nuovo incendio coinvolge palazzo Reale e questa volta il teatro Regio rimane completamente distrutto. L'incendio è tanto più inopportuno in quanto nei mesi successivi era prevista la visita della principessa Elisabetta Cristina di Brunswick destinata sposa a Carlo III di Spagna, esattamente come nel 1598 aveva fatto la regina Margherita, nel 1649 la regina Maria Anna e nel 1666 l'altra Margherita imperatrice.[69]

Sì nobile presenza non poteva essere privata del piacer di qualche rappresentazione teatrale. Vengono perciò mobilitati tre ingegneri, Diego Pessina, Giuseppe Maria Robecco e Carlo Francesco Villa, affinché trovino una soluzione. E proprio da loro riusciamo a recuperare quella precisazione necessaria a rendere certo il trasferimento del teatro delle commedie avvenuto più di mezzo secolo prima.

La soluzione proposta dai tre, visti i tempi stretti, è di riadattare l'*«altro teatro vecchio verso il Duomo»*, e quindi necessariamente quello che nella pianta settecentesca è indicato come *«teatrino vecchio inutile»*. Ma dalle considerazioni degli ingegneri ricaviamo una notizia di ben più straordinaria importanza:

> si è proposto pure da noi [che] si sarebbe potuto valersi del sito dell'altro teatro vecchio verso al Duomo che di presente serve, quale pure servì in tempo della maestà della regina doña Maria Anna madre della maestà del

68. Non è il caso di dare riferimenti bibliografici, tutte le storie del teatro espongono i fatti più o meno allo stesso modo, e generalmente si rivelano corrette. L'unica novità e suggerita dal rinvenimento di una pianta di palazzo di Giuseppe Maria Robecco, disegnata nel 1708, che farebbe supporre per il 1699 non l'erezione di un nuvo teatro sul perimetro del salone (come si era persuasi finora), ma la semplice organizzazione dello spazio interno a palchetti senza alcuna modifica della struttura muraria ▷T.12.

69. Di quest'ultima non se n'è parlato perché esulava dai limiti cronologici, ma il suo caso è un po' anomalo rispetto al solito, infatti non è una principessa austriaca destinata sposa al reggente spagnolo, ma la figlia di Filippo IV che andrà a sposare l'imperatore Leopoldo I d'Asburgo; sul soggiorno milanese dell'imperatrice v. CENZATO-ROVARIS 1994.

> fu re Carlo secondo, ed anche della maestà dell'imperatrice Margarita, in tempo che ambe consolarno con la loro regia presenza questa metropoli[70]

Si dice cioè esplicitamente che tale *«teatro vecchio»* era già stato utilizzato quando venne nel 1649 la regina Maria Anna, e nel 1666 per l'imperatrice Margherita. È chiaro che per quanto riguarda la regina Maria Anna l'informazione deve riferirsi necessariamente alla rappresentazione del *Giasone* e delle altre commedie – non potendo riguardare l'allestimento del *Teseo* che sappiamo essere avvenuto nel salone di corte. E se il *Giasone* fu messo in scena in quello che al tempo dei tre ingegneri è chiamato *«teatro vecchio verso il Duomo»*, ovvero *«teatrino vecchio inutile»*, significa che nel 1649 la rappresentazione avvenne nella corte n. 5 di tavola 11, esattamente come si era ipotizzato finora.[71]

Quando fu allestito per la prima volta il teatro delle commedie *«verso il Duomo»* rimane un'incognita. Dal 1642 (anno del primo contratto con la Casa delle Vergini Spagnole) al 1649 le informazioni sul teatro di Lonati sono abbastanza continue ed è impossibile collocare l'evento in quegli anni. D'altra parte il documento di Prestino del 1644 a questo punto non lascia più dubbi, e viene solo a conferma del fatto che già negli anni Quaranta il teatro delle commedie era situato verso il Duomo, sede che ospiterà per tutto il Seicento il teatro d'opera pubblico a Milano. Le ultime notizie certe sull'attività della corte di via delle Ore sono del 1619[72] e quindi il periodo in cui è avvenuto il trasferimento,

---

70. ASM, *SP*, cart. 28 ▷D.103.

71. Il lettore più attento potrebbe aver voglia di osservare che al tempo della regina Anna, come s'è detto ▷V[54], vi furono rappresentazioni anche nel cortile della cavallerizza (oltre al salone e al teatro delle commedie). Si potrebbe perciò supporre che continuando a rimanere il teatro pubblico nel cortile verso via delle Ore, il sito verso il Duomo occasionalmente allestito fosse quello solitamente destinato alla cavallerizza. Tale ipotesi però si rivela subito infondata perché, oltre a scontrarsi con tutte le considerazioni esposte precedentemente, non risolve un'ulteriore contraddizione. Sappiamo infatti che la regina, oltre al *Teseo* (allestito nel salone), assistette certamente al *Giasone* dei Febiarmonici (teatro delle commedie); di tutte le altre rappresentazioni, se anche avvenute nel cortile della cavallerizza, non abbiamo certezze circa la di lei presenza fra gli spettatori, né lo potevano avere cinquant'anni dopo i tre ingegneri (che al più conoscevano le cronache ufficiali). Ma in ogni caso è evidente che Pessina, Robecco e Villa si riferiscono a un luogo che loro conoscevano come *usuale* agli spettacoli pubblici (il teatro delle commedie) e non a quello allestito *una tantum* altrove – e d'altra parte si sarebbe obbligati a pensare che anche per la regina Margherita nel 1666 fu preparata una sala provvisoria.

72. V. *supra* ▷V[57] e III[68].

ovvero è stato costruito il nuovo teatro, rimane molto ampio. Ma per ora dobbiamo accontentarci. La nostra storia finisce qui.

Per tornare al 1708, si scopre ben presto che il recupero del *«teatro vecchio»* è una soluzione provvisoria. Nel 1717 viene finalmente costruito il teatro Regio Ducale, che rimane il principale teatro cittadino fino al 1776 quando un ennesimo incendio, probabilmente doloso, lo distruggerà completamente.

Due anni dopo, il 3 agosto 1778, verrà inaugurato il Teatro alla Scala.

Entrata Solenne

Tavola 49

Particolare da: Giacomo Cotta, *Entrata...*

incisione [1649] ▷T.53

Milano, Civica raccolta di stampe Achille Bertarelli.

Tavola 50

Tavola 51

Tavv. 50-51. [*Due ritratti della regina Maria Anna quindicenne*]
incisione, cm 13,5 × 10,5 e 12,5 × 10,5 [1649]
Milano, Civica raccolta di stampe Achille Bertarelli.

Alla base del primo ritratto: MARIA ANNA AUSTRIACA | Ferdinandi III. Aug. Imperatoris | filia, et Potentissimi Philippi IV | Hyspaniar. Regis Uxor.

Alla base del secondo ritratto: Il Vero ritratto della Maestà Catolica Regina delle | Spagne, et Indie etç. D. Maria Anna d'Austria N.S.

Pur anonimi e senza data, è abbastanza probabile che questi due ritratti siano stati eseguiti durante il passaggio della quindicenne regina Maria Anna per Milano. L'età della sovrana non si discosta molto da quella della giovinetta raffigurata e il testo italiano del secondo ritratto con la precisazione «*N.S.*», nostra signora, rende l'ipotesi verosimile. È da dire che Maria Anna non era ancora «*uxor*» quando entrò a Milano ma probabilmente considerata tale. Ugualmente nel 1598 Margherita sposò per procura Filippo III prima di raggiungere la Spagna per poter essere acclamata regina entrando a Milano.

È possibile che una di queste incisioni sia stata ricavata dal ritratto che Carlo Francesco Nuvolone fece alla regina in tale occasione ▷T.90).

TAVOLA 52

TAV. 52. Giovanni Cristoforo STORER, [*Antiporta per* La pompa...]
imcisione di Giacomo Cotta, cm 33 × 24 [1649]
in *Pompa*... 1651, antiporta.

Sul manto: LA POMPA Della Solenne Entrata fatta NELLA CITTÀ DI MILANO Dalla Serenissima MARIA ANNA AUSTRIACA

In basso: Storer Inuenit | Jacobus Cotta Fecit

Le 21 incisioni raccolte nella prestigiosa stampa celebrativa dedicata all'ingresso in Milano della regina Maria Anna (1649) ▷v[42], testimoniano più diffusamente che in altre occasioni l'immaginario estetico della festa del pieno barocco milanese. Dell'apparato architettonico (su disegno di

Carlo Buzzi) sono qui ricordati il rifacimento posticcio di porta Romana (v. l'arco originale ▷T.6) e i due archi posti l'uno all'altro capo del corso omonimo e l'altro all'ingresso della piazza del Duomo (dell'arco alla Rocchetta, la porta delle mura medioevali, non si dà il disegno, ma solo l'incisione dei dipinti che lo decoravano; quello che viene detto *«IV arco»* si rivela essere in realtà una grande tavola allegorica). A parte l'antiporta, le altre incisioni riproducono i dipinti variamente inseriti nell'architettura degli archi (2 nel primo, 5 nel secondo, 5 nel terzo e 4 nel quinto, ovvero quarto). I 16 disegni originali furono in gran parte dipinti da Giovanni Cristoforo Storer, pittore incisore e disegnatore tedesco, attivo a Milano dal 1640 al 1657; altri tre sono di Stefano Doneda o Danedi detto il Montalto ▷T.92, mentre un quadro a testa fu dipinto da Giovan Battista Del Sole e Antonio Busca; quali incisori incontriamo Giacomo Cotta, Girolamo Quadrio e in alcuni casi gli stessi pittori. Questo l'elenco:

Tav.	Soggetto	cm	Disegno	Incisione
Antip.	La pompa solenne	33 × 24	Storer	Cotta
A	I arco in porta Romana	40,2 × 29	Buzzi	Quadrio
B	La regina di Saba presso Salomone	22 × 30	Storer	Cotta
C	Rachele incontra Giacobbe	21,7 × 30	Storer	Cotta
D	Costantino diretto al concilio di Nicea	22,3 × 30,4	Storer	Cotta
E	Ottaviano sconfigge Marco Antonio	22,8 × 30,8	Del Sole	Del Sole
F	Carlo Magno diretto a Roma	22,5 × 30,3	Doneda	Cotta
G	Rodolfo vince Ottocaro di Boemia	22 × 30,2	Storer	Storer
H	Incoronazione di Ottone in S. Ambrogio	22,4 × 30,5	Storer	Cotta
I	III arco in testa al corso di porta Romana	41 × 28,2	Buzzi	Quadrio
L	Sbarco a Napoli	21,7 × 30,2	Storer	Cotta
M	Carlo V all'impresa di Tunisi	22 × 30,5	Storer	Cotta
N	Filippo II prende possesso delle Spagne	22,2 × 30,6	Doneda	Cotta
O	Filippo II conquista il Portogallo	21,9 × 30,2	Storer	Storer [?]
P	Filippo III caccia i Mori dalla Spagna	22,1 × 30,5	Doneda	Cotta
Q	IV arco ovvero allegoria dei fiumi	40 × 27,4	Storer	Quadrio
R-S	V arco all'ingresso di piazza del Duomo	40,3 × 28,3	Buzzi	Quadrio
T	Ottaviano e l'aquila	22 × 30,1	Busca	Busca [?]
V	Costantino e l'aquila	22,2 × 30,5	Storer	Storer [?]
X	Tiberio e l'aquila	22 × 30,4	Storer	Cotta
Z	Claudio e l'aquila	21,6 × 30,1	Storer	Cotta

Non si può trascurare di cogliere l'elemento eminentemente scenografico di questa pittura. Si osservi per esempio *Costantino diretto al concilio di Nicea* di Storer ▷T.52D. Non solo i tre piani sono, come d'uso, messi in evidenza alleggerendo il tratto del più lontano (v. per esempio le incisioni di Gherardini), ma questi si intersecano come usciti da quinte laterali. Inoltre la tecnica di lasciare in ombra il primo piano appare tipicamente teatrale, l'illuminazione interna alla scena restituendo in genere solo la *silhouette* delle figure poste in proscenio. In questo senso sembrano potersi rilevare reciproche suggestioni fra queste figure, la scenografia teatrale e viceversa.

Alle incisioni qui riprodotte ho accostato stralci del testo necessari a ricostruirne la collocazione e il significato attraverso lo spiegarsi del percorso della regina Maria Anna fino in Duomo.

A | *Carolus Bvtivs Architectus inuent.* | *Hier. Quadrivs Delineauit*

Fuori di porta Romana si aprì, in una spaciosa et quadrata pianura, un amplo et aggiustato teatro per dar prospettiva al primo arco, consacrato all'augustissimo nome della serenissima nostra signora. Sino dell'anno 1598, nella sempre gloriosa e felice venuta della regina Margarita, era stata eretta nell'istesso luogo una porta in forma d'arco, fabricata di pietre vive sopra piedistalli et colonne intagliate a bugne, con architrave, fregi, cornici et altri ornamenti che chiudevano imprese, geroglifici et inscrittioni. Hora non solo sono accresciuti gli ornamenti, abbelliti i piedistalli et le colonne, et rinnovato tutto il sodo, ma fu aggiunto al primo ordine un frontespicio tondo sopra la drittura delle colonne et acuto nel fine che sosteneva due puttini, in mezzo teneva una grande arma reale; et sopra il secondo ordine si appoggiava una balaustra tramezzata di piedistalli con alcune statue.[1] L'ordine era dorico e le colonne, nel vivo imbronzate tra l'una e l'altra bugna, aprivano la porta di mezzo; et due altre porte nei lati si vedevano: una finta e l'altra vera.[2] Sopra la porta di mezzo in una gran cartella ornata con diverse cadute di panni imbronzati si leggeva la seguente inscrittione [...][3]

B | *Storer Invenit* | *Iacobo Cotta Fec*

Sopra le porte laterali rissaltavano in due quadri due historie cioè, a mano dritta la regina di Sabba venuta dalle più rimote per mirare l'ammirata presenza del sapientissimo Salomone sedente sopra un trono spalleggiato di leoncini, con un motto altre volte ispresso nelle antiche medaglie di Traiano imperatore che diceva PAX OPTIMA RERVM con cui si augurava la già tanto desiderata pace.[4]

C | *Storer Invenit* | *Iacopo Cotta fec*

Alla parte sinistra si vedeva dipinta la bella Rachelle che incontrata dal venerabile Iacobbe era ricevuta per sposa, accompagnata da nobil comitiva et da pretiosi doni caricati a diversi camelli co'l motto già posto nelle medaglie del grande Augusto cioè SPES PVBLICA. Concepiva questo detto nella fecondità di Rebecca una sicura speranza di prole tanto necessaria alla conservatione del mondo christiano.[5]

1. Da sinistra: la Grazia, la Beneficenza, Imeneo al centro, la Religione e la Prudenza.
2. Confrontando porta Romana riprodotta in TORRE 1674 ▷T.6 si vede chiaramente come la porticina laterale posta a destra sia in realtà cieca.
3. *Pompa*... 1651, pp. 10-11.
4. *Ibidem*, p. 11; per la visita della regina di Saba v. 1Re 10,1 e segg., Mt 12,42 e Lc 11,31.
5. *Pompa*... 1651, pp. 11-12; v. Gn 25,20 e 29,16.

D | *Io' Christophorus Storer Inu'* | *Iacobus Cotta Scal*

Il secondo arco era formato dalla Rocchetta di porta Romana[6] et era dedicato alla maestà di Ferdinando IV, austriaco re coronato di Ongheria et Boemia, primogenito di Ferdinando terzo, augustissimo imperatore et fratello della serenissma regina nostra signora, venuto ad accompagnar S.M. in questo Stato [▷s.3]. Si fece adunque dipingere et ornare la porta di antica struttura quivi solamente edificata con vaghe imprese, con immagini di virtù et con bellissime historie da più celebri pennelli ispresse in cinque grandissimi quadri a oglio.[7]
Nel primo et nel più grande isposto sopra il frontespicio della porta era rappresentato il gran Costantino imperatore che navigava con l'armata al concilio Niceno posponendo le gravissime cure dell'imperio al sostenimento della cattolica religione. Questo quadro appariva rilegato con cascate di tela imbronzata per compimento et ornamento del sito in cui veniva adattato. Nelle parti laterali esteriori del ponte contiguo alla Rocchetta erano disposti gli altri quattro.[8]

6. La porta, oggi distrutta, delle mura interne medioevali.

7. Non compare l'incisione della porta. Probabilmente l'apparato decorativo era esiguo e non meritava eccessiva attenzione.

8. *Pompa...* 1651, p. 15.

E | Gio: Batta del Sole inven. et sculp.

In uno si vedeva nella battaglia Attica, tra il ferro et l'armi, soggiogarsi dal valore di Ottaviano Augusto il grande la fortuna di Marco Antonio.[9]

F | Stepʰanus Montaltus Invenit | Iacobus Cotta F

Nell'altro appariva la diligenza di Carlo Magno che adornava la spesa e superava le difficoltà del viaggio intrapreso a Roma per difesa del sommo pontefice.[10]

G | Storer Pinxit et fe

Il quarto pingeva tra i campi di Marte volante la gloriosa vittoria del gran Rodolfo cesare austriaco contra Ottocaro re di Boemia. Vittoria tanto più felice quanto che hebbe i suoi principij dal cielo con la invocatione del divino nome della regina de i cieli et imperatrice de gli angeli.[11]

H | Ioan Cristoph Storer Inu' | Iacobus Cotta Scalp

Dal quinto spiccava la incoronatione di Ottone Magno imperatore, celebrata nella antica chiesa di S. Ambrosio Maggiore di questa città di Milano.[12]

9. *Pompa*... 1651, p. 15.
10. *Ibidem.*
11. *Ibidem.*
12. *Ibidem.*

I | Carolus Bvtivs Architectus inuent. | Hier. Quadrivs Delineauit

Chiudeva, o per dir meglio, apriva nel fine del nobilissimo corso di porta Romana, tra i due pallazzi del marchese Acerbo et de i fratelli Annoni,[13] il teatro di quella strada un massiccio et veramente trionfante arco che con un'altezza insigne si inchinava alla sempre gloriosa fama et alla eternità del nome del potentissimo Filippo quarto N.S. et re. Era questa macchina di dorica

13. Palazzo Annoni è tutt'oggi riconoscibile alla fine del corso di porta Romana, prima che questo sbocchi in piazza Missori.

architettura fatta a bugne. Due termini di rilievo con due alti rissalti formavano la pilastrata et terminavano la larghezza dell'arco, partorindo due mezzi colossi di tutto rilievo che sostenevano una massiccia cornice. I mezzi colossi erano imbronzati si come lo erano diversi panni et festoni che con le loro cadute abbellivano i termini; una grande arma regia, imbronzata anch'essa et incoronata di un gran diadema, si appoggiava in mezzo a detti colossi. Finiva il primo ordine la cornice architravata et formavano il secondo diversi ornamenti pure a bugne, rissaltando sopra il sodo de i colossi due termini con altre imprese et inscrittioni [...][14]
Questa inscrittione, vagamente religata di bugne et altri ornamenti, arrivava a sostenere la cornice del frontispicio sopra di cui era eminente una grande aquila di tutto rilievo et tutta imbronzata che si divideva in due teste rostrate, coronate da un solo diadema imperiale. Sopra la drittura de rissalti sedevano due statue di tutto rilievo parimenti imbronzate[15] [...] Ne i fianchi dell'arco si erano stabiliti due piedistalli incorniciati che sostenevano due altre statue in piedi, tutte parimenti imbronzate rappresentanti l'Asia e l'Africa [...][16]
La grossezza della porta ne i fianchi della apertura dava bellissimo campo a cinque historie in cinque quadri dipinte, cioè due nelle parti laterali et tre nella volta ottagonale.[17]

L | *Storer Inu* | *Iac Cotta fe*

La prima essibiva quella gran città di Napoli nelle proprie rivolutioni tumultuante che mirava l'armata maritima gionta al sbarco et si vedeva il generale della mede‹si›ma armata già smontato in terra, col motto CLEMENTIA SERVATRIX.[18]

M | *Storer Inuenit* | *Iacobus Cotta Fe*

La seconda era l'impresa di Tunisi fatta dall'invittissimo imperatore Carlo quinto con il motto FORTITVDO BELLATRIX.[19]

14. *Pompa...* 1651, p. 20.
15. Rappresentanti l'Europa e l'America.
16. *Ibidem*, p. 22.
17. *Ibidem*, p. 24.
18. *Ibidem*.
19. *Ibidem*.

N | Stephanus Montaltus Pinxit | Iac Cotta scalp

La terza rappresentava il possesso che Filippo il primo prese de i regni spagniuoli, col motto PRVDENTIA REGNATRIX.[20]

O | I. C. Storer fe

La quarta l'acquisto così gloriosamente fatto da Filippo secondo del regno di Portogallo col motto IVSTITIA VICTRIX.[21]

P | Stephanus Montaltus Pinxit | Iacobus Cotta Fe

La quinta l'ispulsione de i Mori dalle Spagne pratticata da Filippo terzo col motto RELIGIO TRIVMPHATRIX.[22]

20. *Pompa...* 1651, p. 24.
21. *Ibidem.*
22. *Ibidem.*

Q | Storer[23] *Inu | H. Quadrius f*

Quindi si arrivava al Malcantone dove doveva la pompa rivolgersi per passare alla piazza Maggiore. Et perché stava impressa indelebilmente nel cuore di questi popoli la memoria delle glorie dell'eccellentissimo sig. marchese di Caracena et l'obligatione publica per la difesa della città di Cremona [...] In questo luogo adonque che è nel centro della città non si trovò ogetto più degno degli occhi regij che il trionfo di S.E. nella passata campagna.[24] Et perché la strettezza del sito non permetteva che egli si rappresentasse in un arco di tutto rilievo, fu dipinto in una vastissima tavola alta vintidue et larga quattordeci braccia[25] che qui s'essibisce.

Gli quattro principali fiumi dello Stato che sono il Po, il Ticino, l'Adda e la Sesia, ispressi dalla vivacità del pennello in forma gigantesca, sono le figure che ornano la prospettiva et che con le loro tumide acque essibiscono portare la fama di S.E. al mare della gloria. Vola quel groppo di tre fanciulli nella sommità del quadro per presentare a S.M. lo scetro, le corone et le chiavi. In lontananza proportionata si distingue la città di Cremona assediata da tre eserciti nemici, difesa da S.E. et avvalorata dalla fedeltà et dalla bravura de suoi cittadini.[26]

23. Tuttavia nel diario di Cremosano (Porro Lambertenghi 1881, p. 284) il dipinto lo si dice opera di tal «*Castello, pittore valentissimo in tal professione*». Signorotto 1996, p. 332, lo indicizza come *Castello, Giuseppe Antonio*; non sono tuttavia in grado di confermare tale identificazione (*ALBK* elenca decine e decine di pittori con tal cognome, in gran parte attivi nella metà del Seicento).

24. Ci si riferisce alla felice riuscita dell'azione operata contro il tentato assedio francese di Cremona (ottobre 1648); «*S.E.*» è ovviamente il governatore Benavides, marchese di Caracena.

25. Sei metri di base per quasi dieci d'altezza.

26. *Pompa...* 1651, pp. 26-27.

CAROLVS BVTIVS
Architectus Inuent.

R-S[27] | *Carolus Bvtivs Architectus inuent.* | *Hier. Quadrivs Delineauit*

Nel quinto arco o teatro eretto alla imboccatura della piazza del Duomo trionfava la cesarea maestà dell'imperatore Ferdinando terzo, padre della serenissima regina. Era d'ordine ionico et doppio, cioè con l'istessa architettura et con i mede‹si›mi piedistalli, colonne, statue et ornamenti così verso la contrada de Pennacchiari per dove si intrava, come verso la piazza per dove si usciva.

Le colonne erano di altezza con i piedistalli di braccia 18 e mezzo,[28] havendo lateralmente due altri piedistalli con due statue di tutto rilievo imbronzate, che tra l'una et l'altra parte rappresentavano le quattro monarchie antiche che sono l'Assiria, la Persiana, la Greca et la Romana [...]

In mezzo al corpo interiore dell'arco, formato a guisa di teatro o tribuna, erano disposti due altri piedistalli sopra de quali si innalzavano due colossi alti brazza nove[29] imbronzati di tutto rilievo, ispressivi de due grandi imperatori austriaci, cioè di Rodolfo, che per primo portò nella serenissima casa austriaca il titolo di Grande, et di Ferdinando secondo. [...] Ambidue tenevano sollevato in alto sotto la tribuna una grandissima corona indorata et di finte gemme di diametro di braccia quattro [...][30]

Sopra i capitelli delle colonne passava l'architrave con fregi et cornici dipinti a chiaro et scuro, con due statue per parte alte brazza cinque di rilievo imbronzate rappresentanti le quattro città imperiali, cioè Roma, Vienna, Costantinopoli et Milano, che tenevano in mezzo due armi rege sostenute da due puttini pur di rilievo, imbronzate, abbellite con cascate di panni et altri ornamenti. Il secondo ordine formato in ottavo, quasi tribuna, era alto braccia sei con cornice, frontespicio et balaustrata sopra gli angoli di essa tribuna, et nel mezzo si ergevano cinque statue dall'una et altrettante dall'altra parte, ripartite per ornamento delle porte, rappresentavano dieci imperatori austriaci. Dalla parte della entrata vi erano Alberto primo armato, Federico terzo, Alberto secondo incoronato di alloro, Federico quarto co'l manto imperiale disarmato et Massimigliano primo con l'ordine del Tosone al collo et il focile nelle mani. Dalla parte verso il Duomo si miravano Carlo quinto co'l Tosone al collo et a i piedi le due colonne col motto plvs vltra, Ferdinando primo, Massimigliano secondo, Rodolfo secondo, Mathia primo, tutti imperialmente vestiti.

In mezzo del vòlto di detta tribuna il pennello faceva volare un Mercurio et nelli fianchi del teatro, alle spalle di colossi, rissaltavano quattro quadri dipinti a chiaro et scuro a oglio. I primi due nel pieno erano larghi brazza sette et alti sei.[31] Gli altri due cominciavano con la stessa larghezza, finindo a misura et proportione del semicircolo in altezza di brazza quattro, da quattro insigni pittori dipinti et rappresentavano le seguenti quattro historie:[32]

27. La presenza di due lettere e di una sola tavola, probabilmente rimanda a un progetto iniziale che prevedeva incisioni distinte per i dui lati dell'arco che è appunto detto *«doppio»*, ovvero con due fronti.

28. Otto metri circa.

29. Quasi quattro metri.

30. *Pompa...* 1651, p. 29.

31. Tre metri di base per due e sessanta.

32. *Ibidem*, p. 34.

T | Antonius Busca Pinxit

Ottaviano Augusto a cui in un boschetto cibandosi un'aquila restituisce il pane che poco prime le haveva rapito.[33]

V | Storer Pinxit

L'aquila volante che nel rostro porta l'archipensolo[34] alla edificatione di Costantinopoli, presente l'imperatore Costantino.[35]

X | Storer Invenit | Iacobus Cotta f

L'aquila apparsa nell'isola di Rodi a Tiberio poco prima che da quell'isola fosse chiamato all'imperio.[36]

Z | Storer Inue' | Iacopo Cotta fece

Et Claudio a cui entrante nel foro con le insegne consolari un aquila [si] appoggia sopra l'omero destro.[37]

33. *Pompa*... 1651, p. 35.
34. Strumento di muratoreria munito di filo a piombo per verificare l'orizzontalità di un piano.
35. *Ibidem*.
36. *Ibidem*.
37. *Ibidem*.

TAVOLA 53

TAV. 53. Giacomo COTTA, *Entrata della serenissima regina...*
incisione, cm 15 (21 con la sez. tip.) × 158,4 [1649]
Milano, Civica raccolta di Stampe Achille Bertarelli.

In alto: ENTRATA DELLA SERENISSIMA REGINA DELLE SPAGNE MARIA ANNA D'AVSTRIA SEGVITA IN MILANO LI XVII GIVGNO MDCXXXXIX

In basso a sinistra: In Milano per li Bianchi Iac. Cotta Del. et scal.

Da sinistra: Li Eccel.mi Ssig.ri Duca di Terranuoua et Conte d'Asperg et Sig.ra Marchesa de flores d'Auila

– La Serenissima Regina a mano destra del Ser.mo Re d'Ongaria sotto al Baldachino portato da Dottori delli Collegij della Città

– 30 Caualieri uestiti di Tela d'Argento et 18 di Brocato Cremesi tutti della prima Nobiltà di questa Città

– L'Ecc.mi S.ri Duca di Magueda et Marchese di Caracena Gouernatore

– Diuersi altri Cauaglieri più principali della Corte et Sig.ri del Consilio Secreto

– L'Ecc.mo Senato con il suo Presidente, Gran Cancelliere et Regio Capitan di Giustizia

– Li Sig.ri Questori del Magistrato Straordinario et Ordinario con i suoi Presidenti

– Li Sig. Sessanta Decurioni, et i Sig. Dodici di Prouisione con il Vicario et Tenente Regio

– 6 Trombetti della Città

– Li Sig.ri Leggisti Collegiati

– Diuersi Cauaglieri Italiani e' Spagnoli et Officiali di Guerra

– Vanguardia di quattro Compagnie di Caualli

A destra: All'Ill.mo et Ecc.mo Sig.re Pro.e [= *protettore?*] Coll.mo Il Sig. Duca di Terranoua | Mentre desiderauo di fregiar alcuna delle mie fatiche col nome glorioso di VE, m'è uenuto in acconcio di fare il presente dissegno; Ardisco perciò di dedicarglielo, parendomi non poterle dar opera, ch'incontri il suo gradimento più di questa, ch'è illustrata dalle grandezze della maggior Regina del mondo, assistite particolarm.te dall'EV, qual supplico rifletter, qui espresso anche il mio reuerendissimo ossequio e' profundissimamente me le inchino | Di V.E. Vmilissimo Ser.re Iacomo Cotta

Sezione tipografica sottostante: SESTINE DI CALIDORO AMIGOMBI... [▷A.18] | In Milano, appresso Giovan Pietro Cardi, al Segno della fortuna, in contrada di santa Margherita. Con licenza de' superiori.

Aggiunta coeva a china: «A 9 agosto la serenissima regina si partì da Milano a' ore 13 et se ne andò alla Certosa di Parma a disinare, et il marchese di Caracena andò in campagna verso Casal Monferato»

TAVOLE 53A E 53B

È probabile che il «Bianchi» che partecipa a quest'incisione come calcografo sia Giovanni Paolo Bianchi, egli stesso incisore, ma anche editore di stampe.

TAVOLA 53A. In coda al corteo, dietro il baldacchino della regina, è sorretta l'arma di casa d'Austria. Davanti al baldacchino, appena dietro il governatore, la donna alata a seno scoperto che impugna una tromba è la Fama a cui rimandano le eleganti e non spregevoli sestine sottostanti ▷A.18 (non son riuscito a identificare il vero nome che si cela dietro il probabile anagramma di Calidoro Amigombi: che sia un membro della famiglia Arcimboldi?).

TAVOLA 49. *«I sei trombetti della città»*, come riferisce la scritta, di cui tre ben visibili, non sono posizionati all'inizio del corteo, come ci si aspetterebbe, ma al centro.

TAVOLA 53B. In testa al corteo sono invece collocati altri trombetti, quelli dell'esercito, che si distinguono da quelli della città per lo stendardo di cavalleria appeso alla tromba (v. anche l'incisione di Gherardini ▷T.65). L'arco di porta Romana appare qui assai più sobrio di quanto non avesse previsto il progetto di Buzio ▷T.52A.

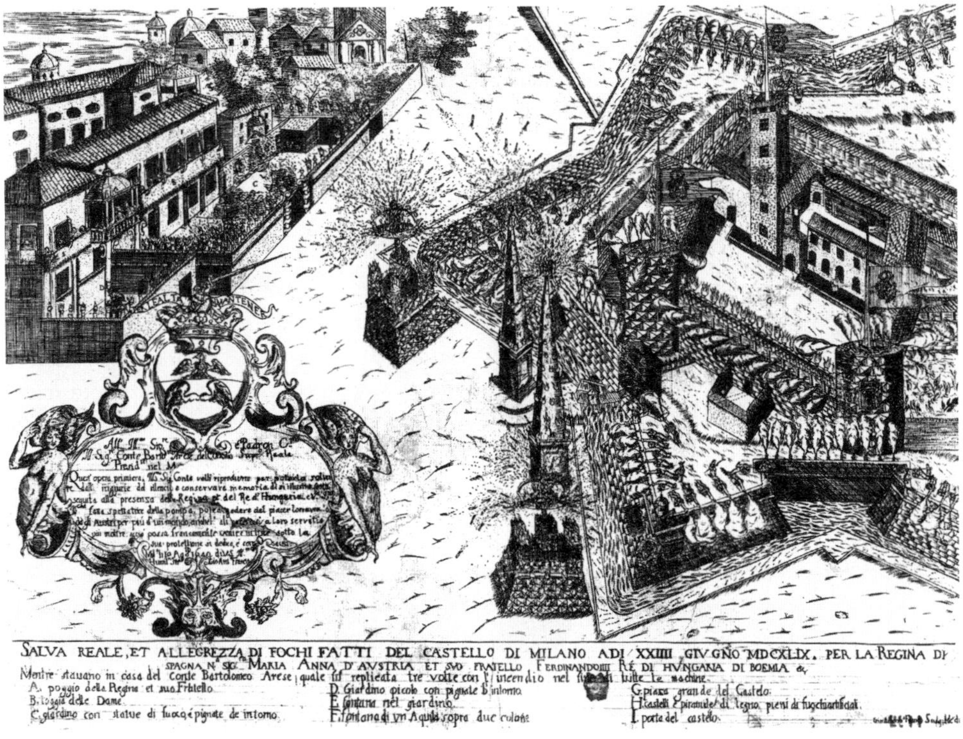

TAVOLA 54

TAV. 54. Giovanni Antonio FRANCO, *Salva reale et allegrezza...*
incisione, cm 31,5 × 42 [1649]
Milano, Civica raccolta di stampe Achille Bertarelli.

Nel cartiglio sopra l'arma Arese: PER LEALTÀ MANTENER
Nell'ovale in calce all'arma: All'Illmo Sig.^{re} e' Padron C.^{mo} Ill. Sig.^{re} Conte Barto.$^{m(e)o}$ del Concilio Supr.^{o} Reale Presidente nel M [?]
Quest'opera primiera, Illmo Sig.^{r} Conte volli riprodurre per poterla salvare dall'ingiurie del silencio e conservare memoria di sì illustre festa seguita alla presenza della Regina et del Re d'Hungaria e V.^{a} S.^{a} Illma fatta spettatrice della pompa potea godere del piacer loro avendo degli Austri per più d'un mondo, anche l'ali posi così a loro servitio più inoltre: acciò possa francamente venire in luce sotto la sua protettione si dedica, e consacra. Mil.^{o} li 10 Ago.^{to} 1649, di V.S. Illmo Humil.^{mo} ser.^{re} Gio. Ant. Franco
Sotto: SALVA REALE, ET ALLEGREZZA DI FOCHI FATTI DEL CASTELLO DI MILANO A DI XXIIII GIVGNO MDCXLIX. PER LA REGINA DI SPAGNA N.^{a} SIG.^{ra} MARIA ANNA D'AUSTRIA ET SUO FRATELLO, FERDINANDO IIII RÈ DI HVNGARIA DI BOEMIA *etc.* | Mentre stavano in casa del Conte Bartolomeo Arese quale fu replicata tre volte con l'incendio nel fine di tutte le machine.

A. poggio della Regina et suo Fratello
B. loggia delle Dame
C. giardino con statue di fuoco, e' pignate de intorno
D. giardino picolo con pignate d'intorno
E. fontana nel giardino
F. fontana di un Aquila sopra due colonne
G. piaza grande del Castelo
H. castelli e piramide di legno pieni di fuochi artificiali
I. porta del castelo

In basso a sinistra: Gio: Antonio Franco Sculp: Med.

Bartolomeo Arese è uomo di spicco nella storia politica ed economica di Milano (sarà eletto fra l'altro presidente del Senato). Il suo sontuoso palazzo (di cui qui si riconosce la parte retrostante verso il giardino) era stato da poco ristrutturato da Francesco Maria Richino. La grandiosa facciata principale che si affaccia ancor oggi sull'attuale corso Magenta (palazzo Litta), fu completata nel 1762 dall'architetto Bartolomeo Bolli (*cfr.* BASCAPÈ 1945, pp. 125-132).

Parte II

Le fonti

Documenti

Manoscritti e carte d'archivio

Questa sezione accoglie la trascrizione in genere integrale delle principali fonti manoscritte. Era mia intenzione produrre tutto il materiale utile alla stesura del presente lavoro, ma mi sono presto dovuto rendere conto che simile proposito non solo avrebbe comportato un lavoro interminabile, ma soprattutto avrebbe disperso un pur nutrito gruppo di carte importanti in una congerie di testi che potevano esulare dall'assunto di fondo dello studio. Ho scelto così di prendere in considerazione solo i documenti a cui ho fatto riferimento esplicito nella prima parte (eliminando per esempio quelli citati solo nella *Cronologia*), escludendo quindi le fonti di minore importanza, ovvero il cui contenuto era già espresso in altro documento. Ho inoltre evitato di riproporre testi già integralmente trascritti in altre pubblicazioni (tranne nei casi in cui la restituzione si fosse rivelata non del tutto attendibile, ovvero di difficile reperimento). Con ciò questa pur ampia sezione è ben lungi da offrire un panorama organico (non dico esaustivo) delle fonti sul teatro a Milano nel primo Seicento. Molte di queste sono forse perdute, ma soprattutto il lavoro di ricerca è appena cominciato.

I criteri di trascrizione dei manoscritti sono già stati esposti nella *Prefazione*. Per i documenti più articolati ho inserito degli a capo (come già fatto nell'*Appendice* al III capitolo) per distinguere più agevolmente parti interne del testo. Nel caso di mandati di pagamento o documenti particolarmente prolissi e poco chiari ho posto a margine in corpo più piccolo una sintesi del contenuto per facilitarne la lettura.

Nell'*Indice* sono indicati i luoghi di questo libro in cui è citato ciascun documento.

1

ASM, *Autografi*, cart. 106, fasc. 11 [29.VIII.1594]

Illustre Magistrato

D'ordine a bocca di S.E., di [= *da*] Valerio Profondavalle, pittore solito servire in questo pallazzo di corte, s'è fatto dipingere il portico del giardino maggiore d'esso pallazzo, nel quale vi ha dipinto al naturale la maestà dell'imperatore Carlo quinto, la maestà del re nostro signore, l'altezza del serenissimo principe di Spagna et tutti li governatori di questo Stato, d'Antonio di Leiva in qua, con repartimenti con quadroni a paesi et figure, conforme al disegno d'esse fatto da l'ingegnero Clarici, qual mando alla S.V. perché lo possano vedere

Valerio Profondavalle, come ordinato dal governatore, ha dipinto nel portico del giardino di palazzo le effigi dei duchi e governatori di Milano (partizioni di Giovanni Battista Clarici).

et esse pitture doppo finite le ho fatte estimare dal medemo ingegnero Clarici che sotto li 22 del mese presente mi ha fatto la inchiusa relazione et estimatione assendente alla summa de lire seimille cinquecento settanta tre, come per essa potranno le Ss.Vv. esser servite di veder

L'ingegnere Clarici ha stimato il lavoro in 6573 lire (relazione del 22 agosto 1694).

a conto de quali ha havuto lire due mille cento sessanta cinque, di modo che gli resta anco lire quattro mille quattro cento otto per la sodisfattione de quali instandomi esso Profondavalle .?. per debito mio da un raguaglio alle signorie vostre acciò possino dar l'ordine opportuno per l'espeditione del mandato nel thesoriero di questo officio,

Profondavalle ha già ricevuto 2165 lire, gli si devono ancora 4408 lire:

a ciò si paghi al detto Profondavalle quello che se gli deve, poiché prontamente ha esseguito quanto da S.E. gli è stato comandato et ha speso il suo danaro a pagar gli homeni ch'hanno lavorato. Nè sendo questa mia per altro, da N.S. le prego ogni contento.

si paghi quindi il dovuto.

In Milano a dì 29 Agosto 1594.

Il commissario generale delle Munitioni
e lavorerij dello Stato di Milano
Jo. Baptista Rubinus *pro* Torniello *etc.*

2

ASC, *Dicasteri*, cart. 26 [9.VII.1598]

1598, giobbia [= *giovedì*] alli nove luglio la sera.
Congregati nella solita sala detta la Cameretta dell'ufficio di Provisione della città di Milano posto nel Broletto vecchio di detta città, i signori... [*segue elenco dei nomi*] quali tutti, eccetto il detto sig. vicario, sono del numero dei signori Sessanta che rapresentano il consiglio generale della detta città et sono, come detti signori hanno detto, le due parti delle tre da detti signori Sessanta, levati gli absenti, infermi et legittimamente impediti [...]
Ponatur tenor
Ha proposto il sig. vicario che dominica passata S.E. lo fece chiamare et gli disse che in breve s'aspettava una figliola dell'arciduca Carlo d'Austria, la quale doveva esser moglie del principe N.S. et che però dovesse far chiamare essi signori Sessanta per trattare et stabilire con loro quello che si doveva fare per riceverla honoratamente et con quei compimenti che si convenivano.
Et che per tale effetto, havendo esso sig. vicario usato diligenza in ricercare quello che altre volte fu servato dalla città nella venuta dell'imperatore Carlo quinto et della maestà del re N.S., non haveva ritrovato cosa alcuna fuor che una lista d'alcune pocche spese fatte l'anno 1548.
Onde raccordava che saria stato bene il far elettione d'alcuni dei signori Sessanta che havessero cura di pensare a quello che si doveva fare in questa occasione con riferirlo poi a questa congregatione quanto prima, acciò si potesse poi determinare il tutto.
Sopra a che furono fatte le due seguenti propositioni et ordinationi.
Se si devono eleggere sei dei signori Sessanta, i quali considerano diligentemente che cosa si habbia da fare nella venuta della principessa moglie del Principe N.S. et il tutto poi rifferiscano ad essi signori Sessanta, o no.
La rossa dirà di sì.
La bianca di no.
Sono state tutte rosse fuorché una, et hanno ordinato che si faccia la sudetta elettione.
Se l'elettione degli sei si deve fare dai signori Sessanta, ovvero dal Tribunale di Provisione.
La rossa dirà dalli Sessanta.
La bianca dal Tribunale.
Sono prevalse le bianche [...]

3

ASC, *Dicasteri*, cart. 26 [28.VII.1598]

Relatione dei signori eletti.

Molto illustri signori
Piacque alle signorie vostre di ordinare che 'l Tribunale di Provisione eleggesse sei di questa congregatione dei Sessanta, i quali havessero da pensare a quello che la Città doveva fare nella venuta della principessa moglie del principe N.S. per riceverla con l'honore che si deve, et il tutto poi riferissero alle signorie vostre.
Et essendo tal elettione caduta in noi, non habbiamo mancato d'ogni diligenza per servire alla patria et alle signorie vostre insieme, come siamo tenuti;
et doppo haver visto et inteso ciò [che] due altre volte in simil occasione è stato servato, et specialmente nella venuta di Carlo quinto imperatore di gloriosa memoria, et del re Filippo N.S., et considerato quanto si conviene alla grandezza della persona c'ha d'esser ricevuta et della città che la riceve, siamo venuti nel seguente parere, il qual hora rappresentiamo alle signorie vostre, acciò possano rissolversi come meglio parerà loro convenire.
Il parere donque nostro è che la porta della città per la quale doverà entrare la detta signora, che sarà porta Romana, si faccia di vivo et materia stabile a perpetua memoria; ma che le statue, imprese, et altri ornamenti che vi anderanno posti intorno siano amovobili.
Et perché fuori della porta sarà necessario allargare la strada et fare piazze grandissime per l'accoglimento, converrà che la città rissarcisca poi compitamente il danno a quei particolari a quali saranno occupate le terre.
Che oltre la detta porta si facciano tre archi, uno alla Rocchetta di porta Romana, l'altro alla Crocetta dell'istessa porta, et il terzo alla piazza del Duomo, faccendo di più qualche prospettiva et ornamento al malcantone, per non essere luogo capace di arco.
Che si eleggano dodici ambasciatori, i quali a nome della città vadino a ricevere la ditta signora ai confini dello Stato insieme al sig. vicario.
Che vadino poi ad incontrarla alla porta della città ducento giovani nobili di età di quatordici sin'a vintidue anni, tutti vestiti a loro spese di bianco, di seta et oro, come meglio a ciascuno parerà; purché habbiano calze abborsate con tagli, berrette con piume bianche, spade, pugnali et azze in spalla dorate et guarnite di veluto bianco. Supplicando S.E. che dia autorità al Tribunale di provisione di puoter commandare et astringere i suddetti gentihuomini.
Che ai sudetti ducento si diano sei cappi [= *capi, rappresentanti*], cioè uno per ciascuna delle sei porte principali della città. I quali se le signorie vostre saranno servite che si eleggano, doveranno stabilire se haveranno da fare tal'elettione le signorie vostre oppure il Tribunale di provisione. Avvertendo però che se bene questo è stato il nostro parere, tuttavia pare che S.E. voglia essa fare un cappo solo.
Che si eleggano similmente vinti cavalieri principali c'habbiano da servire per guardia di S.A. con vestiti uniformi rossi con oro, conformi al concerto che fra loro si stabilirà. Et l'elettione de questi si dovrà fare doppo che dalle signorie vostre saranno stati eletti gli abasciatori che in nome della città anderanno ad incontrare essa signora ai confini dello Stato.

Che si faccia un donativo et presente di alcuna cosa preciosa et di bella vista, di valore di dodici mille scudi in circa.
Che fra il donativo, archi, baldachino et altre spese che toccheranno alla città se procuri di non ecceder la somma di vinticinque milla scudi in circa. Addossandone alcuna parte a banchieri, mercanti et alle arti della città, et specialmente a negocianti forastieri. Dal che si faccia ufficio con S.E. Tanto più essendosi il medesimo servato altre volte in simil occasione.
Et questo è quanto ci occorre per addesso di raccordare alle signorie vostre, rimettendoci sempre però al prudentissimo giuditio loro, alle quali preghiamo il compimento d'ogni felicità.
Di Milano il 28 luglio 1598.

4

ASM, *RcS*, XXII.42, c. 18v [4.XII.1598]

Præses etc.[1]

Antonio Maria Prata, impresario di palazzo per l'arrivo della regina Margherita, ha compiuto un lavoro valutato in L. 1706:16:4.

Visto le vostre lettere delli 24 del passato scritte al controscrittore Faecchia, vi diciamo e commettiamo che de danari assignati per spese di munitioni e lavori, overo di qualsivoglia danari della regia Thesoreria di dette Munitioni e lavori in questo Stato, la somma di lire mille quattrocento sessantaquattro, soldi sedici, danari quattro, ad effetto di pagarli a mastro Antonio Maria Prata

Avendo egli venduto all'asta alcune parti vecchie della fontana del giardino per L. 242, si ordina al Magistrato ordinario di pagare a Prata la differenza di L. 1464:16:4.

che con altre lire ducento quaranta due che si gli sono detratte per l'importanza di una tinna e due trombe che servivano alla fontana vecchia del nostro giardino, vendute ad esso Prata al pubblico incanto nell'offitio delle Munitioni, fanno lire mille settecento sei, soldi sedici, danari quattro, che resta creditore della regia Camera per deversi lavori fatti di ordine nostro in questo palazzo per l'occasione della venuta della maestà della regina N.S., come si contiene nella relatione sopra ciò fattavi dal commissario generale delle Munitioni inclusa nelle sudette nostre, facendone far debitore detto Menochio, acciò ne renda conto, et voi Ferrante Cignardi che per suspensione *etc.* gli li numererete mediante l'opportuno mandato.
Datum in Milano a 4 di decembre 1598.
Signatum Ju.o de Velasco Condestable
Vidit Salazar / Longonus / *Notavit* Faechia

1. L'intestazione completa recita: *Magnifice, spectabiles et eggregij praeses et magistrati regiorum ducaliorumque reditum ordinariorum Status Mediolani* ▷D.69.

5

ASM, *RcS*, XXII.42, c. 43r [17.XII.1598]

Præses etc.

Vi diciamo e comettiamo che facciate pagare a prete Domenico Raperio, deputato dal vescovo di Vigevano, cantore della chiesa cattedrale di quella città, lire ducento per sua provvisione dell'anno presente, facendolo pagare de denari assegnati in bilancio del medemo anno per questa causa, perché li distribuisca a musici conforme al solito, atteso che ci conta della sua deputatione dal vicario generale del suddetto vescovo delli 26 di novembre 1593 passato prossimo.

Domenico Raperio, prete e cantore della cattedrale di Vigevano, riceve L. 200 quale stipendio di quest'anno da distribuire fra i musici suoi colleghi.

Datum in Milano a 17 decembre 1598.
Signatum Ju.o de Velasco Condestable
Vidit Salazar / Longonus / *Notavit* Faechia

6

ASM, *RcS*, XXII.42, c. 19v [18.XII.1598]

Præses etc.

Visto le vostre lettere delli 17 del presente scritte al contrascrittore Faechia, vi diciamo e comettiamo che di qual si voglia danari della Thesoreria regia ne facciate pagare a Giovanni Menochio, thesoriero delle Munitioni e lavoreri in questo Stato, la somma di lire undicimila quattro cento quarant'una, soldi cinque e danari cinque imperiali, ad effetto di pagarli a mastro Antonio Maria Prata per tanti che resta creditore di diverse opere fatte in questo palazzo et particolarmente nel teatro, come si contiene in una relatione sopra ciò fattavi dal commissario generale delle munitioni inclusa nelle sudette nostre, facendone far debitore detto Menochio, acciò ne renda conto; et voi Ferrante Cignardi che per suspensione *etc.* gli numererete mediante l'opportuno mandato.

Antonio Maria Prata riceve L. 11.441:5:5 per saldo dei lavori compiuti a palazzo Reale, particolarmente nel salone.

Datum in Milano a 18 decembre 1598.
Signatum Ju.o de Velasco Condestable
Vidit Salazar / Longonus / *Notavit* Faechia

7

ASM, *Autografi*, cart. 106, fasc. 11 [21.I.1599][2]

[*aggiunto in alto da altra mano:*] 21 Januarij 1599

All'illustre Magistrato ordinario
Valerio Profondavalle pittore mi presentò l'altro giorno una lista d'alcune pitture che egli ha fatto in diversi lochi di questo pallazzo d'ordine di S.E. a bocca, e particolarmente depinto il palco di dentro et di fora fatto in testa del teatro, et la scala d'esso palco per servitio della maestà della regina N.S. et depinto li candeglieri numero 147 di legno che sono attaccati alle collonne et alla soffitta del suddetto teatro, et depinta la senna [= *scena*] che fu rappresentata a giorni passati dalli reverendi padri di Brera nel suddetto teatro da diverse fatture in cinque quadri di tela, et molte altre come si legge in detta lista
e ricercandone il suddetto pittore la sodisfatione diedi ordine all'ingenieri Clarici et Tholomeo, come di ciò già informati, che le visitassero con la diligenza che conviene et ne facessero l'estimatione come preferiscono haver puoi fatto con sua di 15 del presente che per coppia sarà con questa.
Le signorie vostre potranno restar servite di veder assendere [= *ascendere*] alla somma de L. 814, s. 49, che vengono essere meno di quello pretendeva il suddetto pittore L. 167, s. 4; per le quali così parendo alle signorie vostre possono dar ordine al controscrittore Favecchia per l'espeditione del opportuno mandato nel Thesauro delle Munitioni.

8

ASM, *RcS*, XXII.42, c. 134r [24.III.1599]

Antonio Maria Prata riceve 200 ducatoni (L. 1130) per saldo dei lavori compiuti nel giardino e nel salone di palazzo Reale.

Præses etc.
Vi diciamo e comettiamo che de danari assignati per spese di munitioni e lavori ne facciate pagare a Giovani Menochio, thesoriero di esse in questo Stato, la somma di ducatoni ducento, de s. 113 l'uno, ad effetto di pagarli ad Antonio Maria Prata a buon conto delle spese che ha da fare nel giardino di questo palazzo et theatro; facendone far debitore detto Menochio, acciò ne renda conto; et voi Ferrante Cignardi che per suspensione *etc.* gli numererete mediante l'opportuno mandato.
Datum in Milano a 24 Marzo 1599.
Signatum Ju.° de Velasco Condestable
Vidit Salazar / Longonus / *Notavit* Faechia

2. *Cfr.* anche ASM, *RcS*, XXII.42, c. 41v; si tratta di un mandato di pagamento del 29.I.1599 conseguente alla richiesta qui riportata. Il testo di tale mandato, parzialmente trascritto da MEZZANOTTE 1915[a], p. 13, presenta tuttavia qualche informazione in meno rispetto alla presente trascrizione.

9

ASC, *Dicasteri*, cart. 27 [30.IV.1599]

1599 venerdì all'ultimo d'aprile la sera.
Congregati nella solita sala detta la Cameretta dell'ufficio di Provvisione della città di Milano, posto nel Broletto vecchio d'essa città [...]
Ponatur tenor licentiae
Propose il sig. vicario che l'altro giorno S.E. lo fece chiamare et gli disse che, aspettandosi in breve la serenissima infante di Spagna col serenissimo arciduca di Austria, molto si meravigliava che la città non provedesse delli apparati convenienti per riceverla con l'honor che si deve, assicurando che la venuta era certa et fra poco tempo.
Et havendo esso sig. vicario procurato d'intendere che cosa pareva a S.E. che la città dovesse fare in questa occasione, rispose che si puotevano fare due archi et insieme fare rappresentare la pastorale della quale erano già incominciati gli habiti. Et ciò che intorno a questo si doveva fare.
Sopra di ciò furono fatte le seguenti proposte et ordinationi, cioè
Prima proposta
Se per honorare la venuta della serenissima infante di Spagna si devono fare due archi conform'al ricordo di S.E., o no.
Tolti i voti con le balle secrete al solito, fu ordinato che si facessero i detti due archi.
Seconda proposta
Se, per il medesimo effetto, si deve fare recitare la pastorale servendosi degli habiti già incominciati, con spendere mille cinquecento scudi o circa di più di quello che sin'adesso se è speso: trovandosi però prima nella città nostra i soggetti habili a recitarla, col favore ancora et autorità di S.E.
Tolti i voti come sopra fu ordinato si esseguisca la detta proposta
Terza proposta
Se per fare li sudetti apparati si deve stare nell'eletione dei sei signori che furono eletti alle spese fatte per la serenissima regina N.S. unitamente col Tribunale di provisione, overo far nuova elettione.
Tolti i voti come sopra fu ordinato che si facesse nova elettione.
Quarta proposta
Se si deve dare auttorità al Tribunale di provisione di eleggere sei dei signori Sessanta i quali, unitamente con esso Tribunale, habbiano la cura di far fare gli apparati et spese opportune per questa venuta conformi all'anno passato, o no.
Tolti i voti come sopra fu ordinato che si dasse auttorità al Tribunale di fare la detta elettione
Quinta proposta
Se si devono mandare sei ambasciatori a incontrare S.A. a spese loro proprie, oltre il sig. vicario che doverà andare a spese della città secondo il solito, andando sin a confini dello Stato, et più oltre se S.E. lo comanderà, o no.
Tolti i voti come sopra fu da tutti ordinato che si esseguisca tale proposta. [...]

10

ASC, *Dicasteri*, cart. 27 [3.VII.1599]

[...] Si fece finalmente la seguente proposta et ordinatione in materia della pastorale che si va preparando per rappresentare alla detta serenissima infante in occasione della venuta sua, cioè
Se per recitare la pastorale alla serenissima infante, oltre i danari già stabiliti per tal effetto, si deve concedere auttorità di spendere quella somma de danari che sarà necessaria, con che in tutte le cose vi concorra il consenso della congregatione delli Provinciali deputati a tal impresa, e mentre che in ogni caso .?. si conceda la somma di mille cinquecento scudi oltre i danari già stabiliti sopra, o no.
Tolti i voti come sopra, fu ordinato che si concedesse la detta facoltà di spendere sin'alla somma di mille cinquecento scudi nel modo contenuto in essa proposta.

11

ASC, *Dicasteri*, cart. 27 [16.VII.1599]

[...] Disse ultimamente [= *in fine*] il sig. vicario che, nel particolare della pastorale che s'andava preparando per rappresentare alla serenessima infante, ogni giorno occorevano diversi accidenti et tuttavia si scoprivano molte spese che prima non s'erano puotuto prevedere, per i quali non bastavano né potevano supplire i danari destinati et stabiliti da essi signori Sessanta da spendersi in essa pastorale; et che però dovessero risolvere quello si doveva fare poi che i signori Provinciali deputati a tal impresa non intendevano andare più avanti senza nuova provisione de denari bastanti alla perfettione dell'opera.
Sopra di che fu fatta la seguente proposta
Se si deve conceder facoltà ai signori Provinciali deputati alla pastorale di spendere quella somma de denari che sarà necessaria per puoterla perficere et rappresentare alla serenissima infante; mentre che oltre alla somma delli danari già stabiliti da spendere per tal causa non si ecceda la somma d'altri mille cinquecentto scudi, o no.
Tolti i voti secreti come sopra, fu ordinato che si concedesse la detta facoltà di spendere altri mille cinquecento scudi.

12

ASM, *RcS*, XXII.42, c. 232r [18.VIII.1599]

Præses etc.

Visto le vostre lettere delli 26 del presente, scritte al contrascrittore Faechia in esecutione di un bolettino scritto dal nostro secretario Gonzalo del Rio al presidente di cotesto Tribunale di ordine nostro, vi diciamo e comettiamo che de danari assignati per spese straordinarie et impensate ne facciate pagare a Pedrolino commediante ducatoni cento cinquanta, da s. 113 l'uno, per le comedie da egli recitate avanti la serenissima infante, et serenissimo arciduca Alberto d'Austria; acconciandone le scritture necessarie, et voi Ferrante Cignardi che d'ordine nostro essercitate l'officio di thesoriero generale gli numererete mediante l'opportuno mandato.

Pedrolino [Giovanni Pellesini] riceve 150 ducatoni (L. 847:10) come ricompensa per le commedie rappresentate alla presenza di Isabella e Alberto d'Austria.

Datum in Milano a 18 Agosto 1599.
Signatum Ju.° de Velasco Condestable
Vidit Salazar / Longonus / *Notavit* Faechia

13

ASM, *RcS*, XXII.42, c. 284v [4.X.1599]

Præses etc.

Visto le vostre lettere del primo ottobre presente, scritte al contrascrittore Faechia, vi diciamo e comettiamo che de danari assegnati per spese di munitioni e lavori, ne facciate pagare a Giovanni Menochio, thesoriero di esse in questo Stato, lire milanesi ventitrè, soldi nove e danari sei imperiali, ad effetto di pagarle a mastro Antonio Maria Prata, per sattisfattione delli lavori che ha fatto di ordine nostro in questo palazzo dalli undici sino alli vinti del passato mese di settembre, et particolarmente un muro fatto nel giardino principale dietro alla fontana, et un tetto con legname et coppi, et accomodato la loggia in volta nella corte ove si facevano le comedie quale stava per cadere, conforme alla descrittione et estimatione fatta dall'ingeniero Tolomeo et alla relatione del commissario delle munitioni inserta in detta nostra; facendone fare debitore detto Menochio, acciò ne renda conto; et voi Ferrante Cignardi che per ordine nostro *etc.* gli numererete mediante l'opportuno mandato.

Antonio Maria Prata riceve L. 23:9:6 per i lavori svolti dall'11 al 20 settembre 1599 nel giardino e nella corte delle commedie di palazzo Reale (come da stima dell'ingegnere Tolomeo Rinaldi).

Datum in Milano a 4 ottobre 1599.
Signatum Ju.° de Velasco Condestable
Vidit Salazar / Castello / *Notavit* Faechia

14

ASC, *Dicasteri*, cart. 27 [23.XII.1599]

[*nel verbale della seduta è contenuta la relazione dei «provinciali deputati» in merito alle spese per l'arrivo dell'infante*]

Molto illustri signori
I provinciali deputati alla cura della pastorale et degli archi fatti per la venuta della serenissima infante di Spagna, per compire all'obbligo loro vengono a dare parte brevemente alle signorie vostre delle spese fatte nelle dette imprese.
Et quanto alla pastorale fu ordinato che si potesse sin alla somma di L. 27/m [3] oltre quello che fu speso l'anno passato, et si sono spese solamente circa L. 24.750, di modo che avanzano circa L. 2.250, oltre scudi 150 dati alli arcieri di S.A.
Per gli archi fu ordinato che si potesse spendere sin'alla somma di L. 21.000 in tutto, oltre il riscatto che dovesse restare alla città; ma in questi, per molta diligenza che si sia usata, è stato necessario eccedere la somma limitata, sì per essere stato l'arco di porta Ticinese gettato a terra dal vento, onde è convenuto pagare molti danni dei legnami rotti che si erano pigliati a nollo et in prestito da diverse fabriche, sì per le accomodationi et riparationi delle strade, che sono importate più de L. 2.000 de quali restano ancora da pagarsi circa L. 400,
sì .?. per altre cause et occasioni,
et per‹ci›ò restano da pagarsi molti operarii et altri creditori di materie date, per sodisfare ai quali saria necessario di puotersi valere dell'avanzo della pastorale, del riscato fatto dalle materie degli archi il qual è stato di poca somma per la disgratia detta di sopra, et anco d'altri ducento settanta scudi, comprese le sudette L. 400 che restano per le reparationi delle strade come sopra,[4]
et per‹ci›ò i detti Provinciali supplicano le signorie vostre restino servite ordinare che per pagare et saldare le suddette restanti spese puossono valersi del suddetto avanzo della pastorale, del riscato degli archi et d'altri ducento settanta scuti, a fin che si possa dare sodisfattione a creditori et a poveri operarij, potendosi assicurare le signorie vostre che dalla parte d'essi Provinciali non s'è mancato di ogni diligenza et sorte di fatica perché i danari si spendessero con tutto quello maggior vantaggio della città che fosse possibile in simile occasione. Et che la qualità del tempo et i casi avvenuti nell'impresa sono stati causa dell'eccesso della somma stabilita da loro.

---

3. 27.000 lire corrispondono ca. a 4500 scudi, ovvero la quota complessiva stabilita nelle tre sedute precedenti ▷D.9-11, dove ogni volta sono stati stanziati 1500 scudi.

4. È necessario qualche calcolo per capire: la spesa eccedente per la costruzione degli archi è di *«più de lire 2000»* (di cui 1600 già pagate e 400 da pagare) ma, poiché vi sono state *«altre cause e occasioni»* di spesa, in tutto si raggiunge una somma pari all'avanzo della pastorale (2250 lire) più il riscatto del legname venduto (una cifra che viene detta *«di poca somma»*) più altri 270 scudi, ovvero 1620 lire (comprendenti le 400 lire ancora da pagare ai creditori), e più le 1600 lire già pagate, per un totale di 5470 lire che può ascendere a 5500 o 5600 lire con la *«poca somma»* del legname. Non capisco invece come si inseriscano in questo calcolo i 150 scudi dati agli arcieri.

15

ASM, *PS*, cart. 4, fasc. 16 [26.I.1600]

[*Il testo in latino che segue è un rescritto tratto dalla lettera che deve aver motivato la stesura del memoriale riportato di seguito. La mano dei due fogli è identica*]

Philippus III Hispaniarum *etc.* rex et Mediolani dux II *etc.* dill.[i] nostris;
Visis annexis precibus Nuntij Gallitij et Juliani Puteobonelli, vobis mandatis ut supplicantium satisfactioni omnino providestis, nec patiamini supplicantes pro mercede obtinenda, que favorabilis est iterum ad senatum redire. Mediolani 26 januarij 1600.
Signatum Jo. Baptista Saccus, a tergo egr.° J.C. vicaris provisionum. Mediolani nru: dilt.° et sigillato

Concordatus cum originali Jo. Jac.
Buschus notatus pro fide superioribus

[*Questo il memoriale:*]

Illustrissimo et eccellentissimo signore
Dolendosi a giorni passati presso V.E. li fideli servitori suoi, Nontio Gallitio et Giuliano Posbonello, pittori impresarij della pastorale rappresentata alla serenissima infante, perché nelle estimationi fatte delle opere fossero seguiti molti errori et omissioni in loro gravissimo et evidentissimo danno, et così restassero i supplicanti circondotti nel pagamento d'essi et nella rellassatione delli apparati quali per la conventione gli dovevano restare finita detta pastorale, et appresso fossero ingiuriati et minacciati da alcuni al cospetto del Tribunale della provisione mentre fussero ivi per dire la sua raggione;
Ella fu servita per suo decreto ordinare al vicario alhora di provisione Cleodoro Calco che subito operasse fossero sodisfatti, overo con brevità riferisse il stato della causa,
come ancho fece l'eccellentissimo Senato qual, sopra il memoriale sopracciò sportoli, ordinò parimente a detto vicario ch'elleggesse qualche perito qual vedesse la lista exhibita da supplicanti delle pretensioni, estimasse et calculasse acciò si provedesse alla loro indennità, o rescrivesse la causa perché recusasse,
in essecutione de quali ordini detto vicario deputò Gabriel Buscha, pienamente informato delli apparati et habbia .?. et del seguito in detta pastorale, come quello ch'era intervenuto alle altre estimationi per confidente della comunità, qual diligentemente vedesse dette estimationi, conventioni et protestationi de supplicanti, il tutto calcolasse et estimasse facendone poi rellatione distinta et compita col suo parere, acciò che quanto prima si potesse provedere alla loro indennità et sodisfatione conforme alla dispositione di detti decreti.
Il qual Buscha, con tutto che un pezzo fa habbi fatto la sua relatione col parere richiesto, dove ha costituito li supplicanti creditori anchora di L. 4031:4, computati però gli apparati che li doveranno restare come sopra appreciati solamente L. 500:- che valevano assai più, et che abbi ancora omisso molte altre cose di non poca consideratione, con tutto ciò essi supplicanti restano anche circondotti nella consequtione di quello si trovano estimato da detto Busca;
cosa certo molto strana et degna di provisione che gli supplicanti, quali restano gravati de molti

debiti verso i mercanti che li hanno serviti di tele et drappi et altre materie et verso gli operarij in ricompensa della mercede loro dell'opera riuscita con tanta lode della città debbano a questo modo restar delusi.
Per il che sonno constretti ricorrere di novo ai piedi di V.E. humilmente supp.a restar servita ordinare al novo vicario di provisione che con ogni più pronta via di ragione senza più dilatione faccia eseguire l'estimatione fatta da detto Busca, informato et confidente pure della comunità come sopra, et secondo essa gli supplicanti restino hormai sodisfatti, proposta ogni eccettione et dimora, et non patire che siano più circondotti,
et questo inherendo al novo decreto del senato excellentissimo di 26 genaro presente per il quale resta ordinato al moderno vicario che omninamente provedi a detta sodisfatione, né voglia patire ch'essi supplicanti per conseguir la loro mercede quale favorevole habbino a ricorrer più da esso Senato, et come per esso si vede per li qual esibisse.

[*Sul retro e con altra mano*]

1600 a IIII di febraro
Letto per il vicario di provisione facci omninamente sodisfare i supplicanti di ciò che per la recita causa sono creditori, o in termine di sei giorni rescrive perché non si pagano.

16

ASM, *Autografi*, cart. 106, fasc. 4 [12.I.1601]

Di ordine di V.S. a bocca ho visitato le pitture et alcuni repedulamenti [*sic*] de pittura fatti in diversi luoghi di questa regia corte di Milano per mastro Andrea Pellegrini pittore, da dì 17 ottobre prossimo passato sino al presente giorno, di ordine di S.E. sopra quale fatto le debite considerationi, sì per la qualità dell'opera, come per la quantità delli colori despensatigli, estimo per la loro qualità e valore secondo il parer mio come segue:
[*segue elenco di vari lavori fra cui si legge:*]
Nella corte delle comedie dipinto a lunette il corridore sopra alla porta che passa nella contrada delle Hore et anco reintegrato di bugne la porta e parte de finestra verso dove habita il giardiniero .... L. 9:—:—

[...]

e questo per esser il parer mio, per il valore e qualità delle sudette pitture qual fidente riferisco a V.S. e per fede.
Data il dì di genaro 1601 in Milano, segnata Tholomeo Rinaldi architetto, *a tergo* il comissario generale delle Munitioni.[5]

5. Questa formula (*«segnata… a tergo»*) veniva aggiunta ai rescritti e in questo caso permette di stabilire che la stima originale fu firmata da Rinaldi e inviata al commissario delle Munizioni.

17

ASM, *RcS*, xxii.44, c. 130v [2.iv.1601]

Præses etc.
Vi diciamo e comettiamo diate ordine a Ferrante Cignardi, qual d'ordine nostro, si ponghi in essito in sua testa nelli libri della Thesoreria dello Stato la somma di scudi quattrocento novantaquattro e soldi sessanta da s. 110 l'uno, et se ne faccia carico in quelli dell'essercito, ad effetto di pagarle alli dicisette musici della mia capella per loro soldo et paga di cinque mesi, con i quali restaranno pagati da primo settembre dell'anno passato 1600 sino a ultimo gennaro di questo anno, a ciascuno la somma che gli va [come] dichiarato nella libranza da noi sopra ciò spedita per via dell'essercito a 3 di febraro prossimo passato. Facendonesi acciò ne renda conto, il quale haverà di esseguire come sopra mediante *etc.*;
Datum in Milano li ii aprile 1601
⟨*Signatum*⟩ El conde de Fuentes
Vidit Salazar / Longonus / *Notavit* Faechia

I 17 musici di palazzo ricevono 494 scudi e 60 soldi (L. 2720) quale stipendio di 5 mesi (da settembre 1600 a gennaio 1601), ciascuno secondo quanto stabilito nella «libranza» del 3.ii.1600.

18

ASM, *Autografi*, cart. 212, fasc. 43 [20.v.1601]

Memoriale del protofisico Assandri

Illustrissimo et eccellentissimo signor
È piaciuto alla maestà .?. conferire il carico del protofisico del Stato di Milano al dottore collegiato Bartolomeo Assandro devotissimo servitore di V.E. con tutte le prerogative, emolumenti, et carichi che competiscono al detto ufficio, dal quale protofisico del Stato tutti li ciarlatani che vendono medicinali sono stati soliti, et così osservano, pigliare la licenza et pagare cert'honorario; et intendendo egli che V.E. tratta d'applicare alle Vergini Spagnole tutti gl'emolumenti de ciarlatani et commedianti, sapendo quanto sia giusta la mente di V.E. che non sarà per levare al supplicante quello che per l'ufficio suo rettamente se li deve, perciò ricorre dal S.E. supplicandola resti servita conservare al suplicante le prerogative del suo ufficio et così in detta applicacione, eccettuare gl'emolumenti d'esso protofisico, il quale esamina le cose medicinali che si vogliono vendere per simili persone et concede o nega la licenza come giudica essere conveniente per benestato publico, non intromettendosi in commedianti, né in altrui ciarlatani che non vendono cose medicinali, et così spera.

Il protofisico Assandri

[*sul verso, altra mano:*]

Adi xx giugno 1601
Ordina S.E. che chiarlatano alcuno non ardisca, sotto le pene già stabilite, vendere sorte alcuna de medicinali se prima non saranno visitati et ammessi dal protofisico Assandro, nel resto poi vuole l'eccellenza sua che s'osservi la concessione fatta alle Vergini Spagnole.

Montius

[*in calce, altra mano:*]

1601 a dì 2 luglio, referisce Battista Cozzo, portero della cancelleria secreta del Stato di Milano, che venerdì prossimo passato che fu alli 29 di giugno prossimo passato, andò alla Casa delle Vergine Spagnole et al luocho dove si fa il capitolo situato in porta Vercellina parrocchia di Santo Nicolao di Milano, et ritrovati il secretario Gaspar Castillo, uno delli deputati d'essa Casa delle dette Vergine Spagnole in detto locho capitulate, haver invviato una copia autentica di detto memoriale et decreto al detto secretario Castillo, personalmente ritrovato come di sopra.

Longonus

19

ASM, *RcS*, XXI.25, c. 33v [20.VI.1601]

Don Pietro Enriquez d'Acevedo *etc.*;
Essendo cosa non men debita che degna et convenevole l'aiutare et favorire quelli che col loro virtuoso studio procurano il benefitio particolare et sodisfattione del pubblico in generale, sì come per quello che a noi stessi consta fanno li comici Uniti recitando et rappresentando tanto virtuosamente ciò che loro occorre, che non solo è di frutto a molti in particolare, ma risulta in tutta la presente città in generale di non poco contento; habbiamo perciò voluto accompagnare con la presente la virtù et valore d'essi comici Uniti et concederli, sì come facciamo, che possino liberamente et senza alcuna contraddittione recitare le loro honeste comedie tanto in pubblico quanto in privato in questa città di Milano.
Con che si recitino le dette commedie in questo palazzo nel luogo solito che così sene contentiamo per degni rispetti; et che non si recitino nei giorni di festa, nei venerdì, con che non si doprino habiti religiosi, né simili ad essi, né si mescolino cose divine, né dicano parole dishoneste; et servando nel resto circa l'essercitio loro et rappresentatione di esse commedie gli ordini già dati per i necessari nostri in questo governo: che è di mostrare et far vedere da i deputati sopracciò il soggetto delle cose prima di rappresentarle per schivare ogni occasione di scandalo.
Ordiniamo et commandiamo con la presente a tutti gli offitiali, et ad ogn'altra persona all'auttorità nostra soggetti, che non solo ad essi comici Uniti non diano né permettano darsi per il sudetto conto impedimento né molestia alcuna, ma gli portino ogni giusto favore et aiuto possibile, né alcuno manchi di esseguire quanto di sopra si contiene per quanto stima cara la gratia nostra.
Data in Milano a xx giugno 1601
Signata El conde de Fuentes
Vidit Salazar / Longonus

20

ASM, *RcS*, XXII.45, c. 37v [2.III.1602]

Præses etc.

Visto le vostre lettere delli 28 del passato, scritte al contrascrittore Faechia in virtù di ordine nostro; vi diciamo e comettiamo che de danari assignati per spese di munitioni e lavori ne facciate pagare a Giovanni Menochio, thesoriero di esse in questo Stato, lire ottocento ottanta, soldi dicinove, danari sei, ad effetto di pagarle a mastro Giovanni Gianazzo per sattisfattione di una cesata di asse con reffessi et travetti de legnami della regia Camera, sia le colonne del teatro, con dentro cinque fenestre fatte in telari, con tre reschi sprangati con i ferramenti, bisognosi per divertire alle nebbie, che non facessero danno alle pitture del detto teatro,

Giovanni Giannazzo riceve L. 880:19:6 per vari lavori svolti a palazzo Reale, compreso il legname usato nel salone di corte...

[*segue l'elenco dei lavori fatti in altra parte del palazzo*]

quali tutti lavori sono stati visitati dall'ingegnero Tolomeo, il quale ha giudicato importare la detta summa conforme alle lettere scrittevi sopra ciò dal commissario delle Munitioni, inclusa nelle suddette nostre. Facendone far debitore detto Menochio, acciò ne renda conto; e voi Giovanni Battista Fagnani che d'ordine nostro *etc.* gli numererete mediante l'opportuno mandato.

come da sopraluogo dell'ingegnere Tolomeo Rinaldi.

Datum in Milano li II Marzo 1602.
⟨*Signatum*⟩ El conde de Fuentes
Vidit Salazar / Gaspar a Castello / *Notavit* Faechia

21

ASM, *RcS*, XXII.45, c. 33v [11.III.1602]

Præses etc.

Vi diciamo e comettiamo [che] diate ordine a Giovanni Battista Fagnani che d'ordine nostro si ponghi in essito in sua testa nelli libri della Thesoreria dello Stato la somma di scudi cento duoi, soldi quarantacinque, da s. 110 per scudo, et se ne faccia carico in quelli dell'essercito, ad effetto di pagarle alli diciotto musici della nostra capella per una paga a buon conto, come si contiene nella libranza sopra ciò spedita alli 15 di novembre dell'anno passato 1601.

I 18 musici di palazzo ricevono 102 scudi e 45 soldi (L. 563:5) per saldo dello stipendio, ciascuno secondo quanto stabilito nella «libranza» del 15.XI.1601;

E più altri scudi secento sessant'otto, soldi cinquant'uno del suddetto valore, per loro soldo de sette mesi, corsi da primo di luglio dell'anno passato 1601, sino all'ultimo gennaro dell'infrascritto et presente anno 1602, conforme alla libranza sopra ciò spedita a 14 febraro prossimo passato. Facendone far debitore detto Fagnani, acciò ne renda conto, il quale haverà da esseguire come sopra mediante l'opportuno mandato.

più altri 668 scudi e 51 soldi (L. 3676:11) per loro stipendio di sette mesi (dal luglio 1601 al gennaio 1602), ciascuno secondo quanto stabilito nella «libranza» del 14.II.1602.

Datum in Milano li XI marzo 1602.
⟨*Signatum*⟩ El conde de Fuentes
Vidit Salazar / Longonus / *Notavit* Faecchia

22

ASM, *RcS*, XXII.45, c. 246v [14.III.1603]

Præses etc.

Visto le vostre lettere delli x del presente, scritte al contrascrittore Faechia, vi diciamo e comettiamo de danari assignati per lavori e munitioni ne facciate pagare a Giovanni Antonio Zanatta, per suo salario o sia mercede, del tempo che si è occupato in tenere ben chiuso et acconcio il coperto di rame del teatro, quello della capella maggiore, le trombe et canne delle fontane, et loro edifitij che sono nel giardino di questo palazzo, dalli 13 maggio 1602 a dietro differentemente et a differenti prezzi, conforme alli incanti et alle lettere del commissario delle Munitioni incluse nelle suddette nostre. Facendone fare debitore detto Menochio, acciò ne renda conto; e voi Giovanni Battista Fagnani qual di ordine nostro *etc.* li numererete mediante l'opportuno mandato.

Giovanni Antonio Zanatta riceve il salario che gli spetta per la manutenzione del tetto del salone e in altri luoghi di palazzo, svolta fino al 13 maggio 1602.

Datum in Milano li 14 marzo 1603.
⟨*Signatum*⟩ El Conde de Fuentes
Vidit Salazar / Gaspar a Castello / *Notavit* Faechia

23

ASM, *RcS*, XXII.46, c. 81v [7.XI.1603]

Præses etc.

Visto le vostre lettere delli 7 del presente, scritte al contrascrittore Faechia, vi diciamo e comettiamo che de danari posti in bilancio per lavori e munitioni ne facciate pagare a Giovanni Paolo Villa, thesoriero di esse in questo Stato, lire seicento vinticinque, ad effetto di pagarle a mastro Ercole Gavirate, al quale è stato deliberato al pubblico incanto i ripari che si hanno da fare nel teatro di questo palazzo per conservatione delle pitture di esso, comprese lire vinticinque, guadagnate da esso Gavirate in detta abbocatione;

Ercole Gavirate riceve la metà di L. 625 per i restauri alle pitture del salone di corte.

da pagarsi la metà anticipatamente et l'altra metà doppo finita et collaudata l'opera da un ingegnero camerale, atteso che ha dato idonea sicurtà per cautione della regia Camera, come si contiene nelle lettere del commissario delle Munitioni scrittevi sopracciò incluse nelle suddette vostre, facendone far debitore detto Villa, acciò ne renda conto, e voi Giovanni Battista Fagnani qual di ordine nostro *etc.* li numererete mediante l'opportuno mandato.

L'altra metà a lavoro svolto, dopo sopraluogo dell'ingegnere camerale.

Datum in Milano li 7 novembre 1603.
⟨*Signatum*⟩ El Conde de Fuentes
Vidit Salazar / Gaspar a Castello / *Notavit* Faechia

24

ASM, *RcS*, xxii.49, c. 40v [27.iii.1607]

Præses etc.

Visto le vostre lettere de venti duoi del presente scritte al contrasc⟨r⟩ittore Torniello ad istanza d'Antonio Zanata qual come dite ha, li cinque anni passati, havuto la cura di mantener ben acconcio il coperto del theatro et le trombe e canne delle fontane del giardino di questo palazzo a raggione de lire trecento l'anno, et altre lire venticinque l'anno per la manutentione del legname dell'edificio che dà l'acque alle dette fontane,

Giovanni Antonio Zanatta, che cura da 5 anni la manutenzione del salone etc. con un compenso annuale di L. 300 per il tetto più L. 25 per le grondaie,

come anco si contiene nella relatione a noi fatta dal commissario generale delle Munitioni alli 29 novembre 1605 et ii del medemo presente mese, inclusa in dette nostre ove si dice che detto Zanatta resta creditore del detto salario d'un anno, finito alli quatordeci maggio prossimo passato,

deve ricevere il soldo dell'ultimo anno (14.v. 1604 / 1605), come da relazioni del 29.xi.1605 e 2.iii.1606;

et d'altre lire trentadue e soldi quindeci per tanti spesi da lui intorno alle dette fontane, così estimati dall'ingegnero Tholomeo,

più L. 32:15 per altre spese (stima Rinaldi)

alle quali tutte lettere et relationi inherendo, vi diciamo e commettiamo facciate pagare a Giovanni Paolo Villa thesoriero di dette Monitioni le dette lire trecento cinquanta sette e soldi quindeci per pagarlo al detto Antonio Zanata, per satisfatione del suo salario sopra detto et delle dette spese fatte come sopra, facendone far debitore detto Villa perché ne renda conto, et voi thesoriero generale così esseguirete mediante il mandato opportuno, acconciandone le debite scritture.

Si ordina quindi di pagare Zanatta le L. 357:15, ovvero quanto gli spetta.

Datum in Milano a 27 marzo 1606.

⟨*Signatum*⟩ El Conde de Fuentes

Vidit Salazar / Gaspar a Castello / *Notavit* Torniellus

25

ASM, *RcS*, xxii.48, c. 221v [30.i.1608]

Præses etc.
Vi diciamo e commettiamo diate ordine al thesoriero generale per S.M. in questo Stato Mutio Paracc.° [che] ponghi in essito in sua testa nelli libri della tesoreria generale dello Stato, et se ne faccia una in quelli dell'essercito, la somma di scuti mila cento cinquantaquattro, soldi dieci, da s. 110 l'uno, al effetto di pagarli alli dicinove che servono alla nostra capella in questo palazzo, per loro soldo di mesi dieci corsi dal primo di marzo 1607 sino al primo gennaro presente,

I 19 musici di palazzo ricevono 1154 scudi e 10 soldi (L. 6347:10) per lo stipendio di 10 mesi (dal marzo 1607 alla fine dell'anno),

et a Camillo de Gabrieli, uno di essi musici, per altri nove mesi antecedenti di più, cioè a ciascuno di loro la somma rispettivamente contenuta nella libranza d'ordine nostro spedita a 18 del presente sopra ciò. Facendone far debitore detto Paracc.°, acciò ne renda conto, il quale haverà di esseguire come sopra, mediante l'opportuno mandato; et acconciandone le debite scritture.

comprensivi dell'arretrato di 9 mesi (dal giugno 1606 al febbraio 1607) di uno di loro, tal Camillo de Gabrieli.

Datum in Milano li 30 gennaro 1608.
⟨*Signatum*⟩ El Conde de Fuentes
Vidit Salazar / Gaspar a Castello / *Notavit* Torniellus

26

ASC, *FC*, cart. 139 [24.iv.1609]

D'ordine di V.S. a bocca e del soprastante Balduino si è visitato le barre e paletti fatte nella piazza del Domo per le feste e correrìe [= *giostre*] del passato carnevale fatte per mastro Berto Bianchi, fabricero, d'ordine di S.E. e di V.S.; che havendoli levati in nota e misura così delli legnammi rilassati alla regia Camera come di quelli ritenuti, e solo contato il consumo di essi legnami, condotta e ricondotta,[6] e chioderia e anco della dessolutura e rissolatura della piazza fatta per causa delle correrie che, havuto risguardo alla fattura di essi lavori per la loro quantità e qualità, con la presente si descrivono così l'ammontar del suo prezzo come segue:
Prima per servizio della barra attorno la piazza si è fatto busi n. 104 per piantare li passoni[7] a s. 5; e posto, in detti busi, passoni di refesso di pezza di braccia 3 l'una per l'altro in tutto braccia 312 con la condotta e fattura di piantarli a s. 5; e posto sopra detti passoni quelli di refessi per servizio di capello in tutto braccia 461 compreso la testatura da mezzo a mezzo con la condotta e chioderia grossa per chiudarli sopra li passoni a s. 5 d. 6; in tutto .... L. 230 s. 15 d. 6[8]

6. Formula abbastanza comune, significa 'trasporto dei materiali'.
7. O «*pessoni*», il nome che si dava ai pali di un staccionata.
8. In sintesi: 5 soldi per ciascuno dei 104 buchi (quindi 520 soldi, ovvero 26 lire), più il costo dei 104 pali o «*passoni*», alti 3 braccia a 5 soldi al braccio (1560 soldi, ovvero 78 lire), più 461 braccia di legname

Più si è fatto il palco de giudici con busi otto come sopra; e posto travotti in piede n. 6 de braccia 4 che in tutto sono braccia 24 con la condotta e fattura a s. 10; e posto gatelli [= *mensole, tramezzi*] de travotto con fattura e chioderia grossa a s. 8; e posto travotti al traverso e per il suolo in tutto braccia 6 oncie 6[9] al medesimo; e per puntarli braccia 3 refessi s. 15; e asse per il suolo e parapetto braccia 12 oncie 6 a s. 50 con la condotta che, compreso la fattura e chioderia per detto suolo e parapetto L. 8 s. 5, il tutto consegnato al soprastante suddetto; in tutto .... L. 76 s. 12 d.—[10]
Più per servizio della correria si è disfatto il suolo nella piazza longo braccia 164 largo braccia 7 oncie 4 per eguale quadretti 1202 oncie 8[11] e condotta la materia sopra li scalini del Domo per poterli tornar in opere [= *riutilizzare*] e perché non impedissero la correria a s. 2; e levato le guide di .?. per braccia 1212 e condottole a parte perché non impedissero et per tornarle in opera a s. 2; e nel spatio della fossa nel vacuo dove erano le guide di vivo si è solato [= *fatto il suolo*] di cotto ricuperato come sopra per longhezza in tutto braccia 720 larghezza oncie 8 per eguale quadretti 480 a s. 2 perché li cavalli non cadessero correndo sopra li vivi; in tutto .... L. 289 s. 8 d.—[12]
Più si è zappato e aguagliato la carrera e agiustato la guida di mezzo e postole sopra un'altra guida per divider la carrera per la suddetta lunghezza e larghezza che comportò la cotica de prati postole sopra levata dal bastone [?] con la condotta a s. 1 l'uno et l'altro;[13] e si è sparso sopra detta camera sabbion vivo carrettate[14] n. 30 con fattura de ogni starlo [?] e spianarlo a s. 24; e per il rimanente della piazza nel loco della fossa si è sparto e come sopra altre carrettate n. 147 de sabbia morta a s. 12, e di vivo sopra altre ⟨carrettate⟩ n. 73 a s. 20; .... L. 257 s. 6 d.—[15]
Più per le baltresche per servizio delli creati [= *familiari*] della casa di S.E. e della casa del sig. visitatore e della casa del sig. castellano: per la sola fattura consumo del legnamme per la scortellatione e scortatura, condotta e recondotta con chioderia si è fatto busi 53 come sopra; e

o *«refessi»* per la copertura, chiodi compresi, a 5 soldi e 6 denari al braccio (ovvero 126 lire, 15 soldi e 6 denari), per un totale complessivo di appunto 230 lire, 15 soldi e 6 denari.

9. L'oncia è la dodicesima parte di un braccio e l'ottava di un piede; in questo caso perciò significa 6 braccia e mezzo ⊳s.11.

10. Non capisco come abbia fatto a ottenere tale risultato, anche perché se per i buchi possimo rifarci alla voce precedente, non viene detta la quantità dei gattelli utilizzati, né è chiaro il costo dei travotti *«al traverso»* (che si può solo supporre di 8 lire l'oncia, come i gattelli): troppe incognite per ricostruire i calcoli.

11. 164 × 7,3 periodico è infatti uguale a 1202,6 periodico.

12. Ovvero: si sono disfatti e spostati 1202 quadretti e 8 oncie di selciato a 2 soldi il quadretto (L. 120:5:6, ma dal totale alla fine s'intuisce che le 8 oncie non sono state calcolate, quindi L. 120:4), più 1212 braccia di guide a 2 soldi al braccio (L. 121:4), più 480 quadretti di suolo restaurato a 2 soldi il quadretto (L. 48).

13. Come dire che tutte queste operazioni (zappare il selciato, livellare la guida, sovrapporre altra guida con il suo strato o *«cotica»* di prato e trasporto del materiale) sono costate 1 soldo a quadretto.

14. Unità di misura che corrisponde a m^3 3,37 (*cfr.* Martini 1883, p. 350) ⊳s.11.

15. 1 soldo per i 1202 quadretti (anche questa volta si sono trascurate le 8 oncie) sono 60 lire e 2 soldi, più 30 carrettate di *«sabbion vivo»* a 24 soldi l'una (L. 36), più 147 di *«sabbia morta»* a 12 soldi l'una (L. 88:4), più altre 73 a 20 soldi (L. 73).

posto barre in piedi n. 16, condotta e recondotta, fattura di piantarle a s. 30; e travotti in piedi e per traverso n. 125, condotta e recondotta e fattura di piantarli a s. 10 l'uno; e refessi per suolo, spalle, parapetti e sentari n. 96 compreso come sopra a s. 8; e per servizio de punta‹re› li refessi fatti in più pezzi braccia 97 con la condotta chioderia e fattura a s. 5 con la disfattura e consegnati; e anco gattelli n. 34 in opera a s. 8; e asse per suoli delle dette baltresche in tutto braccia 179 oncie 6 che havuto risguardo al consumo del legname nel dischiodarlo et scortellarlo, condotta e recondotta e fattura di ponerlo in opera a s. 10; e per chioderia grossa e mezzana posta in opera in dette baltresche havuto risguardo a quella ricuperata le braccia 156 a s. 6; in tutto .... L. 312 s. 11 d.—[16]

Più si è risolato dove è stato dessolato nella piazza detta per quadretti n. 1562 oncie 8, compreso la rasatura per egualar con li vivi a s. 2 d. 6, essendosi serviti delli matteriali già levati con la condotta; a quali suoli si è giunto, come per fede, prede [= *pietre*] cotte forti n. 4600 condotte in fatti a L. 30 il migliaio; e si è tornato in opera le guide de vivo già levate e condotte in fatti per longhezza de braccia 1212 che compreso la agiustatura fatta e rasatura con la condotta a s. 2 in opera, servitosi della sabbia che era in piazza; in tutto: .... L. 454 s. 10 d. 8[17]

Sommario[18] L.	307	s. 7	d. 6
L.	546	s.14	d. –
L.	767	s. 1	d. 8
L.	1621	s. 3	d. 2

Dico lire mille seicento venti una, soldi tre e dinari dua; e questo esser il poter mio per l'estimatione di tal opera, e a V.S. lo riferisco; a qual prego di N.S. colma di bene, e per fede il dì 24 aprile 1609 in Milano, segnata Tolomeo Rinaldi, ingegnero della regia Camera nella Stato di Milano.

16. Per il legname e la sua lavorazione L. 13:5 (53 buchi a 5 soldi l'uno, come detto all'inizio), più 16 barre a 30 soldi l'una (L. 24), 125 travotti da 10 soldi (L. 62:10), 96 refessi da 8 soldi (L. 38:8), 97 braccia di refessi da inchiodare a 5 soldi al braccio (L. 24:5), 34 gattelli da 8 soldi (L. 13:12), 179 braccia e mezzo di assi a 10 soldi al braccio (L. 89:15), e materiale in ferro distribuito su 156 braccia a 6 soldi il braccio (L. 46:16): i conti tornano.

17. 2 soldi e 6 denari per ciascuno dei 1562 quadretti e 8 oncie di selciato rifatto (L. 195:6:8), più 4600 mattoni a 30 lire il migliaio (L. 138) e il restauro di 1212 braccia di guide a 2 soldi il braccio (L. 121:4).

18. È l'elenco dei totali parziali posti in calce ad ogni pagina della relazione che nello specifico raggruppano a due a due i risultati di ogni voce.

27

ASM, *RcS*, XXII.49, c. 253v [22.XI.1609]

Præses etc.

Visto le vostre lettere delli 29 ottobre prossimo passato, scritte al contrascrittore Torniello, intorno al restante credito di mastro Giuseppe Reggia per i ripari del theatro di questo palazzo, insieme con la relatione fattami dal commissario generale delle Munitioni et estimatione in essa inchiusa dell'ingegnero Tolomeo Rinaldi, ascendenti alla somma di lire ottomila ducento cinquantadue, s. 10, d. 3 in tutto,

Giuseppe Reggia deve essere ricompensato dei ripari nel salone di corte per L. 8252:10:3.

a conto de quale, havendone ricevuto per altri nostri mandati se non lire sei mila trecento, come in dette vostre, viene restare creditore di lire mila novecento cinquantadue, soldi dieci, e danari tre,

Avendo già ricevuto L. 6300, resta creditore di L. 1952:10:3.

alle quali inherendo vi diciamo e commettiamo che de danari destinati per munitioni e lavori ne facciate pagare al thesoriero di esse munitioni Giovanni Paolo Villa la detta somma di lire mila novecento cinquantadue, s. 10, d. 3, ad effetto di pagarle al detto Reggia per compita sodisfattione delli lavori et ripari suddetti; Facendone far debitore detto Villa, acciò ne renda conto, et voi thesoriero generale così esseguirete, mediante il mandato opportuno.

Si paghi tale somma.

Datum in Milano li 22 novembre 1609.
⟨*Signatum*⟩ El Conde de Fuentes
Vidit Salazar / Gaspar a Castello / *Notavit* Torniellus

28

ASC, *FC*, cart. 139 [20.III.1610]

Illustre Magistrato
D'ordine di S.E. nel carnevale dell'anno hora passato, come le Ss.Vv. così restando servite possono raccordarsi, si fecero le giostre e tornei sopra la piazza avanti il Domo di questa città con le solite sbarre, palchi, agiustamento del suolo con la sabbia viva e morta, baltresche et altre cose simili;
la fattura de detti quali lavori incaricai a mastro Inocentio Gavirate, il quale avendo esseguito il tutto conforme alla visita e descrittione dell'ingegnero camerale Tolomeo Rinaldi che ordinariamente suole attendere in simili occasioni e dimandando che si ricconoscesse per poterre conseguire la sodisfattione, il medesimo ingegnero, di mio ordine e con l'intervento del soprastante di questo palazzo, ne fece a cosa per cosa la visita e descrittione,
e con sua relatione di 24 aprile hora passato mi riferì che tutta la detta spesa importò lire mille seicento ventuna, soldi tre e dinari doi imperiali, consistente in piantar la sbarra con li suoi pessoni e pezzi di refessi test.?. e chioderia, et il palco de giudici con suoi travotti, parapetti, suolo e chioderia, e disfare il suolo nella piazza per la longhezza conveniente, levando le guide e condotto esso suolo e guide a parte perché non impedissero la correria e per poterle mettere in opera, e poi risolato il tutto et appresso zapato e aguagliato la correra e agiustato la guida di mezzo con, a suo luogo, la cotica di prati e sabbion vivo nel mezzo et in altra parte sabbion morto, e più piantate le baltresche per servizio delli creati di S.E. e quelle per la casa dell'illustrissimo sig. visitatore e quella delli officiali soliti, con li travotti e refessi et altri legnami soliti e chioderia conveniente, insieme con il danno del leganmme nel dischiodarlo e scortellarlo, condotta e recondotta, e fattura a ponerlo in opera in dette baltresche, e la fattura di rissolare la detta piazza con la sua rasatura per egualar con li vivi, con aggionta di pietre cotte dove mancano, e ritornate in opera le suddette guide di vivo.
E come le Ss.Vv. così restando servite potranno vedere per l'inchisa copia d'essa relatione,[19] la quale non ho inviata prima d'hora per volermi assicurare d'alcune partite contenute nella detta opera, et appresso dare ordine al contrascrittore Tornielli per l'espeditione dell'opportuno mandato nel tesoriero Villa delle dette L. 1621 s. 3 d. 2 da pagarsi al detto Gavirate per sodifattione come sopra,
avvertendo che, se bene S.E. con bilietto del secretario Cereso fece pagare nella Tesoreria generale a conto di questa fattura scudi cento cinquanta, nondimeno furono per via di soccorso, né si ne fece altra scrittura alli libri di essa Tesoreria; nondimeno in tutto mi rimetto al prudentissimo giudizio delle Ss.Vv. alle quali per fine prego da N.S. ogni contento. In Milano a dì 20 marzo 1610.

Il commissario generale delle Munitioni
e lavorerij nel Stato di Milano

---

19. È il documento del 24 aprile 1609 ▷D.26.

29

ASC, *FC*, cart. 139 [31.iii.1610]

[*a margine*] 1610 die 31 martij

Al contrascrittore Torniello
Per lettere e rellazione del commissario generale delle Munitioni di 20 del corrente letti in questo Tribunale, siamo raguagliati che sendosi l'anno prossimo passato d'ordine di S.E. fatte al tempo del carnevale giostre e tornei sopra la piazza avanti del Domo di questa città con le solite sbarre, palchi, agiustamenti di suolo con sabbia viva e morta, baltresche et altre cose simili; che la fattura de tutti essi lavori fu incaricata da esso commissario a mastro Innocentio Gavirate, qual havendo esseguito il tutto conforme alla visita et descrittione dell'ingegnero camerale Tholomeo Rinaldi che ordinariamente suole attendere in simil'occasioni, et desiderando la sodisfattione de tal lavori, procurò che dal detto ingegnero se ne facesse la debita recognitione come in esso; havendo esso ingegnero, di ordine del detto commissario et con lo intervento del soprastante di questo pallazzo Francesco Balduino, fatta la debita visita et descrittione con sua relatione di 24 aprile hora passato riferì a detto commissario che tutta la spesa nell'effetto predetto importò L. 1621:3:2 imperiali, descrivendo tutta l'opera di cosa in cosa minutamente et distintemente come per detta sua relazione, qual è del tenor inchiuso, si può vedere, et come anco per le medesime lettere et relazione del detto commissario si legge; delle quali parimente con le presenti se ne manda copia in conformità delle quali et del parer d'esso commissario.
Et attesa l'instanza che fa detto Gavirato perché venga sodisfatto d'essa somma de danari per poter anch'egli compir a chi deve, vi diciamo che dobbiate formare l'opportuno mandato delle recitate L. 1621:3:2 in testa del thesoriero Villa, per pagarle al medesimo Gavirato per sodisfattione d'essa opera et lavori, et questo de danari posti in bilancio per lavoreri et munitioni.

I.B. Fagnanus

30

ASC, *Dicasteri*, cart. 32, 10 novembre 1610 [27.x.1610]

Conventione per la machina della piramide

1610 mercordì alli 27 ottobre.
Si convengono i signori Giovanni Battista Porro, dottore vicario di Provvisione, et Luigi Marliani de i signori LX et de gli eletti a questa impresa per una parte, e Santo Corbetta et Vincenzo Maderno compagni per l'altra parte, nel modo che segue.
I detti compagni promettono et si obligano *in solidum* con le debite rinuncie di fare a tutta loro spesa sopra la piazza del Duomo, nel luogo che gli sarà destinata, la machina in forma di piramide, conforme al dissegno per ciò stabilito e firmato da esse parti.
La qual machina sia di altezza di brazza cinquanta di netto dalla balla a basso, et di larghezza nella pianta di brazza quattordeci; facendosi l'ossatura con travi, travotti, refessi et ogn'altra cosa che sarà bisogno perché s'assicuri bene essa piramide, et riesca alla sua drittura da tutte le parti;

mettendovi il maschio di somero di due pezzi, et la cima di un cantirone, et l'armatura angolare che anderà a fortificar esso maschio di someri e travotti secondo il bisogno. Et che le giunte d'essi legami siano assicurate con tre chiavi di ferro almeno per ciascuna giunta. Et per armatura del primo ordine le legature bisognevoli di travotti e refessi, et armato d'asse con dentro quattro porte. Per le cornici si metteranno in opera le asse a smusso, facendoli con la pittura gli ornamenti bisognevoli. Et per il secondo e terzo ordine et per la piramide, doveranno assicurar le ossature medenamente con li travotti e refessi necessarij, et con li contorni agli angoli; et per le cornici di legname et li quadri di mezo compirli con tele sopra telari. Se gli faranno ancora gli ornamenti sopraposti di màscare et festoni di pastelli dipinti a bronzo et colori; et i fondi della piramide di prede [= *pietre*] smacchiate de diversi colori allegri.

Et in somma saranno tenuti fare la detta opera sicura, et con tutti quelli ornamenti et requisiti che si convengono, et come sarà loro ordinato dalli detti signori et agenti della Città. Riempi‹e›ndo poi tutta essa machina di fassine, in modo che, quando se gli darà il fuoco, possa ardere benissimo et fare bello effetto.

Di più del dissegno saranno tenuti i medesimi compagni di far quattro animali, cioè due cammelli et due alicorni di altezza di cinque braccia, che si porranno per guardia delle quattro porte sopra dette. Et siano nel rimanente alla debita proportione d'essa altezza di brazza cinque, ben fatti et al naturale, i quali ancora siano amovibili, acciò possano uscire fuori delle porte nell'atto della festa.

Saranno obbligati dare commodità alli bombardieri di puoter così nella machina della piramide, come nelli detti animali, accomodare tutti quei fuochi et inventioni ch'essi vorranno et saranno d'accordio co' i medesimi signori.

Saranno tenuti i medesimi Corbetta e Maderno dare la detta opera del tutto finita et perfetta, a giudicio et collaudatione de i sodetti signori et senza che vi manchi cosa alcuna, per tutto il giorno terzo di novembre prossimo avvenire senz'eccettione alcuna. Et ciò a tutta spesa, rischio et pericolo loro; et mantenerla ancora a rischio, costo e pericolo loro per tutto il dì 4 seguente sin'all'hora che s'arderà.

Per il prezzo et ammontare di tutta la detta impresa et per tutte le cose sopradette si faranno pagare a detti compagni lire mille seicento, cioè L. 1600 imperiali, delle quali segli faranno pagare di parte lire ottocento et il restante doppo finita l'impresa, et più presto ancora se così parerà a detti signori.

In qualsivoglia controversia, differenza o lite che possa nascere sopra l'interpretatione dei prsenti capitoli, ovvero intorno alla detta impresa in qualsivoglia modo et dependenti da quella, saranno giudici gli stessi signori delle sentenze degli, et decisioni non potranno i detti compagni partirsi, appellare, né dire di nullità, né andare avanti ad altri giudici *etc.*

In mezo dei campi del secondo e terzo ordine, volendo i detti signori che in luogo de' grotteschi contenuti nel disegno si facciano alcune imprese, saranno tenuti essi impresari farli senz'altra spesa.

Il che hanno promesso le dette parti di adimpire et esseguire, obligando cioè i detti signori i beni della città, et essi compagni le persone proprie et beni *in solidum* come sopra, sotto riflettione d'ogni spese, danni et interessi.

Giovanni Battista Porro vicario

Io Vicencio Maderna afermo et prometo come sopra

31

ASC, *Dicasteri*, cart. 32, 10 novembre 1610 [28.x.1610]

1610, a 28 ottobre

Nota dei fuochi che si accomoderanno intorno alla piramide sopra la piazza del Duomo.

Prima s'empiranno di fuoco artificiato et di schioppettoni i quattro animali, cioè due alicorni et due camelli che saranno sopra le porte della piramide, in modo che gettino fuoco dalle bocche, dal petto e da corni, che duri meza hora per animale, et haveranno dentro almen cinquanta schioppettoni per ciascun animale.

Intorno alle quattro porte d'essa piramide si porranno cento schioppettoni per porta al circontorno col suo artificio per dargli fuoco.

Si armeranno de schioppettoni gli tre ordini d'essa piramide sopra le cornici con suoi artificij di fuoco lento. Si porranno alli canti di detti tre ordini una tromba [*cancellato:* soffione] per ciascuno, che in tutto saranno dodici trombe di fuoco artificiato lento con suoi sbroffi.

Si armeranno li quattro canti, o sia spigoli della piramide, di schioppettoni med‹esim›i col suo artificio sudetto. Et li schioppettoni saranno da due parti.

Nella cima della piramide, si metterà un ballone ripieno di quattrocento covettini [= ?], et sopra del ballone due ruote unite insieme, cioè una grande et una mezana.

Vi si porranno vasi n. 24 di compositioni di trementina et olio che dureranno almeno tre hore. I quali si ripartiranno intorno a gli ordini della piramide.

Vi saranno quattro granate di covette n. 128 per ciascuna et ruote n. otto di onze [= *oncie*] quindeci affisse sopra quattro segni disposti intorno alla piramide.

Tutte le sodette cose si porranno in opera et saranno in ordine per li quattro del mese di novembre prossimo la mattina.

Si obbligherà il bombardero a metterle in opera a tutte sue spese, costo et pericolo.

I prezzi delle sodette robbe saranno questi, cioè:

Per li quattro animali scudi tre per ciascuno .... L. 72:—[20]

I schioppettoni di onze due per ciascuno, cioè di $^3/_4$ di papéro [= *carta, miccia*] et di onza 1 $^1/_4$ di polvere fine, a ragione di s. 24 per donzena. Et presupposto che vi entrino n. 2360 oltre quelli degli animali importano .... L. 236:—[21]

I soffioni o sia trombe di fuoco artificiati sopra gli angoli degli ordini a s. .?.[22] l'una facendosi il conto .... L. 30:—

L'artificio che darà il fuoco alli schioppettoni che circondano fra i spigoli della piramide et gli

20. Tre scudi per quattro animali sono in tutto 12 scudi. Lo scudo aveva valore variabile ma in questo caso è chiaro che valesse 6 lire esatte essendo il totale di 72 lire.

21. Ogni dozzina di schioppettoni costa 24 soldi, ovvero 2 soldi per schioppettone: 2360 schioppettoni vengono così a costare 4720 soldi. Se 20 soldi equivalgono a una lira, l'ammontare totale è di 236 lire.

22. Non si capisce quanto costi ciascuna tromba, ma se le trombe, come è detto sopra sono 12, ciasciuna dovrebbe costare 50 soldi; se invece le trombe sono 30, come si legge nel documento successivo (29.x.1610), il valore singolo dovrebbe ammontare a 20 soldi; in realtà parrebbe di poter intravedere un 25 subito dopo il simbolo «*soldi*»: in questo caso le trombe saranno solo 24.

ordini in tutto brazza 248 a s. 10 il brazzo .... L. 124:—
Il ballone con le covette scudi due, et le ruote che van sopra la piramide scudi 3 in tutto .... L. 30:—
I vasi di compositione che ardano s. 40 per uno. Et presupposto che se ne pongono in opera n. 24 .... L. 48:—
Le granate 4 et rode [= *ruote*] 8. Cioè le granate scudi due per una, et le rode L. 8 sono in tutto .... L. 112:—[23]

32

ASC, *Dicasteri*, cart. 32, 10 novembre 1610 [29.x.1610]

Conventione col bombardero per li fuochi della piramide

1610, a dì 29 ottobre
Si convengono i signori Giovanni Battista Porro, dottore vicario di Provisione, Luigi Marliani et cavalier Scoto in nome della città di Milano per una parte, et Michele Desio per l'altra parte nel modo infrascritto.
Il detto Michele promette et s'obbliga a fare a tutte sue spese, resico [= *rischio*] et pericolo gl'infrascritti fuochi, archibuserìa et altri arteficij da mettere nella piramide o sia falò che, in nome della città, si fa sopra la piazza del Duomo per occasione dell'allegrezza della canonizzazione del beato Carlo, cioè:
Primo. Empirà di fuoco artificiato quattro animali, cioè due alicorni et due cammelli che gli saranno dati da gl'impresari a ciò obbligati. In modo che gettino fuoco dalla bocca, dalle nari, dal petto et da i corni; il qual fuoco duri almen mezza hora per ciascuno animale; et in oltre vi metterà nel corpo almen cinquanta schioppettoni per ciascun animale che a suo tempo facciano il loro streppito et effetto.
Intorno alle quattro porte della piramide vi porrà con cento schiopppettoni per porta col suo artificio di fuoco lento al circontorno che faccia sparrar essi schioppettoni.
Armerà li tre ordini della piramide et li quattro canti, o sia spigoli d'essa di schioppettoni col suddetto artificio di fuoco lento che di mano in mano li farà sparare. In modo che fra detti ordini et spigoli entrino schioppettoni due mila, oltre quelli della porta et degli animali.
Darà et metterà in opera trenta trombe di fuoco artificiato lento con suoi sbroffi di tempo in tempo, che si ripartiranno in quei luoghi che gli saranno designati.
Nella cima della piramide vi metterà una ruota grande di quattro brazza di diametro la quale giri intorno mentre gli sarà dato il fuoco et farà l'effetto suo.
Vi porrà un pallone sopra la piramide con dentro quattrocento covettini che si spargeranno per la piazza.
Darà di più vasi n. vintiquattro di compositione di trementina et oglio che facciano bello

23. Quattro granate a 2 scudi l'una fa 8 scudi, ovvero 48 lire; otto ruote a 8 lire ciascuna fa 64 lire: in tutto 112 lire.

splendore et durino almen per tre hore continue, i quali vasi metterà sopra gli ordini della piramide ripartitamente.

Inoltre darà quattro granate di covette n. cento vinti otto per ciascuna granata, et ruote n. otto di onze quindici per una, le quali metterà in opera sopra legni disposti su la piazza intorno alla piramide.

Tutte le soddette cose promette il soprascritto Desio di dar del tutto finite et poste in opera a tutta sua spesa et pericolo per li quattro del prossimo mese di novembre la mattina senza mancamento alcuno. Manteneră i schioppettoni di onze due per ciascuno, cioè $^3/_4$ di carta et onza una $^1/_4$ di polvere fina.

S'obbliga a pratticare a sue spese come sopra tutti i soddetti fuochi et artificij, in modo che in pratica riescano bene et facciano il loro conveniente effetto come si deve et si richiede in così fatte cose a sodisfattione dei soddetti signori.

Per tutte le soddette cose poste in opera et pratticate come sopra si pagheranno al detto Desio lire seicento quaranta imperiali in tutto, così accordate fra esse parti, mentre che riescano in prattica, et facciano l'effetto che conviene come sopra sempre a giudicio et collaudatione degli stessi signori. Et dei detti denari segli pagherà la metà di presente et l'altra metà subito doppo che sarà effettuata l'opera, et che sarà riuscita bene come sopra.

In caso che 'l detto Desio manchi in alcuna delle cose, o non le adempisca perfettamente; overo che l'opera non riesca bene, faccia l'effetto che deve et che in voce ha rappresentato a medesimi signori, non possa egli pretendere, né havere, se non quel tanto che gli stessi signori giudicheranno, anzi sia tenuto ancora restituire i danari che segli saranno pagati a buon conto, se così parerà a detti signori, al giudicio et arbitrio de quali egli si rimette totalmente.

In caso che doppo poste in opera le soddette cose o alcuna parte d'esse succedesse alcuna pioggia, segli habbia di fare il dovuto riparo a spese della città, acciò che non venghino a bagnarsi.

Et tutto ciò hanno promesso le dette parti d'adempir, et osservare obbligando il detto Desio la persona, et beni suoi. Et i detti signori i beni della città solamente, sotto rifettione d'ogni spese.

Giovanni Battista Porro vicario
Io Michel da Desio .?.

33

ASC, *Dicasteri*, cart. 32, 10 novembre 1610 [xi.1610]

Nota dei mandati che si spediscono in occasione dell'allegrezze che si hanno da fare per la canonizzazione del beato Carlo

1610, a 28 ottobre	A mastro Santo Corbetta et Vincenzo Maderno, impresari della piramide	L. 800
29 detto	A Michele Desio a conto dei fuochi	L. 320
2 novembre	Agli impresari sudetti a buon conto	L. 400
	Al signor Oracio Pusterla per dare al bombardero per le due salve	L. 180
3 detto	Alli sudetti impresari per saldo della suddetta piramide	L. 400
5 detto	Alli musici per la celebratione della festa dell'ottava	L. 180
	Al miniatore per pingere e miniare i cilestri che doveranno offerirsi dal tribunale nel giorno dell'ottava	L. 90
	Al suddetto Desio per saldo dei fuochi	L. 320
	Al suddetto miniatore per saldo dei detti cilestri et per il dissegno della piramide	L. 36
	Al fondegaro per la cera data per la detta festa	L. 192 : 2: 6
		L. 2918 : 2: 6
	Per la salva fatta nel giorno di S. Martino	L. 81 :17: 6
		L. 3000 : –: –

34

ASM, *RcS*, xxii.50, c. 139r [29.i.1611]

Præses etc.

Inherendo alle vostre lettere di questo giorno scritte al contrascrittore Torniello, vi diciamo e commettiamo che de denari destinati per munitioni e lavori, ne facciate pagare al thesoriero di esse Giovanni Paolo Villa la somma di lire mille, ad effetto di pagarle a buon conto all'impresario che farà l'opera di rifare il suolo del theatro in questo pallazzo con le sbarre, scalinate, palchi. Facendone far debitore detto Villa, et anco da chi spetta detto impresario, acciò ne rendano conto, et voi thesoriero generale così esseguirete mediante il mandato opportuno, et acconciandone le solite scritture.

Vengono stanziate 1000 lire per l'impresario che risistemerà il suolo nel salone di corte, con scalinate, palchi e palizzata per la giostra di questo carnevale.

Datum in Milano li 29 Gennaro 1611.
⟨*Signatum*⟩ Ju.° de Velasco Condestable
Vidit Salazar / Gaspar a Castello / *Notavit* Torniellus

35

ASM, *RcS*, XXII.50, c. 138v [31.I.1611]

Præses etc.

Inherendo alle vostre lettere di questo giorno scritte al contrascrittore Torniello, vi diciamo e commettiamo che de denari destinati per munitioni e lavori ne facciate pagare subito al thesoriero di esse munitioni Giovanni Paolo Villa la somma di lire ottocento imperiali, ad effetto di pagarle *brevi manu* a mastro Francesco Sant'Agostino, a buon conto dell'opera fatta nel theatro di questo palazzo, oltre gli altri danari già pagati al medemo conto, poiché in dette vostre dite riferirci il commissario generale delle Munitioni, per relatione dell'ingegnero Tolomeo, che l'opera importarà più assai. Facendone far debitore detto thesoriero Villa, et da chi spetta detto Sant'Agostino, acciò ne rendano conto. Acconciandone le debite scritture, et voi thesoriero generale così esseguirete mediante il mandato opportuno.

Mastro Francesco Santagostino riceve L. 800 (altri soldi sono già stati pagati) per i lavori svolti nel salone di corte [preparato per la giostra del carnevale].

Datum in Milano l'ultimo di gennaro 1611.
⟨*Signatum*⟩ Ju.° de Velasco Condestable
Vidit Salazar / Gaspar a Castello / *Notavit* Torniellus

36

ASM, *RcS*, XXII.50, c. 175r [12.II.1611]

Præses etc.

Visto le vostre lettere delli x del presente scritte al contrascrittore Torniello con copia della relatione fattami dal commissario generale delle Munitioni alli 5 del mede‹si›mo, et d'altra dell'ingegnero Tolomeo Rinaldi fatta al detto commissario intorno al compimento del suolo, palco per i musici e suonatori, baltresche, sbarrate et altri lavori pertinenti alli luminarij, per causa delle feste et torneo che di ordine nostro si hanno da fare nel theatro di questo palazzo; per le quali opere dite esser venuto in parere detto ingegnero che segli possano pagare a buon conto altre lire seicento, oltre le mila ottocento già pagategli per questo conto;
alle quali inherendo, vi diciamo e commettiamo che de danari destinati per lavori e munitioni ne facciate pagare al thesoriero di esse Giovanni Paolo Villa la detta somma di lire seicento, per pagarle a Francesco Sant'Agostino impresario di detta opera a buon conto per i lavori fatti et che si vanno faendo in detto theatro. Facendone far debitore detto thesoriero Villa, et anco detto Sant'Agostino da chi spetta, acciò ne renda conto, et voi thesoriero generale così esseguirete mediante il mandato opportuno et acconciandone le debite scritture.

Per il pavimento, palco dei musici, baldacchini, steccati e illuminazione del salone di corte, come da relazione del commissario (5.II.1611) e lettera al contrascrittore (10.II.1611), si sono spese altre L. 600 (oltre alle già stanziate L. 1800). Si ordina pertanto di pagare le L. 600 a mastro Francesco Santagostino.

Datum in Milano li 12 febraro 1611.
⟨*Signatum*⟩ Ju.° de Velasco condestable
Vidit Salazar / Gaspar a Castello / *Notavit* Torniellus

37

ASM, *RcS*, XXII.50, c. 138r [12.II.1611]

Præses etc.
Visto le vostre lettere di questo giorno scritte al contrascrittore Torniello, con inchiusa copia della relatione fattami dal commissario generale delle Munitioni alli X del presente intorno al pagamento delle lire seicento da farsi a Francesco Sant'Agostino per la compra de legnami per fare baltresche nel rimanente delli portici del theatro di questa corte, et anco per le pitture fatte et da farsi nel detto theatro per l'apparecchio d'ordine nostro nel torneo che si ha da fare lunedì prossimo futuro; il qual visitato dall'ingegnero Tolomeo Rinaldi, alla presenza del detto commissario generale,

Per l'acquisto del legname necessario e per le pitture nel salone di corte, sono da pagare altre L. 600, come da relazione del commissario (10.II.1611) e lettera al contrascrittore (12.II.1611),

è venuto in parere che de più del danaro provisto per l'opera fatta dal detto Sant'Agostino si possa provedere anco della detta somma di lire seicento, come per detta sua relatione inchiusa in dette vostre;

oltre al denaro già stanziato. [24]

alle quali inherendo vi diciamo e commettiamo che de danari destinati per lavori e munitioni ne facciate pagare a Giovanni Paolo Villa thesoriero di dette munitioni la suddetta somma di lire seicento, perché le paghi al suddetto Francesco Sant'Agostino impresario della detta opera per l'effetto sudetto. Facendone far debitore detto Villa, acciò ne renda conto, et anco il detto Sant'Agostino da chi spetta, con acconciarne le debite scritture, et voi thesoriero generale così esseguirete mediante il mandato opportuno.

Si ordina quindi di pagare le ulteriori L. 600 a mastro Francesco Santagostino.

Datum in Milano li XII febbraio 1611.
⟨*Signatum*⟩ Ju.° de Velasco condestable
Vidit Salazar / Gaspar a Castello / *Notavit* Torniellus[25]

24. Inizialmente erano state messe a disposizione 1000 lire ▷D.34, poi sono diventate 1800 ▷D.35, quindi 2400 ▷D.36, e ora 3000.

25. Questo mandato non è un duplicato del precedente, malgrado sia stato 'spacciato' lo stesso giorno e in entrambi i casi per un valore di 600 lire. Le motivazioni di spesa sono infatti differenti e soprattutto le date delle relazioni del commissario delle Munizioni come delle lettere spedite al contrascrittore Torniello sono chiaramente distinte.

38

ASM, *RcS*, XXI.27, c. 50r [14.VI.1611]

Juan Fernandez de Velasco, contestabile di Castiglia *etc.*
Convenendo che le comedie et altri simili atti publici che si permettono per recreatione universale, si facciano in questa città principalmente senza offesa della Maestà Divina et con la modestia et buon termine che si deve, et che perciò vi sia persona d'intelligenza da noi deputata che attenda a rivedere le dette comedie et opere prima che si recitino, habbiamo giudicato di proposito per quest'effetto il secretario Giovanni Battista Sacco nel valore e prudenza confidata. In virtù della presente lo eleggiamo e deputiamo per sopraintendere alle dette attioni, et ordiniamo che per l'avvenire non si possano recitare comedie né altri atti pubblici che prima non siano viste et partecipate le compositioni et opere col detto secretario Giovanni Battista Sacco; al quale incarica S.E. ad avvertire molto bene che non s'admettano cose contrarie alla religione christiana, né s'usino parole indecenti, né habiti da religioso o altri prohibiti, né si reciti in tempo non leciti e non permessi, ma che tutto si faccia con il rispetto e decenza che si deve.
Per‹ci›ò ordiniamo a tutti i comici et altri di simile professione che non ardiscano rappresentare né essercitare tali attioni di comedie che prima non siano viste et participate col detto secretario Sacco, sotto pena a noi arbitraria.
Datum in Milano a 14 di giugno 1611.
Signatum Iuan de Velasco contestable
Vidit Salazar / Gaspar a Castello

39

ASM, *Culto*, cart. 1947 [*ante* 26.X.1611]

[*il documento è in spagnolo e viene datato in margine 26 ottobre 1611, probabilmente da un archivista, ma la data è sicuramente precedente* ▷D.40. *A seguire la traduzione*]

Illustrissimo y excellentissimo señor.
Para efectuar V.E. su sancta y buena intencion de ayudar a la Casa de la pobres Virgines Españolas desta ciudad en el particular de las comedias, se pone en consideracion a V.E. lo siguiente.

[*Perchè vostra eccellenza [possa] compiere la sua santa e buona intenzione di aiutare la Casa delle povere Vergini Spagnole di questa città, in riferimento alle commedie si pone alla considerazione di V.E. il seguente*]

1. Queriendo V.E. servido de concederles el theatro por este imbierno, para las dichas comedias, sea servido declarar que el El provecho de las sillas y banquillos sea del Colegio de las Virgines, y la administracion desto de la persona que los disputados

provecho de las sillas y banquillos con la facultad de vender fruta, vino y otras cosas sea todo de la dicha casa, y que se administre por la persona, que ella imbiare, para que deste luego pueda haber la provision necessaria de las dichas sillas y banquillos.

[Piacendo a V.E. di concedere il salone in questo inverno per le dette commedie, voglia dichiarare che il profitto delle sedie e delle panchette, con facoltà di vendere frutta, vino e altre cose, sia tutto della detta Casa; e che si amministri da parte della persona che ella invierà, affinché da questo luogo si possa avere la provvigione necessaria affittando dette sedie e panchette]

eligeren para ello, y enlo de la fruta, vino y de mas cosas queda a arbitrio del governador el concedello, o limitallo de manera que non se sigua abuso, ni desorden, mas la utilitad que desto se sacaré se entienda que tambien ha de ser del dicho Colegio.

[Il profitto delle sedie e dei banchetti sia del Collegio delle Vergini e la sua amministrazione nella persona che i deputati eleggeranno per esso; e in merito alla frutta, al vino e alle altre cose resti ad arbitrio del governatore il concederlo o il limitarlo in modo che non segua abuso né disordine; e anche il guadagno che da ciò si trarrà si intenda che debba essere del detto Collegio]

2. Que los comediantes hayan de pagar un tanto a la dicha Casa cada dia como circa un escudo, o lo que V.E. fuere servido.

[Che i commedianti paghino un tanto al giorno alla detta Casa: circa uno scudo o ciò che V.E. riterrà opportuno]

Paresce que por agora hasta que se incamine bien lo de las comedias, no convendria cargar nada a los comediantes haviendo depues tiempo para hazello, quando esten mejor aperrochados y mas assegurado el concurso de la gente.

[Sembra che per ora, fino a che si avvii bene l'attività delle commedie, non convenga caricare nulla sui commedianti, poiché ci sarà tempo per farlo quando saranno più abituati e sia più sicuro il concorso della gente]

3. Que por quittar el encoveniente de entrar muchos sin pagar V.E. sea servido mandar que a las horaras del entrar se tengan serradas todas las puertas de arriba y a baxo por donde se puede entrar e nel dicho theatro, salvo la principal donde se cobra el dinero, y que a esta assista el Preboste de la guardia de alabarderos de V.E. o un caporal de la puerta de palacio con un soldado con orden que no permitan que entre ninguno sin pagar, porque haviendo esta seguridad los comediantes pagaran de buena gana el escudo que se ha dicho, pues son muchos los que entran sin pagar.

[Che per evitare l'inconveniente che molti entrino senza pagare, V.E. voglia ordinare che alle ore d'entrata si tengano chiuse tutte le porte davanti e in basso per le quali si entra nel detto salone, salvo la principale in cui

Esto se harà puntualmente, y importarà mucho para la buena observancia que alguna persona de confiaça por el dicho Colegio assistas algunas vezes a las puertas.

[Questo si farà puntualmente e sarà molto importante, per la buona osservanza, che qualche persona di fiducia del detto Collegio qualche volta controlli le porte]

si riscuote il denaro; e che davanti a questa vigili il preposto della guardia degli alabardieri di V.E. o un caporale della porta del palazzo con un soldato, con ordine che non permettano di entrare a nessuno senza pagare; perché ottenendo questa garanzia i commedianti pagheranno di buon grado lo scudo che si è detto, essendo molti coloro che entrano senza pagare]

4. Que V.E. sea servido de tassar lo que huvieren de pagar los que quisieren assientos por las dichas sillas, y banquillos pareciendo que bastarà cinco sueldos por una silla, y la mitad por un banquillo en las Comedias ordinarias, y doblado en las extraordinarias que es meno de lo que pagan al presente.

[*Che V.E. permetta di tassare opportunamente coloro che otterranno un posto sulle dette poltrone e panchette, sembrando che dovrebbero bastare cinque soldi per le sedie e la metà per una panchetta per le commedie ordinarie e il doppio per le straordinarie, che è meno di ciò che pagano al presente*]

Limitose a los cinco sueldos que dizen el precio de las sillas, y a una parpallola el de los banquillos en las comedias. Advirtiendo que la misma limitacion de cinco sueldos se les ha de poner a los comediantes en el precio de la entrada de las comedias ordinarias, y de diez sueldos en las extraordinarias, por que no este en su mano subille [?] a su arbitrio, como lo han hecho este verano; y si alguna de las dichas comedias extraordinarias fuere de mayor costa, se les permitirà alguna mayor garancia a arbitrio del governador a quien lo consultaran los diputatos.

[*Si limiti ai cinque soldi detti il prezzo delle sedie e una parpagliola quello delle panchette nelle commedie. Avvertendo che la medesima limitazione di cinque soldi deve essere posta ai commedianti sul prezzo d'entrata alle commedie ordinarie e di dieci soldi alle straordinarie, affinché non decidano a loro arbitrio, come è accaduto questa estate; e se alcuna delle commedie straordinarie fosse di maggior costo si concederà qualche garanzia maggiore ad arbitrio del governatore sul caso per cui sarà consultato dai deputati*]

5. Que haviendose de comprar la casa para hazer el salon para las dichas comedias V.E. sea servido de concederles privilegio de que no se puedan hazer en otra parte, y con su favor alcançarles la confirmacion de su Magistrad para despues de haver hecho el gesto no le salga infructuoso.

[*Che dovendosi comprare la casa per fare costruire la sala per dette commedie, V.E. voglia concedere il privilegio che non se ne possano fare da altra parte e le piaccia aggiungere la conferma del suo Magistrato, affinché dopo aver fatto il gesto questo non risulti infruttuoso*]

Concederajeles el mismo privilegio, reservando al Governador el dar licencia de poder recitar en casa de algun particular, segun la occasion que se ofreciere, y escriverasse a su Magistrad por la confirmacion.

[*Si conceda loro il medesimo privilegio, riservando al governatore il dare licenza di poter recitare in casa di qualche privato, secondo l'occasione che possa offrirsi, e verrà scritto al Magistrato competente per la conferma*]

40

ASM, *Culto*, cart. 1947 [*ante* 26.x.1611]

[*il foglio è inserito nel documento precedente, non è datato, né firmato e presenta parecchie glosse e correzioni. A margine le aggiunte/sostituzioni. Le frasi in corsivo sono quelle cancellate. Le glosse e le correzioni sono di un'unica mano, ma differente dal testo principale*]

Havendoci li amministratori della Casa delle Vergini Spagnole di questa città rappresentato la necessità in che si trova la detta casa per non haver entrata firma con la quale si possi sustentare, et che quello li vien dato per elemosina non basta per mantenere le figliuole che vi sono di presente, et molto meno quelle che si doveranno ricevere per l'avvenire che restano orfane in molta necessità et con pericolo grande di perdersi; et perciò supplicante a volergli porgere qualche agiuto per rimediare in parte alla detta loro necessità.
Noi desiderosi di servire opera tanto pia et grata a N.S. habbiamo rissoluto di condescendere in parte alli prieghi de detti supplicanti nel modo che segue. Perciò in virtù dilla presente * concediamo licenza alli detti amministratori *di menare** una persona qual habbia la cura di dar le * sedie et riscuotere il pagamento di esse, qual *sarà** cinque soldi per cadrega et una parpaiola per ogni scabello *nelle comedie che con licenza ma si recitaranno nel salone o sia teatro di questo palazzo,** riservando a noi la facoltà di concedere o limitare l'utile *che si caverà* della frutta, vino et altro *che si venderà in detto theatro, qual habbia a cedere a utile della detta casa.** Ordinando, come facciamo con la presente, che li commedianti non possino pigliar in pagamento da quelli che andaranno a vedere le dette commedie più de cinque soldi per persona per ogni com-

* applichiamo alla detta Casa o sia colleggio delle Vergini tutti gli emolumenti che pervenranno dalle cadreghe e banchette che si provederanno nei luoghi dove occorrerà recitarsi comedie nell'avvenire, et così in questo palazzo come in altre parti di questa città *etc.*

* d'esso colleggio di deputar

* dette

* ordiniamo che sia de

* né si possa eccedere questa tassa, e di più ordiniamo che alla persona che sarà deputata dalli detti amministratori, e non ad altri, sia permesso il provedero di frutta, vino et altro per rinfrescarsi a quelli che anderanno a sentir le comedie, et l'utile che se ne caverà sia del detto collegio,

* secondo li tempi et occasioni, come più ci parerà acciò che non segua abuso

media ordinaria et diece per le straordinarie; * se si faranno *però** commedie di tal qualità che vi entri maggior spesa del solito, *inteso noi il parere d'essi amministratori doppo ben visto et considerato il tutto, arbitraremo** qualche cosa di più, *che habbino a pagare le persone che anderanno a sentirle*;* concedendo insieme facoltà a detti amministratori di deputar persona di confidanza qual assista *alcune volte* alle porte perché non entri alcuno senza pagar la suddetta tassa. Perciò comandiamo ad ogni persona a cui spetta che osservino et facciano ossevare la prente valitura a nostro beniplacito.

* perché
* alcune

* e che meriti maggior mercede, noi ben informati concederemo se si possa scodere
* all'arbitrio nostro o di chi sarà da noi eletto

41

ASM, *RcS*, XXI.27, c. 148r [30.VI.1612]

Li consiglieri del Consiglio secreto di S.M. nello Stato di Milano *etc.*

Essendoci stata fatta instanza per parte di Florinda Concevoli comica a volersi concedere licenza di poter, con la sua compagnia, recitare comedie in questo regio palazzo. Noi parendoci cosa ragionevole di favorire quelli che con virtuoso studio procurano di apportare honesto trattenimento al pubblico come ha fatto sempre detta Florinda con gli altri comici di sua compagnia, ci siamo risoluti di compiacerla. In virtù dunque della presente concediamo loro licenza di poter liberamente et senza contraditione rappresentare nel luogo solito di questo palazzo le loro honeste comedie; con che non si recitino nelli giorni di venerdì, et in quelli di festa si diferiscono sino doppo le hore delli divini officij, non si adoprino habiti religiosi, né si dichino parole dishoneste, et servino gli ordini di far vedere il soggetto dal secretario Giovanni Battista Sacco deputato, prima di representarle, per evitare ogni occasione di scandalo: et commandiamo a tutti gli officiali a quali spetta che non solo non molestino detta Florinda et sua compagnia, anzi li diano la assistenza et favore opportuni, perché tutto passi con la quiete che conviene. *Datum* in Milano a 30 di giugno 1612.
Signatum [26]
Vidit Salazar / Gaspar a Castello

26. Manca la firma poiché probabilmente il nuovo governatore Mendoza non aveva ancora acquisito tutti i pieni poteri. Si nota infatti dall'intestazione che la licenza è concessa dal Consiglio segreto che di norma sostituiva *ad interim* il governatore. In realtà secondo ARESE 1970, p. 77, Mendoza aveva gia preso le redini del governo dal 4 maggio di quell'anno, ma si deve dedurre che almeno fino al 30 giugno il governatore non si occupò di licenze, ovvero le informazioni riferite da Arese sono da correggere.

42

ASM, *SP*, cart. 28 [22.VIII.1612]

Al commissario generale delle Munitioni et lavorerij del Stato di Milano
S.E. ha fatto intendere al sig. questore Pirovano nostro collega che voler suo è che si rifacci un muro nel teatro di questo palazzo verso il giardino principale d'esso; per essecutione dil che habbiamo ordinato che detto sig. Pirovano insieme con V.S. faccino visitare detto muro. Il che esseguito ci farà V.S. relatione di quanto da detta visita fatta con luoro assistenza seguirà, affin‹ch›é posiamo puoi dar l'ordine opportuno per la fattura d'esso. N.S. guardi V.S.
In Milano alli 22 agosto 1612.

Præses et Magistratum regiorum ducaliorumque
redditum ordinariorum Status Mediolani

43

ASM, *RcS*, XXII.51, c. 71r [20.IX.1612]

In merito ai ripari da farsi nel salone di corte, dopo relazione del commissario delle Munizioni (4.IX. 1912), e con decreto del governatore (10.IX.1912), viene messo all'incanto l'appalto dei lavori che è vinto da Innocenzo Gavirate per L. 1325. Si ordina di pagare metà della somma a Gavirate e l'altra metà a lavoro finito.

Præses etc.
Visto le vostre lettere delli XI del presente scritte al contrascrittore Torniello, con copia della vostra relatione fattaci alli 4 del medesimo, precedente altra a voi fatta dal commissario generale delle Munitioni, et inherendo al decreto d'ordine nostro fatto alli X del corrente intorno alli ripari necessarij, farsi nel teatro di questo palazzo et altre parti di esso, da noi commandati; che tutti per detta relatione vostra et del commissario appare esser stati deliberati al publico incanto a mastro Innocentio Gavirate, a prezzo de lire milatrecento vinticinque, compresi gli avantaggi da lui et altro aboccatore guadagnati;
vi diciamo e commettiamo che de qualunque denari di questa regia Camera ne facciate pagare al thesoriero di dette munitioni Giovanni Paolo Villa la detta somma di lire milatrecento vinticinque, ad effetto di pagarle a detto mastro Innocentio Gavirate conforme al suo capitolato, la metà doppo perfetta et collaudata l'opera, compresi gli avantaggi già detti, procurando che tutto si faccia utilmente et bene. Facendone far debitore detto thesoriero Villa, acciò ne renda conto. Acconciandone le debite scritture, et voi thesoriero generale così esseguirete, mendiante il mandato opportuno.
Datum in Milano li 20 di settembre 1612.
⟨*Signatum*⟩ El Marques de la Ynojosa
Vidit Salazar / Gaspar a Castello / *Notavit* Torniellus *cond.ʳ pro patre*

44

I-Mt, *Cod. Triv.* 1490, cc. 48v-49r [7.X.1612]

1612 a dì 7 ottobre.
Nacque uno figliolo al governatore [...] Doppo haverlo batezato entrassemo in corte ove si sonorno trombe, si sparorno mortari et fochi artificiati cioè di rote [= *girandole*], et altre feste.

45

I-Mt, *Cod. Triv.* 1490, cc. 49v-51r [11.II.1613]

1613 a dì XI febraro
Vene a Milano il sig. principe di Piemonte per passaggio [...]
Alessandro Visterino[27] fece fare una bella festa in casa sua ove furno invitate molte dame.
Fu posto il dossello [= *baldacchino*] per S.A.[28] et S.E. ma non vi andorno niuno sotto per esser immascherati; la festa durò sin'a quattro hore di notte. Vi era ancora la signora marchesa moglie [del] detto governatore ma stava incognita a una ventana et non ballò mai.
Finita detta festa S.A., il governatore [e il] principe d'Ascoli venero a pallazzo prima della marchesa, et dallì a poco vene detta marchesa, accompagnata da don Giovanni Colomba, et don Diego de Leijva.

46

ASM, *RcS*, XXI.28, c. 61v [18.VII.1613]

Don Juan de Mendoza marchese della Ynojosa *etc.*
Dovendo di presente passare per questo stato la compagnia de comici, Fideli nominati, di Florinda e Lelio, per andare a Francia, habbiamo voluto accompagnarli con la presente, con la quale gli concediamo amplo e libero passaporto per questo Stato per le persone et famiglie, loro robbe, cavalli et armi, et comandiamo a tutti li ministri, et ufficiali, datiari, gabellini et portinari et ad ogni altro a chi spetta, che non solo non gli diano molestia o mettano impedimento alcuno, ma già tosto gli prestino ogni aiuto, et favore.
Datum in Milano alli 18 di luglio 1613
Signatum El marques de la Ynojosa
Vidit Salazar / Gaspar a Castello

47

ASM, *RcS*, XXII.52, c. 61r [20.VII.1613]

Præses etc.
Visto le vostre lettere di X del presente scritte al contrascrittore Torniello con copia della relatione fattami dal commissario generale delle Monitioni alli 2 del passato, intorno al pagamento preteso da mastro Antonio Zanatta per haver tenuto acconcio il coperto di rame del teatro di questo palazo, et le canne delle fontane del giardino principale del medesimo palazzo

Mastro Antonio Zanatta pretende per i lavori svolti negli ultimi 7 anni (dal 14 maggio 1606 allo stesso del 1613, di cui solo i

27. «*La signor‹a› Vistarina*» è citata anche a c. 52v dello stesso codice; un'altra festa a casa Vistarino (20.II.1624) è descritta a c. 108v ▷C[1624], e già NEGRI 1602, p. 14 (9.II.1598), vi aveva rappresentato un ballo ▷C[1598]; bisogna desumere che questo era un luogo privilegiato dalla corte per intrattenimenti.

28. «*Sua altezza*» è il principe di Piemonte, e così qualche riga sotto.

per li sette anni passati, corsi dalli 14 maggio prossimo passato a dietro, a ragione de lire trecento l'anno, oltre lire venticinque per anno, per haver mantenuto l'edifitio o sia ingegno di legname che dà l'acqua alle dette fontane, li cinque anni .?. per virtù del incanto già in lui seguito, et li altri due ultimi senza incanto né altro ordine, oltre altre lire centocinquanta quattro, s. 15 per alcune altre spese che dice haver fatto di più del suo obbligo,
et visto la resolutione da voi fatta, di che sia paggato per hora solo per li cinque anni del suo incanto finiti alli 14 maggio 1611, per le lire trecento vinticinque l'anno per le cause sopradette, che in tutto fanno la somma de lire mille seicento vinticinque,
et che per li altri doi anni et dette spese fatti di più li sia riservata la sua ragione di riportare dichiaratione che habbi fatto dette spese, et havuto ordine legitimo per detti due anni per conseguire poi il suo pagamento, et come in dette vostre particolarmente si contiene,
alle quali inherendo vi diciamo e commettiamo che de denari destinati per monitioni et lavorerij ne facciate pagare al thesoriero di esse Giovanni Paolo Villa la detta somma de lire mille seicento venticinque ad effetto di pagarle *brevi manu* al detto mastro Giovanni Antonio Zanatta per le cause sopradette et per li detti cinque anni tanto finiti detto dì 14 maggio 1611. Facendone far debitore detto thesoriero Villa acciò ne renda conto. Et voi thesoriero generale così esseguirete mediante il mandato opportuno, et acconciandone le debite scritture.
Datum in Milano a 20 luglio 1613.
Signatum El marques de la Ynojosa
Vidit Salazar / Gaspar a Castello / *Notavit* Torniellus *cond.*[r] *pro patre*

primi 5 cinque regolarmente appaltati) L. 300 all'anno per la manutenzione del tetto del salone etc., più L. 25 per le grondaie, e L. 154:15 per altre spese.

Il Magistrato ordinario concede il pagamento delle L. 325 per i soli primi 5 anni (che fa in tutto L. 1625),
per gli altri 2 anni e per le spese ulteriori si pretende una dichiarazione di avvenuti lavori e spese.

48

ASM, *SP*, cart. 28 [18.VIII.1613]

Io Francesco Baldovvino soprastante delle Munittione e Lavorerij in questo regio pallattio confermo che il palco dello anno passato 1612 per recittari le commedie fu della medemma qualità dello anno presente. Ciovè che vi enero [*sic*] la medema quantità de asse e travetti quali se sono parimente despensati, come le medeme taole et esso palco fu fatto per mano di mastro Innocenttio Gavirate; la differenttia che vi è sono le seguenti: non vi era una scalla di ta‹v›ole di pezza alta brazza sette per andare al corridore delle sbare di ferro per servittio dilli commedianti, però all'incontro ne era una altra de taole de pobbia da fra [?] alta braccia cinque con la quale se mandavano detti commedianti al detto palco, et vi erano dieci travotti de più de braccia 8 l'uno quali servivano de aventi [?] di più di quelli di questo anno, et per esser ciò il vero le scrissi la presente di mea mano in Milano li 18 Agosto 1613.

Il soprastante Francesco Baldovino

49

ASM, *SP*, cart. 28 [30.IX.1613]

Illustre Magistrato
Con mia relatione di 30 agosto hora passato, in risposta delle lettere di V.S. di 26 del medesimo, diedi raguaglio a quelle della impostura del palco con sue circostanze fattosi da mastro Inocentio Gavirate l'anno hora passato nella solita corte per il recitare delle comedie in questo palazzo.
Il qual palco, conforme alla relatione dell'ingegnero Alessandro Bisnati e per le ragioni in essa mia addotte, viene ad impostare lire cinquecento venti sei, soldi diecisette e dinari sei per li materiali, e lire centotrent'una per la fattura. Per conto di quale fattura le Ss.Vv. nelle suddette sue determinano che esso Gavirate ne procuri la sodisfattione da chi è obligato dargliela
e per rispetto di essi materiali ne dovessi dare alle Ss.Vv. ragualio dell'ammontare del prezzo di essi, sendo che furono doppo consumati in beneficio della regia Camera, poiché le Ss.Vv. haverebbero dato l'ordine opportuno per la sodisfatione di esso Gavirate per la somma del danaro dell'impostura d'essi materiali.
Ma perché dal sig. questore Pirovano collega delle Ss.Vv., sono stato fatto avisare che sendosi risolute di dar tal ordine del pagamento delli materiali a esso impresario, è restato tuttavia qualche dubbio sopra la mia relatione fatta alle Ss.Vv. sotto li 22 luglio hora passato nella quale dissi che la fattura d'esso palco, sendo che era in tutto conforme a quella del fattosi l'anno presente, poteva impostare circa cento scudi ocupando il legname la maggior parte, il quale poteva perciò ascendere a scudi settantadue. E come meglio anco si sarebbe riconosciuto in fatto dall'ingegnero o altra persona deputata alla presenza del sig. questore Fermino Lopez collega delle Ss.Vv. e da quelle deputato, mettendosi perciò in consideratione la differenza delli detti scudi settanta due alle suddette L. 526, ss.17, d. 6.
Per chiarezza di che così anco ricercato dal detto impresario ho voluto con questa mia rapresentare alle Ss.Vv. che, come si è detto in esse relationi, si è regolato il prezzo delli materiali posti in opera nel detto palco dell'anno hora passato con quelli dell'anno hora presente, stando le fedi in essa cittate che il palco di esso anno passato era conforme a quello dell'anno presente, il quale dell'anno presente è impostato L. 500, s. 17, d. 6 conforme all'estimatione fatta dall'ingegnero Alessandro Bisnate a ciò dalle Ss.Vv. deputato .?. benep.[a], come nella mia detta relatione d'essi si tenne che poteva impostare li suddetti scudi settanta due, sendomi però rimesso a quello che meglio si fosse riconosciuto in fatto dall'ingegnero o altra persona alla presenza suddetta
la quale recognitione poi si è trovata impostare maggiore somma cioè le dette L. 500, s. 17, d. 6, a quali si aggiungono, come in essa mia relatione, le L. 26, ss.— per l'impostura delli diece travotti che nel medesimo palco dell'anno hora passato si misero di più per il sedere delle persone basse che nell'anno presente si sono messi, per dar occasione di maggior utile alla Casa delle Vergini Spagnole, in necessitandosi quelli che vengono alle comedie per mancamento del sentarsi sopra essi travotti di pigliare il nolo delle sedie e scabelli; con che fine prego alle Ss.Vv. da N.S. ogni contento. In Milano a dì ultimo settembre 1613.

Il commissario delle Munitioni
et Lavorerij nello Stato di Milano
Jo. Baptista Rubinus

50

ASM, *SP*, cart. 28 [29.I.1614]

[*un'unica carta piegata, in cui sono presenti tre testi di mani differenti. Il primo in spagnolo non è un rescritto, ma l'originale. Gli altri due testi sono stati aggiunti in seguito nello spazio rimasto della carta. Non propongo traduzione della parte in spagnolo perché questa viene sintetizzata nella lettera scritta sull'altra pagina del foglio, e riportata di seguito*]

Haviendo considerado y hecho visitar de nuevo el teatro desto palacio y con quanta costa y conbeniençia se hiz con occasion del passage por este estado dela reyna nostra señora que esta en el cielo año de 1598, y lo que importa conservar para otra occassiones semejantes y actos publicos y que eln acudir aesto podria causar non solo la ruyna del teatro mas tirar tras si el quarto viejo que mira ala calle quellamade Rastelli con que esta encadenado, y el gasto que ordinamente se haze en reparos y este ultimo que esta ordenado por relacion del Magistrado que passara de 1500 libras el qual de necass.[a] seyra continuando de tiempo en tiempo mientras no se reparare y estableciere de una viez para siempre y que de la relacion que el ingegnero Bisnate hizo al Magistrado los dias passados para el dicho effetto se pueden esensar algunas cossas que consisten mas en ornamento que enfuerça del obra con quela summa que en ia dicha relacion se premponia adiminuirse con el Consejo secreto y con su pareçer que se ponga luego mano a la dicha obra en la forma y manera que lo ha dispuesto el dicho Bisnate por nueva relacion y visita que de mi orden ha hecho con asistentia de los questores Iuan Thomas Galara, Phelippe Pirovano y Fermini Lopez y que pomo embaraçar questa obra todo el Magistrado se oncargue della paragüe hagun los bredos de los materiales necessarios y libren a los mastros y officiales y otras persona lo que .?. de haver a los tiempos plaços y modo que concertasen quellos sobre el thessoriero e las municiones Iuan Pablo Villa con intervençion del comissario general don Iuan de Salazar que porser obra de la qualidad que e y porque se puede esperar mas ventaja y beneficio de la hazienda real de la diligencia y integridad de los dichos questores que no de los encantos ordinarios. Tengo per bien que se haga sin el los non obstante los ordenes y que para este effetto se despache por agera un mandato de 2000 S. de adeis libras a buena quenta los quale hade pagar el thessoriero general de los dineros que tuviere en su poder de las condenaciones del Senado aplicadas a la fabrica del teatro y de los que fueren aplicando y entre tanto que no huviere destos de quales qui era otra defucargo advertiendo que de las dichas condenaciones y otras que yo aplicar se hadeyr remboisando la Camara de lo queantes que la ayas guastare en la dicha obra de que avisa a Vm: para que communicandolo en el Tribunal se execute conto da brevedad. Guard Dios sa Vm: De Palacio a 29 de enero 1614.

El marques de la Hinojosa

[*di seguito:*]

1614. 30 genaro
Letto è statto detto che s'esseguischa quanto S.E. commanda con la suddetta sua lettera al sig. presidente dell'illustre Magistrato nel particolare di detta fabrica, et che in conformità d'essa si dij ordine al contrascrittore Torniello per il mandato delli scuti 2000 de lire sei l'uno, a bon conto di detta fabrica, delli danari et nella forma da detta lettera annotata.

[*sull'altra pagina:*]

Al contrascrittore Torniello

Come vedrete per l'inchiusa lettera scritta da S.E. al sig. presidente sotto li 29 del corrente che si è letta in questo Tribunale, S.E. per le ragioni in dette lettere rappresentate commanda con parere dell'eccellente Consiglio secreto che una volta per sempre si ripari li stabili c'ha il theatro in questo palazzo, affin‹ch›é si risparmi la spesa cha annualmente segli fa intorno et si rimedij al pericolo che dal non farsi tal riparo potrebbe causarsi, non solo per la ruina di detto theatro, ma anco al quarto vecchio verso la contrada delli Rastelli col quale sta incatenato,
et per tal effetto, doppo altre visite per ciò fatte dall'ingegnero Alessandro Bisnate et altri ingegneri, ha di novo fatto fare d'esso nova visita dall'istesso Bisnate et concluso l'eccellenza sua che si ripari nella forma stabilita dal ingegnero suddetto,
havendo a tal fabrica, per non occupare tutto il nostro Tribunale, deputato li signori questori nostri colleghi Gallarate, Pirovano et Fermino Lopez, quali habbino ad accordare li prezzi de materiali necessarij a tal fabrica et paghino a tempi opportuni alli suddetti officiali et altre persone quello haveranno da havere nella maniera et forma che da loro verrà concertata per mano del thesoriero Villa con intervento del commissario generale delle Munizioni
che per esser l'opera della qualità che è, et per sperarsi dalla diligenza et integrità de detti signori questori maggior benessere et avantaggio alla regia Camera che dal passarsi per via d'incanto ordinario, ha havuto l'eccellenza sua per ben di comandare che si facci sen‹za› l'incanto non obstanti li ordini in contrario et che per ciò se ne dij ordine che per hora a buon conto di detta fabricha di spacchiare un mandato de scuti 2000 da L. 6 l'ono, de danari che in cotesta cassa si ritrovano in poter del sig. thesoriero generale, provenuti da condannationi dal Senato applicati alla fabrica di detto theatro et che nell'avenire se ni andarano applicando,
et fra tanto che [se] non ne fossero danari della qualità suddetta, di qualsivoglia altro danaro di cotesta Thesoreria, et in tal caso commanda l'eccellenza sua che si dobberà poi reintegrare la regia Camera di quel danaro che non provenuto da dette condannazioni, che di poi entrata in cotesta Thesoreria o de altro danaro che dall'eccellenza sua verrà applicata all'opera suddetta
et come più amplamente vedrete per l'inchiusa copia di dette lettere, in conformità delle quali vi diciamo che in tutto e per tutto debbiate esseguire, formando un mandato in testa del tesoriero Giovanni Paolo Villa della detta somma de scuti 2000 de L. 6 l'uno, del suddetto danaro provenuto da dette condannationi del Senato applicato a detta fabrica, et in difficienza d'esso di qualsivoglia altro danaro di questa Regia et ducale camera, con avertenza che d'esso se n'haverà poi di rimborsaro detta regia Camera col danaro che entrerà in cotesta Thesoreria per conto di dette condannationi et applicato a detta fabrica, o altro che dall'eccellenzaa sua come sopra verrà applicata all'opera suddetta et detti 2000 scuti a bon conto della fabrica che l'eccellenza sua commanda che si facci al theatro suddetto

51

ASM, *RcS*, XXII.52, c. 108r [5.II.1614]

Præses etc.

Visto le vostre lettere del ultimo del passato scritte al contrascrittore Torniello, in essecutione d'altre nostre di 29 del medesimo dirette al presidente vostro, intorno alle reparationi che con parere ancora dell'eccellentissimo Consiglio secreto habbiamo stabilito che si facciano al theatro di questo palazzo, nella forma di nuovo stabilita dal ingegnero Alessandro Bisnate per evitare il pericolo che minaccia di ruina,

Il governatore, con parere del Consiglio segreto, ha deciso di restaurare il salone di corte, secondo il progetto dell'ingegnere Alessandro Bisnate.

alle quali riparationi, et fabrica nella forma stabilita del detto ingegnero per non occupare tutto il Tribunale nostro habbiamo deputato li questori nostri collegiati Giovanni Tomaso Gallarate, Filippo Pirovano et Fermino Lopez, quali habbino d'accordare li prezzi de materiali necessarij a tal fabrica et facciano pagar a tempo opportuni alli maestri, offitiali, et altre persono quello haveranno d'havere nella maniera et forma che da loro verrà concertata per mano del thesoriero Villa con intervento del commissario generale delle Munitioni,

Circa i costi di lavorazione sono stati deputati i questori del Tribunale di provvisione Gallarate, Pirovano e Lopez.

che per esser l'opera della qualità che è, et per sperarsi dalla diligentia et integrità di detti questori maggior benefitio et avvantaggio della regia Camera che dal passarsi per via d'incanto ordinario, habbiamo havuto per bene che si faccia senza incanto non ostanti gli ordini in contrario, et che perciò si faccia dispacchiare un mandato di due mille scudi da L. 6 l'uno a buon conto di detta fabrica, de danari che si troveranno in poter del thesoriero generale pervenuti da condennationi del Senato, applicati alla fabrica di detto theatro et che nell'avvenire s'andaranno applicando, et che fra tanto in mancanza d'essi si vaglia di qualsivoglia altro denaro del thesoriero generale, la qual in tal caso s'habbia da reintegrare de danari che anderanno entrando de dette condennationi o d'altri che da noi si anderanno applicando a l'opera suddetta, et come in dette lettere particolarmente si contiene,

L'appalto dei lavori si assegnerà senza incanto,

mettendo a disposizione la somma di scudi 2.000 (L. 12.000),

alle quali inherendo, vi diciamo et commettiamo che de danari suddetti et in tutto come sopra ne facciate pagare al thesoriero di dette Munitioni Giovanni Paolo Villa la detta somma de scudi due mille da lire sei l'uno, d'andarsi pagando di mano in mano conforme al bisogno nella maniera et forma che da detti questori verrà concertata con .?. del detto commissario, incaricandoli ad usare ogni diligenza perché l'opera si faccia con la perfettione et brevità possibile, et a maggior benefitio della regia Camera che di loro confidiamo; facendone far debitore detto thesoriero Villa acciò ne renda conto. Et voi thesoriero generale così esseguirete mediante il mandato opportuno acconciandone le debite scritture.

da utilizzarsi secondo il bisogno, man mano che si renderà necessario.

Che i lavori si svolgano in fretta e senza sprechi.

Datum in Milano a 5 febraro 1614. *Signatum* El marques de la Ynojosa
Vidit Salazar / Antonio di Lara / *Notavit* Torniellus

52

ASM, *RcS*, XXII.52, c. 180r [7.IV.1614]

Præses etc.
Visto le vostre lettere di 8 fibraro passato scritte al contrascrittore Torniello con le relationi a voi fatte dal commissario generale delle Monitioni intorno alla pretensione [che] tiene mastro Innocente Gavirate per la spesa del palco et sue circostanze fatte in questo palazzo l'anno 1612 per il recitar delle comedie; la qual .?. come dite consiste in lire seicento cinquant'una, soldi decisette e danari sei, cioè lire cinquecento venti s. 17:6 per li materiali, et lire cento trent'una per le fatture;
non di meno alle ragioni da voi considerate appare poterne spettare alla regia Camera lire trecento solamente.
Perciò inherendo a dette vostre vi diciamo, et commettiamo che de danari destinati per lavorerij et monitioni ne facciate pagare a Giovanni Paolo Villa thesoriero d'esse la detta somma di lire trecento imperiali ad effetto di pagarle al suddetto mastro Innocenzo Gavirate per il prezzo delli materiali suddetti così da voi arbitrato, atteso che per le fatture ne procurarà la sodisfattione da chi s'è obbligato; facendone far debitore detto thesoriero Villa, acciò ne renda conto. Et voi thesoriero generale così esseguirete mediante l'opportuno mandato, acconciandone le debite scritture.
Datum in Milano a 7 Aprile 1614
Signatum El marques de la Ynojosa
Vidit Squarf: per S. C.° / Gaspar a Castello / *Notavit* Torniellus

Mastro Innocenzo Gavirate chiede di essere pagato per il suo lavoro [palco delle commedie] per le spettanti L. 651:17:6 (L. 520:17:6 per i materiale + L. 131 per il lavoro).
Accolta la richiesta per solo L. 300,
si ordina di pagare Gavirate della somma stabilita.

53

ASM, *RcS*, XXII.52, c. 190v [12.VI.1614]

Præses etc.
Inherendo all'ordine nostro di 10 del corrente vi diciamo, e commettiamo che facciate pagare debito a Giovanni Paolo Villa thesoriero delle Monitioni scudi mille da lire sei l'uno, quali haverà da sborsare con li soliti ordini agli impresarij che fanno li ripari e lavori da voi commandati nel theatro di questo palazzo, delle quali ne haverà di dar conto acconciandone le debite scritture. Et voi thesoriero generale così esseguirete mediante il mandato opportuno.
Datum in Milano a 12 giugno 1614
⟨*Signatum*⟩ El marques de la Ynojosa
Vidit Salazar / Gaspar a Castello / *Notavit* Torniellus

Stanziati scudi 1000 (L. 6000) per ripari nel salone di corte.

54

ASM, *SP*, cart. 28 [21.VII.1614]

Alli molto illustre et illustre signori dottore Giovanni Tomaso Gallarate già questore dell' illustre Magistrato ordinario, e Filippo Pirovano e Fermino Lopez questori del medesimo illustre Magistrato.

Restano le Ss.Vv. informate delli concerti fatti con mastro Antonio Ferrari, detto il Balermo, scarpellino, di provedere le dodici colone di meaiolo [*sic*] con la base e capitelli di marmo bastardo et altri diversi pezzi, parte di meiarolo et parte di ceppo gentile, et altri pezzi ordinarij di pietre da carvano per la fabrica nova delli ripari al teatro di questo palazzo, conforme alla descritione fatta dalli ingegneri Alessandro Bisnate et Fabio Mangone,

et havendo esso Balermo datto il dovuto compimento dal canto suo, se ne fece con saputa e partecipatione delle Ss.Vv. dalli medesimi ingegneri, luogho per luogho e cosa per cosa, con tutte le sue circostanze a tutto servitio della reale Camera, e calcolato il tutto alli pretij concertati per le suddette colone et altri materiali di vivo di maggior importanza, et il resto alli soliti precij correnti giudicati da essi ingegneri, si è provato che tutte le dette colone e vivi di qualunque sorte provisti e posti in opera da esso Balermo con le sue cercostanze necessarie importano in tutto lire otto mille cinquecento settanta otto, ss.—, denari quattro imperiali,

e come meglio le Ss.Vv. così restando servite potrano vedere per la inchiusa copia della realatione sopra ciò fattami da essi ingegneri Bisnate e Mangone alli 3 del presente, a conto de quali colone et altro ha rice‹v›uto esso Balermo, come le Ss.Vv. restino informate, per mano del tesorero delle Monitioni de danari provisti da S.E. a conto di essa fabbrica di mano in mano che esso Balermo andava procedendo e riducendo la sua opera a fine, lire cinque mille novecento per li ma‹n›dati del mio officio in forma solita,

si che restarebbe creditore di lire due mille sei cento settanta otto e danari quattro imperiali, oltre scudi trenta da lire sei l'uno per havere consegnate per tutto aprile hora passato sei d'esse colone, ancorché con maggior prestezza del convenuto si andasse facendo la detta fabbrica, e l'impresario delle opere di muro e quelle del legname potessero compire in tempo debito, conforme alla volontà di S.E., come parimente le Ss.Vv. restino informate, di che tutto ad instanza d'esso Balermo de detto con questa mia il dovuto ragualio alle Ss.Vv. anco che così restando servite tratandone con S.E. si dia sodisfatione a esso Balermo del detto suo restante credito mediante l'opportuno mandato del medesimo tesoriero delle Monitioni nella medesima maniera che si è provisto il danaro destinato alla detta fabbrica nondimeno.

55

ASM, *RcS*, xxii.52, c. 212r [5.x.1614]

Præses etc.

Visto le vostre lettere di tre del corrente scritte al contrascrittore Torniello in essecutione di ordine nostro de 21 et del Consiglio secreto di 24 del passato, sopra la relatione fattaci dalli colleghi nostri da noi delegati alla fabrica nel theatro del palazzo circa il restante credito che tengono mastro Antonio Ferrari detto il Balermo scarpelino per il tuccante [= *stucco*] alle colonne et opera di professione sua, et mastro Tullio Pristino per il tuccante alli muri et altre opere di corte, compreso il solo [= *suolo*] fra le due colonnate d'esso teatro per mano d'esso Pristino,

Come da ordine del governatore (21.ix.1614) e del Consiglio segreto (24.ix.1614) circa il pagamento di Antonio Ferrari e Tullio Pristino per i lavori svolti nel salone di corte,

li quali dite restano ancor creditori, cioè il Balermo de lire tre mille quindici, s. 12, d. 4, et il Prestino de lire tre mille quattrocento sittantanove, s. 8, d. 7, che sono in tutto lire sei mille quattrocento novantacinque, d. 11, come in dette vostre et relatione sudetta particolarmente si contiene,

per un totale di complessive L. 6495:–:11 (L. 3015:12:4 a Ferrari e L. 3479:8:7 a Prestino),

alle quali inherendo vi diciamo et commettiamo che de qualunque danari di questa regia Camera ne faciate pagare a Giovanni Paolo Villa thesoriero delle Monitioni la detta somma di lire sei mille quattrocento novantacinque, denari undeci, per pagarsi a detti impresari Balermo e Prestino, la metà di presente et l'altra metà doppo tre mesi per loro compita soddisfattione di dette opere et lavori fatti in detto teatro, ripartendo fra di loro il danno alla rata del credito loro, facendone far debitore detto thesoriero Villa, acciò ne renda conto, et voi thesoriero generale così esseguirete mediante il mandato opportuno.

si ordina di pagare metà della somma subito e l'altra metà fra tre mesi.

Datum nel borgo de Vercelli a dì 5 di ottobre 1614
Signatum El marques de la Ynojosa
Vidit Salazar / Gaspar a Castello / *Notavit* Torniellus

56

ASM, *RcS*, xxii.53, c. 126r [10.xi.1615]

Præses etc.

Inherendo all'ordine nostro di questo giorno dato al contrascrittore Torniello vi diciamo et commettiamo che de qualunque danari di questa regia Camera ne facciate pagare subito al thesoriero delle Monitioni Giovanni Paolo Villa la somma de scudi cento di Camera perché *brevi manu* et senza dilatione li paghi cinquanta al soprastante di questo palazzo Francesco Baldovino et gli altri cinquanta al monitionero del castello di Milano Francesco Vico per spendere nelli preparativi necessarij per le allegrie da noi ordinate farsi per li sposalitij seguiti tra le due corone di Spagna et Francia; facendone far debitore detto Villa acciò ne renda conto, et anco detti soprastante et monitionero da chi spetta per medesimo effetto, et voi thesoriero generale così esseguirete mediante il mandato opportuno acconciandone le debite scritture.

Francesco Baldovino, soprastante di palazzo, e Francesco Vico, munizioniere del castello, ricevono 50 scudi a testa per i preparativi per le nozze di Filippo iv con Isabella di Borbone.

Datum in Milano a 10 di novembre 1615. *Signatum* El marques de la Ynojosa[29] / *Vidit* Salazar / Gaspar a Castello / *Notavit* Torniellus

57

ASM, *RcS*, xxi.29, c. 5r [27.i.1616]

[...] Perciò in virtù della presente comandiamo a tutti quelli delle professioni sopra narrate che vorranno representare, montare in banco o in altra maniera essercitare quello che respettivamente a ciascuno di essi tocca, debbano, doppo haver fatto ricorso al protofisico per fare visitare i medicinali che vorranno vendere et doppo ottenuta da lui l'approbatione, sotto la pena già stabilita a contrafacenti, andar dalli amministratori della detta Casa delle Vergini, overo dalla persona che sarà da loro a ciò deputato, a pigliar ancora da loro la licenza, mediante le quali licenze et non altrimente possano vendere le sudette robbe, montar in banco et fare gli altri officij o essercicij da loro usati;

et incarichiamo tanto al protofisico come alli amministratori suddetti che habbino cura particulare che non seguano d'ordine inganni, aggravij, né altra cosa che risulti in danno al publico. Il medesimo s'intenda quanto a comici d'ogni qualità, a quali s'incarica et commanda che accordati con la detta Casa delle Vergini habbino ricorso a noi per la licenza di poter representare, la quale sarà loro prontamente, conforme al solito, spedita per la Cancelleria segreta, né in altra maniera che nella predetta possa né deve alcuno recitare, né gli altri essercitare i loro mestieri, sotto pena della perdita delle robbe et altre maggiori corporali et pecuniarie all'arbitrio nostro riservate; et commandiamo alli ministri maggiori et minori a noi soggetti che osservino et facciano osservare la presente concessione, valitura a nostro beneplacito.

Data in Milano alli 27 di genaro 1616.

Signata Don Pedro de Toledo Osorio / *Vidit* Salazar / Gaspar a Castello.

---

29. Secondo le indicazioni di Arese 1970, p. 77, in questa data dovrebbe essere governatore Osorio.

58

ASM, *RcS*, XXI.29, c. 38v [16.I.1617]

Philippus III Dei gratia Hispaniarum etc. rex et Mediolani dux II
Don Pietro de Toledo Osorio del Consiglio di Stato di S.M., suo capitano generale *etc.*
Essendoci stata fatta in istanza con supplica da Petro Maria Cechini detto Fratelino [*sic*] con sua compagnia comici Acesi a volerli concedere licenza di poter recitare comedie in questo regio palazzo; noi parendoci cosa ragionevole di favorire quelli che con virtuoso studio procurano di apportare honesto tratenimento al publico come come [*sic*] sempre hanno fatto detti comici, ci siamo risoluti di compiacerli. In virtù dunque della presente concediamo loro licenza di poter liberamente et senza contraditione representare nel luogo solito di questo palazzo le loro honeste comedie; con che non si recitino nelli giorni di venerdì, et in quelli di festa si differiscano sino doppo le hore delli divini officij, non si mescolino cose divine, né si dichino parole dishoneste, et servino gli ordini di far vedere il soggetto dal [= *al*] secretario Giovanni Battista Sacco deputato prima di rappresentarle, per evitare ogni occasione di sacandalo. Commandiamo per questo a tutti gli officiali a quali spetta che non solo non molestino detta compagnia, anzi li diano l'assistenza e favore opportuni, acciò tutto passi con la quiete che conviene.
Data in Novara a dì sedici di genaro 1617
Signata Don Pedro de Toledo Osorio
Vidit Salazar / Sessa

59

ASM, *PS*, cart. 7, fasc. 4 [12.V.1621]

Al soprastante del pallazzo

Delle L. 3000 a voi consegnate d'ordine dell'illustre Magistrato ordinario per spendere nelle cose minute concenenti il luto et funerale della maestà del re don Filippo III N.S. che sia in gloria, pagarete a Francesco Santo Agostino capo mastro di questo real pallazzo la somma di L. 298, s. 16, quali sarano per compìta satisfattione dell'importanza della spesa da esso Santo Agostino fatta nel teatro di detto pallazzo, in occasione che S.E. diede il giuramento alli offitiali di questa città per la maestà del re don Filippo IIII N.S., in tal somma collaudata dall'ingegnero camerale Tolomeo Rinaldi qual resta nelli atti dell .?. cancelliero, avertendo fare detto pagamento con l'approbatione del sig. questore Alessandro Crasso N.S. Milano il 12 maggio 1621.
Don Juan de Salazar

60

ASM, *PS*, cart. 10, fasc. 5 [18.v.1621]

Molto illustre Tribunale
Il fedele servitore delle signorie loro molto illustri, Vincenzo Pellegrino, maestro di cappella nella chiesa metropolitana di Milano, ricorre da quelle perché diano ordine per la musica del funerale del potentissimo re N.S. che piaccia a Dio sij in gloria, acciò si possa provedere sì delle compositioni nuove come anche de gli migliori musici di questa città per fare a quattro chori, con darli quella sodisfatione che meriterano, et il numero sarà de 48 persone in circa per essere la chiesa ampia, il concorso grande et senza organi et altri stromenti *etc.*

[*In calce, altra mano:*]

1621. 18 maggio
Letto, è stato detto che si facci la musica a quattro cori servendosi di quella del Duomo et della ⟨cappella⟩ di S.E. et della chiesa della Scala, et per quello che mancasse di più per detta musica che il supplicante lo proveghi a sua eletione che se le darà la conveniente sodifatione.

Jo. Baptista Iuditiam [?]

61

ASM, *PS*, cart. 10, fasc. 5 [8.VII.1621]

Molto illustre signore
Vincenzo Pellegrini, maestro di cappella della chiesa metropoli di Milano, suo devotissimo servitore, non ha mancato trattener con bona aspetatione li musici che hanno servito nel funerale delle esequie della maestà del re don Filippo III che sia in gloria, aspettando che da V.M. molto illustre fusse comandato darle sodisfatione havendo servito per ordine suo per esser stato fatto a quattro chori sono in n. 50 musici, et supponendo che le molte occupationi de negotij siano causa di questa tardanza è necessitato il supplicante humilmente ricorere.
Supplicando V.M. molto illustre ordinar che sia dato sodisfatione a detti musici acciò altra volta il supplicante sia creduto dalli musici invitati per le altre occasioni, ricordando che nelle esequie fatte dal re Filippo II alla Scala erano solo due chori e perciò la metà meno de musici, per tanto havendo ordinato che siano invitati si degni ordinar che siano sodisfatti. Il che spera dalla sua benignità *etc.*

[*In calce, altra mano:*]

Letto, è stato detto che si diano al supplicante scudi vinti li quali distribuisca a sua eletione fra quelli i quali per altro non havevano obligo di servire a suddetta funtione. [*seguono alcune firme illeggibili*]

62

I-Mt, *Cod. Triv.* 1490, cc. 102v-103r [27.x.1622]

1622 a dì 26 ottobre.
Venne a Milano il sig. principe di Condé incognito, et andò direttivamente ad allogiare al Falcone. Il sig. duca di Feria, governatore, subito avisato montò in cochio con il sig. don Giovanni Fonsecha et se ne andò a levarlo da detta taverna et lo regalò [*sic*] in pallazzo con tutti quelli cavaglieri che mangiavano alla sua tavola.
Alloggiò nel quarto ove suole alloggiare il generalle della cavalleria.
La prima sera cenò con li suoi gentilhomini.
La matina seguente fu a S. Carlo ad udir messa.
Andò al castello a vederlo, ma non si fece salva alcuna. Fu seco il cavallerizzo di S.E. sempre, et senza labardieri.
L'istessa matina mangiorno insieme cioè S.E., il principe et il sig. don Giovanni Fonsecha, ambasciatore di S.M. con li gentilhomini di detto principe.
Alla sera medesima S.E. fece far comedia nella prima sala in fine della galleria andando nel suo quarto.
Si partì alli 28, a hore undeci di notte, senza lasciare manza [= *mancia*] a persona alcuna et andò alla volta di Bergamo.

63

ASM, *Culto*, cart. 1947 [12.xii.1623]

[*il testo in spagnolo della lettera è tradotto di seguito*]

Philippus quartus Dei gratia Hispaniaris rex et Mediolani dux.
Don Suarez de Figueroa e Cordeva, duca di Feria *etc.* del Consiglio di S.M., nostro capitano generale e suddito dello Stato Milano.

Havendoci la maestà del re N.S. scritta la lettera del tenor seguente
[«]Don Phelippe por gracia de Dios rei de Castilla, de Leon, de Aragona [*etc.*], duque de Milan.
Illustro duque de Feria, primo mi governador y capitan general de mi Estado de Milan.
Por haverme representado de parte del mayordomo y diputatos de la Casa y Colegio de las Virgines Españolas d'esta ciudad el .?. que se ha seguido de su fondacion y al numero grande de donzellas que desde el año de '78 .?. que se fundò se han colocado, y colegiales que .?. ses ocupaciones de pluma se han acomodado todos hijos de Españoles que haviendo muerto en mi servicio quedaron huerfanos y pobres, y esto con el amparo que han tenido sempre de los reyes mis antecessores de mis goviernes de este mi Estado y .?. dal conde de Fuentes que movido de'este buen zelo, y que la .?. que tenia esta Casa i Colegio y otras cossas que se le aplican non eran bastantes para su sustento, le dio el emolumento que se saca de los escabeles y sidias de las comedias, y de la confitura, vino y fruta y otras cosas de refresco que se vende donde se representa, y assi mismo el util que se sera de los cerlatanes, monta en banco, herbolarios, y otras

quales quien personas que en publico hazer qualquier .?. a exercicio de plazer, permitendo y ordenando que essos emolumentos fuesser administrados por las personas que los diputados de la dicha Casa y Colegio nombrassen, come se ha continuado y confirmado essa gracia de los de mas governadores, que le han .?. y suplicado que .?. el tan importante que si haveran cavando della se sostentaran con grande travaho, y no se corrigererà el remedie d'estas donzellas, como se haze .?. merced da perpetrarles esta gracia en la conformidad que lo han hecho mis governadores, ha tenido por bien, teniendo consideracion a lo que queda .?., y ser otra tan del servicio de nostro Señor el acudir a su sostento y necessidad de confirmar a le dicha Casa y Colegio de las Virgines Españolas por tempo de diez anos los dos derechos que si der, i se le han aplicado por mis governadores que al ano '01, como queda dicho de lo que pagan las personas, a quier se da licenza para alquiler silias y banquillos en la comedia, y vender cosas comestibles en ella, y el otro de lo que sueler pagar los cerlatanes y otras que entretienen al pueblo en publico; Parendos er cargo y mandi .?., y deis orden que en esta conformidad de los dechos dez años gozen la dicha Cassa y Colegio d'esta aprovechamento con .?., que non aprietan a las dichas personas a que pagaran mas de lo que han pagato por lo passato, que lo ano y lo otro procede assì de mi voluntas. *Data* en Madrid a primende october de 1623 años; *signata* Yo el Rey [*etc.*] *a tergo* Al illustre duque de Feria primo mi governador y capitan general de mi Estado de Milan, et sigill‹at›os[»] Noi, per essecutione della mente di S.M. in virtù della presente, diciamo che possa il detto Collegio delle Vergini Spagnole di questa Città godere della mercede che S.M. gl'ha fatto dell'emolumento che pagano le sedie et banchi nelle comedie che si recitano in questa città, et di vendere in esse cose commestibili, et insieme dell'emolumento che sogliono pagare li ciarlatani et altre persone che tratengono il popolo in publico, con che però non assurghino a pagar più di quello hanno pagato per il passato, et questo per dieci anni a venire concessi per S.M., et commandiamo a tutti li ministri et officiali a chi spetta che osservino e facciano osservare la presente.
Data a Milano a 12 di dicembre 1623
Signata El doque de Feria [*etc.*]

[*traduzione del testo spagnolo (le parentesi quadre contengono mie integrazioni, mentre quelle uncinate, ⟨...⟩, sono utilizzate per completare le parti illeggibili dell'originale):*]

Per essermi stato presentato da parte del maggiordomo e dai deputati della Casa e Collegio delle Vergini Spagnole di questa città il ⟨caso⟩ che è seguito dalla sua fondazione, [ovvero] il gran numero di fanciulle che sono state accolte dall'anno '78 ⟨passato⟩ in cui fu fondato, e [dei] collegiali [che] sono stati ospitati come studenti [= *«che svolgono le loro occupazioni di penna»*], tutti figli di spagnoli morti al mio servizio e perciò rimasti orfani e poveri. [E che] per la protezione che sempre hanno havuto dai re miei predecessori e dai miei governatori di questo mio Stato e ⟨particolarmente⟩ dal conte di Fuentes che, mosso da tanto buon zelo — non essendo bastante per il suo sostentamento l'⟨entrata⟩ che godeva questa Casa e Collegio con le altre cose di sua pertinenza — concesse loro l'emolumento che si ricava dagli sgabelli e dalle sedie delle commedie, e da confetture, vino, frutta e simili rinfreschi che si vendono dove avvengono rappresentazioni; [concedendo] ancora l'utile che si trae da ciarlatani, montinbanchi, erborari e da ogni altra persona che svolga in pubblico qualsiasi ⟨attività⟩ d'intrattenimento [=

«per esercizio di piacere»], e permettendo e ordinando che detti emolumenti fossero amministrati dalle persone che gli agenti della detta Casa e Collegio nomineranno, come si è sempre fatto, essendo essa grazia confermata dai miei governatori; [inoltre detti agenti] hanno ⟨detto⟩ e supplicato che ⟨senza⟩ l'importanza di ciò che si ricava da quella [grazia] si sarebbero sostenuti con grande fatica e non avrebbero potuto aiutare queste fanciulle, come hanno fatto ⟨avendo avuto⟩ mercede di perpetrare tale grazia in conformità con quanto è stato fatto dai miei governatori.

Si è ritenuto valido, tenendo in considerazione quanto è stato ⟨riferito⟩, anche in merito al servizio verso N.S., di accudire al loro sostentamento e necessità e di confermare alla detta Casa e Collegio delle Vergini Spagnole per il tempo di dieci anni i due diritti già concessi e applicati dai miei governatori dall'anno '01; ugualmente è stato detto che quello che pagano le persone a cui si dà licenza di affittare sedie e banchetti durante le commedie [e] vendervi rinfreschi, come pure quello che usano pagare i ciarlatani e le altre persone che intrattengono la gente in pubblico restino in vigore ⟨come al solito⟩; e si è dato ordine che, in tale conformità e per il tempo dei detti dieci anni, la detta Casa e il detto Collegio godano di questo provvedimento con ⟨condizione⟩ che non impongano a dette persone di pagare più di quanto hanno pagato l'anno passato e quello prima; questa è la mia volontà.

64

ASC, *Famiglie*, cart. 919, fasc. *Mangoni* [14.I.1627]

In nomine Domini amen, infrascritti sunt testes eorumque dicta sacramenta et attestationes producti ut infra, et nostra ut infra interrogati rurati et examinati per nostra [...] Sub anno currente 1627, indictione decima [...]

1627 die Jovis decima quarta mensis ianuarij [...]

Joannes de Antoniettis, filius Jo. Baptista, porte Orientalis, parrochie S. Pauli in Compito Mediolani[30] testis productis per dominus Fabius Mangonus qui juravit [...]

Interrogato su primo capitolo [...] se esso testimonio sa et è informato del tempo che sia nato il detto Fabio Mangone et in qual porta et parrocchia di questa città.

Respondit Io non so dirci il tempo preciso che ha nato il detto sig. Fabio, dico bene esser lui nato nella presente città in porta Orientale in una sua casa d'abitione dove di presente fa dimora Giovanni Battista Mangone suo padre del detto producente, però in quanto alla detta sua natività del producente mi rimetto alla fede del battesimo.

Interrogatus se conosce il detto Giovanni Battista e sua madre.

Respondit Signor sì ch'io lo conosco, et anco sua moglie madre del detto producente, la qual si dimanda Lucia de Coghi,[31] et so che sono marito e moglie coniugati.

Interrogatus se sa che il detto producente ha .?. habitato con li suddetti suoi padre et madre nella lor casa d'habitione.

30. Ovvero: abitante a Milano, nella parrocchia di S. Paolo in Compito in porta Orientale.

31. In altri documenti dello stesso fascicolo si legge *«Coqui»*.

Respondit Dico essere informato che il detto producente vive separatamente dal detto suo padre, cio è dal tempo che lui ha pigliato moglie che saranno circa anni quindeci.
Interrogatus[32] se sa che il detto producente habbi atteso ad imparar l'arte d'agrimensore et ingegnero nella presente città et presso a chi ha imparato tal professione d'ingegnero et agrimensore.
Respondit Io son informato che il detto producente ha militato ad imparar tal professione d'ingegnero et agrimensore presso la persona del sig. Alessandro Bisnato pubblico ingegnero della presente città, qual già alcuni anni sono è passato da questa a miglior vita; et son informato .?. prattico che io era di casa dal detto Bisnate mentre viveva che il detto Fabio Mangone ha militato presso di lui ad imparer l'arte et professione d'agrimensore et d'ingegnero, et per quanto so mi posso ricordare credo che habbia militato per anni quattro e più, presso detto Bisnate.
Interrogatus se esso testimonio ha memoria d'haver mai visto il detto producente in campagna a misurar terre, dar consegne et .?. reconsegne far visite di case o altra cosa concorrente all'esercitio d'ingegnero et agrimensore.
Respondit Dirò haver memoria d'esservi ritrovato una volta con il detto sig. Bisnate dove vi era ancora il detto Mangone ad un loco che si dimanda a Cassin Pismondo [?] fu di .?. dove essendo io presente vidi che detto ingegnero Bisnate con l'assistenza del detto Mangone misurarono alcune terre nel detto loco di Cassin Pismondo.
Subdens a se ipso esser informato che al tempo che si fece il theatro nel salone di corte, che all'hora detto Bisnate dede l'assunto al detto Mangone di attendere a detta impresa, et so che .?. da lui furono stimate le opere fatte nel teatro, et essersi anco trovato più volte in diverse occasioni in compagnia del detto Bisnate et Mangone sopra .?. di case et visite d'esse case et far ancora stima d'esse case, et di ciò ne sono pieno informato per esser io capomastro di fabriche.
Interrogatus supra 3° capitulo [...] se sa che il detto producente sia huomo da bene di buona voce, conditione et fama et che habbi vissuto et viva da buon cristiano, confessandosi et communicandosi a tempi debiti et che habbi mai fatto cosa di mal essempio et che sia sempre diportato da homo da bene, sì come hanno vissuto et vivono li suddetti suoi padre e madre.
Respondit Sono informato a pieno che detto producente è huomo da bene, di bona voce, conditione et da bon cristiano, confessandosi et communicandosi a suoi tempi debiti, et non ha mai fatto cosa di male essempio, et haversi sempre diportato da huomo da bene come hanno fatto li suddetti suoi padre et madre [...]

[*seguono altre due testimonianze di cui sono qui riportate solo domande e risposte relative al secondo capitolo d'interrogazione, ovvero quello relativo la professione di Fabio Mangone*]

Jo. Petrus de Ciceris, filius Matthei, porte Vercelline, parrocchie S. Petri supra .?. Mediolani, testis productis ut supra et qui juravit [...]
[...]

32. Si è passati al secondo capitolo d'interrogazione, quello relativo la professione.

Interrogatus se sa che il detto producente habbi militato ad imparare l'arte d'ingegnero et d'agrimensore et appresso qual ingegnero et per quanto tempo.
Respondit Son informato che il detto producente ha militato presso la persona del *quondam* sig. Alessandro Bisnate, pubblico ingegnero, ad imparare tal arte d'ingegnero et agrimensore, cio è dall'anno 1610 sino al 1616, nel qual tempo morse poi il detto Bisnate et nel qual tempo so io che sempre ha atteso presso la sua persona ad imparar la detta arte et professione.
Interrogatus se ha memoria d'haver mai visto il detto producente in campagna a misurar terre, dar consegne et reconsegne et far altri atti spettanti all'essercitio d'ingegnero et agrimensore.
Respondit Ho memoria d'aver visto più et più volte il detto producente in campagna a misurar terre, et in particolare una volta li ho visto a una cassina dell'illustrissimo sig. don Giovanni Sarazar [...], et un'altra volta dico haverli visto nel territorio di Trezano a misurar terre in campagna, et haverli visti più et volte ancora nella presente città a far visite di case et fabriche, et in particolare haverlo visto in corte poiché il detto Mangone era lui quello che attendeva a far fabricar il teatro nel salone di corte, et fu lui quello cha faceva tutte le misure et estimationi delle suddette opere. Poi ancora esser stato il medesimo producente mandato dal detto Bisnate ingegnero come anco delegato dal Magistrato ordinario a Vigevano, Alessandria e Tortona, a visitar et dar ordine e forma d'alcune fabriche et .?. che si dovevano fare a conto della regia Camera, et io medesimo testimonio vi era presente come impresario delle dette fabriche.

[...]

Franciscus Serenius, figlius Andrea, porte Orientalis, parrocchie S. Stephani [...]
Interrogatus se sa et se è informato che il detto producente habbia militato ad imparar l'arte d'ingegnero et agrimensore et appresso qual ingegnero ad imparar l'arte et professione suddetta.
Respondit Son informato per esser io capomastro de fabriche che il detto Mangone ha militato per alcun tempo presso la persona del *quondam* sig. Alessandro Bisnate, altre volte pubblico ingegnero della presente città ad imparar la professione e arte d'ingegnero et d'agrimensore.
Interrogatus se sa del tempo preciso che habbia militato presso detto sig. Bisnate.
Respondit Dico che dall'anno 1610 sino all'anno 1616, nel qual tempo morse il detto Bisnate, che il medesimo Mangone ha militato presso detto Bisnate.
Interrogatus se esso testimonio ha mai visto il detto producente insieme con il detto Bisnate in campagna a misurar terreni, pigliar consegne et reconsegne di terre, far visita et stima di case et altre cose spettanti alla professione d'ingegnero et agrimensore.
Respondit Dico haver memoria che una volta fra le altre il detto Mangone insieme con il detto Bisnate vennero a visitare et estimare alcune case de particulari, le quali si sono gittate a terra, et dove di presente si sono fatti li fondamenti della fabrica della chiesa del Duomo, et allora io testimonio era quello che faceva lavorare intorno alli detti fondamenti, et haverlo visto ancora insieme con il detto Bisnate a far il theatro nel salone di corte alla qual opera detto Mangone attendeva, et so che in campagna più et più volte è andato con detto Bisnate a misurar terre pigliar consegne et reconsegne et far di tutte quelle cose spettanti alla professione d'ingegnero et agrimensore. [...]

65

I-Mt, *Cod. Triv.* 1490, c. 121r [30.viii.1629]

1629 a dì 29 agosto.
Venne a Milano per governatore l'illustrissimo et eccellentissimo sig. marchese Spinola [...] [*parlando poi del giorno dopo*] Fu al castello detto sig. duca [di Lerma[33]] et segli fece fare una bellissima salva ma S.E. non vi era.
Andò a pallazzo alla comedia detto duca et non vi andò allabardieri a compagnarlo.

66

ASC, *Dicasteri*, cart. 39 [21.xi.1629]

1629 mercordì 21 novembre la sera
[...]
Disse il vicario che la nascita del serenissimo principe di Spagna haveva dato l'occasione di chiamar la presente Camaretta, acciò con segni esteriori di allegrezza pubblica si dasse manifesto segno dell'interno contento che ciascuno haveva sentito di così felice nuova. Et intorno a ciò havendo fatto sapere a signori congregati quello che l'anno 1605 nel nascimento di S.M. regnante fu servato, finalmente doppo alcuni discorsi fu proposto:
Se si deve fare elettione di sei de i signori Sessanta, i quali giuntamente co' i signori vicario di provisione, regio luogotenente e due di signori Dodedici habbiano la cura di far tutte quelle cose che giudicheranno convenirsi in segno di allegrezza per la nascita del prencipe di Spagna N.S.; con che la spesa non ecceda la somma del danaro che sarà limitata dalla Camaretta o, se si deve, darne la cura al Tribunale di provisione.
E tolti i voti con suffragij secreti fu ordinato che si faccia elettione di sei de signori Sessanta conforme alla prima parte della propositione.
Et essendosi poi nominati tutti quelli che si trovavano in Camaretta e sopra ciascuno di loro pigliati i voti a balle secrete gl'infrascritti sei prevalsero agli altri, e restarono eletti a tal impresa, cioè:
signori conte Giovanni Battista Visconte
Baldasar Barzi
Antonio Rainoldo
Galeazzo Arconato
conte Paolo Simonetta, et
Odoardo Croce
Et circa la quantità del danaro da spendersi, sendosi posto in partito se si doveva stare nella somma della spesa fatta l'anno 1605, over alterarla, fu co' i medemi voti stabilito che si stia nella somma della spesa fatta l'anno 1605.

33. Non si tratta del famoso grande di Spagna, ministro di Filippo iii, che morì nel 1623. Il codice lo indica solamente come «*duca di Lerma*», e quindi si deve dedurre si tratti del figlio o di un parente prossimo che ha ereditato il titolo.

67

ASM, *RcS*, xxii.58, c. 25r [2.xii.1629]

Praeses etc.

Viste le vostre lettere de 21 novembre prossimo passato scritte al vice contrascrittore Grasso, con copia del biglietto nostro scritto al vice presidente nostro a 20 del medemo, nel particolare della provisione delle torchie di cera che fossero state di bisogno per solennizare la festa che si fece per il nascimento del principe N.S. nel passaggio la notte passata per questa città, conforme a quello si osservò nella festa del nascimento di S.M. che di presente regna, nel tempo che governava questo stato il conte di Fuentes,

In merito alla processione delle torce di cera svoltasi durante i festeggiamenti della nascita dell'infante di Spagna,

et alle due compagnie della nostra guardia segli haverà di dare conforme al piede di lista che teneranno per compagnia, non ostante che non si passa per incanto per la pressa che tenevamo,

si paghino le due compagnie della guardia come al solito,

et vista la relatione fattavi dal commissario generale delle Munitioni per essecutione di nostro decreto del 20 del medemo, per quale appare che essendogli incaricato la provvisione della suddetta cera in torchie con ogni brevità possibile, dovendo servire per la medema sera, concertò detto commissario generale con partecipazione del vicepresidente nostro et del questore Giovanni de Salvaterra vostro collega, con Angelo Maria Molina et Giovanni Battista Massara, fondegari di questa città, dovessero dare la cera bisognevole in torchie, per servirsene come sopra a presso de s. 27 imperiali per libra, con che segli pagasse l'importanza di essa anticipatamente et che, per non potersi accertare l'ammontare di detta cera, si dasse l'ordine per la provvisione de scudi 500 da L. 6 l'uno; perciò, a dette nostre inherendo, vi diciamo et commettiamo che facciate pagare a Ermes Carcano, thesoriero delle Munitioni, la somma de lire tremille per valuta de scudi cinquecento da lire sei l'uno, da pagarsi con ordini nostri a chi sarà da noi ordinato oltre il mandato del suddetto comissario generale, facendone far debitore detto thesoriero Carcano, acciò ne renda conto, et voi thesoriero generale così esseguirete mediante il mandato opportuno; acconciandone le debite scritture.

mentre per la cera delle torce si paghino i «fontegari» Molina e Massara come stabilito (senza incanto) dal commissario generale delle Munizioni, dal vicepresidente, e dal questore Salvaterra. Ovvero: 27 soldi per libbra di cera avendo a disposizione una somma complessiva di 500 scudi (L. 3000).[34]
Si paghino i fontegari per l'intero ammontare.

Datum in Milano a 2 decembre 1629
Signatum Ambrosio Spinola
Vidit Ferrer / Ricla / *Notavit* Crassus

34. Una cifra disponibile per ca. 2223 libbre di cera, più di 700 chili.

68

ASC, *Dicasteri*, cart. 39 [13.xii.1629]

1629 giovedì 13 dicembre la sera
[...]
Soggiunse poi il sig. vicario che per la nascita del serenissimo principe di Spagna piacque alla Camaretta di deputar una congregatione di otto cavalieri i quali havessero la cura di dar quei segni di allegrezza che a loro signori paressero convenevoli, assignandoli quell'istessa somma de denari che fu spesa l'anno 1605 in occasione del nascimento di S.M. hora regnante; ma stando l'alteratione da quel tempo in qua seguita in tutti i materiali, conveniva ancora alzar la somma per poter far cosa degna et honorevole.
E però fu proposto:
Se si deve ampliar la spesa dell'allegrezza da farsi nella nascita del serenissimo prencipe di Spagna sin a lire quattromille di più di quello che fu speso l'anno 1605, o star nella somma già limitata,
E con gl'istessi voti secreti fu ordinato che si ordinasse a quattro mille lire di più.

69

ASM, *RcS*, xxii.58, c. 31v [20.xii.1629]

Praeses etc.
Visto il mandato firmato sotto il primo di giugno di quest'anno del tenor seguente.

Visto il mandato del 1.vi.1929

[«]Gonzalo Fernandez de Cordova del Consiglio di Stato di S.M., suo capitano generale et governatore dello Stato di Milano.
Magnifice, spectabiles et eggregij praeses et magistrati regiorum ducaliorumque reditum ordinariorum Status Mediolani, ac Thesorerie generalis etc.

dell'ex governatore Fernandez de Cordova [spiccato quand'egli era ancora in carica]

Viste le vostre lettere de 31 del presente scritte al contrascrittore Torniello, con copia della relatione da voi fattaci alli 19 di agosto 1627 nel particolare del credito a voi representato dal vicario generale di Vigevano con suo memoriale [che] tengono li musici et mastro di cappella della chiesa cathedrale della detta città con la regia Camera, per la mercede dovutagli de anni diecinove per le lire ducento solite pagarseli ogn'anno per repartire per detta musica,

in cui si ordina che: d'ora in poi, siano pagati i musici della cattedrale di Vigevano (già creditori degli ultimi 19 anni) delle spettanti L. 200 annuali

dalla qual relatione appare esser voi venuti in parere di dar gli ordini oportuni acciò che le dette lire ducento l'anno si vadino pagando a suo tempo per l'avvenire dalli prestinari del primo prestino di quella città, dalle L. 500 che avanzano de L. 1000 che altre volte si pagavano a pensionarij a vita, non essendo le dette L. 500 hora assignate ad alcuno,

con parte della tassa pagata dal «primo prestino» [panettiere?] della città, non venendo questa più assegnata, come accadeva, ad alcuni pensionati a vita;

ma per il decorso, cioè per le L. 3800 che restano a pagarsi, non vi era parso porci mano, se non rappresentarlo a noi con detta relatione, acciò che considerata la quantità di questo debito potessimo dare quelli ordini che più ci fossero parsi convenire per la dimanda fatta con detto memoriale,

[in cui si ordina che:] per il credito dei 19 anni (L. 3800)

sopra la qual relatione alli 14 settembre seguente ordinassimo che faceste esseguire l'ordine da noi dato per il pagamento delle L. 200 l'anno, per quello che tocca nell'avvenire de danari del detto prestino, et per il decorso provedeste che si andasse dando soddisfatione ai supplicanti con il soprapiù di quello si andasse caricando dal detto prestino;

si utilizzi l'avanzo della tassa del «prestino»;

Perciò attesa la fede fatta dal ragionato del Speso della regia Camera del credito che tengono li prefetti della musica di detta chiesa deputati da quel vescovo a risquotere la detta mercede dovuta a detti musici, et la fede fatta dalla dignità et canonici di essa chiesa, qualmente la medema è stata servita compitamente et con molto decoro et honorevolezza di musica ordinaria dall'anno 1600 sino al presente,

[in cui si ordina che:] vista la fede del ragioniere della regia Camera circa il credito, e dei canonici di Vigevano circa la bontà della musica eseguita dal 1600 ad oggi,

a dette nostre inherendo vi diciamo et commettiamo che del danaro del soprapiù che avanza dell'assegnato sopra detto prestino ne facciate pagare al canonico Domenico Rapario [*sic*], prefetto che fu deputato di detta musica, lire mille quattrocento per la mercede di essa delli anni 1605 1607 1608 1609 1610 1611 et 1614. Al canonico Giovanni Giacomo Testa lire mille per quella degl'anni 1615 1616 1617 1618 et 1619, et al mansionario Simone Tocco lire mille quattrocento per li anni 1620 1621 1622 1623 1624 1625 et 1626. Acconciandone le debite scritture, et voi thesoriero generale così esseguirete mediante il mandato opportuno. *Datum* in Alessandria a primo di giugno 1629. *Signatum* [*spazio bianco ma:* Fernandez de Cordova] *Vidit* Ferrer[»];

si paghino le persone deputate [ad incassare la quota], ovvero Domenico Raperio (dal 1605 al 1614), Giovanni Giacomo Testa (dal 1615 al 1619) e Simone Tocco (dal 1620 al 1626);[35]

et inherendo al decreto nostro de 14 novembre 1629 fatto sopra memoriale a noi sporto dal vicario generale di Vigevano, perché si rifaccia il presente mandato, vi diciamo et commettiamo che de danari suddetti ne facciate pagare alli suddetti canonici et mansionario come sopra, la somma a ciascuno di loro contenuta come sopra; acconciandone le debite scritture, et voi thesoriero generale così esseguirete mediante il mandato opportuno.

[visto tutto ciò] si conferma il presente mandato come da decreto del 14.XI.1629 (sollecitato dal vicario generale di Vigevano).

Datum in Milano a 20 decembre 1629.
Signatum Ambrogio Spinola
Vidit Ferrer / Ricla / *Notavit* Crassus

35. Non saprei dire che tipo di rapporto vi sia fra la cattedrale di Vigevano e il governo di Milano (e comunque, malgrado quanto detto in questo mandato, ben prima del 1600 ▷D.5). È evidente che Raperio, Testa e Tocco sono semplicemente i responsabili a cui viene consegnata la somma annuale che poi dovrà essere distribuita fra i musici. Il contributo di 200 lire annue (a parte gli incredibili ritardi) sembrerebbe perciò concesso alla cappella della cattedrale forse perché privatamente vincolata al governatore. Non ho informazioni più precise al riguardo.

70

I-Mt, *Cod. Triv.* 1490, cc. 120r-120v [30.XII.1629]

Li signori abbati del Collegio de Dottori di questa cità [*sic*] a nome del detto collegio invitorno la eccellenza del sig. marchese Spinola alla lor festa che fecero a dì 30 detto in detto collegio per l'allegria della nascita del principe di Spagna N.S., che fu una messa cantata da sig. don Filippo Trotto canonico della Scala et suo collega et un'oratione latina che recitò il sig. dottor [*spazio bianco*] Biumo con bellissimo apparato di dentro e fuori di detto collegio, però S.E. doppo d'haver accettato l'invito fu certificato che nell'altra festa che feci detto collegio in tempo del sig. conte di Fuentes detto sig. conte non ci andò mi commandò ch'io lo scusassi si come feci con tre signori dottori di detto collegio li quali vennero meco dal collegio a corte per sapere da S.E. se ci andarebbe o no.[36]

71

ASM, *RcS*, XXII.58, c. 32r [14.I.1630]

I «fontanari» Giovanni Battista Antonietti e Giovanni Battista Imperiale ricevono rispettivamente 150 e 50 scudi per alcuni lavori nel salone di corte e in altre stanze di palazzo.

Praeses etc.
Viste le vostre lettere de 8 del presente scritte al vicecontroscrittore Grasso, con copia del biglietto nostro scritto al vicepresidente nostro il medemo giorno per il dispacchio del presente mandato, vi diciamo et commettiamo che facciate pagare ad Ermes Carcano, che di presente serve l'officio di thesoriero delle Munitioni, la somma di scudi ducento di Camera, da pagarsi in conformità degl'ordini che gli verranno dati dal questor Brivio nostro collega, cioè scuti cento cinquanta a mastro Giovanni Battista Antonietti e li cinquanta restanti a Giovanni Battista Imperiale fontanaro, a conto de diverse opere fatte nel theatro et altri saloni di questo palazzo per le feste che si sono fatte per il nascimento del principe N.S., nonostante che non si sia passato per incanto perché il negocio non pativa dilatione, facendone far debitore detto thesorero Carcano, acciò ne renda conto; et voi thesoriero generale così esseguirete mediante il mandato opportuno. Acconciandone le debite scritture.
Datum in Milano a 14 genaro 1630
Signatum Ambrosio Spinola
Vidit Ferrer / Ricla / *Notavit* Crassus

36. Trovo commovente questo rimbalzo di cerimonie: con il governatore che prima accetta e poi rifiuta, avendo saputo che il suo predecessore non partecipò a una manifestazione simile. Così sembra di poter vedere i tre dottori che stupiscono alle scuse e si recano increduli a palazzo, col maestro di cerimonie imbarazzatissimo (in fondo a lui l'apparato allestito al collegio piaceva così tanto).

72

I-Mt, *Cod. Triv.* 1490, c. 159v [23.I.1630]

A dì 23 sudetto [*gennaio 1630*]
S.E. feci fare una festa alla sera per la quale si invitarono tutte le dame solite e fu un'occasione ch'in questo giorno si ruppe il carnevale con molte quadrillie di cavaglieri inmascherati, fra quali fu il principale il sig. don Andres Cantelmo et altre [*sic*] cavaglieri milanesi. Si ballò sino alle sei ore di notte nella sala delli Imperatori; S.E. stette per tre ore nella festa, si piantò la cortina nella parte di dentro della porta al fine di detto sallone sotto alla quale vi stette S.A. il sig. ducha di Nouburg per più di 4 ore sempre con le tendine sirrate, incognito.

73

ASM, *RcS*, XXII.58, c. 40r [28.I.1630]

Stanziate L. 600 per l'illuminizione e la sabbia da utilizzarsi a palazzo Reale nelle feste per la nascita dell'infante di Spagna.

Praeses etc.
Viste le vostre lettere de 24 del presente scritte al vicecontrascrittore Grasso in essecutione di biglietto nostro de 23 del medemo vi diciamo et commettiamo che facciate pagare ad Ermes Carcano, thesoriero delle Munitioni, la somma di lire seicento, da pagarsi con ordini nostri a chi farà la spesa delli luminarij et sabbia da noi ordinato farsi in questo regio palazzo per l'allegrezza del nascimento del principe di Spagna N.S., nonostante che non si sia passato per incanto per la brevità del tempo che non admetteva dilatione; facendone far debitore detto thesoriero Carcano, acciò ne renda conto, et voi thesoriero generale così esseguirete mediante il mandato opportuno, acconciandone le debite scritture.
Datum in Milano a 28 genaro 1630
Signatum Ambrosio Spinola
Vidit Ferrer / Ricla / *Notavit* Crassus

74

ASM, *RcS*, XXII.58, c. 40r [31.I.1630]

Praeses etc.

Viste le vostre lettere del 26 del presente scritte al vicecontrascrittore Grasso in essecutione del biglietto per ordine nostro scritto dal segretario Platone al vicepresidente vostro alli 22 del medemo, per quale appare che convenendo si pianti quanto prima la lissa [= *lizza*] a porta Romana per correre et proseguire le feste et allegrezze per la nascita del principe N.S.; a dette nostre inherendo vi diciamo e commettiamo che di qual si voglia danaro di questa regia Camera non assignato, ne facciate pagare ad Ermes Carcano, thesoriero delle Munitioni, la somma de lire seicento, perché li paghi con gli ordini del commissario generale delle Munitioni alla persona che haverà piantato la suddetta lissa, conforme al solito, facendone far debitore detto thesoriero Carcano, acciò ne renda conto, et voi thesoriero generale così esseguirete, mediante il mandato opportuno, acconciandone le debite scritture.

Stanziate L. 600 per piantare la lizza in porta Romana per la giostra che proseguirà le feste per l'infante di Spagna.

Datum in Milano a 31 Genaro 1630
⟨*Signatum*⟩ Ambrosio Spinola
Vidit Ferrer / Ricla / *Notavit* Crassus

75

I-Mt, *Cod. Triv.* 1490, c. 120v [4 febbraio 1630]

1630 a dì 4 febraro.
Il sig. Francesco Landriano, vicario di provisione, a nome della cità invitò a veder la festa delli fuochi di Vulcano che la cità faceva nella piazza del Duomo.

76

ASM, *RcS*, XXII.58, c. 124r [25.X.1631]

Magnifice, spectabiles etc.[37]

Viste le vostre lettere de 22 del presente scritte al vicecontrascrittor Grasso, con copia delle reali lettere di S.M. de 11 di luglio 1630 scritte al già sig. marchese de los Balbases inserite in altre nostre del 14 del presente, a voi rimesse ad effetto che si esseguiscano le altre reali lettere per copia inchiuse in dette nostre dirette al sig. don Gonzalo de Cordova mentre governava questo Stato,

Per diretto interessamento del re (lettere del 11.VII.1630 all'ex governatore Spinola e altre del re all'attuale)

37. Vedi *supra* ▷D.4 in nota.

per quali la maestà sua, havendo consideratione a quello che Philippo Picinino musico della sua real camera le ha servito, et perché lo possa continuare con maggior commodità, le ha fatto mercede della terza parte della notaria del vicario di Provisione di questa città, vacata per morte di Gaspar Spranzoto, con il decorso di essa dal giorno della vacanza sino a quello del possesso, da pagarseli di qualsivoglia denaro della regia Camera come nelle suddette reali lettere viene dichiarato, derogando agli ordini in contrario,

et vista la fede fatta dal vice ragionato dell'Entrata Giacomo Visconte, dalla quale dite appare che il fitto della suddetta terza parte di detta notaria ascende alla somma di lire due mille quattrocento, s. 2, d. 8, dal giorno della vacanza che fu alli 18 d'aprile 1624 che morì detto Spranzotto sino alli 27 di febraio 1627,

delle quali ne sono state pagate sulla regia Tesoreria lire mille trecento ottant'otto e s. 16, et le restanti lire mille undici, s. 6, d. 8, a compimento delle suddette lire duemille quattrocento, s. 2, d. 8, furono depositate nella cassa di redentione.

Perciò a dette reali lettere, et vostre inherendo, vi diciamo et commettiamo che di qualsivoglia denaro della regia Tesoreria, ne facciate pagare al suddetto Philippo Picinino musico come sopra la suddetta somma de lire mille trecento ottant'otto, s. 16, pervenuti nella regia Tesoreria per causa de fitti della terza parte della sudetta notaria, nel tempo contenuto nella suddetta fede del vice ragionato delle Entrate, le quali saranno per saldo del decorso suddetto; acconciandone le debite scritture. Et voi thesoriero generale così esseguirete mediante il mandato opportuno.

Datum in Milano a 25 d'ottobre 1631

⟨*Signatum*⟩ El duque de Feria

Vidit Ferrer / Lara / Crassus

si assegna a Filippo Piccinino, musico di camera del re,[38] la terza parte del fitto della «notaria» del defunto vicario di Provvisione Gaspar Spranzotto (con decorso dalla morte di questi),

il cui ammontare complessivo (dal 18.IV.1624, sua morte, fino al 27.II. 1627[39]) è stato calcolato in L. 2400:2:8 (fede del rag. Visconte),

di cui già acquisite L. 1388:16, mentre altre L. 1011:6:8 rimangono depositate nella «cassa di redentione».

Si paghi per il momento le L. 1388:16, il restante quando entrerà nella Tesoreria [?].

38. Filippo Piccinino, come noto, operava alla corte di Madrid, e la presenza del mandato fra i registri dell'amministrazione milanese è da legare dalla fonte finanziaria da cui si attinge per il 'vitalizio' di Piccinino. Non è detto però che possibile relazione ci possa essere fra questi e Spranzotto.

39. Si tratta probabilmente del periodo in cui la *«notaria»*, l'ufficio del vicario, rimase vacante e venne affittato.

77

ASM, *RcS*, xxi.31, c. 59v [16.i.1633]

Per parte di Francesco Scarioni ci è stato supplicato nel modo che segue:
[«]Illustrissimo et eccellentissimo signore
Francesco Scarione di Parma, fra i monta in banchi detto il dottor Boccalone, espone a V.E. come l'anno 1624 et anco del 1625 hebbe occasione sotto il governo di V.E. di servire in Milano et anco per lo Stato con li suoi medicamenti, et in particolare una pezza lavorata per lo stomaco, un unguento per le scottature et altre cose spettanti all'impirica professione, et il tutto per li buoni effetti et isperienze di dette robbe ottene grazia di V.E. di poterlo dispensare si all'hora come anco per l'avvenire. Hora havendo di nuovo havendo [*sic*] il detto Francesco posto in luce un suo oglio composto et havendolo dispensato cinque mesi continui in questa città di Milano, et havendo quello fatto grandissimo giovamento a tutti quelli che l'hanno posto in opera, come per le voci dei popoli si sente,
il detto Francesco, confidato nella benignità di V.E. come padre di virtù et protettore de poveri, supplica con ogni riverenza l'eccellenza vostra si degni restar servita ordinare che egli possa sì in Milano come per tutto lo stato, cioè città, castelli e terre, montare in banco con la sua compagnia, con personaggi mascherati, et mascherati con suoni et canti, sì di giorno di lavoro come anco la festa, cioè la mattina doppo detta la messa maggiore et la sera doppo il vespero, et in dispensare oglij, unguenti, cerotti, acque et altre cose spettanti all'arte et professione sua, et ancora cose di profumaria,
ordinando V.E. che da nissuno ministro et officiale di giusticia et di guerra di qualsivoglia sorte il detto supplicante non sia, né lui né suoi compagni, impediti né molestati, né anco lo lascino impedire né travagliare da altri de la sua professione, che il tutto si conoscerà della mera et innata bontà di V.E. alla quale N.S. adempie ogni suo giusto desiderio, come lo spera[»].
Noi, attese le molte isperienze che si sono viste in questa città dei buoni effetti delli secreti et robbe che dispensa il detto Scarione et stando l'approbatione di esse fatta dal protofisico Settala, gli concediamo ampla licenza e facoltà di poter dispensare e far vendere in ogni parte di questo stato di Milano le recitate robbe, nel modo e forma di sopra espresse, senza che lui né alcuno della sua compagnia sia da niuno in qualsivoglia modo impedito né molestato, tanto nel vendere quanto nel montare in banco sudetti, nonostante qualsivoglia ordine in contrario;
et comandiamo a tutti li ministri et officiali di iustitia et di guerra di esso, et ad ogni altro a chi spetta, che non diano molestia né impedimento alcuno al detto Scarione e suoi compagni, ma osservino e faccino osservare questa mente nostra valitura a nostro bene placido.
Data in Milano a 16 di genaro 1633
⟨*Signata*⟩ El duque de Feria
⟨*Vidit*⟩ Platonus

78

ASM, *RcS*, XXI.31, c. 146v [6.XII.1634]

Dovendo Cintio, comico con la sua compagnia, transferirsi da Torino a Modena per servire quelle altezze, e convenendogli passare per molti luoghi di questo Stato, in virtù della presente gli concediamo amplo et libero passaporto et licenza di poter liberamente passare per questo Stato lui con sua compagnia et robbe, non ostanti gli ordini in contrario. Et commandiamo a tutti li giudici et officiali di questo Stato, daciari, gabellieri, portinari et ad ogni altro a chi spetta, che non si diano molestia né impedimento alcuno, ma osservino e facciano osservare questa nostra valitura per questa sol volta.
Datum in Milano alli 6 de decembre 1634.
⟨*Signatum*⟩ El cardinale Albornoz
Vidit Trottus / Cristoforo de Lara

79

ASM, *RcS*, XXI.32, c. 180r [3.IV.1641]

Essendoci stata fatta instanza dal questor Giovanni Battista Villobre, come maggiordomo del Collegio delle Vergini Spagnuole, a voler conceder licenza a Jacomo Antonio Fidenzio detto Cintio di poter con suoi compagni recitar comedia nel Regio ducal palacio di questa città, e parendoci cosa ragionevole favorir quelli che con virtuoso studio procurano apportar honesto trattenimento al publico, come ha fatto sempre detto Cintio et altri comici di sua compagnia, si siamo risoluto di concedergli, come in virtù della presente gli concediamo, licenza di poter lui et altri comici suoi compagni liberamente rappresentar nel luogo solito del Regio ducal palazzo le loro honeste comedie, con che però non si recitino in giorno di venerdì et in quelli di festa si differiscano sino dopo le hore de divini officij, non si adoprino habiti de religiosi né simili ad essi, non si mischino cose divine né si dicano parole dishoneste per evitar ogni sorte di scandalo, e anche si convengano con sudetto Collegio delle Vergini Spagnuole per quello che tocca al loro interesse. E comandiamo a tutti gli officiali ai quali spetta che non solo non molestino il detto Cintio e sua compagnia, ma gli diano assistenze e favori opportuni perché tutto passi con la quiete che conviene.
Data in Milano alli 3 di aprile 1641
⟨*Signata*⟩ El conde de Sirvela
Vidit Ronquillus / Platonus

80

ASM, *SP*, cart. 28 [13.II.1644]

Molto illustre signore

In conformità del ordine di vostra signoria 4 del corente, acciò eseguisca il comando del illustrissimo Magistrato sotto li 3 del medesimo nel particolare di visitare la spesa sopra una relatione di vostra signoria per accomodar il tetto rovinato che cuopre il theatro delle comedie acciò si destingua minutamente le opere che aspettano alla regia Camera et dire le raggioni per le quali ci aspettano detta spesa, sendo stato causa della rovina il coperto fatto sopra il theatro, con fare ancora a parte il conto della restante, o perché si dice aspetta al Collegio delle Vergini Spagnole per non premettere che doppo il visto si facci novità alcuna.

Valutati i danni provocati dal crollo del tetto del teatro come richiesto dal Magistrato ordinario il 3.II.1644, al fine di stabilire quali spese per il restauro spettino alla regia Camera e quali al Collegio delle Vergini,

Fui il dì 12 del medesimo in fatto e benché non habbi havuto cognitione della spesa contenuta in detta sua relatione misurai sì il ruinato quanto quello sta per ruinare, acciò si possi ritornarlo nel primiero stato, congionta de maggior staffe, ligati et chiave di ferro per incatenarlo che non faccia più novità né ruina, con alcune saiette d'aventaggio, quali minutati et stimati per sapere il loro calcolo et valore della spesa, come si è eseguito, dico che montarano in tutto L. 1848:10:—

ho verificato la necessità di una spesa di L. 1848:10

In quanto a quella parte che si potrebbe dire che spettassero alla regia Camera, sarebbe il riffare la gronda a due parte del tetto cascato sopra li lochi che si dice l'appartamento de Potentati, con rimettere una mesola di legname, recomodare il tavolato di muro et altro per servare la detta gronda sotto la radice, che sarebbe di spesa L. 215:—:—, che venendo in parere che si facessero per ordine senza mettergli al incanto andarebbono dedotto delle medesime L. 1848:10:—

di cui L. 215 a carico della regia Camera (per il sito dei Potentati) e il resto, L. 1633:10 a carico del Collegio (per il teatro delle commedie).

È ben vero che per meo parere detta spesa non andarebbe caricato alla regia Camera per raggione mentre si vede esser proceduto il detto danno dalla ruina del tetto che copre la corte del theatro delle comedie, qual non s'aspetta cosa alcuna della regia Camera per refarlo, come si vede ricordato nel ordine magistrale suddetto

Pur ritenendo che tutti i danni dovrebbero essere pagati dal Collegio (essendo tutti provocati dal crollo del tetto del teatro),

che perciò volendo sapere a parte il conto, dalla separatione della spesa già detta si vede l'una et l'altra di quello si può concertare per la redificatione suddetta, per la quale si può elegere quella resolutione che più li pare a beneficio della regia Camera.

decida il Magistrato ordinario come meglio crede:

E perché si dice spettar al Collegio delle Vergini Spagnole, per quanto intendo, [dato che] il detto tetto ruinato sopra il theatro è negotio fatto da esso Collegio a sue spese dove, per mio giudicio prempongo che sia un'admessione concessa dalla regia Camera, mentre non gli potevano fare per dar la comodità del coperto, dove possano stare molte gente alle scenne che si recitano, risguardato dalle pioggie et cattivo tempo,

il Collegio, infatti, fece il tetto a sue spese dietro concessione della regia Camera acciò possano le povere Vergine per carità et elemosina cavar maggior interesso di quello che cavavono, come intendo per verità essere stato edificato dal detto collegio senza niuna spesa né interesso della regia Camera

affinché potesse aumentare le sue entrate;

e così in conseguenza, per mio giudicio, ci vedo concorere la raggione del mantenerlo senza il pregiudicio della regia Camera,

la regia Camera quindi non avrebbe alcun obbligo,

che poi, levato il rigore et termine della giustitia per intrare in quello della carità, credo certo che detta premissione si deve giudicar che sia fatto se no a simigliante locho, mentre si tratta de elemosina a Vergine spagnole, locho di tanta pietà e bisogno.

ma potrebbe decidere di accollarsi la spesa come gesto caritatevole

E dove si vede dal detto tetto ricevere maggior incomodo di tanta servitù premessa alli quarti suddetti et altri danni maggiori, si può credere ancora, per benignità del regio Erario, che si potrebbe concorere a quella spesa del refare la gronda suddetta poiché è di pocho rilievo alla regia Camera et di molto solevo alle dette Vergine, davanti che non causi maggior danno per le pioggie che cadono sopra alli muri et celi discoperti delli lochi suddetti,

rifacendo per esempio la grondaia, prima che provochi ulteriore danno,

mentre hanno fatto detti coperti tutto nell'istante, oltra che si è visto l'esser caso fortuito et impensato degno di carità et elemosina, poiché è causato dalla gran neve cavata, mentre la longha tratta delli legnami non hanno hauto forza bastanza de resistere al grave peso, non havendo conosciuto altra causa che habbi obbligato detta ruina.

crollata a causa della straordinaria nevicata.

Devo però ricordare per avertenza che alcuni doverebbero haver cura di mantenere, poiché se tale vi fosse stato con gettar a basso la neve, per mio giudicio non sarebbe smesso detta ruina né haverebbe fatto altro male, mentre si vede che gli muri latterali sono forti e galiardi che non hanno niuno mottivo di ruina né haver ceduto cosa alcuna.

In futuro ci si proccupi di tenere pulito il tetto da eventuali nevicate.

E questo è quanto posso riferire a V.S. in conformità del ordine suddetto, mentre procuro dal canto mio servire con quello afetto e cordialità che deve un fedele servitore di S.M. acciò non segue novità alcuna per amor mio si compiace accettare la bona volontà e desiderio che tengo di seguire in mancamento del inabilità del mio ingegno, mentre li prego da N.S. ogni contento. Milano li 13 febraro 1644.

È tutto.

Francesco Prestino

81

ACVS, *Registro di cassa*, n. 2 [v.1644]

[*sezione «uscite» del maggio 1644, voce n. 24*]

A Julio Morando impresario de los reparos de las comedias a buena quenta

Mas se le haçen buenas mill y dozientas libras que en siete dicho mayo dio y pago a Julio Morando impresario de los reparos y fabrica del palco de las comedias, a buena cuenta de dicha su empresa, por mandado de 22 de marzo proximo passado deste año, y su carta de pago .... L. 1200

[*A Giulio Morando, impresario delle opere di restauro [del palco] delle commedie, a buon conto.*
Inoltre sono in conto mille duecento lire che il 7 maggio detto consegno e pago a Giulio Morando, impresario dei lavori per il palco delle commedie, a buon conto del detto suo lavoro, come da mandato del 22 marzo di quest'anno; e come da nota .... L. 1200]

82

ACVS, *Registro di cassa*, n. 2 [XII.1644]

[*sezione «uscite» del dicembre 1644, voce n. 72*]

A Antonio Lunato, impresario del teatro de las comedias por sillas que ha comprado y rehaçer otras

Mas se le hazen buenas ciento y veinte libras que en dicho dia dio y pago a Antonio Lunato, impresario del teatro de las comedias, por otras tantas que havia gastudo saver 100 libras por 40 sillas usadas que havia comprado arr.[n] [?] de 50 s. cadauna y las 20 libras restantes por rehazer otras que se rompieron en la ocasion de la cayda des texado del dicho teatro, que todas se han hecho bolar [?] y cuedan por quenta del colegio por mandado de dicho dia 31 de diciembre; y su carte de pago .... L. 120

[*Ad Antonio Lonato, impresario del teatro delle commedie, per le sedie che ha comprato e altre da restaurare.*
Inoltre sono in conto centoventi lire che oggi consegno e pago ad Antonio Lonato, impresario del teatro delle commedie, per altrettante che ha speso, di cui 100 lire per 40 sedie che ha comprato .?. a 50 soldi ciascuna, più le 20 lire restanti per restaurarne altre che si ruppero con il crollo del tetto di detto teatro, e su tutte ci si è accordati per conto del collegio come da mandato del detto 31 dicembre; e come da nota .... L. 120]

83

ASM, *RcS*, xxii.63, c. 243r [26.x.1645]

Magnifice etc.

Visto le vostre lettere de 18 settembre prossimo passato, scritte al contrascrittore Grasso Marino, con copia della relatione a voi fatta dal commissario generale delle monitioni a 3 del medesimo dalla quale appare haver, in essecuzione d'ordini nostri, deliberato al pubblico incanto alla presenza del questor Homodeo, nostro collega, l'impresa di accomodar la soffitta et alcune pitture del teatro nel regio palazzo di Milano da noi ricercate al presidente vostro in Ambrosio Grasso, pittore, a presso di L. 1100, che sono L. 43:10 meno della stima sopra ciò fatta dall'ingegnero Richino, et in mastro Lorenzo Beggia la fattura del canale e gronda del medesimo teatro in L. 630, che sono L. 39:12:6 meno della stima fatta dal soddetto ingegnero, che in tutto sono L. 1730;
perciò alle suddette vostre et del commissario inherendo, vi diciamo et commettiamo che di qualunque danaro della regia Tesoreria, et in particolare delle L. 100 V [= 100.000] di cose forzose, ne facciate pagare ad Ermes Carcano, thesoriero delle monitioni, la soddetta somma di L. 1730, ad effetto di pagarle con gli ordini del commissario generale delle Monitioni: le L. 1100 d'esse ad Ambrogio Grasso, pittore, per compita sodisfattione all'opere chi [*sic*] ha da fare intorno alle pitture et soffitta del teatro soddetto, et L. 630 al detto mastro Lorenzo Beggia per compiuta sodisfattione della fattura del canale et gronda del suddetto teatro; facendone far debitore detto thesoriero Carcano, acciò ne dia conto, et voi thesoriero generale così esseguirete, mediante il mandato opportuno, acconciandone le debite scritture.
Datum in Novara a 26 d'Ottobre 1645.
Signatum ut supra [= El marques de Velada
Vidit Quixada / Sirtocus / *Notavit* Crassus]

L'appalto per i restauri alla soffitta del salone di corte è stato vinto dal pittore Ambrogio Grasso per L. 1100 (L. 43:10 in meno della stima dell'ing. Richino), e quello per le grondaie del salone da Lorenzo Beggia per L. 630 (L. 39:12:6 meno della stima), per un totale di L. 1730.

Avendo i detti completato i lavori si paghino secondo il dovuto.

84

ASM, *Culto*, cart. 1948 [18.XII.1646]

[*soppresse le formule di rito*]

[...] *In nomine Domini, anno a nativitate eiusdem millesimo sexcentessimo quadragessimo sexto, indutione decima quinta, die martis decima octava menses decembris.*
[...] Primieramente si è trattato sopra l'affitto delle comedie o sia sedie d'esse et facoltà di fare lotti, dar licenza a cerlatani e simili *etc.* et insieme si è letto il memoriale di Antonio Lonato già affituario o sia impresario della locatione che hora finisse, col quale si offerisse a pigliar di novo detta impresa, et dimanda che in riguardo delle callamità de tempi correnti segli faccia agevolezza. Et anco un altro memoriale del medemo Lonato col quale dimanda che, conforme al concerto del suo incanto che tiene, segli facci restauro per li duoi mesi e mezzo che d'ordine di S.E. si resta di [= *non s'è potuto*] recitare le commedie per la morte della maestà della regina N.S.[40] et, il tutto considerato, si è detto che il tutto sia rimesso al sig. questor Vilodre, al quale la veneranda Congragatione dà ampla facoltà perché in nome di essa facci il nuovo affitto al detto Lonato di dette comedie o sia di sedie di esse et della facoltà di conceder a cerlatani et altri*etc.* di vendere in piazza al prezzo che a sua signoria parerà, et per il tempo et con li patti che parimente le pareranno, che il tutto la veneranda Congragatione approverà come *ex nunc* lo approva.
Avertendo però a metter quell'ordini che le pareranno convenirsi, a ciò detto Lonato non esceda nell'affitto delle cadreghe o luochi i termini della convenienza et non dia luogho a lamentare alle persone che concorrono alle comedie, né alli comici, qua s'intende difficultano di necessitare perché poche persone concorrono per li escessivi pagamenti che detto Lonato si fa fare per essi luochi et cadreghe *etc.* [...]
Primo namque convenerunt etc. che il prefato molto illustre sig. questore Villodre, a nome di detta veneranda Congragatione, sia tenuto dare et concedere, come *ex nunc* dà et concede, alli sudetti Antonio Lonato et Carlo Casato, *insolidum* presenti et che acettano la facoltà et autorità, di poter a suo beneplacito dalle calende del mese di genaro dell'anno 1647 prossimo a venire sino ad anni cinque prossimi a venire che finiranno nelle calende de genaro dell'anno 1651 parimente a venire, per il qual tempo ha da durare la presente conventione, da dico [?] et concede la facoltà alli sudetti Lonato [e] Cassato *insolidum* come sopra di far venire a loro beneplacito comici alla presente città di Milano a tutte sue [= *loro*] spese, et far recitar commedie tutti li giorni permessi et all'invernata, ancor di note nel luoco solito, dove si ricittano le commedie, et ivi vendere et far vendere vino a minuto, aqua, frutta et confetture per commodità delle persone che anderanno alle commedie, senza obbligo di pagare daccio di bolino, né altre gravezze, con li patti et capitoli però seguenti, cioè:
[*1.*] La Congragatione darà alli detti impresarij tutta l'entrata che ella tiene per potter a suo beneplacito far venire comici a recitare et rapresentare commedie in questa città di Milano nel luoco solito posto nella corte di S.E., et segli darranno le licenze opportune senza alcuna spesa.

40. Ci si riferisce ai funerali del 1644 di Isabella di Spagna.

[*2.*] Bisognando alli comici haver alcun aggiuto o sia scorta di gente quando haveranno da passare per il Stato di Milano, per sicurezza delle loro persone et robbe in caso di soldadesca o che le strade non fossero sicure, la Congregatione glielo provederà a spese però dell'impresarij.
[*3.*] La Congregatione si accontenterà che si coppri di tetto, o in altro modo conforme parere alli impresarij, il luoco dove si recitano le comedie, mentre però l'impresarij paghino del suo proprio tutti li matteriali saranno bisogno et la Congragatione paghi la sola mercede delli operarij.
[*4.*] La Congregatione farà consignar le sedie et scabelle si trovaranno per uso delle commedie, et l'impresarij saranno obligati restituirle nel numero, modo et forma gli sarranno consignate, et mancandone, essendo deteriorate, li medemi impresarij pagaranno i denari quel tanto saranno stimate da perito confidente.
[*5.*] Et similmente haveranno essi impresarij da pigliare in consegna le scalinate, palchetti et palco, et il tutto restituire nel istesso stato et forma gli sarà consignato salvo però la vetustà.
[*6.*] Potranno l'impresarij a suo beneplacito far ricitare commedie tutti li tempi et giorni permessi et al tempo del inverno ancora di notte.
[*7.*] Potranno ancora l'impresarij, nel luoco dove si recitanno le commedie, vendere et far vendere vino a minuto, aqua, fruta, confettura et altre simili cosse per commodità delle persone che anderanno alle comedie et non in altro modo, senza obligo di pagare datio di bolino né altre honoranze, et segli concederà l'uso del luoco solito dentro il theatro delle commedie per poter tenere governato il vino et fruta che li farà bisogno, et ancora l'altro per poter governar le sedie et sgabelle senz'obbligo di pagar cosa alcuna, come si è fatto per il passato.
[*8.*] Non vole la Congragatione esser tennuta a cosa alcuna verso li commedianti in materia di spese, honorarij, né altro, solo che a darle le licenze opportune per poter venire et prestarle quell'aggiuto et favore che stimarà convenire.
[*9.*] Non vole parimente la congregatione esser tenuta a fare alcun restauro [= *restituzione*], né rimesse di fitto, venendo o non venendo comici, né per qualsivoglia altro caso o acidente ancorché inpensato et insolitissimo, salvo che in caso di guerra dentro la città o parte notabile parimente dentro la città, o che la città venghi assediata (che Dio non permetta mai tali cose), per le quali cose et ciascuna di esse cessasse il commertio, et per espresso fatto dal principe che impedisse di fatto il non lasciar venire comici, o venuti il non recitar comedie; dichiarandosi però per il tempo che dureranno tali impedimenti solamente e non più oltre, per il qual tempo la congregatione gli rilascerà il fitto alla rata, et finiti o cessati li impedimenti sarà obligato l'impresario al pagamento del fitto come prima durando la detta conventione.
[*10.*] L'impresarij haveranno da dare la sigurtà idonea di pagare quello si è stabilito come a basso, pagando la rata ogni mese.
[*11.*] L'impresari non haveranno da scòdere per le sedie, scabelle et palchetti più di quello si è pagato avanti la prossima passata investitura, cioè di soldi cinque per ciscuna cadrega et una parpaiola per ciascuna scabella et, quando si ricetano [= *recitano*] opere, il doppio respettivamente come sopra e non più.
2.° convenerunt etc. che detto sig. questore Villodre, deputato eletto come sopra et a nome della veneranda Congragatione, sia tenuto dare, come dà, alli suddetti Antonio Lonate et Carlo Casato, impresarij come sopra presenti et che acettano, la raggione et facoltà di fare et far fare

lotti, giochi di cartane, et dar licenza a monti in banco, zarlatani, arborarij, levadenti, ballacani et simili di qualsivoglia sorte nella presente città di Milano, le quali tutte cose spettano alla detta casa delle Vergini in virtù de privilegij da S.M. approvati et confirmati da S.M., con che detti impresarij et questo per anni cinque prossimi a venire che cominciaranno nelle calende di genaro 1647 prossimo et finiranno nelle calende di genaro 1651 prossimo a venire, il qual tempo ha da durare la presente locatione come sopra.
.?. che in caso di peste o altro impedimento per il quale detti impresarij non potessero essercire la sudetta impresa (il che Dio non voglia) detta veneranda Casa, et per essa detti signori deputati, siano tenuti fare il dovuto restauro di tutto il fitto convenuto come a basso respetivamente per tutto il tempo che durerà il detto impedimento.
Che detti impresarij siano parimente obligati dare sigurtà idonea di pagare quello si è convenuto come a basso, anco per la detta facoltà come sopra, pagando alla ratta ogni mese come sopra.
Che li detti impresarij siano obligati a loro spese dare il presente instrumento [?] in autentica forma alla detta pia Casa nel termine de otto giorni prossimi, salvo reffecione *etc.*
Convenerunt et ut supra che li suddetti Antonio Lonato et Carlo Casato, impresarij come sopra, siano tenuti [–] come così promettono, sotto obligo detto loro persone e beni *etc insolidum ita quod insolidum etc.*, pegno al prefato nostro illustrissimo sig. questore deputato eleto come .?., et a me nodaro infrascritto che stippula a nome della prefatta veneranda Casa et Congragatione, et d'ogni altra persona interessata [–] di dare et pagare per tutto il sudeto tempo d'anni cinque come sopra alla detta veneranda Casa, et per essa al suo tesorero presente et che sarà per l'avenire, scudi cento dieci da lire sei imperiali per ciascun scudo ogni mese et nelle calende di ciascun mese; et questo per rispetto delle comedie come sopra; et per rispetto della facoltà di far e far far lotti et come sopra scudi trenta ogni mese da lire sei per scudo come sopra; et così scudi cento quaranta in tutto per ciascun mese, et nelle calende di ciascun mese come sopra, cominciando il primo pagamento nelle calende di genaio prossimo a venire 1647, et così successivamente ogni calende di mese sino al fine della presente conventione et con li sudetti capitoli come sopra, quali li detti Lonato e Casato impresarij hanno acettato, et acettar‹on›o, protestando havere piena et intiera notitia et di loro consenso esser stati concertati.
Con conditione che se detti impresarij cessassero nel pagamento per otto giorni continui per ciascun termine, che non paghino l'integro fitto convenuto come sopra, caschino et s'intendono caduti dal benefittio della presente locatione, se così però piacerà a detti signori deputati et non altrimente.
Et nell'atto del pagamento detti impresarij habbino da riportare la confessione dal sig. tesorero che di presente è et sarà per l'avenire, altrimente non li sarà admesso col pagamento. [...]
Ego Georgius Furnius [...]

85

ASM, *RcS*, XXI.33, c. 103v [8.I.1647]

Attesa l'instanza fattaci per parte del sig. duca di Parma dal suo residente presso la nostra persona, in virtù della presente concediamo amplo e libero passaporto e licenza alla compagnia de comici chiamata del sig. duca di Parma di poter, con l'occasione del suo ritorno da Torino, transitare per questo stato per il Po e proseguire il viaggio a Ferrara con le sue armi e bagaglio, non ostante qualsivoglia ordine in contrario. E commandando a tutti li ministri, et officiali così di giustizia come di guerra, daciari, gabellieri, portinari et ad ogn'altro a chi spetta che non gli diano molestia né impedimento alcuno, ma più tosto ogni agiuto e favore, et osservino e facciano osservare la presente valitura per questa sola occasione per giorni 30 prossimi.
Datum in Milano a 8 genaro 1647.
⟨*Signatum*⟩ El Condestable
Vidit Quixada / Platonus

86

ASM, *RcS*, XXII.64, c. 245v [2.VIII.1647]

Magnifice etc.

Viste le vostre lettere de 13 luglio prossimo passato scritte al contrascrittore Grasso Marino, con copia della relatione a voi fatta dal commissario generale delle Monitioni a 11 giugno antecedente, dalla qual appare haver in essecutione d'ordini nostri incaricato in diversi tempi a mastro Carlo Piantanida la fattura d'alcuni ripari necessarij farsi nel regio palazzo di Milano, havendo prima proceduto la visita fatta dall'ingegnero camerale Richino e riportarne dal medesimo ingegnero le convenienti collaudationi, con le quali lo fa creditore di L. 890,

Secondo stima dell'ing. Richino, Carlo Piantanida impresario dei lavori di restauro compiuti a palazzo, deve ricevere L. 890,

cioè L. 311 per la fattura d'haver assicurato li tetti del detto regio palazzo e fatto condurre via quantità di neve gettata da essi tetti l'anno 1644; L. 87:7 per ripari fatti nella stalla del capitano delle lanze nella corte avanti a teatro delle comedie l'anno 1643; L. 250 per l'accomodamento della nevera[41] posta nel castello di Milano, che serve al regio palazzo; et L. 241:13 per l'acconciamento fatto ad altra nevera in detto regio palazzo sotto il palco delle comedie,

ovvero L. 311 per i tetti di palazzo, L. 87:7 per le stalle verso la corte del teatro delle commedie, L. 250 per la neviera del castello e L. 241:13 per quella di palazzo.

perciò alle soddette vostre et del commissario inherendo, vi diciamo e commettiamo che di qualunque danaro della regia Tesoreria, et in particolare delle L. 100V [= 100.000] di cose forzose, ne facciate pagare ad Ermes Carcano thesoriero delle monitioni la soddetta somma di L. 890, ad effetto di pagarle con gli ordini del detto commissario generale delle

Si paghi il dovuto.

41. «*Neviera*», dove si raccoglieva la neve, luogo che veniva utilizzato come ghiacciaia d'estate.

Monitioni al soddetto mastro Carlo Piantanida per compita sodisfattione delli soddetti ripari fatti respettivamente come sopra, come dalle collaudationi del soddetto ingegnero Richino che per copia vanno inchiuse in dette nostre, facendone far debitore detto thesoriero Carcano, acciò ne renda conto, et voi thesoriero generale così esseguirete mediante il mandato opportuno, acconciandone *etc.*
Datum in Vigevano 2 Agosto 1647.
⟨*Signatum*⟩ El Condestable
Vidit Quixada / Bigarolus / *Notavit* Crassus *coadiutor*

87

ASM, *RcS*, xxi.33, c. 151v [7.xi.1647]

Per ordine di S.E. si concede amplo e libero passaporto a mastro Antonio e Steffano fratelli Brocchi, Giuseppe Chiarini, Alessandria [*sic*] Sardonia, Agostino Badaracco e Francesca sua moglie, comici che poco fa hanno dato fine a recitar comedie in questa città di Milano, di passersene a Torino, andando a drittura per la via di Novara e Vercelli colle loro robbe e bagagli non ostante qualsivoglia ordine in contrario, con conditione che non habbino a fermarsi in niun luogo di questo Stato se non per il tempo che necessitaranno di alloggiar la notte. Et ordina l'E.S. a tutti li ministri et officiali così di giustizia come di guerra, daciari, gabellieri, portinari et ad ogn'altro a chi spetta che non gli diano molestia né impedimento alcuno, ma osservino e facciano osservare la presente valitura per questa sola occasione, ancora per il ritorno delli carozzi e carozzieri.
Datum in Milano a 7 novembre 1647.
Vidit Quixada / Platonus

88

ASM, *RcS*, xxi.33, c. 171v [24.iii.1648]

Ritrovandosi Steffano Brocchi, Agostino Bordaracchi, Alessandra Sardonia e Maria Francesca, musici febiarmonici in Torino dove si trasferirono li giorni passati, e desiderando ritornar a questa città di Milano per rappresentare di nuovo le loro opere; per tenor della presente gli concediamo amplo e libero passaporto di poter liberamente venir a questo Stato e città di Milano con sue servitori, armi e robbe, non ostante qualsivoglia ordine in contrario, e commandiamo a tutti li ministri et officiali così di giustizia come di guerra, daziari, gabellieri, portinari et ad ogn'altro a chi spetta che non gli diano molestia né impedimento alcuno, ma osservino e facciano osservar la presente valitura per giorni trenta prossimi.
Datum in Milano a 24 marzo 1648.
Signatum El marques conde de Pinto
Vidit Quixada / Platonus

89

ASM, *RcS*, xxi.33, c. 178v [8.iv.1648]

Havendo la compagnia de comici del dottor Hercole Nelli, che hora si ritrova in Bologna, determinato di venirsene a questa città di Milano et ivi dimorarsi per qualche tempo, e dovendo far condurre le loro robbe e bagaglio da Marco Rongone modenese, e supplicanti dell'opportuno passaporto, se ne siamo contentati. Pertanto in virtù della presente concediamo amplo passaporto e libera licenza a detto Marco Rongone che si parta da Bologna d'entrare in questo Stato non ostante qualsivoglia ordine in contrario; e commandiamo alli ministri di giustizia, officiali di guerra, daciari, gabbellieri, portinari et ad ogn'altro a chi spetta che non diano molestia né impedimento alcuno al detto Rangone nella condotta de tali robbe, né a cani .?. et altro che le condurranno, ma lo lascino liberamente passare, ed osservino e facciano puntualmente osservare la presente valitura per l'andata e suo ritorno.
Datum in Milano alli 8 aprile 1648.
⟨*Signatum*⟩ El marques conde de Pinto
Vidit Quixada / Gor.[s]

90

ASM, *RcS*, xxi.33, c. 201v [22.ix.1648]

Dovendo Ercole Nelli, capo comico della compagnia che di presente recita nella città di Milano, transferirsi dalla detta città alla di Torino con la sua compagnia, dove vien richiesto da quell'altezza per servizi di comedie, .?. il che ci ha supplicato dell'opportuno passaporto; pertanto, in virtù della presente, glielo concediamo amplo e libero per la sua persona con la detta sua compagnia, famiglia, servitori e portinari in tutto al n. di 29 con tre carrozze da vittura e quattro .?. con il suo bagaglio, et ciò sì per terra come per aqua come meglio gli tornarà commodo, non ostante qualsivoglia ordini in contrario; e commandiamo a tutti li ministri et officiali così di giustizia come di guerra, daciari, gabellieri, portinari et ad ogn'altro a chi spetta che non gli diano molestia, né impedimento alcuno nel loro viaggio, ma li lascino liberamente passare, et osservino et facciano osservare la presente valitura per l'andata e il suo ritorno per due mesi prossimi.
Datum in Gesa di Picighittone[42] a 22 settembre 1648.
⟨*Signatum*⟩ El marques conde de Pinto
Vidit Quixada / Mena

42. Forse Chiesiolo di Pizzighettone

91

ASM, *PS*, cart. 14 [14.XI.1648]

1648. 14 novembre
Sendo necessario, per il commodo alloggio della serenissima regina nostra signora in questo regio palazzo, provedere un passaggio e fare una galleria che vadi dall'altra che fece fare il marchese di Leganes sino al teatro annesso alla chiesa di San Gottardo, conforme al dissegno e misure già stabilite dall'ingegnero camerale Ricchini, né sendovi danaro in pronto con che poter fare questa spesa la quale per quello s'intende è stata stimata presso L. 20V [= 20.000], ha S.E. deliberato che per la fattura di essa si essibiscano alli aspiranti tanti fondi de datij camerali in pagamento, et in tal conformità ordina S.E. al Magistrato ordinario che faccia subito esporre le cedole et pubblicare gli incanti per la fattura di detta galleria, con proposta di dargli tanti fonti d'imposte camerali in pagamento come sopra, et ne venga dentro di tre giorni alla deliberatione, acciò si possa perfettionare avanti la venuta della regina nostra signora, se sia possibile, facendo il Magistrato che si proseguiscano gli incanti anche cadessero in giorni feriati mentre non siano festivi, che S.E. in questo caso, stando l'angustia del tempo, lo deroga.

92

ASM, *RcS*, XXII.66, c. 28v [27.XII.1648]

Stanziati 5000 scudi per erigere un palco nel salone di corte in occasione dell'arrivo della regina Maria Anna.

Magnifice etc.
Inherendo al biglietto per ordine nostro scritto dal secretario Lorenzo de Mena a 26 del presente al vicecontrascrittore Grasso Marino per il dispacchio del presente mandato, vi diciamo e commettiamo diate ordine al thesoriero generale conte cavalier Carlo Visconte che di qualsivoglia danaro della regia Thesoreria, et in particolare di quello del Monte di S. Francesco, ne faccia esito della somma de scudi 5V [= 5.000] di Camera, ad effetto d'andarli pagando in conformità delli ordini che andarete dando alla detta Thesoreria generale per le spese che al presente si hanno da fare nella fabrica d'un palco et altre cose adherenti nel teatro di questo regio palazzo, nel quale si ha da rappresentare la tragicomedia alla regina nostra signora; acconciandone *etc.* et voi thesoriero generale così esseguirete, mediante il mandato opportuno.
Datum in Milano a 27 decembre 1648.
Signatum El marques conde de Pinto
Vidit Quixada / Rosales / Crassus

[*glossato a margine:*]

Il presente mandato resta annullato, per essersene, in luogo di questo, formato un altro che resta registrato a folio 31 seguente, signato in margine con simil croce +

93

ASM, *RcS*, XXII.66, c. 31r [12.I.1649]

[*preceduto dal segno + è il mandato sostitutivo di quello precedente* ▷D.92:]

Magnifice etc.

Viste le vostre lettere de 30 decembre prossimo passato scritte al vicecontrascrittore della Thesoreria generale in essecutione dell'ordine, per ordine nostro, datovi a 14 del medesimo, perché faceste subito componere un teatro nel salone maggiore di questo regio palazzo per recitare una tragicomedia che si va disponendo dalli padri Giesuiti per la venuta della serenissima regina N.S., intendendovi col questore Giovanni Battista Homodei vostro collega, il quale resta da noi informato di quello si ha da fare,
e con vostra relatione de 18 del medesimo ci havete ricordato non esservi ordini di S.M. per tal sorte di spese et che bisognava haver giornalmente a detta fabrica, non sapendo da che parte pigliar danaro,
che perciò con biglietto del secretario Lorenzo de Mena de 24 del medesimo vi habbiamo ordinato doveste far fare detto teatro con danaro di condanne o d'altri effetti;
e vista la relatione ultimamente fattaci a 22 del medesimo, dalla qual appare che l'ammontare di detta spesa ascendeva a L. 22.578, come da quella che dite havervi inviato il soddetto questore con una nota e .?. della spesa che si era stimato, oltre a qualche altra riguardevole partita per altre cose poste in detto teatro, et che il parer vostro era di far spacchiar mandato di scudi 5 V [= 5000],
sopra la quale n'è seguito biglietto per ordine nostro scrittovi dal detto secretario Mena a 26 del medesimo col quale vi habbiamo incaricato di disporre conforme al vostro parere;
Perciò alle soddette vostre inherendo vi diciamo e commettiamo che di qualunque danaro della regia Tesoreria, et in particolare di quello del Monte di S. Francesco, ne facciate pagare ad Ermes Carcano thesoriero delle Monitioni la soddetta somma de scudi 5 V, ad effetto d'andarli pagando con ordini vostri o del soddetto questore Homodei per servizio di detto teatro, facendone far debitore detto thesoriero Carcano, acciò ne dia conto, et voi thesoriero generale così esseguirete, mediante il mandato opportuno; acconciandone le debite scritture.
Datum in Milano 12 gennaio 1649.
⟨*Signatum*⟩ El marques conde de Pinto
Vidit Quixada / Bigarolus / *Notavit* Crassus

Il 14.XII.1648 si dà ordine di allestire il salone di corte per la regina; il 18.XII il Magistrato ord. ricorda che manca l'approvaz. del re per tali lavori; il 22.XII si informa il governatore che, benché fosse prevista una spesa di 22.578 lire, è necessario stanziare 5000 scudi [30.000 lire ca.]; il 24.XII si ordina di cominciare ad accedere ad altri fondi o (26.XII) in altro modo utile; il 27.XII è spiccato un mandato (v. sopra) di 5000 scudi e il 30.XII (evidentem. ottenuta la firma del re) la Tesoreria viene informata circa l'ufficio di destinazione.

A conclusione di tutta la vicenda il 12.I.1649 è spiccato il presente mandato che nella sostanza conferma il precedente e precisa la destinazione dei 5000 scudi all'ufficio delle Munizioni.

94

ASM, *RcS*, xxii.66, c. 35v [21.i.1649]

Magnifice etc.

Inherendo alla libranza nostra del 18 del presente, vi diciamo e commettiamo [che] diate ordine al thesoriero generale, conte cavalier Carlo Visconte, che di qualsivoglia danaro di suo carico ne ponghi in esito in sua testa nelli libri della Thesoreria generale dello Stato la somma de scudi 96 da s. 110 per ciascuna moneta di questa città, et se ne faccia carico in quelli dell'essercito ad effetto di pagarli a Biaggio Marini, musico che fu della cappella di questo regio palazzo,

Come da «libranza» del 18.i.1649, si assegnano 96 scudi (L. 528) a Biagio Marini, ex musico della cappella di palazzo,

per tanti che ha d'havere di suo soldo de 14 mesi, dalli 23 settembre 1631 che s'assentò [= *si sedette, assunse l'incarico*] sino a 23 novembre 1632 fu assentato altro in suo luogo,

per 14 mesi di paga arretrata (dal 23.ix.1631 al 23.xi.1632),

a ragione de scudi 8 al mese, oltre scudi 16 ch'ha ricevuto in detto tempo per due paghe, a compimento di scudi 112 ch'importa il suo soldo in detto tempo,

a 8 scudi al mese (112 scudi) meno due mesi già pagati.

et se gli librano in virtù de decreto nostro de 14 del presente che originalmente resta nella contadoria [= *ragioneria*] principale nel libro d'ordine non ostante qualsivoglia ordini, et quello de 20 novembre 1628, et quello che ci è stato rappresentato d'esser debito vecchio della qual somma, come in essa libranza si fa mentione, gli ne resta fatto carico; facendone debitore detto thesoriero generale, acciò ne dia conto, il quale così esseguirà mendiante il mandato opportuno, acconciandone le debite scritture.

Ciò conforme a quanto stabilito in due precedenti decreti (14.i.1649 e 20.xi.1628) [stanziamento del soldo e assunzione?].

Datum in Milano 21 gennaio 1649
Signatum ut supra [El marques conde de Pinto
Vidit Quixada / Bigarolus / *Notavit* Crassus]

95

ASM, *RcS*, xxi.33, c. 220r [5.ii.1649]

Restandosi nella città di Torino Ercole Nelli comico e desiderando passarsene in Bologna per la via de questo Stato con Angela sua moglie et un servitore; in virtù della presente gli concediamo amplo e libero passaporto di poter fare il detto transito per questo medesimo Stato, ancora con le sue robbe et armi, non ostante qualsivoglia ordine in contrario; e commandiamo a tutti li ministri et officiali di giustizia come di guerra, daciari, gabellieri, portinari et ogni altro a chi spetta, che non gli diano molestia né impedimento alcuno ma osservino e facciano osservare la presente valitura per due mesi prossimi.
Datum in Milano a 5 febbraio 1649.
⟨*Signatum*⟩ El marques conde de Pinto
Vidit Quixada / Platonus

96

ASM, *RcS*, XXI.33, c. 228v [24.III.1649]

Essendoci stata fatta instanza per parte di Hercole Nelli comico a volergli conceder licenza di poter, con suoi compagni, recitar comedie nel regio ducal palazzo di questa città; parendoci cosa ragionevole favorir quelli che con virtuosi studij procurano apportar honesto trattenimento al pubblico, come ha sempre fatto detto Nelli et altri comici di sua compagnia, si siamo risoluti di concedergli, come in virtù della presente gli concediamo, licenza di poter lui et altri comici suoi compagni liberamente rappresentare nel luogo solito dil regio ducal palazzo le loro comedie, con che siano honeste e non si recitino ne giorni de venerdì et in quelli di festa di .?. se non dopo le hore de divini officij, né si mischino in esse cose divine, né parole dishoneste, né s'adoprino habiti religiosi né simili ad essi, evitando ogni sorte di scandalo, et con che si convengano prima col Collegio delle Vergini Spagnuole per quello che .?. all'interesse loro; commando perciò ad ogn'uno a chi spetta che non solo non molestino il detto Nelli comico come sopra e sua compagnia descritta nella nota che va .?. dall'infrascritto secretario, ma gli diano ogni agiuto e favore acciò tutto passi con la quiete che conviene. Et fa presente vaglia per li primi tre mesi che cominciano il primo giugno passata l'ottava della prossima Pasqua di resurretione.
Datum in Milano a 24 marzo 1649.
⟨*Signatum*⟩ El marques conde de Pinto
Vidit Quixada / Bigarolus

Nota delli personaggi che hanno da recitare le comedie nelli primi tre mesi dopo pasata l'ottava della prossima Pasqua di resurretione:
Angiola, Angiolina, Diana, Marinetta, Diamantina, Fragiletta, Flaminio, Fabricio, Mario, dottor Nelli, Pantalone Bendoni, Scaramuza, Gabineto, Zucagnino

97

ASM, *RcS*, XXII.66, c. 170r [29.VII.1649]

Non bastando il primo stanziamento di 5000 scudi per la sistemazione dell'apparato decorativo [«teatro»] che necessita il palco per i Febiarmonici, se ne mette a disposizione un altro di 2000 scudi.

Magnifice etc.
Inherendo alle vostre lettere de 20 del presente scritte al vicecontrascrittore Grasso Marino, in essecutione di decreto nostro de 15 del medesimo fatto sopra consulta da noi fattaci nel particolare dell'ordinationi di far accomodar il palco delle comedie per li Febi armonici [*sic*], da per essere consumato il mandato delli scudi 5 V [= 5000] spedito per il teatro, et esservi molti creditori da sodisfare, stimavate bene farne spacchiare altro de scudi 2 V per adempire ad essi creditori. Perciò vi diciamo e commettiamo che di qualunque danaro, et in particolare di quello del Monte di S. Francesco ne facciate pagare ad Ermes Carcano, thesoriero delle Monitioni la soddetta somma de

scudi 2 V ad effetto di spenderli con gli ordini del questore Homodei vostro collega, o del commissario generale delle Monitioni in dar sodisfattione a quelli ch'hanno travagliato intorno al teatro e palco delle comedie come sopra, facendone far debitore detto thesoriero Carcano, acciò ne renda conto, et voi thersoriero generale così esseguirete mediante il mandato opportuno acconciandone le debite scritture.
Datum in Milano a 29 luglio 1649
Signatum ut supra [El marques conde de Pinto
Vidit Quixada / Rosales / *Notavit* Crassus]

98

ASM, *RcS*, XXII.67, c. 34v [12.IX.1649]

Magnifice etc.
Viste le vostre lettere de 8 di questo mese scritte al contrascrittore Bartolomeo Panceri, con copia della relatione a voi fatta da commissario generale delle Monitioni de 10 ottobre hora passato, dalla qual appare come havendo egli in essecutione d'ordine vostro, precedendo altro per ordine nostro datovi, incaricato a mastro Carlo Piantanida la fattura della barra e tavolati per correre in questa regia corte al tempo che qui si trovava la serenissima regina N.S., con porvi le cassette da piantarvi li passoni per presto levarli et la sabbia necessaria a detto impresaro; compìta et riportatane la conveniente collaudatione dall'ingegnero camerale Francesco Maria Richino con la quale lo constituisce creditore per dette opere et anco per li palchi che fece nella soddetta occasione della somma de L. 1495:2;

Carlo Piantanida, impresario dei lavori svolti a palazzo per l'arrivo della regina, deve ricevere L. 1495:2 (stima di F.M. Richino) per la lizza provvisoria allestita a palazzo.

perciò a dette vostre e del soddetto commissario inherendo vi diciamo e commettiamo che di qualsivoglia danaro della regia Thesoreria et in particolare di quello delle L. 100 V [= 100.000] destinate per cose forzose ne facciate pagare ad Ermes Carcano, thesoriero delle Monitioni, la sodetta somma de L. 1495:2, ad effetto di pagarle con gli ordini del soddetto commissario generale delle Monitioni al soddetto impresaro Carlo Piantanida per compìta soddisfattione di detta barra, tavolati, palchi et altro da lui fatti e provisti nella soddetta occasione, et in detta somma collaudati da detto ingegnero come dalla sua relatione [per] copia inserita in dette vostre, facendone far debitore detto thesoriero Carcano, acciò ne renda conto, et voi thesoriero generale così esseguirete mediante il mandato opportuno acconciandone *etc.*
Datum in Novara 12 novembre 1649
Signatum ut supra [El marques conde de Pinto
Vidit Quixada / Bigarolus / *Notavit* Pancerius]

Si paghi il dovuto.

99

ASM, *RcS*, XXII.67, c. 39v [12.IX.1649]

Magnifice etc.

Viste le vostre de 8 di questo mese scritte al contrascrittore Bartolomeo Panceri, con copia della relatione a voi fatta dal commissario generale delle Monitioni a 14 ottobre hora passato, dalla quale appare come havendo egli, per essecutione d'ordine vostro de 21 giugno antecedente inherendo ad altro nostro, incaricato a mastro Carlo Piantanida, con l'assistenza dell'ingegnero camerale Richino, l'impresa di piantare sotto il portico dove si faceva la cavallerizza in questo regio palazzo il palco per li comedianti, acciò restasse libero l'altro per li Febiarmonici che dovevano rappresentare comedie alla serenissima regina N.S.

Carlo Piantanida ha allestito un palco per commedie «sotto il portico dove si faceva la cavallerizza», essendo già occupato quello del teatro delle commedie dai Febiarmonici;

et incaricato parimente al soddetto, in essecutione d'altr'ordine nostro de 21 luglio prossimo passato, la provvisione di sei stuore [= *stuoie*] necessarie da mettergli alle finestre della galleria di detto regio palazzo, conforme vi era stato da noi ordinato;

ha inoltre fissato sei stuoie alle finestre della «galleria» di palazzo.

era perciò stato al tutto compìto dal soddetto Piantanida, havendone riportato la conveniente collaudatione da detto ingegnero con la quale lo costituisce creditore della somma de L. 330:1 in tutto, cioè L. 204:1 per la fattura di detto palco et le restanti L. 126 per il prezzo delle sei stuore fod‹e›rate di tela da una parte e dall'altra, le crosere di canapé turchino con suoi bastoni, corde e girelle d'ottone, suoi càncani nel muro, e poste in opera;

Stimata l'opera in L. 330:1 (L. 204:1 per la costruzione del palco [legnami a carico del governo?] e L. 126 per materiale e posa in opera delle stuoie),

perciò alle suddette vostre et di detto commissario inherendo vi diciamo e commetiamo che di qualsivoglia danaro della regia Thesoreria et in particolare di quello delle L. 100 V destinate per cose forzose ne facciate pagare ad Ermes Carcano, thesoriero delle Monitioni, la somma di L. 330:1, ad effetto di pagarle con gli ordini del detto commissario generale delle Monitioni al soddetto mastro Carlo Piantanida per compìta soddisfattione della fattura del soddetto palco per li comedianti e prezzo delle sodette sei struore, come dalle collaudationi del sodetto ingegnero che per copia vanno inserite in dette vostre; facendone far debitore detto thesoriero Carcano, acciò ne renda conto, et voi thesoriero generale così esseguirete mediante il mandato opportuno acconciandone le debite scritture.

sia pagato il dovuto a Piantanida.

Datum in Novara 12 novembre 1649
Signatum ut supra [El marques conde de Pinto
Vidit Quixada, Bigarolus
Notavit Pancerius]

100

ASM, *FC*, cart. 191 [12.i.1650]

Li musici[43] di questo regio palazzo, et anco li capellani[44] d'esso, ci hanno con loro memoriali supplicati a dar l'ordine opportuno per il dispacchio de lor mandati; cioè li musici per la somma de L. 4141:13:4 et li capellani per L. 1980, come dicono seguì l'anno passato; et avanti di dar detto ordine ci è parso di intendere da noi se a detti musici e capellani fu pagata maggior somma nell'anno passato che nelli altri precedenti per conto delle lor paghe, e perciò fattane la diligenza ce lo avisarà subito. Milano 12 genaro 1650.

Il presidente e magistrati delle regie ducali entrate ordinarie dello Stato di Milano

Io. Iacob. Plantanida

101

ASM, *FC*, cart. 191 [15.i.1650]

Illustre Magistrato

Dalli musici e capellani di questo real palazzo ci sono state presentate lettere delle Ss.Vv. de 12 del presente del tenor che siegue

Ponatur

Per evacuatione delle quali hanno li Magistrati generali riconosciuto li mandati spachiati a medesimi musici e capellani gl'anni passati, da quali si vede che nell'anno 1648 fu spachiato per la somma del L. 5626:13:4, cioè L. 4141:13:4 da pagarsi alli musici per l'importanza de nove mesi et L. 1485 alli capellani parimente come sopra, et nell'anno 1649 per L. 6121:13:4 cioè L. 4141:13:4 per detti musici medemamente per nove mesi et L. 1980 a medesimi capellani per l'importanza di tutto l'anno in modo che vengono ad essere L. 495 di più del solito per altre paghe accresciutogli in essecutione di decreto dell'illustre Magistrato de 4 febraio 1649; ch'è quanto ci occorre dire alle Ss.Vv. in detto parere, in mentre facciamo humilissima riverenza. Milano 15 gennaio 1650.

43. Da altri documenti degli anni 1666-1667 *ibidem* raccolti si evince che in tale data erano nove in tutto.

44. Quattro cappellani e un sagrestano, come detto in altri fogli allegati.

102

ASM, *PS*, cart. 10, fasc. 5 [(18?).v.1666]

[*il foglio non è datato, ma raccolto insieme a altri simili in cui si legge la data 18 maggio 1666*]

Faccio fede io infrascritto ancora con il mio giuramento come io, come musico di S.E., nel tempo che si fece il funerale nella chiesa Metropoli‹tana› di Milano della serenissima regina Isabella, io interveni a quella fontione con li altri musici di S.E. per ordine pure di S.E. et dal Turato, in quel tempo maestro di cappella di detta Metropoli, fui sodisfatto insieme con li miei coleghi, et in fede *etc.*

Io Federico Guiderlotto faccio fede come .?.

103

ASM, *SP*, cart. 28 [24.II.1708]

[*nella prima parte della relazione che qui, per brevità, è stata omessa venivano indicati i motivi per cui non era possibile ricostruire nei tempi richiesti il teatro nello stesso luogo dove era bruciato*]

[...] Stante dunque detta probabile impossibilità, e desiderando rendere servita la maestà suddetta della regina nostra signora per il divertimento d'essa, si è proposto pure da noi si sarebbe potuto valersi del sito dell'altro teatro vecchio verso al Duomo che di presente serve, quale pure servì in tempo della maestà della regina doña Maria Anna madre della maestà del fu re Carlo secondo, ed anche della maestà dell'imperatrice Margarita, in tempo che ambe consolarno con la loro regia presenza questa metropoli;
il che da noi si stimerebbe con non molta spesa di rendere per detto tempo a qualche maggior perfezione e commodità di più di quello si trova al presente, si per l'auditorio, quanto per il proscenio, allongandolo et allargandolo qualche poco, come si è più diffusamente spiegato in detta sessione, e ciò anche con la considerazione che è sempre stato in detto sito detto teatro, e che si potrebbe dare anche maggior commodo al medemo per le carrozze col fare altra porta verso la strada ivi vicina, e che anche in occasione (Dio guardi) d'Incendio resta di già detto sito isolato da due parti per la strada, e dall'altre due in parte vi è il cortile et in parte il scalone, e luoghi che in tal occasione (Dio guardi) si potrebbe rendere il riman‹en›te assicurato con due tagli; et in tal sito potrebbe poi servire detto teatro sino a che venisse fatta determinazione di fabricare altrove detto nuovo teatro, distante dalla real corte per maggior sicurezza d'essa [...]
Milano 24 febraio 1708.

Diego Pessina, ingegnere collegiato regio camerale
Giuseppe Maria Robecco, collegiato di Milano e camerale
Carlo Franceso Villa, ingegnere reggio cammerale

Gherardini Incisore

Tavola 55
Particolare da: Melchiorre Gherardini, *Dissegno del sontuoso funerale*
incisione [1650] ▷t.67
Milano, Civica raccolta di stampe Achille Bertarelli.

TAVOLA 55. L'uomo ritratto nel particolare qui in evidenza (v. il disegno completo ▷T.67) è senza dubbio l'autore della tavola. Si vede bene infatti come il disegno che viene mostrato ai passanti sia la riproposizione della medesima incisione raffigurante il funerale dell'arcivescovo. Malgrado l'ampia bibliografia riferibile a questa tavola (BERTARELLI-MONTI 1927, p. 63; VERGA 1931, p. 279 che riproduce proprio il particolare; ARRIGONI-BERTARELLI 1932, n. 299; ARRIGONI 1970, n. 859; ALBERICI 1973, n. 418; VERCELLONI 1989[a], p. 69; BORA 1994, p. 52) non mi pare che alcuno abbia precedentemente notato questo non insignificante dettaglio. Se, come si è ipotizzato in BERTARELLI-MONTI 1927, l'incisione anonima è da attribuire a Gherardini, significa che siamo di fronte all'unico autoritratto sopravvissuto dell'artista. A parziale conferma si può osservare che Gherardini nel 1650 ha 43 anni, età apparentemente riferibile all'uomo che mostra i fogli, e il gusto divertito di questa bizzarra soluzione (che sembra voglia sostituire la firma) è certamente nello spirito del Gherardini incisore – si spera tuttavia che la donna alle spalle pianga per l'arcivescovo, non per la commozione scaturita dalla bellezza di tanto disegno.
MELCHIORRE GHERARDINI (*Gerardini, Girardini, Gilardino, etc.* Milano 1607-1675) è pittore e incisore di singolarissima personalità, pur non avendo ancora ricevuto il meritato tributo dalla critica d'arte, soprattutto nei riguardi della sua opera pittorica (purtroppo in gran parte perduta). Quale incisore ha svolto un ruolo fondamentale per Milano, *«tanto da potersi ritenere, fino al '700 inoltrato, il più importante illustratore della vita cittadina»* (ALBERICI 1973, p. 71). Lo stile spigliato dell'incisione, quasi sempre su soggetto proprio, muove da Callot, ma presto si precisa in soluzioni originali che oggi caratterizzano gran parte dell'immaginario seicentesco della città. È fra i primi nove allievi dell'Accademia Ambrosiana – gli altri: Carlo Biffi, Cesare Casanova, Gabrio Figino, Cesare Mazone, Francesco Morone, Balthassar Todeschino, Cesare Pessina ed Ercole Procaccini – la scuola d'arte fondata nel 1621 da Federico Borromeo, dove avrebbero insegnato il Cerano, Andrea Biffi e Fabio Mangone (*cfr.* BORA 1992, p. 357). Gherardini si distinse subito fra i più promettenti, diventando poi allievo prediletto del Cerano. Nel 1633 abita in casa del maestro, morto l'anno precedente, ed è sposato alla figlia di questi, Camilla, ventidue anni, pure pittrice. Molti suoi disegni, ancora da studiare, sono custoditi all'Ambrosiana.

TAVOLA 56

TAV. 56. Melchiorre GHERARDINI, [*Ritratto di Federico Borromeo*]
incisione, cm 13 × 9 [*ante* 1631]
Milano, Civica raccolta di stampe Achille Bertarelli.

In calce: FEDERICVS CARDINALIS BOROMEVS | ARCHI.ˢ MEDI.ˢ
SOTTO: Melchior Gerardinus Pinxit. et execu.

Il ritratto, che evidentemente precede la morte dell'arcivescovo Borromeo (1631), è fra le prime incisioni conosciute di Gherardini, e forse fu compiuto durante il suo apprendistato all'Accademia Ambrosiana ▷T.55. La considerazione di Gherardini per Borromeo sarà ulteriormente testimoniata dalla dedica dei suoi cinquanta *Capricci di varie figure* ▷T.57-59.
ALBERICI 1973, p. 71, ritiene che «*pinxit et execuit*» testimoni della sola attività di autore del disegno e calcografo ma non quella d'incisore.

Tavola 57

Tav. 57. Melchiorre Gherardini, [*Maschere in Duomo*]
incisione, cm 7,8 × 5,7 ca. [1630 ?]
Wien, Graphische Sammlung Albertina.

Quest'acquaforte e le due successive ▷t.58-59 fanno parte di una raccolta nota come *Capricci di varie figure* composta da Melchiorre Gherardini e conservata a Vienna (tuttavia una copia fotografica integrale è attualmente consultabile in I-M.Bertarelli). Della serie diede notizia e descrizione Bartsch 1822, xxi, p. 127 e segg., e più di recente Alberici 1973, n. 416/46. La raccolta trae evidentemente ispirazione dai *Capricci* di Jacques Callot pubblicati a Firenze nel 1617, la cui serie, come per Gherardini, è di 50 disegni – 48 più 2 di frontespizio e dedica (Callot a Lorenzo de' Medici, Gherardini all'arcivescovo Borromeo). La maggior parte è una copia puntuale del modello callotiano e solo le ultime sette (numerate da 44 a 50) sono originali, rappresentanti scene di feste, piazze, tornei *etc.* Di queste, tre sono riferite a Milano (quelle qui riprodotte). Per la datazione Alberici indica un periodo compreso tra il 4 febbraio 1630 (data dell'erezione del monte Etna, riprodotto in una delle incisioni ▷t.58) e il 21 ottobre 1631 (morte di Borromeo dedicatario), tuttavia alcuni indizi fanno pensare che le incisioni non siano state realizzate tutte nello stesso momento (v. oltre).
Di quest'incisione Bartsch non aveva riconosciuto la piazza del Duomo retrostante, identificata poi da Arrigoni 1970, ii, n. 1334. La considerazione più interessante è però di Alberici che

rileva la curiosa somiglianza del soggetto con un particolare del grande dipinto conservato al Museo di Milano ▷T.2 e 2B (ovvero dell'altro con identico soggetto della collezione Borromeo ▷T.2C). La somiglianza non si limita agli uomini in costume, ma anche al suonatore di arpa con una maschera dal lungo naso comunemente usata nella commedia dell'arte (nel dipinto lo si riconosce posizionato più dietro vestito in bianco accanto a un compare che imbraccia una viola). Se la relazione si limitasse agli uomini che indossano il curioso costume si potrebbe pensare a maschere tipiche (che mi è stato impossibile identificare), ma l'uomo con l'arpa e certe identità nella postura dei personaggi fanno pensare che Gherardini anche in questo caso abbia copiato da un modello (pare assai improbabile il contrario: il disegno di Gherardini è troppo sommario per permettere all'anonimo pittore una così puntuale attenzione ai dettagli del costume).

Se tuttavia l'ipotesi è vera le date non tornano o tornano a fatica. Gherardini dovrebbe aver realizzato i suoi *Capricci* intorno al 1630, ma il dipinto parrebbe successivo addirittura di vent'anni. A questo punto si possono solo fare alcune supposizioni:

a) non vi è alcuna relazione fra il quadro e le incisioni. Ma in tal caso dobbiamo ritenere lo strano costume una maschera tipica di carnevale, immutata negli anni, solita danzare con una mano al fianco e una alla fronte, sulla musica di un'arpa e forse d'una viola, strumenti suonati da uomini vestiti di bianco, con maschera teatrale e grande cappello – perlomeno improbabile.

Esclusa la possibilità b), per cui la serie di Gherardini sia posteriore al 1630 (dovremmo ritenere che l'abbia dedicata a un morto?), si può ipotizzare che:

c) il dipinto a olio è precedente o contemporaneo al 1630. Confrontando questo con l'incisione per i funerali dell'arcivescovo Monti ▷T.67 ci si accorge chiaramente che lo stato dei lavori è pressoché identico; forse il carnevale è precedente ai funerali, ma al massimo di pochi anni, non dieci, non venti. In caso contrario dovremmo ammettere che in vent'anni i progressi del Duomo sono stati del tutto trascurabili, oppure:

d) originariamente i capricci non erano 50, ma un numero inferiore (forse la serie era limitata alle copie ricavate dal Callot). Solo in seguito, morto ormai il dedicatario, Gherardini ha aggiunto altri disegni, su soggetto differente (forse proprio allo scopo di raggiungere il numero di 50), e fra questi anche le maschere in Duomo qui riprodotte. Si è preoccupato poi, segnatamente in riferimento alle raffigurazioni milanesi, di ricordare occasioni che avevano caratterizzato quegli anni, come il monte Etna ▷T.58, o la piazza del Duomo quando la facciata della cattedrale lasciava ancora abbondantemente riconoscere la vecchia chiesa ▷T.59. Altro non saprei supporre.

TAVOLA 58

TAV. 58. Melchiorre GHERARDINI, [*Monte Etna*],
incisione, cm 7,8 × 5,7 ca. [1630 ?]
Wien, Graphische Sammlung Albertina.

Fra i *Capricci* di Gherardini ▷T.57 quest'acquaforte è la numero 48. Vi si ritraggono le feste per la nascita dell'infante di Spagna del 1630. Il monte Etna, qui inserito nella piazza antistante al Duomo, era già stato riprodotto in altre due assai più dettagliate memorie iconografiche ▷T.42-43. Ma, pur meno preciso, qui il disegno meglio restituisce il momento di festa, la vivacità e tutto sommato si rivela più aderente al vero. L'ortogonalità imposta alla piazza nell'altro disegno ▷T.42 è del tutto ideale. Sappiamo infatti, confrontando per esempio la pianta di Richino ▷T.15, che la facciata del Duomo piegava verso palazzo Reale, come più realisticamente delinea Gherardini. Le stesse persone in piazza sembrano divertirsi più qui che nell'altra raffigurazione. In primo piano sulla sinistra è un trombetto a cavallo, figura che si ritroverà in altre sue incisioni ▷T.65.

TAVOLA 59

TAV. 59. Melchiorre GHERARDINI, [*Piazza del Duomo*]
incisione, cm 7,8 × 5,7 ca. [1630 ?]
Wien, Graphische Sammlung Albertina.

La piazza del Duomo in giorno di mercato, o forse come solitamente si presentava quando non era occupata da celebrazioni particolari. Per quello che si distingue, non pare che siano iniziati i lavori di costruzione per la facciata del Duomo. L'incisione accoglie lo stesso punto di vista dell'altra più accurata testimonianza attribuita a Gherardini per l'ingresso dell'arcivescocoo Monti ▷T.64. Qui, ovviamente, non compare il portale posticcio eretto di fronte alla facciata della chiesa, ma lo stato dei lavori sembra pressoché identico.

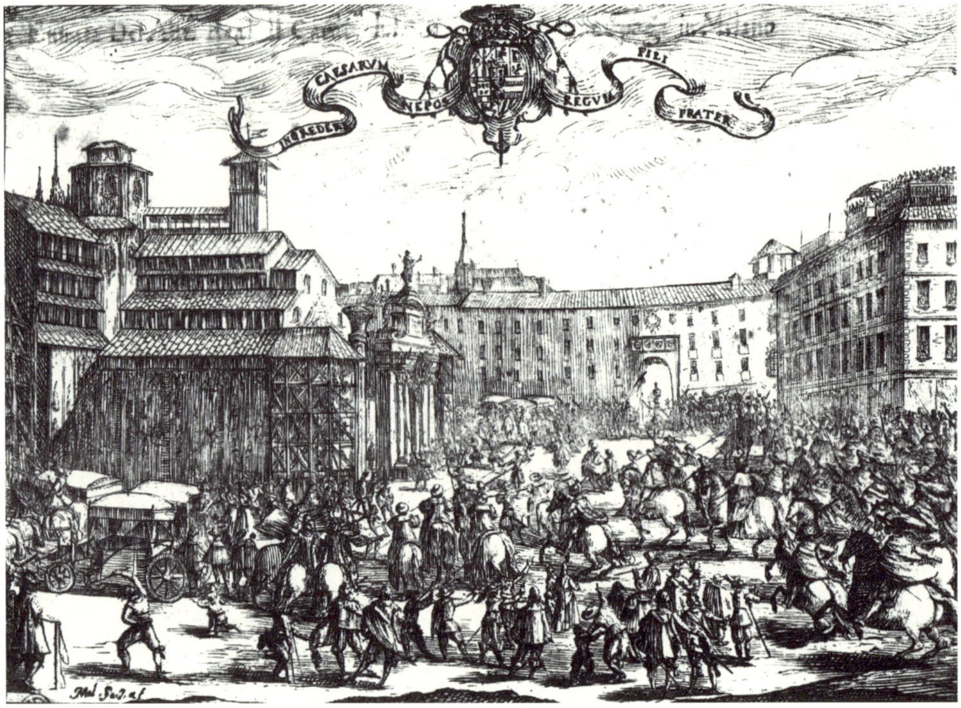

TAVOLA 60

TAV. 60. Melchiorre GHERARDINI, *Entrata del cardinale infante*
incisione, cm 16,5 × 11 [24 maggio 1633]
Milano, Civica raccolta di stampe Bertarelli.

In alto: Entrata del altezza reale il cardinale infante di Spagna in Milano
Sul cartiglio dello stemma: INGREDERE CAESARVM NEPOS REGVM FILI FRATER

Insieme ai disegni del Richino (l'arco in porta Ticinese ▷T.45 e i due cavalli in piazza Duomo ▷T.44) quest'incisione testimonia dell'ingresso del nuovo governatore Ferdinando, fratello del re di Spagna e cardinale ▷A.16. Giustamente BORA 1994, p. 39, osserva che nel disegno non compaiono i due cavalli del Richino forse – suppone – per la *«sommarietà della rappresentazione»*. Più probabilmente i cavalli non sono raffigurati perché non furono posti a ridosso dell'ingresso del Duomo (dove fra l'altro si riconosce il portale posticcio eretto per l'occasione) ma nel lato della piazza che rimane fuori dall'incisione. Nello stesso posto cioè dove tre anni prima era stato innalzato il monte Etna ▷T.42-43 e dove comunemente è uso allestire le bancarelle del mercato ▷T.59.
S'è detto che l'*«eminentissimo et reverendissimo principe»* a cui Gherardini dedica una serie d'incisioni (in gran parte conservate in I-BR.Tosio e descritte per la prima volta in NICODEMI 1922) sia il cardinale infante. Il principe, poiché detto *«eminentissimo»*, è certamente un porporato,

ma credo assai improbabile possa trattarsi dell'infante, visto che al tempo del 20 maggio 1636, data della dedica di Gherardini, si era già trasferito da ormai due anni nelle Fiandre. Più probabilmente, e proseguendo la tradizione inaugurata con i *Capricci*, il dedicatario è il nuovo arcivescovo di Milano Cesare Monti eletto da pochi mesi, da cui Gherardini sperava certamente di ottenere quei favori precedentemente concessigli da Borromeo.
È da dire che né quest'incisione, né quella raffigurante l'ingresso dell'arcivescovo Monti ▷T.64 sono conservate a Brescia, dovendosi perciò ritenere estranee alla serie. In realtà la stessa non pare così omogenea e verrebbe voglia di separare alcune incisioni dal nucleo principale (per esempio quella della peste o l'altra del banchetto nel salone di corte ▷T.61). L'ipotesi più probabile è che la serie bresciana non sia completa, né omogenea. In questo caso, per formato e soggetto, non si fa fatica ad accorpare le incisioni dei due ingressi più un'altra raffigurante un corso di carrozze nei pressi del castello. L'elenco completo raggiunge così il numero di 17, ma anche in questo caso non pare di essere di fronte ad un corpo coerente (nella tabella il numero d'inventario e quello di NICODEMI 1922 riguardano solo le incisioni conservate a Brescia):

N. D'INV. I-BR.Tosio	NUMERAZ. Nicodemi	EVENTUALE TITOLO ovvero soggetto e data	FIRMA	FORMATO in cm	▷T.
3475	2	[la peste, 1630]	*Melchior Gera. I.*	10 × 15,2	-
—	-	[ingresso infante, 24.V.1633]	*Mel. Ge. I. e f.*	11 × 16,5	60
3476	3	*Convito fatto...* [sett. 1633]	—	10,2 × 16,2	61
—	-	*Corso a Piazza Castelo*	—	10,5 × 15,5	62
3480	7	*Festino in villa*	—	10 × 16,2	63
—	-	[ingresso Monti, 29.IV.1635]	*Mel. Gir fe.*	11 × 16,5	64
3474	1	[dedica] *20 maggio 1636*	*Melchior Girardini*	9,8 × 15	
3481	8	[preparazione alla battaglia]	*M.G.*	10,1 × 16,4	-
3478	5	[inizio della battaglia]	*Gir. fe.*	10,2 × 16,4	-
3483	10	[attacco]	*Gir. fe.*	10 × 16,5	65
3479	6	[battaglia]	—	10 × 16,1	-
3485	12	[onori militari]	*Me. G. I.*	10,3 × 15,5	-
3484	11	[caccia]	*Mel Ge f*	10,3 × 15,6	-
3487	14	[pesca]	*M. Gir. fe.*	10 × 16,4	-
3482	9	[manovre militari]	—	10,3 × 15,5	-
3477	4	[agguato]	—	10 × 14,8	-
3486	13	[tumulti di paese]	—	10 × 15,3	-

Come si vede il formato è pressapoco sempre il medesimo, ma i soggetti rappresentati assai diversi: la raffigurazione della peste in città, con i suoi quattro versi riportati in calce, appare per stile e impostazione incisione a sé; mentre il *Convito*, con il suo esplicito riferimento al cardinale infante, potrebbe rimandare all'ingresso dello stesso. In realtà se l'ingresso accoglie un taglio decisamente celebrativo, assai più 'quotidiana' si rivela la raffigurazione del banchetto che, proprio per il titolo posizionato in alto a sinistra, appare *pendant* del *Corso a Piazza Castelo* e del *Festino in Villa*: non è da escludere, in tal senso, che queste ultime due incisioni riferiscano di situazioni legate proprio al cardinale infante.

L'incisione per l'ingresso dell'arcivescovo Monti, pur ricordando un avvenimento avvenuto due anni dopo, esibisce la stessa identica struttura celebrativa dell'ingresso dell'infante (tanto che Morazzoni 1919, tav. LXI, ignaro dell'arma, le ha credute testimonianza dello stesso avvenimento). Se, come ho supposto, la tavola dedicatoria (n. 3474) si rivolge a Monti, pare difficile escludere dalla serie d'incisioni (quali che siano) l'ingresso del dedicatario.
Le altre incisioni presenti nella scheda sono di più difficile collocazione temporale. Cinque di queste sembrano narrare le varie fasi di una battaglia in campo (ma quale?), altre due ricordano momenti di caccia e pesca e tre sembrano riferirsi a precisi avvenimenti di quegli anni che, almeno fin a questo momento, non si è potuto identificare.

Tavola 61

Tav. 61. Melchiorre Gherardini, *Convito...*
incisione, cm 16,5 × 11 [1633]
Brescia, Pinacoteca Tosio e Martinengo.

In alto: Convito fatto dal altezza real il cardinal infante di Spagna alli sig. suizzeri de Sette Cantoni

Più che per l'occasione politica qui rappresentata – un banchetto offerto a funzionari svizzeri, forse svoltosi nell'ambito delle trattative contro la temuta invasione francese, ma di cui non trovo notizie precise – quest'incisione è di straordinaria importanza quale unica rappresentazione conosciuta dell'interno del salone di corte. Che sia proprio il salone e non un altro luogo lo si ricava dal confronto con il disegno della sezione longitudinale dell'Ambrosiana ▷T.27 e con la pianta seicentesca di palazzo Reale ▷T.11. Si nota come siano state eliminate le figure che sostenevano i candelabri, collocate nella parte superiore del colonnato, e come pure siano state ridotte le decorazioni alla base del loggiato (ma pure ancora riconoscibili i festoni e le facce leonine sovrastanti i capitelli). La fontana in fondo è quella che nella pianta del salone è caratterizzata da un semicerchio rientrante nel muro.
Al centro in alto è l'arma di casa d'Austria. L'incisione fa parte della serie conservata in I-BR.Tosio ▷T.60.

TAVOLA 62

TAV. 62. Melchiorre GHERARDINI, *Corso a piazza Castello*
incisione, cm 16,5 × 11.
Paris, Cabinet des Estampes.

In alto: Corso a Piazza Castelo

Si rivela soggetto fortunato questo del corso delle carrozze davanti al castello ▷T.3-3A T.7, e in questo senso momento esplicito d'esibizione. La carrozza, più o meno sfarzosa (come il posto in palco, più o meno privilegiato) è strumento per affermare la propria condizione sociale. GUALDO PRIORATO 1666 conta a Milano oltre 1500 carrozze, a due, a quattro e anche a sei cavalli, numero incredibilmente alto se lo si confronta con una popolazione cittadina che, in quegli anni, s'aggirava intorno ai centomila abitanti (*cfr.* VERGA 1931, p. 328).
È possibile che l'occasione qui raffigurata possa in qualche modo riguardare la presenza a Milano del nuovo governatore il cardinale infante (1633) ▷T.60.

TAVOLA 63

TAV. 63. Melchiorre GHERARDINI, *Festino in villa*
incisione, cm 16,5 × 11 [*ante* 20 maggio 1636]
Brescia, Pinacoteca Tosio e Martinengo.

In alto: Festino in villa

Quest'incisione riproduce la rara testimonianza di un momento di svago in campagna. Non si tratta di un festino popolare, ma di una danza o forse anche di una commedia dedicata ad un pubblico aristocratico. Le sedie e gli abiti identificano il ceto elevato degli spettatori. In ombra, lateralmente e su un palchetto, sembra di poter distinguere quattro musici, di cui tre in piedi con violini o viole da braccio e uno seduto con un liuto o una chitarra. Anche questa incisione è della serie bresciana e forse potrebbe riferirsi all'ingresso del cardinale infante ▷T.60.

TAVOLA 64

TAV. 64. Melchiorre GHERARDINI, [Ingresso dell'arcivescovo Monti]
incisione, cm 16,5 × 11,5 [29 aprile 1635]
Milano, Biblioteca Ambrosiana.

Sul cartiglio in alto: VENI CAESAR VIDE VINCE
In basso a sinistra: Mel. Gir fe.

L'incisione è impostata sullo stesso schema celebrativo utilizzato per l'ingresso del cardinale infante (questa volta lo stemma di casa d'Austria e stato sostituito da quello di Monti) ▷T.60, mentre accoglie il medesimo punto di vista sfruttato in uno dei *Capricci* ▷T.59. Si nota a copertura dell'ingresso in Duomo il portale posticcio eretto per l'occasione ▷T.41.
A sinistra si scorge parte dell'arco eretto per entrare in piazza Duomo. Il baldacchino dell'arcivescovo che piega verso il Duomo ha evidentemente appena superato l'arco. Ancora una volta Gherardini nel fermare un momento ufficiale offre spunti per altre considerazioni e ci permette di confermare un'ipotesi facilmente suggerita dalla topografia della città: quello era l'ingresso privilegiato per accedere alla piazza del Duomo, sia giungendo da porta Ticinese (come per l'arcivescovo) che da porta Romana (da cui in genere entravano sovrani e governatori).

Tavola 65

Tav. 65. Melchiorre Gherardini, [*Attacco*]
incisione dello stesso, cm 16,5 × 10 [*ante* 20 maggio 1636]
Brescia, Pinacoteca Tosio e Martinengo.

In basso a sinistra: Gir. fe.

Nella serie d'incisioni bresciane cinque di queste rappresentano scene di battaglia o esercitazioni militari. Forse sono vari momenti di uno stesso episodio che non so identificare, né di cui so proporre una successione definitiva. Comunque sia in due di queste (la presente e la n. 3481 ▷t.60) si scorgono trombetti a cavallo e tamburini a piedi, solitamente identificati in ambito celebrativo piuttosto che militare ▷t.49; questi sembrano identificabili dallo stendardo appeso allo strumento che solitamente manca ai trombetti da parata.
Di antica tradizione (*cfr.* Barblan 1961, pp. 876 e segg.), l'attività dei trombetti e dei tamburini prosegue sicuramente anche nel Seicento pur lasciando scarsa memoria di sé, a parte sporadiche raffigurazioni nelle parate cittadine (nel 1650 i trombetti sono sei comunali più uno del governatore, *cfr.* Bendiscioli 1957, p. 115, ma non si hanno indicazioni su quelli dell'esercito). Nell'incisione ben si coglie il diverso rango sociale che distingue il trombetto dai tamburini a piedi, disarmati e più modestamente vestiti.
Sopravvive un sonetto che ricorda l'incisione di una battaglia di Gherardini. Non saprei dire se si possa riferire a questa o ad altra della serie bresciana, ovvero alla più nota *Battaglia al castello* qui riprodotta ▷t.66. Di seguito il contenuto del foglio a stampa contenuto in una ricca miscellanea di avvisi, testi poetici e altro (in genere non datati ma quasi tutti riconducibili al

XVII secolo) conservati in I-Mb e infelicemente rilegati in un volume segnato XX.XXIII.37 (il foglio è il n. 22):

Al signor Melchior Gherardino, pittore eccellentissimo, per una battaglia da lui fatta e donata al signor D. Flaminio Pasqualini, canonico di S. Stefano.

SONETTO

Più non risuoni argiva cetra, o canti
d'Apelle e Zeusi ne' caduti lustri
le meraviglie e le pitture illustri,
ché più eccelsi o MELCHIOR sono i tuoi vanti.

Se pingi fra di lor squadre pugnanti
scorgo folgoreggianti i brandi lustri
e in tal guisa le tele avvivi e illustri:
che chi muore cader mi veggo avanti.

Taccia pur plettro acheo, son si belle
GHERARDIN l'opre tue che vie più vale
il tuo penello che il penel d'Apelle.

Onde la dea ch'occhiute al tergo ha l'ale,
inalzando il tuo nome all'auree [*sic*] stelle,
fa che fra noi vivrà sempre immortale.

[*aggiunto a china da mano coeva:*] Innocentio Costimeladoro

In Milano, per Carlo Francesco Rolla stampatore
vicino al Verzaro. *Con licenza de' superiori.*

S'intuisce che Gherardini donò l'incisione (o forse il disegno) di una battaglia al canonico di S. Stefano Flaminio Pasqualini e che questi si sdebitò con la stampa di un sonetto scritto probabilmente da tal Innocentio Costimeladoro, chiaramente uno pseudonimo.

Carlo Francesco Rolla, stampatore musicale e erede del più noto Giorgio Rolla, stampò poche opere nei primissimi anni Cinquanta (*cfr.* SANTORO 1965), ma questo se forse permette di datare il sonetto certo non ci è utile per collocare cronologicamente il disegno di Gherardini, il dono potendo essere stato fatto molti anni dopo la realizzazione.

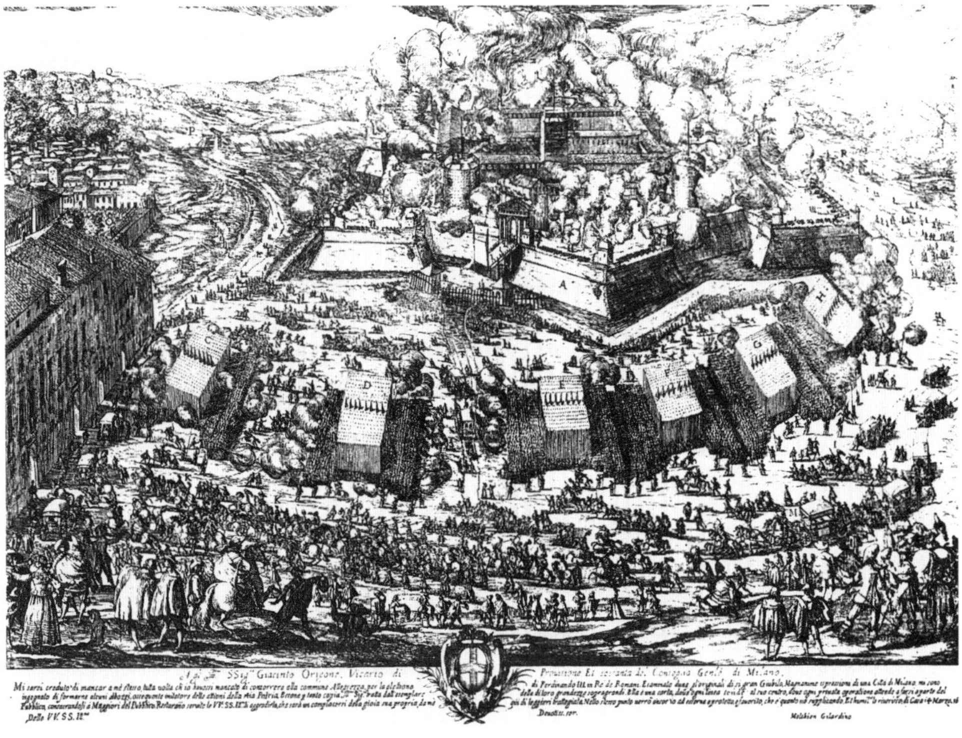

TAVOLA 66

TAV. 66. Melchiorre GHERARDINI, [*Battaglia al castello*]
incisione, cm 34,5 (74,5 con la sez. tip.) × 48 [14 marzo 1637]
Milano, Biblioteca Ambrosiana.

Sotto: A gl'Ill.^{mi} SSig.^{ri} Giacinto Orgone, Vicario di Prouisione, Et sessanta del Conseglio Gen‹era›le di Milano.

Mi sarei creduto di mancar a mè stesso, tutta uolta ch'io hauessi mancato di concorrere alla commune Allegrezza, per la elettione di Ferdinando III in Re de' Romani. Esaminato dunq: gl'originali di si gran Giubilo, Magnanime ispressioni di una Città di Milano, mi sono ingegnato di formarne alcuni abbozzi ossequente imitatore delle attioni della mia Patria. Eccone p‹er› tanto copia Ill.^{mi} Sig.^{ri} tratta dall'esemplare delle di loro grandezze sopra grandi. Ella è una carta, doue ogni linea 'tende' al suo centro, doue ogni priuata operatione attende a farsi a parte del Pubblico, consacrandalo à Maggiori del Pubblico. Restaraño seruite Le VV.SS. Ill.^{me} di aggradirlo, che sarà un compiacersi della gioia sua propria, da mè qui di leggieri tratteggiata. Nello stesso punto uerrò ancor'io ad esserne e protetto, e fauorito, che è quanto uò supplicando. Et humil.^{te} le riuerisco; di Casa 14 Marzo 1637.

Delle VV.SS. Ill.^{me} | Deuotiss. ser. | Melchion Gilardino

Sezione tipografica sottostante:

A. Castello della città.
B. Casa del sig. conte Del Verme ove S.E., doppo la cavalcata, smontò a vedere la vista delli sei squadroni posti in ordinanza e la salva con fuochi che si fece dal castello, con lo sparo ancora di tutta la moschetteria et archibugeria della militia.
C. Primo squadrone di porta Romana del mastro di campo cavagliere hierosolimitano frate don Filippo Sfodrato.
D. Secondo squadrone di porta Tosa del mastro di campo Vercellino Visconte.
E. Terzo squadrone di porta Comasina del mastro di campo marchese Giovanni Maria Visconte.
F. Quarto squadrone di porta Nuova del mastro di campo don Alessandro Visconte.
G. Quinto squadrone di porta Vercellina del mastro di campo Giacomo Fagnano.
H. Sesto squadrone di porta Orientale del mastro di campo prencipe Trivulzio.
I. Il mastro di campo conte Francesco d'Adda, sopraintendente generale della miltia che va sopravenendo li squadroni.
K. Guardia svizzera e cavalcata di molti personaggi, ufficiali e cavaglieri che accompagnano il governatore a visitare li squadroni, da ciascheduno de quali, e particolarmente e generalmente dalla moschetteria ed archibugeria, veniva salutato con bellissimo ordine.
L. L'eccellentissimo sig. marchese di Leganes governatore.
M. Carrozza di S.E. a sei cavalli che lo seguiva.
N. Truppe di cavalleria che attaccano e scaramuzzano con l'infanteria.
O. Giardino del sig. conte Bartolomeo Aresi.
P. Portello detto del castello.
Q. San Pietro in Sala fuori della Città.
R. Guardia spagnola al di fuori del castello.
S. Mercato vecchio de cavalli.
T. Strada per entrare nel castello.

DESCRITIONE DELL'OSSEQVIO PROSEGVITO DALLA MILITIA DELLA CITTÀ DI MILANO, PER LA ELETTIONE, DI FERDINANDO III. IN RE DE ROMANI. [...]

Ferdinando III viene eletto il 22 dicembre 1636, Milano festeggia l'avvenimento il 1° gennaio 1637, Gherardini firma l'incisione il 14 marzo di quell'anno e il 26 maggio la Cameretta accoglie la sua domanda e lo ricompensa con 100 lire imperiali (ASC, *Dicasteri*, cart. 42, seduta del 26.v.1637).
L'incisione svolge anche il ruolo di cronaca delle feste accogliendo nella parte sottostante un'ampia sezione tipografica (qui non riprodotta, ma la si veda in ARRIGONI 1970, II, tav. B) che descrive in dettaglio i momenti in cui si è svolta questa finta battaglia celebrativa.

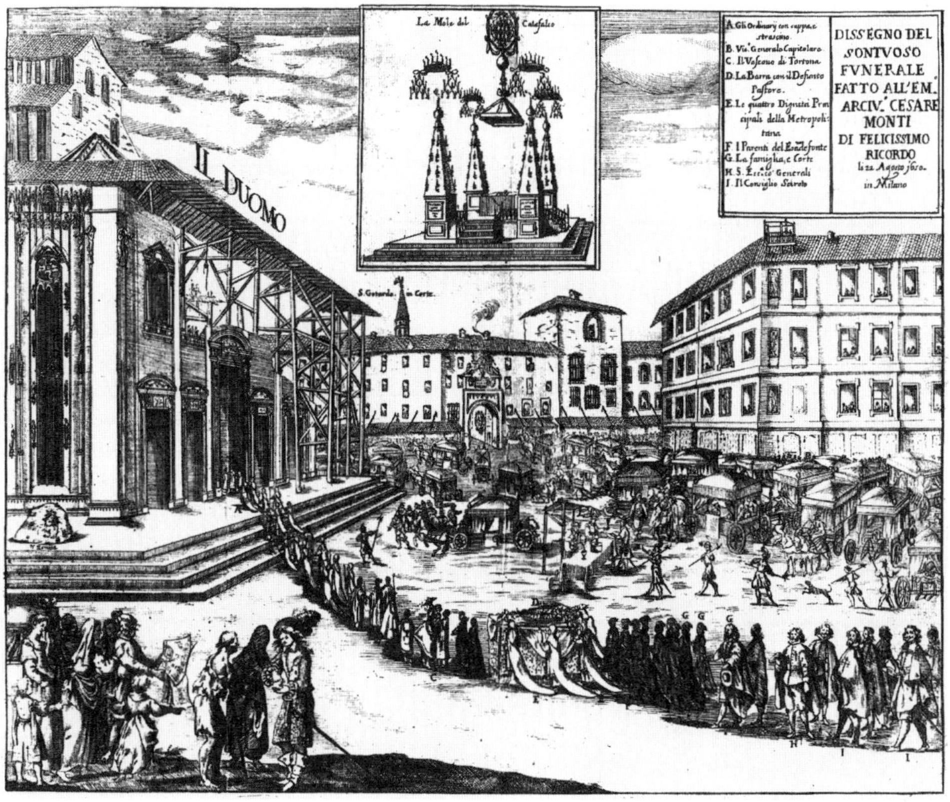

TAVOLA 67

TAV. 67. Melchiorre GHERARDINI [?], *Dissegno del sontuoso funerale...*
incisione, cm 31,3 × 38,6 [22 agosto 1650]
Milano, Civica raccolta di stampe Achille Bertarelli.

Nel riquadro in alto a destra: DISSEGNO DEL SONTVOSO FVNERALE FATTO ALL'EM.º ARCIV.º CESARE MONTI DI FELICISSIMO RICORDO | li 22 Agosto 1650 in Milano

A. Gli ordinarij con cappa, e strascino
B. Vic.º Generale Capitolare
C. Il Vescouo di Tortona
D. La Barra con il Defunto Pastore
E. Le quattro Dignità Principali della Metropolitana
F. I Parenti dell'Em.^mo defunto
G. La famiglia, e Corte
H. S. Ecc.ª co' Generali
I. Il Consiglio Secreto

Nel riquadro in alto al centro: La mole del Catafalco
In cima al Duomo: IL DUOMO
Sopra palazzo Reale: S. Gotardo in Corte
A fianco del Duomo: Il Romita

L'attribuzione della paternità del disegno a Gherardini fu ipotizzata per la prima volta da BERTARELLI-MONTI 1927, p. 63, e poi accolta senza ulteriori accertamenti. Oltre che testimonianza del funerale dell'arcivescovo Monti, l'incisione si rivela preziosa per le informazioni circa lo stato dei lavori della facciata del Duomo. Pure interessante è la raffigurazione di una bancarella che vende rinfreschi circondata da carrozze d'ogni tipo, e lo strano rifugio sistemato sui gradini del Duomo in cui vive *«il romita»*, figura forse caratteristica in quei mesi a Milano. Circa il particolare in basso a sinistra ▷T.55.

Altre fonti

Pubblicazioni e opere a stampa

Proseguimento della sezione *Documenti*, queste pagine riproducono frammenti per lo più stralciati da libri e testi di difficile reperibilità (o la cui accessibilità poteva essere compromessa dalla lingua straniera); ovvero di letture indispensabili a completare i discorsi affrontati altrove.

È un materiale assai disomogeneo rispetto al precedente, ma non meno significativo, la selezione muovendo da un intento esemplificativo. Si è preferito infatti, per economizzare lo spazio, scegliere fra le diverse opzioni possibili un singolo momento meglio caratterizzato: fosse questo la descrizione di un costume o un testo cantato, notizie sulla musica eseguita o *querelle* politiche, un poemetto o la pagina di un diario.

La breve sintesi che precede ciascun frammento reca il rimando al luogo in cui se n'è trattato più ampiamente.

1

Quaderno... 1597, pp. 55-58

[1596] *È il memoriale che Velasco invia a Filippo II per contrastare le posizioni di Federico Borromeo. Ho qui tradotto dallo spagnolo le pagine che riguardano gli spettacoli teatrali. La traduzione è aderente all'originale, e per questo non particolarmente elegante* ▷I[16] II[8] s.4.

[...] E veniamo al punto delle commedie sopra cui ci furono quei clamori di cui parla l'arcivescovo, sollevati dai suoi ministri assai fuori proposito. Non nego che i santi Padri e gli stessi filosofi gentili le condannino quando disoneste nei gesti, nei costumi e nei contenuti, ma è anche vero che gli stessi approvano quelle che onestamente rappresentano misteri o vere storie sacre e profane.

Le prime sono per la gioventù incentivo al vizio e alla corruzione: se un altro saggio, illuminato dalla natura, preferisce evitare tali danni esiliando dalla sua repubblica i dipinti di nudo, con più ragione dobbiamo noi cristiani esiliare simili commedie, perché il vivo movimento è certo più efficace causa del male che la pittura.

Le seconde intrattengono, insegnano e coltivano. Tanto basta per la loro approvazione che i religiosi più riformati le compongano e le mettano in scena nelle loro case rappresentandole, non di meno, al cospetto del Santissimo Sacramento.

C'è un terzo ulteriore genere di commedie che si colloca tra questo e quello, magari con qualche imprecisione, ma che non per questo si può chiamare disonesto. Approvate dalle leggi e dalle repubbliche ben governate, non sono viste dai teologi e dai canonisti per quello che sono: un lecito e conveniente intrattenimento attraverso il quale, con altre simili feste, i prudenti governatori cercano di distrarre i giovani da peggiori pensieri.[1]

Non dubito che sarebbe meglio dare in elemosina il denaro e impiegare il tempo che in queste si spende in orazioni e opere pie, ma non tutti hanno questo spirito e col male minore si tenta di dissimulare il maggiore, per non tendere troppo l'arco tanto da romperlo.

Di questa terza specie sono le nostre farse spagnole e le commedie italiane; e piacesse a Dio che le provincie dove non sono usuali fossero altrettanto pulite e libere da eresie. In Milano poi, con più devozione che altrove, per evitare al possibile di offendere nostro Signore e insozzare le orecchie e gli occhi più casti trascurando di celebrare adeguatamente la Pasqua e i giorni santi, i governatori hanno imposto ai commedianti ordini adeguati sull'uso dei costumi, dei soggetti, delle parole e dei movimenti, comandando che in tempo di quaresima, in inverno e a Pasqua non vi siano rappresentazioni, né durante la maggior parte dei giorni di festa o durante le ore degli uffici divini, ed estendendo questo vincolo anche ai vespri e alle compiete, benché il diritto faccia riferimento solo agli uffici necessari del mattino.

Per maggiore cautela i miei predecessori, ed io con loro, abbiamo designato delle persone modeste e discrete, per anzianità e autorità, per vedere, correggere e castigare gli eccessi dei

1. Quindici anni dopo anche Gian Battista Andreini argomenterà allo stesso modo la difesa delle commedie: «*Per‹ci›ò qual cosa è più utile, alla moderna e troppo licenziosa gioventù, della commedia che con la sua piacevolezza la ritrahe dal gioco, dalle crapole, dai postriboli, da sgherrarie, dalle questioni e da tanti altri vizii?*»; in ANDREINI 1612, p.10.

commedianti. Si scelse inoltre di rappresentare le commedie dentro il palazzo per evitare problemi e disordini che negli affollamenti di giovani nascono facilmente in luoghi più liberi, ma tutto questo non fu sufficiente per far sì che il cardinale non vi interponesse la sua autorità, chiedendo di proibirle sempre nei giorni di festa e di volerle esaminare prima che andassero in scena, non per dare un parere pastorale, bensì per esercitare giurisdizione e minacciare censure. Da principio si sono soffocate completamente le commedie. Eliminati i ricavi del venerdì e delle feste, giorni ricchi di affluenza e qui frequentissimi, è stato necessario mandare i comici in altre città, essendo incerta anche nei giorni leciti la possibilità di entrare a Milano, città la cui grandezza e ricchezza si fonda su quelle arti in cui si impegnano i giovanissimi,[2] quando invece è opportuno che nelle festività vi sia qualche ricreazione che permetta a impiegati e funzionari di non mancare ai loro esercizi della settimana.
Successivamente mi è toccato dire che sarebbe stato opportuno recitare pubblicamente in Italia opere scritte in versi o in prosa come usavano i greci e i latini, e come si fa in Spagna. Ma è possibile questo, quando, concordato il soggetto, si rappresentano sulle scene commedie nuove ogni giorno nel testo e nelle azioni?
Cercando di sviare l'arcivescovo da questa pretesa, egli si ostinò come al solito con tanta decisione che quando il castellano don Iosepe de Acuña espose le ragioni che ho detto, si oppose dicendo che se in altre parti si facevano commedie anche il giorno di festa ciò non aveva alcuna importanza, perché a Milano si sarebbero potute proibire anche il sabato.
In fine chiesi che acconsentisse che alcuni ministri di V.M. e altri dottori da lui scelti decidessero in sua presenza se era peccato, o causa immediata di peccato mortale, fare rappresentazioni nei giorni di festa, per dispormi ad assecondarlo se si fosse deciso di sì. Ottenuto l'incontro, per ciò che se n'è ricavato, sarebbe stato meglio non averlo fatto.
Indicai al presidente Simon Bossio, al senator Polo, assieme ai fiscalisti Quincio e Rovida, i soggetti per la conferenza perché V.M. potesse richiedere l'assistenza di un Concilio generale. Si risolse che il caso in questione non era peccato mortale, né causa di esso, né contro il diritto. Non potendo conseguire il suo intento per quella strada il vescovo uscì col dire che egli poteva proibire come fosse peccato mortale ciò che di suo non lo era. Replicarono che questo non sarebbe stato opportuno nel caso specifico, come non lo sarebbe stato in altre situazioni più generali, senza per questo negare alcuna simile autorità al prelato.
Malgrado la semplicità della dottrina, e malgrado il presidente si fosse preoccupato di scusare le parole di chi non era teologo, canonizzarono per eretica o poco meno la proposta, scrivendo a Roma e cercando di far screditare ingiustamente ministri tanto solenni e dotti che in buona fede e con pia intenzione, per mio ordine e con loro accordo, dissero ciò che conoscevano e sentivano. Con questa fine tacquero i clamori delle commedie.

2. Spero di interpretare correttamente il senso traducendo con «*giovanissimi*». In spagnolo la formula è curiosa: «*los niños ensaliendo de mantillas*».

2

Lopez de Mendicorroz 1625, pp. 136-138

[1598] *Traduzione dalla vita del governatore Juan Fernandez de Velasco della descrizione del salone costruito per la regina Margherita* ▷1[26].

[...] si fece rumore di festa fino a sera, che rimase celebre per il nobilissimo veglione tenutosi nel teatro, fabbricato a questo scopo nei pochi giorni che il connestabile fu assente. Questo fu tanto ingegnoso e magnifico da poter competere con qualunque altra famosa [sala] di questi tempi. Quella notte vi furono cose tanto vistose che offuscarono gli occhi mortali, e in verità dava luogo a immaginare vivamente le sfere celesti e null'altro. Le belle pitture che stavano sotto i portali, le dotte cifre e le imprese gloriose di cui era circondato il teatro, per il breve spazio della descrizione, non ci sarà chi possa comprenderle. Ma non si può passare sotto silenzio la più nobile al centro del soffitto: la figura della stessa regina.

Ingegnosa sistemazione del teatro. Simbologia delle virtù della regina.

Il soffitto del teatro è ripartito in quadroni dove sono rappresentati i passi più curiosi che si siano conosciuti nelle umane lettere, accostati al felice annuncio, alle proprietà e alle virtù della regina sovrana. E non c'è ninfa o musa, Apollo o Prometeo, Aquila Reale o Fenice rinnovata, che lì non si veda. Quello che rappresenta direttamente la regina è il quadro nel centro, in cui è dipinta una fanciulla che dorme sopra un monte di fiori. A lei la dea Pallade offre rami di ulivo, libri e specchi; Giunone, cedri, corone e gioielli; Venere, gigli, rose e gelsomini, riunendo in questa pittura tutti i doni dell'animo che, a quanto finge la vana paganità, queste dee dispenserebbero e che la vera divinità aveva comunicato alla bella Margherita. Questa fu un'invenzione dell'acuto ingegno del connestabile che s'impegnò completamente a festeggiare la regina con l'esibizione delle maggiori ricchezze della natura e della fortuna. A sua imitazione e per neutrale affetto i milanesi sparsero tesori fra livree, ornamenti e apparati, tanto regalmente e in modo costoso che la regina fu molto stupita nel vedere la liberalità d'animo con la quale tutti ostinatamente cercavano di proporsi, apprendendo la grandezza del re suo marito che dominava vassalli tanto opulenti e nobili.

3

Annuae... MDXCVIII 1607, pp. 102-103

[2 gennaio 1598] *Notizia della tragicommedia (*Il re superbo*) rappresentata nel salone di corte dagli scolari di Brera* ▷I[48].

Cæterum ne respuere omnino hospitis sui Contestabilis Castellæ benevolentiam, ac sensum humanitatis exuisse penitus videretur, iussit dari tragicomoediam latinam ab adolescentibus auditoribus Societatis nostræ, qua superbi cuiusdam Regis tumor (ut est apud S. Antoninum) ab Angelo iucundissima quadam ratione deprimitur, eamque elegantissime recitatam summa cum voluptate spectavit.

Traduzione:
Perché non sembrasse sdegnare del tutto la benevolenza del connestabile di palazzo suo ospite, e che avesse perso il senso dell'educazione, [la regina Margherita] ordinò che fosse rappresentata dai ragazzi che studiano presso la nostra Società [di Gesù] una tragicommedia latina in cui l'orgoglio di un re superbo è umiliato dall'angelo con un espediente davvero divertentissimo (come racconta S. Antonino), commedia a cui assistette con gran piacere, essendo recitata con grande eleganza.

4

Rappresentazione... s.a., c.n.n.

[1598] *Sono qui stralciati il prologo e i passi con esplicito riferimento alla musica tratti dalla* Rappresentazione del re superbo, *la cui vicenda fu allestita dagli scolari di Brera per la regina Margherita nel 1598. Il testo è quello stampato a Firenze «Alle Scalee di Badia», s.a. ma precedente il 1585, anno in cui lo stesso stampatore ripropose il testo come «seconda edizione» (entrambi consultati in I-Mt)* ▷I[48].

L'angelo annuncia:
A laude e gloria sia del buon Signore
et di san Bernardin predicatore:
presti a' servi suoi tanta virtù;[3]
ché mostriamo un esempio d'un signore
il qual superbo più d'ogn'altro fu,
et molto tempo visse in tal errore,
poi fece molti versi levar via[4]
si come addietro manifesto sia.

Mandogli il buon Giesù un mal leggieri[5]

---

3. Il soggetto sottinteso è sempre *«la rappresentazione»*.

4. Fra i vari atti di superbia il re ordinerà infatti di eliminare dal testo del *Magnificat* la frase che dice *«deposuit potentes de sede et exultavit humiles»*.

5. *Sic*, si tratta di reumatismi; è evidente che il male è funzionale alla necessità di mandare il re alle terme, luogo esemplare di purificazione innanzitutto spirituale.

et per guarirne al bagno lui n'andoe.
Tornato in sanità fece pensieri
ritornare a sua casa; et Dio mandoe
un'angel che i suoi atti pigliò interi;[6]
e tornò con sue gente et lui lascioe,[7]
et molte busse toccò con effetto
et come lui rimase poi nel letto.[8]

Poi tornò alla terra tutto infranto,
et come l'angiol gli fe manifesto
di punto il caso; et lui con aspro pianto
si dolse poi d'ogni atto suo molesto;
et l'angel gli rendé il seggio e il manto
et come d'humiltà seguì poi il testo.
Adunque state humili et vedrete
la festa appunto et gran piacer n'harete. [...]

Lo araldo dice:
Su sonator trovate gli strumenti
che'l signor nostro al tempio vuol'andare;
su con prestezza: omai non siate lenti,
sì che non habbi niente aspettare
dello spaciarvene state contenti,
horsù passate qua senza indugiare.
Lo araldo dice al signore:
In punto gl'è signor quel che volete:
a vostra posta partir vi potete.
El signore va la tempio et cantasi la Magnificat[9] [...]

L'angelo in forma del signore dice alli trombetti:
Orsù trombetti, siate addormentati?
Date nelle trombette con furore,
fate che paia che siamo avviati
acciò che venga chi è dentro o di fuore[10] [...]

---

6. L'angelo prese le sue sembianze, facendo credere il vero re un impostore.

7. *«Lui»*, il re, è oggetto di *«lascioe»*, nel senso di: molte genti lo abbandonarono.

8. Sottinteso *«si racconta»*.

9. In genere la presenza della musica scandisce la conclusione di una scena (le cui suddivisioni non sono esplicitate); in questo caso serve anche da collegamento con la successiva, collocata in altro luogo dello spazio, che pure s'apre con musica (si canta il *Magnificat*).

10. È il momento in cui l'Angelo, presi i panni del re, parte nottetempo dalle terme per tornare con la corte a palazzo. Anche in questo caso la presenza della musica – in vero insolita in una situazione 'furtiva'

El signore dice:
Io ho tanta allegrezza di vedere
e versi scritti di tanta sostanza
che chi pensassi a lor può ben sapere
che senza Dio non è niuna possanza.
Su servi, per poter il Ciel godere
al vero Dio volgete la speranza
[*ovvero:* trovate e' suoni e si balli una danza][11]
fuggendo l'otio che è pessimo male,
et hor piglian piacer spirituale.
IL FINE

5
NEGRI 1602, pp. 13-14

[8 dicembre 1598] *Notizia del ballo coreografico svoltosi a palazzo ducale alla presenza dell'arciduca Alberto d'Austria* ⊳I[59].

Alli 8 di decembre del detto anno, andai nel palazzo ducale et, con l'occasione che quivi si trovava con la regina nostra signora il serenissimo arciduca Alberto, dinanzi a sua altezza[12] con otto valorosi giovani miei scolari, cioè Giacomo Filippo Gravedona, Francesco Turro, Cio. [*sic*] Battista Suigo, Gieronimo Ghisolfo, Giovanni Ambrosio Cattaneo, Sebastiano Carcano, Antonio Maria Mantico, Clemente da Napoli, i quali fecero mille belle bizzarie, e fra l'altre un combattimento con le spade lunghe et pugnali, et un altro con le haste, aggiungendovi poi certe altre inventioni nuove di balli e di mattaccino le quali parvero a sua altezza di grandissimo spasso, et noi tutti fussimo da quel gran prencipe benignamente con larghissimi doni riconosciuti.

---

come questa (il vero re potrebbe svegliarsi e accorgersi delle trame dell'Angelo) – chiude una scena, uno spazio e un tempo: la situazione successiva si svolgerà il giorno dopo a corte.

11. Questo verso, che sostituisce il precedente, compare nella versione pubblicata in D'ANCONA 1872, che si rifà a una delle più antiche, databile verso la prima metà del Cinquecento. È probabile che dopo il Concilio di Trento, che tanto aveva deciso contro la danza, suonasse sovversiva una frase che indicava quale strumento per accogliere Dio proprio gli aborriti 'scomposti salti' del popolo. Che il riferimento fosse in origine nobilissimo, rimandando quasi certamente al salmo 95, deve esser stata circostanza invero assai trascurabile per l'anonimo revisore.

12. «*Sua altezza*» non può essere il governatore, il cui appellativo è inequivocabilmente «*sua eccellenza*». Con tutta probabilità è lo stesso arciduca Alberto; la formula che viene usata permette a Negri di fregiarsi con ridondanza del nome del nobile personaggio. È certo improbabile che la regina Margherita abbia assistito al ballo di Negri: nulla si dice delle impressioni della regina. D'altra parte anche CASTIGLIONE 1759, p. 26, sulla scorta delle cronache gesuitiche interpreta in questo modo, la regina non volendo «*mai assistere a giuochi, a tornei, a teatri per essa preparati*»: «*quivi*» infatti si riferisce a Milano, non al ballo.

6
NEGRI 1602, pp. 14-16

[18 luglio 1599] *Descrizione del ballo coreografico svoltosi nel salone di corte. Compare anche (p. 270) il testo di una canzone di Gherardo Borgogni, accademico Inquieto, in onore di Alberto e Isabella, ma non è specificato quando fu cantata, se durante la terza quadriglia di dame, la quinta o la prima dei cavalieri, quando cioè Negri accenna ai «versi in lode delle due altezze»* ▷I[61] T.69-70.

La dominica seguente, che fu alli 18 del detto la sera, si fece una bellissima festa dinanzi alle dette due altezze [Alberto e Isabella] nel teatro del palagio ducale, fatto d'ordine del eccellentissimo sig. contestabile governatore di Milano per tali trionfi, dove comparvero cinque dame principali con le sue quadriglie a due a due mascherate e vestite pomposamente, con diverse inventione d'habiti et di musici, et le prime dame che entrarono sopra la festa furono la sig. ambasciatrice di Savoia con la sua quadriglia di diece dame vestite tutte d'una livrea, et dietro a queste seguivano poi quattro dame vestite da matrone.

Entrò prima un alpa[13] e un leuto sonando, e poi quattro figliolini vestiti a livrea entrorno ballando di concerto che fu di gran gusto alle due altezze.

Et in questa prima quadriglia di dieci dame vi era [*elenco dei nomi*], le matrone erano [*elenco dei nomi*], che in tutto erano quattordeci dame.

Nella seconda quadriglia ch'entrò di otto dame, [*elenco dei nomi*].

Nella terza quadriglia che entrò de sei dame con le torcie accese in mano furono [*elenco dei nomi*], le quali fecero tutti insieme un'entrata con un ballo che si dirà a suo luogo, et alle dette dame procedevano cinque violoni che sonovano il ballo, poi Pietr'Antonio, musico dell'altezza del signor duca di Parma, et un paggio con un cesto in mano pieno di diversi bei fiori, i quali si presentorno a sua altezza, et le sei dame a due a due con le torcie accese in mano, et dato che hebbero fine al ballo che se dirà se ne andarono al loro luogo, il sudetto musico sonò una tiorba et cantò alcuni leggiadretti versi in lode delle due altezze serenissime, il qual canto finito la sig. Lavinia Vistarina pigliando il cesto de fiori et andando a tempo di suono lo presentò a sua altezza facendo una riverenza grave, ritornando al suo luogo per finire il ballo.

Nella quarta quadriglia entrò di diece dame, [*elenco dei nomi*].

Nella quinta quadriglia entraron tre dame e sei paggi, quattro de quali fecero un combattimento di spada e rotella et un altro recitò alcuni leggiadri versi in lode delle due altezze, [*elenco dei nomi*] entrorno in habito armate vestite all'antica, a modo di tre gran guerriere.

Sopra la detta festa ancora comparvero quattro quadriglie di cavalieri, con torcie accese in mano, vestiti pomposamente con diverse inventione d'abiti di livrea, et di musici.

Nella prima quadriglia che entrò di sei cavalieri vestiti pomposamente all'ungaresca, alli detti cavalieri precedevano quattro sonatori con quattro alpi[14] vestiti a livrea, poi sei paggi con le torcie accese in mano, quattro innanzi a due a due, poi seguivano li altri due con l'Amore nel mezo, il qual recitò alcuni versi in lode delle dette altezze, poi seguivano sei cavalieri, i due

13. Non so a che strumento si faccia riferimento (un'arpa?). Più avanti si utilizza lo stesso termine al plurale: «*alpi*».

14. V. nota precedente.

primi che guidavano il ballo erano [*elenco dei nomi*], entrarono questi cavalieri a due a due con le torcie accese in mano, quelli ch'erano a man sinistra la portavano con la detta mano et quelli alla destra alla detta mano, fecero una entrata con un ballo come si dirà a suo luogo.
Nella seconda quadriglia che entrò di dodeci cavalieri con quattro violoni et tre leuti facendo un bel ballo furono [*elenco dei nomi*].
Nella terza quadriglia che entrò di otto cavalieri furono [*elenco dei nomi*]. Questi entrorno con un concerto di quattro violoni da bracio e fecero un bellissimo ballo.
Nella quarta quadrilia [*sic*] che entrò di dodeci cavalieri e tre a tre con quattro flauti e una tiorba et uno leuto, facendo anco essi uno bel ballo furono i seguenti [*elenco dei nomi*].
Hora il trattar de tutti queste quadriglie et balli che fecero sarebbe troppo lungo, et io a due sole mi appigliarò in servigio de' quali mi affaticai, come se dirà a suo luogo.[15]

7

NEGRI 1602, pp. 285-296

[21 luglio 1599] *Descrizione del concerto coreografico che chiude l'*Arminia. *È riportata la musica del ballo, organizzato in undici entrate* ▷I$^{62-67}$ T.71.

Nel fine della rappresentazione della pastorale si vidde una grandissima nugola nella quale discendeva la Felicità con molti musici, apportatrice essendo di molte gratie alla serenissima infante et al serenissimo arciduca andava spiegandole con un gratiosissimo madrigale; et di nuovo più che prima bello vedervasi il cielo aperto dov'era concerto di musici eccellenti in persona delli dei d'esso, quali fecero dilettevole rispondenza ai musici discesi nella nugola; et finito 'l canto della Felicità uscirono quattro pastori et quattro ninfe, da quali si fece un bellissimo brando nel fine degl'intermedij della detta comedia *Armenia* [*sic*] pastorale, il quale brando fu fatto dall'auttore di quest'opera in gratia della serenissima regina di Spagna donna Margherita d'Austria, ma poi rappresentato avanti alla serenissima infante donna Isabella d'Austria et al serenissimo arciduca Alberto d'Austria e all'illustrissimo et reverendissimo monsignor cardinale Diatristano, legato di sua santità, et di tutta la nobiltà di Milano, nel theatro del palazzo ducale di Milano, et il brando e intavolatura qui a basso.

15. I balli della terza quadriglia di dame e della prima dei cavalieri sono infatti descritti in dettaglio nella terza parte del trattato con tanto di intavolatura della musica (pp. 271-276) ▷T.69-70. Non so quanto sia plausibile l'osservazione di PONTREMOLI 1994, p. 119 – motivata proprio da questa frase di Negri – quando afferma che *«Dunque, il Negri fu chiamato solo per curare le coreografie di due delle nove quadriglie»*.

8

Annuae... MDXCIX 1607, p. 56

[estate 1599] *Notizia della rappresentazione nel collegio di Brera della tragicommedia* Sapienza vincitrice *a cui furono presenti anche anche l'arciduca Alberto e la moglie Isabella* ▷I[50].

Bis data est æstivo tempore tracicomoedia, *Sapientia victrix*, et in ea distributa præmia magno cum applauso, et conventu totius civitatis.

Traduzione:
Due volte in estate fu rappresentata la tragicommedia *Sapienza vincitrice*, e in quell'occasione furono distribuiti premi con grande applauso e partecipazione di tutta la città

9

Litterae Annuae... MDCI 1618, p. 69

[luglio 1601] *Notizia della rappresentazione di un dramma scolastico al collegio di Brera* ▷I[50].

[...] scripserunt suo marte dramma, atque in theatro recitarunt partibus inter se distributis, ut quoniam certum scenarium numerum scribendum quisque receperat in recitando suos quilibet et alienos versus pronuntiaret pridie kal. augusti, quo die b. pater Ignatius mortalem hanc vitam cum immortalitate commutavit, documenta dederunt suæ pietatis et diligentiæ plurima.

Traduzione:
[Gli studenti] scrissero un dramma secondo le proprie capacità e, distribuitesi le parti fra loro – in modo che, avendo l'incarico di comporre il testo in un determinato metro, ciascuno in occasione della recita pronunciasse versi suoi e di altri – lo recitarono in teatro il giorno precedente le calende d'agosto [= *31 luglio*], giorno in cui il beato padre Ignazio[16] scambiò questa vita mortale con l'immortalità; diedero dimostrazione della loro devozione e grande diligenza.

16. Ignazio di Loyola morì infatti il 31 luglio 1556.

10

Litterae Annuae... MDCII 1618, p. 45

[1602] *Notizia della rappresentazione di un dramma scolastico al collegio di Brera* ▷I[50].

Datum est drama elegans de eius virtute, atque præclare actis, notisque miraculis: oratio et carmen habita non vulgari stylo: parietes convestiti litterariis picturis: omnia audita, spectata, probata summa frequentia et consensione cultorum sancti viri, et litteratorum.

Traduzione:
Fu dato un raffinato dramma sulla sua virtù [*di Carlo Borromeo*], sulle sue famose azioni e conosciuti miracoli: si tenne un panegirico e un carme in stile per nulla volgare, le pareti furono ricoperte di raffigurazioni letterarie, e ogni cosa fu ascoltata, osservata e apprezzata, con grande affluenza e consenso di devoti di quel sant'uomo e di letterati.

11

Parona 1607, p. 105

[18 giugno 1605] *Descrizione dei costumi dei cavalieri della quadriglia di Cesare da Rò esibiti nella prima giostra allestita in occasione della nascita del principe di Spagna* ▷II[59].

Tutti i quattro cavalieri erano vestiti di spoglie et di squamme di pesci, et ornati di molte altre cose marittime.
A oro serviva per elmo la spoglia di un picciolo delfino il cui capo armava la fronte al cavaliero et la coda, passando per due conchiglie argentate che erano alle tempie, si ravolgeva et ascendeva in alto; onde ornata di più fiori d'oro, da cui pendevano fili di coralli et perle, terminava in foglie di talco miniato et molte garze, formando alto cimiere.
La lorica era di squamme et scaglie argentate con molte conchiglie, aloni di pesci a gli spallazzi et alla cintura. Il manto, il girello et le maniche miniate con varij ornamenti marittimi.
Havevano cinto uno stocco et nella destra portavano per dardo una canna indiana tutta frondosa et nella sinistra per scudo la spoglia di una testuggine marina.
I cavalli erano coperti et bardati di ruvide et nodose squamme, di acuti et ramosi aloni, in modo che pigliavano forma di bizzarri mostri marini.

12

I-Mb, GG.III.42/9/12

[1605] *Testo poetico forse cantato e rappresentato durante le giostre del 1605-1606 composto da due cavalieri detti «il Fedele non gradito e il Costante disprezzato»* ▷II[60].

POETICA INVENTIONE FATTA DALLI DUE CAVAGLIERI
EL FIEL NO AGRADESCIDO Y EL COSTANTE DESFAVORIDO,
NELL'ENTRARE A MANTENERE CIÒ CH'AMOR SUO DUCE GLI HA IMPOSTO.

Nel primo loco viene un coro di satiri e silvani che con varij istromenti da fiato fanno una bellissima entrata.
Seguono due chori uno di ninfe, l'altro di pastori ch'uniti insieme con voci sonore cantano la seguente canzonetta.

Noi siam ninfe e siam pastori,
lieti amanti fortunati.
Son graditi i nostri amori,
poich'amando siam'amati
e ciscun più che può, spesso
gode il ben che gli è concesso.

Segue una sinfonia di varij stromenti.

Mai fu visto in alcun loco
lieti amanti a noi uguali:
che se l'un'arde nel foco,
nel cor l'altro ha mille strali.
Quel che l'un, l'altro desia:
o che dolce compagnia.

Segue la sinfonia.

Tutti siam d'amore ardenti,
tutti pieni di dolcezza,
tutti insiem stiam contenti
sempre in gioia et allegrezza:
da noi dunque ogn'un impari
i diletti dolci e cari.

Seguono a passi composti al suono e al canto tre chori, uno di pastori, l'altro di ninfe, il terzo di satiri e pargoletti Amori, et ciascuno di questi nel fine fa un leggiadrissimo balletto.
Segue un carro nella sommità del quale sta Amore che va scoccando strali.
Più basso alla destra Dafne cangiata in alloro, alla sinistra il suo amante Apollo.
Amore conduce seco i sovradetti cavaglieri et gionto nel mezo del teatro canta il seguente.

MADRIGALE

Forte è la mano e l'arco,
e mille strali ho al fianco,
né di ferir son stanco;
e contro chi più sprezza il valor mio
più feritor son'io.
Ecco Apollo ferito
per havermi schernito;
ecco Dafne cangiata
perché a l'amante è ingrata.
Gradite dunque, dame, i vostri amanti,
che a le pìe di pietra io non son parco:
ma chi crudele è altrui
merta che crudeltà s'usi con lui.

Segue una sinfonia di varij istromenti. Poi Dafne canta questo madrigale.

Sempre fuggir chi segue?
Sempre sprezzar'il faretrato Dio?
No, no, donne, ancor'io
hebbi già come voi bellezza tanta,
ma la mia crudeltà vi cangiò in pianta.
Prezzate pur chi l'amor vostro brama,
amate pur chi v'ama,
ch'alma d'impietà vaga
dal ciel talhor d'un'impietà si paga.

Segue la sinfonia, poi Apollo canta.

Sprezzai Amor'è vero,
ma son ben'anco un Dio,
né voi sete com'io.
E, se co'i dardi suoi
ei fu vendice in me tanto severo,
più sarà certo in voi
che tanto più vien la persona offesa
quanto più vil'è quel che fa l'offesa.

Hora i pastori fanno la sua danza battendo con suoi bastoni pastorali: poi le ninfe fanno il suoi balletto.
Et nell'ultimo loco i satiri con tronchi in mano e i pargoletti Amori con dardi fanno danzando un bellissimo abbattimento, con cui si fa gratioso fine all'inventione. Poi entrano i mantenitori a correre all'anello et alla quintana a gusto de venturieri.

In Milano. Per Gratiadio Ferioli. Con licenza de' superiori.

13

Breve relatione... 1622, pp. 5-29

[20 marzo - 26 aprile 1622] *Stralcio di tutti i riferimenti musicali riportati dalla cronaca delle feste di canonizzazione dei santi Ignazio e Saverio* ▷IV[10].

[*domenica 20 marzo 1622*]
[*p.5*] la sera tardi alli 20 di marzo, giorno della domenica delle Palme [giunse da Roma la notizia dell'ottenuta canonizzazione]...
v'erano in tutti e due questi luoghi [chiesa di S. Fedele e collegio di Brera] alcuni sonatori di trombe i quali a vicenda sonando e provocandosi tanto dilettavano gli orecchi...
Circa le due ore di notte [...] cominciò il Duomo col rimbombo delle sue smisurate campane ad invitar al suono l'altre della città, le quali risposero, conforme all'ordine dato da sua signoria illustrissima [l'arcivescovo Federico Borromeo], onde si sentì quasi per un'hora il suono confuso e [*p.6*] misto di quasi innumerabili campane che, assordando gli orecchi, nodriva et accresceva la divotione e l'affetto di honorare questi santi. Durarono quest'allegrezze infino alle quattr'hore di notte, nel qual tempo si udivano voci d'allegrezza e fauste acclamationi che nel popolo d'ogni intorno risonavano...

[*lunedì 21*]
il giorno seguente [...] a pena fatto giorno [... gli studenti di Brera], aspettando che venissero i musici per cantare il *Te Deum laudamus*, usciti nella strada avanti il collegio, spararono una gran quantità di razzi...
Si cantò finalmente la messa alla quale tutti intervennero, et al fine il *Te Deum* con isquisita musica con trombe...
Finita questa cerimonia s'invitarono tutti a suon di trombe alla volta di San Fedele dove di nuovo a quattro cori fu cantato il *Te Deum* con trombe...
La sera [...] furono accesi molti et artificiosi fuochi con trombe e fauste acclamationi...

[*giovedì 31*]
il primo giovedì doppo Pasqua [...] doppo pranso [...] convocato tutto il clero, [l'arcivescovo] in abito pontificale processionalmente venne a S. Fedele ricevuto da un buon concerto di musica a quattro chori et [... dopo l'orazione] furono da musici di sua cappella cantate le Letanie et invocati i santi...

[*sabato 16 aprile*]
[*p. 13*] Sabbato antecedente al giorno deputato per la solennità...
Precedevano [la processione] primieramente le trombe...
Il primo stendardo [... era] accompagnato da choro d'ottima musica...
S.E. [il governatore] passò per la piazza del castello ove si fece una salva reale...
[giunti processione e governatore a S. Fedele] si cantò un solennissimo Vespro con trombe e musica a otto chori...

[*domenica 17 aprile*]
[*p. 14*] Venuto il giorno della domenica [...] Fu cantata la messa grande dall'illustrissimo monsignor Paolo Aresi vescovo di Tortona [...] era la musica di otto chori, due altri di trombe facevano concerto con la musica...
[gli studenti di Brera] s'inviarono alla volta di S. Fedele per farvi una salva...
[tornato il governatore a corte si] fece la salva con molto gusto di S.E., di tutta la corte e di molta nobiltà che godeva di vedere figlioli nobili, molti de' quali erano piccioli e di tenera età, così destra e speditamente maneggiar l'archibugio...
Seguirono il doppo pranso i Vespri cantati dal istesso monsignor di Tortona con solennissima musica, trombe e con indicibile concorso.

[*lunedì 18*]
Il lunedì cantò la messa monsignor illustrissimo Filippo Archinto già vescovo di Como [...] vi fu solennissima musica con trombe [...] seguirono i Vespri con la solita musica...

[*martedì 19*]
[*p. 15*] Il martedì fu cantata la messa dai signori canonici della Scala...

[*mercoledì 20*]
Il mercoledì fu cantata la messa dalli detti signori canonici [...] seguirono i Vespri con la solita musica...

[*giovedì 21*]
Il giovedì seguitarono i signori canonici a favorir' a vicenda e cantar la messa [... i Sessanta decurioni omaggiano i santi] facendo sonar 3 giorni continui a festa le campane della città [...] I Vespri al solito...

[*venerdì 22*]
Venerdì [...] Quella stessa mattina a buon hora venne di nuovo S.E. [...] vi fu soavissima musica. Vennero poi li signori dottori del Collegio tutti insieme; si cantò la messa al solito dalli signori canonici...

[*sabato 23*]
Il sabbato seguì la messa cantata al medesimo modo [...] Seguirono i Vespri con musica ordinaria. [*p. 16*] Il doppo pranso del sabbato si fece il trionfo de' carri [... che comparvero] doppo quattro trombetti a cavallo con sopraveste di velluto cremisi fregiate d'oro...

[*per la musica dei carri* ▷IV$^{9\text{-}16}$ T.35-40]

[*p. 21*] Usciti dunque nel modo descritto facendo la strada di Brera a Santa Caterina, quindi al Ponte Vedro, poi a dirittura alla strada della Dovana, s'avviarono alla Corte [... dove], col fermarsi alquanto ogni carro a salutare da vicino col suo armonioso concerto gli eccellentissimi governatori, non so se diletto o meraviglia maggiore recassero a tutti...
[*p. 22*] Usciti dalla corte verso l'Arcivescovado, passarono per la contrada di S. Paolo in Compito, poi per la piazza di S. Fedele donde avviati per S. Giovanni in Case Rotte e strada del

Giardino infino a S. Anastasia per Borgo Nuovo ritornarono al collegio di Brera e smontarono nella piazza a suon di trombe et musici stromenti con torce accese per essere già notte...
[in chiesa si fece] tra tanto sentire la musica e un concerto di stromenti...

[*domenica 24*]
Domenica [...] l'illustrissimo Michel'Angelo Seghizzi, vescovo di Lodi, doppo l'evangelo della messa solenne ch'egli stesso vi cantò fece una bellissima predica...
Il doppo pranso, circa le 20 hore, comparve nella piazza prima di S. Fedele e poi della chiesa del collegio di Brera una compagnia di scolari stranieri in ordinanza et habito militare che con salva et altre cerimonie soldatesche honorò questi santi...
Verso la notte dal collegio di Brera uscirono 200 incirca vestiti di sacchi rozzi e grossi, ch'erano quei della congregatione detta della Penitenza eretta in detto collegio; havevano essi torcie molto grosse, precedevano le trombe, et ottima musica accompagnava lo stendardo de' santi... Entrarono [i penitenti] in S. Fedele a riverire i santi, vi furono ricevuti con trombe e musica. Ritornarono alla chiesa del collegio dove ricevuti circa le 2 hore di notte con ottima musica [... fu, fra le altre cerimonie, ricollocato lo stendardo] [*p. 23*] con suono di trombe et altri stromenti...
La musica poi che durò nove giorni sempre a otto chori fu così bella che a giuditio di tutti non si è mai udita cosa tale in Milano; e fre gli altri un musico principale d'Italia che venne ben da lontano per vedere queste feste e vi fu presente fino al fine, ne restò ammirato e disse più volte che non avvertì mai una minima dissonanza in tutto quel tempo, cosa da lui stimata molto rara in un concerto dove erano più di sessanta musici tra voci e stromenti. Il sig. Cesare Ardemanio, musico eccellentissimi et maestro di cappella di S.E., fu il capo di tutta questa nobile armonia et l'autore de' nuovi componimenti fatti e cantati in questa occasione...
[*p. 29*] [nel collegio di Brera] Si recitarono altresì per alcuni giorni varie e belle orationi e poemi in lode de santi con ottima musica...

[*lunedì 25*]
la sera de' 25 all'imbrunire dell'aria, sopra il campanile [di S. Fedele] si fecero grandi e belli fuochi [...] che fra la scambievole melodia d'armoniose campane e di trombe squillanti, rimbombando ne gli orecchi di tutti, cavano da gli occhi di molti lagrime d'un tenero e santo affetto verso que' due gloriosi confessori di Christo...

[*martedì 26*]
Il giorno seguente che fu li 26 d'aprile andò l'eccellentissimo sig. duca di Feria a favorire le feste di Brera [... e in chiesa] cantò la messa pontificale l'illustrissimo monsignor Landriani, vescovo di Pavia, con ogni maestà e decoro assistendovi i signori canonici della Scala...
Il doppo pranso si cantarono i Vespri solennissimi celebrati dall'istesso monsignor illustrissimo vescovo di Pavia con ottima musica a quattro chori composta dall'eccellente virtuoso sig. Melchior Biglia, amorevole e divoto di quel collegio.

14

Racconto... 1630, p. 9

[febbraio 1630] *Descrizione del monte Etna eretto per la celebrazione della nascita dell'infante di Spagna* ▷IV[25] T.42-43.

[...] si rappresentò la favola di Tetide che da Vulcano facea fabricar le arme fatali per Achille suo figlio a vincer gli habitatori della Frigia. Vedevasi donque il monte Etna, che in altro modo si chiama Mongibello, qual si descrive da poeti, parte smaltato di neve, onde uscivano bolloni di fiamme, parte frondoso e verdeggiante fino alle radici. Molte caverne di ciclopi si vedevano attorno al monte, ma una in particolare che traforava il monte da tutte quattro le parti, sì che le statue potevano essere commodamente da ogni parte vedute. Quivi stava Tetide, regina del mare accompagnata da due fiumi, che assisteva alla fabrica delle arme di Achille, et Vulcano con gli ciclopi attorno le incudini, in diversi atti di fabricar dette arme; nel qual simolacro si alludeva alla felicità delle arme et del valore con cui questo nuovo Achille ai voti del Mediterraneo mare ha da espugnare i degeneri habitatori della Frigia che sono turchi; doppo la qual vendetta (come nelle inscrittioni si vedrà spiegato) si augura che Vulcano abbruggerà le arme et la fucina, et nascerà una universale e felicissima pace.

15

Racconto... 1630, pp. 29-30

[febbraio 1630] *Descrizione della rappresentazione svoltasi sul monte Etna* ▷IV[27].

Si udì a principio un lieto suono di trombe di sopra al monte, framezzato dal rimbombo di tamburri et di flauti dalla grotta: e già pareva che si affrettassero quelle armature per dare all'arma. Et in un subito si accesero alte fiamme ne' vasi posti sopra i piedistalli et attorno al teatro che per molte hore servirono di torchi et fanali. Un'altra fiamma stabile si destò nella sommità del monte tra le nevi, in sembianza di quella che avampa sopra l'Etna: e saliva (come si disse) all'altezza di 6 braccia, vomitando vampa a bolloni. Indi dalla sommità del teatro si udì una sparata di mortaretti piccioli che con vicendevoli scoppi et risposte da un capo all'altro rappresentavano contro a turchi una spaventosa battaglia. Si levò di poi un fiamma nelle conserve o guarnitioni sopra gli archi del teatro che sparando e fischiando animò le girandole, che prodighe delle sue fiamme buttarono verso le stelle copia meravigliosa di raggi et di volatori: simolacri appunto de temerarij rebelli. Invidiò al monte il teatro questa lode, onde da i sassi et dirupi della sua cima destando molte girandole e sbaratti fece volar al cielo un fischiante essercito di comete che, gravide di fiamme, partorirono con fragore spaventoso numerosi mostri di fuoco: i quali compensando la brevità della vita con la celerità del furore parea che minacciassero al cielo: ma tosto essalando l'anima temeraria, affumati e arsi a terra ricaddero. Né men vaga era la vista delle granate di fuoco che, sparate dalle latebre del monte, salivano verso il cielo come volanti palle di bombarde: quindi in mille parti smembrate cadeva un nembo di scintille, onde parea che al nascer di questo heroe, come già al nascer di Giove, in piogia d'oro le stelle scendessero.

Cominciarono a questo suono a destarsi i fabri al suo lavoro. Da molti lati delle fucine vedevansi correr rivi di fuoco a guisa di ferro liquefatto, da mantici uscivano aneliti infuocati et soffioni, molte trombe da molte parti spiravano fiamme. Vedevansi i martelli de fabri per vigor della secreta fiamma strepitar sopra le incudini, et dalle incudini istesse uscivano raggi et faville. Anzi le armature in ogni parte collocate o pendenti si disfacievano in fiamme come se, già fabricate le arme per Achille, tutte le altre si rimanessero inutili. Ardevano i trofei e tra essi vedevansi rigirare ruote di fuoco nascoste prima dietro a loro groppi. Quegli duo scudi de quali si è detto fecero meravigliosi effetti vibrando qua e là saette ardenti et angui di fuoco che accrescean fede alla favola dello scudo di Pallade.

Volse Vulcano essaudire i prieghi di Tetide: e vedendo già nata la vittoria di questo heroe et abbattuti i rubelli, acciò non interrotta fosse la pace, volse cambiar se stesso nel suo elemento e struggere in fiamme i suoi ciclopi et la fucina. Si videro adonque i ciclopi quasi anime di fuoco havessero vomitar fiamme con effetti strani et piacevoli. I fiumi versar onde di fiamme dalle urne et poco appresso arder essi nelle sue onde. Quindi, avviato il fuoco nelle guarnitioni e conserve a longo del monte, parve che il monte andasse tutto in fiamme. Finché alle interiora del monte, pentrando la fiamma, si udì una impensata salve di grossi mortari, quasi contro a quella officina di guerra non solo il fuoco congiurasse, ma il terremoto.

16

Racconto... 1633[a-b]

[24 maggio 1633] *Ingresso del cardinale infante Ferdinando, governatore di Milano* ▷IV[38] T.44-45 T.60.

Racconto... 1633[a], p. 51

Il martedì delli 24 maggio comparve la città di Milano nella strada di porta Ticinese fin' alla piazza del Duomo ornata con tappezzerie, con quadri e coperta del panno tiratovi sopra, come è solito farsi nelle maggiori solennità...

Racconto... 1633[a], p. 52

Entrato che fu dentro la porta l'infante serenissimo cominciò la salva di grossi mortari disposti sopra i baluardi e cortine per lungo tratto, e dell'artiglieria in buon numero condottavi dal castello. La folla del popolo, così milanese come forastiero, concorso alla festa fu grande, l'applauso continuo dalla porta fin' al Duomo, dove smontato entrò servito da tutti i più principali personaggi che l'accompagnavano, e ricevuto da quel Capitolo con quel decoro e maiestà che è sua propria in ogni cosa ch'egli faccia e con musica scieltissima...

Racconto... 1633[b], p. 47

Nella piazza del Duomo, sbrigata dalle botteghe e da ogni altro impedimento, s'alzarono due grandi piedistalli d'ordine dorico [...] lunghi per un verso braccia sette nel vivo, larghi per l'altro braccia quattro, alti braccia otto.[17] [...] sopra vi si posero due cavalli di smisurata grandezza che rappresentavano quattro e più volte il naturale...

17. Ovvero un piedistallo di base m 2,38 per m 4,14, alto m 4,7. Rifacendoci al disegno ▷T.44 l'altezza complessiva di ciascuna statua era di quasi 10 metri.

17

Infermità... 1638 [I-Bu, Aula v, Tab. i, n iii, Vol. 266/40]

[1638] *Testo della canzone nota come* Testamento di Scapino ▷iii[71]. *Sono eliminate le frasi ripetute (per la struttura metrica e altre considerazioni* ▷t.72*).*

1. I più rigidi cori
che ascoltano il mio canto
spero pietosi liquefare in pianto
se, in doglia universale,
è al modo di Scappin l'ora letale.

2. Tu padre Apollo adesso
ardori al cor mi spira:
ché al desio corrisponda la mia lira,
ché il fonte Caballino
dica l'ultimo vale al suo Scappino.

3. Inconsolabil piange
Spinetta sua consorte
e 'l dolor che ne sente è più che morte;
e la bella Diana
per dolor di tal padre è quasi insana.

4. I dottor più famosi,
Bombarda e Balestron,
Campanar, Belord e Violon
son venuti presenti
e fanno di Scappin aspri lamenti.

5. Mezzettino e Brighella
Buffetto e Bagolino,
Bertolin, Traccagnino e Trapolino,
giunti a Scappino avanti,
mostran l'alto dolor con i lor pianti.

6. Le più famose dame,
de le scene alti lumi,
hanno gli occhi perciò conversi in fiumi,
ché se Scappin si more
perdon di lor sapere ogni valore:

7. Celia, Livia, Leonora,
Aurelia e Cintia bella,
Olivetta, Flaminia et Isabella,
Lavinia e Colombina

si disperan ohimè per tal ruina.

8. Fiammetta hor più non canta,
né Angelina senese,
e tace Cassandrina bolognese,
ché ad altro, ohimè, l'invita
il vedere Scappin uscir di vita.

9. Fra tante pene e pianti
e fra tanti martiri
Beltrame ancor giunt'è co' suoi sospiri
e, come huom di talento,
dice a Scappin che faccia testamento.

10. Onde Scappin all'hora
conoscendosi giunto,
fra tanti amici, al destinato punto
che il suo viver prescrisse,
in un dolente «Ohimé» proruppe e disse:

11. «Spinetta mia consorte,
Diana figlia cara,
sa il Ciel se per voi m'è la morte amara:
hor nell'ultimo addio
ambo heredi vi fo di tutto il mio.

12. Amici cari addio,
son costretto a partire
e lasciarvi, ché m'è doppio il morire.
Mezzettin mio diletto
sia tuo quanto sarà nel gabinetto.

13. E voi, cari dottori
che il mio morir piangete,
di sei risme di carta heredi sete,
acciò da voi si scriva
mia lode funerale e sempre viva.

14. E a voi zani fedeli
la mia beretta a scachi
voglio si doni, e lite non si attacchi,
e con il mio cappello,
la scarsella, la cinta e 'l mio cortello.

15. A voi dame cortesi
lasciar il pianto solo

mi sarebbe di pena e doppio duolo:
che sia vostro, mi glorio,
lo spazzolino e 'l mio pettin d'avorio.

16. E a Pulcinella caro,
ardor di mille spose,
lascio le mie braghesse più famose.
E a Cintio innamorato
il giubbon delle feste sia donato».

17. O come sa di certo
Scappin che 'l mondo tutto
veste per lui d'inconsolabil lutto,
e vorria pur la gloria
che per tutto di lui fosse memoria.

18. Onde il suo violino
testò che si donasse
a Cremona, e che Grillo vel portasse,
et il basso a Piacenza
che nel sonarlo v'ha dell'eccellenza;

19. a Milano la viola
donò cortesemente;
e la chitarra a venetiana gente;
e a Napoli gentile
l'arpe lasciò che haveva del signorile.

20. «A Roma il bonacordo
voglio – disse – si doni;
e a Genova si mandi i miei tromboni;
e la mandola appresso
a Perugia lasciare mi sia concesso.

21. A te inclita Bologna,
città degna e amata
vera madre di studio, alta e pregiata,
ti faccio donatione
de la tiorba poiché vuol ragione.

22. Ferrara città magna,
bella grata e gentile,
ricca nobile, illustre e signorile,
ti dono il mio laùto
perché lasciarlo a te così è dovuto.

23. E a te Fiorenza bella
che alla luce mi desti,
qual ricordo di me fia che ti resti?
tutti gl'altri stromenti
di restar appo te saran contenti.

24. A tutto il mondo poi
consacro il core in dono
et a' comici tutti hora mi dono;
e con voi cari amici
duolm'haver a compir gl'ultimi offici».

25. È fama che le scene
il lugubre colore
giurassero a Scappin loro signore,
e che nell'avvenire
tragici casi sol faranno udire:

26. l'allegria fu sbandita,
il riso esiliato,
la festa e 'l gioco all'hor prese comiato,
e la gratia del dire
col suo caro Scappin volse morire.

27. I singulti e sospiri,
le lagrime e gli homei
del moribondo son cari trofei:
così fra gente amate
l'ultima fa Scappin di sue cascate,

28. e negli ultimi accenti
«A Dio, comici – disse –
se a mente vi verrà chi con voi visse
dite allor, se vi piace:
spirto di chi ci amò, restate in pace».

18

I-M.Bertarelli [COTTA, *Entrata...*]

[1649] *Testo del poemetto disposto sotto l'incisione di Giacomo Cotta raffigurante l'ingresso in Milano della regina Maria Anna* ⊳T.53.

SESTINE DI CALIDORO AMIGOMBI ALL'AUTTORE DEL DISSEGNO

Fra le nubi così s'alza sublime
colà, del mondo in mezzo al giro, un monte
che par la terra ambir su le sue cime,
ne' zafiri del ciel specchiar la fronte,
superba disprezzar nembi e procelle
e 'l capo altiero incoronar di stelle.

Lassù puon de le sfere a l'armonia
ninfe e silvani far balli e carole,
e se la luna Indimion desia
baciar in ciel, far di lassù ciò puote:
ma inaccessibil tanto è la pendice
ch'imprimer u'orma a mortal piè non lice.

Ivi l'albergo suo la Fama tiene
(che quel loco d'ogn'altro è il più eminente)
di dove può l'orientali arene
e quelle in un mirar de l'occidente;
indi co' sguardi suoi, benchè da lunge,
le cose anco minute a scerner giugne.

Ha costei cento orecchie et occhi cento,
onde sente non men di quel che veda:
se di là talor parte al par del vento,
avvien che voli, anzi che quel proceda,
su l'ali aurate può spedita e lieve
da un regno a l'altro trasferirsi in breve.

Ciò ch'ode e vede è sempre mai veloce
per tutto il mondo a far presto palese,
e da la tromba sua, da la sua voce
molti ricevon glorie e molti ofese [*sic*],
e invan gli fan minaccie e dan comandi
acciò di lor non parli i regi e i grandi.

Se lei non ha propizia, a l'huom non vale
lasciar memorie per l'età futura
che se il nome può far chiaro e immortale

lo denigra tal volta anco e l'oscura;
ma chi propizio haver merta il suo grido
viverà in ogni tempo e in ogni lido.

Questa,[18] quando Imeneo vibrò la face
di MARIA ANNA e di FILIPPO a i cori,
subito dispiegando il volo audace
corse a darne l'avviso a gl'Indi e a i Mori,
e de la tromba sua col suon giocondo
l'allegrezza portò di là dal mondo.

E quando volse dal paterno impero
la regia sposa verso Iberia il piede,
ella innanti avviossi al suo sentiero
ch'essergli aralda il suo dover richiede,
et è sua cura far che siano noti
i fatti del viaggio a i più remoti.

Ma perché meglio resti impresso in carte
il regio ingresso che l'Insubria vide,
del Cotta[19] si servì, che sa con l'arte
le memorie eternar mentre le incide,
de la morte nemico e de l'oblio
che d'emular natura hebbe desio.

Egli perciò con l'immortal lavoro
la pomposa ordinanza ha qui ritratto,
e ciò che deve con la tromba d'oro
la Fama dir, col ferreo stile ha fatto:
così dopo di noi l'età futura
il presente vedrà che il tempo fura.

Ecco ne' lochi lor tutti disposti
i guerrier, i togati, i cavalieri
e solo manca a i semi in terra posti
il moto et il nitrito a li destrieri
de' bronzi cavi che su i muri sono,
nel fumo e lampo anco è ritratto il tuono.

18. È sempre la Fama il soggetto.
19. Giacomo Cotta, l'incisore dell'ingresso della regina.

Vedi infin de le schiere andar del paro
il grand'Emanuele[20] e 'l gran Luigi;[21]
del suo monarca l'uno e l'altro è caro
ministro esecutor d'alti servigi:
di questi due per celebrar i vanti
non può la Fama haver lingue bastanti.

Maestosa beltà, gémino Sole,
leggiadra coppia d'angeli terreni,
del massimo FERNANDO augusta prole,
sorte han di sostener due palafreni.[22]
Ferma lo sguardo o spettatore e mira
che anco l'immagin lor grandezza spira.

Segue in abito pio l'egregia donna
che a la real donzella è sempre a canto,
d'onor e di virtù nobil colonna,
degna d'esser da lei pregiata tanto.
Gli va il signor di Terranova appresso
et altre dame e cavalier con esso.

19

PICINELLI 1670, p. 358

Notizie biografiche su Giulio Cesare Ardemagno.

Due lodi vengono attribuite a Giulio Cesare Ardemanio: la peritia grande che mostrò e nelle compositioni musicali e nel toccar l'organo, ed il maestoso decoro col quale fu solito d'operare, conciliandosi in tal guisa la stima e la veneratione di chiunque con esso lui trattava. Nei tempij di S. Maria della Scala, di S. Fedele, e nella regia ducal corte, che sono i posti più riguardevoli di questa città, egli sostenne con molta sua gloria il posto e d'organista e di maestro di cappella. Servì alla nostra patria sin all'anno 1650 in cui lasciò di vivere, ma lasciò viva la memoria del suo valore in alcuni
Mottetti nella raccota di Francesco Lucino stampata 1616
Musica a più voci con basso continuo per l'organo concertata in occasione di una pastorale alludente alla venuta di S. Carlo, Milano 1628

20. Non saprei dire chi è il *«grand'Emanuele»*; forse il quindicenne Savoia? ⊳T.53

21. Louis de Benavides, marchese di Caracena, governatore di Milano.

22. I *«due palafreni»*, i cavalli da parata, in questo caso sono soggetto della frase e *«sorte han di sostenere»* il *«gemino Sole»*, ovvero la coppia regale posta sotto il baldacchino, Maria Anna e il re d'Ungheria suo fratello.

Intavolature

Tavola 68
[*Due suonatori*]
incisione, cm 5,5 × 4,8 [1638]
in *Infermità*… 1638, frontespizio.

TAVOLA 68. È la piccola incisione, non particolarmente accurata, che compare sulla prima carta del *Testamento di Scapino* (*Infermità*... 1638) ▷A.17. Malgrado FERRARI 1880, p. 447, ritenga che i due strumenti raffigurati siano uno *«la zampogna, l'altro il violone»*, credo più probabile che l'uomo sulla sinistra abbia in mano una piccola arpa o eventualmente un salterio.

Tavola 69

Tavola 69. Il brano qui riprodotto e trascritto (v. *infra* per i criteri) è tratto da Negri 1602, pp. 272-273, e fu ballato durante le feste che si svolsero nel salone di corte domenica 18 luglio 1599 alle presenza delle altezze Isabella e Alberto in sosta a Milano durante il viaggio di

(1) I valori di queste due note nell'originale sono invertiti con le due seguenti, e invece di avere la successione ottavo-ottavo-quarto-quarto, come nell'intavolatura per liuto, si trova quarto-quarto-ottavo-ottavo. Lo stesso errore è ripetuto nel medesimo passo quattro misure più avanti. Non è pensabile che la correzione sia da riferirire al liuto (come ha preferito Verardo 1974[b], p. 16) poiché se per lo strumento melodico si può supporre una duplicazione del modulo tipografico (e dell'errore), nella parte per liuto si hanno varianti armoniche che escludono tale possibilità. Inoltre si dovrebbe accogliere in entrambi i casi uno spostamento immotivato dell'accento ritmico sul secondo quarto della misura.

ritorno in Austria. Negri descrive in dettaglio l'occasione festiva, con particolare attenzione ai movimenti coreografici di cui, quale maestro di ballo, è autore. La successione degli ingressi ▷A.6 può essere sintetizzata nella scheda che segue.

Parti	Partecipanti	Azioni	Strumenti
	Ingressi delle dame		
I	5 dame «principali»	entrata	
	10 dame mascherate	quadriglia	
	4 dame vestite da matrone	seguito	
	musici	entrata	arpa, liuto
	«figliolini»	ballo	
II	8 dame	quadriglia	
III	6 dame con torce accese	entrata e quadriglia	5 violoni
	le stesse	*ballo «che si dirà a suo luogo»	
	paggio con cesto di fiori	entrata	
	Pietr'Antonio, musico	canzone	tiorba
IV	10 dame	quadriglia	
V	3 dame vestite da «gran guerriere»	quadriglia	
	4 paggi	combattimento	
	1 paggio	poesia	
	Ingressi dei cavalieri		
I	4 musici	entrata	4 arpe
	6 paggi con torce accese	seguito	
	Amore	poesia	
	6 cavalieri vestiti all'ungherese	quadriglia	
	6 cavalieri di prima	*ballo «che si dirà a suo luogo»	
II	12 cavalieri	quadriglia e ballo	4 violoni, 3 liuti
III	8 cavalieri	quadriglia e ballo	4 violoni da braccio
IV	12 cavalieri	quadriglia e ballo	4 flauti, tiorba, liuto

Per due di questi balli (indicati con *) Negri si sofferma a dettagliare i singoli movimenti pubblicando anche la musica del ballo (qui il primo, l'altro a seguire ▷T.70) distribuita su rigo con notazione mensurale (da potersi eseguire con qualunque strumento melodico) e intavolatura per liuto. L'organico strumentale che contribuì a queste feste, almeno da quanto si riesce a estrapolare dal testo di Negri, è ovviamente più ampio e vario, ma la soluzione adottata riassume al meglio la musica da eseguire, né d'altra parte era uso in quest'epoca 'arrangiare' sulla carta una partitura strumentale.

È evidente che lo scopo di Negri, celato dietro un alibi didattico, si rivela altamente propagandistico, e il suo libro, almeno nel panorama milanese, del tutto eccezionale: nel cinquantennio preso in considerazione da questo studio è infatti l'unico caso in cui siano riportate il tema e l'accompagnamento dei balli di una festa specifica. Lo sforzo editoriale di inserire la musica sembra a tratti più un'esibizione di sontuosità che reale attenzione alla stessa. E infatti, come comunemente accadeva, Negri non è mai troppo preciso sulla paternità di questa. Se ci informa di aver ingegnosamente architettato le coreografie, trascura abilmente di rivelarci chi sia l'autore dei brani inseriti nel suo volume né, malgrado il pregio dell'edizione, si dimostra

troppo preoccupato dei frequenti errori di stampa delle intavolature (riprodotti identici nella ristampa, *cfr.* NEGRI 1604).
C'è in verità in questi anni tutta una tradizione di manipolazione e 'presa a prestito' delle musiche per danza, che non indugia troppo su scrupoli di paternità (v. per esempio i vari rimandi in BROWN 1965); certo Negri non si comporta diversamente (v. COLDWELL 1983), ma per quanto riguarda i tre brani qui considerati (quelli eseguiti nelle feste per le altezze austriche), non pare che siano apparsi in altre raccolte. Quando COLDWELL 1983, p. 95, fa derivare per esempio il brano qui riprodotto (detto *Ballo fatto da sei dame* o *Austria Felice*) dal ballo intitolato *Tedesca dita l'Austria* di Marco Facoli (FACOLI 1588, n. 23) ci si accorge che se una relazione può esistere fra le due musiche questa è così labile da potersi trascurare (poco più che una reminiscenza) o, più probabilmente, non pare verificarsi affatto (il brano di Facoli invece era già apparso sostanzialmente immutato in MAINERIO 1578, n. 20, e in una raccolta francese di balli del 1583; *cfr.* BROWN 1965, p. 325). Non è improbabile che le musiche destinate a occasioni così solenni come questa del 18 luglio 1599 siano state originali, ma se siano o meno di Negri, e fino a che punto, non è dato saperlo.
La trascrizione dei brani ha creato qualche inconveniente facilmente superabile: la linea del tema, scritta mensuralmente sul rigo – a parte errori specifici indicati caso per caso – è priva come al solito della maggior parte delle alterazioni. Il confronto con l'intavolatura ha permesso l'adeguata rettifica (riprodotti gli accidenti mancanti in corpo più piccolo).
L'intavolatura per liuto invece, rapportata al pentagramma, sembrerebbe essere destinata a strumenti con insolite accordature (nei casi considerati *re* e *do*). Ho ritenuto più probabile che il liuto di Negri fosse comunemente accordato in *sol*, riservando alla parte mensurale le trasposizioni del caso. Credo infatti che Negri, come del resto era in uso fare, utilizzi per il tema le due sole chiavi di *sol* e *do*-soprano per identificare il 'canto' (non un *tenor* interno, quindi, non un basso continuo); e per evitare eccesso di tagli addizionali abbia operato le trasposizioni necessarie (che del resto non turbavano più di tanto il musicista d'inizio Seicento).
Diversamente dalla tradizione più comune – e ben consapevole che questa *non* è un'edizione, ma solo una trascrizione di comodo – ho preferito il rigo singolo per il liuto (ché giudico un po' forzata la pretesa ricostruzione polifonica), escludendo eventuali riduzioni dei valori, causa prima dei vari fraintendimenti sul *tactus* (posizione antitetica a quella che prende origine dalle tesi di APEL 1953, pp. 5-6 della tr. it.). La scelta di una chiave di *sol*-tenore per entrambi gli strumenti muove dall'esigenza di uniformare le due parti a un più facile 'colpo d'occhio' dei rapporti fra le parti; ma anche per relazionare la scrittura del liuto a quella della moderna chitarra e per ipotizzare più facilmente una trasposizione rispetto all'originale del tema principale sia sotto (all'unisono col liuto, come pare più probabile) che sopra (all'ottava rispetto al liuto).

TAVOLA 70

TAVOLA 70. È il secondo ballo della festa del 18 luglio descritto in dettaglio da NEGRI 1602, pp. 274-276 (per la succesione delle entrate della festa, altre considerazioni e i criteri di trascrizione v. tavola precedente ▷T.69).

---

(1) *Mi* nell'intavolatura (il 2 sulla corda di *re* è qui letto come 3).

(2) *Fa* nell'intavolatura (lo 0 sulla corda di *la* è supposto 2, anche sulla scorta di passo simile alla misura succesiva).

(3-4) Entrambi i gruppi di tre note risultano scritti una terza sotto (evidentemente, visto anche l'ampio salto, si è confuso il rigo o lo si è momentaneamente pensato in chiave di sol).

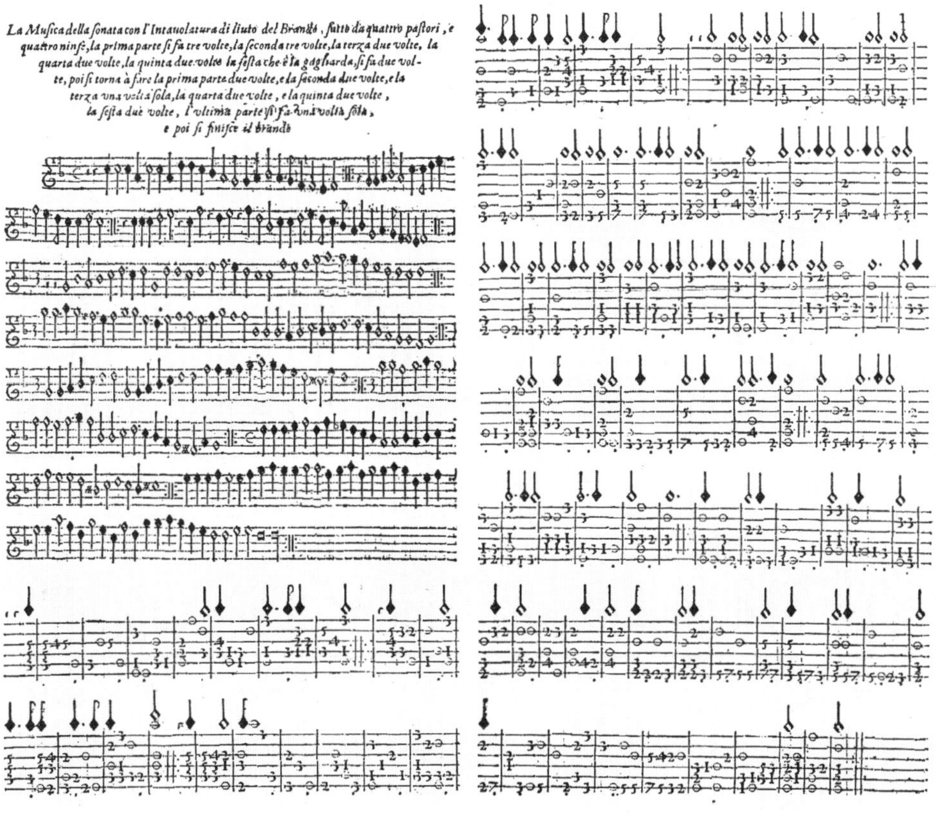
La Musica della sonata con l'Intauolatura di liuto del Brando, fatto da quattro pastori, e
quattro ninfe, la prima parte si fa tre volte, la seconda tre volte, la terza due volte, la
quarta due volte, la quinta due volte la sesta che è la gagliarda, si fa due volte, poi si torna à fare la prima parte due volte, e la seconda due volte, e la
terza una volta sola, la quarta due volte, e la quinta due volte,
la sesta due volte, l'ultima parte si fa una volta sola,
e poi si finisce il brando

TAVOLA 71

[o = 60 ca.]

(1) Nella misura mancherebbe un quarto; ho sfasato quello che nell'intavolatura è un sincrono (prime due note) riprendendo il contrattempo delle misure vicine.

(2) Ho preferito non correggere l'incontro simultaneo fra ritardo e nota reale che in velocità può sembrare un'asprezza voluta più che un errore.

(3) Queste due misure sono mancanti; una lacuna legata forse al salto riga.

TAVOLA 71. Come riferisce NEGRI 1602, p. 290 ▷A.7, il ballo fu rappresentato a conclusione della pastorale *Arminia*, accompagnato da un gran numero di musici, in parte calati dal cielo a cavallo di una nuvola, in parte già presenti nel salone.
La musica appare organizzata in nove parti, ma Negri descrive un ballo suddiviso in undici sezioni (*ibidem*, pp. 291-294) e, per confondere ulteriormente le idee, nelle precisazioni che precedono l'intavolatura si indica una successione di parti che risultano essere 6 più le stesse ripetute più un'ultima conclusiva (13 in tutto). Mi è stato impossibile risolvere la contraddittorietà di queste informazioni; ad altri la soluzione, magari aiutandosi con la sintesi qui approntata:

DESCRIZIONE DEL BALLO
I parte
«mutazione della sonata»: II parte
«mutazione della sonata»: III parte
«mutazione della sonata»: IV parte
«mut. della son.»: V parte *«gagliarda»*
«mutazione della sonata»: VI parte
«mutazione della sonata»: VII parte
«mutazione della sonata»: VIII
IX parte
«mutazione della sonata»: X parte
XI parte

DESCRIZ. DELLA MUSICA	
I parte	3 volte
II parte	3 volte
III parte	2 volte
IV parte	2 volte
V parte	2 volte
VI parte «gagliarda»	2 volte
I parte da capo	2 volte
II parte da capo	2 volte
III parte da capo	1 volta
IV parte da capo	2 volte
V parte da capo	2 volte
VI parte «gagliarda» d.c.	2 volte
ultima parte	1 volta

INTAVOL.	TACTUS	MISURE
sezione 1	C	8
sezione 2	C	5 ½
sezione 3	C	10 ½
sezione 4	3	15
sezione 5	3	15
sezione 6	3	8
sezione 7	3	8
sezione 8	C	11
sezione 9	C	17

(4) Lo 0 posto sulla corda di *fa* si deve far slittare su quella di *do* per non compromettere la successione armonica.

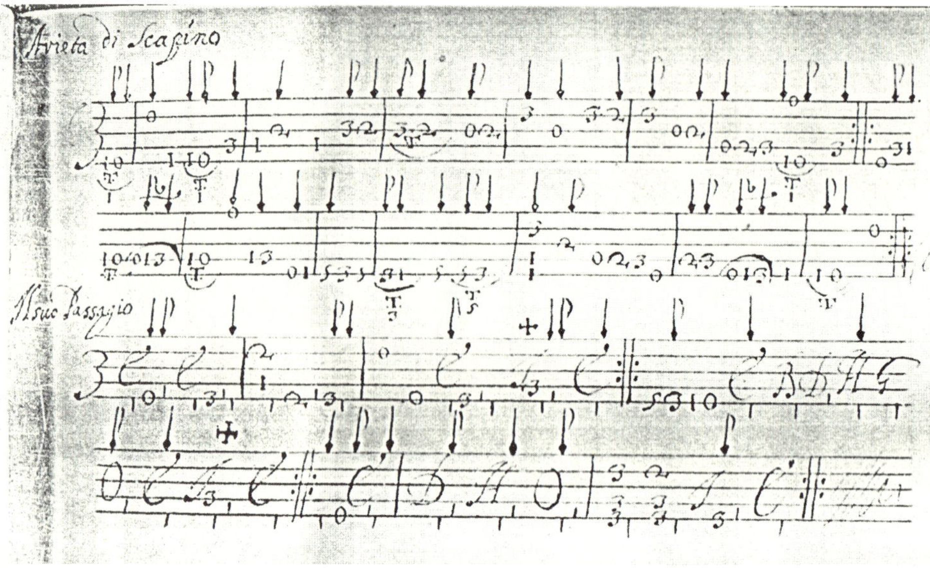

Tavola 72

L'Aria di Scapino. L'esempio qui riprodotto è tratto da un codicetto della biblioteca Trivulziana di Milano segnato *Cod. Triv.* 55 e catalogato da Porro 1884, p. 56, col titolo generico di *Canzonette poste in musica*. Il volume, che per un cospicuo numero di carte contiene intavolature per chitarra così detta 'spagnola', ovvero a cinque ordini di corde, fra queste accoglie quest'*Arieta di Scapino* che ha attirato la mia attenzione per il riferimento alla maschera di Gabrielli. Spesso citata come canzone famosa della commedia dell'arte, forse la più celebre (tanto da essere usata fin da subito nel repertorio delle laudi spirituali con testo all'uopo riadattato; *cfr.* Alaleona 1909, p. 10), è diventata in qualche modo rappresentativa di una certa idea di fare musica del teatro all'improvviso; in realtà più spesso data per conosciuta si è rivelata nient'affatto patrimonio comune, almeno per il lettore moderno: un'occasione quindi per fare qualche indagine in tal direzione – viepiù essendo parte di un codice di compilazione milanese e, in questo senso, uno dei pochissimi (*cfr.* Giazotto 1959, p. 10).
Il volume è di formato oblungo, rilegato, con laccetti e conservato in custodia; consta di circa un centinaio di carte tutte pentagrammate, numerate a posteriori (sia sul *recto* che sul *verso*) e compilate solo fino a pagina 198. Le prime 140 pagine contengono musiche vocali in notazione bianca accuratamente calligrafata e databili intorno alla seconda metà del Cinquecento. Seguono quindi intavolature per chitarra spagnola, compilate da mani diverse ma tutte riconducibili al secolo successivo. Dopo esser stato segnalato da Porro, fu descritto e reso noto ai musicologi da Jeppesen 1939, pp. 88-93, con l'elenco delle frottole e madrigali della prima sezione (poi integralmente trascritti in Giazotto 1959, pp. 3-119). Per una più dettagliata ricognizione della seconda parte – quella che raccoglie le intavolature per chitarra (che utilizzano i pentagrammi lasciati in bianco dall'estensore cinquecentesco per disporre i numeri di un'intavolatura a cinque ordini) – si è dovuto attendere il contributo di Fabris 1982 che, nelle

note bibliografiche del codice, sottolinea il totale disinteresse della critica per la successiva sezione seicentesca. Neppure ora si darà una lettura approfondita dei brani per chitarra, ché sarebbe necessario ben più che le poche pagine qui dedicate, ma almeno un approccio parziale al fine di suscitare la curiosità in chi vorrà occuparsene.
In particolare da p. 141 a p. 157 trovansi intavolature dal tratto corsivo e spesso non facilmente decifrabile, mentre da p. 158 (introdotto da un «*Alfabetto per la chittarra*») compaiono arie, balli, canzoni, *etc.* scritti con maggiore cura e di lettura sicura (v. di seguito nella tabella l'elenco in dettaglio che rettifica alcune imprecisioni di Fabris).

Indice delle pagine 140-198 del Cod. Triv. 55 (pagina, riga, titolo)

		pp. 140-157
		intavolatura mista
140	1	[senza titolo]
	4	L'altra sera su la festa
141	2	[senza titolo]
142	1	[senza titolo]
	4	Un sospireto sol
143	3	L'altra sera su la festa
145	1	[senza titolo]
		altra mano - punteado
146	1	[senza titolo]
		altra mano - intav. mista
147	1	Se per dona mortale
	4	Un sospireto sol
148	1	Spagnoleta per E
149	1	Pavanilia per E [?]
		altra mano - id.
	4	Ruggiero
150	1	Marinetta
	3	Quando volsi l'altra sera
	5	Verosetta [?]
151	2	Tanti mesi - Il pass'e mezzo
152	4	La sua corente
153	4	La sua gagliarda
		altra mano - per voce di basso
155	1	Qual moto violento...
157	1	[la stessa aria col b.c.]
		pp. 158-198
		altra mano - intav. mista
158	1	Alfabetto per la chittarra
160	1	Ballo del gran duca in C
	5	Suo passaggio
161	4	Capriccio sopra il C
162	1	Toccata scordata del Pesori
	2	Passagalo
	3	Fantasia
	5	Sua accordatura
163	1	Passacagli passegiati...
164	1	Seguita in E
165	1	Passacaglio per L
166	1	Zaravanda francese in D
	3	Il suo bizzarro passaggio
167	1	I misteri d'Amor
168	1	Zaravanda... La furtiva
	3	Segue zaravande
169	1	Va pur superba va
	3	La sconsolata, corrente
170	1	La spia amorosa, corrente
	4	Il suo passaggio
171	1	Un sospiretto sol
	3	Sua toccata
172	1	Passagalio dell'A passegiato
173	1	L'invidioso castigato...
174	1	Passacaglio passeggiato per D
175	1	Passacalo sminuito in D
176	1	Giaccone spagnole spassegiate
178	1	Seguitan le giaccone
	2	Seguita arpegiata
180	1	Passacalo della †... Il Reggio
181	1	Passacalo del O passegiato
182	1	Tocata musicale
184	1	Il sogno della regina...
	4	Il suo passaggio
185	1	La bella Aurora, zaravanda
186	1	Il mesto, ball. piemontese
	4	Il suo passagio
187	1	Arieta di Scapino
	3	Il suo passagio
188	1	Marinetta
	2	Segue per D
189	1	Il virtuoso invidiato
	3	Il suo passagio
190	1	La moda, arieta venetiana
191	1	Saltarello in A
	3	Codognella
192	1	Follie passeggiate
	3	Segue in P
193	1	Baraban passeggiato
194	1	Se per donna mortale...
	4	In altro modo
195	1	La bella villa, corrente...
196	1	Saltarello alla milanesa
	3	Sua bertazzina
197	1	Il vero amante
198	1	Saltarello in B
	3	Segue in E

Si tratta per la quasi totalità di intavolature di tipo misto, ovvero che utilizzano una scrittura 'pizzicata' (*punteado*, indicata con la comune numerazione all'italiana) e a 'botte' o 'battente' (*rasgueado*, con le lettere). La trascrizione non appare immediata, soprattutto dal punto di vista ritmico. L'insistenza con cui ogni misura esorbita da un metro univoco obbliga a due ipotesi: o siamo di fronte ad un sistema di notazione (almeno ritmico) assai insolito, o il copista ignorava

ciò che stava trascrivendo e ha infarcito la parte di imprecisioni e fraintendimenti. Quest'ultimo caso sembra poco verosimile: la cura con cui è compilata la musica a fatica tollererebbe una quantità così massiccia di errori (e comunque solo legati alla durata delle note, visto che la distribuzione dei numeri appare, per quanto è dato riconoscere, sostanzialmente coerente sia dal punto di vista melodico che armonico).
A ridurre a moderna notazione le prime due righe dell'intavolatura, trascurando per il momento di indicare i valori, si ottiene questa linea tematica molto vicina a un moderno *re* minore, secondo l'accordatura più comune (*la re sol si mi*):

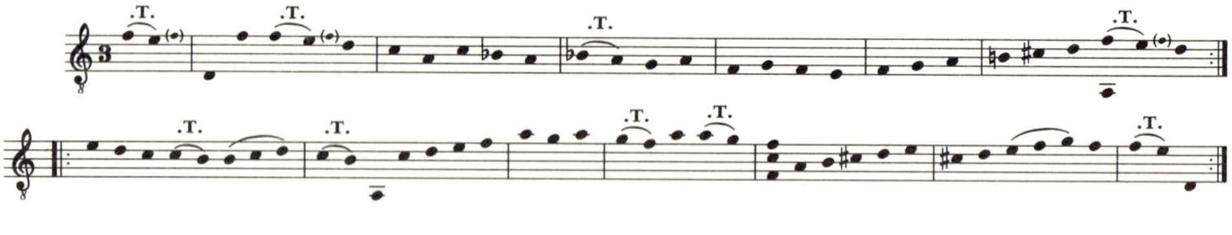

Certi improbabili salti di nona al grave si giustificano con l'accordatura d'ottava dei cori del IV e V ordine (A). Peraltro non è da escludere che questi si debbano intendere all'unisono ma accordati sopra al II e III ordine (B). La trascrizione di altri brani del codice sembrerebbe voler confermare questa seconda più rara accordatura, ma per lasciare aperte più ipotesi ho preferito adottare la trascrizione qui esemplificata (con la nota all'ottava in corpo più piccolo) avvertendo che la nota superiore potrebbe forse essere la sola reale.

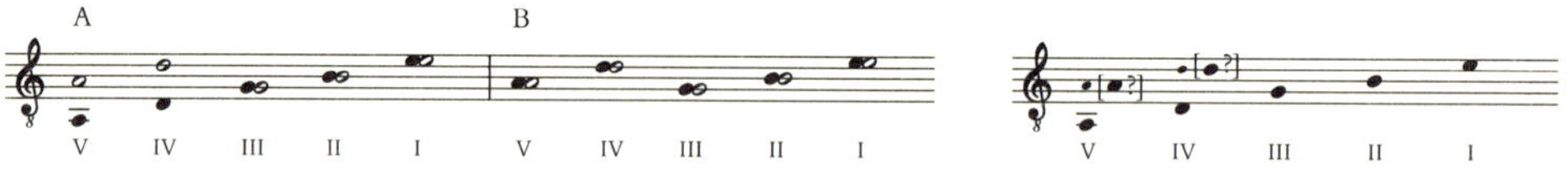

A questo punto il brano sopra trascritto acquisisce questo nuovo più significativo aspetto (comprensivo delle indicazioni ritmiche):

Le «.T.» dovrebbero potersi interpretare come trilli o semplici appoggiature (in Pesori per esempio, il compositore citato a c. 162, e che ripropone anche nelle sue edizioni le stesse incongruenze ritmiche, il segno sembra spesso intercambiabile), ma per dare una versione più compiuta al pezzo si possono percorrere due strade: o cogliere da un'indagine estesa a tutti i brani del codice un criterio comune di riferimento metrico, o confrontare quanto trascritto con altre fonti dell'*Aria di Scapino*.

Alcuni brani con questo titolo mi sono stati gentilmente segnalati da Nicola Sansone che sta completando uno studio su arie, balli e bassi ostinati nella musica italiana fra il XVI e il XVIII secolo, ma nessuno di questi – aspetto di per sé abbastanza curioso – ha a che vedere con quanto provvisoriamente trascritto sopra. Sono però tutti riconducibili ad un unico modello che obbliga a ritenere questi ultimi – almeno per quantità – memoria comune della vera *Aria di Scapino*, lasciando all'intavolutura precedente il ruolo poco gratificante di 'intruso'. Prima di ritornare con migliore competenza al codice trivulziano (che nasconde, come si vedrà, altri motivi d'interesse legati a Scapino) vediamo meglio quella che dovrebbe essere la vera *Aria di Scapino*.

Fra le fonti a me segnalate se ne trovano scritte per esteso con tanto di basso, recanti la sola linea melodica, o il solo accompagnamento. La forma più completa è fra le intavolature per tastiera. Di seguito la trascrizione tratta da un manoscritto conservato in I-Mc, *Ris. Mus.* C 86, cc. n.n. 5-6, il cui brano è chiamato appunto *Scappino*.

Un'altra intavolatura molto simile a questa è in I-ANbc, *Mus.* 41, cc. 12-13, curiosamente intitolata *Venetiana*. È scritta sia nello stesso tono della precedente che una quarta sotto, con lievi varianti armoniche fra le due versioni e in parte anche rispetto all'esempio precedente (v. *infra*). Fra le fonti non accompagnate è un'*Aria di Scapino* inserita nel *Libro di sonate del sig. Rubini* (I-BGi, qui riprodotta dall'edizione moderna a cura di FIABANE 1972, p. 15), con alcune interessanti varianti ritmico-melodiche:

(1) Nel manoscritto compare un quarto al posto di un ottavo.

(2) Una metà al posto di un quarto puntato, v. sopra: è chiaramente un momento di fermata per cui il valore complessivo della misura, ipermetro, è passato in secondo piano (forse anche a causa del salto di pagina che cade proprio subito dopo questa nota).

(3) Malgrado si possa giudicare questo *fa* naturale una svista, il confronto con le altre fonti lo fa supporre intenzionale.

Gli altri manoscritti sono in genere intavolature per chitarra o mandolino che si limitano a indicare l'accompagnamento (I-Bc, AA-346; I-Fn, *Magl.* XIX.29; I-SG.Comunale, F.S.M.16). Pure un semplice basso è l'*Aria di Scappino così detta*, intavolata in dodici differenti versioni (una per tono) nelle *Dodici chitarre spostate* di Carbonchi 1643, pp. 25-26, un'interessante applicazione pratica delle successive teorie sul temperamento equabile (non è questo il luogo per soffermarsi sull'analisi delle mutazioni armoniche che l'aria subisce passando da un tonalità all'altra, ma uno studio in questo senso offrirebbe un aggancio interessante per un approfondimento sulla realizzazione del continuo seicentesco). Questa la prima versione in B (in *do*, secondo l'accordatura più comune):

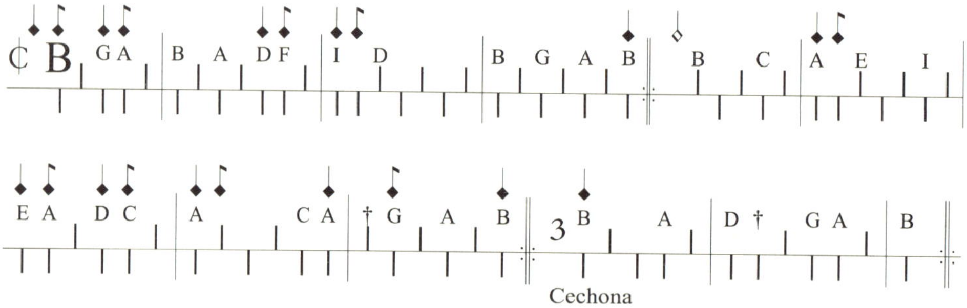

che senza grossi problemi si può ridurre a notazione moderna e disporre sotto la melodia dell'intavolatura per tastiera sopra trascritta:

Qualche accordo qui e là non è del tutto calzante ma non si deve dimenticare che forse la melodia a cui faceva riferimento Carbonchi poteva essere in parte diversa, e in ogni caso è lui stesso a metterci in guardia attribuendo alcune semplificazioni armoniche a una scelta didattica:

«Confesso che le sonate del presente libro potrebbono essere più difficili e più scherzose, ma per la diversità de' tuoni dell'altre chitarre e per la facilità e comodità de' principianti le ho fatte in questa maniera».

La ciaccona – assente nelle intavolature per tastiera e solo indicata in Rubini (ma senza musica), quasi a suggerire una sorta di *refrain* del solo accompagnamento (soluzione peraltro comunissima in questo repertorio) – è qui invece riportata per esteso. La sua presenza accanto alla succesione di lettere dell'alfabeto per chitarra, mi ha fatto tornare alla mente un testo più volte citato (ma quasi mai direttamente conosciuto) che riguarda proprio Gabrielli. È il così detto *Testamento di Scapino*, il cui titolo completo recita *Infermità, testamento e morte di Francesco Gabrielli detto Scapino. Composto e dato in luce a requisitione de gli spiritosi ingegni. Con l'intavolatura della chitarriglia spagnola, sue lettere e chiaccona* (Verona-Padova-Parma, Viotti, 1638) ⊳A.17. L'unico esemplare da me conosciuto è quello conservato in I-Bu (Aula V, Tab. I, N III, Vol. 266/40) e trascritto con qualche errore in FERRARI 1880. Il libretto, oltre a riportare in cima al *Testamento* (scritto in versi) l'intavolatura di una *«Chiaccona»*, dispone sopra le parole della prima strofe alcune lettere, senza dubbio un alfabeto italiano per chitarra, in questo modo:

CHIACCONA.
B ✣ D E G A B
B G A B
I Più rigidi cori,
B D F D
Che ascoltano il mio canto
B G A AB
Spero pietosi liquefare in pianto
A I C A
Se in doglia vniuersale,
A I CIC
Se in doglia vniuersale
A B C A C A
E al Mōdo di Scappin l'hora letale,
B G A B
L'hora letale.

Non si fa fatica a riconoscere dalla succesione di accordi (ma anche dalla struttura del metro) che i versi del *Testamento* si adattano perfettamente all'*Aria di Scapino*: tante sono le sillabe del verso tante sono le note dell'aria:

I più rigidi cori
[settenario/note: 7]

Che ascoltano il mio canto
[settenario/note: 7]

Spero pietosi liquefare in pianto
[endecasillabo/note: 11]

Se in doglia universale
[settenario/note: 7]

Se indoglia universale
[settenario/note: 7]

È al modo di Scappin l'hora letale
[endecasillabo/note: 11]

L'hora letale
[quinario/note:5]

Come si vede anche le ripetizioni del verso s'accoppiano con le ripetizioni, pur trasposte, della melodia. Ma qualcosa non torna. Sorgono infatti difficoltà ad adattare il testo alla frase musicale (almeno per come è stata annotata nelle varie fonti) che è caratterizzata da una ritmica apparentemente rigida:

1	2	3	4	5	6	7	8	9	10	11
×	×	/	×	×	/	×				
×	×	/	×	×	/	×				
×	/	×	×	×	/	×	×	×	/	×
×	/	×	×	×	/	×				
×	/	×	×	×	/	×				
×	×	/	×	×	/	×	×	×	/	×
/	×	×	/	×						

Non che il testo segua un metro diverso, semplicemente non ne segue uno solo, mutando di volta in volta in ciascuna delle 28 strofe. Se si prendono per esempio in considerazione i soli primi due versi della canzone si riescono a identificare almeno quattro diverse formule ritmiche, come da esempio (a cui, volendo, se ne potrebbero aggiungere altre due, v. strofe 10 e 18):

	×	×	/	×	×	/	×	×	/	×	/	×	/	×
A	I	più	ri-	gi-	di	co-	ri	Che as-col-		ta-	no il	mio	can-	to
[strofe: 1, 4, 5, 7, 19, 26, 27]														
	×	×	/	×	×	/	×	×	(/)	/	×	×	/	×
A_1	E	ne-	gli ul-	ti-	mi ac-	cen-	ti	A	Dio	co-	mi-	ci	dis-	se
[strofe: 28]														
	×	/	×	/	×	/	×	×	/	×	/	×	/	×
B	Tu	pa-	dre A-	pol-	lo a-	des-	so	Ar-	do-	ri al	cor	mi	spi-	ra
[strofe: 2, 3, 11, 13, 14, 15, 16, 17, 18★, 24, 25]														
	×	/	×	/	×	/	×	×	×	/	×	×	/	×
B_1	Le	più	fa-	mo-	se	da-	me	De	le	sce-	ne al-	ti	lu-	mi
[strofe: 6, 8, 9, 10★, 12, 20, 21, 22, 23]														

Se si procedesse in questo modo con tutti i versi credo che non si riuscirebbero a trovare due intere strofe dalla struttura metrica uguale. Questo, che per chi è domestico di Metastasio può apparire inconveniente irritante, si rivela in realtà frequentissimo nella canzone popolare seicentesca e spesso un suo punto di forza.

Si provi a immaginare un comico che canti questo brano davanti a un pubblico. Certamente interpreterà il senso di ciascuna frase mutandone l'enfasi e il modo di porgerla, ma proprio dal diversificato metro interno potrà trarre spunto efficace per variare anche la musica e il ritmo, trasformando un battere in levare, vocalizzando su una sillaba o ribattendone un'altra. I primi due versi potranno essere così cantati:

I più ri - gi - di co - ri Che a - scol - ta - no il mio can - to

ma anche così:

3
I più ri - gi - di co - ri Che a - scol - ta - no il mio can - to

o ancora in questo modo: 
I più ri - gi - di co - ri Che a - scol - ta - no il mio can - to

e in infiniti altri modi. Ora, senza improvvisarsi compositori, è sufficiente osservare che adottando per ciascuna frase un'unica altra opzione ritmica rispetto alla soluzione originale, come è proposto di seguito, si riescono a risolvere (almeno dal punto di vista teorico) quasi tutti i problemi posti dalla varietà metrica del testo (in notine un'ulteriore opzione ritmica e fra parentesi quadre il numero della strofe da cui è tratto il verso):

1A 1B
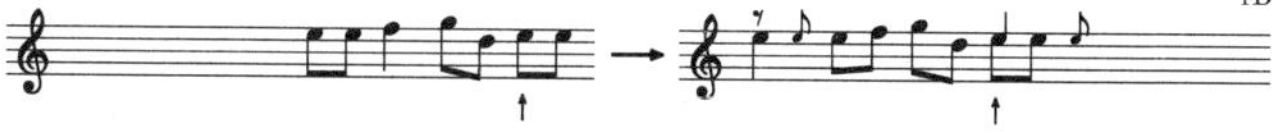

1A [1]
I più rigidi cori
1B [2]
Tu padre Apollo adesso

2A 2B
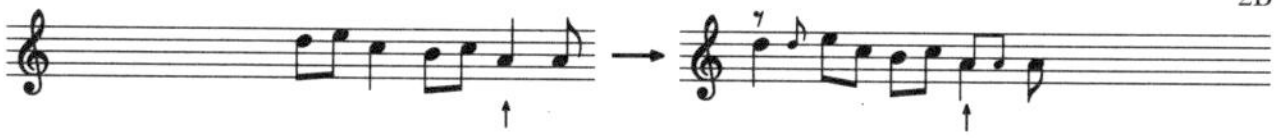

2A [6]
De le scene alti lumi
2B [1]
Che ascoltano il mio canto

3A 3B
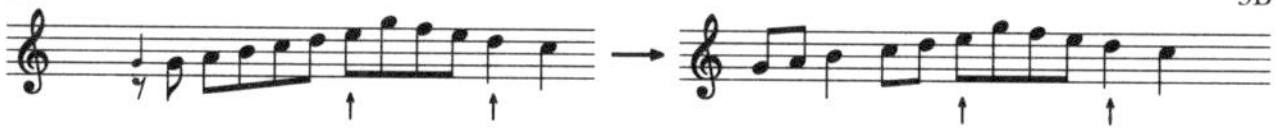

3A [1]
Spero pietosi liquefare in pianto
3B [2]
Che al desio corrisponda la mia lira

4A 4B
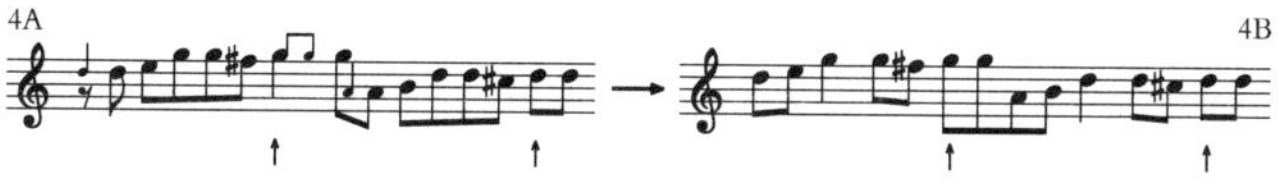

4A [1]
Se in doglia universale…
4B [4]
Son venuti presenti…

5A 5B
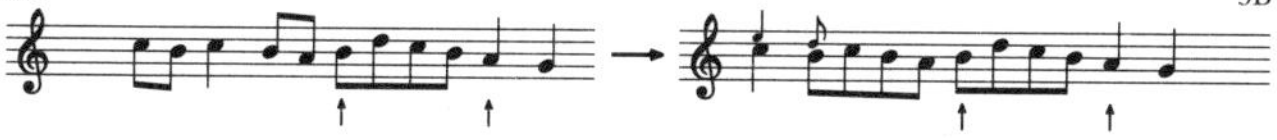

5A [2]
Dica l'ultimo vale al suo Scappino
5B [1]
È al modo di Scappin l'hora letale

6A 6B
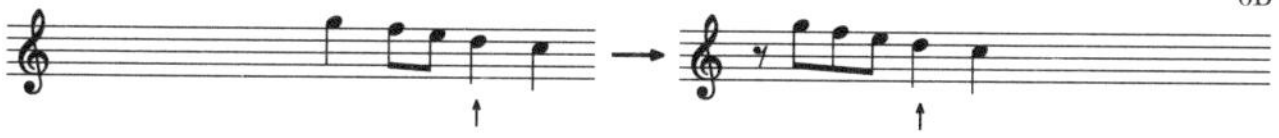

6A [1]
L'hora letale
6B [2]
Al suo Scappino

Non si creda però che una scelta diligente dell'opportuna frase musicale da adattare al metro del verso possa restituire il sapore (in gran parte extramusicale) della canzonetta, della sua comicità farsesca, dell'inafferrabilità propria di un'improvvisazione: allora come oggi tutto questo repertorio, di cui l'*Aria di Scapino* può diventare esempio, è meglio scriverlo il meno possibile, annotarne al più le linee essenziali, magari il basso (meglio che il canto) e affidarlo ad un attore aduso all'intrattenimento estemporaneo.

È infatti evidente che a tale ipotesi di mutazione se ne possono affiancare anche altre, purché non sia compromessa la posizione di quelle note che si rivelano portanti all'interno della frase (qui indicate con un tratto verticale, ovvero la penultima sillaba nei settenari e la sesta e la decima negli endecasillabi), quelle cioè che coincidono con un punto d'arrivo del percorso armonico interno. Tutte le versioni armonizzate a me note infatti, pur presentando un basso non sempre coincidente (e in qualche caso significativamente diverso), su queste stesse posizioni si ritrovano senza eccezione in perfetta sintonia:

[1] I-Mc, *Ris. Mus.* c.86
do+ I II V I V VI III$^{?}$ IV I IV V I V I II♯ V II♯ V VI♯ II$^{?}$ II♭ II♯^{7} II♯ V I II♯ V III IV V I
[I V VI] [I IV V I V I V I V^{7} I IV V I]
[la-] [sol+ re± sol+]

[2] I-ANbc, *Mus.* 41
sol+ I VII^{d} V I V VI III IV I IV V I V I II♯ V II♯ V VI♯ II$^{?}$ VI II♯ V I II♯ V I IV V I
[I IV V I V I V I II V I IV V I]
[re+ la± re+]

[3] I-ANbc, *Mus.* 41 [altra versione]
do+ I II V I V VI III$^{?}$ IV I IV V I V I II♯ V II V VI♯ II♯ VI II♯ V I II♯ V I IV V I
[I V VI] [I IV V I I$^{[♭]}$ IV V I II V I IV V I]
[la-] [sol+ re+ sol+]

[4] Carbonchi
do+ I IV V I V VI III♯ VI♯ VI$^{[♭]}$ I IV V I I II♯ V II VI♯ II V VI II♯ V II♯ V III IV V I
[I V I] [IV V I I V I I II V I V I]
[la+] [sol+ re– sol+]

[5] *Testamento*
do+ I IV V I I VI II VI I IV V I V VI♯ II♯ V V VI♯ II♯ V I II♯ V II♯ V I IV V I
[I II V I IV V I I IV V I V I]
[sol+ re+ sol+]

Si riconosce, per esempio, come il secondo momento cadenzante al VI grado (terza battuta) accolga qualunque possibilità di percorso: per semplice collegamento [5], per modulazione (tonale) a maggiore [4], per modulazione con 'cadenza d'inganno' [1, 3], per mutazione (modale) con 'cadenza d'inganno' [2]. E così la successione di tono I-V-II-V-I (mi si perdoni il linguaggio moderno) che caratterizza l'arco portante della seconda parte, può tollerare incertezze modali, ma non muta lo schema generale.

Anche la ciaccona del *Testamento* è sostanzialmente simile a quella di Carbonchi (l'unica altra conosciuta). L'impaginazione a caratteri mobili ha compromesso la forma corretta dell'intavolatura, ma sulla scorta della struttura ritmica comune alla ciaccona (la stessa peraltro che usa Carbonchi) non si fa fatica a restituire una versione attendibile con la sua trascrizione:

I I V VI III IV V I

[gradi usati invece da Carbonchi:] I I III VI II IV V I

Come si vede rimangono identici gli accordi che cadono sul battere della moderna misura mentre per il resto l'una o l'altra soluzione si rivelano intercambiabili. A questo punto possiamo provare a riconsiderare il codicetto trivulziano descritto all'inizio.

Fallito un possibile confronto, appare opportuno scegliere altre strade per dare un senso ritmico all'*Aria* presentata all'inizio: se non è quella di Scapino varrà la pena acquisire maggiori informazioni per capire se la sua titolazione deve essere imputata a un semplice errore o ad altri motivi. La trascrizione di altre parti del codice, magari di brani noti, forse offrirà nuovi aiuti per risolvere i problemi ritmici.
Il celeberrimo *Ballo del gran duca* a c. 160, facilmente confrontabile con altri omonimi (v. il fondamentale Kirkendale 1972, da integrare con Kirkendale 1996), fra l'altro l'unico brano apparentemente in tempo binario semplice, rivela senza ombra di dubbio che le barrette verticali non separano misure isocrone: si contano misure di $\frac{2}{4}$, $\frac{3}{4}$, $\frac{4}{4}$ e più, ma anche $\frac{7}{8}$ o tempi ancora più curiosi, tuttavia senza dilatare o comprimere la frase nel metro.
La somma di tutte le diverse misure alla fine restituisce i quattro tempi in $\frac{4}{4}$ del noto tema del ballo. Sembra insomma che le barrette verticali abbiano funzione diversa dalla moderna battuta (cosa che capita anche in alcune intavolature per liuto, ma non con l'insistenza qui riscontrata): si può ipotizzare la distinzione di frasi o addirittura d'incisi, forse un respiro, forse la fine di un ambito armonico e l'indicazione di smorzare le corde (qualcosa come le indicazioni per il moderno pedale di risonanza del pianoforte), o forse tutte queste cose insieme, o forse nessuna.
Altre osservazioni: alcuni brani del codice hanno lo stesso titolo (*Un sospiretto sol*, pp. 142/4, 147/4 e 171/1, e *Se per donna mortale*, pp. 147/1, 194/1 e 194/2); la trascrizione di questi dovrebbe offrire informazioni preziose. Se per il primo il raffronto s'è dimostrato pressoché inutile (essendo tutte le intavolature precedenti p. 158 totalmente prive di indicazioni ritmiche) e tuttavia interessante per le diminuzioni adottate, il secondo ha offerto rivelazioni del tutto inattese. S'osservi la prima delle tre versioni, quella più trascurata e povera d'indicazioni:

Non v'è dubbio che siamo di fronte proprio all'*aria di Scapino*, priva in sostanza di grosse mutazioni rispetto al modello noto e quindi facilmente 'rivestibile' dei valori accolti dalle altre versioni del brano (in parentesi si osserva come qui le barre verticali, a conferma di quanto detto sopra, servano esclusivamente a distinguere le frasi musicali):

Il motivo per cui il testo *Se per donna mortale* viene accostato a quello che per noi è l'*Aria di Scapino* rientra nel destino solito di questi temi molto popolari (e del resto simile percorso è sicuramente quello del *Testamento*). In merito al *Ballo del gran duca* o così detta *Aria di Fiorenza* KIRKENDALE 1972, p. 56, è esplicito: «*Dato che il prototipo dell'*Aria di Fiorenza *fu inizialmente musicale e solo in seguito accompagnato da un testo, non deve sorprendere che tale processo di adattamento del verso venga successivamente ripetuto con altri testi*», e circa il *Ballo* indica nove titoli diversi. Non diversa sorte, quindi, per *Scapino* a cui a questo punto possiamo riferire almeno due titoli (tre se si considera anche il repertorio delle laudi), ovvero il *Testamento* (legato a vicende biografiche dello stesso Scapino) e *Se per donna mortale*, la cui versione completa è conservata manoscritta e anonima in I-Rvat, *Vat. lat.* 8860, c. 74r (per il momento unica copia nota secondo lo *IUPI*). L'*Aria di Scapino*, ovvero *Se per donna mortale*, riprodotta a p. 194 è in due versioni, la prima detta «*sminuita*», cioè fiorita, l'altra più genericamente «*in altro modo*». Mentre quest'ultima è ancora riconoscibile, la prima (qui trascritta momentaneamente senza valori ritmici) subisce tali trasformazioni che con difficoltà si riesce a ricondurre al modello:

Più familiare, si diceva, la seconda:

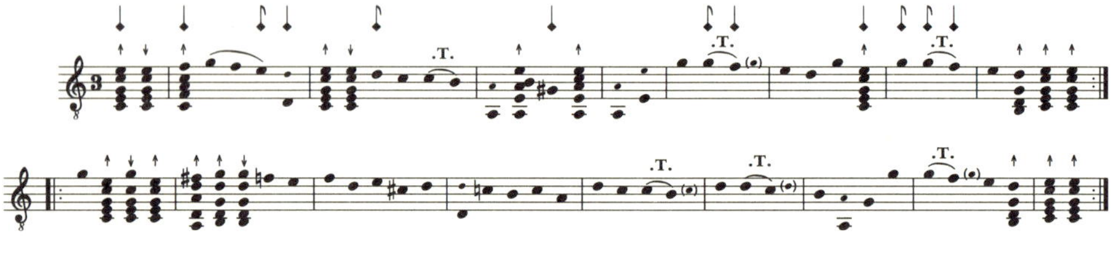

Si nota come in entrambi i casi sia assai difficile proporre una versione ritmica senza lavorare troppo di fantasia. Tuttavia se si prova a sovrapporre le tre versioni del codice senza dar troppo

(1) Non sono affatto convinto della soluzione ritmica qui adottata (più probabilmente le corde doppie cadono sul tempo forte), ma altre ipotesi si discosterebbero ulteriormente dal modello noto.

peso alle barrette orizzontali (che, come s'è visto, non paiono riferirsi alla scansione del *tactus*), tutto sembra improvvisamente comprensibile e persino i valori sopra indicati sembrano collocati con grande coerenza e precisione (a parte l'eccessiva parsimonia):

Non è così difficile ora proporre una versione ritmica nella sostanza assai vicina alle intenzioni dell'autore (senza voler escludere la possibilità di fraintendimenti, o altre soluzioni possibili); ecco come dovrebbe perciò risultare *Se per donna mortale sminuita*:

E questa invece la versione *In altro modo* che, credo, meglio si adatti a un metro in $\frac{9}{8}$:

Non nascondo tuttavia che sarebbe preferibile trascrivere sempre in $\frac{3}{8}$ le intavolature ternarie, perché il metro non pare quasi mai univoco e accorpa a volte 2 tempi, a volte 3. Il rischio, anche volendo alternare misure di $\frac{6}{8}$ e $\frac{9}{8}$, è quello di proporre una lettura priva di quelle

ambiguità che invece testimoniano ricchezza e complessità ritmiche. Meglio, fin che possibile, evitare in ogni caso la trascrizione, soprattutto ai fini di un'esecuzione. In questo contesto, è chiaro, si patiscono inevitabili esigenze di intelleggibilità.
Non è questa la sede per dettagliare e approfondire i criteri usati nel codice trivulziano nell'indicare il ritmo dei brani intavolati, anche perché gli stessi sarebbero da verificare estensivamente in tutto il manoscritto (ad altri l'arduo compito) ma, facendo tesoro di quello che appare intuitivamente deducibile, meno misteriosa appare ora l'*Aria di Scapino* che si è preso in considerazione all'inizio.
Anche di questa vorrei a questo punto provare a proporre una versione ritmica, ben consapevole che, mancando possibili confronti, ora gli errori potrebbero essere più vistosi. D'altra parte si rivela non trascurabile capire da dove salti fuori tale brano e conseguentemente capire perché sia stato intitolato *Arieta di Scapino* (sempre che non si tratti di un grossolano errore del copista), operazione che a me non è riuscita, ma che forse altri potranno portare a termine.

Di seguito *«Il suo passaggio»*, sorta di *refrain*:

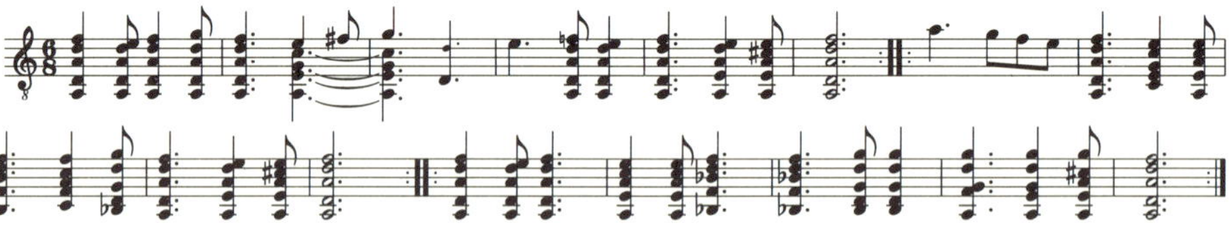

Mi sono soffermato, seppur sommariamente, su alcuni problemi di restituzione di quest'aria per sottolineare da un lato la difficoltà d'approccio che pone questo repertorio, dall'altro la sua centralità in uno studio sul sottobosco musicale che poi troverà nobile collocazione nel melodramma. È indubbio che se l'opera deve molto alla commedia dell'arte altrettanto deve a questa tradizione di ariette, balli, canzoni che da sempre hanno infarcito il teatro all'improvviso, e che trovano memoria, seppur parziale, in queste raccolte di brani strumentali (ma a volte anche vocali) finora ampiamente trascurate.
Trascrivere questa o quell'aria di tale repertorio non è però il modo più utile per conoscerlo e studiarlo. Determinante appare invece una sua restituzione sistematica, tutta ancora da intraprendere. Si osserva quanto sia fondamentale il confronto fra testimonianze diverse (che ancora devono essere portate alla luce), non solo per ricostruirne una presunta identità (che forse non esiste), ma per meglio affrontare un discorso sulla sua circolazione, e quindi sulla fortuna, sulle trasformazioni di stile e gusto, sui meccanismi che ne hanno permesso la sua nobilitazione. E d'altra parte solo una ricerca mirata può portare alla luce musiche che altrimenti riescono con

difficoltà ad essere catalogate (necessario in questo senso la compilazione di incipitari anche della musica).

L'indagine, che si presagisce deteminante per chi si occupa di teatro musicale, nasconde tuttavia pericolose insidie. Un approccio che sopravvaluti il testo musicale – rischio costantemente in agguato quando si applica un metodo filologico in modo superficiale e scolastico – non può che alterare il senso di queste musiche.

Il patrimonio musicale sopravvissuto è un repertorio derivato, scritto a posteriori rispetto al modello musicale che poteva eventualmente calcare le scene; e oltrettutto un repertorio spesso 'banalizzato' al fine di una collocazione, la pagina, che non gli è propria. È aspetto fondamentale della musica seicentesca – e in particolare di quella destinata alla scena – l'insofferenza a trasformarsi in testo scritto. Non si trovano le musiche della commedia dell'arte o delle feste di corte (tranne in rari casi in genere mossi da esigenze di promozione) perché non vengono scritte, o comunque non in forma completa. Non è solo un problema di inadeguatezza del segno (incapace ad accogliere le infinite sfumature della musica), è soprattutto la diffidenza verso uno strumento, il testo scritto, che tanto monoliticamente si dispone a fermare quello che è un momento passeggero, e che proprio per questo non tollera un'interpretazione univoca, priva di ripensamenti. L'opera 'mercenaria' è scritta (manoscritta) perchè deve assecondare esigenze di mercato e praticità, ma anche in questo caso è riluttante ad affidarsi esclusivamente alla carta. L'arte, parrebbe si voglia affermare, va oltre: *«L'opera barocca sembra additare verso un aldilà, oltre l'opera stessa, come se l'opera a sua volta non fosse altro che una propedeutica. E di qui deriva il suo carattere provvisorio, come di transizione, che talvolta si è fatto osservare, e che si traduce in un aspetto abbozzato»* (MARAVALL 1975, p. 362).

L'*Aria di Scapino*, e in genere questo repertorio, è qualcosa che non può essere scritto, e quando ciò avviene per i più svariati motivi, si rivela solo *una* delle possibile soluzioni che le sono proprie. D'altra parte credere di poter giungere a una restituzione ideale significa comprometterne il senso, ma escludere da subito qualunque possibile approccio reca altrettanto danno che dimostrarsi complici, magari per indifferenza, del suo oblio.

Parte III

Gli strumenti

Schede

Schemi, sintesi e tabelle

Sono qui riunite alcune schede che permettono un immediato colpo d'occhio su aspetti esposti precedentemente. Si tratta a volte di sintesi legate alla storia di Milano – in genere poco nota soprattutto in questi anni – notizie relative al sistema monetario, a quello di misurazione all'epoca in vigore in città *etc.*: indicazioni che mi sono state utili durante la stesura di questo libro e che perciò credo potranno servire chi meglio vuole collocare quanto affrontato altrove in una visione d'insieme meno incerta.

Vengono pure organizzate vicende complesse e riuniti in un'unica pagina aspetti che in questo studio hanno trovato spazio in momenti diversi e lontani: l'aiuto di una rapida sintesi offrirà un approccio più diretto. Gli eventuali rimandi permetteranno, al solito, di risalire al luogo in cui si è già affrontato l'argomento.

1

Successione dei governatori del ducato di Milano (1592-1655) sulla scorta delle indicazioni riportate in ARESE *1970*

ANNO	DATA	GOVERNATORE	ANNOTAZIONI
		Filippo II è re di Spagna	
1592	*10 mag*	Juan FERNANDEZ DE VELASCO, connestabile di Castiglia (1592-1600)	per rinuncia per vecchiaia del duca di Terranova
	22 giu		• capitano generale
1598	*13 set*	**Filippo III diventa re di Spagna**	
1600	*20 apr*	Pedro ENRIQUEZ DE ACEVEDO, conte di Fuentes (1600-1610)	per rinuncia del connestabile di Castiglia
1610	*22 lug*		• muore
	2 ott	Juan FERNANDEZ DE VELASCO, connestabile di Castiglia (1610-1612)	per morte del conte di Fuentes
	26 set		• capitano generale
1612	*4 mag*	Juan de MENDOZA, marchese della Hinojosa (1612-1615)	per ottenuta licenza a rientrare in Spagna del connestabile di Castiglia
	4 mag		• capitano generale
1615	*26 set*	Pedro TOLEDO DE OSORIO, marchese di Villafranca (1615-1618)	per fine del triennio del marchese della Hinojosa
1618	*13 feb*	Gomez SUAREZ DE FIGUEROA Y CORDOVA, duca di Feria (1618-1626)	per rinuncia per età del marchese di Villafranca
1621	*31 mar*	**Filippo IV diventa re di Spagna**	
1626	*31 mar*	Consalvo FERNANDEZ DE CORDOVA (1626-1629)	*ad interim* per rientro in Spagna del duca di Feria
	22 mag		• prende possesso
1627	*14 ott*	[*Ferdinando* AFAN DE RIVERA ENRIQUEZ, *duca d'Alcala*]	non occupa la carica per malattia
1628	*17 mar*	Consalvo FERNANDEZ DE CODOVA	effettivo del duca d'Alcala
1629	*16 lug*	Ambrogio SPINOLA DORIA, marchese de los Balbases (1629-1630)	per rientro in Spagna di Consalvo Fernandez de Cordova
	30 ago		• prende possesso
1630	*20 set*	Alvaro de BAZAN, marchese di Santa Croce (1630-1631)	nel caso di impedimento o morte del precedente
	25 set		• muore il marchese de los Baldases
	29 set		• il marchese di Santa Croce prende possesso

segue:

ANNO	DATA	GOVERNATORE	ANNOTAZIONI
1631	*18 apr*	Gomez SUAREZ DE FIGUEROA Y CORDOVA, duca di Feria (1631-1633)	per trasferimento nelle Fiandre del marchese di Santa Croce
	16 mar		• entra in città
1633	*22 gen*	arciduca Ferdinando d'ASBURGO, infante di Spagna, cardinale (1633)	suo luogotenente rimane il duca di Feria
	30 gen		• Ferdinando capitano generale e il duca di Feria luogotenente
	24 mag		• Ferdinando entra in città
	23 set	Gil de ALBORNOZ, cardinale (1633-1635)	*ad interim* per viaggio nelle Fiandre di Ferdinando
1634	*11 gen*		• morte del duca di Feria
	10 lug		• Albornoz prende possesso
1635	*6 gen*		• effettivo per nomina di Ferdinando a governatore delle Fiandre e per morte del duca di Feria
	11 lug	Ferdinando AFAN DE RIVERA ENRIQUEZ, duca d'Alcala (1635)	per rientro a Roma del cardinale Albornoz
	24 set	Diego Felipe de GUZMAN, marchese di Leganès (1635-1640)	probabilmente *ad interim* per impedimenti del duca d'Alcala
	9 nov		• entra in città
1636	*2 giu*		• il duca d'Alcala entra in città, giura e riparte per impegni diplomatici in Germania
1640	*19 dic*	Juan VELASCO DE LA CUEVA, conte di Sirvela (1640-1643)	*ad interim* per viaggio in Spagna del marchese di Leganès
1643	*20 giu*	Antonio Sancio DAVILA DE TOLEDO, marchese di Velada (1643-1645)	per rinuncia del conte di Sirvela
1645	*18 set*	Bernardino FERNANDEZ DE VELASCO, conte di Haro (1645-1647)	per rientro in Spagna del marchese di Velada
	27 set		• capitano generale
1646	*24 feb*		• entra in città
1647	*30 set*	Inigo FERNANDEZ DE VELASCO, conte di Haro (1647-1648)	*ad interim* per malattia del padre
1648	*27 feb*	Luigi de BENAVIDES CARILLO Y TOLEDO, marchese di Caracena (1648-1655)	*ad interim* per malattia di Bernardino Fernandez de Velasco
	9 giu		• capitano generale
	25 giu		• effettivo per rientro in Spagna di Bernardino Velasco
1655	*2 dic*	Teodoro TRIVULZIO, cardinale	per partenza del marchese di Caracena

2

*Sintesi sommaria dei poteri a Milano durante il governo Spagnolo**

AMMINISTRAZIONE DELLO STATO DI MILANO

Duca
il re di Spagna
Governatore
rappresentante del re e capo supremo, civile e militare (capitano generale)
Consiglio segreto
costituito da: *gran cancelliere, presidente del Senato, due presidenti del Magistrato camerale, tesoriere* e *capitano di giustizia*
funzione consultiva e interinale (fra un governatore e l'altro)

[organi dello Stato]	[organi della città]
politico-amministrativo	
Cancelleria segreta *Gran cancelliere* tramite politico, fiscale e giuridico fra il governatore e i vari organi amministrativi **Senato** *Presidente e 14 senatori* attività legislativa e tribunale supremo	**Tribunale di provvisione** *Vicario e XII di provvisione* approvvigionamento alimentare e mercantile: scelta dei prodotti, conservazione, scambi, vendita, prezzi, dazi, cause a ciò legate, *etc.*
fiscale	
Magistrato camerale del reddito ORDINARIO e STRAORDINARIO ciascuno composto da *Presidente* e *6 questori* definizione e acquisizione d'imposte **Tesoreria generale** con a capo il *tesoriere*:	**Consiglio dei XL decurioni** o Cameretta (ex Consiglio generale) *10 membri* per ciascuna porta imposte straordinarie e attività di rappresentanza: (elezione di ambasciatori, spese per feste, elemosine, *etc.*)
giudiziario	
capitano di giustizia giudice criminale e capo della sicurezza **vicari generali** organo di controllo sull'operato dei giudici	**podestà** giudice civile e penale

* Sono consapevole che questa scheda, eccessivamente sintetica e per certi aspetti forse troppo schematica, possa mal disporre lo storico più informato. Ma in quel labirinto di competenze che è l'amministrazione milanese di questi anni mi è stato utile, almeno all'inizio, muovermi attraverso una traccia al possibile semplificata. Spero in questo modo di aiutare l'approccio di chi vi si accosta per la prima volta, avvertendo però di usare prudenza nell'utilizzo di questa scheda. Per un primo approccio v. BENDISCIOLI 1957; per gli approfondimenti eventuali v. VISCONTI 1913 e, più recente, PETRONIO 1972 da integrare con SIGNOROTTO 1996 e bibliografia ivi segnalata.

3

Schema dei rapporti di parentela fra la linea spagnola e quella austriaca degli Asburgo

ALBERO GENEALOGICO PRINCIPALE DI CASA D'AUSTRIA

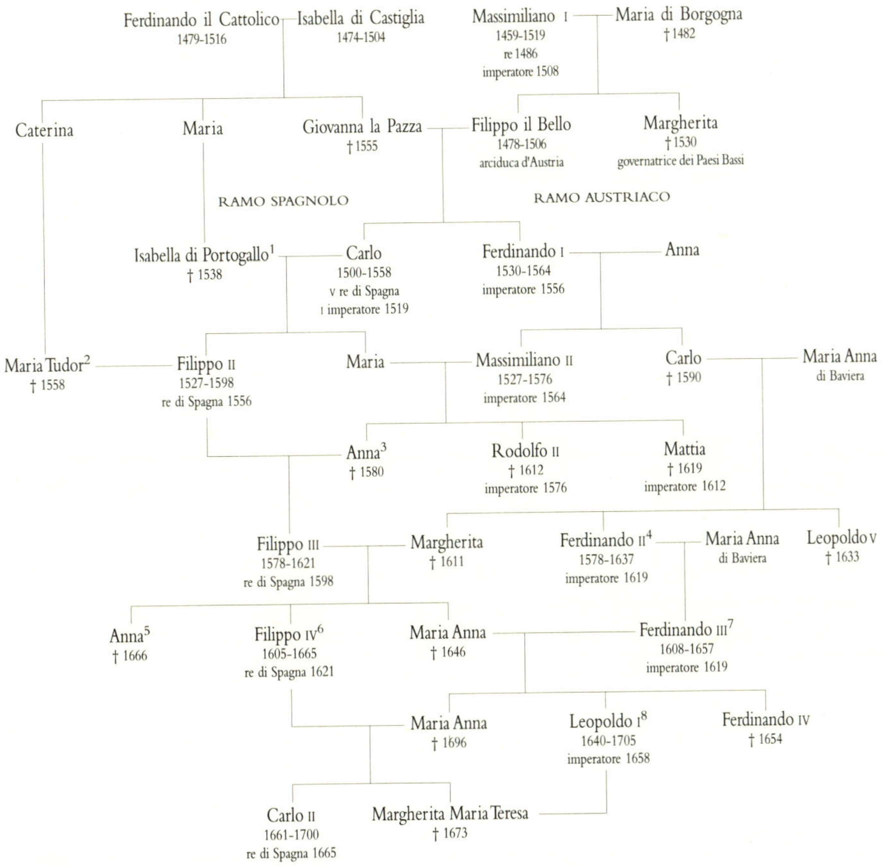

1. Figlia di Maria d'Aragona e Manuel, re del Portogallo.

2. Figlia di Caterina e di Enrico VIII d'Inghilterra, e seconda moglie di Filippo II (aveva già sposato Maria di Portogallo, madre del don Carlos che ispirerà Schiller e poi Verdi).

3. Quarta moglie di Filippo II, la terza era stata Elisabetta di Valois.

4. Dopo Maria Anna sposò anche Eleonora Gonzaga figlia di Vincenzo I.

5. Sposò Luigi XIII di Francia e fu madre del re Sole.

6. Sposò Maria Anna dopo Isabella (Elisabetta) di Francia.

7. Dopo Maria Anna sposò anche Maria Leopoldina d'Austria e Eleonora Gonzaga figlia di Carlo II Gonzaga.

8. Dopo Margherita Maria Teresa sposò Claudia Felicita d'Austria e Eleonora Maddalena di Neuburg.

4

Sintesi delle controversie sorte fra l'arcivescovo Federico Borromeo e il governatore Juan Fernandez de Velasco sulla liceità degli spettacoli

Data		Vicende e Fonti
1596		L'arcivescovo Federico Borromeo predica contro gli spettacoli • Castiglione 1759, p. 165
	13 mag	Editto del governatore Velasco che vieta spettacoli pubblici durante le feste, di venerdì, durante la messa, il vespro e la compieta, evitando argomenti religiosi o disdicevoli • *Quaderno...* 1597, p. 257 [riprodotto l'editto] • Castiglione 1759, pp. 165-168 [*idem*] • Muoni 1859, p. 125 [*idem* con data sbagliata (1645), errore corretto da Pagani 1884, p. 41] • Paglicci Brozzi 1891, p. 55 [nuovamente riprodotto l'editto con la data di Muoni, errore corretto da Sanesi 1938, pp. 45-47]
		Borromeo, non soddisfatto, pubblica un suo personale editto contro *«ciurmatori, cerretani e commedianti»* • Rivola 1656, p. 209
		Si creano dissidi e incomprensioni fra arcivescovo e governatore in merito alla validità dell'uno o dell'altro editto. Borromeo scrive al papa Clemente viii per ottenere un appoggio contro il governatore • Castiglione 1759, p. 168
	15 ott	Il papa scrive a Filippo ii prendendo le parti di Borromeo • Castiglione 1759, p. 169 [frammento del memoriale] Anche Velasco scrive a Filippo ii • *Quaderno...* 1597, pp. 1-92 [riprodotta la lettera] ▷a.1
		Filippo ii risponde che in merito gli spettacoli è meglio che l'arcivescovo non intervenga nelle decisioni del governatore • Castiglione 1759, p. 169
1597	*1° feb*	Conseguentemente Borromeo scrive personalmente a Filippo ii • Castiglione 1759, pp. 169-170 [riprodotta la lettera] • Taviani 1969, pp. 40-43 [*idem* con traduzione]
		Non ritenendo di aver ottenuto adeguata soddisfazione da Madrid Borromeo fa scrivere al suo vicario Antonio Seneca il libello *De comicis spectaculis tollendis* • I-Ma [manoscritto, notizia riferita da Castiglione] • Castiglione 1759, pp. 172-80 [riprodotto integralmente il manoscritto] • Taviani 1969, pp. 109-116 [*idem* con traduzione]

5

Sinstesi della corrispondenza fra Milano e Mantova circa l'invio dell'architetto Antonio Maria Viani, detto Vianino, secondo le fonti riprodotte in D'ANCONA 1891, pp. 572-574 (in testa il numero progressivo ivi proposto), collocazione taciuta, ma ASMn ▷I[62]

LETTERA	CONTENUTO
[1] Milano, 19 maggio [1599] *«Nicolò Belloni, al duca»*	• Il Tribunale di provvisione prega il duca [di Mantova], tramite Belloni, d'inviare quell'architetto che aveva supervisionato una commedia fatta a Mantova perchè possa fare lo stesso per una pastorale *«che si crede di far fare alla venuta delli serenissimi arciduca e infanta»*.
[2] Milano, 26 maggio, *«Nicolò Belloni, al segr. ducale Pomponazzo»*	• Che l'architetto sia impegnato, come è detto nella lettera del 23, è un vero peccato. Belloni consiglia il duca di accondiscendere la richiesta.
[5] Milano, 26 maggio, *«Il vicario et Dodeci di provisione della città di Milano, al duca»*	• Il Tribunale di provvisione prega direttamente il duca affinché liberi dai suoi obblighi l'architetto Antonio Maria Viani e lo invii a Milano per occuparsi della pastorale, *«non trovandosi qui huomo di prattica bastante a movere le macchine et altri artifici che s'apparecchiano per gl'intermedi»*.
[3] Milano, 29 maggio, *«Nicolò Belloni, al duca»*	• Belloni ringrazia il duca a nome del governatore e del Tribunale per aver concesso la presenza di Viani.
[4] Milano, 9 luglio, *«Nicolò Belloni, al duca»*	• Si riferisce che arciduca e infanta entrarono solennemente a Milano il lunedì passato [il 5].
[6] Milano, 13 luglio, *«Nicolò Belloni, alla duchessa»*	• La domenica passata [l'11] arciduca e infanta assistettero a *«una festa in palazzo galantissima»*, e ieri [il 12] andarono al castello dove si fecero *«bellissimi fuochi»*. Per domenica [18] è prevista una festa mascherata a corte e una commedia per il giorno dopo. Mercoledì [21] gli arciduchi ripartiranno.
[7] Milano, 17 luglio, *«Nicolò Belloni, alla duchessa»*	• Domani ci sarà la festa mascherata e lunedì [19] la commedia. Gli arciduchi partiranno giovedì [22].
[8] Milano, 24 luglio, *«Nicolò Bellone, al cons. Aurelio Pomponazzo»*	• Non si manda la relazione *«della commedia che si fece mercore prossimo passato* [21] *di notte»* perchè gli intermedi stampati non erano veritieri e quindi s'è deciso di ristamparli.
[9] Milano, 30 luglio, *«Il vicario et Dodeci di provisione, alla duchessa»*	• Il Tribunale ringrazia per aver concesso l'opera di Vianini e si scusa per aver trattenuto l'architetto oltre tempo, ma la pastorale s'è dovuta posticipare *«il giorno avanti la partita»* degli arciduchi.
[10] Mantova, 7 agosto, *«Al duca»*	• Si riferisce che Viani ha ottenuto un donativo di 500 scudi *«cioè 200 della città e 300 dell'infanta»*. Non sono ancora stati stampati gli intermedi corretti.

6

Elenco dei protofisici operanti a Milano fra il XVI *e* XVII *secolo sulla scorta delle informazioni raccolte in* ARCAINI *1995, pp. 320-321, con ulteriori integrazioni*

	ADDETTI AL RILASCIO DI LICENZE	ADDETTI ALLA MORALITÀ DELLE COMMEDIE
1555	capit. **Martino de la Croce** (ca. 1555) • ASM, *SP*, cart. 12, fasc. 1 (25.XII.1563)	
1563	fisico **Francesco Reveslato** • ASM, *SP*, cart. 12, fasc. 1 (25.XII.1563) • ASM, *Comuni*, cart. 4, *Arona*, sec. XVII [doc. pubbl. in *Quodlibetalia*, «Verbanus», 1979, p. 262]	
1569	• ASM, *RcS*, XXI.10, c. 301v (18.V.1576) [morte di Reveslato]	dottore colleg. **Marco Marcello Rinzio** • ASM, *Autografi*, cart. 94, fasc. 44 (25.II.1569) [nomina]
1576	protofisico **Diego de la Piazza** (riunisce le due cariche) • ASM, *SP*, cart. 12, fasc. 1 (18.V.1576) [nomina] • ASM, *SP*, cart. 12 (12.VIII.1576) [affidato anche il controllo della moralità (17.VIII)] • ASM, *RcS*, XXI.10, c. 301v (18.V.1576) [nomina]	
1583	**medico siciliano** del governatore • Castiglione 1759, p. 148	
?	dottor **Giuseppe Melfi** • ASM, *RcS*, XXI.23, c. 112r (26.IX.1590)	
1590	dottor **Diomede Amico** • ASM, *RcS*, XXI.23, c. 112r (26.IX.1590) [nomina]	
1597	protofisico **Bartolomeo Assandro** • I-Ma, *Raccolta Fagnani* (3.IX.1597) [nomina]	
1611		**Giovanni Battista Sacco** • ASM, *RcS*, XXI.27, c. 50r (14.VI.1611) [nomina, attività docum. fino al 1617]
1633	protofisico **Settala*** • ASM, *RcS*, XXI.31, c. 59v (16.I.1633) [nomina]	

* Secondo ARCAINI 1995, p. 321, «*dovrebbe trattarsi di Lodovico Settala, il protofisico di cui parla Manzoni nei Promessi Sposi, cap.* XXXI»; se così fosse dobbiamo rilevare che non godette a lungo della carica visto che questi morirà entro l'anno. Ci si potrebbe però riferire anche al figlio Senatore che tuttavia morirà ench'egli non molto più tardi, nel 1636.

7

Momenti chiave della gestione teatrale nella storia seicentesca della Real Casa delle Vergini Spagnole

ANNO	VICENDE
1578	Fondazione della Real Casa delle Vergini Spagnole
1601	*20 giugno.* Acevedo concede alla Casa l'emolumento che fino a quel momento i comici versavano al protofisico per ottenere la licenza di recitare (la licenza per la concessione del luogo si continuerà a richiederla al governatore). • ASM, *Autografi*, cart. 212, fasc. 43 ▷D.18 [memoriale del protofisico] • ASM, *RcS*, XXI.25, c. 32v [copia della concessione il cui originale è integralmente trascritto in PAGLICCI BROZZI 1891, pp. 15-17]
1611	Allo scopo di poter erigere una sala per spettacoli (da cui poi trarre finanziamenti) la Casa ottiene dal governatore Velasco la concessione di ricavare proventi dall'affitto di sedie e vendita di vino degli spettacoli che si faranno a Milano. • ASM, *Culto*, cart. 1947 ▷D.39-40 [(I) proposte della Casa con relative risposte e (II) prima bozza con correzioni della concessione di Velasco] • ASM, *RcS*, XXI.27, c. 123r [26.X.1611, copia della versione definitiva, parzialmente trascritta in PAGLICCI BROZZI 1891, pp. 18-19]
1612	*Estate.* Per la prima volta a carico della Casa delle Vergini è allestita per spettacoli la corte di via delle Ore dove vengono affittate sedie a vantaggio della Casa. • ASM, *SP*, cart. 28 (31.V, 22.VII, 18, 26, 30.VIII e 30.IX.1613) ▷III*app*
1613	Il palco diventa di proprietà della Casa. • ASM, *SP*, cart. 28 (26.VIII.1613) ▷III*app*
1616	Conferma della concessione di Velasco. • ASM, *RcS*, XXI.29, c. 5r (27.I.1616) ▷D.57
1619	Conferma della concessione di Velasco. • ASM, *RcS*, XXI.29, c. 95v (28.III.1619)
1623	Proroga di Filippo IV per altri 10 anni alla concessione di Velasco. • ASM, *Culto*, cart. 1947 (12.XII.1623) ▷D.63
1627	Antonio Lonati diventa impresario delle commedie a nome della Casa. • ASM, *SP*, cart. 30-31 [una annotazione del contratto del 1665]
1641	*25 giugno.* Rinnovo del contratto con Antonio Lonati. • ASM, *Notarile*, 30313 [primo atto conosciuto]
1646	*18 dicembre.* Rinnovo del contratto come sopra, copartecipa anche Carlo Casato. • ASM, *Culto*, cart. 1948 ▷D.84 [atto successivo al precedente]
1665	*24 febbraio.* Rinnovo del contratto come sopra con Lonati. • ASM, *SP*, cart. 30-31
1671	*1° luglio.* Rinnovo del contratto come sopra con Lonati. • ASM, *SP*, cart. 30-31 [atto successivo al precedente]
1677	Nuovo impresario Ascanio Lonati [*cfr.* da quest'anno la dedica dei libretti].
1680	Nuovo impresario Giuseppe Giussani.
1683	Nuovi impresari Francesco e Antonio Piantanida.
1686	Rinnovo del teatro. Nuovi impresari Antonio e Giuseppe Piantanida.
1699	Allestimento del salone di corte. Fine dell'impresa di Antonio e Giuseppe Piantanida. La Casa continuerà a gestire l'attività teatrale fin oltre metà Settecento.

8

Stato ed evoluzione del sistema teatrale pubblico a Milano: i rapporti economici e ammistrativi fra comici, ciarlatani, opere pie e uffici governativi

SCHEMA E ANNOTAZIONI*

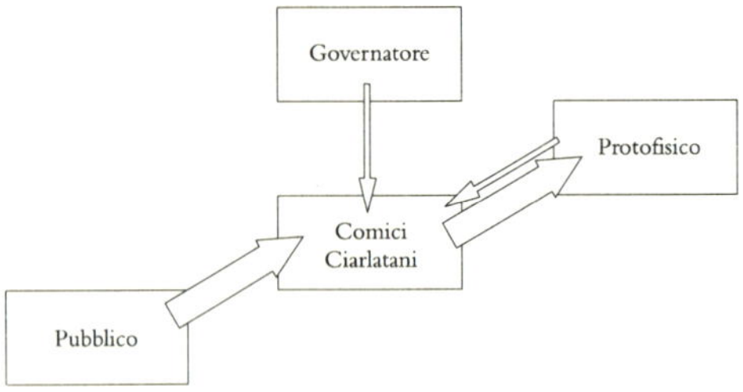

1. Fine XVI sec.

La figura di comico e quella di ciarlatano non si distinguono: la licenza per rappresentare commedie o vendere medicinali è concessa a entrambi dal protofisico (a cui versano un emolumento). Gli stessi devono ottenere il permesso del governatore ▷D.18.
Il pubblico paga direttamente i comici e acquista i prodotti dei ciarlatani.

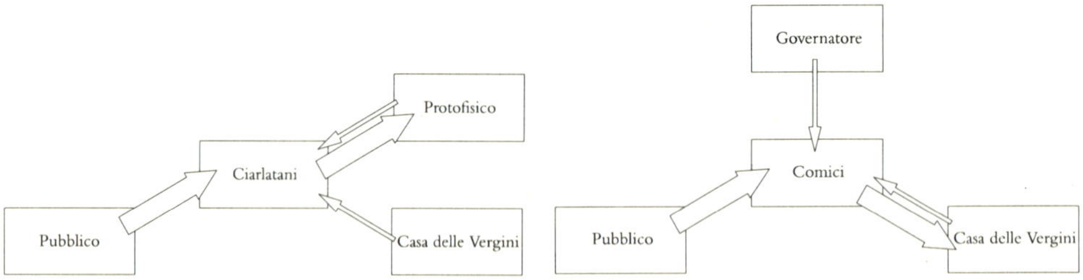

2. Dopo il 1601

Entra in gioco la Casa delle Vergini che rilascia licenze ai ciarlatani al posto del governatore. Questi continuano comunque a far giudicare l'efficacia delle pozioni al protofisico, a cui rilasciano l'emolumento.
Invece i comici (che per recitare devono sempre chiedere il beneplacito al governatore ▷ D.19) ora versano il proprio emolumento alla Casa delleVergini che rilascia le licenze del caso al posto del protofisico ▷D.18 D.63.

* Con la freccia grande si identificano le transazioni di pagamento (biglietto d'ingresso, acquisto di medicinali o rinfreschi, emolumenti, affitto di sedie, versamento di quote stabilite, *etc.*), con quella più sottile la concessione dei permessi d'esercizio (licenze, approvazioni, concessioni).

SCHEMA E ANNOTAZIONI

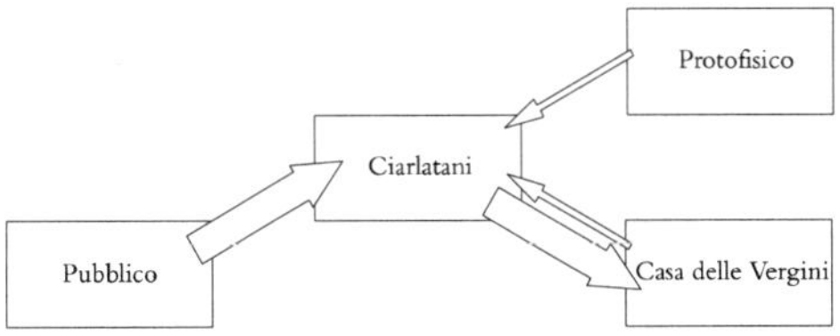

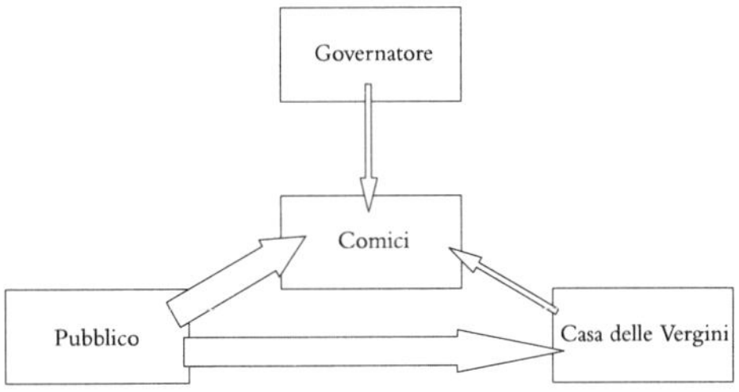

3. Dopo il 1611

Alla Casa è concesso anche l'emolumento dei ciarlatani, al protofisico resta solo il compito di esaminare le pozioni (apparentemente gratis, ma probabilmente questi continuava a ricevere quelle che all'epoca si chiamavano 'cortesie') ▷D.57 D.63 D.77.

Ottenuta la concessione di affittare sedie e vendere rinfreschi al pubblico che assiste alle commedie, la Casa delle Vergini è privata dell'emolumento per le licenze concesse, o così sembra di poter interpretare i documenti rimasti (per il momento non pare che i comici paghino l'affitto del luogo in cui facevano spettacolo) ▷D.39.

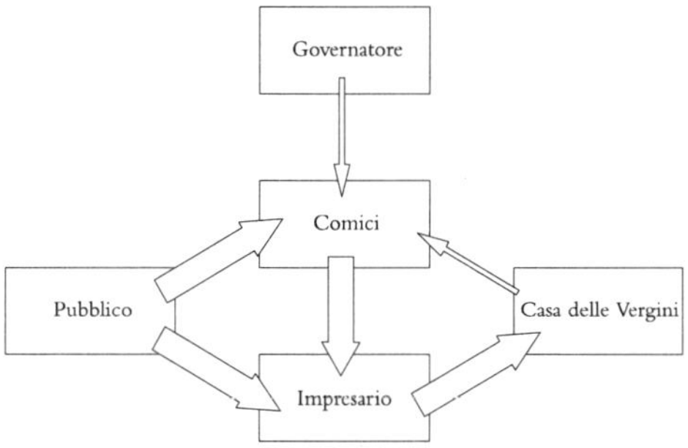

4. Dagli anni Venti

Si inserisce la figura dell'impresario a cui la Casa dà in appalto l'attività in cambio di un versamento mensile fisso e prestabilito. Questi si rivale sui comici (a cui affitta lo spazio teatrale) e sul pubblico (a cui affitta sedie e vende rinfreschi). I comici continueranno a godere del solo biglietto d'ingresso (se pagato) ▷D.84.

9

Luoghi di spettacolo in palazzo Reale intorno al XVII secolo

PERIODO	LUOGO E FONTI
[XVI sec.]	**Salone del Senato**
1548	• allestite l'*Alessandra* e gli *Inganni*; *cfr.* VIANELLO 1641, pp. 30-31.
[XVII sec.]	**Sala degli imperatori**
1630	• I-Mt, *Cod. Triv.* 1490, c. 159v (23.I.1630)
[dal XVI sec.]	**Sala dei festini poi detta della ringhiera**
	Utilizzata da sempre per feste e balli di corte.
1617	• I-Mt, *Cod. Triv.* 1490, c. 76r (15.II.1617)
XVIII sec.	• I-Mb, 14.16.E.1, *Spiegazione...* 1739, p. 65
[fine '500 - inizi '600]	**«Stanza solita»**
1574-1594	• [allestita sala per commedie]; MALAGUZZI VALERI 1901, p. 327
?	• «l'apartamento delle comedie»; ASM, *Autografi*, cart. 106, f. 18
1601	• «stanza solita»; ASM, *Autografi*, cart. 95, fasc. 19*bis*
[primo '600]	**[Altra stanza non identificata]**
1622	• I-Mt, *Cod. Triv.* 1490, c. 102v (27.X.1622)
[fine '500 - inizi '600]	**Corte delle commedie detta anche di via delle Ore**
	Dalla fine del '500 l'unico luogo per spettacoli pubblici fino alla costruzione del teatro di corte in altro luogo del palazzo.
1594	• ASM, *Autografi*, cart. 106, fasc. 11 (22.VIII.1594)
1601	• «luogo solito»; ASM, *RcS*, XXI.25, c. 33v (20.VI.1601)
1612	• «luogo solito»; ASM, *RcS*, XXI.27, c. 148r (30.VI.1612)
1613-14	• ASM, *SP*, cart. 28
1615	• I-Mt, *Cod. Triv.* 1490, c. 70r-71v (29.XI.1615)
1616	• «corte solita»; ASM, *CcS*, cart. 408 (2.XII.1616)
1617	• «luogo solito»; ASM, *RcS*, XXI.29, c. 38v (16.I.1617)
1623	• I-Mt, *Cod. Triv.* 1490, c. 104r (25.I.1623)

segue:

PERIODO	LUOGO E FONTI
[1627(?) - 1717]	**Teatro delle commedie o di corte poi detto Teatrino**
	Costruito per commedie e opere in musica, sostituisce la corte delle commedie; gestito da un impresario a nome della Casa delle Vergini Spagnole; negli anni '70 descritto all'italiana; principale teatro della città fino all'allestimento del Regio Ducale (1699).
anni '20-'30 (XVII sec.)	• erezione
1641	• [luogo delle commedie]; ASM, *Notarile*, 30313 (25.VI.1641)
	• «luogo solito»; ASM, *RcS*, XXI.32, c. 180r (3.IV.1641)
1644	• «theatro delle comedie»; ASM, *SP*, cart. 28 (13.II.1644)
1646	• [luogo delle commedie]; ASM, *Culto*, cart. 1948 (18.XII.1646)
1686	• ristrutturato dall'amministrazione Piantanida
1699	• fine dell'attività, trasferita nel salone di corte
1708-1717	• (Teatrino) riallestito per breve tempo dopo l'incendio del Regio
1729	• definitivamente smantellato
[XVI sec.]	**Giardino**
1594	• *Il precipitio di Fetonte* in un teatro provvisorio
[1598-1699]	**Salone di corte detto all'inizio anche Teatro**
	Sala di rappresentanza, saltuariamente organizzata per spettacoli, feste, banchetti, tornei etc. (in questo secolo si è preteso chiamarlo «Salone Margherita», nome che non trova riscontro in alcuna fonte).
1598	• fatto costruire restringendo un lato del giardino di palazzo
1699	• allestiti i palchetti (diventerà il teatro Regio Ducale)
[1699-1776]	**Teatro Regio Ducale**
	Costruito per opere in musica, balli, feste, commedie, etc.; il principale della città fino all'inaugurazione del teatro alla Scala (1778).
1699	• allestiti i palchetti nel salone
1708	• incendiato e distrutto
1717	• completamente ricostruito
1776	• ennesimo incendio e fine dell'attività
[fino a XVIII sec.]	**Corte grande**
	Da sempre utilizzata per giostre, tornei, fuochi etc.

10
Le monete a Milano

Il sistema monetario della Milano spagnola, come in tutti gli stati di antico regime, prevedeva una moneta 'reale', l'oggetto fisico con cui si pagava il prodotto, e una 'ideale', necessaria al calcolo del valore della moneta 'reale'.[1] Tale calcolo si computava in lire, soldi e denari:

1 lira = 20 soldi / 1 soldo = 12 denari

Ma ormai non esistevano più monete che si chiamassero lira, soldo o denaro. La moneta 'reale' circolante è infatti detta *doppia*, *scudo*, *ducato*, *filippo*, *parpagliola*, *quattrino*, *etc.* e poteva essere in oro o argento se di valore superiore o uguale alla lira, in mistura se inferiore. Diversamente dalle monete odierne il valore d'acquisto della monete era pari al valore del materiale con cui era fatta (o comunque molto vicino)[2] e mutando il valore dell'oro o dell'argento parallelamente mutava il valore della moneta (la cui crescita si cercava di contenere coniando monete di peso o titolo inferiore).[3]
La moneta d'oro di questo periodo è lo *scudo* con i relativi multipli (la doppia e la quadrupla o doppia da due). Fu coniato anche uno scudo di titolo superiore (carati 22.3 contro i 22 dello scudo ordinario) detto *scudo del sole*.
La principale moneta in argento, originariamente chiamata anch'essa *scudo*, sotto Filippo III fu detta *ducatone*.[4] Di peso (e quindi valore) lievemente inferiore era il denaro da 100 soldi poi chiamato *filippo* o *carlo*. Di entrambi esistevano il mezzo e il quarto. Altre monete in argento, oltre al *denaro* di diversi valori, ancora in corso all'inizio del Seicento erano il *reale* (da 10 soldi, ma esisteva anche il mezzo, il doppio e il quadruplo detti da 2 e da 4) e la *berlinga* da 1 lira.
In mistura circolavano la *parpagliola* (denari 30), il *soldino* (denari 12), il *sesino* (denari 6) e il *quattrino* o *terlina* (denari 4 o 3).

---

1. «*La moneta reale* [...] *si appella reale perché ha un suo essere* a parte rei, *ed è una cosa che ha essenza e sustanza.* [...] *All'opposito la moneta ideale è quella che non ha corpo in se stessa, ma tutto il suo essere consiste nell'idea, cioè in un esemplare di qualche cosa il quale si ferma nella fantasia ovvero in un concepimento di mente, la quale si finge una certa specie di moneta trascendentale che si applica ad ogni sorta di moneta reale. Tali sono le lire, i soldi, i danari*»; dal *Trattato delle monete di anonimo cremonese* in ARGELATI 1759, II, pp. 193-224: 197.

2. Quando all'inizio del secolo furono coniati quattrini di rame da 4 denari ma in effetti privi di valore intrinseco, la popolazione si rifiutò di accettarli tanto che un bando del 23 dicembre 1603 di Acevedo dovette ordinare che «*niun suddito di questo Stato ardisca ricusare d'accettar detti quattrini novi*»; *cfr.* CRIPPA 1990, p. 267. Sul reale valore delle monete e le conseguenze politiche della città v. SELLA 1979 con riferimento all'appendice B.

3. I problemi che provocava tale sistema erano causati dai vecchi conii (quando rimanevano in vigore) e dalla presenza di monete in argento, dette danari, di valore nominale (da 5 a 100 soldi) che tendevano a valere più di quanto effettivamente dichiarato; v. MAZZA 1982.

4. CRIPPA 1990, p. 217, informa in merito alla controversa questione del ducatone: «*Solo verso la fine del '500 si inizia a leggere nelle gride monetarie emanate nello Stato di Milano il termine di "ducatone", riferito soprattutto a grandi monete d'argento di altre zecche, ma talora esteso, per analogia anche ai nostri scudi d'argento*», precisando che i primi ducatoni della zecca milanese sono coniati solo all'inizio del Seicento.

EVOLUZIONE DEL VALORE UFFICIALE DELLA MONETA A MILANO NEL CORSO DEGLI ANNI

	ORO (in lire)			ARGENTO (in soldi)		
	quadrupla	*doppia*	*scudo*	*scudo* poi *ducatone*[5]	*denaro* da 100 poi *filippo*	*reale*
FILIPPO II						
1556				112		
1562		5:14:6				10
1564		5:18		114		10:4
1566						10:5
1577				110		
1579		11:16				
1580	24:4	12:4	6:4			
1581		12:10		112		
1583				113		10:9
1592		13:16				
1596				114		
FILIPPO III						
1598				113		
1602		13:4	6:12	114	100	
1608		13:10	6:15	115		
1609		[14:2][6]				
1614			6:18			
1617	27	[19:5]				
FILIPPO IV						
1622				121:4		
1647		[17:15]				
1650	33:16	16:18				
1657		[18:15]			106	
1658	36	18				
1659	39	19:10				
CARLO II						
1662	40	20				
1665	41	20:10			107:6	
1672	44	22		125	130	
1683	47	23:10		160	140	

5. Nel 1599 Prata ▷D.8 e Pellesini ▷D.12 sono pagati in ducatoni da 113 soldi; dal 1601 al 1608 i musici di palazzo ricevono invece lo stipendio in scudi di 110 soldi ▷D.17 D.21 D.25 (evidentemente una moneta di vecchio conio); nel 1610 ▷D.31, nel 1614 ▷D.50-54 e così nel 1629 ▷D.67 gli scudi valgono 6 lire (in questo caso o il valore del 1622 è eccentrico rispetto agli altri anni, o sbagliato, ovvero le 6 lire sono una moneta 'ideale' di calcolo). In seguito il valore degli scudi o ducatoni che sia non viene più dichiarato, almeno dai documenti che ho potuto raccogliere.

6. Malgrado il corso ufficiale prevedesse la doppia di L. 13:10 in effetti questo valore fu disatteso negli scambi effettivi e almeno fino al 1658 (quando la doppia si attesta a L. 18) il valore effettivo di questa moneta era più alto e fluttuante.

11

Unità di misura comunemente usate a Milano nel Seicento

TAVOLA DI CONFRONTO

Lunghezza

miglio = 3000 br. **km 1,8** (1,784...)				**braccio** = 12 once **cm 60** (59,49...)	**oncia** = 12 punti **cm 5** (4,957...)	**punto** = 12 atomi **mm 4** (4,131...)	**atomo** **mm 0,35** (0,344...)
	gettata = 12 piedi **m 5,22** (5,222...)	**trabucco** = 6 piedi **m 2,61** (2,611...)		**piede** = 12 once **cm 43,5** (43,51...)	**oncia** = 12 punti **cm 3,6** (3,626...)	**punto** = 12 atomi **mm 3** (3,022...)	**atomo** **mm 0,25** (0,252...)

Superficie

			br. d'asse = 4 qrd.tti **m² 1,4** (1,415...)	**quadretto*** = 12 once **cm² 35** (35,39...)	**oncia** = 12 punti	**punto** = 12 atomi	**atomo**
pertica = 24 tavole **m² 654,5** (654,51...)	**tavola** = 144 piedi **m² 27,3** (27,27...)	**trabucco** = 36 piedi **m² 6,8** (6,817...)		**piede qdr.** = 12 once **cm² 18** (18,93...)	**oncia** = 12 punti	**punto** = 12 atomi	**atomo**

Volume

carretto = 16 br. cubi **m³ 3,37** (3,369...)	**braccio cubo** **cm³ 21** (21,05...)

* Detto anche «*braccio quadro*». La suddivisione in 12 parti crea confusione oggi perché, benché il quadrato di un braccio lineare corrisponda a un braccio quadro o quadretto, il quadrato di un'oncia di braccio lineare non ha rapporto, come verrebbe da suppore, con un'oncia di quadretto: questa è la dodicesima parte del quadretto, quella la centoquarantaquattresima. In altre parole il quadrato di un'oncia lineare è il punto di un quadretto (la cui superficie è infatti divisibile in 144 punti).

12

Il percorso burocratico delle spese di palazzo

Fra i documenti presi in considerazione in questo studio gli unici selezionati in modo sistematico sono i mandati di pagamento (si riconoscono con facilità perché in genere esordiscono con la formula «*Præses etc.*» ovvero «*Magnifice etc.*»). L'attenzione non è dovuta a una sopravvalutazione dei valori economici della cultura milanese; muove dalla constatazione che tali mandati siano il solo strumento di qualche utilità di natura coerente e uniforme, presente senza soluzione di continuità nel cinquantennio studiato.
Altri fogli rinvenuti in ASM si sono spesso rivelati continuazione o causa degli stessi mandati e tali documenti tutti insieme hanno permesso di definire quello che doveva essere il sistema delle spese di governo. Parlarne qui permette di comprendere meglio la lettura di gran parte delle carte trascritte nella sezione *Documenti* e offre inoltre preziosi nuovi dettagli alla conoscenza di un meccanismo comunque poco noto (eventuali rettifiche a parte).
Nel caso ad esempio di un torneo a palazzo in onore della venuta di qualche sovrano, le spese, per specifica competenza, sono discusse e approvate dal consiglio dei Sessanta ▷S.2 (le cui ordinazioni e registri sono in ASC, *Dicasteri*), altre volte sono volontà del governatore, del re, del Senato *etc.* In ogni caso queste dovranno passare per il «*Magistrato camerale ordinario del regio e ducale reddito dello Stato di Milano*», più semplicemente detto Magistrato ordinario. Il sistema è però tutt'altro che ovvio e prevede una serie di competenze, passaggi e approvazioni in cui si rischia di perdere la testa.
Per evitare di soccombere ho approntato la tavola della pagina seguente dove al Magistrato ordinario è affiancato (in basso) il così detto «*ufficio delle Munitioni e lavorerij pubblici dello Stato di Milano*», che con quello delle Biade, delle Acque, del Sale *etc.* costituisce il corpo di competenze su cui tale Magistrato esercita il suo potere.
Da quello che ho potuto capire dai documenti trascritti e da altre sporadiche informazioni ricavabili dagli studi noti sull'amministrazione milanese i passaggi paiono articolarsi in questo modo (si raffrontino i numeri fra parentesi quadre con quelli della tavola seguente):
[1] L'impresario dei lavori, ovvero colui a cui è stato affidato l'appalto per la costruzione stabilita (in genere per incanto) – nel nostro caso di un palco per i musici o di una lizza per la giostra – si rivolge all'ufficio delle Munizioni per essere risarcito del lavoro fatto (o eventualmente per avere un anticipo sulle spese). [2] Il commissario generale delle Munizioni, principale responsabile dell'ufficio, invia una lettera al Magistrato ordinario in cui descrive la portata dei lavori e informa della spesa necessaria[1] ▷D.1 D.7. [3] In genere, a questo punto, il Magistrato non è convinto dell'ipotesi di spesa del commissario e rimanda all'ufficio delle Munizioni la prima lettera con un'altra in cui si chiede una stima ufficiale circa le spese dei lavori svolti. [4] Il commissario delle Munizioni la dirotta al soprastante di palazzo (per quanto capisco sorta di

1. Se non vi sono complicazioni i successivi passaggi da 3 a 8 saltano; altre volte lo stesso commissario, prima ancora di rivolgersi al Magistrato, di sua iniziativa si procura una stima sui lavori svolti o da svolgere (eliminati i punti 2 e 3). Lo schema qui presentato è quello più complesso, ma non il meno frequente, quello insomma applicato per la questione delle spese per il palco del 1612 ▷III*app*.

SCHEMA

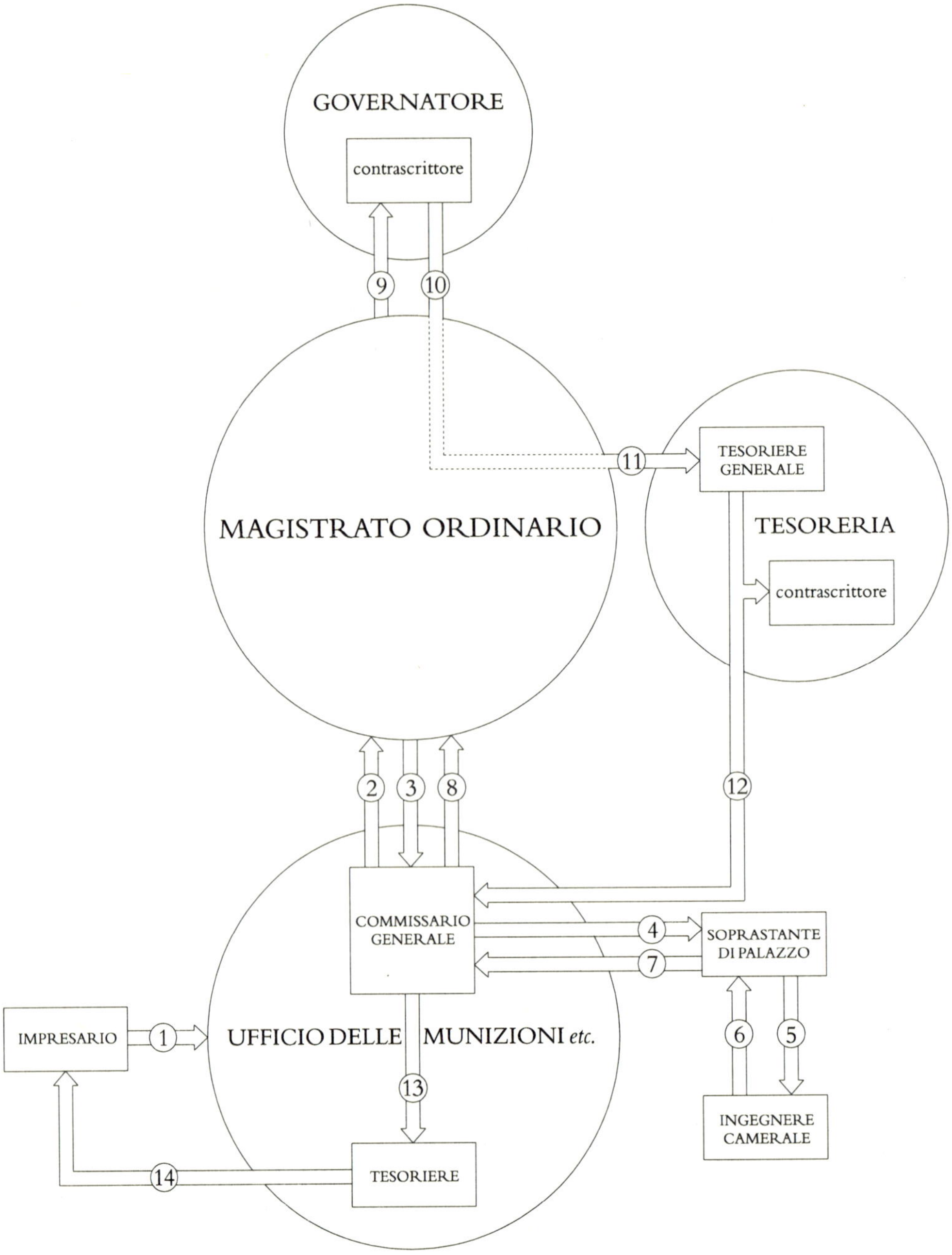
GOVERNATORE
contrascrittore
9
10
MAGISTRATO ORDINARIO
11
TESORIERE GENERALE
TESORERIA
contrascrittore
2
3
8
12
COMMISSARIO GENERALE
4
SOPRASTANTE DI PALAZZO
7
IMPRESARIO
1
UFFICIO DELLE MUNIZIONI etc.
6
5
13
INGEGNERE CAMERALE
14
TESORIERE

supervisore dei lavori che si svolgono a corte) [5] che a sua volta fa avvallare la sua stima da una relazione dell'ingegnere camerale di palazzo. [6] L'ingegnere redige una fede in cui è contenuta la lista minuziosa di tutti i lavori, con tanto di costo dei materiali e della mano d'opera; [7] la trascrizione della fede e la relazione del soprastante sono inviate al commissario generale ⊳D.16 D.26 D.48 D.80 [8] che a sua volta scrive una nuova lettera in cui inserisce tutte le precedenti per informare nuovamente il Magistrato ⊳D.28 D.49. [9] Discussa fra presidente e questori del Magistrato l'opportunità o meno di accogliere la spesa, nei termini stabiliti, se, come e quando (sempre che questa non ritorni ancora al commissario per ulteriori verifiche), la decisione viene inviata al governatore (o meglio al suo contrascrittore) per essere definitivamente approvata ⊳D.29. [10] Il governatore, se accoglie la spesa, fa scrivere al contrascrittore il mandato di pagamento[2] (indicando anche il tipo di danaro da utilizzarsi e la cassa da cui prelevarlo), quindi lo invia per competenza di nuovo al Magistrato ordinario (⊳*passim*[3]) e [11] conseguentemente al tesoriere generale (che computa entrate e uscite dei fondi della regia Camera).[4] [12] Il tesoriere invia a questo punto un altro mandato[5] all'ufficio delle Munizioni nella persona del commissario generale, [13] perché dia ordine al tesoriere del suo ufficio di sborsare la cifra stabilita. [14] Finalmente l'impresario riceve il dovuto, o almeno quanto il Magistrato ordinario ha deciso essere tale. Durante tutto questo percorso naturalmente il tempo passa, le carte si disperdono, i pareri si accavallano: non mancano solleciti e suppliche affinché il processo giunga a compimento, o perché tutto sia riconsiderato essendo giudicata ingiusta la risoluzione adottata ⊳D.15.

2. Di cui fa copia nei registri appositi (ASM, *RcS*, XXII); è questo rescritto a cui mi sono rivolto più diffusamente – operazione più agevole che rifarsi alle varie lettere spedite di volta in volta (attualmente sparse secondo il sistema Peroniano nei vari fondi degli *Atti di governo*, oppure ordinate cronologicamente insieme a infinite altre carte nel *Carteggio delle cancellerie*).

3. Sarebbe troppo lungo rimandare a tutti i mandati di pagamento trascritti (quasi una quarantina); a scopo esemplificativo ⊳D.98.

4. Il mandato è ufficialmente indirizzato «*Al presidente e ai questori del Magistrato ordinario... e alla Tesoreria generale...*»; inoltre la formula immancabile ivi presente: «*et voi thesoriero generale così esseguirete* [*etc.*]», sembra voglia indicare che il mandato deve giungere fisicamente alla Tesoreria, senza riscrittura. Questo escluderebbe che il Magistrato ordinario, dopo l'approvazione del governatore, possa rettificare ulteriormente la spesa o comunque alterarne il senso (almeno senza una frode consapevole), come invece pare insinuare alla fine del Cinquecento il visitatore spagnolo Luis de Castilla lamentandosi dello strapotere del Magistrato (*cfr.* SIGNOROTTO 1996, p. 118). Ma forse Castilla, sempre che non attuasse un politica di parte, aveva, diversamente da me, altri strumenti per vedere al di là del formalismo dei documenti.

5. Anche di questo secondo mandato è fatta copia nei registri della Tesoreria (ASM, *RcS*, XXIII).

13

I musici della cappella di palazzo: stipendi, assunzioni, incarichi, privilegi, etc. ▷II[72] IV[7] IV[46]

DOCUMENTO	▷	CONTENUTO
ASM, *RcS*, XXII.42, c. 43r	D.5	(17.XII.1598) soldo ai musici della cattedrale di Vigevano; citato il prete **Domenico Raperio**
ASM, *RcS*, XXII.44, c. 130v	D.17	(12.IV.1601) soldo ai 17 musici di palazzo dal IX.1600 al I.1601
ASM, *RcS*, XXII.45, c. 33v	D.21	(11.III.1602) soldo ai 18 musici di palazzo dal VII.1601 al I.1602
ASM, *RcS*, XXII.45, c. 162v	—	*idem* (dal II.1602 al XII.1602)
ASM, *RcS*, XXII.45, c. 247r	—	*idem* (dal I.1603 al XII.1603)
ASM, *RcS*, XXII.47, c. 89r	—	*idem* (dal I.1605 al XII.1605)
ASM, *RcS*, XXII.47, c. 190v	—	soldo ai musici della cattedrale di Vigevano
ASM, *RcS*, XXII.48, c. 9r	—	soldo ai 18 musici di palazzo per il 1606
ASM, *RcS*, XXII.48, c. 221v	D.25	(30.I.1608) soldo ai 19 musici di palazzo dal III.1607 al XII.1607); **Camillo de Gabrieli** dal giugno 1606
ASM, *RcS*, XXII.48, c. 271r	—	soldo ai musici della cattedrale di Vigevano
ASM, *PS*, cart. 10, fasc. 5	D.60	nota di **Vincenzo Pellegrino**, maestro del Duomo
ASM, *PS*, cart. 10, fasc. 5	D.61	altra dello stesso
ASM, *RcS*, XXII.58, c. 31v	D.69	(20.XII.1629) soldo ai musici della cattedrale di Vigevano; nuova definizione dell'accesso ai fondi
ASM, *RcS*, XXII.58, c. 124r	D.76	(25.X.1631) aumento dello stipendio al musico di camera del re di Spagna **Filippo Piccinino**
ASM, *RcS*, XXII.62, c. 113v	—	(24.V.1643) soldo ai musici di palazzo
ASM, *RcS*, XXII.63, c. 29r	IV[46]	(13.IV.1644) paga per **Giacinto Alessandro** per oltre 12 anni di arretrato
ASM, *RcS*, XXII.63, c. 73v	—	(21.VII.1644) soldo ai musici di palazzo
ASM, *RcS*, XXII.63, c. 143v	—	(25.II.1645) soldo ai musici di palazzo
ASM, *RcS*, XXII.64, c. 4r	—	(22.II.1646) soldo ai musici di palazzo
ASM, *RcS*, XXII.64, c. 149r	—	(6.II.1647) soldo ai musici di palazzo
ASM, *RcS*, XXII.66, c. 35v	D.94	(21.I.1649) soldo a **Biagio Marini** per suo servizio a palazzo dal 23.IX.1631 al 23.XI.1632
ASM, *RcS*, XXII.66, c. 101r	—	soldo ai musici di palazzo per il 1649
ASM, *FC*, cart. 191	D.100	(12.I.1650) supplica dei musici di palazzo per il dispaccio del soldo
ASM, *FC*, cart. 191	D.101	(15.I.1650) relazione sul soldo dei musici di palazzo
ASM, *PS*, cart. 10, fasc. 5	IV[46]	(1666) musici di palazzo in servizio nel 1665
ASM, *PS*, cart. 10, fasc. 5	D.102	(18[?].V.1666) fede di **Federico Guiderlotto**, musico di palazzo attivo nel 1644; citato il maestro di cappella del Duomo **Antonio Maria Turati**

Lo Stato e la Chiesa

Tavola 73
Giovanni Battista Crespi, [*Stemma della città di Milano*]
incisione di Cesare Bassano, cm 19 × 17,2 [1630]
in *Racconto*... 1630, frontespizio.

Carlo V
imperatore
primo duca
di Milano
di casa
d'Austria
[1535-1554]

Don Antonio di Leva.
i governatore
«Morì [...] l'anno 1536»

Il cardinal
Marino Caracciolo.
ii governatore
«morì l'anno 1538»

Il marchese del Vasto.
iii governatore
«fino all'anno 1545»

Don Fernando Gonzaga.
iv governatore
«infino all'anno 1555»

Filippo ii
re di Spagna
ii duca
di Milano
di casa
d'Austria
[1554-1598]

Il duca d'Alba.
v governatore
«Cessò nell'anno 1566»

Il cardinale Mandrutio.
vi governatore
«dal 1556 al 1558»

Il duca di Sessa.
vii governatore
«fino all'anno 1560»

Il marchese di Pescara.
viii governatore
«fino al 1563»

Il duca di Sessa.
ix governatore
«fino all'anno 1564»

Il duca di Alburquerque.
x governatore
«fino all'anno 1571»

Don Luigi Resquescens.
xi governatore
«fino all'anno 1574»

Il marchese d'Aiamonte.
xii governatore
«fino al 1580»

Il duca di Terranova.
XIII governatore
«dall'anno 1583 fino al 1592»

Il duca di Frias, conte d'Aro. XIV governatore
«[dal] 4 decembre 1592 [… con interr.] fino all'anno 1600»

Filippo III
re di Spagna
III duca
di Milano
di casa
d'Austria
[1598-1621]

Il conte di Fuentes.
XV governatore
«dall'anno 1600 al 1610»

Il duca di Frias, conte d'Aro. XVI governatore
«dalli 9 decembre 1610 fino alli 2 novembre 1611»

Il marchese dell'Hinoiosa.
XVII governatore
«dall'anno 1612 al 1615»

Don Pietro di Toledo.
XVIII governatore
«Governò 3 anni»

Il duca di Feria.
XIX governatore
«dall'anno 1618 all'anno 1626»

Filippo IV
re di Spagna
IV duca
di Milano
di casa
d'Austria
[1621-1665]

Don Gonzal de Cordova.
XX governatore
«[entrato nel 1627, ripartì] l'anno seguente 1628»

Il marchese Spinola.
XXI governatore
«Entrò […] l'anno 1629 et [morì] l'anno seguente 1630»

Il marchese di S. Croce.
XXII governatore
«l'anno 1630»

Il duca di Feria.
XXIII governatore
«[da] l'anno 1631 […] fino al 1633»

Il cardinale infante.
XXIV governatore
«l'anno seguente la sua venuta 1634 [… andò in] Fiandra»

Il cardinale Albornoz.
xxv governatore
«dal mese di luglio 1634
all'ottobre 1635»

Il marchese di Leganes.
xxvi governatore
«dalli 17 novembre 1635
fino alli 4 febraro 1636»

Il duca di Alcala.
xxvii governatore
«nello stesso anno 1636
[...] gli convenne partirsi»

Il marchese di Leganes.
xxviii governatore
«Ritornò la seconda volta [...]
dall'anno 1636 fino al 1641»

Il conte di Sirvela.
xxix governatore
«dalli 12 febraro 1641 fino
alli 27 luglio 1643»

Il marchese di Velada.
xxx governatore
«dalli 14 agosto 1643 fino
alli 5 febraro 1646»

Il contestabile di Castiglia.
xxxi governatore
«dalli 2 maggio 1646
fino all'ultimo ottobre»

Il conte d'Aro.
xxxii governatore
«per tre mesi seguenti [...] seguiva
l'indispositione del padre»

Il marchese di Caracena.
xxxiii governatore
«dal 1648 fino al 1655»

Il cardinale Trivultio.
xxxiv governatore
«per tutto l'anno 1656»

Il conte di Fuessendagna.
xxxv governatore
«dal 1656 fino al 1660»

Il duca di Sermoneta.
xxxvi governatore
«dal detto anno 1660 fino
al 1662»

Tav. 74. Silvestro Curletti [*Duchi e governatori di Milano di casa d'Austria*]
incisioni, cm 4,3 × 3,8 ca. ciascuna [1667]
in Monti 1667, pp. 16-57.

I piccoli ritratti qui riprodotti sono contenuti in un curioso e raro libretto dedicato dalla coautrice Antonia Monti al xxxvii governatore Luigi Ponze de Leon. Le incisioni – non bellissime, ma l'unico esempio a mia conoscenza che riproduca la serie pur parziale dei reggenti milanesi (e per molti governatori unica fonte iconografica) – sono del marito della Monti, morto prima di ultimare il lavoro. Si legge nella dedica: *«quest'operetta* [...] *la vidde (come V. E. conoscerà) più d'una mano rappezzata»* ▷I[39].

TAVOLA 75

TAV. 75. [*Disegno della medaglia per l'ingresso di Margherita d'Austria*]
disegno, cm 4 × 8 [1598]
Milano, Civica raccolta di stampe Achille Bertarelli.

Recto: MARGAR·AVST·PHIL·III·HISP·ET·MED·DVX·1598
Verso: QVA·LENES·SPIRARENT·AVSTRI
Esedra al verso: VELASHIO | GVBER·MEDIOL

Il disegno anonimo raffigura la medaglia che fu coniata a Milano per l'arrivo della regina Margherita d'Austria. Della medaglia originale sono stati recentemente identificati due conii la cui differenza più vistosa è l'assenza di una rosellina che precede il nome «*Velaschio*». Del conio con la rosellina si conoscono solo pochi esemplari in argento (ca. g 13 / mm 37) resi noti fin dal secolo scorso; di quello senza, oltre alle poche medaglie in argento è conservato nella raccolta privata ex Pietro Verri anche un esemplare in oro (ca. g 18 / mm 37); per una riproduzione delle tre tipologie della medaglia (l'oro e i due argenti) e per un'aggiornata bibliografia *cfr.* CRIPPA 1990, pp. 270-272.
Il disegno si rivela abbastanza differente dalla medaglia, particolarmente in riferimento all'ingombro dei testi (e alla loro lezione), come pure nei particolari sia della testa e dell'arco. Ciò fa supporre si tratti di un progetto preparatorio (non necessariamente quello definitivo) per la fabbricazione del conio.
L'arco al verso è quello di porta Romana da cui passerà la regina per entrare in città. È probabile che le quattro statue poste in cima facessero parte di una decorazione posticcia perché non compaiono nella raffigurazione di Torre ▷T.6.

TAVOLA 76

TAV. 76. Giovanni Battista BONACINA, [*Ritratto di Federico Borromeo*]
incisione, cm 51 × 38,5 [*post* 1631]
Milano, Civica raccolta di stampe Achille Bertarelli.

Sopra: FEDERICVS BORROMÆVS S.R.E. CARDINALIS S.M. ANGELORV‹M› ARCHIEPISCOPVS MEDIOL
Sotto: Natus anno Domini 1564, die 20 Augusti, creatus est Cardinalis anno 1587, die 18 Decembris, consecratus uero Archiepiscopus anno 1591, die 11 Iunij, tandem obijt anno 1631, die 21 Septembris.

Secondo ARRIGONI 1962, p. 692, questa sarebbe la prima incisione nota di Bonacina (attivo fra il 1631 e il 1659, autore fra l'altro del *Monte Atlante* ▷T. 46), da non confondersi con l'altro omonimo (il nipote?, attivo fra il 1663 e il 1699) che esegue prima nel 1664 e poi nel 1699 la ristampa della pianta di Milano edita da Barateri ▷T. 16.

CÆSAR MONTIVS MEDIOLANENSIS ECCLESIÆ ARCHIEPISCOPVS ET S.R. ECCLESIÆ CARDINALIS ÆTATIS SVÆ AN. XXXVIII
Hic ille Hesperiæ CÆSAR spectatus utriq;
Quem Nemesis, Latiæ quem coluere Deæ.
Hunc ciuem mirata, capit nunc patria patrem;
Sic Tyberim, et Bætin uertet in Eridanum.
Augustinus Terzagus Canon.s
Cæsar Bassanus F.
Cum priuilegio.

Tavola 77

TAV. 77. Cesare BASSANO, [*Ritratto di Cesare Monti*]
incisione, cm 18 × 15 [1634 ? (forse da un originale del 1632)]
Milano, Civica raccolta di stampe Achille Bertarelli.

Sull'ovale: CÆSAR MONTIVS MEDIOLANENSIS ECCLESIÆ ARCHIEPISCOPVS ET S.R.E. ECCLESIÆ CARDINALIS ÆTATIS SVÆ AN‹NO› XXXVIII

Sotto: Hic ille Hesperiæ CÆSAR spectatus utriq:, | Quem Nemesis, Latiæ quem coluere Deæ[1] | Hunc ciuem mirata, capit nunc patria patrem; | Sic Tyberim et Bætin uertet in Eridanum.

[Costui, osservato da entrambe le terre d'Occidente, è quel famoso CESARE che Nemesi e le dee del Lazio nobilitarono. La sua stessa patria che con ammirazione lo vide cittadino ora lo accoglie quale padre: così egli farà confluire il Tevere e il Guadalquivir nel Po]

In basso a destra: Augustinus Terzagus | Canon.[s]

In basso a sinistra: Cesar Bassanus F. | Cum priuilegio.

Se, come solitamente riportato, Cesare Monti nasce il 5 maggio 1593, il compimento dei 38 anni indicati sull'ovale dell'incisione cadrebbero nel 1631. Monti tuttavia diventerà arcivescovo di Milano solo l'anno successivo (29 novembre) e cardinale il 28 ottobre del 1633. L'incongruenza si spiega col fatto che, come già aveva riferito ARESE 1981, p. 183, e più recenti ricerche confermano (*cfr.* ZARDIN 1994, p. 28 nota 1), la data di nascita di Monti è da spostare al 15 maggio 1594. In questo caso si riesce a giustificare il titolo di «*archiepiscopus*», ma non quello di cardinale.

Si può supporre, per altro, che l'incisione, pur realizzata successivamente (ovvero quand'era già cardinale), sia stata tratta da un dipinto precedente, in cui Monti aveva appunto 38 anni. A conforto di questa ipotesi si osserva che i ritratti di Monti trentunenne, contenuti in BOLDONI 1636, lo raffigurano visibilmente più invecchiato. Se così è dobbiamo supporre che l'incisione sia stata eseguita dopo la sua elezione a cardinale, ma prima del suo arrivo a Milano (negli anni in cui Monti era a Madrid quale nunzio apostolico, dal novembre 1633 all'aprile 1635), ciò spiegherebbe l'esigenza di rifarsi a un altro dipinto e non al vero.

Circa le vicende biografiche di Monti prima della sua elezione a cardinale si veda il bel contributo di BORROMEO 1994. Per le successive la bibliografia è più articolata; una sintesi sufficientemente completa è in ZARDIN 1994.

Non so chi sia il canonico Agostino Terzago il cui nome è riferito in calce all'incisione, forse l'autore del testo latino che accompagna l'immagine.

---

1. Nemesi e le «*dee del Lazio*» sono rispettivamente la Spagna (Filippo IV) e il Vaticano (papa Urbano VIII), identificazione ribadita più sotto (ma con l'ordine invertito) nella contrapposizione fra Tevere e Guadalquivir. Più difficile spiegare il significato della simbologia mitologica; se il genere femminile delle divinità romane è forse dovuto a esigenze di metro (*'Di'*, gli dei, sarebbe stato troppo corto), più inquietante appare il parallelo fra Filippo IV e Nemesi, in origine dea della giustizia, ma in genere popolarmente intesa quale dea della vendetta. Viste le difficoltà e le ripicche che avevano preceduto l'elezione di Monti arcivescovo dovremmo supporre un tentativo, neanche tanto velato, di critica politica?

Libretti

Testi teatrali pubblicati a Milano

È qui raccolta la serie dei testi editi a Milano fra il 1598 e il 1649.[1] L'intenzione è quella di dare una panoramica della pubblicazione drammaturgica diffusa a Milano nel primo Seicento. Non si pretende di offrire una successione di rappresentazioni, ma solo un'attenzione documentaria alla produzione editoriale. In molti casi si tratta infatti di edizioni 'letterarie', ovvero stampate solo per la lettura o il collezionismo e non legate ad una rappresentazione (circa l'avvenuto allestimento v. *Cronologia*).[2]

Punto di partenza di questo elenco è stata l'appendice che Vianello pose a termine del suo scritto sul teatro e che, secondo le sue parole, fu messa insieme sulla scorta di alcune raccolte di libretti come quella del conte Corniani (per quanto la maggior parte riferentesi a Venezia), attualmente a Brera,[3] il ricco

1. Il termine 'libretto' identifica in questo contesto tutta la produzione editoriale di testi teatrali. «*Libretto*» era infatti il termine generico che indicava, a prescindere dal contenuto, una pubblicazione economica e di piccolo formato (v. più estesamente Mariti 1978). Qui per comodità la si limita ai testi e agli scenari di azioni rappresentabili con o senza musica.

2. Diversamente da *SarL* ho preferito *non* distinguere fra libretti di opere in musica e testi teatrali, perché il più delle volte tale classificazione non è praticabile. D'altra parte la convinzione che nella prima metà del Seicento opera e commedia tendano a coincidere trova conferma proprio nella omogeneità editoriale dei testi qui presentati. L'esigenza sentita da Sartori di porre dei confini alla monumentalità del suo lavoro lo ha obbligato ad anticipare di un secolo un criterio di selezione valido solo a partire dalla fine del Seicento; questo se nulla toglie al pregio insostituibile del suo catalogo (v. in proposito la lucida analisi di Riva 1996) rischia di ripetere il pericolo oggi più che mai in agguato di 'compartimentare' la cultura e la sua indagine.

3. Sul fondo Corniani-Algarotti e il suo trasferimento in Braidense v. Baretta 1993, pp. 92-94 (ho tuttavia trovato alcuni libretti con *ex libris* Corniani anche in I-Mt). In I-Mb oltre

fondo Ambrosiano e la cospicua raccolta del conte Antonio Sormani Verri, costituita dal fondo di Carlo Antonio Tanzi, accademico Trasformato, aumentata da Giuseppe Casati, da Pietro Verri e dai suoi discendenti, e infine integrata da un fondo Sormani.[4]

Lo sforzo di Vianello si è rivelato certo prezioso perché l'opera di selezione di tali libretti ha potuto snellire considerevolmente la mia ricerca, ma più di una volta si è dimostrato inattendibile. Compaiono cioè frequentemente titoli in realtà pubblicati altrove, mal collocati cronologicamente, o testi che alla fine si sono rivelati essere una semplice raccolta di poesie o altro. Tutti questi casi sono stati semplicemente eliminati. Ho mantenuto invece quei titoli per i quali, pur non trovando ulteriore riscontro, non ho potuto dimostrare l'infondatezza.

A questi se ne sono aggiunti non pochi altri che sono venuti a costituire un elenco se non necessariamente esaustivo, certo molto vicino almeno al numero dei testi oggi sopravvissuti.

I titoli sono qui ordinati alfabeticamente (disposti secondo l'anno di pubblicazione in *Cronologia*) e, nella forma più completa, la scheda di ciascuno si dispone secondo questo esempio:

all'inventario specifico della raccolta (revisionato nel 1981) sono attualmente consultabili quattro altri inventari manoscritti della fine del Settecento non altrimenti schedati. Si tratta di un *Catalogo delle opere tragiche, comiche etc. comprese nelli seguenti tomi* (*Racc. dramm.* 3924) in cui sono descritti 100 volumi contenenti 6-10 libretti ciascuno. Per ogni titolo si dà autore del testo e della musica, edizione e riferimenti bibliografici; in fondo un indice organizzato alfabeticamente. Per quanto ho potuto verificare tali volumi sono stati catalogati, quando superstiti, come miscellanea e quindi non come *Raccolta drammatica*. Un secondo inventario, sempre manoscritto, è intitolato *Catalogo delle opere teatrali o altre drammatiche non comprese nella serie dei drammi musicali, ma appartenenti alla serie medesima* (*Racc. dramm.* 6008) dove 115 libretti sono organizzati cronologicamente, ciascuno riportando le annotazioni come sopra; l'indice alfabetico in fondo. Gli altri due inventari riferiscono di rappresentazioni specificamente veneziane (*Racc. dramm.* 6007 e 6011).

4. Il fondo Ambrosiano fu in parte distrutto durante l'ultima guerra; *cfr.* Tea 1959, p. 835: «*Nella Biblioteca Ambrosiana era una raccolta di libretti d'opere, rappresentate al teatro ducale a partire dal 1647, con la* Delia sposa del Sole*, di Giulio Strazzi [sic]; ma purtroppo andarono perduti nel bombardamento del 1943*». Sul fondo Sormani Verri v. Vianello 1941, p. 52; la raccolta è ora conservata dalla contessa Luisa Sormani Andreani Verri nella sua casa di Lurago d'Erba in provincia di Como.

87	Le rivolte di Parnaso. Comedia di Scipione Herrico.		← numero progressivo, titolo e frontespizio
	Milano, Giovanni Battista Bidelli, 1626.		← luogo, stampatore e anno
	p. 2	Imprimatur	← indice del libretto
	3	Dedica dell'autore a Diego d'Aragona [di Napoli], 18.VIII.1625	
	6	Prologo	
	10	Interlocutori	
	11	Atto I [4 scene]	
	27	Atto II [scena unica]	
	54	Atto III [5 scene]	
	71	Atto IV [5 scene]	
	94	Atto V [10 scene]	
	108	Il fine	
	Commedia di Scipione Errico.		← genere e autore
	«Questa commedia diede fortemente nel naso a Tommaso Stigliani»		← eventuali annotazioni
	• Quadrio 1752, III.2, pp. 101-102		← bibliografia essenziale
	[consultato in I-M.Scala]		← collocazione

Tuttavia se il libretto è già presente in *SarL* il frontespizio e l'indice sono omessi. Pure, se non mi è stato possibile consultare direttamente il libretto, perché perduto, non trovato, o altro, mi sono limitato al titolo e alle note bibliografiche, indicando il riferimento da cui ho tratto notizia.[5] Eventuali ulteriori osservazioni sono poste in nota.

5. Per un regesto completo di alcuni dei libretti qui segnalati si rimanda al pregevole lavoro stimolato dal prof. Giorgio Montecchi dell'Istituto di Paleografia dell'Università statale di Milano che ha cominciato a indagare l'attività editoriale di alcuni importanti stampatori milanesi, fra cui Federico Agnelli (tesi di Paola Scotti), Giovanni Battista Bidelli (tesi di Giovanna De Lena), Girolamo Bordone (tesi di Valeria Lippolis), Filippo Ghisolfi (tesi di Paola Arrigoni), Lodovico Monza (in preparazione) e Francesco Vigoni (tesi di Angela Moroni). I contributi saranno pubblicati in una collana dell'editore Franco Angeli.

1 L'ADAMO [...]
Milano, Girolamo Bordoni, 1613

Sacra rappresentazione di Gian Battista Andreini, con 42 incisioni di Cesare Bassani su disegno di Carlo Antonio Procaccini ▷III$^{47-48}$ T.22 T.78-88.
• BEVILACQUA 1894, pp. 59, 134
• ARCAINI 1995, pp. 293, 324-326
• *SarL*, 236, 238[6] [anche in I-BGc, I-Ma, I-Mt, I-M.Statale, I-M.Lombarda]

2 L'ADAMO [...]
Milano, Girolamo Bordoni, 1617

Ristampa del precedente.
• *SarL*, 237 [anche in I-M.Bertarelli, I-M.Manzoni, I-Mt]

3 AMARANTA. Boscareccia del signor Luca Pastrovichi da San Costanzo, L'Improvviso academico, *etc.* Al molto illustre signor il signor Cesare Brivio.
Milano, Compagnia de Tini et Filippo Lomazzo, 1603

p. 3	Dedica dell'autore, San Costanzo 30.V.1603	
5	Sonetti di Luca Pastrovichi, Fortunio Solini, Giovanni Battista Pastrovichi, conte Barnaba Cesare Adorno, Antoniotto Adorno e Deodato Deverii	
12	Interlocutori	
13	Prologo	
17	Atto I	[4 scene e «Choro d'Amore»]
48	Atto II	[6 scene e coro]
88	Atto III	[3 scene e coro]
103	Atto IV	[2 scene e coro]
121	Atto V	[1 scena e coro]
130	Sonetto di Giovanni Battista Negro, Allegerito Intento	
131	Lo stampatore alli lettori (P. Malatesta)	

Favola boscareccia di Luca Pastrovichi.
[consultato in I-Mb]

4 L'AMOR GIUSTO [...]
Milano, Pandolfo Malatesta, 1605

Egloga pastorale di Silvio Fiorillo.
• *Comici...* 1993, I, p. 318

6. Il libretto che *SarL* indica con 238 non è l'unica copia di una ristampa del 1619 come detto ma sempre quello del 1613 con la data ritoccata a china (il 3 sembra potersi leggere 8 o 9) ▷III^{48}.

5 L'AMOR GIUSTO [...]
Milano, Pandolfo Malatesta, 1627

Ristampa del precedente.
• ARCAINI 1995, p. 288 nota 103

6 L'AMOR IMPOSSIBILE FATTO POSSIBILE [...]
Milano, Lodovico Monza, 1648

Pastorale di Carlo Torre.
• *SarL*, 1401

7 L' AMOROSA PRUDENZA
[esemplare mutilo del frontespizio]
Milano, eredi di Pacifico Ponzio e Giovanni Battista Piccaglia, 1609[7]

p. 3	Imprimatur
5	Dedica di Battista Piccaglia a Mutio Sforza Visconte, marchese di Caravaggio, 4.III.1609
9	«Allegorico discorso d'Hettore Capriolo G.C. intorno a L'amorosa prudenza, favola pastorale del signor Girolamo Borsieri»
19	Lo stampatore a chi legge[8]
20	Errata Corrige
21	Componimenti poetici di Bernardino Ferrario, Agostino Vimercati, P. Maria Malaguzzi, Tomaso Visconte, Benedetto Lori, Girolamo Rezzani, Gabriel Soresina, Bernardo Landoli, Giovanni Battista Baiacca, Giovanni Ambrogio Biffi fiorentino, Filippo Borro, M. Antonio Soncino, M. Angelo Martinengo, Gia. Antonio Carlevari da Bruno di Monferato, Chiara Camilliarda e Hettore Capriolo
34	Interlocutori
35	Argomento
37	Prologo
41	Atto I [7 scene e coro]
74	Atto II [8 scene e coro]
108	Atto III [7 scene e coro]
139	Atto IV [6 scene e coro]
172	Atto V [7 scene e coro]
204	Il fine

Favola pastorale di Girolamo Borsieri.
[consultato in I-Mcom]

---

7. L'anno e lo stampatore (lo stesso dell'edizione successiva) si ricavano dalla dedica, la cui data permette di distinguere questo libretto dall'edizione del 1610 ▷L.8 (datato 4.I.1610).

8. *«Essendosi lamentato il sig. Girolamo Borsieri ch'io habbia la prima volta stampato una copia della sua* Amorosa prudenza *da lui concessa ad alcuni suoi amici perché la recitassero non perché la facessero stampare, ed havendogliela essi nel trascriverla in alcuni luoghi fatta diversa anteponendo ne' versi molte parole che levate dal seggio gli rendevano aspri, et adombrandola con voci da lui non usate, con l'occasione ch'io desiderava di ristamparla n'ho ristampata una copia da lui riveduta* [...]*»*.

8 L' AMOROSA PRUDENZA [...]
Milano, eredi di P. Ponzio e G.B. Piccaglia, 1610

Ristampa del precedente.
• *SarL*, 1850

9 L'AMOROSO SDEGNO [...]
Milano, Melchion et heredi di Agostino Tradate, 1611

Favola pastorale di Francesco Bracciolini.
• *SarL*, 1863

— ANDROMEDA, 1644 ▷L.81

10 ANTIGONO TRADITO [...]
Milano, Stampa archiepiscopale, 1621

Tragedia di Pier Francesco Goano.
• *SarL*, 2193

11 ARGOMENTO, ALLEGORIA ET IDEA DEL TESEO [...]
Milano, Filippo Ghisolfi, 1649

Scenario della tragicommedia di anonimo.
• CENZATO 1987, p. 81 e segg. [trascritto integralmente]

12 ARGOMENTO DELLA PASTORALE DETTA IL MONTE LIBANO, recitata dalli giovani della dottrina christiana di Campo Santo. Nell'eletione dell'eminentiss.° signor cardinale Cesare Monti per pastore della Chiesa Milanese.
Milano, Dionisio Gariboldi, 1635

p. 3[9] «Il monte Libano...»
5 Atto I (9 scene)
7 Atto II (13 scene)
10 Atto III (14 scene)
13 «Allegoria dell'attione»
17 [Il fine]

Pastorale di anonimo.
[consultato in I-Mb]

9. Carte non numerate.

13 ARGOMENTO DELLA PASTORALE INTITOLATA LO SDEGNO D'ERODE [...]
Milano, Giorgio Rolla, 1639

Scenario della pastorale con prologo e intermedi di Carlo Torre.
• *SarL*, 2501

14 ARGOMENTO DELLA TRAGEDIA INTITOLATA BALTASAR, composta da un padre de la Compagnia di Giesù nel Collegio di Brera in Milano. Da farsi il giorno *sesto* [10] del mese di *Luglio* dell'anno 1604.
Milano, erede del quondam P. Pontio et G.B. Piccaglia, 1604

p. 3 Argomento
7 Atto I [4 scene]
10 Atto II [7 scene]
13 Atto III [8 scene]
17 Atto IV [11 scene]
21 Atto V [13 scene]
24 [Il fine]

Tragedia di Basilio Alamanni.[11]
[consultato in I-Mb]

15 ARGOMENTO DI FESTA D'ARMI A CAVALLO [...]
s.n.t., 1630

Scenario di giostra «*celebrata nel cortile del regio ducal palazzo*».
• *SarL*, 2512

16 ARGOMENTO, ET ALLEGORIA DELL'ATTIONE INTITOLATA MANLIO. Da recitarsi nel Collegio di Brera della Compagnia di Giesù. All'eminen.mo cardinale Cesare Monti, arcivescovo di Milano.
Milano, Filippo Ghisolfi, 1635

p. 3 «Premunitioni»
4 Breve argomento
«Allegoria distesa» e «Allegoria dichiarata»:
5 Atto I [9 scene e «Choro dell'Arti»]
9 Atto II [9 scene e «Choro delle Hore»]
12 Atto III [6 scene]
17 Personaggi e «Nomi de recitanti»
19 Errata Corrige, Il fine

Scenario dell'azione allegorica di anonimo.
[consultato in I-Mb]

---

10. Questo corsivo come il successivo sono aggiunti a china nello spazio predisposto.

11. A china sul frontespizio è indicato «*Basilio Lamagna*» identificato da DAMIANO 1995, p. 484, a cui si rimanda per ulteriori notizie bio-bibliografiche.

17 L'ARMINIA [...]
Milano, Pandolfo Malatesta, 1599

Egloga di Giovan BattistaVisconti (ms. in I-Mt, *Cod.Triv.* 5), intermedi di C. Schiaffenati ▷L.54 • *SarL*, 2786 [anche in I-Mt e F-Po]

— L'AURORA INGANNATA, 1621 ▷L.41

— BALTASAR, 1604 ▷L.14

18 IL BATTISTA, overo narratione della cagione, per la quale fu fatto morire il glorioso San Giovanni Battista. Portata in scena da Giovanni Soranzo. Alla molto rever.[da] sign. Emilia Francesca Chiesa.
Milano, Pietro Martire Locarni, 1609

	Approbatio
	Dedica dell'autore a Emilia Francesca Chiesa, Milano 6.v.1609
	«Le persone che parlano»
p. 1	Prologo
9	Atto I [4 scene]
30	Atto II [7 scene]
56	Atto III [7 scene]
82	Atto IV [8 scene]
105	Atto V [14 scene]
146	«Sonetti di Giovanni Soranzo fatti sopra i venti quadri, i quali si mostrano il giorno della festa del beato cardinale Carlo Borromeo»
158	Errata Corrige

Tragedia di Giovanni Soranzo.
[consultato in I-Mb]

19 LA BIZARIA DI PANTALONE, comedia capricciosa, e faceta del sig. Francesco Gattici. All'illustrissimo signore il sig. Francesco Nerli, ambasciatore del serenissimo di Mantova in Milano.
Milano, Giovanni Battista Malatesta, s.a.

p. 2	Imprimatur, 22.VI.1619
3	Dedica dello stampatore, Milano 29.I.1622
8	Prologo
14	Interlocutori
15	«A lettori»
16	Atto I [5 scene]
42	Atto II [5 scene]
66	Atto III [5 scene]
89	«Ringratiamento»
90	[Il fine]

Commedia di Francesco Gattici.
[consultato in I-Mb]

20 IL BRAGATO [...]
Milano, Filippo Ghisolfi ad istanza di G.B. Bidelli, 1639

Commedia di G.S.M. con *«una nuova giunta di [5] intermedij apparenti»*.
• *SarL*, 4130

21 BREVE INSTRUTTIONE di tutto quello che si contiene nella tragicomedia FAUSTINIANO da rappresentarsi nel Collegio di Brera. A dì [*spazio bianco*] di luglio l'anno 1610.
Milano, her. di P. Pontio et G.B. Piccaglia, 1610

p. 2	Imprimatur	
3	Narratione dell'historia	
11	Atto I	[6 scene]
13	Atto II	[4 scene]
15	Atto III	[5 scene][12]
18	Atto IV	[4 scene]
20	Atto V	[7 scene]
23	[Il fine]	

Scenario della tragicommedia di anonimo.
[consultato in I-Mb]

22 LA CAMPANACCIA, comedia piacevole e ridicolosa del sign. Gio. Battista Andreini, comico Fedele, detto Lelio.
Milano, Carlo Antonio Malatesta per Donato Fontana, 1627

p. 2	Imprimatur, 5.x.1627
3	Dedica di D. Fontanta a Giuseppe Manzoli, Milano 1.XI.1627
7	Dedica in dialetto di «Grazian Campanaz da Budri»
10	Prologo
12	Interlocutori
13	Atto I
	[...]

Commedia di Gian Battista Andreini.
[consultato in I-Mb, unica copia rinvenuta, ma priva delle pagine successive alla 24]

23 CAPRICCIO D'AMORE [...]
Milano, B. Crippa, 1606

Egloga pastorale di Girolamo Bernardino da Orvieto.
«È una pastorale distesa in versi, ma in soli tre atti divisa»
• QUADRIO 1752, III.2, p. 410

12. A quest'atto partecipa un *«Choro di Demoni»* e uno *«di Angeli»*.

24 Capriccio poetico. Componimento di Claudio Filippi, dedicato all'illustrissimo signor Francesco Maria Balbi.
Milano, Filippo Ghisolfi ad istanza di Giovanni Battista Cerri e Carlo Ferrandi, 1640

p. 3 Dedica dell'autore, Genova 25.vi.1640
9 Imprimatur
10 Personaggi
11 Atto unico
28 [Canzone di Saffo]
56 [Seconda canzone di Saffo]
58 [Terza canzone di Saffo]
59 Il fine

Farsa di Claudio Filippi.
«in 12. È una farsa in prosa con alcuni versi che qua e là vi sono inseriti»
• Quadrio 1752, iii.2, p. 104
[consultato in I-Mb]

25 La confusione dell'ostinato peccatore [...]
Milano 1626

Tragedia di Francesco Gerolamo Gattici
• Cascetta 1995, p. 178; anche p. 742 *sub anno*
[in I-Ma, non consultato]

26 La Controlesina [...]
Milano, Giacomo Maria Meda, 1605

Commedia *«del Pastor Monopolitano»* Domenico Cornacchini.[13]
• Quadrio 1752, iii.1, p. 77; iii.2, p. 96.

13. La commedia sarà ristampata a Venezia col titolo *Il pignatto grasso* (F. Barezzi, 1612). Di Cornacchini si conoscono anche *Gl'inganni, «commedia contra gli Affumicati Lesinanti»* (Venezia, R. Maglietti, 1605), *Rappresentazione della nascita di Nostro Signore* (Firenze, Sermatelli, 1607) e *Commedia spirituale dell'Anima...* (Siena, Loggia del Papa, 1608).

27 LA CORTESIA DI LEONE E DI RUGGIERO CON LA MORTE DI RODOMONTE. Suggetto cavato dall'Ariosto, e ridotto in stile rappresentativo per Silvio Fiorillo, fra comici detto il Capitan Mattamoros. Dedicata all'illustriss. et reverendiss. sig. il sig. d. Francesco Peretti abbate di Chiaravalle *etc.*
Milano, Pandolfo Malatesta, 1624

p. 2	Imprimatur, 6.VII.1624	
3	Dedica dell'autore	
5	Versi di Iacopo Antonio Fidenzi	
6	Interlocutori	
7	Prologo	
12	Atto I	[4 scene]
31	Atto II	[8 scene]
57	Atto III	[12 scene]
89	Atto IV	[10 scene]
110	Atto V	[10 scene]
140	Il fine	

Commedia di Silvio Fiorillo.
[consultato in I-M.Scala]

— LA COSTANZA, 1607 ▷L.97

28 DEL MIRACOLO DEL SS. SACRAMENTO [...]
Milano 1611

Dramma sacro di Girolamo Bernardini
[in I-Ma, non consultato]

29 LA DELIA SPOSA DEL SOLE [...]
Milano, Giovan Pietro Ramellati, 1647

Dramma in musica di Giulio Strozzi.
• *SarL*, 7218.

30 LE DISGRAZIE DI BURATTINO [...]
Milano, Graziadio Ferioli, 1623

Commedia di Francesco Girolamo Gattici.
• QUADRIO 1752, III.2, p. 231

31 La dispersione di Euripide. Comedia di Baruno Ramussatore. All'illustrissimo signor il signor conte Gio. Pietro Sorbelloni, etc.
Milano, Agostino Tradate, 1606.

p. 3	Dedica dello stampatore, 25.ix.1606
5	Cinque sonetti di autori diversi (nomi di fantasia)
8	«Quelli che parlano»
9	Prologo
13	Atto i [7 scene]
36	Atto ii [9 scene]
63	Atto iii [7 scene]
97	Atto iv [9 scene]
122	Atto v [12 scene]
167	Sette rime di autori diversi (nomi di fantasia)
175	Imprimatur, 30.vii.1606

Commedia di Baruno Ramussatore (pseudonimo).
[consultato in I-Mt]

32 L'Edemonto [...]
Milano, Giacomo Lantoni, 1621

Tragedia di Giovanni Battista Oddoni
• Peduzzi 1995, p. 114

33 Ester [...]
Milano, eredi di Melchiorre Malatesta,1627

Tragedia di Federico Della Valle.
• Gareffi 1988 [edizione moderna e ampio apparato bio-bibliografico]

34 I falsi Dei [...]
Milano, Pietro Martire Locarni, 1599

Favola pastorale di Ercole Cimiliotti[14]
• *SarL*, 9607 [anche in I-Mb (due copie)]

14. Il nome dell'autore compare solo nelle edizioni successive. Ercole Cimilotti o Cimiliotti non è presente nel *DBI*, ma è citato da Argelati 1745, coll. 262c, 332a, 971a, 1650a, 2122c e Quadrio 1752, ii.1, p. 530, e Indice, p. 175, che conosce *I falsi Dei* nelle edizioni del 1619 (Pavia: *SarL*, 9609) e del 1620 (Venezia: *SarL*, 9610, ma anche in I-Mb) e commenta: «*Amendue queste edizioni sono ristampe di questa veramente lepida favola, dove sono introdotti il Pantalone, il Burattino, il Graziano, il Zanni etc. È però in verso sciolto di undici sillabe: ma di tre soli atti. In breve è un guazzabuglio*», Quadrio 1752, iii.2, p. 414.

35 I FALSI DEI. Favola pastorale piacevolissima dell'Estuante accademico Inquieto.
Milano, Pietromartire Locarni, 1605.

	Approbatio	
	Dedica[15] dello stampatore a Ottavio Vartemà Franchi, 6.VIII.1605	
	Ai lettori (sonetto dell'autore)	
	Persone della favola	
	Prologo	
p. 1	Atto I	[10 scene]
24	Atto II	[12 scene]
47	Atto III	[15 scene]
74	Finis	

Ristampa del precedente.
[consultato in I-Mb, I-Mt]

36 I FALSI DEI [...]
Milano, Pietro Martire Locarni, 1614

Ristampa del precedente.
• *SarL*, 9608

37 IL FARISEO E IL PUBBLICANO [...]
Milano, Carlo Lantoni, 1628

Tragedia di Benedetto Cinquanta.
• QUADRIO 1752, III.1, p. 82

38 IL FARISEO E IL PUBBLICANO [...]
Milano, Carlo Lantoni, 1634

Ristampa del precedente.
• QUADRIO 1752, III.1, p. 82 [per cui la data è il 1633]
• DOGLIO 1960, p. XCVI

— FAUSTINIANO ▷L.21

39 LE FERITE INFELICI [...]
Milano, Giacomo Lantoni, 1625

Favola pastorale di Giambattista Guala.
• QUADRIO 1752, III.2, p. 415

15. Secondo quanto si legge, la pastorale fu allestita *«nella presente estate»*; è aggiunto anche che *«Fu essa già rappresentata in Alessandria da que' virtuosi gentil'huomini ch'erano molto amici dell'autore in sua presenza. Egli, prima ch'al mondo mancasse, la rivide e la migliorò di propria mano»*.

40 IL FIGLIOL PRODIGO. Rappresentazione morale in versi scolti, nuovamente composta dal padre F. Benedetto Cinquanta, theologo e predicatore generale de minori Osservanti. Nel convento di Santa Maria della Pace. All'ill.^{mo} et ecc.^{mo} sig.^{re} il sig. duca di Feria.
Milano, Giovanni Battista Malatesta, 1633[16]

Imprimatur, 14.XI.1632
Dedica dello stampatore al duca di Feria, Milano 3.II.1633
Interlocutori
Prologo

p. 1	Atto I	[4 scene]
43	Atto II	[5 scene]
88	Atto III	[5 scene]
129	Atto IV	[5 scene]
185	Atto V	[5 scene]
230	«Ringratiamento»	
234	[Il fine]	

Rappresentazione morale di Benedetto Cinquanta.
[consultato in I-Mb]

41 IL FILARMINDO [...]
Milano, Giovanni Battista Bidelli, 1621

Favola pastorale di Rodolfo Campeggi con gli intermedi in musica intitolati *L'Aurora Ingannata* di Bernardo Morando ▷IV$^{2\text{-}5}$.
• *SarL*, 10258

42 FILLI DI SCIRO [...]
Milano, Melchion ed heredi d'Agostino Tradate, 1612

Favola pastorale di Guidubaldo de' Bonarelli.
• *SarL*, 10285

43 LA FINTA PAZZA [...]
Milano, Giovanni Pietro Eustorgio Ramellati [s.a. ?]

Dramma per musica di Giulio Strozzi. Prima stampa milanese (forse perduta) della cui esistenza ci informa la successiva ristampa ▷L.44

16. CASCETTA 1995, p. 132, riferisce «*Carlo Latoni* [sic] *1628*», ma l'avverbio «*nuovamente*» del frontespizio mi fa pensare si tratti di un errore (forse dovuto all'involontaria ripetizione delle indicazioni di libretti contigui ivi citati), essendo improbabile un'edizione precedente: 'nuovamente', 'di nuovo' all'epoca avevano ancora il significato originario riconducibile all'attuale 'per la prima volta'.

44 LA FINTA PAZZA [...]
Milano, Giovanni Pietro Eustorgio Ramellati, s.a.

Ristampa del precedente.
• *SarL*, 10499

45 LA FLAMINIA SCHIAVA. Commedia di Piermaria Cecchini detto Frittellino. Comico del sereniss. sig. duca di Mantova.
Milano, Girolamo Bordoni, 1610 [17]

p. 2	Approbatio	
3	Dedica di Cecchini a don Giovanni de Medici, Milano 8.VII.1610	
5	Ai curiosi lettori[18]	
8	Argomento	
10	Persone che favellano nella favola	
11	Atto I	[7 scene]
30	Atto II	[10 scene]
49	Atto III	[7 scene]
69	Atto IV	[11 scene]
89	Atto V	[16 scene]
119	Il fine, p. 119.	

Commedia di Pier Maria Cecchini.
[consultato in I-M.Scala]

46 LA FLORINDA [...]
Milano, Girolamo Bordone, 1604

Tragedia di Gian Battista Andreini. Tutte le copie saranno bruciate dall'autore perché mal riuscite ▷T.21.
• ARCAINI 1995, p. 289

---

17. TAVIANI 1979, p. 279, riferisce di un'edizione del 1620 ma non trovo conferme in merito. Forse si tratta di un refuso di stampa.

18. «[...] *Già in Parigi io ne donai una copia scritta a mano all'illustrissimo sig. Gio. Battista Baron de' Gondi, il quale mi disse haverne tratto tanto gusto e diletto che, per farne parte a gli amici, voleva mandarla alla stampa, et che me n'havrebbe mandate alcune copie in Torino; et mentre stavo aspettandole, ne feci vedere la copia c'havevo presso di me al sig. cavalier Marino, il quale non solo singolarmente me la lodò, ma efficacemente m'essortò a darla in luce. Però non essendo mai venuta istampata da Parigi, mi son risoluto da farla istampare in Milano* [...]».

47 LA FLORINDA. Tragedia di Gio. Battista Andreini, comico Fedele. All'illustriss.^{mo} et eccellentiss.^{mo} sig.^{re} d. Pietro Enrichez de Azevedo, conte di Fuentes, del Consiglio di Stato della maestà catolica, et suo capitano generale, et governatore dello Stato di Milano, *etc.*
Milano, Girolamo Bordone, 1606

p. 3 Dedica dell'autore, 23.VII.1606
5 Sonetti di Francesco Vinta, detto il Percosso, di Vincenzo Panciatichi, detto l'Agitato, di Iacopo Cicognini, di Verginia Andreini, detta Florinda, di Cesare Porta e Alessandro Miari
10 Anagrammi di Leonardo Tedeschi e G.B. Andreini
12 Tavola: *Scena nella foresta di Scozia* ▷T.31
13 Interlocutori
14 Tavola: *Ioannes Baptista Andreinus...* ▷T.21
15 Atto I [7 scene e coro]
55 Atto II [7 scene e coro]
92 Atto III [8 scene e coro]
121 Atto IV [6 scene e coro]
158 Atto V [6 scene e coro][19]
192 Approbatio, p. 192.

Tragedia di Gian Battista Andreini.
[consultato in I-Mb (due copie), anche in I-Mt, I-M.Scala, I-BGc]

48 LA GHIRLANDA. Egloga in napolitana et toscana lingua, di Silvio Fiorillo, detto il Capitan Matamoros comico. All'illustriss. sig. Fabio Visconti.
Milano, Pandolfo Malatesta, s.a.

p. 2 Imprimatur
3 Dedica dell'autore, Milano 29.VII.1611
5 Sonetti di Silvio Fiorillo, Ottavio Buono, Giovanni Battista [*sic*], Antonio Carnevale, Fabritio Cinamo, Daniele Geofilo Piccigallo e Salvatore Scarano
12 Interlocutori
13 Prologo
17 Atto I [7 scene]
32 Atto II [5 scene]
45 Atto III [10 scene]
62 Atto IV [4 scene]
75 Atto V [7 scene]
88 Il fine

Egloga di Silvio Fiorillo.
[consultato in I-Mb]

19. In questo atto il coro partecipa all'azione come fosse un personaggio.

49 La Giuditta [...]
Milano, Giovanni Pietro Cardi al segno della Fortuna, 1647

Azione scenica di Antonio Maria Anguissola, con quattro intermedi e canzonette con musica.
• *SarL*, 12106

50 La Giustina. Tragedia spirituale composta dal r.p. F. Bonaventura Morone da Taranto de' minori Osservanti riformato, essendo ancora nel secolo co'l nome di d. Cataldo Morone, 1602. All'illustrissima signora la signora marchesa Lucia Cusana Litta.
Milano, Giovanni Battista Bidelli, 1617

Imprimatur
Dedica dello stampatore, Milano 1.iv.1617
«A' suoi carissimi tarentini, l'autore»
Nomi de' personaggi
Versi di Pellegrino Scardini di Licia, Giovanni Battista Lalli e Giovanni Giusto Averata.
Il prologo

p. 1	Atto i	[7 scene e «choro di donne cristiane»]
43	Atto ii	[8 scene e coro]
90	Atto iii	[9 scene e coro]
135	Atto iv	[7 scene e coro]
171	Atto v	[10 scene e Licenza]
220	Tramezi spirituli dello stesso autore	
232	Tramezo secondo con «choro di donzelle hebree»	
238	Tramezo terzo con «choro di donzelle»	
246	Tramezo quarto	
259	[Il fine]	

Tragedia spirituale di Antonio Cataldo Morone (Francesco Bonaventura da Taranto) [consultato in I-Mb]

51 Le glorie d'amore [...]
Milano, Filippo Ghisolfi, 1649

Opera in musica per le nozze di Ferdinando iii imperatore (1649)
• *SarL*, 12405 [in I-Ma il libretto è privo di frontespizio]

52 L'Hadriana, tragedia nova di Luigi Groto Cieco d'Hadria. Nuovamente ristampata.
Milano, Giovanni Battista Bidelli, 1619

p. 1	Dedica dell'autore a sig. Paolo Thiepolo, Hadria 29.xi.1578	
5	«Persone che parlano»	
6	Prologo	
8	Atto i	[3 scene e coro]
24	Atto ii	[3 scene e coro]
36	Atto iii	[3 scene e coro]

46 Atto IV [4 scene e coro]
60 Atto V [9 scene e coro]
74 Imprimatur, 13.I.1619 [Il fine]

Tragedia di Luigi Groto d'Adria. Già stampata a Venezia (1583, 1586, 1599, 1609 e 1626). *«L'azione è tratta dalla prima novella del secondo volume del Bandello»*
• QUADRIO 1752, III.1, p. 71; v. anche in generale l'Indice, *sub voce*.
[consultato in I-Mb, anche in I-Ma e I-BGc]

53 HERMENEGILDUS ▷C[1621]

54 INTERMEDI DELL'ARMINIA [...]
Milano, Francesco Paganello, 1599

Scenario degli intermedi di Camillo Schiffenati per *Arminia* ▷L.17.
• SOLERTI 1903, pp. 225 e segg. [lo riproduce integralmente]
[consultato in I-Mt e F-Po]

55 L'IRENA [...]
Milano, Alberto Besozzi, 1627

Tragedia spirituale di Antonio Cataldo Morone (Francesco Bonaventura da Taranto)
• CASCETTA 1995, p. 121

56 IUDIT [...]
Milano, eredi di Melchiorre Malatesta, 1627

Tragedia di Federico Della Valle.
• GAREFFI 1988 [edizione moderna e ampio apparato bio-bibliografico]

57 IL LELIO BANDITO. Tragicomedia boscareccia. Di Gio. Battista Andreini fiorentino. All'ill.mo sig. patron mio oss.mo il signor Francesco Nerli, ambasciatore del sig. duca di Mantova in Milano.
Milano, Giovanni Battista Bidelli, 1620.

p. 2 Imprimatur, 16.VII.1620
3 Dedica dell'autore, Milano 5.VIII.1620
5 «A' benigni lettori»[20]
8 «L'Apparato»
9 Interlocutori

20. *«Se già con* La turca *mia comedia (lettori graziosissimi) vi trasportai fra le spiagge ad essere spettatori di maritimi accidenti guerrieri, ed altra volta con* Lo schiavetto *nelle città a rimirar fatti scherzevoli et amorosi, hoggi pure con scenici allettamenti per theatro vi stabilisco un'alpestro e boscareccio luogo* [...]».

11 Prologo «Di Gio. Paolo Fabri, fra comici Fedeli detto Flaminio»[21]
14 Atto I [5 scene]
44 Atto II [7 scene]
64 Atto III [10 scene]
89 Atto IV [10 scene]
115 Atto V [11 scene]
154 Avvertimento
155 «Ordine delle robbe»[22]
159 Avvertimento

Tragicommedia boscareccia di Gian Battista Andreini.
[consultato in I-M.Scala]

58 LA LUCILLA COSTANTE con le ridicolose disfide e prodezze di Policinella [*sic*]. Commedia curiosa di Silvio Fiorillo detto il Capitano Matamoros, comico Acceso, affetionato e risoluto. Dedicata all'illustriss. et eccellentiss. sig. il sig. duca di Feria
Milano, Giovanni Battista Malatesta, 1632

Imprimatur
Dedica dell'autore, Milano 29.x.1632
Interlocutori
Prologo
p. 1 Atto I [8 scene]
35 Atto II [18 scene]
77 Atto III [19 scene]
107 Atto IV [20 scene]
135 Atto V [15 scene]
175 Il fine

Commedia di Silvio Fiorillo.
• FALAVOLTI 1982, pp. 523-676 [edizione moderna]
[consultato in I-Mb e I-M.Scala; in I-Mt esemplare senza indicazioni tipografiche]

59 LA MADDALENA [...]
Milano, Giovanni Battista e Giulio Cesare Malatesta, 1620

Sacra rappresentazione di Gian Battista Andreini.[23]
• QUADRIO 1752, III.1, p. 77

21. Si tratta in realtà di un'arringa a favore delle commedie, contro i loro detrattori.

22. È un elenco dettagliato, scena per scena, di tutti gli oggetti necessari, costumi, apparati per lo spettacolo. Compaiono più volte anche trombe e tamburi (v. le scene II.7, III.8 e V.8).

23. Stampata a Venezia nel 1610 come *«compositione devota»* (non a Milano come riferisce ARCAINI 1995, p. 291 e 295), fu poi riadattata per la scena (Mantova 1617, di cui questa milanese è una ristampa). Ricomparirà a Milano nel 1652 ulteriormente modificata, col titolo *La maddalena lasciva e penitente*. Nel 1617 furono stampate a Venezia anche le *Musiche... per la Maddalena di G.B. Andreini* di autori vari.

60 LA MADDALENA CONVERTITA. Rappresentazione composta dal r.p. F. Benedetto Cinquanta, predicatore de minori Osservanti. Nuovamente ristampata,[24] con intermedi di nuovo aggiunti.
Milano, Pandolfo Malatesta, 1616.

	Imprimatur
	Ai lettori
	Dedica di Giacomo Como al padre Gregorio Cresoino, Milano 12.XII.1616
	Interlocutori
	Prologo[25]
p. 1	Atto I [5 scene]
29	Intermedio I
32	Atto II [5 scene]
66	Intermedio II
74	Atto III [5 scene]
108	Intermedio III
111	Atto IV [5 scene]
150	Intermedio IV
153	Atto V [5 scene]
211	«Ringratiamento»
214	Il fine

Rappresentazione con intermedi di Benedetto Cinquanta.
[consultato in I-M.Cattolica]

61 LA MADDALENA CONVERTITA [...]
Milano, Marelli, 1634

Ristampa del precedente.
• QUADRIO 1752, III.1, p. 81.

— MANLIO, 1635 ▷L.16

24. L'edizione precedente a cui fa riferimento il frontespizio è quella romana del 1611.

25. Queste dodici pagine non numerate appaiono stampate con un ordine sbagliato, almeno nell'esemplare da me consultato; in particolare (supponendo di numerare questi fogli da I a XII) *Ai lettori* compare nell'ordine alle pp. VI-III-IV-IX; gli *Interlocutori* alle pp. X-VII e il *Prologo* alle pp. VIII-XI-XII.

62 MATHIDIA. Rappresentatione grave e sacra. Historia reale curiosissima, del padre F. Girolamo Gattici milanese. Al m. ill. et m.r.p. d. Ascanio Ordei, canonico regolare lateranense, meritissimo abbate di Casoretto.
Milano, Giovanni Battista Malatesta, 1625.

p. 2	Imprimatur, 10.IX.1624	
3	Dedica dello stampatore, 15.I.1625	
6	Sonetti di Girolamo Folco	
8	Argomento	
22	«Avertenze»	
23	Prologo	
26	«Avertenza per la recitatione della Rapresentatione»[26]	
27	Interlocutori	
28	Atto I	[7 scene]
53	Atto II	[7 scene]
80	Atto III	[7 scene]
100	Atto IV	[10 scene]
124	Atto V	[7 scene]
148	Epilogo [Il fine]	

Sacra rappresentazione di Girolamo Gattici.
[consultato in I-Mb]

63 MIRIBIA [...]
Milano, quondam Pacifico Pontio, 1598

Tragedia di Innocenzo Cibo Ghisi.
«La Miribia, tragedia hebrea del signor Francesco Lercano, gentiluomo genovese. In Milano nella stampa del quon. Pacifico Pontio 1598, e di nuovo nel 1609 in 8. L'autore fu fra Innocenzo Cibo Ghisi, che sotto il detto nome di Francesco Lercano volle andare coperto»
• QUADRIO 1752, III.1, p. 74; *cfr.* anche Indice, p. 175

64 MIRIBIA [...]
Milano, quondam Pacifico Pontio, 1609

Ristampa del precedente.
• QUADRIO 1752, III.1, p. 74

26. «[...] *li molti personaggi per interlocutori, nulladimeno però si sono disposti in tal guisa, che si puono ridurre a pochissimo numero, potendo un solo recitante far le parti di più personaggi, sì perché mai si aboccano insieme, come anco per la brevissima recitatione del più numero di loro*».

65 LA MIRTILLA. Pastorale della signora Isabella Andreini, comica Gelosa, accademica Intenta. Di nuovo dall'istessa riveduta, et in molti luoghi abbellita.
Milano, Girolamo Bordoni e Pietromartire Locarni, 1605.

Dedica degli stampatori alla signora Margherita Casati, Milano 6.VIII.1605
Interlocutori
Approbatio
p. 1 Prologo
8 Atto I [3 scene]
30 Atto II [3 scene]
44 Atto III [5 scene]
65 Atto IV [4 scene]
90 Atto V [8 scene]
112 Il fine

Pastorale di Isabella Andreini pubblicata per la primo volta a Verona nel 1588 e ora allegata alla pubblicazione postuma delle sue *Rime*.
[consultato in I-Mb]

66 IL MONDO CONQUISTATO [...]
Milano, Pandolfo Malatesta, 1624

Commedia di Silvio Fiorillo.
• *Comici*... 1993, I, p. 318 [in I-R.Burcardo]

67 IL MONDO CONQUISTATO [...]
Milano, Pandolfo Malatesta, 1627

Ristampa del precedente.
• RASI 1905, I, p. 926
• CHECCHI 1986, p. 133

— IL MONTE LIBANO, 1635 ▷L.12

68 IL MORTORIO DI CHRISTO. Tragedia spirituale del r.p. F. Bonaventura da Taranto de' frati min. Osservan. riformati. Consagrata alla santissima Vergine Madre di Dio. Sotto il titolo della Madonna dello Spasimo.
Milano, eredi di P.M. Locarni et G.B. Bidelli, 1612.

Imprimatur
Dedica dell'autore «Alla Gloriosa Regina del Cielo»
Dedica dello stampatore ad Angelo Seghizzo «*Inquisitore Generale dello Stato di Milano*», Milano 1.VI.1612
Dedica dell'autore ai Frati Minori Osservanti
Personaggi
Prologo

p. 1 Atto I [7 scene e coro]
65 Atto II [7 scene e coro]
102 Atto III [8 scene e coro]
151 Atto IV [7 scene e coro]
194 Atto V [8 scene, coro e «Lamento della Vergine al Sepolcro di Christo»][27]
240 Il fine

Tragedia spirituale di Antonio Cataldo Morone (Francesco Bonaventura da Taranto).[28]
• CASCETTA 1995, pp. 120-131
[consultato in I-Mb]

69 IL MORTORIO DI CRISTO [...]
Milano, eredi di P.M. Locarni et G.B. Bidelli, 1615.

Il libretto, trattandosi di una ristampa, è del tutto simile a quello del 1612. Cambia solo la dedica a Seghizzi che ora è detto *«commissario generale del Sant'Officio in Roma»* e porta la data del 2 maggio 1615.
[consultato in I-Mb]

70 LA NATIVITÀ DEL SIGNORE, reppresentatione spirituale in versi sciolti. Novamente composta dal padre Fra. Benedetto Cinquanta, teologo e predicatore generale de min.[ri] Oss.[ti]. Fra li accademici Pacifici detto il Selvaggio.
Milano, Carlo Lantoni, 1628.

p. 2 Imprimatur, Milano 17.VII.1628
3 Dedica dell'autore a Giulia Lombarda «delle Signore della Guastalla», Milano 15.VI.1628
6 Interlocutori
7 Prologo
11 Atto I [5 scene]
48 Intermedio I [«Choro di Angioli»]
52 Atto II [5 scene]
97 Intermedio II [«Choro di Pastori»]
101 Atto III [5 scene]
152 Intermedio III [«Choro di Donne»]
163 «La Città di Betleme...»
167 Il fine
168 Errata Corrige

Rappresentazione spirituale di Benedetto Cinquanta.
[consultato in I-Mb e I-BGc]

27. Evidentemente cantato; seguono infatti altre indicazioni per cantare.
28. Altre edizioni a me note sono quella bergamasca del 1600 (s.e.) è quella di Anteo Viotti pubblicata a Parma nel 1613.

71 OPERE POETICHE del molto illustre signor cavalier Battista Guarini, nelle quali si contengono il *Pastor fido*, tragicommedia pastorale, sonetti, madrigali et alcune ottave di novo stampate et corrette.
Milano, eredi del q. P. Pontio et G.B. Piccaglia, 1600

p. 3	Argomento	
8	Personaggi	
9	Prologo	
15	Atto I	[5 scene e coro]
53	Atto II	[6 scene e coro]
89	Atto III	[9 scene e coro]
137	Atto IV	[9 scene e coro]
187	Atto V	[10 scene e coro]
240	Il fine	

Tragicommedia pastorale di Gian Battista Guarini. A dispetto del frontespizio il libretto contiene solo il *Pastor fido*.
[consultato in I-Mb]

72 LA PACE [...]
Milano, Carlo Lantoni, 1617

Rappresentazione spirituale di Benedetto Cinquanta.
• QUADRIO 1752, III.1, p. 81

73 LA PACE [...]
Milano, Carlo Antonio Malatesta, 1628

Ristampa del precedente.
• QUADRIO 1752, III.1, p. 81

74 IL PADRE DISCACCIATO DAL FIGLIO IN PERSONA DI DAVIDE [...]
Milano, Filippo Ghisolfi, 1641

Tragicommedia di Carlo Torre.
• ARGELATI 1745, col. 1539 (op. VI)

— IL PASTOR FIDO, 1600 ▷L.71

75 IL PASTOR FIDO [...]
Milano, Giovanni Battista e Giulio Cesare Malatesta, s.a.

Opera in musica di Benedetto Ferrari della Tiorba. Si tratta quasi certamente di una stampa pubblicata con il titolo sbagliato: *Pastor fido* ha preso il posto di *Pastor regio* ▷L.76.
• *SarL*, 18031

76 IL PASTOR REGIO [...]
Milano, Giovanni Battista e Giulio Cesare Malatesta, s.a. [ma 1646]

Opera in musica di Benedetto Ferrari della Tiorba.
• *SarL*, 18109

77 LE PAZZIE GIOVANILI [...]
Milano, Pandolfo Malatesta, 1621

Commedia di Francesco Girolamo Gattici ▷L.78.
• QUADRIO 1752, III.2, p. 231

78 LE PAZZIE GIOVENILI, comedia arguta e curiosa. Del signor Francesco Gattici. All'illustriss. sig. conte Antonio Bilia.
Milano, Carlo Antonio Malatesta, 1629.

p. 2	Imprimatur	
3	Dedica dello stampatore, Milano 19.x.1629	
7	Prologo	
14	Interlocutori	
15	Atto I	[5 scene]
50	Atto II	[5 scene]
76	Atto III	[5 scene]
107	Atto IV	[5 scene]
143	Atto V	[5 scene]
179	Ringratiamento	
180	Il fine	

Ristampa del precedente.
[consultato in I-M.Scala]

79 GLI PENSIERI FALLACI. Comedia dilettevole et essemplare del signor Francesco Gattici. All'illustrissimo sig. conte Francesco d'Adda.
Milano, Giovanni Angelo Nava, 1621.

p. 2	Imprimatur, 2.v.1619 | Ai lettori	
3	Dedica dello stampatore, Milano 7.IX.1621	
7	Prologo	
17	Interlocutori	
19	Atto I	[5 scene]
46	Atto II	[8 scene]
82	Atto III	[7 scene]
113	Atto IV	[9 scene]
137	Atto V	[9 scene]
170	Ringratiamento	
171	Il fine	

Commedia di Francesco Gattici.
[consultato in I-Mb]

80 La peste del mdcxxx [...]
Milano, G.B. Malatesta, 1632

Tragedia di Benedetto Cinquanta.
• Doglio 1960, pp. xcv-xcvii e 529-691 [edizione moderna]
• Cascetta 1995, pp. 131-146
[in I-M.Manzoni]

81 Poesie drammatiche [...]
Milano, Giovanni Pietro Ramellati, 1644

Dramma per musica di Benedetto Ferrari della Tiorba intitolato *L'Andromeda* ▷c[1644].
• *SarL*, 1928

82 La regina Ester [...]
Milano, Gian Battista Paganello, 1618

Sacra rappresentazione di Leone Rossi
• Cascetta 1995, pp. 132, 741
[in I-R.Casanatese, non consultato]

83 La reina di Scotia [...]
Milano, eredi di Melchiorre Malatesta, 1628

Tragedia di Federico Della Valle.
• Gareffi 1988 [edizione moderna e ampio apparato bio-bibliografico]
• Cascetta 1995, pp. 198-218
[in I-M.Filodrammatici, non consultato]

84 La resurrettione di Christo. Rapresentatione in verso sciolto, composta dal molto rev. padre Fra. Benedetto Cinquanta, theologo e predicatore de minori Osservanti.
Milano, Giovanni Giacomo Comi, 1617

	Imprimatur
	Dedica dello stampatore al padre Matteo Valerio, 20.iv.1617
p. 2	Sonetti di vari Accademici Pacifici (Curioso, Acerbo, Quercino, Vigilante, Fedele e Aggiacciato)
9	Ai lettori
11	Interlocutori
12	Interlocuori degli Intermedi
13	Prologo
17	Atto i [5 scene]
42	Intermedio I
46	Atto ii [5 scene]
70	Intermedio ii
75	Atto iii [5 scene]
110	Intermedio iii

115 Atto iv [5 scene]
144 Intermedio iv
148 Atto v [5 scene]
178 «Angelo che licentia»
180 Il fine

Rappresentazione con intermedi di Benedetto Cinquanta.
[consultato in I-BGc]

85 La resurrezione di Cristo [...]
Milano 1634

Ristampa del precedente.
• Quadrio 1752, iii.1, p. 82

86 Il ricco Epulone [...]
Milano, Malatesta, 1621

Rappresentazione di Benedetto Cinquanta.
• Quadrio 1752, iii.1, p. 81 [stampato da Pandolfo Malatesta]
• Cascetta 1995, p. 132 [stampato da Melchiorre Malatesta]

87 Le rivolte di Parnaso. Comedia di Scipione Herrico.
Milano, G.B. Bidelli, 1626.

p. 2 Imprimatur
3 Dedica dell'autore a Diego d'Aragona [di Napoli], 18.viii.1625
6 Prologo
10 Interlocutori
11 Atto i [4 scene]
27 Atto ii [scena unica]
54 Atto iii [5 scene]
71 Atto iv [5 scene]
94 Atto v [10 scene]
108 Il fine

Commedia di Scipione Errico.
«Questa commedia diede fortemente nel naso a Tommaso Stigliani»
• Quadrio 1752, iii.2, pp. 101-102
[consultato in I-M.Scala]

88 Sancti Caroli pastoritia apotheosis [...]
Milano 1618

Pastorale latina di anonimo.
• Cairo-Quilici 1981, ii, p. 506.
[in I-R.Casanatese, non consultato]

89 Sant'Agnesa. Traggedia spirituale novamente composta dal p. Fra. Benedetto Cinquanta, teologo e pred.re generale de min.ri Oss.ti, fra li accademici Pacifici detto il Selvaggio, nel convento di S. Maria della Pace in Milano 1634
Milano, s.e., 1634

p. 1	Antiporta figurata di Cesare Bassani [monogramma]
3	Versi del padre Michele Cinisello, minore osservante e accademico Pacifico detto il Tormentato; e del padre Michelangiolo di Napoli, minore Osservante
6	Dedica dell'autore al conte Francesco d'Adda, Milano 25.xi.1633
9	Interlocutori
11	Prologo
17	Atto i [5 scene]
51	Atto ii [5 scene]
83	Atto iii [5 scene e «Ringratiamento»]
120	Errata corrige | [il fine]

Tragedia spirituale di Benedetto Cinquanta.
[consultato in I-Mb, anche in I-Ma]

90 Santa Caterina, tragedia spirituale del sig. Francesco Caccianiga con privilegio.
Milano, Archiepiscopale, 1620

p. 2	Imprimatur
3	Dedica di Giovanni Battista Piccaglia a Cesare Cotta, Milano 10.iii.1620
5	Sonetti di Antonio Maria Capra, Adriano de Legge e Marco Locatelli
9	Al lettore
10	Interlocutori
11	Prologo
17	Atto i [5 scene e coro]
41	Atto ii [6 scene e coro]
66	Atto iii [15 scene e coro]
106	Atto iv [9 scene e coro]
154	Atto v [11 scene e coro]
192	Il fine

Tragedia spirituale di Francesco Cazzaniga.
[consultato in I-Mb, anche in I-Ma e I-BGc]

91 Lo schiavetto [...]
Milano, Pandolfo Malatesta, 1612

Commedia di Gian Battista Andreini. Dedicata a Ercole Pepoli (26 settembre 1612)
• Quadrio 1752, iii.2, p. 230
• Falavolti 1982, pp. 57-213 [edizione moderna]
• *Comici*... 1993, i, p. 71

92 Lo schiavetto [...]
Milano, Pandolfo Malatesta, 1612

Ristampa del precedente (a distanza di pochi giorni) questa volta dedicata ad Alessandro Striggio (6 ottobre 1612).

— Lo sdegno d'Erode, 1639 ▷L.13

93 La Silvia. Tragicommedia pastorale da recitarsi nel Collegio di Brera. Raccolta brevemente in argomenti di ciascuna scena con gl'intramezzi. Dedicata al altezza serenissima di Ferdinando d'Austria, cardinale di Spagna.
Milano, Filippo Ghisolfi ad istanza di Giovanni Battista Cerri, 1633

p. 2 Imprimatur
3 Argomento della favola
8 Allegoria dell'opera
10 Prologo
16 Atto i [8 scene e coro]
18 Atto ii [12 scene e coro]
21 Atto iii [11 scene e coro]
25 Atto iv [9 scene e coro]
27 Atto v [9 scene]
29 Il fine
30 Nomi degli attori

Scenario della tragicommedia con intermedi di Leonardo Velli (o Villio)
• I-T.Reale, *Varia 59 bis*, [manoscritto della commedia e dello scenario]
• Damiano 1995, pp. 484-485, 499
[consultato in I-Mb]

94 La speranza divina [...]
Milano 1607

Tragedia di Girolamo Bernardino da Orvieto.
• Quadrio 1752, iii-1, p. 77

95 La Tartarea.[29] Comedia infernale di Giovanni Briccio romano. Dove con nova e dilettevole compositione si mostra la virtù acquistarsi solo per opra di gran disaggio e fatica.
Milano, eredi di G.B. Colonna, 1622

p. 2 Imprimatur, 22.viii.1622
3 «Ai lettori circa la moralità della favola»

29. Stampata anche come *La zingara sdegnosa*.

4 «Della scena e sua discretione»[30]
6 Interlocutori
7 Atto I [4 scene]
32 Atto II [3 scene]
50 Atto III [3 scene]
64 Atto IV [2 scene]
75 Atto V [3 scene][31]
96 Il fine

Commedia di Giovanni Briccio.
[consultato in I-Mb]

96 LA TARTAREA [...]
Milano 1639

Ristampa del precedente.
• ROSSI 1972

— IL TESEO, 1649 ▷L.11

97 TIRSI COSTANTE [...]
Milano, Giovanni Giacomo Como, 1607

p. 3 Dedica dell'autore a Carlo Emanuele duca di Savoia, 15.I.1607
6 Personaggi
7 Prologo
11 Atto I [6 scene e «Choro alla Bellezza»]
53 Atto II [7 scene e «Choro alla Libertà»]
91 Atto III [7 scene e «Choro alla Verità»]
137 Atto IV [6 scene e coro]
167 Atto V [4 scene, sestina e coro]
186 Otto sonetti
190 Errata corrige
192 Il fine

Favola boscareccia di Luca Pastrovicchi.
• QUADRIO 1752, II.2, p. 408; anche II.1, p. 288.
[consultato in I-Mcom, esemplare mutilo del frontespizio[32]]

30. Con una tavola esplicativa ▷T.32.

31. Alcuni versi di quest'atto sono cantati.

32. Il Quadrio la conosce come *Tirsi costante*, favola boscareccia, Milano, G.G. Como, 1607, ma il catalogo di I-Mcom [D VET 147] riporta: «Pastrovicchi, Luca, *La costanza*».

98 LI TRE CAPITANI VANAGLORIOSI [...]
Milano, Pandolfo Malatesta, 1623

Commedia di Silvio Fiorillo.[33]
• *Comici*... 1993, I, p. 318

99 LE TRE MASCHERATE DE' TRE AMANTI SCHERNITI. Comedia piacevole e ridiculosa. Di Paolo Veraldo romano.
Milano, Carlo Antonio Malatesta, s.a.[34]

p. 2	Imprimatur	
3	Dedica dello stampatore a Giovanni Paolo Albutio «curato dignissimo di Gavirate»	
5	Interlocutori	
6	Prologo	
11	Atto I	[4 scene]
28	Atto II	[scena unica]
38	Atto III	[scena unica]
44	Atto IV	[scena unica]
61	Atto V	[5 scene]
71	Il fine | «Opere stampate del sig. Paolo Veraldo romano»[35]	

Commedia di Paolo Veraldo.
[consultato in I-Mb]

100 URANILLA [...]
Milano, Filippo Ghisolfi, 1647

Dramma sacro di Nicolò Boldoni. Ristampato a Milano nel 1653.
• *SarL*, 24284

101 IL VERNO [...]
Milano, Pandolfo Malatesta, 1623

Pastorale di Benedetto Cinquanta.[36] Vi sono in più punti indicazioni relative alla musica.
• *SarL*, 24694

---

33. VIANELLO 1941, p. 374, riferisce di una commedia di Fiorillo dal titolo *I due [sic] capitani vanagloriosi*, stampata a Milano nel 1611 (notizia poi ripresa da ARCAINI 1995, p. 287). Per quanto ho potuti verificare nel 1611 Fiorillo pubblica a Milano solo una ristampa della *Ghirlanda*.

34. Ma *post* 1626; v. nota successiva. D'altra parte un Carlo Antonio Malatesta stampa libri solo nell'ultimo lustro degli anni Venti del Seicento, sempre che non si tratti dell'altro Carlo Antonio attivo alla fine del secolo; *cfr.* SANTORO 1965, p. 329.

35. Sono elencate tre commedie, *L'intrigo* (Venezia 1610), *Le tre mascherate* (Venezia 1621), *L'anima dell'intrigo* (Venezia 1621) e un'*«opera capricciosa»* intitolata *Mascherate* (Venezia 1626).

36. Il frontespizio riferisce solamente *«composta dal Selvaggio accademico Pacifico»*, ma l'attribuzione è ovvia; *cfr. La natività del Signore* del 1628. Certo non è G.C. Bianchi come vorrebbe VIANELLO 1941, p. 364.

L'Adamo

Tavola 78
Particolare da: Carlo Antonio Procaccini, [*Volàno*]
incisione di Cesare Bassani, cm 9,5 × 12 [1613]
in Andreini 1613, p. 76 ▷l.1.

Tavola 79

Tav. 79. Carlo Antonio Procaccini, [*Scena per l'*Adamo *di Andreini*]
incisione di Cesare Bassani, cm 11 × 14 [1613]
in Andreini 1613, c.n.n. ▷l.1.

A sinistra verso il basso: CB [monogramma]

Un ricco apparato iconografico accompagna il sontuoso libretto dell'*Adamo* (Milano 1613). La presenza delle incisioni di Cesare Bassani su disegno di Carlo Antonio Procaccini, insolita per quantità – oltre quaranta incisioni, una per scena – è così annunciata da Giovanni Battista Andreini:

> Ciascuna delle scene porta in fronte una figura esprimente al vivo gli affetti e le cose che si contengono in essa. Il gentilissimo signor Carlo Antonio Procaccino, che gentilmente procaccia appunto a se stesso con la cortesia e la virtù la via dell'immortalità, fece le figure et honorò doppiamente l'autore [*Andreini*] co'l suo ritratto,[1] eternendo se stesso [*Procaccini*], se non l'opera [*L'Adamo*] che poco merita, et uccidendo la morte con lo strale finissimo del suo pennello.

1. Qui riprodotto ▷t.22. Il ritratto di Andreini non comparirà più nella successiva edizione del 1617.

Più che l'attività pittorica di Procaccini, figlio del più noto Giulio Cesare, questa serie di incisioni offre, nella sua totalità, un prezioso aiuto alla comprensione della tecnica dell'allestimento teatrale del primo Seicento. Contrariamente a quanto s'è detto (Tea 1959, p. 825) il disegno non tende a evocare la vicenda ma descrive con precisione la scena con i vari adattamenti della stessa, e dal confronto delle immagini permette di ricostruire i movimenti di macchina. Solo la figura che nel libretto precede quella qui presente può considerarsi 'pittorica', descrivendo un paradiso terrestre difficilmente realizzabile in teatro (l'unica, fra l'altro, disposta in verticale). Tutte le successive, quelle che accompagnano ogni scena, invece propongono esplicitamente una soluzione 'teatrale' prima che una raffigurazione immaginaria.
Qui, come si può osservare, è ben distinto lo spazio scenico (le tavole del piano teatrale) dal fondale dipinto (si osservi come la prospettiva della scena s'interrompa alla siepe: dietro i giardini sono raffigurati improvvisamente piatti). E infatti, come confermano le tavole successive, nulla accade oltre la siepe, ma personaggi e macchine sfruttano esclusivamente il piano in legno antistante (evidentemente più profondo di quanto il disegno non lasci supporre).
Il fondale raffigurante il paradiso terrestre rimane fisso per i primi tre atti, salvo le sovrapposizioni delle nuvole che accompagnano la discesa di figure infernali e celesti. Nel quarto atto, scacciati oramai Adamo ed Eva, il fondo si trasforma in una composizione generica di nuvole e fumi quasi a sottolineare il luogo cupo, forse interiore, della disperazione e della paura, del pentimento. Nell'ultimo atto, che vede la vittoria di Adamo ed Eva sulle tentazioni del mondo, riappare il paradiso terrestre, ma solo scorciato a distanza e quindi separato dalla scena che si compie: forse memoria di ciò che è perduto, forse metafora del mondo, luogo in cui la perfezione del paradiso (pur terrestre) non è più.
Durante tutta la rappresentazione la presenza della musica è costante, prevista dallo scenario che precede il libretto, dalle didascalie, dai dialoghi e dalla maggior parte delle incisioni. Il coro, a volte d'angeli, a volte di demoni, canta e suona strumenti adeguati al ruolo; così pure i vari personaggi sono spesso caratterizzati da uno strumento musicale (v. *infra*).

TAVOLA 80

TAV. 80. Carlo Antonio PROCACCINI, [*Fregio per il prologo*]
incisione di Cesare Bassani, cm 5,2 × 12,2 [1613]
in ANDREINI 1613 ▷L.1.

Nel cartiglio sorretto dagli angeli: PROLOGO
In basso a destra: 4 [numero della tavola]

Il prologo cantato sul testo che segue è evocato da questo fregio posto in cima alla pagina. Dei nove coristi vestiti da angeli i primi quattro (da sinistra) cantano leggendo su libri di musica, il quinto suona una viola di media taglia con archetto, il sesto imbraccia un liuto, i due successivi sono nascosti e l'ultimo, quasi di spalle, suona un violone o viola bassa. Questo il testo, la cui musica, chiunque l'abbia composta, non è sopravvissuta:

CHORO D'ANGELI CANTANTI LA GLORIA DI DIO.
A la lira del Ciel Iri [= *Iride*] sia l'arco,
corde le sfere sien, note le stelle,
sien le pause e i sospir l'aure novelle,
e 'l Tempo i tempi a misurar non parco.
Quindi a le cetre eterne, al novo canto,
s'aggiunga melodia e lodi, a lode
per colui c'hoggi a i mondi, a i cieli gode,
gran Facitor, mostrarsi eterno e santo.[2]
O tu che pria che fosse il Cielo e il mondo
in te stesso godendo e mondi e cieli
come, punt'hor da sacrosanti teli,

2. Un Dio affatto edonista, questo di Andreini, che non è «*eterno e santo*» ma «*gode mostrarsi*» eterno e santo, quasi fosse Narciso.

versi di grazie un ocean profondo?[3]
Deh, tu che'l sai, grande amator sovrano,
com'han lingua d'amor l'opre cotante,
tu inspira ancor lodi canore e sante,
fa' ch'a lo stil s'accordi il cor, la mano;
ch'alhor n'udrai, l'alt'opre tue lodando,
dir «che festi dì». Nulla angeli e sfere,
ciel, mondo, pesci, augelli, mostri e fere,
aquile, al Sol de' tuoi gran rai sembrando.

Si nota, fin dall'esordio, come la musica sia espressione dell'amore divino (quasi superfetazione del Creato) ma contemporaneamente strumento per glorificare Dio (si dice infatti: Iride sia l'arco che suona la lira celeste, i pianeti le corde, note le stelle, i nuovi venti pause e sospiri e il Tempo non trascuri di scandire il ritmo. Alle cetre eterne s'aggiunga così la melodia in lode a Dio). Ancora, la musica è metafora del Bene (al Creato che vuol parlar d'amore si instillano discorsi *«canori»* oltreché *«santi»*) e forse nemmeno terrena, se solo la musica può lodare Dio, mentre il mondo nulla può *«al Sol de' tuoi gran rai»*.
Dell'incongruenza di parlar nel prologo di stelle e pianeti, pesci e uccelli, ovvero prima che queste stesse cose potessero essere create, Andreini, con pignoleria quasi positivista, si premura di giustificarsi in quello che chiama il *«sommario degli argomenti delle scene»* (posto a introduzione dell'opera), di seguito trascritto integralmente:

•*Prologo* Gli angeli, cantanti gloria a Dio, parlando delle cose mondane prima che il mondo fosse creato, artificiosamente mostrano ch'essi quelle conobbero nel Verbo eterno, et per le spezie concreate avanti che fussero fatte.

ATTO PRIMO

•*Scena I* Iddio di creta forma Adamo, quale incontanente forzasi di lodarlo; ma divinamente addormentatosi, mentre in estasi scorge altissimi misteri della santissima Trinità et incarnatione del Verbo eterno, dalla costa di lui ne viene formata Eva, la compagna. Onde benedetti da Dio e secondati acciò riempissero il mondo d'huomini, ricevono il precetto di non mangiare del albero che svela il bene et il male, e cominciano a contemplare la bellezza delle creature.
•*Scena II* Lucifero uscito dall'abisso contempla il Paradiso terrestre biasmando tutte l'opre di Dio.
•*Scena III* Lucifero essorta Sathan e Belzebù a forzarsi di far peccare Adamo acciò, macchiato del peccato, sia in odio a Dio e non s'incarni il Verbo eterno.
•*Scena IIII* Lucifero manda Melecano e Lecurone a tentar Eva, quelli di superbia e questi d'invidia, acciò si dolga di Dio perché non l'habbi creata prima di Adamo.
•*Scena V* Si mandano Ruspicano e Arfarat a tentarla d'ira et di avaritia.
•*Scena VI* Maltéa va a tentarla d'accidia, Dulciato di lussuria et Guliàr di gola.

3. Ovvero: Tu che prima della creazione già d'ogni cosa godevi, perché, improvvisamente colpito da sacrosante frecce, hai voluto riversare le tue grazie nel nulla dando vita all'universo?

TAVOLA 81

TAV. 81. Carlo Antonio PROCACCINI, [*Coro d'angeli, atto II, scena I*][4]
incisione di Cesare Bassani, cm 9,6 × 12,3 [1613]
in ANDREINI 1613, p. 29 ▷L.1.

In basso a sinistra: CB [monogramma]
In basso a destra: 10 [numero della tavola]

ATTO SECONDO
•*Scena I* Quindeci angeli a gara lodono tutte l'opre divine.
•*Scena II* Adamo pone il nome a tutti gli animali, et insieme con Eva loda con molti encomij il sommo Dio.
•*Scena III* Serpe s'apparecchia per tentar Eva, e dice per qual cagione habbi preso quella forma et non altra.
•*Scena IIII* Volàno narra a Sathan l'infernal consiglio del modo di assaltar Eva.

4. Di nuovo gli angeli del prologo, ma qui si riconoscono anche due strumenti a fiato: un cornetto (in cui soffia il secondo da sinistra) e un flauto soprano (in mano al primo da destra, appena visibile fra le pieghe dell'abito retrostante).

Tavola 82

Tav. 82. Carlo Antonio Procaccini, [*Serpe e Vanagloria, atto* II, *scena* V][5]
incisione di Cesare Bassani, cm 9,2 × 12,3 [1613]
in Andreini 1613, p. 46 ▷L.1.

In basso a sinistra: 14 [numero della tavola]
In basso a destra: CB [monogramma]

•*Scena* V Vanagloria e Serpe congiunti d'accordo entrano nel Paradiso terrestre e si nascondono su l'albero della scienza del bene e del male per tentar Eva a gustare i frutti di quello.
•*Scena* VI Eva, gloriandosi dei tanti favori e gratie ricevute da Dio, rimira il Serpe sopra l'albero e con molte ragioni da quello persuasa prende il pomo, lo gusta e va cercando Adamo per farlo fare l'istesso.

5. Nella figura Serpe (a destra), su un carro trascinato da una specie di sfinge e circondato da altri mostri, s'incontra con Vanagloria, anch'essa su un carro trainato da Gigante. Vanagloria imbraccia un'arpa con cui accompagna le sue infide ma seducenti lusinghe.

TAVOLA 83

TAV. 83. Carlo Antonio PROCACCINI, [*Satana e Volàno, atto III, scena III*][6]
incisione di Cesare Bassani, cm 9,5 × 12,2 [1613]
in ANDREINI 1613, p. 77 ▷L.1.

In basso a sinistra: 18 [numero della tavola]
In basso a destra: CB [monogramma]

ATTO TERZO

•*Scena I* Adamo, dopo l'haver descritto leggiadramente la fonte che irriga il Paradiso terrestre, fu da Eva persuaso a gustare il pomo, e lo mangiò per non contristarla. Onde ambidue conobbero d'esser nudi, soggetti a morte et a mille altri mali, et si nascosero.
•*Scena II* Volàno, rallegrandosi del peccato d'Adamo, col suono di roca tromba chiama tutti gli spiriti infernali.
•*Scena III* Sathan, certificato della caduta d'Adamo, essorta gli altri spiriti a far festa.
•*Scena IIII* Serpe con Vanagloria, tornando trionfanti d'Adamo, sono da Sathan e da gli altri spiriti perciò adorati, e da Canoro vengono cantate le lodi loro.

6. Satana, a sinistra, è circondato da spiriti infernali che, come Volano a cavallo di una nuvola, suonano una «*roca tromba*», ovvero un corno riadattato per l'occasione scenica.

Tavola 84

Tav. 84. Carlo Antonio Procaccini, [*Danza di folletti, atto III, scena V*][7]
incisione di Cesare Bassani, cm 9,6 × 12,3 [1613]
in Andreini 1613, p. 81 ▷L.1.

In basso a sinistra: 20 [numero della tavola]

•*Scena V* Gli folletti per allegrezza della caduta d'Adamo danzano insieme; ma sentendo trombe celesti e scorgendo la divina luce tutti fuggono nell'abisso.
•*Scena VI* Il Padre eterno, chiamando Adamo et Eva e da loro confessato l'errore, ad ambidue publica le pene nelle quali sono incorsi, maledice il serpente e si nasconde da loro.
•*Scena VII* L'angelo porta due vesti di pelle ad Adamo et Eva, e da quelli partendo a volo gli lascia dolenti a lagnarsi de gli errori loro.
•*Scena VIII* L'archangelo Michaele con spada di foco scaccia Adamo et Eva dal Paradiso et essortando gli altri angioli che solevano stare con loro ad andar seco in cielo, fa che resti un cherubino con la spada di foco a guardare la porta del Paradiso.

7. Vanagloria (sempre con l'arpa in mano) è salita sul carro di Serpe; con Volano e altri spiriti tutti assistono al ballo festante dei folletti, un *«mattacino»*, come detto.

TAVOLA 85

TAV. 85. Carlo Antonio PROCACCINI, [*Volàno e coro di spiriti, atto IV, scena I*][8]
incisione di Cesare Bassani, cm 9,4 × 12,3 [1613]
in ANDREINI 1613, p. 94 ▷L.1.

In basso a sinistra: 25 [numero della tavola]
In basso a destra: CB [monogramma]

ATTO QUARTO
•*Scena I* Volano a suono di tromba chiamando tutti gli spiriti de gli Elementi che vengano ad incontrare Lucifero; eglino vengono tutti.
•*Scena II* Lucifero, chiamati tutti gli spiriti a conseglio, dimanda a ciascuno il suo parere, sì delle attioni d'Adamo come delle Divine, ma non sapendo quelli bene interpretarle, egli loro le dichiara.

8. Volano, col «*funesto suono*» del suo corno, raduna i vari spiriti, qui raffigurati come gotici grilli medioevali che in parte ricordano l'ambientazione infernale tratteggiata nella scena di Orfeo ▷T.30, testimonianza di un immaginario diffuso e coerente del soprannaturale.

•*Scena* III Lucifero, emulo di Dio nella creatione del mondo, da una massa di terra confusa fa uscire quattro mostri a danno dell'huomo: Mondo, Carne, Morte e Demonio; poi con tutti gli altri torna all'inferno.
•*Scena* IIII Adamo solingo narra come gli animali e tutte l'altre cose hanno cangiato forma e costumi per il suo peccato, et amaramente lo piange.
•*Scena* V Le fere, seguendosi et amazzandosi tra loro, mettono gran terrore ad Adamo et Eva che perciò si nascondono.
•*Scena* VI Appariscono ad Adamo quattro mostri, cioè Fame, Sete, Fatica e Disperatione; e la Fame gli dice che mai questi da lui partiranno.
•*Scena* VII La Morte minaccia di troncare la vita ad Eva et Adamo, e subito il ciel turbato con tuoni, saette, grandini, pioggie e venti gli spaventa.

TAVOLA 86

TAV. 86. Carlo Antonio PROCACCINI, [*La tentazione di Adamo, atto V, scena III*][9]
incisione di Cesare Bassani, cm 9,4 × 12,2 [1613]
in ANDREINI 1613, p. 136 ▷L.1.

In basso a sinistra: 34 [numero della tavola]
In basso a destra: CB [monogramma]

ATTO QUINTO
•*Scena I* La Carne tenta Adamo e, trovandolo ritroso, gli mostra come tutte le cose sentono amore. [▷T.0 *in copertina*]
•*Scena II* Lucifero s'aggiunge alla Carne e tenta di persuadere Adamo a congiungersi con essa fingendosi Adamo celeste.
•*Scena III* Adamo, con l'agiuto dell'angelo suo custode, supera la Carne et Lucifero.
•*Scena IIII* Il Mondo narra le sue grandezze e ciò che faranno gli huomini per l'oro, e s'apparecchia per tentar Eva.
•*Scena V* Il Mondo propone ad Eva tutte le sue pompe, e gli fa apparire un vago e ricco palazzo d'oro.

9. Adamo al centro è tentato dalla Carne, armata di un liuto, e da Lucifero in vesti principesche, ma con l'aiuto dell'angelo custode riesce a resistere. Si osservi come ancora una volta lo strumento a corde (per Vanagloria era un'arpa) sia metafora della seduzione.

TAVOLA 87

TAV. 87. Carlo Antonio PROCACCINI, [*La tentazione di Eva, atto V, scena VI*][10]
incisione di Cesare Bassani, cm 9,5 × 12,2 [1613]
in ANDREINI 1613, p. 158 ⊳L.1.

In basso a sinistra: 37 [numero della tavola]
In basso a destra: CB [monogramma]

•*Scena VI* Dal palazzo del Mondo, uscito un choro di donzelle, con molti ornamenti vogliono ornare Eva, ma alla voce et precetto d'Adamo restano confuse et il tutto sparisce; onde il Mondo, minacciando ad Adamo, chiama contra di lui tutti gl'infernali mostri.
•*Scena VII* Lucifero, Morte, Mondo e chori di diavoli s'apparecchiano per far violenza ad Adamo e combattere con [= *contro*] Dio.
•*Scena VIII* L'archangelo Michaele con chori d'angeli combatte con Lucifero et i chori di demoni, et superati gli scacciano fino all'abisso.

10. È il Mondo questa volta a sedurre Eva (non più la Carne) e Adamo sorregge le debolezze della sua compagna (come prima l'angelo sorreggeva le sue, come dire: la moglie sta al marito come questi sta a Dio...). Le donzelle che cantano, danzano e suonano (visibile la viola) simboleggiano i piaceri vani e poco morali da cui il buon cristiano deve preservarsi.

TAVOLA 88

TAV. 88. Carlo Antonio PROCACCINI, [*Coro trionfale d'angeli, atto* V, *scena* IX][11]
incisione di Cesare Bassani, cm 9,6 × 12,5 [1613]
in ANDREINI 1613, p. 169 ▷L.1.

In basso a sinistra: 40 [numero della tavola]
In basso a destra: CB [monogramma]

•*Scena* IX Adamo et Eva riveriscono l'archangelo Michaele e da lui sono consolati et assicurati che per la penitenza loro andranno a goder in cielo. Onde per allegrezza gli angeli cantano lodi a Dio della vittoria et felicità dell'huomo, per l'immensa pietà et amor divino.

11. Ecco il coro trionfale con trombe e canti, a guisa di gran finale, che testimonia la potenza e la vittoria del bene sul male, di Dio sul Demonio.

Cronologia

Occasioni, fonti e bibliografia specifica

L'elenco qui proposto comprende feste, spettacoli teatrali, eventi *etc.* di cui s'è trattato nelle sezioni precedenti o di cui semplicemente ho avuto notizia. Il periodo considerato va dal 1598 al 1649 in una successione per quanto possibile corretta, corredata dell'apparato bibliografico di cui mi sono servito per la stesura di questo volume, ovvero da cui ho tratto l'informazione.

Ogni scheda presenta in testa un'indicazione sommaria che riporta la data (giorno e mese quando noti), il titolo, il genere dello spettacolo e il luogo dell'occasione. Le feste o le celebrazioni riferite ad un singolo avvenimento sono raggruppate da un titolo (in maiuscoletto) con eventuali precisazioni relative e i rimandi del caso.

Le indicazioni bibliografiche riportano sia le fonti (quando direttamente consultate) che gli studi organizzati cronologicamente. Di seguito sono raggruppati i riferimenti a eventuali fonti iconografiche e studi in merito.

Preceduto dal simbolo di un libro, conclude il contenuto di ogni anno l'elenco dei titoli di testi teatrali pubblicati a Milano in quella data. Per altre notizie in merito vedi la sezione *Libretti*.

1598

? - ricevimenti - collegio di Brera
Per la visita del cardinale Agostino Cusani e di Carlo Emanuele di Savoia giunto a Milano a omaggiare la regina Margherita
Chinea 1931, ii, p. 621

Funerali di Filippo ii
***post* 13 settembre - esequie - Duomo**
Vera relatione... 1599 ▷i[7]
Grandis 1995, p. 661 in nota

Giuramento di fedeltà
Il governatore Velasco giura fedeltà al nuovo re Filippo iii
8 ottobre - cerimonia - salone di corte
I-Mt, *Dicasteri*, cart. 26 (15.x.1598)

Passaggio della principessa Margherita d'Austria
La regina Margherita d'Austria si ferma due mesi a Milano (dicembre 1598 - gennaio 1599), tappa del viaggio che la porterà a Madrid sposa di Filippo iii ▷i[8] *e segg.* t.75
I-Mt, *Dicasteri*, cart. 26 (9 e 28.vii.1598) [ordinazioni della Cameretta] ▷d.2-3
ASM, *RcS*, xxii.42, cc. 18v, 19v e 134r (4, 18.xii.1958 e 24.iii.1599) [lavori di Prata nel salone] ▷d.4 d.6
Breve narratione... 1598
Apparato... 1598 e 1959 [cronaca ufficiale]
Lopez di Mendicorroz 1625, pp. 136-138 ▷a.2
Castiglione 1759, pp. 22 e segg.
Vianello 1941, p. 94 e segg.
Barblan 1959, p. 952 e segg.
Checa-Del Corral 1982
Rovaris 1992
Cenzato-Rovaris 1994

8 dicembre - ballo coreografico - corte grande di palazzo [?]
Di Cesare Negri ▷i[54-58]
Negri 1602, pp. 13-14 [descrizione del ballo coreografico] ▷a.5

9 dicembre - ballo coreografico - casa Vistarino
Di Cesare Negri ▷i[54]
Negri 1602, p. 14

2 gennaio 1599 - *Il re superbo* (tragicommedia) - salone di corte

Allestita dagli scolari di Brera, unico spettacolo a cui la regina accettò di assistere ▷i[47-48] a.4

ASM, *Autografi*, cart. 106, fasc. 11 (21.i.1599) [Valerio Profondavalle dipinge il palco e le scene per la tragicommedia] ▷d.7

ASM, *RcS*, xxii.42, c. 41v (29.I.1599) [in Mezzanotte come «*Missive*, cart. 354, fol. 41»]

Annue... mdcxcviii 1607, pp. 102-103 [notizia della tragicommedia] ▷a.3

Bertolotti 1888, p. 1019 [accerta la data della rappresentazione] ▷i[49]

Mezzanotte 1915[a], p. 13

Miribia ▷l.63

Tragedia di Francesco Lercano, pseud. di Innocenzo Cibo Ghisi

1599

Passaggio di Isabella e Alberto d'Austria

I coniugi austriaci, accompagnata la regina Margherita in Spagna, nel viaggio di ritorno fanno nuovamente tappa a Milano (5-22 luglio)

I-Mt, *Dicasteri*, cartt. 27, 29, 31 [nelle sedute del 30.iv, 12.v, 3 e 16.vii.1599 si definiscono i preparativi per l'infanta Isabella, stanziate 27.000 lire per una pastorale; in quella del 23.xii.1599 si fanno i conti; strascichi nelle sedute del 30.iv.1603 e 17.v.1608] ▷i[60] d.9-11 d.14

ASM, *PE*, cart. 130, fasc. 1605

D'Ancona 1891, pp. 572-574 [trascr. di lettere dell'ASMn] ▷s.5

Vianello 1941, pp. 97-98

Barblan 1959, pp. 953-959 [tratta del ballo e della pastorale come fossero un unico spettacolo]

11 luglio - fuochi d'artificio - ?

Tizzoni 1995, p. 233

18 luglio - ballo coreografico - salone di corte

Di Cesare Negri ▷i[61]

Negri 1602, pp. 14-16, 271-276 [descrizione del ballo] ▷a.6 t.69-70

21 luglio - *L'Arminia* (pastorale con intermezzi cantati) - salone di corte

Libretto (pubblicato) di Giovan Battista Visconti, intermezzi (scenario pubblicato) di Camillo Schiaffenati ▷i[62] *e segg.* l.17 l.54

I-Mt, *Cod. Triv.* 5 [manoscritto della pastorale]

ASM, *PS*, cart. 4, fasc. 16 [pittori e impresari della pastorale Nunzio Galizi e Giuliano Posbonelli] ▷d.15

segue:

Negri 1602, pp. 14-16, 285-296 [descrizione degli intermezzi dell'*Armina* (tratti dallo scenario) e del ballo finale con musica] ▷T.71
Solerti 1903, p. 225 e segg. [riproduce integralmente lo scenario]
Tizzoni 1995, p. 228 e segg.
• *Iconografia:*
I-M.Accademia, D I 16 [scena dagli intermedi ?] ▷T.30
Ricci 1993, pp. 191-192

? - commedie - sala di palazzo [?]
Rappresentate dalla compagnia di Pellesini (Pedrolino), Francesco e Isabella Andreini ▷I[72]
ASM, *RcS*, XXII.42, c. 232r [Pedrolino ricompensato con 150 ducatoni] ▷D.12
Solerti-Lanza 1891, p. 168 [circa la ricompensa di Pedrolino]
Sanesi 1938, pp. 35-37 [circa la ricompensa di Pedrolino]
Brunelli 1960 [riferisce che la compagnia è quella degli Uniti, notizia non altrimenti documentata]
Arcaini 1995, pp. 277, 282

luglio - *Sapientia victrix* (tragicommedia) - collegio di Brera
Rappresentata due volte alla presenza di Isabella e Alberto ▷I[50]
Annuae... MDXCIX 1607, p. 56 ▷A.8
Chinea 1931, II, p. 621

📖 *Arminia* ▷L.17
Egloga di Giovanni Battista Visconti con gli intermezzi di Camillo Schiffenati

Intermedi dell'Arminia ▷L.54
di Camillo Schiaffenati

I falsi dei ▷L.34
Favola pastorale di Ercole Cimilotti, fra gli accademici Inquieti detto l'Estuante

1600

? - orazione - collegio di Brera
Per l'inaugurazione di una nuova scuola di retorica
Chinea 1931, II, p. 621

📖 *Il pastor fido* ▷L.71
Tragicommedia di Giovan Battista Guarini

1601

25 marzo - celebrazioni - collegio di Brera
Recitate dall'accademia Partenia per l'Annunciazione e in altra data ricevimento per la visita del cardinale Aldobrandini
Chinea 1931, ii, p. 621

Gravidanza della regina Margherita
aprile - processione e allegrezze - ?
Nasce la primogenita Anna Maria Maurizia ▷ii[47]
I-Mt, *Dicasteri*, cart. 28 (16.iv.1601)

estate - commedie - palazzo Reale
La compagnia degli Uniti rappresenta a palazzo. Presenti la famiglia Andreini e Pedrolino ▷ii[5]
ASM, *Autografi*, cart. 94, fasc. 3 (12.x.1601) e cart. 95, fasc. 19bis (12.vi.1601) [di Isabella Andreini, riprodotti in Paglicci Brozzi]
ASM, *RcS*, xxi.25, c. 33v (20.vi.1601) [licenza ai comici Uniti di recitare nel «*luogo solito*»]
Paglicci Brozzi 1891, p. 11 [riproduce memoriale e supplica di Isabella Andreini]
Arcaini 1995, pp. 271, 274, 283

31 luglio - drammi scolastici - collegio di Brera
Litterae Annuae... mdci 1618, p. 69 ▷a.9

1602

estate - commedie - corte delle commedie [?]
Rappresentate dai comici Accesi
Arcaini 1995, p. 285

Commemorazioni per il beato Carlo Borromeo
4 settembre - celebrazioni - collegio di Brera
Allestito nel collegio di Brera un apparato con archi, imprese e iscrizioni, recitate orazioni (fra cui una pubblicata di Gian Battista Visconti) e rappresentata una tragicommedia
Visconti 1602
Litterae Annuae... mdcii 1618, p. 45 ▷a.10
Damiano 1995, p. 489

1603

📖 *Amaranta* ▷L.3
Favola boscareccia di Luca Pastrovichi

1604

6 luglio - *Baltasar* (tragedia) - collegio di Brera
Del gesuita Basilio Alamanni, rappresentata dagli scolari di Brera ▷L.14
Damiano 1995, p. 484

📖 *Argomento della tragedia intitolata Baltasar* ▷L.14
Tragedia di Basilio Alamanni

La Florinda
Commedia di Gian Battista Andreini. Tutte le copie bruciate dall'autore ▷L.46

1605

Nascita dell'infante di Spagna figlio di Filippo III
La notizia della nascita del primogenito maschio (14 aprile) scatena una serie di feste che termineranno solo nel maggio 1606 ▷II[47] *e segg.; questo il calendario sommario:*

***post* 14 aprile - monte infuocato - piazza Duomo**
dal 23 aprile - festa della città - palazzo, Duomo, castello, *etc.*
dal 7 maggio - festa delle contrade - luoghi diversi
18 giugno - giostra (I) - corso di porta Romana
15 aprile 1606 - giostra (II) - piazza del Duomo
26 aprile 1606 - giostra (III) - piazza del Duomo
18 maggio 1606 - giostra (IV e ultima) - piazza del Duomo

I-Mt, *Dicasteri*, cart. 30 (24.IV.1605) [ordinazione circa le spese dei festeggiamenti]
I-Mt, *Dicasteri*, cart. 31 (5.IX.1607) [approvata la pubblicazione di Parona]
ASM, *PE*, cart. 130, fasc. 1605
I-Ma, S 103 sup. [descrizione delle feste, cit. da Vianello]
I-Ma, S 131 sup. [apparati di Bisnate, cit. in Bertolini-Gariboldi] ▷II[49]
I-Mb, GG.III.42 [per le fonti ivi contenute ▷II[60]]
I-Mt, *Cod. Triv.* 1490, cc. 30v, 31r [descrizione del monte in piazza Duomo, di cui si parla nelle carte di Bisnate in I-Ma] ▷II[49]

Felino 1605 [orazione recitata in Duomo]
Soranzo 1606[a] [breve descrizione]
Soranzo 1606[b] [aggiunte alla precedente]
Soranzo 1606[c] [poema sulla giostra]
Parona 1607 [descrizione ufficiale] ▷A.11
Pastrovichi 1607 [favola boscareccia sulla giostra] ▷L.97
Vianello 1941, pp. 78-87 [sulla scorta della descrizione manoscritta in I-Ma]
Bertolini-Gariboldi 1995

? - commedie - corte delle commedie [?]
Rappresentate dai comici Accesi
Arcaini 1995, p. 285

estate - *I falsi Dei* (favola pastorale) - corte delle commedie [?]
Dell'allestimento dà notizia la dedica del libretto. Vi avrà preso parte la compagnia degli Accesi? ▷L.35

L'amor giusto ▷L.5
Egloga pastorale di Silvio Fiorillo

La controlesina ▷L.26
Commedia di Domenico Cornacchini

I falsi dei ▷L.35
Favola pastorale di Ercole Cimilotti

La Mirtilla ▷L.65
Pastorale di Isabella Andreini

1606

15 aprile/18 maggio - feste - piazza del Duomo
Proseguimento delle feste per la nascita dell'infante di Spagna ▷C[1605]

estate - commedie - palazzo Reale
I comici Fedeli e Accesi fanno rappresentazioni a corte, presente anche Pier Maria Cecchini e Gian Battista Andreini ▷II[44]
Bevilacqua 1894, pp. 39-44
Buratelli 1988, pp. 37-39
Comici... 1993, pp. 77-79 e 220-226
Arcaini 1995, p. 289

segue:

Capriccio d'amore ▷L.23
Egloga pastorale di Girolamo Bernardino da Orvieto

La dispersione di Euripide ▷L.31
Commedia di Baruno Ramussatore

La Florinda ▷L.47
Tragedia di Giovanni Battista Andreini

1607

La speranza divina ▷L.94
Tragedia di Girolamo Bernardino da Orvieto

Tirsi costante ▷L.97
Favola pastorale di Luca Pastrovichi

1608

? - *La Delfa* (tragedia) - corte delle commedie [?]
Rappresentata dai comici Accesi (forse fusi con i Fedeli), particolarmente ammirata Orsola Cecchini ▷II[74]
Taviani 1984, pp. 64-66
Arcaini 1995, p. 286

1609

carnevale - torneo - piazza del Duomo
ASM, *FC*, cart. 139 [doc. del 24.IV.1609, 20 e 31.III.1610] ▷D.26 D.28-29

estate - commedie - corte delle commedie [?]
Rappresentate dai comici Fedeli e Accesi
Vianello 1941, pp. 40-41
Arcaini 1995, pp. 286, 291

L'amorosa prudenza ▷L.7
Favola pastorale di Girolamo Borsieri

Il Battista ▷L.18
Dramma sacro di Giovanni Soranzo

Miribia ▷L.64
Tragedia di Innocenzo Cibo

1610

luglio - *Faustiniano* (tragicommedia) - collegio di Brera
Scenario stampato a Milano ▷L.21

? - *La Flaminia schiava* (commedia) - corte delle commedie [?]
Di Piermaria Cecchini, pubblicata e rappresentata quest'anno a Milano ▷II[78] L.45

CANONIZZAZIONE DI SAN CARLO
Feste per la notizia giunta da Roma che l'ex arcivescovo di Milano Carlo Borromeo ha ottenuto la santificazione ▷II[67] *e segg.*
4 novembre - feste con fuochi d'artificio - piazza del Duomo
I-Mt, *Dicasteri*, cart. 32 (10.XI.1610) [stanziamento delle spese per le feste e convenzione col «*bombardero*»] ▷D.30-33
Relatione... 1610 [relazione delle feste]
VIANELLO 1940 [circa il contrastato processo di santificazione]

4 novembre - orazione - collegio di Brera
Del padre Bianchi
CHINEA 1931, II, p. 622

L'amorosa prudenza ▷L.8
Favola pastorale di Girolamo Borsieri

Breve instruttione... Faustiniano ▷L.21
Tragicommedia

La Flaminia schiava ▷L.45
Commedia di Piermaria Cecchini

1611

14 febbraio - torneo - salone di corte

Torneo voluto da Velasco, impresario Francesco Santagostino, stime di Tolomeo Rinaldi, ingegneri forse Fabio Mangoni e Alessandro Bisnate ▷III[2-3]

ASM, *RcS*, XXII.50, cc. 138r-139r e 175r (29, 31.I e 12.II.1611) ▷D.34-37

? - presenza di comici

A Gian Battista Andreini e compagnia è impedito di recitare a Milano per contrasti con Cecchini ▷III[43]

Bevilacqua 1894, p. 128

Arcaini 1995, p. 292

Funerali per la regina Margherita d'Austria

La moglie di Filippo III (che trionfalmente passò per Milano nel 1598) muore di parto a 27 anni

22 dicembre - cerimonia funebre - Duomo

Grandis 1995, pp. 671-673

📖 *L'amoroso sdegno* ▷L.9

Favola pastorale di Francesco Bracciolini

Del miracolo del SS. Sacramento... ▷L.28

Dramma sacro di Girolamo Bernardini

La Ghirlanda ▷L.48

Egloga di Silvio Fiorillo

1612

primavera - commedie

La compagnia di Florinda Concevoli recita a Milano ▷III[38]

ASM, *RcS*, XXI.27, c. 148r (30.VI.1612) [licenza per recitare a Milano] ▷D.41

Paglicci Brozzi 1891, p. 108

Rasi 1905, p. 691

Entrata del governatore della Hynojosa

estate - *Lo Schiavetto* (commedia)

La commedia di Gian Battista Andreini, stampata quest'anno a Milano, è fatta rappresentare (come è detto nel libretto) con la sua compagnia dei Fedeli davanti al governatore Mendoza ▷III[44] L.91-92

Ellio 1612 [Virginia Ramponi è paragonata a una *«sirena»*]

Bevilacqua 1894, pp. 54-55 e 85-86 [anche circa le questioni fra Cecchini e Andreini e rispettive mogli]

Arcaini 1995, p. 292

NASCITA DEL FIGLIO DEL GOVERNATORE

7 ottobre - festa con fuochi - palazzo Reale (corte grande)

I-Mt, *Cod. Triv.* 1490, cc. 48v-49r ▷D.44

📖 *Filli di Sciro* ▷L.42

Favola pastorale di Guidobaldo de' Bonarelli

Il mortorio di Christo ▷L.68

Tragedia spirituale di Antonio Cataldo Morone (F. Bonaventura da Taranto)

Lo schiavetto ▷L.91-92

Commedia di Gian Battista Andreini (in due ristampe)

1613

11 febbraio - festa mascherata - casa Vistarino[1]

I-Mt, *Cod. Triv.* 1490, cc. 49v-51r ▷D.45

estate - commedie - corte delle commedie

È a Milano la compagnia dei comici Spagnoli ▷III[52]

ASM, *SP*, cart. 28, (22.VII.1613) ▷III*app*

estate - transito di comici

La compagnia dei Fedeli (con G.B. Andreini e moglie) è diretta in Francia ▷III[46]

ASM, *RcS*, XXI.28, c. 61v (18.VII.1613) ▷D.46

ARCAINI 1995, p. 293

? - commedie - corte delle commedie [?]

Sono a Milano i comici Uniti; si segnala anche la presenza di Giovan Paolo Fabbri detto Flaminio ▷III[52]

PAGLICCI BROZZI 1891, p. 35 [che riproduce un sonetto di Fabbri]

ARCAINI 1995, pp. 283, 293

📖 *L'Adamo* ▷L.1

Sacra rappresentazione di Gian Battista Andreini ▷III[47-48] T.78-88

1. Si veda quanto già riferito in merito alla famiglia Vistarino ▷D.45.

1614

aprile/giugno - commedie

Cecchini ottiene licenza di recitare a Milano dal 7 aprile al 24 giugno, ma la piazza gli viene soffiata dai Confidenti; forse presenti anche i comici Accesi con Silvio Fiorillo ▷III[53-54]

Buratelli 1988, p. 46
Ferrone 1993, pp. 124 nota 4, 292
Arcaini 1995, p. 287 [che riferisce anche di Fiorillo (da *EdS*, *sub voce*)]

📖 *I falsi dei* ▷L.36
Favola pastorale di Ercole Cimilotti

1615

estate - commedie - corte delle commedie [?]

Recitate dai Confidenti, Flamino Scala fra i membri della compagnia ▷III[55]

Ferrone 1984, p. 150 nota 28
Ferrone 1993, p. 182 nota 26
Arcaini 1995, pp. 278-279

Matrimonio fra il principe Filippo e Isabella di Borbone

Il futuro Filippo IV, figlio dell'attuale re di Spagna, sposa Isabella di Borbone, figlia di Enrico IV e sorella di Luigi XIII re di Francia ▷III[58] s.3

novembre - allegrezze - palazzo Reale, castello

ASM, *RcS*, XXII.52, c. 102v e 137r [pagamenti al Duchino per pitture nel salone]
ASM, *RcS*, XXII.53, c. 126r (5.X.1614) ▷D.56

📖 *Il mortorio di Christo* ▷L.69
Tragedia spirituale di Antonio Cataldo Morone (F. Bonaventura da Taranto)

1616

estate - presenza di comici

Gian Battista Andreini è a Milano con la moglie ▷III[59]

Comici... 1993, pp. 109-112

📖 *La Maddalena convertita* ▷L.60
Rappresentazione spirituale di Benedetto Cinquanta

1617

canevale - commedie - corte delle commedie [?]
È di nuovo a Milano la compagnia dei Confidenti, malgrado Cecchini con gli Accesi abbia chiesto e ottenuto licenza per recitare a Milano ▷III[64-65]

ASM, *CcS*, cart. 408 (2.XII.1616) [supplica di Cecchini]
ASM, *RcS*, XXI.29, c. 38v (16.I.1617) [licenza concessa a Cecchini] ▷D.58
Paglicci Brozzi 1891, p. 31 [riproduce un rescritto della supplica datato 18.I.1617]
Comici... 1993 [riprodotta la supplica originale]
Ferrone 1993, pp. 38 nota 26, 293

L'Adamo ▷L.2
Sacra rappresentazione di Gian Battista Andreini

La Giustina ▷L.50
Tragedia spirituale di Antonio Cataldo Morone (F. Bonaventura da Taranto)

La pace ▷L.72
Rappresentazione spirituale di Benedetto Cinquanta

La ressurrezione di Cristo ▷L.84
Dramma sacro con intermedi di Benedetto Cinquanta

1618

? - commedie - corte delle commedie [?]
La compagnia dei Fedeli rappresenta a Milano; presenti anche gli Accesi; anche Martinelli è a Milano forse per motivi personali ▷III[67]

Idilli... 1618 [dove sono ristampati gli elogi a Virginia Ramponi già in Ellio 1612]
Bartoli 1782, I, pp. 140-141 [fonte della presenza dei Fedeli]
Rasi 1905, I, p. 149 [riferisce degli *Idilli*]
Comici... 1993, pp. 407-409 [su Martinelli]
Arcaini 1995, pp. 287 e 293

3 luglio - *S. Caroli pastoritia* (pastorale latina) - collegio di Brera
Rappresentata in tale data dagli scolari di Brera come da frontespizio del libretto ▷L.88

segue:

accademia - collegio di S. Alessandro
In onore di Antonio Maria Zaccaria
Chinea 1931, ii, p. 622

📖 *La regina Ester* ▷l.82
Sacra rappresentazione di Leone Rossi

S. Caroli pastoritia ▷l.88
Pastorale latina

1619

? - commedie - corte delle commedie [?]
Rappresentate dai comici Confidenti con Flaminio Scala capocomico e Maria Malloni detta Celia, presente anche Francesco Gabrielli detto Scapino ▷iii$^{68-71}$
Rasi 1905, pp. 662-663
Comici... 1993, pp. 536-553 [lettere di Scala]
Ferrone 1993, pp. 150, 155, 157-158
Checchi 1990
Arcaini 1995, p. 278

? - *Gli strumenti di Scapino* (commedia) - corte delle commedie [?]
Rappresentata da Francesco Gabrielli ▷iii^{71} t.23-24
I-Mb, zcc.v.7/15 [sonetto a stampa in memoria della commedia]
Paglicci Brozzi 1891, p. 53 [riproduce il sonetto datandolo 1635]
Comici... 1993, p. 551 [lettera di Scala che racconta della rappresentazione]

📖 *L'Hadriana* ▷l.52
Tragedia di Luigi Groto

1620

? - *Il Lelio bandito* (commedia) - corte delle commedie [?]
Pubblicata quest'anno a Milano, rappresentata dai Fedeli con Gian Battista Andreini; presenti a Milano anche Cecchini e Martinelli ⊳III[72]

Bartoli 1782 I, p. 17 [fonte per l'allestimento del *Lelio*]
Bevilacqua 1894, p. 105
Buratelli 1988, pp. 52 e segg.
Comici... 1993, pp. 119-125
Ferrone 1993, pp. 203-204

? - accademia - collegio di S. Alessandro
In onore di Antonio Maria Zaccaria

Chinea 1931, II, p. 622

📖 *Il Lelio bandito* ⊳L.57
Tragicommedia boscareccia di Gian Battista Andreini

La Maddalena ⊳L.59
Sacra rappresentazione di Gian Battista Andreini

Santa Caterina ⊳L.90
Tragedia spirituale di Francesco Caccianiga

1621

Funerali di Filippo III
maggio - cerimonia funebre - Duomo
Con una partecipazione della cappella dei musici di corte al funerale in Duomo ⊳IV[6-7]

ASM, *PS*, cart. 10, fasc. 5 (18.V.1621 e 8.VII.1621) [questione con i musici di palazzo] ⊳D.60-61
Grandis 1995, pp. 673-694

Giuramento di fedeltà
Il governatore Figueroa giura fedeltà al nuovo re Filippo IV ⊳IV[8]
maggio - cerimonia - salone di corte

ASM, *PS*, cart. 7, fasc. 4 (12.V.1621) [praparativi del salone di corte] ⊳D.59
ASM, *PS*, cart. 8*bis*, fasc. 1 [cerimoniale del governatore]

26 agosto - *Hermenegildus* (tragedia) - collegio di Brera
Tragedia di Emanuele Tesauro di cui dovrebbe essere stato stampato anche l'argomento

I-Tr, *Varia 59 bis*, cc. 155-225 [manoscritto della tragedia]
Damiano 1995, pp. 484-485

segue:

📖[2] *Antigono tradito* ▷L.10
Tragedia di Pier Francesco Goano

L'Edemondo ▷L.32
Tragedia di Giovanni Battista Oddoni

Filarmindo ▷L.41
Favola pastorale di Rodolfo Campeggi con intermedi in musica intitolati *L'Aurora ingannata* ▷IV$^{2-5}$

Le pazzie giovanili ▷L.77
Commedia di Francesco Girolamo Gattici

Gli pensieri fallaci ▷L.79
Commedia di Francesco Gattici

Il ricco Epulone ▷L.86
Commedia di Benedetto Cinquanta

1622

Canonizzazione di Ignazio di Loyola e Francesco Saverio
Le feste coinvolsero i padri gesuiti di S. Fedele e gli studenti di Brera ▷IV^{9} *e segg.*
20 marzo/26 aprile - feste - S. Fedele, Duomo, Brera, palazzo Reale
Per il calendario con specifica attenzione alla presenza della musica ▷A.13
I-Mt, *Dicasteri*, cart. 35, 7.III.1622 [stanziamento dei fondi per le celebrazioni]
Breve relatione... 1622 [cronaca]
I-Mb, KK.IV.8 [raccolte alcune pubblicazioni celebrative, fra cui i sermoni di Paolo Arese e Sebastiano Borsa (Archiepiscopale) e un'orazione panegirica di Ascanio Ordei (Pandolfo Malatesta)]
Schio 1923
Damiano 1995, pp. 490-492

2. Secondo Arcaini 1995, p. 295, in questa data sarebbe stata pubblicata a Milano *La Centaura* di Andreini. La fonte sarebbe un manoscritto di F. Mariotti, conservato in I-Fn, intitolato *Il teatro in Italia nei secoli XVI, XVII e XVIII...* che a p. 322 riferisce: «*La Centaura, trilogia, Milano, per N. delle Vigne, 1621. Fu ristampata a Bologna nel 1633 pei tipi di Salvatore Sonzoni; Ferinda, quattro commedie pubblicate nel 1621, in Milano*». Nel '21 Andreini era in Francia con la sua compagnia e all'inizio dell'anno successivo pubblicherà a Parigi per Della Vigna (che non è uno stampatore milanese) la *Centaura* e altre quattro commedie, appunto *La Ferinda, Amor nello specchio, La sultana* e *Li duo Leli simili* (*cfr. Comici...* 1993, I, p. 73). È possibile che proprio questa stessa fonte abbia tratto in inganno anche Vianello che ha ulteriormente aggiunto del suo trasformando il 1621 in 1629 (v. *infra* nota 4).

• *Iconografia:*
I-Mb, KK.IV.8 [otto tavole, fra cui i sei carri] ▷T.33-40
I-M.Accademia, I D 16 [i sei carri con l'aggiunta a china «*in Milano*» sui cartigli]
BAUDI DE VESME 1906, pp. 8-11

27 ottobre - commedia - sala di palazzo
Forse privata: la rappresentazione fu esplicitamente voluta dal governatore ▷III[33]
I-Mt, *Cod. Triv.* 1490, cc. 102v-103r ▷D.62

📖 *La bizaria di Pantalone* ▷L.19
Commedia di Francesco Gattici

La Tartarea ▷L.95
Commedia di Giovanni Briccio

1623

VISITA DEL CARDINALE INFANTE FERDINANDO
24 settembre - azione teatrale - collegio di Brera
DAMIANO 1995, p. 499

📖 *Le disgrazie di Burattino* ▷L.30
Commedia di Francesco Gattici

Li tre capitani vanagloriosi ▷L.98
Commedia di Silvio Fiorillo

Il verno ▷L.101
Pastorale di Benedetto Cinquanta

1624

20 febbraio (carnevale) - festa privata - casa Vistarino
I-Mt, *Cod. triv.* 1490, c. 108v ▷C[1613]

📖 *La cortesia di Leone e di Ruggiero* ▷L.27
Commedia di Silvio Fiorillo

Il mondo conquistato ▷L.66
Commedia di Silvio Fiorillo

1625

Le ferite infelici ▷L.39
Favola pastorale di Gian Battista Guala

Mathidia ▷L.62
Sacra rappresentazione di Girolamo Gattici

1626

La confusione dell'ostinato peccatore ▷L.25
Tragedia di Francesco Gerolamo Gattici

Le rivolte di Parnaso ▷L.87
Commedia di Scipione Errico

1627

carnevale - giostra - corso di porta Romana
ASM, *PS*, cart. 8*bis*, fasc. 3.

[3]

L'Amor giusto ▷L.5
Egloga pastorale di Silvio Fiorillo

La campanaccia ▷L.22
Commedia di Gian Battista Andreini

Ester ▷L.33
Tragedia di Federico Della Valle

L'Irena ▷L.55
Tragedia spirituale di Antonio Cataldo Morone (F. Bonaventura da Taranto)

Iudit ▷L.56
Tragedia di Federico Della Valle

Il mondo conquistato ▷L.67
Commedia di Silvio Fiorillo

3. In questa data secondo Vianello 1941, p. 374, si sarebbe stampata a Milano anche *Le due commedie in commedia* di Gian Battista Andreini, ma non trovo conferme alla notizia.

1628

? - orazione - collegio di Brera
Chinea 1931, ii, p. 622

📖 *Il fariseo e il pubblicano* ▷l.37
Tragedia di Benedetto Cinquanta

La natività del Signore ▷l.70
Rappresentazione spirituale di Benedetto Cinquanta

La pace ▷l.73
Rappresentazione spirituale di Benedetto Cinquanta

La reina di Scotia ▷l.83
Tragedia di Federico Della Valle

1629

Entrata del nuovo governatore Spinola
30 agosto - salva - castello
I-Mt, *Cod. Triv.* 1490, c. 121r ▷d.65 iii[32]

30 agosto - commedia - teatro di corte [?]
I-Mt, *Cod. Triv.* 1490, c. 121r ▷d.65 iii[32]

Nascita di Baldassare Dominico figlio di Filippo iv
Feste per la nascita del primogenito del re di Spagna (che non raggiungerà il trono e morirà a soli diciassette anni) ▷iv[21] *e segg.*
da novembre - feste - luoghi diversi
I-Mt, *Dicasteri*, cart. 39 (21.xi, 13.xii.1629, 8, 14 e 26.i.1630) [stanziamento dei fondi per le celebrazioni] ▷d.66 d.68 iv[23]
Racconto... 1630 [cronaca] ▷a.14-15
Tesauro 1630 [panegirico poetico]
La lamentatione... 1630
Forcella 1898, p. 97 [cita *La lamentatione...*]
Bertolini-Gariboldi 1995

30 dicembre - orazione latina - collegio dei Dottori
I-Mt, *Cod. Triv.* 1490, cc. 120r-120v ▷d.70

23 gennaio 1630 - ballo in maschera - sala degli imperatori
I-Mt. *Cod. Triv.* 1490, c. 159v ▷d.72

segue:

4 febbraio 1630 - spettacolo con fuochi - piazza del Duomo
Con il monte Etna progettato da Francesco Maria Richino
I-Mt, *Cod. Triv.* 1490, c. 120v ▷D.75
ASM, *RcS*, XXII.58, cc. 25r, 32r, 40r (2.XII.1629, 14 e 28.I.1630) ▷D.67 D.71 D.73

carnevale - giostra d'armi - corso di porta Romana
ASM, *RcS*, XXII.58, c. 40r (31.I.1630) ▷D.74
Argomento... 1630 ▷L.15
SarL, 2512
• *Iconografia:*
I-M.Bertarelli, A S 51-17 [disegno di Biffi del monte Etna] ▷T.42
Racconto... 1630 [contiene un'incisione di Bassano del monte Etna] ▷T.43
A-W.Albertina [incisione di Gherardini del monte Etna] ▷T.58
A-W.Albertina [incisione di Gherardini di maschere del carnevale] ▷T.57
Arrigoni 1970, nn. 704, 839 e 1344 [riprodotte le incisioni]
Alberici 1973, n. 416/46 [osservazione sulle maschere di Gherardini]
Vercelloni 1989[b], p. 47 [riprodotto disegno di Biffi a colori]

📖 [4] *Le pazzie giovenili* ▷L.78
Commedia di Francesco Gattici

1630

carnevale - feste
Proseguimento delle feste per la nascita dell'infante di Spagna ▷C[1629]

Preparativi per l'arrivo della regina d'Ungheria
Le feste (previste per marzo), che dovevano imitare per magnificenza quelle per la regina Margherita (1598), non si celebrarono: la regina evitò il viaggio probabilmete a causa della peste ▷IV[30-32] IV[39]
I-Mt, *Dicasteri*, cart. 39 ▷IV[30]
Ordini... 1692, II, pp. 62-68 [i soldi destinati alle feste sembrano essere stati intascati da qualche funzionario]

📖 *Argomento di festa d'armi a cavallo* ▷L.15
Scenario della giostra rappresentata durante le festività per la nascita dell'infante

4. Secondo Vianello 1941, p. 374, in questa data sarebbero state pubblicate quattro commedie di Gian Battista Andreini, ovvero: *La Centaura*, *La Ferinda*, *La cortesia di Leone* e *I due Lelio simili*. A parte che *La cortesia* è di Fiorillo, non trovo notizia di alcuno degli altri testi, né pubblicati in un unico volume, né separatamente (v. *supra* nota 2).

1631

apparato - collegio di S. Alessandro
Allestito dall'accademia degli Infuocati
CHINEA 1931, II, p. 622

FUNERALI PER FEDERICO BORROMEO
Il 21 settembre muore l'arcivescovo Borromeo ▷IV[40]

24 settembre - funerali - Duomo
RIVOLA 1656, pp. 617-619

1632

VISITA DEL CARDINALE TRIVULZIO

26 gennaio - ricevimento - collegio di Brera
Descrittione... 1632
DAMIANO 1995, p. 499

? - apparato - collegio di Sant'Alessandro
Allestito dall'accademia degli Infuocati per la visita del cardinale
CHINEA 1931, II, p. 622

luglio - tragicommedia spirituale latina - scuole Arcimbolde
Del padre barnabita Paolo Ludovico Dobellio
ACSA, *Acta*, II, p. 33 [cronaca della manifestazione]
CASCETTA 1995, pp. 150-151 [trascrive la cronaca]

novembre - *La Lucilla costante* (commedia) - teatro di corte [?]
Commedia stampata a Milano e rappresentata da Silvio Fiorillo ▷IV[34] L.58
PAGLICCI BROZZI 1891, p. 61

📖 *La Lucilla costante* ▷L.58
Commedia di Silvio Fiorillo

La peste del MDCXXX ▷L.80
Tragedia di Benedetto Cinquanta

1633

16 gennaio - licenza concessa a un ciarlatano

A Francesco Scarioni detto Dottor Boccalone per «montare in banco con la sua compagnia, con personaggi mascherati, con suoni e canti» ▷v[5]

ASM, *RcS*, xxi.31, c. 59v ▷d.77

18 gennaio - pastorale - scuole Arcimbolde

Del padre barnabita Giacomo Maria Chiesa, recitata dagli scolari di Humanità

ACSA, *Acta...*, ii, p. 35

Cascetta 1995, p. 151

Entrata del cardinale infante

Il fratello del re, l'infante Ferdinando d'Austria, cardinale, entra in città quale nuovo governatore ▷iv[36-39]

29 maggio - ingresso - da porta Romana al Duomo

I-Mt, *Dicasteri*, cart. 40 (28.ii, 24.iii, 8.iv, 25.iv e 3.x.1633) ▷iv[39]

ASM, *PE*, cart. 130, fasc. 1633, 1634, 1635, 1640, 1641 e1642

Racconto...1633[a-b] ▷a.16

Damiano 1995, p. 500 [Leonardo Velli è detto autore delle cronache]

• *Iconografia:*

I-Mt, *Raccolta Bianconi*, v, c. 8 [disegno di Francesco Maria Richino per l'arco di porta Ticinese] ▷t.45

I-Mt, *Raccolta Bianconi*, i, c. 6 [disegno di Richino per due statue equestri] ▷t.44

I-Ma, f 251 inf., n.2 [arco che Mezzanotte dice simile a quello del Richino]

I-M.Bertarelli [ingresso del cardinale infante, incisione di Gherardini] ▷t.60

Mezzanotte 1915[b] [riproduce i disegni della *Raccolta Bianconi* ma ritiene si riferiscano alle feste del 1649 per la regina Anna]

Arrigoni 1970, ii, tav. 6, n. 845 [riprodotta l'incisione di Gherardini]

Cogliati Arano 1975, pp. 8-9 [attribuisce l'arco in I-Ma al Binago (feste del 1598)]

Ricci 1993, p. 181 [sposta l'arco in I-Ma alle feste del 1599]

Bora 1994, pp. 39-40 [riferisce a quest'ingresso le due statue equestri]

? - *La Silvia* (tragicommedia) - collegio di Brera

Di Leonardo Velli, stampato lo scenario ▷l. 93

I-Tr, *Varia 59 bis*, cc. 78-154 [manoscritto]

Damiano 1995, pp. 484, 499

? - spettacolo - collegio di San Barnaba

Argomento...1633 [in ASM, *Miscellanea lombarda*, ii, 64]

Cascetta 1995, pp. 158-159 [trascrive integralmente l'*Argomento*]

📖 *Il figliol prodigo* ▷L.40
Sacra rappresentazione di Benedetto Cinquanta

La Silvia ▷L.93
Tragicommedia di Leonardo Velli (o Villio)

1634

11 gennaio - *La morte del re di Svezia* (tragedia) - «nostra chiesa vecchia»
Del padre barnabita Giacomo Maria Chiesa
ACSA, *Acta*, II, p. 42
Cascetta 1995, p. 151

Elezione di Cesare Monti a cardinale
Feste al collegio dei Dottori che Monti aveva frequentato; eretto il monte Antlante ▷IV[41]
7 marzo - allegrezze - collegio dei Dottori
Maioli 1634
Bora 1994, p. 39
• *Iconografia:*
I-M.Bertarelli [incisione del monte Atlante] ▷T.46
Arrigoni 1970, II, tav. 9, n. 848 [ripr. dell'incisione]

dicembre - passaggio di comici
Giacomo Antonio Fidenzio, detto Cintio, con la sua compagnia ottiene il permesso di passare per Milano (da Torino è diretto a Modena) ▷IV[49]
ASM, *RcS*, XXI.31, c. 146v (6.XII.1634) [passaporto] ▷D.78
Paglicci Brozzi 1891, p. 51 [parz. riprodotto il passaporto]
Vianello 1941, p. 41 [che sposta la data al 1635]
Arcaini 1995, p. 296

📖 *Il fariseo e il pubblicano* ▷L.38
Tragedia di Benedetto Cinquanta

La Maddalena convertita ▷L.61
Rappresentazione spirituale di Benedetto Cinquanta

La ressurrezione di Cristo ▷L.85
Dramma sacro di Benedetto Cinquanta

Sant'Agnesa ▷L.89
Tragedia spirituale di Benedetto Cinquanta

1635

carnevale - giostra - corte grande di palazzo Reale
Paglicci Brozzi 1891, p. 52

primavera - commedie - teatro di corte [?]
Concessa licenza di far commedie a Milano a Francesco Gabrielli detto Scapino ▷iv[43]
Paglicci Brozzi 1891, pp. 49-53 [trascritta la richiesta di Gabrielli (23.xi.1634, per l'anno successivo) e licenza (s.a., ma fine 1634), perdute?]

Entrata del nuovo arcivescovo Monti
Cesare Monti prende il posto di Federico Borromeo morto quattro anni prima ▷iv[40]

29 aprile - feste - Duomo, S. Lorenzo, S. Sebastiano
I-Mt, *Dicasteri*, cart 41 (23.iii e 20.vi.1635)
Apparati... 1635 [descrizione]
Pasta 1635 [descrizione]
AfD, v, *sub anno* 1635 [circa l'arco in Duomo]
Dallaj 1980
Bora 1994, p. 39
•*Iconografia:*
I-Ma, *Raccolta stampe* [ingresso in piazza Duomo, incisione di Gerardini] ▷t.64
Arrigoni 1970, ii, tav. 7, n. 848 [riprodotta l'incisione di Gherardini]

agosto - apparato - chiesa e collegio di Sant'Alessandro
Trionfale apparato allestito dai padri barnabiti ▷iv[42]
Boldoni 1636 [con 83 incisioni di Giovanni Paolo Bianchi] ▷t.47
Bora 1994, pp. 41-43
Cascetta 1995, p. 157
Cavalca 1995

? - apparato - collegio Elvetico
Chinea 1931, ii, p. 622

? - *Manlio* (azione allegorica) - collegio di Brera
Rappresentata con musiche dagli scolari di Brera in onore del nuovo cardinale Monti; stampato lo scenario in una edizione in 4° ▷iv[42] l.16
Chinea 1931, ii, pp. 619-620

? - *Il monte Libano* (pastorale) - collegio di Campo Santo
Rappresentata «dalli giovani della dottrina christiana di Campo Santo»; stampato lo scenario ▷iv[40] l.12

📖 *Argomento*... *Manlio* ▷l.16
Azione allegorica

Argomento... *Il monte Libano* ▷l.12
Pastorale allegorica

1636

? - rappresentazione - collegio di Sant'Alessandro
ACSA, *Acta*, II, p. 72
ASBM, *Acta*, 1635-1638
CASCETTA 1995, p. 160

1637

ELEZIONE DI FERDINANDO III
gennaio - battaglia scenica - castello
Si finge una battaglia intorno al castello Sforzesco ▷IV 44-45
I-Mt, *Dicasteri*, cart. 42 (26.V.1637) [compenso a Gherardini per un'incisione]
I-M.Bertarelli [sua memoria iconografica con descrizione] ▷T.66
ARRIGONI 1970, II, tav. B, n. 849 [riprodotta l'incisione]

? - due accademie - collegio di Sant'Alessndro
Del padre barnabita Ottavio Boldoni
ASBM, *Acta*, 1635-1638
CASCETTA 1995, p. 156-157

📖 [5]

1638

rappresentazione - collegio di Sant'Alessandro
ACSA, *Acta*, II, p. 79
ASBM, *Acta*, 1635-1638
CASCETTA 1995, p. 160

segue:

5. In questa data CHINEA 1931, p. 619, riferisce della pubblicazione per i tipi di Filippo Ghisolfi de *Le spade arbitre del regno*, notizia poi ripresa da altri. DAMIANO 1995, p. 485, ha segnalato l'errore dimostrando come la data corretta sia il 1685 (lo scenario in I-Mb, come ho verificato, è infatti senza indicazione di anno ed edito da Agnelli, stampatore attivo nella seconda metà del secolo; *cfr.* SANTORO 1965, pp. 306 e segg.); inoltre ARRIGONI 1995, che ha compilato il catalogo delle opere stampate da Ghisolfi, non conosce l'edizione indicata da Chinea.

Celebrazione della Pace Universale

4 novembre - processione allegorica - fino in Duomo

Racconto... 1638 [cronaca]

Zardin 1994, pp. 25-26

Signorotto 1996, p. 89 e segg. [sullo scandalo seguito e le implicazioni politiche della manifestazione]

• *Iconografia:*

[schizzo preparatorio per il baldacchino di G.M. Fiammenghino, disperso]

I-M.Bertarelli [incisione del baldacchino di Bianchi] ▷t.48

I-Mt, *Dicasteri*, cart. 43 (23.xii.1638) [compenso a Bianchi per l'incisione]

Arrigoni 1970, ii, n. 850, tav. 10 [ripr. l'incisione]

Bora 1994, p. 44 [ripr. schizzo e incisione]

1639

? - *Lo sdegno d'Erode* (pastorale) - San Lorenzo in Torrigia

La pastorale, di cui rimane solo lo scenario, è di Carlo Torre e fu «recitata da' giovani di S. Lorenzo in Torrigia» ▷l.13

SarL, 2501

? - rappresentazione - collegio di Sant'Alessandro

ACSA, *Acta*, ii, p. 79

ASBM, *Acta*, 1638-1641

Cascetta 1995, p. 161

giugno - allegrezze

Catalano 1958, p. 81

aprile - transito di comici

Passaggio dei comici Confidenti diretti a Parigi. Passaggio di Lelio Bragaglia (forse al seguito ma distaccato) ▷iv[47]

ASM, *RcS*, xxiii.3 (fine marzo 1639) [passaporto per Lelio Bregaglia]

Paglicci Brozzi 1891, p. 54 [trascrive la richiesta di lasciapassare chiesto dai Confidenti]

Arcaini 1995, p. 280

📖 *Argomento... Lo sdegno d'Erode* ▷l.13
Pastorale con prologo e intermedi di Carlo Torre

Il Bragato ▷l.20
Commedia con intermedi di G.S.M.

La Tartarea ▷l.96
Commedia di Giovanni Briccio

1640

carnevale - giostra - corso di porta Romana
ASM, *PS*, cart. 8*bis*, fasc. 3 (28.II.1640) [mandato di pagamento per Geronimo Zerbi, impresario della lizza]

? - commedie - teatro di corte [?]
Giovanni Battista Fiorillo, figlio di Silvio, è a Milano e recita alcuni lavori di Carlo Torre
Arcaini 1995, p. 297

? - rappresentazione - collegio di Sant'Alessandro
ASBM, *Acta*, 1638-1641
Cascetta 1995, p. 161

🕮 *Il capriccio poetico* ⊳L.24
Farsa di Claudio Filippi

1641

Compleanno di Filippo IV
Torneo celebrato in occasione del genetliaco del re ⊳IV[51]
10 aprile - giostra - palazzo Reale
Calvi 1989, p. 147

primavera - commedie - teatro di corte
Giacomo Antonio Fidenzi, detto Cintio, ottiene licenza di rappresentare nel teatro di corte ⊳IV[48]
ASM, *RcS*, XXI.32, c. 180r ⊳D.79
Arcaini 1995, p. 297

? - rappresentazione - collegio di Sant'Alessandro
ACSA, *Acta*, II, p. 108
ASBM, *Acta*, 1638-1641
Cascetta 1995, p. 161

🕮 *Il padre discacciato* ⊳L.74
Tragicommedia di Carlo Torre

1642

? - apparato - chiesa di Brera
In onore della «fascia» della Madonna
Chinea 1931, ii, p. 622

1643

maggio - due spettacoli - collegio di Sant'Alessandro
Del padre barnabita Giulio Brianzi, rappresentato dagli studenti
ACSA, *Acta*, ii, p. 116 [riferisce della pubblicazione dello scenario dei due spettacoli]
ASBM, *Acta*, 1641-1644
Cascetta 1995, pp. 151-152

1644

carnevale - giostra - corso di porta Romana
ASM, *PS*, cart. 8*bis*, fasc. 3 (10.vii.1645) [mandato di pagamento, ma valido per il 1644 per Carlo Piantanida, impresario della lizza]

Funerale della regina Isabella
La moglie di Filippo iv (sposatasi nel 1615) muore di parto il 6 ottobre all'età di 42 anni
22 dicembre - cerimonia - Duomo
Alla messa in Duomo parteciparono anche i musici della cappella di palazzo ▷iv[46]
ASM, *PS*, cart. 10, fasc. 5 [circa la questione con i musici] ▷d.102
Grandis 1995, pp. 695 e segg.

📖 *Poesie drammatiche*[6] ▷l.81
Dramma per musica di Benedetto Ferrari della Tiorba

6. A quanto riferisce Barblan 1959, p. 957, quest'anno Ramellati pubblicherebbe sei libretti di Ferrari, *L'Andromeda*, *La maga fulminata*, *L'Armida*, *Il pastor regio*, *La ninfa avara* e *Il principe giardiniere*, tutte opere allestite a Venezia negli anni appena precedenti con le musiche di Francesco Mannelli. *Poesie drammatiche* contiene solo l'*Andromeda*: delle altre cinque non trovo traccia (né memoria fra le carte di Somma da cui Barblan ha attinto senza remore). Si è riscontrato più volte la scarsa affidabilità di Barblan, ma questo non basta per giustificare un'affermazione così improbabile (sei libretti tutti in una stessa stagione!), la cui stessa improbabilità convince della sua scarsa buona fede. È da dire a unica scusante che *Poesie drammatiche* al plurale farebbe pensare a una raccolta, ma in tal caso che fine avrebbero fatto gli altri titoli (se ve ne furono)? D'altra parte simile inganno è anche del libretto milanese del *Pastor fido* guariniano (1600) intitolato *Opere poetiche* ▷l.71.

1645[7]

maggio - transito di comici
Giulia Gabrielli (Diana) e Carlo Cantù (Buffetto) passano per Milano diretti a Parigi dove, fra l'altro, parteciperanno all'allestimento della Finta pazza *(Strozzi-Sacrati)* ⊳v[7] t.25
ASM, *RcS*, xxi.33, c. 54r (30.iv.1645) [passaporto]
ASM, *RcS*, xxiii.7 (9.v.1645) [altro passaporto simile]
Paglicci Brozzi 1891, p. 109 [cita il passaporto ma lo data 1646]
Rasi 1905, i, pp. 571-575 [trascrive il testo del passaporto del 30.iv.1645]
Arcaini 1995, p. 297

? - rappresentazione - collegio di Sant'Alessandro
ACSA, *Acta*, ii, p. 131
ASBM, *Acta*, 1644-1647
Cascetta 1995, p. 162

1646

carnevale - giostra - corso di Porta Romana
Con il torneo di «domatori di mostri»
ASM, *PS*, cart. 8*bis*, fasc. 3 (6.ii.1646) [mandato di pagamento per Geronimo Zerbi, impresario della lizza]
«GdM», 14.ii.1646 [trascritta in Bernardi]
Bernardi 1995[a], pp. 559-560

primavera - *Il pastor regio* (opera in musica) - teatro di corte
Rappresentato dagli accademici Febiarmonici; pubblicato il libretto ⊳v[27] v[36-39] l.76
Bianconi-Walker 1975, pp. 432-433
Ivaldi 1980, pp. 147-148

? - rappresentazione - collegio di Sant'Alessandro
ASBM, *Acta*, 1644-1647
ACSA, *Acta*, ii, p. 138
Cascetta 1995, p. 162

🕮 *Il pastor Regio* ⊳l.76
Dramma per musica di Benedetto Ferrari della Tiorba

7. Calvi 1865, pp. 240-242, attesta in tal data le sontuose feste celebrate il 1654: si tratta di un evidente errore di stampa.

1647

Funerali di Baldassarre Dominico di Spagna
Muore il primogenito del re (la cui nascita era stata festeggiata a Milano nel 1630) ⊳IV[22]
gennaio - cerimonia - Duomo
ASM, *PS*, cart. 14
Breve... 1647

gennaio - transito di comici
Una compagnia «chiamata del signor duca di Parma» transita da Milano: vengono da Torino e sono diretti a Ferrara ⊳V[7]
ASM, *RcS*, XXI.33, c. 103v (8.I.1647) ⊳D.85
Paglicci Brozzi 1891, p. 110
Arcaini 1995, p. 298 [ipotizza che della compagnia faccia parte Cantù]

carnevale - *La Delia* (opera in musica) - teatro di corte
Rappresentata dagli accademici Febiarmonici; pubblicato il libretto ⊳V[28] V[40-41] L.29
Ivaldi 1980, p. 149 e segg.

autunno - rappresentazioni - teatro di corte
La compagnia dei fratelli Brocchi «musici febiarmonici» rappresenta a Milano
ASM, *RcS*, XXI.33, c. 151v (7.XI.1647) ⊳D.87
ASM, *RcS*, XXIII.7 (9.XI.1647)
Arcaini 1995, pp. 300

? - rappresentazione - collegio di Sant'Alessandro
ASBM, *Acta*, 1644-1647
Cascetta 1995, p. 162-163

La Delia sposa del Sole ⊳L.29
Dramma in musica di Giulio Strozzi

La Giuditta ⊳L.49
Azione scenica di Antonio Maria Anguissola, con quattro intermedi e canzonette con musica

Uranilla ⊳L.100
Dramma sacro di Nicolò Boldoni

1648

primavera - rappresentazioni - teatro di corte
Stefano Brocchi e compagni rappresentano a Milano ▷v[34]
ASM, *RcS*, xxi.33, c. 171v (24.iii.1648) ▷d.88
Paglicci Brozzi 1891, p. 110
Arcaini 1995, p. 300

estate - rappresentazioni - teatro di corte
La compagnia di Ercole Nelli recita a Milano ▷v[54-56]
ASM, *RcS*, xxi.33, cc. 178v e 201v (8.iv e 22.ix.1648) ▷d.89-90
Paglicci Brozzi 1891, p. 110
Arcaini 1995, p. 298

Nozze di Leopoldina del Tirolo e Ferdinando iii
Celebrate in Austria il 2 luglio
? - *Le glorie d'amore* (opera in musica) - teatro di corte [?]
SarL, 12405

21 dicembre - banchetto - salone di corte [?]
Banchetto in onore del marchese Gaufrido con «concerti armoniosi della più scelta musica della città».
«GdM», 23.xii.1648
Costantini-Magaudda 1993, p. 90

📖 *L'amor impossibile fatto possibile* ▷l.6
Pastorale di Carlo Torre

Le glorie d'Amore ▷l.51
Opera in musica per le nozze di Ferdinando iii imperatore

1649

gennaio - *Il trionfo* (concerto) - ?
«Concerto armonico» con le musiche di Giulio Matioli, bolognese. Libretto pubblicato a Milano per Giovanni Pietro Ciardi ▷v[14]
SarL, 23624

febbraio/marzo - transito di comici
La compagnia di Ercole Nelli è a Milano di passaggio: da Torino è diretta a Bologna ▷v[54]
ASM, *RcS*, xxi.33, c. 220r (5.ii.1649) ▷d.95
Arcaini 1995, p. 298

***ante* 17 luglio - matrimonio**
Festa per le nozze di Geronimo Talento Fiorenza con Iñes de Tebes e Cordova, figlia del marchese della Fuente; ingaggiati i migliori musici della città
«GdM», 17.vii.1649
Costantini-Magaudda 1993, pp. 90-91

Passaggio della principessa Maria Anna d'Austria
La regina Maria Anna d'Austria si ferma poco più di due mesi a Milano (30.v-9.viii), tappa del viaggio che la porterà a Madrid sposa di Filippo iv di Spagna ▷v[42] *e segg.*
ASM, *RcS*, xxii.66, cc. 28v, 31r e 170r (27.xii.1648, 29.vii e 12.i.1649) ▷d.92-93 d.97 [stanziamento dei fondi]
I-Mt, *Dicasteri*, cart. 48 (18.xi, 4, 5, 14.xii.1648, 21.i, 27.3 e 9.vii.1649)
I-Md, *Maestri di cappella*, busta 21 [due motetti di Michelangelo Grancini] ▷v[42]
Cicogna 1649[a-b] [diario spagnolo del maestro di cerimonie del governatore]
Real solenne... 1649 [cronaca dell'entrata]
Pompa... 1651 [cronaca delle feste]
Porro Lambertenghi 1881 [trascrizione del diario coevo di Marco Cemosano]
Cantù 1887
Mosca-Rivolta 1984
Cenzato 1987
Cenzato-Rovaris 1994
• *Iconografia:*
I-M.Bertarelli [incisione di Cotta dell'ingresso (17.vi)] ▷a.18 t.49 t.53-53a-53b
I-M.Bertarelli [incisione di Franco dei fuochi al castello (18.vi)] ▷t.54
Pompa... 1651 [cronaca con 21 incisioni] ▷t.52
Arrigoni 1970, nn. 856-858 [riprodotte le incisioni di Cotta e Franco e tre della *Pompa*]
Bora 1994, pp. 49-52

17 giugno - ingresso in città - da porta Romana al Duomo

18 giugno - fuochi artificiali - piazza del Duomo

20 giugno - *Teseo* (tragicommedia) - salone di corte

Spettacolo sontuoso recitato dagli studenti di Brera, con musica e cori alla fine di ogni atto, le macchine sono di Curzio Manara; stampato lo scenario ▷L.11

«GdM», 23.VI.1649

Costantini-Magaudda 1993, p. 85 [trascrive il testo della «GdM»]

Damiano 1995, pp. 501-503

24 giugno - festa da ballo - sala delle feste

8 luglio - *Giasone* (opera in musica) - teatro di corte

Rappresentata dai Febiarmonici, le macchine sono di Curzio Manara

«GdM», 14.VII.1649

Bianconi-Walker 1975, p. 405

Costantini-Magaudda 1993, p. 85 [trascrive il testo della «GdM»]

12 luglio - rappresentazione - monastero della Nunziata

Recitata dalle monache del monastero

«GdM», 14.VII.1649

Costantini-Magaudda 1993, p. 84

Cascetta 1995, p. 179

15 luglio - carosello - palazzo Reale

ASM, *RcS*, XXII.67, c. 34v (12.IX.1649) ▷D.98

Festa... 1649

4 agosto - ingresso del legato papale

18 luglio - spettacoli - villa Simonetta

maggio/luglio - rappresentazioni - ex portico della cavallerizza

Rappresentate dalla compagnia di Ercole Nelli ▷V[54]

ASM, *RcS*, XXI.33, c. 228v (24.III.1649) [licenza] ▷D.96

ASM, *RcS*, XXII.67, c. 39v (12.IX.1649) ▷D.99

Arcaini 1995, pp. 299, 308

? - *Filli di Sciro* (opera in musica con intermedi) - teatro di corte [?]

Nella cronaca del 1651 si legge: «fu fatta ancora per la venuta della regina»

«GdM», 1.III.1651

Costantini-Magaudda 1993, p. 85 [trascrive il testo della «GdM»]

📖 *Argomento... Teseo* ▷L.11

Tragicommedia

Interni e Allegorie

Tavola 89
[*Allegoria del liuto*]
incisione 8,7 × 8,7 [1613]
in Alciato 1621, p. 60.

TAVOLA 89. Gli *Emblemata* dell'erudito Andrea Alciato ebbero straordinaria fortuna fra Cinque e Seicento, e testimoniano la diffusione di un gusto per l'allegoria e la simbologia tipica della cultura di antico regime. Pubblicati per la prima volta nel 1531, furono incessantemente ristampati per oltre un secolo in edizioni sempre più curate, annotate, e commentate. Fra le circa 170 che videro la luce (*cfr.* GREEN 1872) quella pubblicata a Padova per i tipi di Pietro Paolo Tozzi nel 1621 – da cui si trae l'incisione – è probabilmente la più ampia e dettagliata. Tozzi pubblicò sei anni dopo anche una versione senza note con traduzione italiana 'a fronte' (in verità bruttina): dalle pp. 15-16 di questa è qui trascritto il *x emblema*, dedicato a Ercole Massimiliano Sforza, duca di Milano (1513-1515), dove le proprietà di un liuto diventano rappresentazione dell'alleanza (*fœdus*) in senso lato, e nel particolare del patto che Massimiliano strinse con gli svizzeri e gli altri ducati confinanti per tener testa al pericolo francese.

FŒDERA
Ad Maximilianum Mediolani ducem

Hanc citharam, a lembi quæ forma halieutica fertur,
Vendicat et propriam Musa Latina sibi,

Accipe, Dux: placeat nostrum hoc tibi tempore munus,
Quo nova cum socijs fœdera inire paras.

Difficile est, nisi docto homini, tot tendere chordas:
Unaque si fuerit non bene tenta fides,

Ruptave (quod facile est) perit omnis gratia conchæ,
Illeque præcellens cantus, ineptus erit.

Sic Itali coeunt proceres in fœdera: concors
Nil est quod timeas, si tibi constet amor.

At si aliquis desciscat (uti plerumque videmus)
In nihilum illa omnis soluitur harmonia.

CONFEDERAZIONI O LEGHE
A Massimigliano duca di Milano

Questa cetra o liuto – c‹h›'ha la forma
d'una picciola nave pescatrice
e che sua face la latina musa[1] –
piglia, duce, e'l don nostro indi gradisci
a questo tempo in cui d'unir t'appresti
nove [= *nuove*] leghe co' tuoi confederati.
Difficil'è (fuor ch'a l'huom dotto) tante
corde tirar, sonar, quand'anche d'esse
una sola mal sia locata e stesa,
o sia rotta (il che troppo agevol sia):[2]
cade ogni gratia a l'istromento e resta
quell'eccellente canto assordo e inetto.
Così d'Italia i grandi, accolti in lega,
concorron tutti, onde temer dei nulla
s'un commune e concorde amor tu vedi:
ché s'alcun manca o se dissona (come
pur sovente veggiam) tosto disciolta
la soave armonia mutola giace.

1. Ovvero: che la latina musa fa sua e ne rivendica l'invenzione, malgrado – spiegano le note dell'edizione del '21 – non sia l'Italia il paese dove fu costruita la prima cetra, ma la Grecia: all'Italia va invece il merito di aver perfezionato lo strumento trasformandolo nel moderno liuto. Ci sarebbe di che eccepire in merito alle competenze organologiche del notatore, ma non è luogo.

2. Più chiara la versione latina: che una corda si rompa è caso assai frequente.

Tavola 90

Tav. 90. Carlo Francesco Nuvolone, *La famiglia del pittore*
tempera su tela, cm 180 × 126 [1640 ?]
Milano, Pinacoteca di Brera.

Carlo Francesco Nuvolone è il più noto figlio del pittore Panfilo che fu apprezzato e ricercato anche in due delle occasioni festive qui trattate: la canonizzazione di Ignazio e Saverio del 1622 e la nascita dell'infante di Spagna del 1629 ▷iv[26] (confuso, in qualche scritto, con il figlio Carlo Francesco). Carlo Francesco, invece, che si distinse fra l'altro per l'espressività dei suoi volti – e questa *Famiglia* ne è straordinaria conferma – ebbe incarico dalla regina Maria Anna, di passaggio a Milano (1649) ▷v[42], affinché fosse da lui ritratta *«ed in premio gli donò la veste che portava quando la ritrasse»* (Orlandi 1704, p. 115). Baroni 1646, p. 288, ritenne di poter riconoscere il dipinto nel *Ritratto di dama* della collezione Smith-Davy di Londra, attribuzione di per sé suggestiva (non foss'altro per la straordinarietà del vestito) ma poco probabile: copie del dipinto, presumibilmente perduto, sarebbero presso la raccolta Arese di Osnago e nel palazzo Trotti di Vimercate e nulla avrebbero in comune con il quadro londinese (non ho avuto modo di vedere i dipinti ma *cfr. Pinacoteca...* 1989, n. 229), d'altra parte la *«dama»* assai poco assomiglia alle incisioni coeve dei ritratti della regina ▷t.50-51.
Il dipinto qui riprodotto, dopo varie vicende, giunse a Brera nel 1806 come *Famiglia di virtuosi*, e presto identificato nell'inventario del 1813 quale *Famiglia di C.F. Panfilo detto Nuvolone*,

titolo che ricomparve nel pregiato volume di Gironi 1833, iii, tav. xxxii con l'incisione di Michele Bisi. Spiega Orlandi 1704, p. 306, che i figli di Nuvolone *«dal nome del padre, che morì nel 1651, portarono il nome dei Panfili»*; la notizia permette di rettificare il titolo in *Famiglia di C.F. Nuvolone detto Panfilo*, dove *«C.F.»* sta evidentemente per *«Carlo Francesco»*. La certezza che il dipinto fosse realmente suo la si acquisì col tempo (*cfr.* la bibliografia in Mulazzani 1973 e *Pinacoteca...* 1989, n. 229) specificamente sulla considerazione che la giovane intenta a suonare l'arpa ricompare in altri dipinti di Nuvolone jr.
Ma se questa è la famiglia del pittore, un po' stupisce il diffuso interesse musicale dei suoi componenti. In fondo i Nuvolone sono sempre stati ricordati per l'abilità pittorica di tutti i maschi di casa, non solo il padre Panfilo e il figlio Carlo Francesco, ma anche i suoi fratelli (*«Ebbe tre fratelli tutti pittori»*; Orlandi 1704, p. 110). Dobbiamo quindi supporre che la vocazione musicale era dilettantesca – del resto conosciamo due Nuvolone musicisti attivi a Milano nei primi anni del secolo, Alessandro e il figlio Massimiliano (*cfr. NV*, 2045), forse parenti di Panfilo.
Circa gli altri componenti Besta 1933, p. 458, dà alcune informazioni in merito. Da una nota parrocchiale di S. Calimero ricaviamo che nel 1610 Panfilo aveva 29 anni, sua moglie Isabella 20, e i suoi tre figli, Camilla, Michelangelo e Carlo Francesco, rispettivamente 6, 5 e 1. Ventun anni dopo, nel 1631, la famiglia si ritrova a S. Nazaro ed è composta da Panfilo, Camilla, Michelangelo, Carlo Francesco, Anna Maria, Giovanni Battista, Dorothea e Marta (non è detta l'età). Se l'assenza della madre Isabella, che in quell'anno avrebbe avuto 41 anni, sembra motivata da una morte prematura (non stupisce: partorire a 14 anni, e tutti quei figli), incomprensibile rimane l'omissione di Giuseppe che secondo Orlandi 1704, p. 187, era nato nel 1619 (e nel '31 doveva perciò avere 12 anni). Ho potuto risolvere l'enigma verificando alla fonte (ASDM, *Visitationes*, S. Nazaro, vol. xi, q. 7) dove tra Giovanni Battista e Dorothea si può leggere il nome *«Gioseffo Baldessaro»* omesso per errore.
A questo punto si possono fare alcune considerazioni. Nel dipinto compaiono 4 uomini e 2 donne. Fra il maschio più giovane (in basso a sinistra nel dipinto) e quello più anziano (a destra in alto) sembrano poter intercorrere come minimo trent'anni, periodo che appare decisamente superiore ai quindici anni d'età che dividono il fratello più giovane (Giuseppe) dal più vecchio (Michelangelo). Dobbiamo perciò ammettere che l'uomo in alto sia Panfilo, il padre. Mancherebbero quindi i ritratti di un fratello e di due sorelle.
In verità se i tre uomini più giovani paiono realmente fratelli (s'osservi la conformazione del mento, della mascella, del naso) non altrettanto si può dire delle due donne (che fra l'altro indossano abiti che le pongono a livelli sociali differenti). I quattro figli maschi di Panfilo nacquero più o meno a distanza di quattro o cinque anni l'uno dall'altro, e cinque anni o poco meno è l'età che distingue i due giovani a sinistra del quadro. L'uomo col violino sulla destra deve avere almeno dieci anni in più. Sarebbero così raffigurati, da sinistra, il quartogenito maschio, il terzo e il primo. Il secondogenito, a quanto pare, non comparirebbe nel dipinto. Il fratello assente dal quadro di famiglia sarebbe perciò proprio Carlo Francesco – gli altri: Michelangelo a destra, Giovanni Battista in piedi che dipinge (Orlandi riferisce che anch'egli fu pittore) e Giuseppe a sinistra seduto (altre volte si è riconosciuta la somiglianza del giovane con i due autoritratti di Giuseppe Nuvolone).

Il motivo per cui Carlo Francesco non dipinga se stesso è forse riconducibile proprio al soggetto del quadro: la famiglia del pittore, non il pittore con la famiglia. Del resto sarebbe potuta apparire un'incongruenza essere contemporaneamente autore e modello di se stesso. Che sia Giovanni Battista a dipingere può apprire strano a noi che lo abbiamo dimenticato, ma da Orlandi sappiamo che fu anch'egli pittore, e probabilmente nel periodo in cui fu dipinto il quadro il talento del fratello ben prometteva (forse più di Giuseppe, ancor giovane all'epoca).
Delle due donne si diceva non poter essere consanguinee: fra loro, ma forse neanche di Carlo Francesco. Questi, trentacinquenne (l'età approssimativa in cui dovrebbe aver realizzato il quadro), doveva aver già visto sposare ciascuna delle sue sorelle che ormai non abitavano più in casa, ma in quelle del rispettivo marito. La giovane all'arpa è pervasa poi di un magnetismo particolare che la pone quasi a fulcro dell'intero quadro (se ne osservi il pallore luminoso che la distingue, il vestito prezioso e lo stesso imponente strumento posto forse non casualmente al centro del dipinto). Tutto ciò – oltre alla considerazione che la giovane, come detto, è riconoscibile in altre opere di Carlo Francesco Nuvolone – fa supporre possa trattarsi della moglie. La donna china a fianco, con gli occhi abbassati, l'abito modesto, forse la balia o la domestica di casa. Si sono aggiunte nuove ipotesi a quelle già esistenti.
Veniamo ora agli strumenti. Giuseppe non ha in mano un liuto, come parrebbe, ma una mandola milanese, di dimensioni insolitamente grandi (ma uno strumento simile è conservato presso la Civica raccolta di strumenti musicali di Milano): la si riconosce dal manico, ben diverso da quello piegato, caratteristico del liuto (*cfr.* BIRCH 1961). La raffigurazione della mano sinistra, troppo vicina al ponticello (addirittura col mignolo poggiato sulla cassa oltre allo stesso) è postura diffusa fra i dilettanti, ma sconsigliata nei trattati dell'epoca perché causa di un timbro aspro.
La moglie, s'è detto, suona un'arpa, un modello grande però, da concerto, destinato ai professionisti. Viene da pensare che non sia una semplice dilettante ma una vera e propria musicista e che forse sappia anche comporre. Sul tavolo due libri di musica, uno dal classico formato oblungo tipico delle raccolte a stampa di madrigali, l'altro più grande e voluminoso. S'osservi, in parentesi, la posizione discosta rispetto al centro del quadro eppure catalizzatrice, quasi metafora del ruolo di moglie nella famiglia seicentesca: cardine insostituibile eppure giammai invadente, compito e modesto.
Pur non partecipando all'*ensemble*, la donna piegata impugna con la destra il manico di una viola forse da gamba (sembra di poter riconoscere le sei corde tastate) e nella sinistra ha un libro. Forse non sa leggere, né suonare, ma ripone accuratamente gli oggetti: è la domestica. Anch'essa diventa in qualche modo metafora del suo ruolo familiare: umile sostegno dell'arte e della cultura propria d'una sì dotta famiglia.
Michelangelo, che tiene in mano un archetto, parrebbe suonare una viola di piccolo taglio, apparentemente un violino. Solo Panfilo non suona, non dipinge: ascolta con sguardo ormai stanco, forse appena rassegnato, quasi messo da parte.

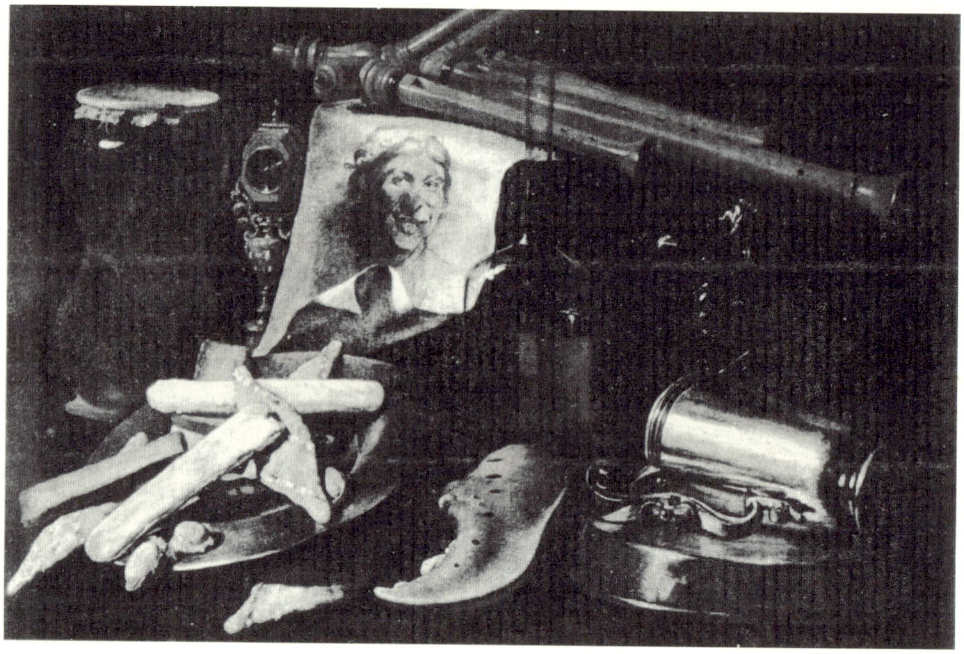

TAVOLA 91

TAV. 91. Cristoforo MUNARI [?], *Natura morta*
olio su tela, cm 51 × 75 [XVII-XVIII sec.]
Milano, collezione privata.

Questo tanto affascinante quanto curioso dipinto fu per la prima volta riprodotto in LONGHI 1953, n. 52, quale opera del bergamasco Evaristo Baschenis, 1617-1677 (sul pittore v. ROSSI 1996) appartenente alla collezione milanese di Vincenzo Polli. Del quadro nulla si diceva allora e poco altro è stato aggiunto in seguito. Ma di recente ROSCI 1985, pp. 92-93, 146, n. 142, ha preferito attribuirlo a Cristoforo Munari, 1667-1720, pittore attivo a Roma, Firenze e Pavia (*cfr.* GHIDIGLIA 1964, che ovviamente ignora il dipinto).
Nella parte alta del quadro, su un piano rialzato si riconosce l'*«armonia di flauti»* di Settala, ultima e straordinaria raffigurazione della serie cominciata con la *«zampogna»* di Corinto *alias* Francesco Andreini ▷T.20. Se l'opera fosse realmente di Munari, come del resto appare assai probabile, si potrebbe supporre che l'*«armonia»* raffigurata sia quella inviata da Settala a Kircher, non essendo testimoniata la presenza del pittore a Milano (benché abbia lavorato a Pavia).
Ma l'aspetto più interessante, a tratti inquietante, è legato a quella specie di 'ciabatta' posta in basso, al centro del dipinto. Sembrerebbe un dolce già addentato, ma la presenza di regolari tondi neri, identificabili quali fori operati sulla superficie, lascia credere si tratti d'un vero e proprio strumento musicale, forse una specie d'ocarina. A riprova soccorre il fatto che tale strano strumento ricompare incredibilmente in ben due delle raffigurazioni che già ripro-

Tavola 91a

Tavola 91b

ducono l'*«armonia»*, ovvero il ritratto di Gabrielli ▷t.24 e quello di Cantù ▷t.25 (qui i particolari ▷t.91a-b), quasi volendo insinuare un'imprescindibile relazione fra i due insoliti strumenti.

Forse un'adeguata collocazione storica del dipinto, accompagnata da un'analisi iconografica che tenti d'interpretare i significati allegorici degli oggetti raffigurati, potrebbe offrire qualche utile appiglio per fornire delle possibili risposte – per ora si può solo aggiungere che tutt'altro che comune è pure il terzo strumento dipinto in alto a sinistra del quadro, trattandosi di un tamburo così detto *bipelle* con fusto a clessidra di origine extraeuropea, diffuso un po' ovunque in Asia e Africa (lascio all'etnomusicologo l'identificazione precisa della provenienza).

Tavola 92

TAV. 92. *Vanitas*
olio su tela, cm 142 × 188 [XVII sec.]
Milano, Civica raccolta d'arte del castello Sforzesco.

Il bel dipinto attualmente custodito nella prima sala della Civica collezione di strumenti musicali, sempre al castello Sforzesco, era originariamente intitolato *Santa Cecilia* e attribuito a Carlo Cane (1618-1688). Se poco convincente poteva parere la relazione fra l'esuberanza della donna dipinta e la santa musicista, del tutto improbabile si è rivelato il nome dell'autore: Cane fu pittore lombardo dallo stile composto e a tratti accademico, assai lontano dalla mano raffinatamente barocca di questa tela. Roberto Longhi preferì infatti suggerire il nome di Gian Giacomo Barbelli (*cfr.* BORA 1994, p. 53 nota 27). Mutato in seguito il titolo in *Cantatrice alla spinetta*, ora il dipinto è catalogato come «*Vanitas di anonimo lombardo del XVII sec.*», definizione che pur nella sua gene

ricità si rivela del tutto condivisibile. Il cantare, certe lascivie della donna (la scollatura, la scompostezza), gli oggetti preziosi, lo specchio che s'intravede sopra la spinetta, eccessive raffinatezze (il vestito, la toletta del cane) e la presenza marginale ma incombente del teschio, sono tutti particolari che inducono anche l'osservatore meno attento a riconoscervi i tratti caratteristici di una *Vanitas*, genere diffusissimo all'epoca (v. in merito VECA 1981 e TAPIÉ 1990). Recentemente BORA 1994, p. 45, ha ipotizzato che l'autore potrebbe identificarsi con Stefano Doneda (o Danedi) detto il Montalto, uno dei pittori che parteciparono alla pompa per la regina Anna del 1649 ▷T.52F, N, P. Una rapida scorsa dei dipinti del Montalto custoditi al Castello sembrerebbero confermare l'ipotesi, ma è ancora da fare uno studio serio sull'artista.
Se di *Vanitas* si tratta, si deve tuttavia ammettere che prendere a modello una giovane e voluttuosa cantante si rivela scelta affatto originale. Era diffusa nella Milano primo-seicentesca una concezione della donna-musicista assai vicina a quella di donna-santa (*cfr.* KENDRICK 1996, pp. 153 e segg.) mutuata dall'immaginario estatico delle monache virtuose, figure di spicco nella società cittadina (lo stesso Federico Borromeo giudicava le esecuzioni di alcune di queste il passo precedente all'estasi). E se la mistica propria delle monache ben si sarebbe adattata ad una meditazione sulla vanità del mondo, questa cantante nulla parrebbe suggerire della sacralità di un convento. Vero è che in questo caso i propositi sono ribaltati: qui la musica non è la strada per vincere il mondo e la sua caducità, ma la rappresentazione stessa di tale caducità. Qui non appare il sacro della musica, ma il suo profano, e la cantante non è una monaca, ma più probabilmente una virtuosa, magari professionista, quasi certamente una donna di teatro adusa a calcare le scene ed esibire il suo corpo.
Ecco raffigurata l'altra faccia della musica, quella che non salva, quella che non si rivolge a Dio. Quella invece che incessantemente seduce, e come una bella gioia o un pettinino d'avorio, porta inesorabilmente alla perdizione: in una parola la musica corrotta e lasciva. È questa la musica che si fa in pubblico, in teatro, nel luogo falso e ingannatore per eccellenza, suprema sintesi delle vanità di questa terra. È proprio un quadro come questo che pare testimoniare le mutate disposizioni dei milanesi alla musica e fors'anche alla femminilità. Forse la città, ormai consueta alle virtuose cantatrici, all'opera in musica e al suo fascino, sembra avere ormai imparato a conoscere la nuova tentazione del secolo.

Bibliografia

Ho scelto di disporre quanto segue – più un'elenco dei testi citati'che una bibliografia – in ordine cronologico, piuttosto che alfabetico, per poter estrapolare intuitivamente le fonti dagli studi, senza ulteriori complicazioni. Rimane così evidente che le opere seicentesche saranno sostanzialmente *fonti*, le altre *studi*. Disporre due elenchi distinti, magari alfabetici, avrebbe creato infatti degli inconvenienti nel recupero dei titoli organizzati a rimando.

Non sono stati ovviamente inseriti i libretti stampati a Milano fra il 1598 e il 1649 che trovano spazio nella sezione *Libretti*, né quelle poche pubblicazioni citate in nota per esteso, trattandosi in genere di titoli poco significativi per un eventuale approfondimento.

s.a. *La rappresentazione del re superbo*, Firenze, Alle Scalee di Badia, s.a. [ma *ante* 1585].

1578 MAINERIO, Giorgio. *Il primo libro de balli a quattro voci, accomodati per cantar et sonar d'ogni sorte de instromenti*, Venezia, Gardano, 1578; ed. mod. a cura di Manfred Schuler, Mainz, Schott, 1961 (Musikalisches Denkmäler, 5).

1588 ANDREINI, Isabella. *La Mirtilla*, Verona, Dalle Donne e Franceschini, 1588.

FACOLI, Marco. *Il secondo libro d'intavolatura di balli d'arpicordo*, Venezia, Gardano, 1588; ed. mod. a cura di Willi Apel, s.l., American Institute of Musicology, 1963 (Corpus of Early Keyboard Music, 2).

1597 *Quaderno de varias escrituras en las diferencias de iurisdiciones ecclesiastica y real del Estado de Milan*, Milano, s.e., 1597.

1598 *Breve narratione di quanto passò appo la persona dell'illustriss. et eccellentiss. signor' contestabile di Castiglia; dal giorno che partì fino a che ritornò a Milano con la sereniss. et potentiss. regina Margherita, signora nostra clementissima*, Milano, Pandolfo Malatesta, s.a. [ma 1598].

La felicissima entrata della serenissima regina di Spagna, donna Margarita d'Austria, nella città di Ferrara, il 13 di Novembre 1598, Ferrara, Baldini, 1598; [2]Milano, Archiepiscopale, 1598.

Apparato fatto dalla città di Milano per ricevere la ser.ma regina Margherita d'Austria, Milano, Pacifico Pontio, 1598; [2]Milano, Pacifico Ponzio, 1599.

1599 *Vera relatione di quanto è seguito nell'infirmità del catholico re di Spagna F‹i›llippo II di felice memoria...*, tradotto dal castigliano da Girolamo Rigone, Milano, Impressori camerale et archiepiscopale, 1599.

1600 *Compendio di tutte le gride, bandi et ordini fatti & pubblicati nella città & Stato di Milano. Ne i governi degli illustriss. & eccellentiss. signori Iuan Fernandez de Velasco, contestabile di Castiglia &c. et don Pedro de Padilla, castellano di Milano, &c.*, Milano, Pandolfo Malatesta, s.a.

1601 ANDREINI, Isabella. *Le rime*, Milano, Bordoni e Locarni, 1601.

1602 VISCONTI, Gian Battista. *De B. Carolo Borromaeo S.R.E. cardinali, et archiepiscopo Mediolanensi. Oratio habita ab Ioanne Baptista Vicecomite rethorico Mediolani...*, Milano, Archiepiscopale, 1602.

NEGRI, Cesare. *Le grazie d'Amore*, Milano, P. Pontio & G.B. Piccaglia, 1602; rist. [2]Milano 1604; rist. anast. Bologna, Forni, 1983.

1604 [a] ANDREINI, Gian Battista. *La saggia egiziana. Dialogo spettante alla lode dell'arte scenica...*, Firenze, Timan, 1604.

[b] ANDREINI, Gian Battista. *La divina visione in soggetto del beato Carlo Borromeo, cardinale di Santa Prassede & arcivescovo di Milano*, Firenze, Timan, 1604.

NEGRI, Cesare. *Nuove inventioni di balli, opera vaghissima...*, Milano, G. Bordone, 1604.

1605 FELINO, Luigi. *Orazione del molto reverendo padre D. Luigi Felino de cherici regolari recitata nel Duomo di Milano nella nascita del principe di Spagna*, Milano, Francesco Paganello, 1605.

1606 [a] SORANZO, Giovanni. *Allegrezza di Milano per la nascita del principe catolico di Spagna*, Milano, s.e., 1606.

[b] SORANZO, Giovanni. *Allegrezze di Milano per la celebrazione degli augusti natali del catolico principe di Spagna. Egloga pastorale di Giovanni Soranzo. Riveduta ed accresciuta di alcune cose che le si desideravano dallo stesso autore. Dedicata all'Illustrissimo signor conte Francesco Adda*, Milano, eredi di P. Pontio & G.B. Piccaglia, 1606.

[c] SORANZO, Giovanni. *I giuochi di Marte, ne' quali è descritta la giostra e 'l torneo, di cui fu il mantenitore l'illustriss. sig. Francesco Adda conte di Sale. Poema di Giovanni Soranzo, all'istesso dedicato. Con gli argomenti del sig. Benedetto Pamoleo*, Milano, G. Bordoni, P. Locarni & B. Lantoni, 1606.

1607 ANDREINI, Isabella. *Le lettere*, Venezia, Zaltieri, 1607.

Annuae litterae Societatis Iesu, anni MDXCVIII, Lyon, Iacobi Roussin, 1607.

Annuae litterae Societatis Iesu, anni MDXCIX, Lyon, Iacobi Roussin, 1607.

PARONA, Cesare. *Feste di Milano nel felicissimo nascimento del serenissimo principe di Spagna don Filippo Dominico Vittorio*, Milano, G. Bordone e P.M. Locarni, 1607.

1608 *Raccolta di varie rime in lode della sig. Orsola Cecchini nella compagnia degli Accesi detta Flaminia*, Milano, Giovanni Battista Alzato, 1608

1609 ANDREINI, Francesco. *Le bravure di Capitan Spavento divise in molti ragionamenti in forma di dialogo*, Venezia, G.A. Somasco, 1609.

1610 *Relatione della festa fatta in Milano per la canonizatione di S.*[to] *Carlo card. di S. Prassede, & arcivescovo de detta città, nell'anno 1610*, Milano, eredi di P. Ponzio e G.B. Piccaglia, s.a.

1611 SORANZO, Giovanni. *Lo Armidoro di Giovanni Soranzo, all'illustrissimo signor Francesco D'Adda conte di Sale etc. Con due tavole. L'una si raggira dietro alle materie principali contenute nell'Armidoro. L'altra contiene i nomi d'alcuni huomini eccellenti in arme, ed in lettere, e d'altri Signori, ed amici dell'Autore*, Milano, Giovanni Gacomo Como, 1611.

1612 Andreini, Gian Battista. *Prologo in dialogo fra Momo e la Verità spettante alla lode dell'arte gnomica*, Ferrara, Vittorio Baldini, 1612.

Ellio, Francesco. *La sirena del mar Tirreno. Stanze in lode della signora Virginia Ramponi, comica Fedele detta Florinda*, Milano, Bernardino Lantoni, 1612.

1613 Fabbri, Giovanni Paolo. Rime varie, Milano, Marco Tullio Malatesta, 1613.

1618 *Idilli di diversi ingegni*, Milano, Giovanni Battista Bidelli, 1618.

Litterae annuae Societatis Iesu anni MDCI, Anvers, heredes M. Nuntii & I. Meurisium, 1618.

1619 Borsieri, Girolamo. *Il supplimento alla Nobiltà di Milano*, in Morigi, Paolo. *La Nobiltà di Milano*, [2]Milano, Bidelli, 1619 (prima ed. Milano 1595).

1620 Praetorius, Michael. *Syntagma musicum*, 3 voll., Wittenberg-Wolfenbüttel, Holwein, 1615-1620; rist. anast.: Kassel, Bärenreiter, 1959-1978; ed. mod.: [II] Leipzig, Breitkopf u. Härtel, 1884; [III] Leipzig, Kahnt Nachfolger, 1916.

1622 *Breve relatione delle solennissime feste, apparati, et allegrezze fatte nella città di Milano per la canonizzazione de' santi Ignatio Loyola fondatore della Compagnia di Giesù, e Francesco Saverio suo compagno*, Milano, M. Malatesta & G.B. Piccaglia, 1622.

1621 Alciato, Andrea. *Emblemata cum commentariis amplissimis...*, Padova, Pietro Paolo Tozzi, 1621.

1624 *Il cheribizio. Somario de tutte le professioni & arte Milanese*, Milano, G. Meda, 1624 [ed. mod. in Novati 1912]

1625 Andreini, Gian Battista. *La Ferza. Ragionamento secondo contra l'accuse date alla commedia*, Paris, Callemont, 1625.

Lopez de Mendicorroz, Fermin, *Observaciones de la vida del connestabile Juan Fernandez de Velasco y cifra de sus dictamenes*, Vigevano, Malatesta, 1625.

1629 [Tesauro] *I Presagi. Panegirico del M.R.P. Emanuele Tesauro della Compagnia di Giesù nella nascita del ser.^{mo} infante di Spagna. Detto in Milano nella chiesa della Mad.^{a} di S. Celso celebrandosi dalla città le allegrezze l'anno 1629. Dedicata agli ill.^{mi} sig.^{ri} Sessanta decurioni del Consiglio generale di Milano*, Milano, eredi di M. Malatesta, s.a. [ma 1629] (due edizioni: cm 23x33 e cm 10x16).

1630 *La lamentatione che fanno Beltram da Gasian e Bausione da Gorgonzola sopra li presenti tempi calamitosi et raccontano le allegrezze che si fanno in Milano per la felice nascita del presente principe di Spagna...*, Milano, erede di G.B. Colonna, 1630. [non rinvenuto]

Racconto delle publiche allegrezze fatte dalla città di Milano alli IV febraro MDCXXX per la nascita del sereniss. primogenito di Spagna Baldasar Carlo Dominico, Milano, eredi di M. Malatesta, 1630 (due edizioni: cm 23x33 e cm 10x16).

1632 *Descrittione dell'apparato, e ricevimento fatto nel Collegio di Brera all'eminentissimo sig. cardinale Teodoro Trivultio, il dì 26 Gennaro 1632. Dedicata all'illust.*[mo] *& eccell.*[mo] *signor principe D. Ercole Trivultio*, Milano, F. Ghisolfi, 1632.

1633 *Argomento del nuovo spettacolo da rappresentarsi nel Collegio di S. Barnaba de' chier. Regol. di S. Paolo di Milano all'altezza reale del serenissimo infante cardinale don Ferdinando D'Austria con occasione della sua venuta in Italia*, Milano, Filippo Ghisolfi, s.a. [ma 1633].

[a] *Racconto de gl'apparecchi fatti dalla nobilissima città di Milano nell'entrata della reale altezza del ser.*[mo] *Ferdinando infante di Spagna, cardinale di santa Chiesa, arcivescovo di Toledo etc. Con la descrittione, et spiegatione de gl'apparati a porta Ticinese, al principio del borgo di Cittadella, et alla piazza del Duomo*, Milano, Filippo Ghisolfi ad istanza di G. Battista Bidelli, 1633.

[b] *Racconto de gl'apparecchi fatti nel Duomo per l'entrata del ser.*[mo] *infante cardinale di Spagna*, Milano, Filippo Ghisolfi ad istanza di G. Battista Bidelli, 1633.

1634 MAIOLI, M. *Descrittione delle allegrezze fatte in Milano dall'ill. Collegio de' signori Leggisti di detta città a dì 7 marzo per promotione dell'eminentissimo e rev.*[mo] *signor Cesare Monti*, Milano 1634. [non rinvenuto].

1635 *Apparati e solennità dell'ingresso in Milano dell' eminentiss.*[mo] *e reverendiss.*[mo] *sig.*[re] *cardinale, arcivescovo Cesare Monti alli 29 d'aprile dell'anno 1635*, Milano, F. Ghisolfi, 1635.

PASTA, Giovanni. *Il Trionfo. Ingresso in Milano dell'em.*[mo] *card. arcivescovo Cesare Monti descritto da Giovanni Pasta*, Bergamo, Antonio Rossi, 1635.

1636 BOLDONI, Ottavio. *Theatrum temporaneum aeternitati Cesaris Montii S.R.E. cardinalis et archiep. Mediolanen. sacrum. Ocatavio Boldonio clerico Regulari S. Pauli auctore. Mediolani, in templo S. Alexandri excitatum, mense augusto, anno MCDXXXV*, Milano, Archiepiscopale, 1636.

1637 MERSENNE, Marin. *Harmonie universelle contenant la théorie et la pratique de la musique...*, Paris, Sébastien Cramoisy, 1636-37; ed. e tr. ingl. (dei soli 7 libri dedicati agli strumenti musicali) a cura di Roger E. Chapman, 's-Gravenhage (The Hague), M. Nijhoff, 1957.

1638 *Infermità, testamento e morte di Francesco Gabrielli detto Scappino. Composto e dato in luce a requisitione de gli spiritosi ingegni. Con l'intavolatura della chitarriglia spagnola, sue lettere e chiaccona*, Verona-Padova-Parma, Viotti, 1638 [in I-Bu, Aula V, Tab. I, N III, Vol. 266/40]

[1638] *Racconto della processione fatta in Milano il dì di san Carlo per implorare con l'intercessione del santo la pace tra principi cattolici*, Milano, Filippo Ghisolfi ad instanza di Niccolò Maiolo, 1638.

1640 Ripamonti, Giuseppe. *De peste Mediolani quae fuit anno 1630*, Milano, Malatesta, 1640.

1643 Carbonchi, Antonio. *Le dodici chitarre spostate*, Firenze, F. Sabatini, 1643.

1647 *Breve racconto del sontuoso funerale fatto nel Duomo di Milano per la morte del ser.mo Baldassarre principe della Spagna*, Milano, G.B. e G.C. Malatesta, 1647.

1649 [a] Cicogna, Giuseppe. *Entrada en este Estado, y cividad de Milan de la reyna nuestra señora doña Maria Anna de Austria, y diario de lo sucedido en dicha ciudad todo el tiempo, que S.M. suè serbida de estar en ella. Por don Iusepe Ciconña maestre de cerimonias por S.M. en dicho Estado*, Milano, G.B. e G.C. Malatesta, s.a. [ma 1649]

[b] Cicogna, Giuseppe. *Diario en que se prosigue la narracion de lo succedido en Milan despues de la real entrada del la reyna nuestra senora Dona Maria Anna de Austria*, Milano, G.B. e G.C. Malatesta, 1649.

Festa fatta in Milano nel regio ducal palazzo il giovedì 15 Luglio 1649, alla maestà della regina N.S. Maria Anna d'Austria dal sig. marchese di Caracena governatore dello Stato di Milano, e capitano generale in Italia per sua maestà catt., Milano, G.B. e G.C. Malatesta, s.a. [ma 1649]

Real solenne entrata in Milano delle maestà della regina Maria Anna moglie del re cattolico N.S. Filippo quarto, e del re d'Ungharia e Bohemia Ferdinando Francesco suo fratello, ambidue figliuoli del regnante augustissimo imperatore Ferdinando terzo. Seguita li XVII giugno MDCXLIX in Milano, Milano, Malatesta, s.a. [ma 1649].

1650 Kircher, Athanasius. *Musurgia universalis sive ars magna consoniet dissoni in X libros digesta*, Roma, eredi di Francesco Corbelletti, 1650.

1651 *Pompa della solenne entrata fatta dalla serenissima Maria Anna austriaca figlia dell'invittissimo imperatore Ferdinando terzo e sposa del potentissimo Filippo quarto monarcha delle Spagne, re di molti regni, duca di Milano, accompagnata dal serenissimo Ferdinando quarto, re di Bohemia e Ongaria suo fratello nella città di Milano. Con descrittione de gli apparati, e feste reali in questa occasione essibite*, Milano, Malatesta, 1651.

1656 Rivola, Francesco. *Vita di Federico Borromeo*, Milano, Gariboldi, 1656.

1664 Terzago, Paolo Maria. *Musaeum Septalianum Manfredi Septalae industrioso labore constructum*, Tortona, figli del q. Eliseo Viola, 1664.

1666 Gualdo Priorato, Galeazzo. *Relatione della città e Stato di Milano sotto il governo dell'eccellentissimo sig. don Luigi de Guzman Ponze de Leon…*, Milano, Lodovico Monza, 1666.

TERZAGO, Paolo Maria. *Museo o galeria adunata dal sapere e dallo studio del sig. canonico Manfredo Settala nobile milanese. Descritta in latino dal sig. dott. fis. coll. Paolo Maria Terzago et hora in italiano dal sig. Pietro Francesco Scarabelli dott. fis. di Voghera e dal medesimo accresciuta*, Tortona, figli del q. Eliseo Viola, 1666.

1667 [MONTI, Antonia] *Compendioso catalogo de principi e governatori... Con la vera effigie & un brieve racconto di quelli che lo hanno governato a nome de monarchi austriaci... Opera cavata dalle istorie più veritiere dell'Italia*, Milano, Lodovico Monza, 1667.

1670 *Amore e gloria. Festa d'armi a cavallo celebrata nel regio ducal palazzo di Milano*, Milano, Marc'Antonio Pandolfo Malatesta, s.a. [ma 1670].

PICINELLI, Filippo. *Ateneo dei letterati milanesi*, Milano, Vigone, 1670

1671 *Festa di musica celebrata al glorioso nome dell'eccellentissima signora D. Felice Sandovalle duchessa d'Uceda e d'Osuna... nel regio ducale palagio di Milano l'anno 1671 il giorno 30 d'agosto, nel quale si solenniza la memoria di santa Felice*, Milano, Lodovico Monza, s.a. [ma 1671].

1674 TORRE, Carlo. *Ritratto di Milano*, Milano, Agnelli, 1674; ^{2}Milano 1714; rist. anastatica della seconda ed. Bologna, Forni-Urso, 1973.

1692 *Ordini reali*, 7 tomi, Milano, Antonio Pandolfo Malatesta, [1670 ca.]-1692.

1704 ORLANDI, Pellegrino Antonio. *Abcedario* [*sic*] *pittorico...*, Bologna, Costantino Pisarri, 1704.

1725 GRAEVE, Johann Georg. *Thesaurus antiquitatum et historiarum Italiae*, 10 voll., Leiden, Petrus van der Aa, 1704-1725.

1738 LATUADA, Serviliano. *Descrizione di Milano*, 5 voll., Milano, Giuseppe Cairoli, 1737-1738.

1745 ARGELATI, Filippo. *Bibliotheca scriptorum mediolanensium*, 4 voll., Milano, Aedibus Palatinis, 1745.

1752 CONCINA, Paolo Daniele. *De spectaculis theatralibus christiano cuique tum laico tum clerico vetitis*, Roma, Apollinea, 1752.

QUADRIO, Francesco Saverio. *Storia e ragione di ogni poesia*, 4 voll. in 7 tomi (I, II.1, II.2, III.1, III.2, IV, Indice), Bologna, Pisarri, 1739-52.

1753 BIANCHI, Giovanni Antonio. *De i vizi, e de i difetti del moderno teatro e del modo di correggerli, e d'emendarli. Ragionamenti VI di Laurisio Targiense pastore arcade*, Roma, Pallade, 1753.

[1753] *Veri sentimenti di san Carlo Borromeo intorno al teatro tratti dalle sue lettere*, Roma Giovanni Zemperi, 1753.

1755 Concina, Paolo Daniele. *De' teatri moderni contrarj alla professione cristiana*, Roma, Barbiellini, 1755.

Veri sentimenti di S. Filippo Neri intorno al teatro, Roma, Pagliaccini, 1755.

Veri sentimenti di S. Francesco di Sales vescovo di Ginevra intorno al teatro, Roma, Pagliaccini, 1755.

1759 Argelati, Filippo. *De monetis Italiae variorum illustrium virorum dissertationes*, 6 voll., Milano, Regia curia in aedibus palatinis, 1750-1759.

Castiglione, Giambatista. *Sentimenti di san Carlo Borromeo intorno agli spettacoli*, Bergamo, Lancellotti, 1759.

1776 Bellati, Francesco. *Serie de' governatori di Milano dall'anno 1535 al 1776 con istoriche annotazioni*, Milano, Malatesta, 1776.

1782 Bartoli, Francesco. *Notizie istoriche de' comici italiani che fiorirono intorno all'anno* MDL *fino a' giorni presenti*, Padova, Conzatti, 1782.

1822 Bartsch, Adam von. *Le peintre graveur*, 22 voll., Wien, J.V. Degen, 1803-1822.

1824 Zani, Pietro. *Enciclopedia metodica critico-ragionata delle belle arti*, 28 voll., Parma, Tipografia Ducale, 1819-1824.

1833 Gironi, Robustiano. *Pinacoteca del palazzo reale delle Scienze e delle Arti*, 3 voll., con le incisioni di Michele Bisi, Milano, Imperiale Regia Stamperia, 1812-1833.

1851 Verri, Pietro. *Storia di Milano, continuata fino al 1792 da Pietro Custodi*, 2 voll., Firenze, Le Monnier, 1851.

1854 [Fabi] *Il Governo del duca d'Ossuna e la vita di Bartolomeo Arese*, a cura di Massimo Fabi, Milano, F. Colombo, 1854.

1856 Cherubini, Francesco. *Vocabolario milanese-italiano*, 5 voll. Milano, Stamperia Regia, 1839-1856.

1859 Muoni, Damiano. *Collezione d'autografi di famiglie sovrane, celebrità politiche, militari, ecclesiastiche...*, Milano, F. Colombo, 1859.

1865 Calvi, Felice. *Il patriziato milanese*, Milano, A. Mosconi, 1865; ²Milano, A. Mosconi, 1876; rist. anast. della II ed. ampliata Bologna, Forni, 1970.

FÉTIS, François-Joseph. *Biographie universelle des musiciens et bibliographie générale de la musique*, 8 voll., [2]Paris, F. Didot, 1860-1865.

1872 D'ANCONA, Alessandro. *Sacre rappresentazioni dei secoli* XIV, XV *e* XVI, 3 voll., Firenze, Le Monnier, 1872.

GREEN, Henry. *Andrea Alciati and his Books of Emblems. A Biographical and Bibliographical Study*, London, Trübner & co., 1872.

1878 FORMENTINI, Marco. *Libello famoso contro la città di Milano*, «ASL», 1878, pp. 45-81.

1880 FERRARI, Severino. *Appendice* I in *Documenti per servire all'istoria della poesia semipopolare cittadina in Italia nei secoli* XVI *e* XVII, «Propugnatore», 1880, pp. 446-452.

1881 PORRO LAMBERTENGHI, Giulio. *Memorie storiche milanesi di Marco Cremosano dall'anno 1642 al 1691*, «ASL», 1880, pp. 277-298 e 1881, pp. 462-483.

1883 CLARETTA, Gaudenzio. *Sugli Assandri patrizi milanesi*, «ASL», 1883, pp. 683-735.

MARTINI, Angelo. *Manuale di metrologia ossia misure, pesi e monete in uso presso i popoli*, Torino, Loescher, 1883.

1884 SOMMERVOGEL, Carlos. *Dictionnaire des ouvrages anonymes et pseudonymes publiés par des religieux de la Compagnie de Jésus depuis sa fondation jusqu'à nos jours*, Paris, Société bibliographique, 1884.

PAGANI, Gentile. *Del teatro in Milano avanti il 1598*, Milano, Sonzogno, 1884.

PORRO, Giulio. *Catalogo dei codici manoscritti della Trivulziana*, Torino, Bocca, 1884.

1886 CALVI, Felice. *Il castello di porta Giovia e sue vicende nella storia di Milano*, «ASL», 1886, pp. 229-297.

1887 CANTÙ, Cesare. *La pompa della solenne entrata fatta nella città di Milano dalla serenissima Maria Anna Austriaca*, «ASL», 1887, pp. 341-357.

1888 BERTOLOTTI, Antonio. *Le arti minori alla corte di Mantova*, «ASL», 1888, pp. 980-1075.

1891 D'ANCONA, Alessandro. *Le origini del teatro italiano*, 2 voll., Torino, Loescher, 1891; rist. anast. Roma, Bardi, 1966.

PAGLICCI BROZZI, Antonio. *Contributo alla storia del teatro: il teatro a Milano nel secolo* XVII, estratto da «La gazzetta musicale di Milano», 1891.

SOLERTI, Angelo - LANZA, Domenico. *Il teatro ferrarese nella seconda metà del secolo* XVI, «Giornale storico della letteratura italiana», 1891, pp. 148-185.

1892 Pagani, Gentile. *Notizie storiche sulla località della Canobiana*, «ASL», 1892, pp. 684-699.

1894 Bevilacqua, Enrico. *Giambattista Andreini e la compagnia dei «Fedeli»*, Torino-Roma, Loescher, 1894.

Paglicci Brozzi, Antonio. *Il Regio ducal teatro di Milano nel secolo* xviii, estratto da «La gazzetta musicale di Milano», 1894.

1896 Valeri, Antonio. *Chi era Pedrolino?*, «Rassegna bibliografica della letteratura italiana», 1896, pp. 94-98.

1898 Borgo-Caratti, Pietro. *La famiglia Agnelli tipografi in Milano dal 1625 ad oggi*, Milano, P. Agnelli, 1898.

Forcella, Vincenzo. *Milano nel secolo* xvii, Milano, Colombo e Tarra, 1898.

1901 Malaguzzi Valeri, Francesco. *Pellegrino Pellegrini e le sue opere in Milano*, «ASL», 1901, pp. 307-350.

1903 Solerti, Angelo. *Precedenti del melodramma*, «RMI», 1903, pp. 207-233 e 466-484.

1905 Rasi, Luigi. *I comici italiani*, 2 voll., Firenze, Bocca, 1897-1905.

1906 Baudi de Vesme, Alexandre. *Le peintre-graveur italien*, Milano, Hoepli, 1906.

1909 Alaleona, Domenico. *Le laudi spirituali italiane nei secoli* xvi *e* xvii *e il loro rapporto coi canti profani*, in «RMI», 1909, pp. 1-54.

1910 Wurzbach, Alfred von. *Niederländisches Künstler-Lexicon*, 2 voll., Wien-Liepzig, Halm und Goldmann, 1906-1910.

1911 Verga, Ettore. *Catalogo ragionato della Raccolta cartografica e saggio storico sulla cartografia milanese*, Milano, Umberto Allegretti, 1911.

1912 Novati, Francesco. *Milano prima e dopo la peste del 1630*, «ASL», 1912, pp. 5-54.

1913 Visconti, Alessandro. *La pubblica amministrazione nello Stato Milanese durante il predominio straniero (1541-1796)*, Roma, Athenaeum, 1913.

1915 [a] Mezzanotte, Paolo. *Costruzione e vicende del teatro di corte in Milano*, estratto da *Atti del collegio degli Ingegneri ed Architetti*, Milano 25.ii.1915.

[b] Mezzanotte, Paolo. *Apparati architettonici del Richino per nozze auguste*, «Rassegna d'arte», 1915, pp. 224-228.

1919 Morazzoni, Giuseppe. *Il Duomo. Saggio iconografico*, Milano, Alfieri e Lacroix, 1919.

1922 Nicodemi, Giorgio. *Alcune ignote acqueforti di Melchiorre Girardini conservate nella Pinacoteca Tosio e Martinengo a Brescia*, «La città di Brescia», 1922, pp. 230-234.

1923 Schio, Giuseppe. *Feste milanesi per la canonizzazione di S. Ignazio e S. Francesco Saverio*, in *Milano nel III centenario della canonizzazione di S. Ignazio di Loyola e di S. Francesco Saverio*, Milano, Soc. Anonima, 1923, [I] pp. 16-19, [II] pp. 51-55, [III] pp. 81-86.

1926 Bertarelli, Achille. *Appunti e notizie*, «ASL», 1926, pp. 385-387.

1927 Bertarelli, Achille - Monti, Antonio. *Tre secoli di vita milanese nei documenti iconografici 1630-1875*, Milano, Hoepli, 1927; rist. anast. *ibidem* 1979.

1929 Lieure, Jules. *Jaques Callot*, 8 voll. Paris, Éditions de la Gazette des Beaux-Arts, 1929.

1931 Chinea, Eleuterio. *Le scuole medie nel ducato di Milano dal Concilio tridentino alla Riforma teresiana (1563-1773)*, «Rivista Pedagogica», [I] 1931, pp. 431-444, [II] pp. 601-627, [III] 1932, pp. 65-99.

Verga, Ettore. *Storia della vita milanese*, Milano, Nicola Moneta, 1931; rist. anast. *ibidem* 1984.

1932 Arrigoni, Paolo - Bertarelli, Achille. *Le stampe storiche conservate nella raccolta del castello Sforzesco*, Milano, Comune di Milano, 1932.

1933 Besta, Bice. *Alcune notizie per una storia degli artisti milanesi del Seicento*, «ASL», 1946[I], pp. 447-471.

1936 Vianello, Carlo Antonio. *Feste, tornei, congiure nel Cinquecento milanese*, «ASL», 1936, pp. 370-423.

1938 Sanesi, Ireneo. *Note sulla commedia dell'arte*, «Giornale storico della letteratura italiana», 1938, pp. 5-76.

1939 Jeppesen, Knud. *Über einige unbekannte Frottolenhandschriften*, «Acta Musicologica», 1939, pp. 88-114.

1940 Vianello, Carlo Antonio. *L'amministrazione civica di Milano per la canonizzazione di S. Carlo Borromeo*, «ASL», 1940, pp. 264-269.

1941 Vianello, Carlo Antonio. *Teatri, spettacoli, musiche a Milano nei secoli scorsi*, Milano, Libreria Lombarda, 1941.

1942 [Bonfantini] *Le sacre rappresentazioni italiane*, a cura di Mario Bonfantini, Milano, Bompiani, 1942.

[1942] Mezzanotte, Paolo. *Raccolta Bianconi. Catalogo ragionato*, Milano, Edizioni de «L'Arte», 1942.

1945 Bascapè, Giacomo Carlo. *I palazzi della vecchia Milano. Ambienti, scene, scorci di vita cittadina*, Milano, Ulrico Hoepli, 1945; rist. anast. Milano, Cisalpino-Goliardica, 1977 e 1986.

1946 Baroni, Costantino. *Di alcuni sviluppi della pittura cremonese dal manierismo al Barocco* [iii], «Emporium», 1946[i], pp. 270-289.

1953 Apel, Willi. *The Notation of Polyphonic Music. 900-1600*, Cambridge (Massachussets), The Mediaeval Academy of America, 1953; tr. it. della vers. ted. aggiornata (1962) *La notazione della musica polifonica dal x al xvii secolo*, Firenze, Sansoni, 1984.

Chinea, Eleuterio. *L'istruzione pubblica e privata nello Stato di Milano dal Concilio tridentino alla Riforma teresiana (1563-1773)*, Firenze, La Nuova Italia, 1953.

[Longhi] *I pittori della realtà in Lombardia*, cat. della mostra (Milano, palazzo Reale, primavera 1953) a cura di R. Longhi, Milano, Amilcare Pizzi, 1953.

1954 Bulferetti, Luigi. *L'oro, la terra e la società*, «ASL», 1954, pp. 5-66.

Pirrotta, Nino. *Commedia dell'arte e melodramma*, «Santa Cecilia», 1954, n. 3, suppl., pp. 23-37.

1955 Graves, Robert. *Greek Myths*, London 1955.

1957 Bascapè, Giacomo Carlo. *L'assistenza e la beneficenza a Milano dall'alto medioevo alla fine della dinastia sforzesca*, in *SdM*, viii (1957), pp. 387-419.

Bendiscioli, Mario. *Politica, amministrazione e religione nell'età dei Borromei*, in *SdM*, x (1957), pp. 3-350.

Mezzanotte, Paolo. *L'architettura milanese dalla fine della signoria sforzesca alla metà del Seicento*, in *SdM*, x (1957), pp. 559-645.

Nicolini, Fausto. *La peste del 1629-1632*, in *SdM*, x (1957), pp. 498-557.

1958 Belloni, Luigi. *La medicina a Milano fino al Seicento*, in *SdM*, xi (1958), pp. 595-696.

Catalano, Franco. *La fine del dominio spagnolo*, in *SdM*, xi (1958), pp. 27-222.

Giannessi, Ferdinando. *La letteratura dialettale e la cultura*, in *SdM*, xi (1958), pp. 401-438.

Levi Pisetzky, Rosita. *Le nuove fogge e l'influsso della moda francese a Milano*, in *SdM*, xi (1958), pp. 547-594.

Nicodemi, Giorgio. *La pittura lombarda dal 1630 al 1706*, in *SdM*, xi (1958), pp. 473-515.

1959 Barblan, Guglielmo. *Il teatro musicale in Milano nei secoli xvii e xviii*, in *SdM*, xii (1959), pp. 947-996.

Giazotto, Remo. *Musurgia nova*, Milano, Ricordi, 1959.

Tea, Eva. *La scenografia a Milano nei secoli xvii e xviii*, in *SdM*, xii (1959), pp. 821-836.

1960 Brunelli, Bruno. *Pellesini, Giovanni*, in *EdS*, vii (1960), coll. 1822-1823.

Capriolo, Ettore. *Milano*, in *EdS*, vii (1960), coll. 549-569.

[Doglio] *Il Teatro tragico italiano*, a cura di Federico Doglio, Bologna, Guanda, 1960.

Eitner, Robert. *Biographisch-Bibliographisches Quellen-Lexikon*, 11 voll. Graz, Akademische Druck- u.Verlagsanstalt, 1959-1960.

1961 Angelini Frajese, Franca. *Andreini, Giovan Battista*, in *DBI*, iii (1961), pp. 133-136.

Barblan, Guglielmo. *La vita musicale in Milano nella prima metà del Cinquecento*, in *SdM*, ix (1961), pp. 853-895.

Birch, Albert. *The Guitar and Other Fretted Instruments* in *Musical Instruments Through the Ages*, a cura di Anthony Baines, London, Penguin Books, 1961, pp. 152-168; in it. *Storia degli strumenti musicali*, Milano, Rizzoli, 1983.

Bjurström, Per. *Giacomo Torelli and Baroque Design*, Stockholm, Almquist & Wiksell, 1961.

Cioni, Alfredo. *Bibliografia delle sacre rappresentazioni*, Firenze, Sansoni, 1961.

Foucault, Michel. *Histoire de la folie à l'âge classique*, Paris 1961; trad. it.: *Storia della follia nell'età classica*, Milano, Rizzoli, 1963.

Mezzanotte, Gianni. *Gli architetti Lorenzo Binago e Giovanni Ambrogio Mazenta*, «L'Arte», 1961, pp. 231-271.

1962 Arrigoni, Paolo. *L'incisione e l'illustrazione del libro a Milano nei secoli xv-xix*, in *SdM*, xv (1962), pp. 667-718.

Barblan, Guglielmo. *La musica strumentale e cameristica a Milano dalla seconda metà del Cinquecento a tutto il Seicento*, in *SdM*, xvi (1962), pp. 589-618.

[1962] Mischiati, Oscar - Tagliavini, Luigi Ferdinando. *Piccinini, Alessandro*, in *MGG*, x (1962), coll. 1235-1237.

1963 [Vecchi] *Dramatodia overo Canti rappresentativi di Girolamo Giacobbi sopra l'Aurora ingannata*, a cura di Giuseppe Vecchi, Bologna, s.e., 1963.

1964 [Ghidiglia] *Cristoforo Munari e la natura morta emiliana*, cat. della mostra a cura di A. Ghidiglia Quintavalle, Parma, La Nazione, 1964.

1965 Arese, Franco. *Elenco dei Magistrati Patrizi di Milano dal 1535 al 1796*, «ASL», [i] 1957, pp. 149-199 e [ii] 1964-65, pp. 5-27.

Brown, Howard Mayer. *Instrumental Music Printed Before 1600. A Bibliography*, Cambridge (Massachussets), Harvard University Press, 1965.

Santoro, Caterina. *Tipografi milanesi del secolo xvii*, «La bibliofilia», 1965, pp. 303-349.

1966 Canella, Guido. *Il sistema teatrale a Milano*, Bari, Dedalo, 1966.

Croce, Benedetto. *I teatri di Napoli dal Rinascimento alla fine del secolo decimottavo*, Napoli 1891 (agg. fino alla quarta ed.); rist. della quarta ed. Bari, Laterza, 1966.

1969 Doglio, Maria Luisa. *Un dramma inedito di Emanuele Tesauro: 'Il libero arbitrio'*, «Studi secenteschi», 1969, pp. 163-242.

Taviani, Ferdinando. *La Commedia dell'Arte e la società barocca. La fascinazione del teatro*, Roma, Bulzioni, 1969 (La commedia dell'arte, 1).

Ward Neilson, Nancy. *The Quadroni di S. Carlo and Cyclical Imagy of the Time*, in *Il Duomo di Milano*, atti del Congresso Internazionale (Milano, sett. 1968) a cura di M.L. Gatti Perer, 2 voll., Milano, La Rete, 1969.

1970 Arese, Franco. *Le supreme cariche del Ducato di Milano. Da Francesco ii Sforza a Filippo v (1531-1706)*, «ASL», 1970, pp. 59-156.

[Arrigoni] *Milano nelle vecchie stampe*, 2 voll. a cura di Paolo Arrigoni, Milano, s.e., 1970.

1972 [Craig] Fabrizio Carini Motta. *Trattato sopra la struttura de' teatri e scene* (1676), a cura di Edward A. Craig, Milano, Il Polifilo, 1972.

[Fiabane] *Libro di sonate del signor Rubini per violino cornetto o flauto*, trascr. e rev. critica a cura di Armando Fiabane, Roma, Società italiana del flauto dolce, s.a. (Musica da suonare, 4).

Kirkendale, Warren. *L'aria di Fiorenza id est Il ballo del gran duca*, Firenze, Olschki, 1972.

Petronio, Ugo. *Il Senato di Milano. Istituzioni giuridiche ed esercizio del potere nel ducato di Milano da Carlo v a Giuseppe ii*, Milano, Giuffré, 1972.

Rossi, Lovanio. *Bricci, Giovanni*, in *DBI*, xiv (1972), pp. 220-223.

1973 Alberici, Clelia. *Stampe*, in *Il Seicento lombardo*, catalogo della mostra (Milano, 1973), 3 voll.: [i] *Saggi*, [ii] *Dipinti e sculture*, [iii] *Disegni, libri e stampe*, Milano, Electa, 1973; ²Milano, Electa, 1991, iii, pp. 64-76.

Mulazzani, Germano. *Carlo Francesco Nuvolone*, in *Il Seicento lombardo*, 3 voll., Milano, Electa, 1973, ii, pp. 74-75.

1974 Pannella, Liliana. *Canali, Isabella*, in *DBI*, xvii (1974), pp. 704-705.

Stefani, Gino. *Musica Barocca. Poetica e ideologia*, Milano, Fabbri-Bompiani, 1974.

[Verardo - a] Cesare Negri. *Le grazie d'amore*, per flauto dolce soprano e liuto, trascr. di Pietro Verardo, Milano, Ricordi, 1974.

[Verardo - b] Cesare Negri. *Le grazie d'amore*, per flauto dolce contralto e liuto, trascr. di Pietro Verardo, Milano, Ricordi, 1974.

1975 Bianconi, Lorenzo - Walker, Thomas. *Dalla «Finta pazza» alla «Veremonda»: storie di Febiarmonici*, «RIdM», 1975, pp. 379-454.

Cogliati Arano, Luisa. *Il Pellegrini riletto sulla base dei fondi di disegni ambrosiani*, «Storia Architettura», 1975 (1), pp. 2-12.

Maravall, José Antonio. *La cultura del Barroco. Análisis de una estructura histórica*, Sant Joan Despí (Barcelona), Ariel, 1975; trad. it.: *La cultura del Barocco*, Bologna, Il Mulino, 1985.

Museo Teatrale alla Scala, 3 voll., a cura di Carlo Pirovano, Milano, Electa, 1975.

1977 Arróniz, Othón. *Teatros y escenarios del Siglo de Oro*, Madrid, Gredos, 1977.

1978 Mariti, Luciano. *Commedia ridicolosa. Comici di professione, dilettanti, editoria teatrale nel Seicento. Storia e testi*, Roma, Bulzoni, 1978 (La commedia dell'arte, 2).

1979 Sella, Domenico. *Crisis and Continuity. The Economy of Spanish Lombardy in the Seventeenth Century*, Cambridge (Mass.), Harvard University Press, 1979; trad. it.: *L'economia lombarda durante la dominazione spagnola*, Bologna, Il Mulino, 1982.

Taviani, Ferdinando. *Cecchini, Pier Maria*, in *DBI*, xxiii (1979), pp. 274-280.

1980 DALLAJ, Arnalda. *Gaspare Visconti, Federico Borromeo, Cesare Monti. Le decorazioni viarie a Milano in onore dei nuovi arcivescovi*, in «Diocesi di Milano», 1980, pp. 521-530.

DUNN, Thomas D. *Marini, Biagio*, in *Grove6*, XI (1980), pp. 685-686.

IVALDI, Armando Fabio. *Gli Adorno e l'hostaria-teatro del Falcone di Genova (1600-1680)*, «RIdM», 1980, pp. 87-152.

TYLER, James. *The Early Guitar. A History and Handbook*, London, Oxford University Press, 1980.

1981 ARESE, Franco. *Cardinali e vescovi milanesi dal 1535 al 1796*, «ASL», 1981, pp. 107-232.

BARCIA, Franco. *Bibliografia delle opere di Gregorio Leti*, Milano, Franco Angeli, 1981.

[CAIRO-QUILICI] *Biblioteca teatrale dal '500 al '700. La raccolta della Biblioteca Casanatense*, 2 voll. a cura di Laura Cairo e Piccarda Quilici, Roma, Bulzoni, 1981.

PUGLISI, Filadelfio. *Signor Settala's "Armonia di flauti"*, «EM», 1981, pp. 320-324.

SCOTTI, Aurora. *Da "rotonda" a basilica longitudinale: chiesa e convento dal Cinquecento al Settecento*, in *Santa Maria della Passione e il Conservatorio di Milano*, Milano, Banco Ambrosiano, 1981, pp. 46-79.

VECA, Alberto. *Vanitas. Il simbolismo del Tempo*, catalogo della mostra (Bergamo, Galleria Lorenzelli), Bergamo 1981.

1982 CHECA, Fernando - DEL CORRAL, Rosario. *Arquitectura, iconologia y simbolismo politico: la entrada de Margarita de Austria, mujer de Felipe III de Espana, en Milano el ano 1598*, in *La scenografia barocca*, a cura di A. Schnapper, Bologna, Clueb, 1982, pp. 73-83.

DALLAJ, Arnalda, *Le processioni a Milano nella Controriforma*, «Studi Storici», 1982, pp. 167-183.

FABRIS, Dinko. *Prime aggiunte italiane al volume RISM B/VI - Intavolature mss. per liuto e chitarra*, «Fontes Artis Musicae», 1982, pp. 103-121.

[FALAVOLTI] *Commedie e comici dell'arte*, a cura di L. Falavolti, Torino, UTET, 1982.

GAMBI, Lucio - GOZZOLI, Maria Cristina. *La città nella storia. Milano*, Bari, Laterza, 1982.

[MAZZA] *I pesi monetari di monete milanesi*, a cura di Fernando Mazza, Milano, Comune di Milano, 1982.

TAVIANI, Ferdinando - SCHINO, Mirella. *Il segreto della commedia dell'arte. La memoria delle compagnie italiane del XVI, XVII e XVIII secolo*, Firenze, La Casa Usher, 1982.

1983 *Il museo di Manfredo Settala nella Milano del XVII secolo*, Milano, Museo civico di storia naturale, 1983.

Coldwell, Charles P. *Angelo Gardano's «Balletti moderni» and its Realtion to Cesare Negri's «Le grazie d'Amore»*, «Journal of the Lute Society of America», 1983, pp. 57-102.

1984 Bianconi, Lorenzo - Walker, Thomas. *Production, Consumption and Political Function of Seventeenth-Century Opera*, «EM», 1984, pp. 209-296.

Evangelista, Annamaria. *Le compagnie dei comici dell'arte nel teatrino di Baldracca a Firenze: notizie dagli epistolari (1576-1653)*, «Quaderni di Teatro», 1984, pp. 50-72.

Ferrari Barassi, Elena. *Feste, spettacoli in musica e danza nella Milano cinquecentesca*, in *Civiltà di Lombardia. La Lombardia spagnola*, Milano, Electa, 1984, pp. 197-220.

Ferrone, Siro. *La compagnia dei comici «Confidenti» al servizio di don Giovanni dei Medici (1613-1621)*, «Quaderni di teatro», 1984, pp. 135-156.

Mosca, M. - Rivolta, M. *La città «trasformata». L'ingresso solenne di Maria Anna d'Austria a Milano nel 1649*, tesi in Architettura, Politecnico di Milano, a.a. 1983-84.

Taviani, Ferdinando. *Bella d'Asia, Torquato Tasso, gli attori e l'immortalità*, «Paragone», 1984 (nn. 408-410), pp. 3-76.

1985 Boggio, Enrico. *Il fondo musicale dell'Archivio Borromeo (note al catalogo)*, tesi di laurea, Università Cattolica del Sacro Cuore, a.a. 1984-85.

Fabbri, Paolo. *Monteverdi*, Torino, EDT, 1985.

Falciola, Enrica. *Una istituzione educativa e assistenziale a Milano. Il Collegio delle Vergini Spagnole (1578-1785)*, tesi di laurea, Università degli Studi di Milano, a.a. 1984-85.

Repossi, Cesare. *Bibliografia delle bosinate in dialetto milanese (1650-1848)*, in *Milano e il suo territorio*, 2 voll. a cura di F. Della Peruta, R. Leydi e A. Stella, Milano, Silvana Editoriale, 1985, II, pp. 167-245 (Mondo popolare in Lombardia, 13).

Rosci, Marco. *Evaristo Baschenis*, Bergamo, Banca Popolare di Bergamo, 1985 (I pittori bergamaschi. Il Seicento III).

1986 Bigotto, Antonella. *Educazione e teatro: l'esempio dei Gesuiti a Milano nel XVII secolo*, tesi in Lettere e Filosofia, Università Cattolica di Milano, a.a. 1985-86.

Carpanetto, Dino - Recuperati, Giuseppe. *L'Italia del Settecento*, Roma-Bari, Laterza 1986.

[1986] Checchi, Giovanna. *Silvio Fiorillo in arte Capitan Mattamoros*, Capua, Capuanova, s.a. [ma 1986].

Minardi, Gian Paolo. *Marini, Biagio*, in DEUMM, iv (1986), pp. 665-666.

1987 Bianconi, Lorenzo, *«La finta pazza» ritrovata*, in *La finta pazza*, programma di sala, Venezia, Teatro la Fenice, 1987, pp. 967-981.

Cenzato, Elena. *La festa barocca: la real solenne entrata di Maria Anna d'Austria a Milano nel 1649*, «ASL», 1987, pp. 47-100.

Pirrotta, Nino. *Scelte poetiche di musicisti*, Venezia, Marsilio, 1987.

1988 Buratelli, Claudia. *Borghese e gentiluomo. La vita e il mestiere di Pier Maria Cecchini tra i comici detto «Frittellino»*, «Il castello di Elsinore», 1988[ii], pp. 33-63.

Carpani, Roberta. *Profilo del melodramma a Milano dal 1644 al 1680 con un catalogo parziale del fondo Silvestri della Biblioteca dell'Opéra di Parigi*, tesi in Lettere e Filosofia, Università Cattolica di Milano, a.a. 1987-1988.

[Fiorio] *Ospedale Maggiore / Ca' Granda*, 3 voll. a cura di Maria Teresa Fiorio, Milano, Electa, 1988.

[Gareffi] Della Valle, Federico, *Tragedie*, a cura di Andrea Gareffi, Milano, Mursia, 1988.

Sacre rappresentazioni manoscritte e a stampa conservate nella Biblioteca Nazionale Centrale di Firenze, a cura di Anna Maria Testaverde e Anna Maria Evangelista, Milano, Giunta Regionale Toscana, 1988.

[Violani] *Un bestiario barocco. Quadri di piume del Seicento milanese*, catalogo della mostra a cura di Carlo Violani, con cenni storici di Eleanor MacLean e Gianvittorio Signorotto, Milano, Museo civico di storia naturale, 1988.

1989 Benzoni, Gino. *I Veneziani e la Milano barocca*, in *MtG*, pp. 23-39.

Borromeo, Agostino. *La Chiesa milanese del Seicento e la Corte di Madrid*, in *MtG*, pp. 93-108.

Burke, Peter. *Il fascino segreto di "Millain the great" nelle memorie di visitatori britannici del Seicento*, in *MtG*, pp. 141-152.

Calvi, Giulia. *I Toscani e la Milano barocca*, in *MtG*, pp. 169-190.

Pinacoteca di Brera. Scuole lombarda, ligure e piemontese 1535-1796, Milano, Electa, 1989.

La «Ratio Studiorum». Il metodo degli studi umanistici nei collegi dei gesuiti alla fine del secolo XVI, a cura della congregazione dei padri Gesuiti, Milano, San Fedele, 1989.

[a] Vercelloni, Virgilio. *Atlante storico di Milano città di Lombardia*, Milano, Archivolto, 1989.

[b] Vercelloni, Virgilio. *La storia del paesaggio urbano di Milano*, Milano, Archivolto, 1989.

1990 Carandini, Silvia. *Teatro e spettacolo nel Seicento*, Roma-Bari, Laterza, 1990; ²Roma-Bari 1993.

Checci, Giovanna. *Dal carteggio tra Flaminio Scala e Don Giovanni De' Medici (1616-1621)*, «Biblioteca Teatrale», 1990, n. 17, pp. 75-86.

Crippa, Carlo. *Le monete di Milano durante la dominazione spagnola dal 1535 al 1706*, Milano, Carlo Crippa, 1990.

Fabbri, Paolo. *Il secolo cantante. Per una storia del libretto d'opera nel Seicento*, Bologna, Il Mulino, 1990.

Grandis, Sonia G. *Il teatro della morte e della gloria. Pompe funebri nella Milano barocca: le sontuose esequie di Filippo III (1621)*, «Comunicazioni Sociali», 1990, pp. 108-147.

La Rocca, Patrizia. *La danza a Milano nel periodo della dominazione spagnola: insegnamento, controllo sociale e occasioni festive*, tesi della Scuola superiore di comunicazioni sociali, Università Cattolica di Milano, a.a. 1989-90.

Peduzzi, Nadia. *La rappresentazione tragica a Milano dalla metà del Cinquecento alla metà del Seicento*, tesi in Lettere e Filosofia, Università Cattolica di Milano, a.a. 1989-90.

[Tapié] *Les Vanités dans la peinture au XVIIe siècle. Méditation sur la richesse, le dénuement et la rédemption*, catalogo della mostra (Musée des Beaux-Arts 27.VII - 15.X) a cura di Alain Tapié, Caen, Musée des Beaux-Arts, 1990.

1991 Dell'Orto, S. *Paraliturgie del venerdì santo a Milano sotto la dominazione spagnola*, tesi di laurea, Università Cattolica di Milano, a.a. 1990-91.

[Villari] *L'uomo barocco*, a cura di Rosario Villari, Roma-Bari, Laterza, 1991.

1992 Bernardi, Claudio. *La funzione della deposizione di Cristo il Venerdì Santo nella chiesa francescana di S. Angelo a Milano (sec. XVII)*, «Medioevo e Rinascimento», 1992, pp. 235-249.

Bora, Giulio. *L'Accademia Ambrosiana*, in *Storia dell'Ambrosiana. Il Seicento*, Milano, Cariplo, 1992, pp. 335-373.

[1992] Bosatra, B.M. *Le processioni in area milanese dopo il Concilio di Trento*, «Rivista liturgica», 1992, pp. 457-467.

Carpani, Roberta. *«La Drammaturgia Milanese» di Lodovico Silvestri alla Bibliothèque-Musée de l'Opéra di Parigi. Una fonte per la storia dello spettacolo a Milano*, «Medioevo e Rinascimento», 1992, pp. 375-389.

Rovaris, Luisa. *Apparato fatto dalla città di Milano per l'ingresso della regina Margherita d'Austria nel 1598*, tesi in Lettere e Folosofia, Università Cattolica di Milano, a.a. 1991-92.

1993 [Annibaldi] *La musica e il mondo. Mecenatismo e committenza musicale in Italia tra Quattrocento e Settecento*, a cura di Claudio Annibaldi, Bologna, Il Mulino, 1993.

Baretta, Giuseppe. *Tra i fondi della biblioteca Braidense*, Milano, Sciardelli, 1993.

Canosa, Romano. *Milano nel Seicento. Grandezza e miseria nell'Italia spagnola*, Milano, Mondadori, 1993.

Carpani, Roberta. *«La Drammaturgia Milanese» di Lodovico Silvestri alla Bibliotheque-Musée de l'Opéra di Parigi: catalogo dei testi stampati fino al 1714*, «Comunicazioni sociali», 1993, pp. 241-340.

Comici dell'Arte. Corrispondenze. G.B. Andreini - N. Barbieri - P.M. Cecchini - S. Fiorillo - T. Martinelli - F. Scala, 2 voll. a cura di Claudia Burattelli, Domenica Landolfi e Anna Zinanni, Firenze, Le Lettere, 1993.

Costantini, Danilo - Magaudda, Ausilia. *Feste e cerimonie con musica nello Stato di Milano nel sec. XVII*, in *Seicento inesplorato. L'evento musicale tra prassi e stile: un modello di interdipendenza*, atti del III convegno internazionale sulla musica in area lombardo-padana nel secolo XVII (Lenno-Como, 23-25.VI.1989) a cura di A. Colzani, A. Luppi e M. Padoan, Como, AMIS, 1993, pp. 67-93.

[Isella] Giovan Paolo Lomazzo. *Rabisch*, testo critico e commento di Dante Isella, Torino, Einaudi, 1993.

Ferrone, Siro. *Attori mercanti corsari. La Commedia dell'Arte in Europa tra Cinque e Seicento*, Torino, Einaudi, 1993.

Ricci, Giuliana. *«Et parea che Milano divenuto fosse di tutto il Mondo amplissimo Theatro...». Festa e teatro a Milano negli ultimi anni del Cinquecento*, in *La fabbrica, la critica, la storia. Scritti in onore di Carlo Perogalli*, a cura di G. Colmuto Zanella, F. Conti, V. Hybsch, Milano, Guerini, 1993 (Quaderni del dipartimento di conservazione e storia dell'architettura, 6)

VAN DER MEER, John Henry. *Strumenti musicali europei del Museo civico medievale di Bologna*, Bologna, Nuova Alfa Editoriale, 1993.

1994 BORA, Giulio. *Arte, apparati, emblemi a Milano al tempo di Cesare Monti*, in *Le stanze del cardinale Monti 1635-1650*, catalogo della mostra (Milano, Palazzo Reale, 18.v-9.x.1994), Milano, Leonardo, 1994, pp. 39-54.

BORROMEO, Agostino. *Cesare Monti prima dell'episcopato milanese*, in *Le stanze del cardinale Monti 1635-1650*, Milano, Leonardo, 1994, pp. 17-22.

CENZATO, Elena - ROVARIS, Luisa. *«Comparvero finalmente gl'aspettati soli dell'austriaco cielo». Ingressi solenni per nozze reali*, «Comunicazioni sociali», 1994, pp. 71-112.

PONTREMOLI, Alessandro. *La danza: balli di società e balli teatrali*, «Comunicazioni sociali», 1994, pp. 113-164.

ZECCA LATERZA, Agostina. *Una fonte inedita sul teatro ducale di Milano*, «Quaderni del Corso di Musicologia del Conservatorio "Giuseppe Verdi" di Milano», 1994, pp. 147-149.

ZARDIN, Danilo. *L'arcivescovo Cesare Monti nella Milano del Seicento*, in *Le stanze del cardinale Monti 1635-1650*, Milano, Leonardo, 1994, pp. 23-28.

1995 ARCAINI, Roberta Giovanna. *I comici dell'Arte a Milano: accoglienza, sospetti, riconoscimenti*, in *SdG*, pp. 265-326.

ARRIGONI, Paola. *Filippo Ghisolfi stampatore e calcografo a Milano (1603-1669)*, tesi in Lettere e Filosofia, Università degli Studi di Milano, a.a. 1994-1995.

[BALESTRERI] *La raccolta Bianconi. Disegni per Milano dal Manierismo al Barocco*, a cura di Isabella Balestreri, Milano, Guerrini e Associati, 1995 (Quaderni de «Il disegno di architettura», 2).

[a] BERNARDI, Claudio. *Il tempo profano: l'«Annual Ricreatione». Il carnevale ambrosiano nel Seicento*, in *SdG*, pp. 545-583.

[b] BERNARDI, Claudio. *Il tempo sacro: «Entierro». Riti drammatici del venerdì santo*, in *SdG*, pp. 585-620.

BERTOLINI, Laura - GARIBOLDI, Roberta. *Allegrezze per il «Dies Natalis»: l'erede regale come Bambino Divino*, in *SdG*, pp. 621-657.

CARPANI, Roberta. *La storia sanata. Il libretto di «Il trionfo d'Augusto in Egitto» di Carlo Maria Maggi*, in *SdG*, pp. 329-377.

[1995] Cascetta, Annamaria. *La «spiritual tragedia» e l'«azione devota». Gli ambienti e le forme*, in *SdG*, pp. 115-218.

Cavalca, Cecilia. *Festeggiamenti per l'arcivescovo. Il «Theatrum temporaneum aeternitati» di Sant'Alessandro per Cesare Monti*, in *SdG*, pp. 717-729.

Damiano, Gianfranco. *Il Collegio gesuitico di Brera: festa teatro e drammaturgia fra* xvi *e* xvii *secolo*, in *SdG*, pp. 473-506.

Grandis, Sonia G. *Teatri di sontuosissima e orrida maestà. Trionfo della morte e trionfo del re nelle pompe funebri regali*, in *SdG*, pp. 659-715.

Peduzzi, Nadia. *La tragedia in ambiente nobiliare attraverso un inedito: l'«Orangia» di Giovan Battista Visconti*, in *SdG*, pp. 63-114.

Tizzoni, Monica. *L'istanza tragicomica tra diletto di corte e moralità: la rappresentazione dell'«Arminia» di Giovan Battista Visconti*, in *SdG*, pp. 219-264.

1996 Canosa, Romano. *La vita quotidiana a Milano in età spagnola*, Milano, Longanesi, 1996.

Cattoretti, Anna. *Mailand*, in *MGG2*, v (1996), coll. 1579-1592.

Daolmi, Davide. *I balli negli allestimenti settecenteschi del Collegio imperiale Longone di Milano*, in *Creature di Prometeo. Il ballo teatrale. Dal divertimento al dramma*, a cura di Giovanni Morelli, Firenze, Olschki, 1996 (Studi di musica veneta, 23), pp. 3-86.

Kendrick, Robert L. *Celestial Sirens. Nuns and their Music in Early Modern Milan*, Oxford, Clarendon Press, 1996.

Kirkendale, Warren. *Ancora sull'Aria di Fiorenza*, «RIdM», 1996, pp. 53-59.

Riva, Federica. *E dopo Sartori? Considerazioni sulla catalogazione dei libretti*, «RIdM», 1966, pp. 91-118.

[Rossi] *Evaristo Baschenis e la natura morta in Europa*, catalogo della mostra (Bergamo, Galleria d'arte moderna, inverno 1996-97) a cura di Francesco Rossi, Milano, Skira, 1996.

Signorotto, Gianvittorio. *Milano spagnola. Guerra, istituzioni, uomini di governo (1635-1660)*, Milano, Sansoni, 1996.

Indice delle fonti manoscritte

Arch.	Fondo	Cart./vol.	Sezione	Data	Riferimento
ACVS,	—	cartt. 21-24		[*post* 1655]	▷II[24]
ACVS,	*Reg. di cassa,*	vol. 1		—	▷V[1]
ACVS,	*Reg. di cassa,*	vol. 2		—	▷V[1] V[3]
ACVS,	*Reg. di cassa,*	vol. 2		[I.1643]	▷V[4]
ACVS,	*Reg. di cassa,*	vol. 2		[V.1644]	▷D.81 V[19]
ACVS,	*Reg. di cassa,*	vol. 2		[XII.1644]	▷D.82 V[19]
ACVS,	*Reg. di cassa,*	vol. 2		[1649]	▷V[11]
ACVS,	*Reg. di cassa,*	vol. 3		[*post* 1759]	▷V[1]
ACSA,	*Acta,*	vol. II	p. 33	[1632]	▷C[1632]
ACSA,	*Acta,*	vol. II	p. 35	[1633]	▷C[1633]
ACSA,	*Acta,*	vol. II	p. 42	[1634]	▷C[1634]
ACSA,	*Acta,*	vol. II	p. 72	[1636]	▷C[1636]
ACSA,	*Acta,*	vol. II	p. 79	[1638-1639]	▷C[1638] C[1639]
ACSA,	*Acta,*	vol. II	p. 108	[1641]	▷C[1641]
ACSA,	*Acta,*	vol. II	p. 116	[1643]	▷C[1643]
ACSA,	*Acta,*	vol. II	p. 131	[1645]	▷C[1645]
ACSA,	*Acta,*	vol. II	p. 138	[1646]	▷C[1646]
ASBM,	*Acta,*	vol. 1635-1701		[1635-1638]	▷C[1636] C[1637] C[1638]
ASBM,	*Acta,*	vol. 1635-1701		[1638-1641]	▷C[1639] C[1640] C[1641]
ASBM,	*Acta,*	vol. 1635-1701		[1641-1644]	▷C[1643]
ASBM,	*Acta,*	vol. 1635-1701		[1644-1647]	▷C[1645] C[1646] C[1647]
ASDM,	*Visitationes,*	S. Nazaro,	vol. XI, q.7	[1631]	▷T.90
ASM,	*Autografi,*	cart. 94,	fasc. 3	[12.X.1601]	▷C[1601] II[5]
ASM,	*Autografi,*	cart. 94,	fasc. 44	[25.II.1569]	▷S.6

ASM,	*Autografi*,	cart. 95,	fasc. 19*bis*	[12.VI.1601]	▷S.9 C[1601] II[5] II[11]
ASM,	*Autografi*,	cart. 106,	fasc. 4	[12.I.1601]	▷D.16 S.12 II[13] V[57]
ASM,	*Autografi*,	cart. 106,	fasc. 11	[22.VIII.1594]	▷S.9 II[11]
ASM,	*Autografi*,	cart. 106,	fasc. 11	[29.VIII.1594]	▷D.1 S.12 I[39]
ASM,	*Autografi*,	cart. 106,	fasc. 11	[21.I.1599]	▷D.7 S.12 C[1598] I[39]
ASM,	*Autografi*,	cart. 106,	fasc. 18	—	▷S.9 II[11]
ASM,	*Autografi*,	cart. 212,	fasc. 43	[20-29.V.1601]	▷D.18 S.7-8 II[29-31]
ASM,	*CsC*,	—			▷S.12[2] II[26]
ASM,	*CsC*,	cart. 357		[I.1601]	▷II[26]
ASM,	*CsC*,	cart. 358		[VI.1601]	▷II[26]
ASM,	*CsC*,	cart. 397		[3.VI.1610]	▷II[75]
ASM,	*CsC*,	cart. 398		[9.VIII.1610]	▷II[76]
ASM,	*CsC*,	cart. 398		[18.VIII.1610]	▷II[76]
ASM,	*CsC*,	cart. 408		[2.XII.1616]	▷S.9 C[1617]
ASM,	*Comuni*,	cart. 4,	fasc. *Arona*	—	▷S.6
ASM,	*Culto*,	cart. 1947		[*ante* 26.X.1611]	▷D.39 S.7-8 II[31] III[4-6] III[14] III[61] V[23]
ASM,	*Culto*,	cart. 1947		[*ante* 26.X.1611]	▷D.40 S.7 III
ASM,	*Culto*,	cart. 1947		[12.XII.1623]	▷D.63 S.7-8 III[16]
ASM,	*Culto*,	cart. 1948		[18.XII.1646]	▷D.84 S.7-9 V[2] V[6] V[9-10] V[17]
ASM,	*FC*,	cart. 139	—	[24.IV.1609]	▷D.26 D.28[19] S.12 C[1609] II[64]
ASM,	*FC*,	cart. 139		[20.III.1610]	▷D.28 S.12 C[1609]
ASM,	*FC*,	cart. 139		[31.III.1610]	▷D.29 S.12 C[1609]
ASM,	*FC*,	cart. 191	—	[12.I.1650]	▷D.100 S.13 IV[46]
ASM,	*FC*,	cart. 191		[15.I.1650]	▷D.101 S.13 IV[46]
ASM,	*FC*,	cart. 191		[1666-1667]	▷D.100[43-44]
ASM,	*FC*,	cart. 191,	fasc. *Cicogna*	—	▷V[48]
ASM,	*FC*,	cart. 193		[1631]	▷IV[26]
ASM,	*FC*,	cart. 193		[1708]	▷T.29B T.12
ASM,	*FC*,	cart. 193		[21.I.1708]	▷T.12 T.10 T.29 V[54] V[68]
ASM,	*FC*,	cart. 193		[1776]	▷III[18]
ASM,	*FC*,	cart. 209		[1695]	▷V[67]
ASM,	*Notarile*,	cart. 30313		[25.VI.1641]	▷S.7 S.9 II[31] V[2] V[8-9] V[17]
ASM,	*PE*,	cart. 10		[2.VI.1628]	▷III[11]
ASM,	*PE*,	cart. 130,	fasc. 1605		▷C[1599] C[1605] I[60] II[48]
ASM,	*PE*,	cart. 130,	fascc. 1633-35		▷C[1633] IV[38]
ASM,	*PE*,	cart. 130,	fascc. 1640-42		▷C[1633] IV[38]

ASM,	*PS*,	cart. 4,	fasc. 16	[26.I.1600]	▷D.15 S.12 C^{1599} I^{64}
ASM,	*PS*,	cart. 7,	fasc. 4	[12.V.1621]	▷D.59 C^{1621} IV^{8}
ASM,	*PS*,	cart. 8*bis*,	fasc. 1	—	▷C^{1621} IV^{8}
ASM,	*PS*,	cart. 8*bis*,	fasc. 3	—	▷C^{1627}
ASM,	*PS*,	cart. 8*bis*,	fasc. 3	[28.II.1640]	▷C^{1640}
ASM,	*PS*,	cart. 8*bis*,	fasc. 3	[10.VII.1645]	▷C^{1644}
ASM,	*PS*,	cart. 8*bis*,	fasc. 3	[6.II.1646]	▷C^{1646}
ASM,	*PS*,	cart. 10,	fasc. 5	[18.V.1621]	▷D.60 S.13 C^{1621} IV^{7}
ASM,	*PS*,	cart. 10,	fasc. 5	[8.VII.1621]	▷D.61 S.13 C^{1621} IV^{7}
ASM,	*PS*,	cart. 10,	fasc. 5	[1665-1666]	▷S.13 IV^{46}
ASM,	*PS*,	cart. 10,	fasc. 5	[(18?).V.1666]	▷D.102 S.13 C^{1644} IV^{46}
ASM,	*PS*,	cart. 12	—		▷V^{42}
ASM,	*PS*,	cart. 13	—		▷V^{42}
ASM,	*PS*,	cart. 14	—	[1647]	▷C^{1647} IV^{22}
ASM,	*PS*,	cart. 14	—	[14.XI.1648]	▷D.91 V^{46}
ASM,	*RcS*,	XXI	—		▷II^{16}
ASM,	*RcS*,	XXI.10	c. 301v	[18.V.1576]	▷S.6
ASM,	*RcS*,	XXI.23	c. 112r	[26.IX.1590]	▷S.6
ASM,	*RcS*,	XXI.25,	c. 32v	[20.VI.1601]	▷S.7 II^{26}
ASM,	*RcS*,	XXI.25,	c. 33v	[20.VI.1601]	▷D.19 S.8-9 C^{1601} II^{6}
ASM,	*RcS*,	XXI.25,	c. 265r	[3x.1606]	▷III^{38}
ASM,	*RcS*,	XXI.26,	c. 54r	[5.X.1607]	▷III^{38}
ASM,	*RcS*,	XXI.27,	c. 50r	[14.VI.1611]	▷D.38 S.6 III^{40}
ASM,	*RcS*,	XXI.27,	c. 123r	[26.X.1611]	▷S.7 III^{7} III*app*^{8}
ASM,	*RcS*,	XXI.27,	c. 148r	[30.VI.1612]	▷D.41 S.9 C^{1612} III^{38} III^{39}
ASM,	*RcS*,	XXI.28,	c. 61v	[18.VII.1613]	▷D.46 C^{1613} III^{46}
ASM,	*RcS*,	XXI.29,	c. 5r	[27.I.1616]	▷D.57 S.7-8 II^{31} III^{16}
ASM,	*RcS*,	XXI.29,	c. 38v	[16.I.1617]	▷D.58 S.9 C^{1617} III^{64}
ASM,	*RcS*,	XXI.29,	c. 95v	[28.III.1619]	▷S.7 II^{31} III^{16}
ASM,	*RcS*,	XXI.31,	c. 59v	[16.I.1633]	▷D.77 S.6 S.8 C^{1633} T.2 V^{5}
ASM,	*RcS*,	XXI.31,	c. 146v	[6.XII.1634]	▷D.78 C^{1634} IV^{49}
ASM,	*RcS*,	XXI.32,	c. 180r	[3.IV.1641]	▷D.79 S.9 C^{1641} III^{39} IV^{48} V^{7}
ASM,	*RcS*,	XXI.33,	c. 54r	[30.IV.1645]	▷C^{1645} V^{7}
ASM,	*RcS*,	XXI.33,	c. 103v	[8.I.1647]	▷D.85 C^{1647} V^{7}
ASM,	*RcS*,	XXI.33,	c. 151v	[7.XI.1647]	▷D.87 C^{1647} V^{34}
ASM,	*RcS*,	XXI.33,	c. 171v	[24.III.1648]	▷D.88 C^{1648} III^{39} V^{35}
ASM,	*RcS*,	XXI.33,	c. 178v	[8.IV.1648]	▷D.89 C^{1648} V^{54}
ASM,	*RcS*,	XXI.33,	c. 201v	[22.IX.1648]	▷D.90 C^{1648} V^{54}
ASM,	*RcS*,	XXI.33,	c. 220r	[5.II.1649]	▷D.95 C^{1649} V^{54}
ASM,	*RcS*,	XXI.33,	c. 228v	[24.III.1649]	▷D.96 C^{1649} V^{7} V^{54}

ASM,	*RcS*,	xxii	—		▷s.12$^{2-4}$ ii^{72}
ASM,	*RcS*,	xxii.42,	c. 18v	[4.xii.1598]	▷d.4 d.76^{37} c^{1598} i^{42}
ASM,	*RcS*,	xxii.42,	c. 19v	[18.xii.1598]	▷d.6 c^{1598} i^{42}
ASM,	*RcS*,	xxii.42,	c. 29r	—	▷i^{42}
ASM,	*RcS*,	xxii.42,	c. 41v	[29.i.1599]	▷d.7^{2} c^{1598}
ASM,	*RcS*,	xxii.42,	c. 43r	[17.xii.1598]	▷d.5 d.69^{35} s.13 ii^{72}
ASM,	*RcS*,	xxii.42,	c. 49r	—	▷i^{42}
ASM,	*RcS*,	xxii.42,	c. 134r	[24.iii.1599]	▷d.8 s.10^{5} c^{1598} iii^{1}
ASM,	*RcS*,	xxii.42,	c. 232r	[18.viii.1599]	▷d.12 s.10^{5} c^{1599} i^{71}
ASM,	*RcS*,	xxii.42,	c. 284v	[4.x.1599]	▷d.13 i^{72} ii^{10} v^{57}
ASM,	*RcS*,	xxii.44,	c. 130v	[2.iv.1601]	▷d.17 s.10^{5} s.13 ii^{72}
ASM,	*RcS*,	xxii.45,	c. 37v	[2.iii.1602]	▷d.20 iii^{1}
ASM,	*RcS*,	xxii.45,	c. 33v	[11.iii.1602]	▷d.21 s.10^{5} s.13 ii^{72}
ASM,	*RcS*,	xxii.45,	c. 162v	—	▷s.13
ASM,	*RcS*,	xxii.45,	c. 246v	[14.iii.1603]	▷d.22 iii^{1}
ASM,	*RcS*,	xxii.45,	c. 247r	—	▷s.13
ASM,	*RcS*,	xxii.46,	c. 81v	[7.xi.1603]	▷d.23 iii^{1}
ASM,	*RcS*,	xxii.47,	c. 89r	—	▷s.13
ASM,	*RcS*,	xxii.47,	c. 190v	—	▷s.13 ii^{72}
ASM,	*RcS*,	xxii.48,	c. 9r	—	▷s.13
ASM,	*RcS*,	xxii.48,	c. 221v	[30.i.1608]	▷d.25 s.10^{5} s.13 ii^{72}
ASM,	*RcS*,	xxii.48,	c. 271r	—	▷s.13 ii^{72}
ASM,	*RcS*,	xxii.49,	c. 40v	[27.iii.1607]	▷d.24 iii^{1}
ASM,	*RcS*,	xxii.49,	c. 253v	[22.xi.1609]	▷d.27 iii^{1}
ASM,	*RcS*,	xxii.50,	c. 138r	[12.ii.1611]	▷d.37 c^{1611} iii^{2}
ASM,	*RcS*,	xxii.50,	c. 138v	[31.i.1611]	▷d.35 c^{1611} iii^{2}
ASM,	*RcS*,	xxii.50,	c. 139r	[29.i.1611]	▷d.34 c^{1611} iii^{2}
ASM,	*RcS*,	xxii.50,	c. 175r	[12.ii.1611]	▷d.36 d.37^{25} c^{1611} iii^{2}
ASM,	*RcS*,	xxii.51,	c. 71r	[20.ix.1612]	▷d.43 iii^{9}
ASM,	*RcS*,	xxii.52,	c. 61r	[20.vii.1613]	▷d.47 iii^{1}
ASM,	*RcS*,	xxii.52,	c. 102v	—	▷c^{1615}
ASM,	*RcS*,	xxii.52,	c. 108r	[5.ii.1614]	▷d.51 s.10^{5} iii^{11}
ASM,	*RcS*,	xxii.52,	c. 137r	—	▷c^{1615}
ASM,	*RcS*,	xxii.52,	c. 180r	[7.iv.1614]	▷d.52 s.10^{5} iii*app*^{14}
ASM,	*RcS*,	xxii.52,	c. 190v	[12.vi.1614]	▷d.53 s.10^{5} iii^{11}
ASM,	*RcS*,	xxii.52,	c. 212r	[5.x.1614]	▷d.55 iii^{11}
ASM,	*RcS*,	xxii.53,	c. 126r	[10.xi.1615]	▷d.56 c^{1615} iii^{58}
ASM,	*RcS*,	xxii.58,	c. 25r	[2.xii.1629]	▷d.67 s.10^{5} iv^{23}
ASM,	*RcS*,	xxii.58,	c. 31v	[20.xii.1629]	▷d.69 d.4^{1} ii^{72}
ASM,	*RcS*,	xxii.58,	c. 32r	[14.i.1630]	▷d.71 iv^{23}
ASM,	*RcS*,	xxii.58,	c. 40r	[28.i.1630]	▷d.73 iv^{23}
ASM,	*RcS*,	xxii.58,	c. 40r	[31.i.1630]	▷d.74 c^{1629} iv^{23}

ASM,	*RcS*,	XXII.58	c. 124r	[25.X.1631]	▷D.76 S.13 IV[46]
ASM,	*RcS*,	XXII.60,	c. 173r	[V.1639]	▷III[18]
ASM,	*RcS*,	XXII.62,	c. 113v	[24.V.1643]	▷S.13
ASM,	*RcS*,	XXII.63,	c. 29r	[13.IV.1644]	▷S.13 IV[46]
ASM,	*RcS*,	XXII.63,	c. 63r	[23.VI.1644]	▷V[18]
ASM,	*RcS*,	XXII.63,	c. 73v	[21.VII.1644]	▷S.13
ASM,	*RcS*,	XXII.63,	c. 143v	[25.II.1645]	▷S.13
ASM,	*RcS*,	XXII.63,	c. 243r	[26.X.1645]	▷D.83 V[47]
ASM,	*RcS*,	XXII.64,	c. 4r	[22.II.1646]	▷S.13
ASM,	*RcS*,	XXII.64,	c. 149r	[6.II.1647]	▷S.13
ASM,	*RcS*,	XXII.64,	c. 245v	[2.VIII.1647]	▷D.86 V[18]
ASM,	*RcS*,	XXII.66,	c. 28v	[27.XII.1648]	▷D.92 C[1649] V[45]
ASM,	*RcS*,	XXII.66,	c. 31r	[12.I.1649]	▷D.93 C[1649] V[44]
ASM,	*RcS*,	XXII.66,	c. 35v	[21.I.1649]	▷D.94 S.13 IV[46]
ASM,	*RcS*,	XXII.66,	c. 101r	—	▷S.13
ASM,	*RcS*,	XXII.66,	c. 170r	[29.VII.1649]	▷D.97 C[1649]
ASM,	*RcS*,	XXII.67	c. 34v	[12.IX.1649]	▷D.98 S.12[3] C[1649]
ASM,	*RcS*,	XXII.67	c. 39v	[12.IX.1649]	▷D.99 C[1649] V[46] V[54]
ASM,	*RcS*,	XXIII	—		▷S.12[5]
ASM,	*RcS*,	XXIII.3		[III.1639]	▷C[1639]
ASM,	*RcS*,	XXIII.7		[9.V.1645]	▷C[1645]
ASM,	*RcS*,	XXIII.7		[9.XI.1647]	▷C[1647]
ASM,	*SP*,	cart. 12	fasc. 1	[25.XII.1563]	▷S.6
ASM,	*SP*,	cart. 12	fasc. 1	[18.V.1576]	▷S.6
ASM,	*SP*,	cart. 12	fasc. 1	[12.VIII.1576]	▷S.6
ASM,	*SP*,	cart. 12	fasc. 1	[17.VIII.1576]	▷S.6
ASM,	*SP*,	cart. 28		—	▷III*app*[1]
ASM,	*SP*,	cart. 28		[22.VIII.1612]	▷D.42 III[9]
ASM,	*SP*,	cart. 28		[1613-1614]	▷S.9
ASM,	*SP*,	cart. 28		[31.V.1613]	▷S.7 III[14] III*app*
ASM,	*SP*,	cart. 28		[22.VII.1613]	▷S.7 C[1613] III[13] III[52] III*app*
ASM,	*SP*,	cart. 28		[18.VIII.1613]	▷D.48 S.7 S.12 III*app*[11]
ASM,	*SP*,	cart. 28		[23.VIII.1613]	▷III*app*
ASM,	*SP*,	cart. 28		[26.VIII.1613]	▷S.7 III[15] III*app*
ASM,	*SP*,	cart. 28		[30.VIII.1613]	▷S.7 III*app*
ASM,	*SP*,	cart. 28		[30.IX.1613]	▷D.49 S.7 S.12 III*app*[13]
ASM,	*SP*,	cart. 28		[29-30.I.1614]	▷D.50 S.10[5] III[10-11]
ASM,	*SP*,	cart. 28		[21.VII.1614]	▷D.54 S.10[5] III[11]
ASM,	*SP*,	cart. 28		[13.II.1644]	▷D.80 S.9 S.12 V[15] V[58]
ASM,	*SP*,	cart. 28		[24.II.1708]	▷D.103 T.29 V[70]
ASM,	*SP*,	cart. 30-31		[24.II.1665]	▷S.7 V[21]
ASM,	*SP*,	cart. 30-31		[1.VII.1671]	▷S.7

ASMn		?		[1599]	▷S.5 I[62]
ARSI		—			▷I[48]
I-ANbc,	*Mus.*	n. 41	cc. 12-13		▷T.72
I-Bc		AA 346			▷T.72
I-BGi,	*Ms. Piatti*,	L 9242 [*Libro di sonate del signor Rubini*]			▷T.72
I-Fnc,	*Magliabech.*,	XIX.29			▷T.72
I-Fnc,	?	[F. MARIOTTI, *Il teatro in Italia...*]			▷C[1621]
I-Ma,	—	F 205 inf.	n. 1		▷T.45
I-Ma,		F 205 inf.	n. 2		▷I[24] C[1633] T.45
I-Ma,	*Racc. Fagnani*,	[Bartolomeo Assandro]		[12.XII.1594]	▷II[28]
I-Ma,	*Racc. Fagnani*,	[Bartolomeo Assandro]		[3.IX.1597]	▷S.6 II[28]
I-Ma,	*Racc. Ferrario*,	?	—		▷T.13
I-Ma,	*Racc. Ferrario*,	?	—		▷I[30]
I-Ma,	*Racc. Ferrario*,	?	—	[20.X.1613]	▷III[11]
I-Ma,	—	S 103 sup.	—		▷C[1605] II[48]
I-Ma,		S 131 sup.	—		▷C[1605] II[49]
I-Ma,		S 132 sup.	c. 112		▷III[11]
I-Ma,		S 148 sup.	c. 4		▷T.27 T.61 I[27] I[32]
I-Ma,	?	[F. BORROMEO, *De comicis...*]			▷I[19] S.4
I-M. Accademia,		D I 16	n.1		▷C[1599] T.30
I-M. Accademia,		D I 16	n. 91		▷T.30
I-Mb,	*Racc. dramm.*	3924	[*Catalogo...*]		▷L[2]
I-Mb,	*Racc. dramm.*	6007			▷L[2]
I-Mb,	*Racc. dramm.*	6008	[*Catalogo...*]		▷L[2]
I-Mb,	*Racc. dramm.*	6011			▷L[2]
I-M.Bertarelli,		A. S. 51-17	[C. B., *Monte Etna*]		▷C[1629] T.42-43 II[49] IV[25]
I-M.Bertarelli,		Vol. p. 95	[F. M. RICHINO, *Pianta...*]		▷T.15 T.16
I-M.Bertarelli,		R. Tr. p. 6-76	[*Disegno di medaglia...*]		▷T.75
I-Mc,	*Ris. mus.*,	C 86,	cc. 5-6		▷T.72

I-Mc,	*Fondo Somma*	—			▷I[2-3]
I-Mc,	*Fondo Somma*	q. 2,	p. 18		▷III[18]
I-Md,	*M. di cappella,*	busta 21		[1649]	▷V[42]
I-Mt,	*Cod. Triv.,*	5	[G.B. Visconti, *L'Arminia*]		▷I[62] C[1599] L.17
I-Mt,	*Cod. Triv.,*	6	[*Orangia*]		▷I[63]
I-Mt,	*Cod. Triv.,*	55			▷T.72
I-Mt,	*Cod. Triv.,*	1354	[*Indice degli ordini…*]		▷I[22]
I-Mt,	*Cod. Triv.,*	1490	—		▷III[19] III[21-23] V[57]
I-Mt,	*Cod. Triv.,*	1490	cc. 1-12	[1598]	▷III[23]
I-Mt,	*Cod. Triv.,*	1490	c. 2v	—	▷V[46]
I-Mt,	*Cod. Triv.,*	1490	cc. 30v-31r	—	▷C[1605] II[49]
I-Mt,	*Cod. Triv.,*	1490	cc. 33v-34r	[8.viii.1609]	▷III[25]
I-Mt,	*Cod. Triv.,*	1490	cc. 45r-46v	[18.vii.1612]	▷III[26]
I-Mt,	*Cod. Triv.,*	1490	cc. 48v-49r	[7.x.1612]	▷D.44 C[1612]
I-Mt,	*Cod. Triv.,*	1490	cc. 49v-51r	[11.ii.1613]	▷D.45 C[1613] III[24]
I-Mt,	*Cod. Triv.,*	1490	c. 52v	—	▷C[1613]
I-Mt,	*Cod. Triv.,*	1490	cc. 70r-71v	[29.xi.1615]	▷S.9 III[31]
I-Mt,	*Cod. Triv.,*	1490	c. 76r	[15.ii.1617]	▷S.9 III[34]
I-Mt,	*Cod. Triv.,*	1490	cc. 78v-81v	—	▷III[23]
I-Mt,	*Cod. Triv.,*	1490	cc. 84r-84v	[6.viii.1618]	▷III[27]
I-Mt,	*Cod. Triv.,*	1490	c. 94r	[14.viii.1620]	▷III[28]
I-Mt,	*Cod. Triv.,*	1490	cc. 100v-101r	[15.i.1622]	▷III[29]
I-Mt,	*Cod. Triv.,*	1490	cc. 102v-103r	[27.x.1622]	▷D.62 S.9 C[1622] III[33]
I-Mt,	*Cod. Triv.,*	1490	c. 104r-v	[25.i.1623]	▷S.9 III[30]
I-Mt,	*Cod. Triv.,*	1490	c. 108v	—	▷C[1623] III[24]
I-Mt,	*Cod. Triv.,*	1490	c. 119r	[25.xii.1629]	▷III[23]
I-Mt,	*Cod. Triv.,*	1490	cc. 120r-120v	[30.xii.1629]	▷D.70 C[1629] III[23]
I-Mt,	*Cod. Triv.,*	1490	c. 120v	[4.ii.1630]	▷D.75 C[1629] III[24]
I-Mt,	*Cod. Triv.,*	1490	c. 121r	[30.viii.1629]	▷D.65 C[1629] III[32]
I-Mt,	*Cod. Triv.,*	1490	cc. 124r-152v	—	▷III[23]
I-Mt,	*Cod. Triv.,*	1490	c. 159v	[23.i.1630]	▷D.72 S.9 C[1629] III[24] III[36]
I-Mt,	*Dicasteri,*	cartt. 8-132	—	[1554-1796]	▷I[22]
I-Mt,	*Dicasteri,*	cart. 15	4.iv.1570		▷I[22]
I-Mt,	*Dicasteri,*	cart. 26	9.vii.1598		▷D.2 I[22] I[24] C[1598]
I-Mt,	*Dicasteri,*	cart. 26	28.vii.1598		▷D.3 I[23] C[1598]
I-Mt,	*Dicasteri,*	cart. 26	15.x.1598		▷C[1598]
I-Mt,	*Dicasteri,*	cart. 27	30.iv.1599		▷D.9 D.14[3] C[1599] I[60]
I-Mt,	*Dicasteri,*	cart. 27	12.v.1599		▷C[1599] I[60]
I-Mt,	*Dicasteri,*	cart. 27	3.vii.1599		▷D.10 D.14[3] C[1599] I[60]
I-Mt,	*Dicasteri,*	cart. 27	16.vii.1599		▷D.11 D.14[3] C[1599] I[60]

I-Mt,	*Dicasteri,*	cart. 27	23.XII.1599		▷D.14 C^{1599} I^{60}
I-Mt,	*Dicasteri,*	cart. 28	16.IV.1601		▷C^{1601} II^{47}
I-Mt,	*Dicasteri,*	cart. 29	30.IV.1603		▷C^{1599} I^{60} II^{47}
I-Mt,	*Dicasteri,*	cart. 30	24.IV.1605		▷C^{1605}
I-Mt,	*Dicasteri,*	cart. 31	5.IX.1607		▷C^{1605} II^{48}
I-Mt,	*Dicasteri,*	cart. 31	17.V.1608		▷C^{1599} I^{60}
I-Mt,	*Dicasteri,*	cart. 32	21.VIII.1609		▷II^{69}
I-Mt,	*Dicasteri,*	cart. 32	25.X.1610		▷II^{69}
I-Mt,	*Dicasteri,*	cart. 32	10.XI.1610	[27.X.1610]	▷D.30 C^{1610} II^{70}
I-Mt,	*Dicasteri,*	cart. 32	10.XI.1610	[28.X.1610]	▷D.31 S.10^{5} C^{1610} II^{70}
I-Mt,	*Dicasteri,*	cart. 32	10.XI.1610	[29.X.1610]	▷D.32 D.31^{22} C^{1610} II$^{70\text{-}71}$
I-Mt,	*Dicasteri,*	cart. 32	10.XI.1610	[3.XI.1610]	▷C^{1610} II^{70}
I-Mt,	*Dicasteri,*	cart. 32	10.XI.1610	[4.XI.1610]	▷C^{1610}
I-Mt,	*Dicasteri,*	cart. 32	10.XI.1610	[XI.1610]	▷D.33 C^{1610} II^{70}
I-Mt,	*Dicasteri,*	cart. 35	7.III.1622		▷C^{1622} IV^{10}
I-Mt,	*Dicasteri,*	cart. 39	6.II.1630		▷C^{1630} IV^{30}
I-Mt,	*Dicasteri,*	cart. 39	15.II.1630		▷C^{1630} IV^{30}
I-Mt,	*Dicasteri,*	cart. 39	2.III.1630		▷C^{1630} IV^{30}
I-Mt,	*Dicasteri,*	cart. 39	18.III.1630		▷C^{1630} IV^{30}
I-Mt,	*Dicasteri,*	cart. 39	21.XI.1629		▷D.66 C^{1629} IV^{23}
I-Mt,	*Dicasteri,*	cart. 39	13.XII.1629		▷D.68 C^{1629} IV^{23}
I-Mt,	*Dicasteri,*	cart. 39	8.I.1630		▷C^{1629} IV^{23}
I-Mt,	*Dicasteri,*	cart. 39	14.I.1630		▷C^{1629} IV^{23}
I-Mt,	*Dicasteri,*	cart. 39	26.I.1630		▷C^{1629} IV^{23}
I-Mt,	*Dicasteri,*	cart. 40	28.II.1633		▷C^{1633} IV^{39}
I-Mt,	*Dicasteri,*	cart. 40	24.III.1633		▷C^{1633} IV^{39}
I-Mt,	*Dicasteri,*	cart. 40	8.IV.1633		▷C^{1633} IV^{37} IV^{39}
I-Mt,	*Dicasteri,*	cart. 40	25.IV.1633		▷C^{1633} IV^{39}
I-Mt,	*Dicasteri,*	cart. 40	3.X.1633		▷C^{1633} IV^{39}
I-Mt,	*Dicasteri,*	cart. 41	23.III.1635		▷IV^{42}
I-Mt,	*Dicasteri,*	cart. 41	20.VI.1635		▷IV^{42}
I-Mt,	*Dicasteri,*	cart. 42	26.V.1637		▷C^{1637} IV^{45}
I-Mt,	*Dicasteri,*	cart. 43	23.XII.1638		▷C^{1638} T.48
I-Mt,	*Dicasteri,*	cart. 48	18.XI.1648		▷C^{1649} V^{42}
I-Mt,	*Dicasteri,*	cart. 48	4.XII.1648		▷C^{1649} V^{42}
I-Mt,	*Dicasteri,*	cart. 48	5.XII.1648		▷C^{1649} V^{42}
I-Mt,	*Dicasteri,*	cart. 48	14.XII.1648		▷C^{1649} V^{42}
I-Mt,	*Dicasteri,*	cart. 48	21.I.1649		▷C^{1649} V^{42}
I-Mt,	*Dicasteri,*	cart. 48	27.III.1649		▷C^{1649} V^{42}
I-Mt,	*Dicasteri,*	cart. 48	9.VII.1649		▷C^{1649} V^{42}
I-Mt,	*Famiglie,*	cart. 118	—		▷I^{24}
I-Mt,	*Famiglie,*	cart. 919	fasc. *Mangoni*	[14.I.1627]	▷D.64 III^{11}

I-Mt,	*Racc. Bianconi,*	vol. I	c. 1		▷T.11 T.13 T.15 T.27 T.29 T.45 I^{27} V^{54} V^{61}
I-Mt,	*Racc. Bianconi,*	vol. I	c. 4r A-B		▷T.10
I-Mt,	*Racc. Bianconi,*	vol. I	cc. 4v-5v		▷T.13 T.29
I-Mt,	*Racc. Bianconi,*	vol. I	c. 6		▷C^{1633} T.44 T.45
I-Mt,	*Racc. Bianconi,*	vol. V	c. 8		▷C^{1633}
I-Mt,	*Racc. Bianconi,*	vol. VI	c. 10v B		▷T.45
I-R.S.Luca,	*Archivio dei disegni*			[G.B. Clarici, *Pianta di Milano*]	▷T.15
I-Rvat,	*Vat. lat.,*	8860	c. 74r		▷T.72
I-SG.Comunale		F.S.M. 16			▷T.72
I-Tr,	*Varia 59 bis*		cc. 1-76	[E. Tesauro, *Il libero arbitrio*]	▷IV^{25}
I-Tr,	*Varia 59 bis*		cc. 77-154	[L. Velli, *La Silvia*]	▷C^{1633} IV^{38}
I-Tr,	*Varia 59 bis*		cc. 155-225	[E. Tesauro, *Hermenegildus*]	▷C^{1621}

Indice delle tavole

T.0	Carlo Antonio PROCACCINI, [*Carne e Adamo, atto V, scena I*], incisione di Cesare Bassani, cm 9,3 × 12,2 [1613], in ANDREINI 1613, p. 123, tav. 32 ▷L.1.	—

I PALAZZI E LE FESTE

T.1	*Particolare da:* ▷T.2	13
T.2	*Scene carnevalesche in piazza Duomo*, olio su tela, cm 115 × 205 [metà del XVII sec.] I-M.Milano.	15
T.2A	*Particolare da:* ▷T.2	17
T.2B	*Particolare da:* ▷T.2	17
T.2C	*La piazza del Duomo di Milano*, olio su tela [*post* 1676, *ante* 1689], Milano, già collezione privata Borromeo.	19
T.3	*Veduta nei pressi del Castello*, olio su tela, cm 115 × 205 [metà del XVII sec.], I-M.Milano.	20
T.3A	*La piazza del castello Visconteo*, olio su tela [*post* 1676, *ante* 1689 ?], Milano, già collezione privata Borromeo.	21
T.3B	*Particolare da:* ▷T.3A	21
T.3C	*Particolare da:* ▷T.3	21
T.4	*L'ospedale Maggiore nel giorno della festa del Perdono*, olio su tela, cm 140 × 230 [fine XVII sec.], I-M.Milano.	22
T.5	*I carri carnevaleschi sul corso di porta Orientale*, olio su tela, cm 140 × 230 [fine XVII sec.], I-M.Milano.	23
T.6	Ioseph GARAVAGLIA, *Porta Romana con suoi bastioni*, incisione di Federico Agnelli, cm 18,5 × 30 [1674], in TORRE 1674, p. 7, tav. 1.	24
T.7	Filippo BIFFI, *Castello di porta di Giove*, incisione di Federico Agnelli, cm 18,5 × 30 [1674], in TORRE 1674, p. 215, tav. 5.	26
T.8	Ioseph GARAVAGLIA, [*Piazza S. Fedele*], incisione di Federico Agnelli, cm 18,5 × 30 [1674], in TORRE 1674, p. 293, tav. 7.	27

LE PIANTE

T.9	*Particolare da:* Nunzio GALIZI [*Pianta allegorica di Milano*], acquaforte, cm 46 × 64,5 al totale [1578], I-M.Bertarelli.	51

T.10 [*Pianta cinquecentesca di palazzo Reale*] primo e secondo piano (nel riquadro), disegno a china con coloriture in tinta bruna, cm 42 × 27 entrambi [*ante* 1598], I-Mt, *Raccolta Bianconi*, vol. I, c. 4r A-B. 53
T.11 [*Pianta seicentesca di palazzo Reale*], disegno a china e acquarello bruno e giallo, cm 76 × 51,5 [1616 ca.], I-Mt, *Raccolta Bianconi*, vol. I, c. 1. 54
T.11A La pianta seicentesca precedente ▷T.11 inserita nell'attuale contesto urbano. 55
T.12 Giuseppe Maria ROBECCO, [*Pianta settecentesca di palazzo Reale*], disegno a china, acquarello e matita, cm 78 × 53 [21.I.1708], ASM, *FC*, cart. 193. 56
T.13 [*Pianta settecentesca di palazzo Reale. Piano superiore*], disegno [inizio XVIII sec.], I-Ma, *Raccolta Ferrario*. 58
T.14 [*Disposizione di alcune stanze di palazzo Reale*], incisione, cm 34,5 × 26,5 [1739], I-Mb, 14.16.E.1/9. 59
T.15 Francesco Maria RICHINO, *Pianta della città di Milano*, disegno, cm 87 × 114 [1603], I-M.Bertarelli. 60
T.15A *Particolare da:* ▷T.15 61
T.16 Marco Antonio BARATERI, *La gran città di Milano*, incisione di Giovanni Paolo Bianchi, cm 76 × 80 [1629], I-M.Bertarelli. 62
T.16A *Particolare da:* ▷T.16 63

LA COMMEDIA

T.17 Dionisio MINAGGIO, *Trastullo e Ricciolina*, piume d'uccello e foglie essiccate, cm 48 × 35 [1618], C-M.McGill. 93
T.18 [*Ritratto di Isabella Andreini*], incisione, cm 11,5 × 9 [1601], in ANDREINI 1601. 95
T.19 Abraham TUMMERMANN [*Ritratto di Francesco Andreini*], incisione, cm 14,8 × 12 [1609], in ANDREINI 1609. 97
T.20 Abraham TUMMERMANN [*Strumenti pastorali appesi a un albero*], incisione, cm 8,3 × 6,5 [1609], in ANDREINI 1609. 99
T.20A [*Armonia di flauti*], incisione [1650], in KIRCHER 1650, p. 506. 100
T.21 [*Ritratto di Gian Battista Andreini ventinovenne*], incisione, cm 11,5 × 9 [1606], in ANDREINI 1606 ▷L.46-47. 102
T.22 Carlo Antonio PROCACCINI, [*Ritratto di Andreini*], incisione Cesare Bassani, cm 12 × 9,5 [1613], in ANDREINI 1613 ▷L.1. 103
T.23 Dionisio MINAGGIO, *Scapino e Spinetta*, piume d'uccello e foglie essiccate, cm 48 × 35 [1618], C-M.McGill. 104
T.23A Dionisio MINAGGIO, [*Suonatore di cornetto con bambino*], piume d'uccello e foglie essiccate, cm 48 × 35 [1618], C-M.McGill. 109
T.23B Dionisio MINAGGIO, [*Zampognaro con donna*], piume d'uccello e foglie essiccate, cm 48 × 35 [1618], C-M.McGill. 109
T.24 Carlo BIFFI, [*Ritratto di Francesco Gabrielli detto Scapino*], incisione, cm 31,5 × 26,5 [1633], I-M.Bertarelli. 110
T.24A Tavola d'identificazione dei singoli strumenti. 111
T.25 Stefano DELLA BELLA, [*Buffetto a Parigi*], incisione, cm 24,2 × 18,6 [1645], F-Pn. 116

Il teatro e la scena

T.26	[*Selva con lupi*], incisione, cm 4,5 × 5,5 [1622], in Briccio 1622, front. ⊳L.95.	139
T.27	[*Sezione longitudinale del salone di corte*], disegno [1598?], I-Ma, *Raccolta Ferrario*.	141
T.28	Andrea Biffi, *Sala della danza*, incisione di Stefano Durello, cm 22 × 28,7 [1670], in *Amore...* 1670.	142
T.29	Pietro Manni, [*Boccascena del teatro di corte*], incisione di Cesare Laurenzio, cm 23,5 × 35 [1671], in *Felicità...* 1671 (ma I-M.Accademia).	143
T.29A	Fabrizio Carini Motta, [*Alzati e piante teatrali. Tavv.* VIII *e* IX], incisione, in Craig 1972, pp. 33-35.	145
T.29B	[*Schizzo per la pianta del teatro di corte*], disegno a matita, cm 16 × 20 [1708], ASM, *FC*, cart. 193.	146
T.29C	Ricostruzione in proporzione dello schizzo precedente.	146
T.29D	Sintesi delle trasformazioni del sito che accolse il teatro di corte (fine '500 - metà del '700).	147
T.30	[*Orfeo alla corte di Plutone e Proserpina*], disegno a matita e sanguigna, cm 31 × 20,5 [XVII sec.], I-M.Accademia.	149
T.31	[*Scena unica per* La Florinda *di Gian Battista Andreini*], incisione, cm 11 × 15 [1606], in Andreini 1606 ⊳L.46-47.	151
T.32	[*Scena unica per* La Tartarea *di Giovanni Briccio*], incisione, cm 4,2 × 5,6 [1622], in Briccio 1622, p. 4 ⊳L.95.	152

Feste a San Fedele

T.33	Giovanni Battista Lampugnano, *Prospettiva d'una parte... di S. Fedele*, incisione, cm 40 × 27 [1622], I-Mb.	167
T.34	Cesare Bassani, *Disegno del teatro formato nella piazza di S. Fedele...*, incisione di Giovanni Francesco Lampugnano, cm 32 × 38,5 [1622], I-Mb.	169
T.35	Federico Agnelli, *Il carro della Grammatica*, incisione, cm 13,5 × 26 [1622], I-Mb.	171
T.35A	*Particolare da:* ⊳T.2 con tracciato del percorso dei carri.	172
T.36	Giovanni Francesco Lampugnani, *Il carro della Poesia*, incisione, cm 13,5 × 26 [1622], I-Mb.	173
T.36A	*Particolare da:* ⊳T.36	174
T.37	Giovanni Francesco Lampugnani, *Il carro dell'Eloquenza*, incisione, cm 13,5 × 26 [1622], I-Mb.	175
T.37A	*Particolare da:* ⊳T.37	176
T.38	Giovanni Battista Lampugnani, *Il carro della Filosofia*, incisione, cm 13,5 × 26 [1622], I-Mb.	177
T.38A	*Particolare da:* ⊳T.38	178
T.39	Giovanni Battista Lampugnani, *Il carro della Teologia*, incisione, cm 13,5 × 26 [1622], I-Mb.	179
T.40	Giovanni Battista Lampugnani, *Il carro della Carità zelante*, incisione, cm 13,5 × 26 [1622], I-Mb.	180
T.40A	*Particolare da:* ⊳T.40	181

Gli anni Trenta

T.41 *Particolare da:* Melchiorre GHERARDINI, [*Ingresso dell'arcivescovo Monti*], incisione [19 aprile 1635], I-Ma. 201

T.42 Carlo BIFFI [?], [*Monte Etna in piazza del Duomo*], disegno, cm 34 × 21 [1630], I-M.Bertarelli. 203

T.43 Carlo BIFFI, *Il monte Etna*, incisione di Cesare Bassano, cm 43,5 × 30 [1630], in *Racconto*... 1630, tav. f.t. 204

T.44 Francesco Maria RICHINO, [*Statue equestri*], disegno a penna con ombreggiature in color bruno, cm 38,5 × 48 [1633], I-Mt, *Raccolta Bianconi*, vol. I, c. 6. 206

T.45 Francesco Maria RICHINO, [*Arco di porta Ticinese*], disegno a penna con ombreggiature in color bruno, cm 50 × 33,5 [1633], I-Mt, *Raccolta Bianconi*, tomo V, c. 10b *verso*. 207

T.46 Giovanni Battista BONACINA, *Il monte Atlante*, incisione, cm 40,5 × 29,5 [1634], I-M.Bertarelli. 209

T.47 Giovanni Paolo BIANCHI, [*Arco d'ingresso alle scuole Arcimbolde*], incisione, cm 27 × 17,4 [1633], in BOLDONI 1636, p. 141. 211

T.48 Giovanni Mauro DELLA ROVERE, *Processione per la pace universale*..., incisione di Giovanni Paolo Bianchi, cm 48,7 × 50,2 [1637], I-M.Bertarelli. 213

Entrata solenne

T.49 *Particolare da:* ▷T.53 241

T.50 [*Ritratto della regina Maria Anna quindicenne*], incisione, cm 13,5 × 10,5 [1649], I-M.Bertarelli. 243

T.51 [*Ritratto della regina Maria Anna quindicenne*], incisione, cm 12,5 × 10,5 [1649], I-M.Bertarelli. 243

T.52 Giovanni Cristoforo STORER, [*Antiporta per* La pompa...], incisione di Giacomo Cotta, cm 33 × 24 [1649], in *Pompa*... 1651, antiporta. 244

T.52A Carlo BUZZI, [*I arco in porta Romana*], incisione di Girolamo Quadrio, cm 40,2 × 29 [1649], in *Pompa*... 1651, tav. A. 246

T.52B Giovanni Cristoforo STORER, [*La regina di Saba presso Salomone*], incisione di Giacomo Cotta, cm 22 × 30 [1649], in *Pompa*... 1651, tav. B. 247

T.52C Giovanni Cristoforo STORER, [*Rachele incontra Giacobbe*], incisione di Giacomo Cotta, cm 21,7 × 30 [1649], in *Pompa*... 1651, tav. C. 247

T.52D Giovanni Cristoforo STORER, [*Costantino diretto al concilio di Nicea*], incisione di Giacomo Cotta, cm 22,3 × 30,4 [1649], in *Pompa*... 1651, tav. D. 248

T.52E Giovanni Battista DEL SOLE, [*Ottaviano sconfigge Marco Antonio*], incisione, cm 22,8 × 30,8 [1649], in *Pompa*... 1651, tav. E. 249

T.52F Stefano DONEDA, [*Carlo Magno diretto a Roma*], incisione di Giacomo Cotta, cm 22,5 × 30,3 [1649], in *Pompa*... 1651, tav. F. 249

T.52G Giovanni Cristoforo STORER, [*Rodolfo vince Ottocaro di Boemia*], incisione, cm 22 × 30,2 [1649], in *Pompa*... 1651, tav. G. 249

T.52H	Giovanni Cristoforo STORER, [*Incoronazione di Ottone in S. Ambrogio*], incisione di Giacomo Cotta, cm 22,4 × 30,5 [1649], in *Pompa*... 1651, tav. H.	249
T.52I	Carlo BUZZI, [*III arco in testa al corso di porta Romana*], incisione di Girolamo Quadrio, cm 41 × 28,2 [1649], in *Pompa*... 1651, tav. I.	250
T.52L	Giovanni Cristoforo STORER, [*Sbarco a Napoli*], incisione di Giacomo Cotta, cm 21,7 × 30,2 [1649], in *Pompa*... 1651, tav. L.	251
T.52M	Giovanni Cristoforo STORER, [*Carlo V all'impresa di Tunisi*], incisione di Giacomo Cotta, cm 22 × 30,5 [1649], in *Pompa*... 1651, tav. M.	251
T.52N	Stefano DONEDA, [*Filippo II prende possesso delle Spagne*], incisione di Giacomo Cotta, cm 22,2 × 30,6 [1649], in *Pompa*... 1651, tav. N.	252
T.52O	Giovanni Cristoforo STORER, [*Filippo II conquista il Portogallo*], incisione di Giacomo Cotta, cm 21,9 × 30,2 [1649], in *Pompa*... 1651, tav. O.	252
T.52P	Giovanni Cristoforo STORER, [*Filippo III caccia i Mori dalla Spagna*], incisione, cm 22,1 × 30,5 [1649], in *Pompa*... 1651, tav. P.	252
T.52Q	Stefano DONEDA, [*IV arco ovvero allegoria dei fiumi*], incisione di Girolamo Quadrio, cm 40 × 27,4 [1649], in *Pompa*... 1651, tav. Q.	253
T.52R-S	Carlo BUZZI, [*V arco all'ingresso di piazza del Duomo*], incisione di Girolamo Quadrio, cm 40,3 × 28,3 [1649], in *Pompa*... 1651, tav. R-S.	254
T.52T	Antonio BUSCA, [*Ottaviano e l'aquila*], incisione, cm 22 × 30,1 [1649], in *Pompa*... 1651, tav. T.	256
T.52V	Giovanni Cristoforo STORER, [*Costantino e l'aquila*], incisione, cm 22,2 × 30,5 [1649], in *Pompa*... 1651, tav. V.	256
T.52X	Giovanni Cristoforo STORER, [*Tiberio e l'aquila*], incisione di Giacomo Cotta, cm 22 × 30,4 [1649], in *Pompa*... 1651, tav. X.	256
T.52Z	Giovanni Cristoforo STORER, [*Claudio e l'aquila*], incisione di Giacomo Cotta, cm 21,6 × 30,1 [1649], in *Pompa*... 1651, tav. Z.	256
T.53	Giacomo COTTA, *Entrata della serenissima regina*..., incisione, cm 15 (21 con la sez. tip.) × 158,4 [1649], I-M.Bertarelli.	257
T.53A	*Particolare da:* ▷T.53	258
T.53B	*Particolare da:* ▷T.53	258
T.54	Giovanni Antonio FRANCO, *Salva reale et allegrezze*..., incisione, cm 31,5 × 42 [1649], I-M.Bertarelli.	259

GHERARDINI INCISORE

T.55	*Particolare da:* ▷T.67	345
T.56	Melchiorre GHERARDINI, [*Ritratto di Federico Borromeo*], incisione, cm 13 × 9 [ante 1631], I-M.Bertarelli.	347
T.57	Melchiorre GHERARDINI, [*Maschere in Duomo*], incisione, cm 7,8 × 5,7 ca. [1630 ?], A-W.Albertina.	348
T.58	Melchiorre GHERARDINI, [*Monte Etna*], incisione, cm 7,8 × 5,7 ca. [1630 ?], A-W.Albertina.	350

T.59 Melchiorre GHERARDINI, [*Piazza del Duomo*], incisione, cm 7,8 × 5,7 ca. [1630 ?], A-W.Albertina. 351
T.60 Melchiorre GHERARDINI, *Entrata del cardinale infante*, incisione, cm 16,5 × 11 [24 maggio 1633], I-M.Bertarelli. 352
T.61 Melchiorre GHERARDINI, *Convito fatto dall'altezza reale il cardinale infante...*, incisione, cm 16,5 × 11 [1633], I-BR.Tosio. 355
T.62 Melchiorre GHERARDINI, *Corso a piazza Castello*, incisione, cm 16,5 × 11, F-Pn, Cabinet des Esatampes. 356
T.63 Melchiorre GHERARDINI, *Festino in villa*, incisione, cm 16,5 × 11 [*ante* 20 maggio 1636], I-BR.Tosio. 357
T.64 Melchiorre GHERARDINI, [*Ingresso dell'arcivescovo Monti*], incisione, cm 16,5 × 11,5 [29 aprile 1635], I-Ma. 358
T.65 Melchiorre GHERARDINI, [*Attacco*], incisione dello stesso, cm 16,5 × 10 [*ante* 20 maggio 1636], I-BR.Tosio. 359
T.66 Melchiorre GHERARDINI, [*Battaglia al castello*], incisione, cm 34,5 (74,5 con la sez. tip.) × 48 [14 marzo 1637], I-Ma. 361
T.67 Melchiorre GHERARDINI [?], *Dissegno del sontuoso funerale...*, incisione, cm 31,3 × 38,6 [22 agosto 1650], I-M.Bertarelli. 363

INTAVOLATURE

T.68 [*Due suonatori*], incisione, cm 5,5 × 4,8 [1638], in *Infermità...* 1638, frontespizio. 391
T.69 [*Intavolatura della musica del ballo per la festa del 18 luglio 1599*], in NEGRI 1602, pp. 272-273. 393
T.70 [*Intavolatura della musica del ballo per la festa del 18 luglio 1599*], in NEGRI 1602, pp. 274-276. 396
T.71 [*Intavolatura della musica del ballo per l'*Arminia *rappresentata il 21 luglio 1599*], in NEGRI 1602, p. 290. 397
T.72 [*Intavolatura per chitarra spagnola dell'*Aria di Scapino], I-Mt, *Cod.Triv.*55, p. 187. 400
T.72A [*Prima strofe del* Testamento di Scapino], in *Infermità...* 1638, p. 3. 405

LO STATO E LA CHIESA

T.73 Giovanni Battista CRESPI, [*Stemma della città di Milano*], incisione di Cesare Bassano, cm 19 × 17,2 [1630], in *Racconto...* 1630, frontespizio. 437
T.74 Silvestro CURLETTI *et al.* [*Duchi e governatori di Milano di casa d'Austria*], 40 incisioni, cm 4,3 × 3,8 ca. ciascuna [1667], in MONTI 1667, pp. 16-57. 439
T.75 [*Disegno della medaglia per l'ingresso di Margherita d'Austria*], disegno, cm 4 × 8 [1598], I-M.Bertarelli. 442
T.76 Giovanni Battista BONACINA, [*Ritratto di Federico Borromeo*], incisione, cm 51 × 38,5 [*post* 1631], I-M.Bertarelli. 443
T.77 Cesare BASSANO, [*Ritratto di Cesare Monti*], incisione, cm 18 × 15 [1634 ? (forse da un originale del 1632)], I-M.Bertarelli. 444

L'Adamo

t.78	*Particolare da:* Carlo Antonio Procaccini, [*Volàno*], incisione di Cesare Bassani, cm 9,5 × 12 [1613], in Andreini 1613, p. 76 ▷l.1.	479
t.79	Carlo Antonio Procaccini, [*Scena per l'*Adamo *di Andreini*], incisione di Cesare Bassani, cm 11 × 14 [1613], in Andreini 1613, c.n.n.	481
t.80	Carlo Antonio Procaccini, [*Fregio per il prologo*], incisione di Cesare Bassani, cm 5,2 × 12,2 [1613], in Andreini 1613, c.n.n.	483
t.81	Carlo Antonio Procaccini, [*Coro d'angeli, atto* ii, *scena* i], incisione di Cesare Bassani, cm 9,6 × 12,3 [1613], in Andreini 1613, p. 29.	485
t.82	Carlo Antonio Procaccini, [*Serpe e Vanagloria, atto* ii, *scena* v], incisione di Cesare Bassani, cm 9,2 × 12,3 [1613], in Andreini 1613, p. 46.	486
t.83	Carlo Antonio Procaccini, [*Satana e Volano, atto* iii, *scena* iii], incisione di Cesare Bassani, cm 9,5 × 12,2 [1613], in Andreini 1613, p. 77.	487
t.84	Carlo Antonio Procaccini, [*Danza di folletti, atto* iii, *scena* v], incisione di Cesare Bassani, cm 9,6 × 12,3 [1613], in Andreini 1613, p. 81.	488
t.85	Carlo Antonio Procaccini, [*Volano e coro di spiriti, atto* iv, *scena* i], incisione di Cesare Bassani, cm 9,4 × 12,3 [1613], in Andreini 1613, p. 94.	489
t.86	Carlo Antonio Procaccini, [*La tentazione di Adamo, atto* v, *scena* iii], incisione di Cesare Bassani, cm 9,4 × 12,2 [1613], in Andreini 1613, p. 136.	491
t.87	Carlo Antonio Procaccini, [*La tentazione di Eva, atto* v, *scena* vi], incisione di Cesare Bassani, cm 9,5 × 12,2 [1613], in Andreini 1613, p. 158.	492
t.88	Carlo Antonio Procaccini, [*Coro trionfale d'angeli, atto* v, *scena* ix], incisione di Cesare Bassani, cm 9,6 × 12,5 [1613], in Andreini 1613, p. 169.	493

Interni e allegorie

t.89	[*Allegoria del liuto*], incisione 8,7 × 8,7 [1613], in Alciato 1621, p. 60.	529
t.90	Carlo Francesco Nuvolone, *La famiglia del pittore*, tempera su tela, cm 180 × 126 [1640 ?], I-M.Brera.	531
t.91	Cristoforo Munari [?], *Natura morta*, olio su tela, cm 51 × 75 [xvii-xviii sec.], Milano, collezione privata.	534
t.91a	*Particolare da:* ▷t.24	535
t.91b	*Particolare da:* ▷t.25	535
t.92	*Vanitas*, olio su tela, cm 142 × 188 [xvii sec.], I-M.Sforzesco.	536

Indice analitico*

A

Abbiati, Francesco Maria (vescovo di Robbio) 213
accademie:
  Ambrosiana 346, 347
  Affumicati Lesinanti 456
  Brera *Vedi:* biblioteche
  Cassinensi Inquieti 188 *Vedi anche:* Ardemagni, Giovanni Battista
  Discordati *Vedi:* compagnie: Discordati
  Incogniti 85 *Vedi anche:* Niguarda, Taddeo
  Infuocati (collegio di Sant'Alessandro) 515
  Inquieti 85, 498
    l'Estuante *Vedi:* Cimilotti, Ercole
    Vedi anche: Barnabiti, Pompeo; Borgogni, Gherardo; Coppini, Aquilino
  Intenti:
    l'Accesa *Vedi:* Andreini, Isabella
    l'Alleggerito *Vedi:* Negro, Giovanni Battista
  Pacifici 472
    il Selvaggio *Vedi:* Cinquanta, Benedetto
    il Tormentato *Vedi:* Cinisello, Michele
segue: accademie
  San Luca *Vedi:* biblioteche
  scolastiche *Vedi:* rappresentazioni scolastiche
  Teatro Filodrammatici *Vedi:* biblioteche
  Trasformati *Vedi:* Tanzi, Carlo Antonio
  Partenia (collegio di Brera) 44, 499
Accesa, accademica Intenta *Vedi:* Andreini, Isabella
Accesi *Vedi:* compagnie
accordatura *Vedi:* strumenti musicali: corde
Acerbo, marchese Ludovico (palazzo) 250
Acerbo *Vedi:* Accademia dei Pacifici
Acevedo *Vedi:* Enriquez de Acevedo
Achille 192, 381, 382
Acque (ufficio) 433
Adamo 482, 484-493
Adamo Vedi: Andreini, Giovanni Battista
Adda *Vedi:* D'Adda
Adda (fiume) 37, 210, 253
Adorno, Antoniotto 450
  Giagìnto 228
  Cesare 450
Adria 463 *Vedi anche:* Groto, Luigi

* Sono qui raccolti nomi di persona e luogo, pseudonimi, titoli di testi drammatici, argomenti principali, *etc.* L'asterisco accanto al numero di pagina indica la presenza di una figura. In genere i regnanti sono indicizzati per cognome o casato (per meglio identificare le appartenenze famigliari, spesso confuse o dubbie); il nome di battesimo compare in ogni caso ma con il solo rimando. I santi presentano l'indicazione 'santo' dopo il nome e quindi l'eventuale rimando al cognome. I testi drammatici sono raccolti per autore, ma indicizzati anche per titolo (con rimando). I saggi (anche quelli elencati in bibliografia) si devono cercare sotto l'autore o il curatore (sotto il titolo solo se adespoti, di paternità collettiva, *etc.*)

Adriana *Vedi:* GROTO, Luigi
AFAN DE RIVERA ENRIQUEZ, Ferdinando (duca d'Alcala, governatore) 189, 418, 419, 441*
Affumicati Lesinanti *Vedi:* Accademia degli Affumicati Lesinanti
Africa 251, 535
Aggiacciato *Vedi:* Accademia dei Pacifici
Agitato *Vedi:* PANCIATICHI, Vincenzo
AGNELLI, Federico (incisore) 24, 26, 171, 172
Federico (stampatore) 449, 519, 545
Aiamonte *Vedi:* Ayamonte
ALA PONZONE, collezione 149
ALALEONA, Domenico. *Le laudi spirituali...* (1909) 400
ALAMANNI, Basilio 453
Baltasar (1604) 453, 500
Alba duca d' *Vedi:* ALVAREZ DE TOLEDO, Fernandez
alberghi *Vedi:* osterie
ALBERICI, Clelia. *Stampe...* (1973) 62, 170, 191, 205, 346, 348, 514
Alberto *Vedi:* ASBURGO
ALBORNOZ, Gil de (cardinale, governatore) 196, 326, 419, 441*
Albuquerque, duca d' *Vedi:* CUEVA, Gabriele de la
Alcala, duca d' *Vedi:* AFAN DE RIVERA ENRIQUEZ
ALCIATO, Andrea. *Emblemata...* (1621, 1627) 529*, 530
ALDOBRANDINI, Ippolito (papa Clemente VIII) 34, 41, 78, 422
Pietro (cardinale) 499
ALDROVANDI, Ulisse. *De reliquis animalibus exanguis...* (1606) 115
Alessandra *Vedi:* PICCOLOMINI, Alessandro
Alessandria 316, 320
ALESSANDRO, Giacinto (musico) 198, 436
ALFIERI, Gaspare 194
ALGAROTTI, Francesco 447
Alirocchio (Alirrozio) 82
Alle Scalee di Badia (stampatore, Firenze) 369, 540
Alleggerito (accademico Intento) *Vedi:* NEGRO, Giovanni Battista
allegrezze *Vedi:* occasioni celebrative
Allegrezze per il «Dies Natalis»... (BERTOLINI-GARIBOLDI 1995) 79, 83, 190, 501, 513
Allgemeines Lexicon der bildenden Künstler... (1907-1947) XVI, 142, 170, 253
alpa *Vedi:* arpa
ALVAREZ DE TOLEDO, FERNANDEZ (duca d'Alba, governatore) 439*
ALZATO, Giovanni Battista (stampatore) 541
Amaranta *Vedi:* PASTROVICHI, Luca
Ambrosiana *Vedi:* accademie: Ambrosiana; biblioteche
America 251
AMICO, Diomede 424
Amigombi *Vedi:* Calidoro Amigombi
amministrazione di Milano *Vedi:* organi amministrativi
Amministrazione Borromeo *Vedi:* BORROMEO: Amministrazione
Amore 81, 82, 83, 180, 372, 376, 377, 394, 450
Amor giusto *Vedi:* FIORILLO, Silvio
Amor impossibile fatto possibile *Vedi:* TORRE, Carlo
Amor nello specchio *Vedi:* ANDREINI, Giovanni Battista
Amore e gloria... (1670) 142
Amorosa prudenza *Vedi:* BORSIERI, Girolamo
Amoroso sdegno *Vedi:* BRACCIOLINI, Francesco
Amsterdam 234
Ancona *Vedi:* biblioteche
ANDREANI *Vedi:* SORMANI ANDREANI VERRI
ANDREINI, famiglia 97, 117, 499, 505, 506, 509
Francesco (Capitan Spavento, Corinto pastore) 66, 75, 90, 96, 97*, 98, 99*, 100, 153, 224, 498, 534; comico Geloso 97; detto anche 'Dottor Siciliano', ovvero'Falsirone' 100

segue: Andreini, Francesco
Le bravure di Capitan Spavento 90, 97, 99-101, 103, 108
Giovanni Battista (Lelio) 75-77, 98, 102*, 103*, 108-109, 131-137, 300, 366, 481, 483, 504, 510; comico Fedele 455, 462; detto anche 'Cocalino dei Cocalini da Torzelo' 109
L'Adamo (1613, 1617) 11, 103, 131-133, 450, 479*, 481*-493*, 505, 507
Amor nello specchio (1622) 510
La Campanaccia (1627) 455, 512
La Centaura (1622) 510, 514
La divina visione (1604) 75-77, 103
Le due commedie in commedia 512
Li duo Leli simili (1622) 510, 512, 514
La Ferinda (1622) 510, 512, 514
La Ferza (1625) 98
La Florinda (1604, 1606) 77, 102-103, 151, 461-462, 500, 502
Il Lelio bandito (1620) 134, 137, 464-465, 509
La Maddalena (1617) 133, 136, 194, 465, 509
La Maddalena lasciva e penitente (1652) 133, 136, 465
Il pianto d'Apollo. Rime funebri... (1606) 77
Prologo in dialogo fra Momo e la Verità... (1612) 366
La saggia egiziana (1604) 77, 102
Lo schiavetto (1612) 132, 464, 474-475, 504
Lo sfortunato poeta (1606) 77
La sultana (1622) 510
La Tecla (1623) 75
La Turca 464
La Venetiana (1619) 109
Isabella (l'Accesa accademica Intenta, nata Canali) 66, 68, 75, 77, 95*, 96, 98, 100, 135, 137, 498; comica Gelosa 95, 468
Le lettere (1607) 95
segue: Andreini, Isabella
La Mirtilla (1588) 95, 468, 501
Le rime (1601) 66, 95, 468
Virginia *Vedi:* Ramponi, Virginia
Andromeda *Vedi:* Ferrari della Tiorba, Benedetto
Angeli, Franco 449
Angelina 384
Angiola 340
Angiolina 340
Anguissola, Antonio Maria. *La Giuditta* (1647) 463, 524
Anima dell'intrigo *Vedi:* Veraldo, Paolo
Anna *Vedi:* Asburgo
d'Ungheria 421
Anna Maria *Vedi:* Asburgo
Anna Maria Maurizia *Vedi:* Asburgo
Annali della fabbrica del Duomo xvi, 518
Annibaldi, Claudio. *La musica e il mondo....* (1993) 70
Annoni, fratelli (palazzo) 250
Annuae... mdxcix (1607) 374, 498
Annuae... mdxcviii (1607) 42, 369, 497
Antigono tradito *Vedi:* Goano, Pier Francesco
Antonazzoni, Marina Dorotea (Lavinia) 383
Antonietti, Giovanni Battista 314, 321
Giovanni jr 314
Antonino, santo *Vedi:* Pierozzi, Antonino
Antonio e Pompeiano *Vedi:* Bussani, Giacomo Francesco
Antonio, Marco 245, 249
Anversa, stampatori di 542
Apel, Willi. *The Notation...* (1953) 395
Apelle 360
Apollo 39, 153, 173, 368, 376, 377, 383
apparato 36, 37, 44, 46, 78, 86, 87, 123, 186, 190, 193, 196, 229, 270, 274, 321, 340, 368, 464, 465, 499, 515, 518, 522 *Vedi anche:* archi trionfali; «teatro»
Apparati... Cesare Monti... (1635) 196, 518
Apparato fatto... regina Margherita (1598, 1599) 32, 37-39, 42, 141, 496

appartamenti dei governatori *Vedi:* Palazzo Reale
Aquilante (cavaliere in torneo) 83
Aquino *Vedi:* Avalos d'Aquino
Aragona (città) 312
Aragona, Carlo d' (duca di Terranova, governatore) 34, 440*
Caterina 421
Ferdinando il Cattolico 421
Giovanna la Pazza 421
Isabella di Castiglia 421
Maria 421
Ararat (monte) 196
Arcaini, Robera Giovanna. *I comici dell'Arte. a Milano...* (1995) 49, 72, 75, 90, 91, 108, 133, 134, 424, 450, 451, 461, 465, 477, 498, 499, 501, 502, 504-508, 510, 517, 521, 523-527
archi trionfali 36, 37, 46, 79, 80, 192-193, 195, 266, 267, 270, 273, 274, 499, 516
Vedi anche: porte: Romana e Ticinese
Archiepiscopale (stampatore) 452, 474, 510, 540, 543
Archiginnasio *Vedi:* biblioteche
Archinto, Filippo (vescovo di Como) 379
archivi *Vedi inoltre l'Indice delle fonti manoscritte*
Archivium Romanum Societati Iesu (Roma) xv, 42
Arcivescovile *Vedi:* Storico Diocesano
Begiojoso d'Este 65
Borromeo (isola Bella, Stresa) 188
Civica raccolta di stampe Achille Bertarelli xvi, 51, 60-63, 111, 170, 172, 205, 210, 213, 241, 243, 257, 259, 345, 347, 348, 352, 363, 442, 443, 445, 450, 514, 516, 517, 520, 526
della chiesa di S. Alessandro xv
della Fabbrica del Duomo xvi
di Stato (Firenze) xv
di Stato (Mantova) xv, 423
di Stato (Milano) xiv, xv, 6, 40, 41, 46, 47, 49, 57, 66, 68, 69, 72, 435, 124, 155
segue: archivi
Real casa delle Vergini Spagnole xv, 72
Storico Civico *Vedi:* biblioteche: Trivulziana
Storico dei padri Barnabiti xv
Storico Diocesano xv, 192
Ufficio Ricerca Fondi Musicali xiv, xvi, 5
Vedi anche: biblioteche, musei, pinacoteche
arciliuto 107, 113
Arcimbolde *Vedi:* scuole
Arcimboldi 258
Giuseppe 115
Arcivescovado xv, 10, 55, 233, 379
Arconati, Galeazzo 192, 195, 317
Arconati Lamberti, Giovanni Gerolamo. *Il governo del duca d'Ossuna...* (1678) 143-144, 234
Ardemagni, Giovanni Battista 187-188
Giulio Cesare 187-188, 380, 387
Mottetti... (1616) 387
Musica a più voci... (1628) 188
Arese, Bartolomeo 259, 260, 362
palazzo (poi Litta) 259*, 260, 361*, 362
Franco. *Elenco dei magistrati patrizi...* (1965) 36, 38
Le supreme cariche... (1970) 32, 35, 298, 309, 418
Giulio (presidente del magistrato ordinario) 303-304
Paolo (vescovo di Tortona) 213, 363, 379, 510
Arese Lucini (collezione, Osnago) 531
Argelati, Filippo. *Bibliotheca...* (1745) 8, 37, 39, 47, 65, 131, 188, 194, 458, 470
De monetis... (1759) 430
Argomento di festa d'armi... (1630) 453, 514
Argomento del nuovo spettacolo... (1633) 194, 516
Argomento...
Baltasar *Vedi:* Alamanni, Basilio: *Baltasar Manlio* (1635) 196, 453, 518
Monte Libano (1635) 196, 452, 468, 518

segue: Argomento...
Sdegno d'Erode (1639) 453, 475, 520
Teseo (1649) 68, 124, 228, 230, 231, 238, 452, 527
Aria di Fiorenza Vedi: Ballo del gran duca
Aria di Scapino 137, 400-413
Arianna Vedi: RINUCCINI, Ottavio
ARIOSTO, Ludovico 457
Aristeo 153
Arlecchino *Vedi:* MARTINELLI, Tristano
arma (blasone):
ANDREINI, famiglia 97★, 98, 102★, 103★
ARESE, Bartolomeo 259★
ASBURGO 207★, 208, 244★, 246★, 250★, 254★, 258★, 352★, 354★
BORROMEO, Federico 62★
Città di Milano 361★, 437★
MONTI, Cesare 209★, 210, 211★, 213★, 358★
ODESCALCHI, Benedetto (Innocenzo XI) 16, 18, 19★
SUAREZ DE FIGUEROA Y CORDOVA, Gomez (duca di Feria) 191
TELLEZ GIRON, Gaspar (duca d'Ossuna) 143★
Val di Taro, principe di 169★
Armida Vedi: FERRARI DELLA TIORBA, Benedetto
Armidoro 85
Armidoro Vedi: SORANZO, Giovanni
Arminia Vedi: VISCONTI, Giovanni Battista; SCHIAFFENATI, Camillo
«armonia di flauti» 100, 101, 112-114, 117, 534
arpa 1, 18, 107, 114, 177, 349, 372, 385, 392, 486, 488, 491, 533
Arquitectura, iconologia y simbolismo... (CHECA-DEL CORRAL 1982) 496
ARRIGONI, Paola XIV
Filippo Ghisolfi... (1995) 449, 519
Paolo. *L'incisione e l'illustrazione...* (1962) 443
Milano nelle vecchie stampe... (1970) 25,

segue: ARRIGONI, Paolo, *Milano...*
170, 172, 196, 197, 205, 346, 348, 362, 514, 516, 517, 518, 519, 520, 526
Vedi anche: Stampe storiche
ARRÓNIZ, Othón. *Teatros y escenarios...* (1977) 69, 70
ASBURGO (d') 421 *Vedi anche:* arma
Anna (moglie di Filippo II) 421
Anna (moglie di Filippo IV) *Vedi:* Maria Anna
Anna Maria Maurizia (moglie di Luigi XIII) 78, 421, 499
Alberto I 255
Alberto II 255
Alberto (arciduca) 37, 41, 43, 45, 46, 208, 270, 272, 371-374, 393, 423, 497, 498
Baldassarre Dominico (figlio di Filippo IV) 114, 189-191, 317-319, 321-323, 350, 353, 381, 513, 514, 524, 531
Carlo (arciduca di Stiria) 35, 265, 421
Carlo V (re di Spagna, imperatore) 157, 245, 251, 255, 264, 265, 266, 421, 439★
Carlo (figlio di Filippo II) 421
Carlo II (re di Spagna) 238, 344, 421, 431
Carlo III (re di Spagna) 237
Claudia Felicita 421
Eleonora Maddalena di Neuburg 421
Federico III 255
Federico IV 255
Ferdinando I (imperatore) 35, 41, 255, 421
Ferdinando II (imperatore) 255, 421
Ferdinando III (imperatore e re d'Ungheria) 197, 243, 248, 255, 259, 361, 362, 421, 519, 525
Ferdinando IV (re di Ungheria e Boemia) 248★, 257, 259, 309, 389, 421
Ferdinando (cardinale infante, governatore) 135, 205, 208, 356, 357, 419, 440★, 475, 511; ingresso 194-196, 206★, 207★, 352★, 353, 355★, 382, 440★, 516
Filippo I il Bello (arciduca d'Austria) 252★, 421
Filippo II (re di Spagna) 32, 34, 35, 41, 42,

segue: ASBURGO, Filippo II
65, 66, 67, 70, 73, 245, 252★, 264-266, 311, 366, 418, 421, 422, 431, 496, 439★
Filippo III (re di Spagna) 32, 41, 65, 83, 185, 205, 228, 245, 252★, 264, 274, 310, 311, 317, 418, 421, 431, 440★, 496, 500, 504, 506, 509
Filippo IV (re di Spagna) 78, 83, 134, 185, 189, 197, 214, 228, 243, 250, 310, 312, 333, 375, 388, 418, 421, 425, 431, 436, 440★, 445, 500-501, 506, 509, 513, 521, 522, 526
Isabella 37, 41, 43, 45, 46, 192, 195, 197, 198, 208, 270, 272, 274, 331, 372-374, 393, 423, 497
Leopoldo V 421
Leopoldo I (imperatore) 237, 421
Margherita (moglie di Filippo III) 48, 78, 228, 237, 243, 303, 368, 373, 421, 499, 514; ingresso 24, 31, 32, 35-43, 45, 80, 170, 208, 265-267, 269-271, 273, 274, 341, 369, 371, 442★, 496-497; morte 504
Margherita Maria Teresa (moglie di Carlo II) 237, 238, 344, 421
Maria (moglie di Massimiliano II) 421
Maria Anna (moglie di Filippo IV) 25, 208, 220, 421, 238, 516; ingresso 228, 237, 243★, 244-260, 259★, 337, 338, 341, 342, 344, 387-389, 526-527, 531
Maria Anna (moglie di Ferdinando II) 421
Maria Anna (moglie di Ferdinando III, regina d'Ungheria) 189, 192, 193, 195, 259, 421, 514
Massimiliano I (imperatore) 255, 421
Massimiliano II (imperatore) 41, 255, 421
Mattia (imperatore) 255, 421
Rodolfo II (imperatore) 245, 249★, 255, 421
Ascoli, principe d' 300; *Vedi anche:* LEYVA, Antonio
Asia 251, 535
Asperg (Austria), conte d' 257

ASSANDRO, Bartolomeo (protofisico) 73, 74, 276, 424
Associazione Amici dell'URFM XIV, 5
Astrea 76
Atlante (monte) 196, 209★, 210, 443, 517
Augusta, pace di 41
AUGUSTO, Ottaviano 245, 247, 249★, 256
Aurelia 383
Aurora ingannata Vedi: MORANDO, Bernardo; GIACOBBI, Girolamo
AUSTONI, Giovanni Battista (Battistino) 134
Austria 45, 183, 394, 525 *Vedi anche:* ASBURGO; Sacro Romano Impero
AVALOS D'AQUINO, Alfonso (marchese del Vasto) 439★
Ferdinando (marchese di Pescara) 439★
avene 188
AVERATA, Giovanni Giusto 463
Avila *Vedi:* Flores d'Avila
AVOGADRI, Giovanni Battista 84
Ayamonte, marchese d' *Vedi:* GUZMAN, Antonio de
Azio Sincero *Vedi:* SANNAZARO, Jacopo
azione scenica *Vedi: Manlio* (allegorica); *Giuditta* (scenica); *Spade arbitre del regno*

B

BADARACCO, Agostino 226, 335
Maria Francesca 226, 335
Bagattino (comico) 108
Bagolino (comico) 383
BAIACCA, Giovanni Battista 451
Balbases, marchese de los *Vedi:* SPINOLA DORIA, Ambrogio
BALBI, Francesco Maria 456
Baldassarre Dominico *Vedi:* ASBURGO
BALDINI, Vittorio (stampatore, Ferrara) 540, 542
BALDOVINO (BALDUINO), Francesco 156, 160, 162, 164, 165, 281-283, 286, 301, 309
Vedi anche: Munizioni e lavori (ufficio): soprastante

Balermo *Vedi:* FERRARI, Antonio
BALESTRERI, Isabella. *La raccolta Bianconi...* (1995) 208
Balestron (comico) 383
ballacani *Vedi:* ciarlatani
ballo 31, 44-48, 65, 80, 83, 126, 130, 133, 224, 229, 231, 371, 372, 373, 357, 371, 372, 377, 393, 395, 396, 397, 399, 403, 412, 429, 488, 492, 496, 497, 300, 505, 511, 513, 527
Ballo del gran duca 401, 409, 410
Baltasar Vedi: ALAMANNI, Basilio
Baltram Vedi: BARBIERI, Nicolò
banchetti 125, 355★, 525
BANDELLO, Matteo 464
bandora 113
BARATERI, Marc'Antonio (cartografo) 25, 60, 61, 62, 172, 443
BARBELLI, Gian Giacomo (pittore) 537
BARBERINI, Maffeo Vincenzo (papa Urbano VIII) 445
BARBIERI, Nicolò (Beltrame) 108, 134, 384
  La supplica... 108
BARBLAN, Guglielmo 30
  Il teatro musicale... (1959) 10, 11, 38, 41, 42, 46, 48, 222, 224, 496, 497, 522
  La musica strumentale... (1962) 198
  La vita musicale... (1961) 359
BARBÒ, conte 195
Barcellona 69
BARCIA, Franco. *Cardinali e vescovi...* (1981) 234
BARETTA, Giuseppe. *Tra i fondi...* (1993) 447
BAREZZI, F. (stampatore, Venezia) 456
Barnabiti 194, 196, 212, 518; «nostra chiesa vecchia» 517; padri *Vedi:* BINAGO, Lorenzo; BOLDONI, Ottavio; BRIANZI, Giulio; CHIESA, Giacomo Maria; DOBELLIO, Paolo Ludovico; ZACCARIA, Antonio Maria *Vedi anche:* chiese: Sant'Alessandro; scuole: Arcimbolde; di Sant'Alessandro
BARNABITI, Pompeo (accademico Inquieto) 85
BARON DE' GONDI, Giovanni Battista 461

BARONCINI, Fulvio (Brighella) 383
BARTOLI, Francesco. *Notizie istoriche de' comici...* (1782) 135-137, 507, 509
BARTSCH, Adam von. *Le peintre graveur...* (1822) 348
Baruno Ramussatore (pseud.). *La dispersione di Euripide* (1606) 458, 502
BARZI, Baldassarre (decurione) 317
BASCAPÈ, Giacomo Carlo. *L'assistenza e la beneficenza...* (1957) 22
  I palazzi... (1945) 7, 260
BASCHENIS, Evaristo (pittore) 100, 534
BASSANI, Cesare (incisore) 103★, 169★, 191, 204★, 205, 437★, 444★, 445, 450, 474, 479★, 481★, 483★, 485★-489★, 491★-493★, 514
BASSO, Alberto XVI
basso continuo 389
Battista Vedi: SORANZO, Giovanni
Battistino Vedi: AUSTONI, Giovanni Battista
Batto 101, 153
BAUDI DE VESME, Alexander. *Le peintre-graveur...* (1906) 117, 170, 511
Baviera *Vedi:* Maria Anna di Baviera
BAZACHI, G. (stampatore, Piacenza) 184
BAZAN, Alvaro de (marchese di Santa Croce, governatore) 418, 440★
BEGGIA, Lorenzo (mastro) 330
BEKER, F. *Vedi: Allgemeines Lexicon...*
BELGIOJOSO D'ESTE (archivio) 65
BELLAGAMBA, Giovanni Battista (stampatore, Bologna) 115
Bellamare (Belmar), marchese di 136
BELLATI, Francesco. *Serie de' governatori...* (1776) 32, 33
BELLI, Giovanni Maria Pietro 98
Bellona 83
BELLONI, Lelio (ambasciatore di Mantova) 75
  Luigi. *La medicina a Milano...* (1958) 6
  Nicolò (ambasciatore di Mantova) 43, 423
Belord (comico) 383
Beltrame Vedi: BARBIERI, Nicolò

Belzebù 484
BENAVIDES CARILLO Y TOLEDO, Luis de (marchese di Caracena, governatore) 199, 217, 219, 228, 230, 253, 257, 363, 389, 419, 441*
BENDISCIOLI, Mario. *Politica, amministrazione...* (1957) 36, 134, 156, 159, 359, 420
BENDONI, Pantalone (comico) 341
BENVENUTO, Francesco (fondo Braidense) 136
BENZONI, Gino. *I veneziani...* (1989) 7
BERGAMASCHI, Alberto XIV
Bergamo 213, 312
  stampatori *Vedi:* ROSSI, Antonio
  Vedi anche: biblioteche
BERNARDI, Claudio. *La funzione della deposizione di Cristo...* (1992) x
  Il tempo profano... (1995) x
  Il tempo sacro... (1995) x
BERNARDINI, Girolamo da Orvieto. *Del miracolo del SS. sacramento* (1611) 457, 504
  Capriccio d'amore (1606, 1640) 455, 502
  La speranza divina (1607) 475, 502
Bernardino, santo 369
BERTARELLI, Achille *Vedi: Stampe storiche; Tre secoli di vita milanese*
  Vedi anche: archivi
Bertola & Locatelli (stampatori, Cuneo) XVII
Bertolin *Vedi:* ZECCA, Nicolò
BERTOLINI, Laura *Vedi: Allegrezze per il «Dies Natalis»*
BERTOLOTTI, Antonio. *Le arti minori alla corte di Mantova...* (1888) 43, 497
BESOZZI, Alberto (stampatore) 464
  Cristoforo (musico) 198
  Geronimo (musico) 198
BESTA, Bice. *Alcune notizie...* (1933) 532
BEVILACQUA, Enrico. *Giambattista Andreini...* (1894) 77, 132, 136, 222, 450, 501, 504, 509
BEZZANTI, Dario XIV
Biade (ufficio) 433
Bianca di Castiglia *Vedi:* MAGGI, Carlo Maria
BIANCHI 257*
  (padre gesuita) 503
  Berto (mastro) 281
  Carlo (incisore) 205
  G.C. 477
  Giovanni Antonio. *De vizi e de difetti del moderno teatro...* (1753) 30
  Giovanni Paolo (incisore) 62*, 196, 211*, 212, 213, 214, 258, 518, 520
  Sebastiano (incisore) 150
BIANCONI, Carlo (fondo Trivulziano) 53*, 54*, 55, 206*, 207*, 208, 516
  Lorenzo XIV
    La «Finta pazza» ritrovata... (1987) 225
    Vedi anche: Dalla «Finta pazza»; Production, consumption
Biblioteca teatrale... (CAIRO-QUILICI 1981) 473
biblioteche (di Milano dove non altrimenti indicati) *Vedi anche:* archivi, musei, pinacoteche
  Accademia del Teatro Filodrammatici XVI, 472
  Accademia di Brera XV, 143, 149, 170, 498, 511
  Accademia di San Luca (Roma) XVI, 61
  Ambrosiana XII, XV, 35, 37, 39, 58, 61, 63, 73, 75, 79, 85, 123, 143, 141, 188, 201, 208, 346, 355, 358, 361, 422, 448, 450, 456, 457, 463, 464, 474, 516, 518
  Apostolica Vaticana (Roma) XVI, 410
  Archiginnasio (Bologna) 132-133
  Blaker-Wood Library (Montreal) XV, 93, 105, 106
  Burcardo (Roma) XVI, 468
  Casanatense (Roma) XVI, 472, 473
  Centro nazionale studi manzoniani XVI, 450, 472
  Civica (Bergamo) XV, 450, 462, 464, 469, 473, 474
  Civico museo bibliografico musicale (Bologna) XV, 101, 404
  Comunale (Ancona) XV, 403

segue: biblioteche
Comunale (Milano) XVI, 476
Comunale (San Giminiano) XVI, 404
Conservatorio «Verdi» XIV, XVI, 5, 29, 403
Estense (Modena) XVI, 184
Liceo musicale (Bergamo) XV, 403
Livia Simoni (Teatro alla Scala) XVI, 457, 461, 462, 465, 471, 473
Nationale (Parigi) XV, 117
Cabinet des Estampes 356
Nazionale Braidense XVI, 59, 75, 83, 136, 167, 169-171, 173, 175, 177, 179, 180, 360, 376, 447-448450, 452-456, 458-460, 462-471, 474-477, 508, 510, 511, 519
Nazionale centrale (Firenze) XV, 404, 510
Opéra (Parigi) XV, 9, 39, 454, 464
Reale (Torino) XVI, 191, 194, 509, 516
Società storica lombarda XVI, 450
Sormani Andreani Verri (privata, Lurago d'Erba, Como) 448
Teatro alla Scala *Vedi:* Livia Simoni
Trivulziana XVI, 32, 36, 37, 43, 45-47, 53, 55, 58, 61, 63, 66, 126, 137, 188, 206, 208, 369, 400, 447, 450, 454, 458, 459, 462, 464, 465, 516
Università Cattolica XVI, 466
Università Statale XVI, 450
Universitaria (Bologna) XV, 405
Visconti (privata) 65
BIDELLI, Giovanni Battista (stampatore) 137, 183, 449, 455, 460, 463, 468, 469, 473, 542, 543
BIFFI, Andrea (architetto, pittore) 142*, 346
Giovanni Ambrogio 451
Carlo (incisore, pittore) 101, 110*, 111, 203*, 204*, 205, 346, 514
Filippo (pittore) 26*
BIGAROLO (segretario) 335, 338-342
BIGATTO, Francesco (organista) 198
BIGLIA, Antonio (conte) 471
Melchiorre (musico) 187, 380
BIGOTTO, Antonella. *Educazione...* (1986) 43
BILIA *Vedi:* BIGLIA
BINAGO, Girolamo (vescovo di Laudicea) 213
Lorenzo (architetto barnabita) 37, 208,
BISI, Michele (incisore) 532
BISNATE, Alessandro (architetto, ingegnere camerale) 314-316; sue stime 156, 162, 165, 166, 302; lavora al salone di corte 39, 123, 141*, 303-305, 307, 504; disegni per il monte infuocato (1605) 79, 500
BIUMO (dottore) 321
Bizaria di Pantalone *Vedi:* GATTICI, Francesco Girolamo
BJURSTÖM, Per. *Giacomo Torelli and Baroque Design...* (1961) 117
Blacker-Wood Library *Vedi:* biblioteche
BLAEU (BLAVIUS), Jan (cartografo) 63
Janszoon (cartografo) 63
BLUME, Friedrich XVII
Boccalone *Vedi:* SCARIONI, Francesco
Boemia, re di *Vedi:* ASBURGO, Ferdinando IV; PREMYSL, Ottocaro II
BOGGIO, Enrico. *Il fondo musicale...* (1985) 188
BOLDONI, Nicolò. *Uranilla* (1647) 477, 524
Ottavio (barnabita) 519
Theatrum temporaneum... (1636) 196, 212, 445, 518
BOLLI, Bartolomeo (architetto) 260
Bologna 184, 213, 219, 225, 227, 231, 232, 336, 339, 385, 526
stampatori *Vedi:* BELLAGAMBA, Giovanni Battista; ROSSI; SONZONI, Salvatore
Vedi anche: biblioteche; musei
BOLOGNINO, Matteo (conte) 179
Bombarda 383
«bombarderi» 287 *Vedi anche:* DESIO, Michele
BONACINA, Giovanni Battista (incisore) 196, 209*, 210, 443*
Giovanni Battista [jr] (incisore) 62*, 63, 443
bonacordo 385
BONARELLI, Guidobaldo de'. *Filli di Sciro* (1612) 228, 231, 232, 460, 505, 527

BONFANTINI, Mario. *Le sacre rappresentazioni...* (1942) 42
BORA, Giulio. *Arte, apparati, emblemi...* (1994) 191, 194, 196, 206, 208, 228, 346, 352, 516, 517, 518, 520, 526, 537
BORBONE, Elisabetta (Isabella) 134, 309, 344, 421, 506, 522
Enrico IV (re di Francia) 32, 134, 506
Luigi XIII (re di Francia) 421, 506
Luigi XIV (re di Francia) 421
BORDARACCHI *Vedi:* BADARACCO
BORDONI, Girolamo (stampatore) 77, 90, 132, 449, 450, 461, 462, 468, 540, 541
BORGES, Jorge Luis 31
BORGHESE, Camillo (papa Paolo V) 79
BORGO CARATTI, Pietro. *La famiglia Agnelli...* (1898) 172
BORGOGNI, Gherardo (accademico Inquieto) 372
Borgogna *Vedi:* VALOIS, Maria di
BORRO, Filippo 451
BORROMEO, archivio (isola Bella) 188
- amministrazione XIV, 16
- collezione privata 15, 16, 18, 19*, 20, 21*, 349
Agostino. *Cesare Monti...* (1994) 445
La Chiesa milanese... (1989) 196
Carlo (santo, arcivescovo) 8, 16, 32, 35, 75-76, 188, 365, 389, 454; diffidente verso il teatro 30, 33, 43; feste per la canonizzazione 86, 87, 192, 289, 291, 499, 503; trasferimento della bara 213-214
Carlo (conte) 7
Federico (arcivescovo) 43, 49, 62, 75, 76, 78, 128, 346, 347*, 348, 353, 378, 443*, 537; rapporti controversi con i governatori 33-35, 134, 366, 422; diffidente verso il teatro 33-35, 65, 66, 69, 366, 422; morte 196, 348, 443, 515, 518
Giovanni (conte) 81, 84 *Vedi anche:* Clorinda e Costante (cavalieri in torneo)
BORSA, Sebastiano 510
BORSIERI, Girolamo 451
L'amorosa prudenza (1609, 1610) 451, 452, 50
Il supplimento alla Nobiltà... (1619) 40, 84, 48, 49, 85, 187
BORTOLOTTI, Maria Pia XIV
BOSATRA, B.M. *Le processioni...* (1992) x
BOSSI, Simone (presidente del Magistrato ordinario) 156, 272, 367
BRACCIOLINI, Francesco. *L'amoroso sdegno* (1611) 452, 504
Bradamante dalla Lancia d'Oro (cavaliere in torneo) 83
BRAGAGLIA, Lelio (comico) 520
Bragato, Il (1639, commedia di G.S.M.) 455, 520
Bravure di Capitan Spavento *Vedi:* ANDREINI, Francesco
BREBBIA PANIGAROLA, Clara (contessa) 199
Brera, palazzo di 172, 378 *Vedi anche:* biblioteche; Compagnia di Gesù; pinacoteche; scuole; strade
Brescia *Vedi:* pinacoteche
Breve instruttione di tutto... Faustiniano (1610) 455, 455, 503
Breve narratione di quanto passò appo la persona... (1598) 39, 496
Breve racconto del sontuoso funerale fatto nel Duomo di Milano... (1647) 189, 524
Breve relatione delle solennissime feste... (1622) 170, 171, 172, 173, 175, 177, 179, 180, 186, 378, 510
BRIANZI, Giulio (barnabita) 522
BRICCIO, Giovanni. *La Tartarea* (1622, 1639) 139*, 152*, 153-154, 475, 476, 511, 520
La zingara sdegnosa 475
BRICENO RONQUILLO, Antonio (grancancelliere) 213*, 214, 326
Brighella *Vedi:* BARONCINI, Fulvio
BRIVIO, Cesare (questore) 321, 450
BROCCHI, Marc'Antonio (comico, musico) 226, 335, 524

segue: BROCCHI
Stefano (comico, musico) 226, 335, 524; sua compagnia 525
BROGLIO, Domenico (musico) 197
Broletto 90; sede dei LX 265, 270
BROWN, Howard Mayer. *Instrumental music...* (1965) 395
BRUMANA, Biancamaria XIV, 133
BRUNELLI, Bruno. *Pellesini...* (1960) 49, 498
BRUNSWICK, Elisabetta Cristina 237
BRUSA, Marco XIV
Buffetto *Vedi:* CANTÙ, Carlo
BUONO, Ottavio 462
BURATELLI, Claudia. *Borghese e gentiluomo...* (1988) 88, 89, 501, 506, 509
Vedi anche: Comici dell'Arte...
Burattino *Vedi:* DE VECCHI, Carlo
Burcardo *Vedi:* biblioteche
BURKE, Peter. *Il fascino segreto...* (1989) 49
BUSCA, Antonio (incisore) 245, 256*
Giovanni Giacomo (funzionario) 274
BUSSANI, Giacomo Francesco. *Antonio e Pompeiano* (1686) 236
Enea in Italia (1686) 236
BUZZI, Carlo (architetto) 24, 245, 246*, 250*, 254*, 255, 258

C

CABBIATI, Baltasar (musico) 198
CACCIANIGA *Vedi:* CAZZANIGA
CAETANI, Francesco (duca di Sermoneta) 441*
CAIMO, Bartolomeo (marchese di Caravaggio) 192-193
Gasparo 177
CAIRO, Laura *Vedi: Biblioteca teatrale...*
CALCO, Cleodoro (vicario di Provvisione) 270, 271, 274, 423
Calidoro Amigombi (pseud.) 257, 258
CALLEMONT (stampatore, Parigi) 542
CALLOT, Jaques (incisore) 348, 349
CALVI, Felice. *Il castello...* (1886) 236
Il patriziato milanese... (1865) 523
segue: CALVI
Giulia. *I toscani...* (1989) 199, 521
Camera regia *Vedi:* Regia Camera
Cameretta *Vedi:* Consiglio generale dei XL
CAMILLIARDA, Chiara 451
Campanaccia, Dottor Graziano *Vedi:* RIVANI, Giovanni
Campanaccia *Vedi:* ANDREINI, Giovanni Battista
Campanar (comico) 383
campane 378, 380
CAMPEGGI, Rodolfo. *Il Filarmindo* (1621) 183-185, 460, 510
Campo Santo *Vedi:* scuole
CANALI, Isabella *Vedi:* ANDREINI, Isabella
Paolo 98
Cancelleria segreta 309 420
portiere *Vedi:* COZZO, Battista
CANE, Carlo (pittore) 537
CANELLA, Guido. *Il sistema teatrale...* (1966) 10
canoniche *Vedi:* chiese
canonizzazioni *Vedi:* occasioni celebrative
cantanti *Vedi:* musici
Cantatrice alla spinetta *Vedi: Vanitas*
CANTELMO, Andres 322
CANTÙ, Carlo (Buffetto) 100, 101, 113, 116*, 117, 216, 224, 232, 383, 523, 524, 535*
Cesare. *La pompa della solenne...* (1887) 526
Capitan...
Mattamoros *Vedi:* FIORILLO, Silvio
Rinoceronte *Vedi:* GARAVINI, Girolamo
Spavento *Vedi:* ANDREINI, Francesco
capitano di giustizia 257, 420
cappella musicale *Vedi:* chiese: Santa Maria della Scala e San Fedele; Duomo; Palazzo Reale
CAPRA, Antonio Maria 474
Capriccio d'Amore *Vedi:* BERNARDINI, Girolamo
Capriccio poetico *Vedi:* FILIPPI, Claudio
CAPRIOLO, Ettore. *Milano...* (1960) 11
Hettore 451

Caracciolo, Marino (cardinale, governatore) 439★
Caracena, marchese di *Vedi:* Benavides Carillo y Toledo, Luis
Caraci Vela, Maria xiii
Carandini, Silvia. *Teatro e spettacolo...* (1990) 47, 78, 117, 232
Caravaggino *Vedi:* Secchi, Giovanni Battista
Caravaggio, Paolo Antonio 210
Caravaggio, marchese di *Vedi:* Caimo, Bartolomeo; Sforza Visconti, Muzio
Carbonchi, Antonio. *Le dodici chitarre...* (1643) 404, 408
Carcano, Ermes (tesoriere delle Munizioni) 318, 321-323, 330, 334, 335, 338, 340-342
  Sebastiano (ballerino) 371
Cardi, Giovanni Pietro (stampatore) 257, 463
cardinale infante *Vedi:* Asburgo, Ferdinando
Carillo y Toledo *Vedi:* Benavides Carillo y Toledo
Carini Motta, Fabrizio (architetto) 144, 148
Carlevari, Giovanni Antonio 451
Carlo, santo *Vedi:* Borromeo, Carlo
Carlo *Vedi:* Aragona; Asburgo; Gonzaga
Carlo Emanuele *Vedi:* Savoia
Carlo Magno 245, 249
Carnevale, Antonio 462
carnevale *Vedi:* occasioni celebrative
Caronte 150
carosello *Vedi:* giostra
Carpanetto, Dino *Vedi:* *Italia del Settecento...* (1986)
Carpani, Roberta xvii, 5
  La «Drammaturgia milanese»... (1992) 9
  La «Drammaturgia milanese»... (1993) 9
  Profilo del melodramma... (1988) 9
  La storia sanata... (1995) 143
carri allegorici o trionfali 23★, 82-84, 171★-181★, 376, 379
carrozze 16, 20, 21★, 22★, 26★, 344, 356★, 353, 356, 362
Casa delle Vergini Spagnole *Vedi:* Real casa delle Vergini Spagnole
Casal Monferrato 257
Casanova, Cesare 346
Casati, Bernardo 180
  Carlo (impresario) 217, 218, 221, 332, 333, 425
  Giuseppe 448
  Margherita 468
  Teodoro (maestro di cappella) 197
Cascetta, Annamaria xvii, 5
  La «spiritual tragedia»... (1995) x, 194, 196, 456, 460, 464, 469, 472, 473, 515, 516, 517, 518, 519, 520, 521, 522, 523, 524, 527
Casoretto (Casorezzo) 467
Caspano, Angelo Maria (musico) 198
Cassandrina *Vedi:* Zecca, Livia
Cassin Pismondo 315
Castello (pittore) 253
  Gaspar (segretario) 272, 277-281, 284, 291-294, 298-301, 306, 308, 309
  Giuseppe Antonio (pittore) 253
Castello Sforzesco 1, 15, 16, 20★, 21★, 26★, 134, 334, 382, 500, 506, 513; feste per l'elezione di Ferdinando iii 197, 361★, 362, 519; salva per Maria Anna 259★, 260, 526 *Vedi anche:* archivi: Civica raccolta di stampe; biblioteche: Trivulziana; musei: Civica collezione di strumenti musicali; piazze; pinacoteche: Civica raccolta d'arte
  castellano 282
  munizioniere *Vedi:* Vico, Francesco
  piazza 20★, 21★, 26★, 353, 356★, 361★
Castiglia, connestabile di *Vedi:* Fernandez de Velasco, Pedro
  re di *Vedi:* Asburgo, Filippo iv
Castiglione, Giovanni Battista 30, 33
  Sentimenti di San Carlo... (1759) 30, 31, 33, 34, 35, 38, 39, 42, 43, 45, 46, 371, 422, 424, 496
Castilla, Luis de 435

CATALANO, Franco. *La fine del dominio...* (1958) 194, 197, 219, 520
Caterina *Vedi:* ARAGONA
CATTANEO, Giovanni Ambrogio (ballerino) 371
cavadenti *Vedi:* ciarlatani
CAVALCA, Cecilia. *Festeggiamenti per l'arcivescovo...* (1995) 196, 212, 518
cavalieri in torneo *Vedi:* giostre
cavalleria 312
cavallerizza *Vedi:* Palazzo Reale
CAVALLI, Francesco 225 *Vedi anche:* CICOGNINI, Giacinto Andrea: *Giasone*
CAZZANIGA, Francesco. *Santa Caterina* (1620) 474, 509
CECCHINI, Orsola (Flaminia, nata Posmoni) 88, 90, 132, 383
  Pier Maria (Frittellino) 77 88-91, 94, 132, 134-136, 222, 310, 501-507, 509; comico Acceso 310
    La Flaminia schiava (1610) 90, 461, 503
Celia *Vedi:* MALLONI, Maria
cembalo all'africana 112
CEMOSANO, Marco 526
Centaura *Vedi:* ANDREINI, Giovanni Battista
Centro nazionale studi manzoniani *Vedi:* biblioteche
CENZATO, Elena. *La festa barocca...* (1987) 228, 230, 452, 526
  Vedi anche: Ingressi solenni...
CEPPI, Carlo Ambrogio (musico) 198
Cerano *Vedi:* CRESPI, Giovanni Battista
Cerbero 150
CERESA, Baltasar (musico) 197
CERESO (segretario) 285
cerimonie *Vedi:* occasioni celebrative
cerimoniere di corte *Vedi:* maestro di cerimonie
CERRACHI DEL GALLO, fratelli 98
CERRI, Giovanni Battista (stampatore) 456, 475
cervellato *Vedi:* cortale
cetra 112-114, 173, 530
CHAUNU, Pierre 4
CHECA, Fernando *Vedi: Arquitectura, iconologia...*
CHECCHI, Giovanna. *Dal carteggio...* (1990) 508
  Silvio Fiorillo... (1986) 468
CHERBURY, Herbert di 49
Cheribizio... (1624) 90
Chiaravalle 457
CHIARINI, Giuseppe (comico) 226, 335
CHIEPPIO, Annibale 75
CHIESA, Emilia Francesca 454
  Giacomo Maria 516
    Morte del re di Svezia (1634) 517
chiese ed edifici religiosi
  Metropolitana *Vedi:* Duomo
  Nunziata (monastero) 527
  San Calimero 532
  San Carlo 312
  San Celso 127
  San Fedele 137, 167*, 168, 172, 229, 378-380, 510 *Vedi anche:* Società di Gesù
    cappella *Vedi:* ARDEMAGNI, Giulio Cesare
    piazza 61, 169*, 170, 172, 186, 379 186, 379-380
  San Giovanni in Case Rotte 379
  San Gottardo 229-230, 337, 364
    cappella *Vedi:* Palazzo Reale: cappella
  San Lorenzo in Torrigia 520
  San Lorenzo Maggiore 37, 518
  San Nazaro 532
  San Nicola (parrocchia) 277
  San Paolo in Compito 314, 379; parrocchia 314
  San Pietro in Sala 362; parrocchia 315
  San Sebastiano 518
  Sant'Alessandro 196, 518 *Vedi anche:* archivi; Barnabiti; collegi; TROTTI, Filippo
  Sant'Ambrogio Maggiore 245, 249*
  Sant'Anastasia 380
  Sant'Angelo 112
  Santa Caterina 379
  Santa Margherita 257

segue: chiese ed edifici religiosi
Santa Maria alla Scala 311, 321, 379, 380
cappella *Vedi:* ARDEMAGNI, Giulio Cesare; MARINI, Biagio
Santa Maria della Pace (convento) 460, 474
Santa Maria di Brera 522
Santissima Annunziata (Firenze) 98
Santo Stefano 360; parrocchia 316
Seminario Maggiore 191
Chiesiolo di Pizzighettone 336
CHIGNOLI, Gerolamo (pittore) 17
CHINEA. Eleuterio. *L'istruzione pubblica e privata...* (1953) 44
Le scuole medie nel ducato... (1931) 44, 196, 496, 498, 499, 503, 508, 509, 513, 515, 518, 519, 522
chitarra 111-114, 117, 385, 395, 401
chitarrone 105, 114
ciaramella 105
CIARDI, Giovanni Pietro. *Il trionfo* (1649) 526
ciarlatani 18, 34, 73, 276, 333, 426, 427, 52; distinti dai comici 73, 74, 426-427
cavadenti 18, 73, 109, 333
ballacani 73, 333
erborari 18, 73, 333
saltimbanchi 18, 72, 309, 325, 333
CIBO GHISI, Innocenzo (Francesco Lercano). *Miribia* (1598, 1609) 467, 497, 503
CICERI, Matteo 315
Pietro 315
Ciclopi 382
CICOGNA, Giuseppe (maestro di cerimonie) 230, 231
Entrada en este Estado... (1649) 231, 526
Diario en que se prosiegue... (1649) 231, 526
CICOGNINI, Giacinto Andrea. *Il Giasone* (1649) 225, 228, 230-232, 238, 527
Iacopo 462
Cieco d'Hadria *Vedi:* GROTO, Luigi
CIGNARDI, Ferrante (tesoriere generale) 267-269, 272, 276
CIMA, Isabella (Olivetta) 383
cimbalino 112
CIMILOTTI, Ercole (l'Estuante accademico Inquieto) 458
I falsi Dei (1599, 1605, 1614, 1619, 1620) 548, 458, 459, 498, 501, 506
CINAMO, Fabrizio 462
CINI, Giorgio (fondazione) 133
CINISELLO, Michele (minore Osservante, il Tormentato accademico Pacifico) 474
CINQUANTA, Benedetto (minore Osservante, il Selvaggio accademico Pacifico) 194
Il fariseo e il pubblicano (1628, 1634) 459, 513, 517
Il figliol prodigo (1633) 460, 517
Idilli della passione (1632) 194
Maddalena convertita (1611, 1616) 466, 506, 517
La natività del Signore (1628) 469, 477, 513
La pace (1617, 1628) 470, 507, 513
La peste del MDCXXX (1632) 194, 472, 515
La resurretione di Christo (1617, 1634) 472-473, 507, 517
Il ricco Epulone (1621) 473, 510
Sant'Agnesa (1634) 474, 517
Il verno (1623) 477, 511
Cinzia 383
Cinzio *Vedi:* FIDENZI, Iacopo Antonio
CIOFFO, Giovanni Serio (Citrullo) 108
CIONI, Alfredo. *Bibliografia delle sacre rappresentazioni...*(1961) 42
Citrullo *Vedi:* SACCO, Francesco; CIOFFO, Giovanni Serio
Città nella storia... (GAMBI-GOZZOLI 1982) 61
Città «trasformata». L'ingresso solenne... (MOSCA-RIVOLTA 1984) 526
Civica raccolta
d'arte *Vedi:* pinacoteche
di stampe *Vedi:* archivi
di strumenti musicali *Vedi:* musei
Civico museo *Vedi:* biblioteche
CLARETTA, Gaudenzio. *Sugli Assandri patrizi...* (1883) 73

CLARÌCI, Giovanni Battista (architetto) 25, 41, 60, 61, 141, 264, 269
Claudio imperatore 245, 256*
Claudione *Vedi:* SCALA, Flaminio
clavicembalo 112
Clemente da Napoli (ballerino) 371
Clemente VIII *Vedi:* ALDOBRANDINI, Ippolito
Clori (ninfa) 83
Clorinda (cavaliere in torneo) 84
Cocalino *Vedi:* ANDREINI, Giovanni Battista
Codice Minaggio Vedi: MINAGGIO, Dioniso
COGHI, Lucia 314
COGLIATI ARANO, Luisa. *Il Pellegrini riletto...* (1975) 37, 208, 516
Cola *Vedi:* DI MAURO, Aniello
colascione 94, 107
COLDWELL, Charles. *Angelo Gardano's «Balletti moderni»...* (1983) 395
collegiate *Vedi:* chiese
collegi:
  Brera *Vedi:* scuole; Accademia Partenia
  Campo Santo *Vedi:* scuole
  Dottori (Leggisti) 196, 210, 214, 257, 321, 379, 513, 517
  Elvetico 518
  Guastalla 469; amministrazione 72 *Vedi anche:* Real casa delle Vergini Spagnole: archivio
  San Barnaba 516
  Sant'Alessandro *Vedi:* scuole; Accademia degli Infuocati
  Vergini Spagnole *Vedi:* Real casa
collezioni *Vedi:* ALA PONZONE; ARESE LUCINI; BORROMEO; CRIVELLI; POLLI, Vincenzo; SMITH-DAVY; VERRI, Pietro
COLOMBA, Giovanni 300
Colombina 383
Colonia, stampatori di *Vedi:* DELLA FROCE, Battista
COLONNA, Giovanni Battista (stampatore) 475, 542
Comici spagnoli *Vedi:* compagnie
comici 93-117, 276; distinti dai ciarlatani 73, 74, 426-427 *Vedi anche il nome dei singoli attori*; commedia dell'arte; compagnie
  licenze 69, 197-198, 277, 298, 310, 326, 340
  passaporti 132, 197, 198, 300, 326, 334-336, 339
Comici dell'Arte... (1993) I, 75, 77, 88-90, 98, 108, 109, 132-137, 193, 199, 222, 450, 468, 474, 477, 501, 506-510
comissario generale delle Munizioni *Vedi:* Munizioni e lavori (ufficio)
commedia *Vedi: Bizaria di Pantalone*; *Bragato*; *Campanaccia*; *Capriccio poetico*; *Controlesina*; *Cortesia di Leone e di Ruggiero*; *Disgrazie di Burattino*; *Dispersione di Euripide*; *Flaminia schiava*; *Lucilla costante*; *Mondo conquistato*; *Pazzie giovanili*; *Pensieri fallaci*; *Rivolte di Parnaso*; *Schiavetto*; *Tartarea*; *Tre capitani vanagloriosi*; *Tre mascherate de' tre amanti...*; *Strumenti di Scapino*
  Vedi anche: Amor nello specchio; *Anima dell'intrigo*; *Centaura* (pastorale e tragedia); *Due commedie in commedia*; *Duo Leli simili*; *Ferinda*; *Inganni*; *Intrigo*; *Mascherate*; *Sultana*; *Turca*; *Venetiana*;
commedia dell'arte IX, 30, 49, 65, 66, 68, 70, 88, 93-117, 130-137, 185, 227, 400-413 *Vedi anche:* comici; compagnie
Commedia spirituale dell'Anima Vedi: CORNACCHINI, Domenico
COMO, Carlo (notaio) 216, 217
  Giacomo 466
  Gio. Giacomo (stampatore) 472, 476, 542
Como 448
  vescovo di *Vedi:* ARCHINTO, Filippo
Compagnia di Gesù *Vedi:* Società di Gesù
Compagnia de Tini *Vedi:* TINI
compagnie:
  Accesi 132, 135, 310, 499, 501, 502, 506, 507 *Vedi anche:* CECCHINI, Pier Maria; FIORILLO, Silvio

segue: compagnie
- Comici spagnoli 134, 156, 505
- Confidenti (di Pedrolino) 49
- Confidenti (di don Giovanni de' Medici) 134-136, 196, 506-508
- Confidenti (di Cinzio) 109, 520 *Vedi anche:* FIDENZI, Iacopo Antonio
- Confradía de la Pasión 70
- Confradía de la Soledad 70
- del duca di Parma 49, 524
- Desiosi 132
- Discordati 231
- Febiarmonici 117, 225-228, 231, 232, 238, 336, 340-342, 523, 524, 527
- Febiarmonici Discordati 231
- Fedeli 49, 108, 135, 137, 300, 465, 501, 502, 504, 505, 507, 509 *Vedi anche:* ANDREINI, Giovanni Battista; FABBRI, Giovanni Paolo; PELLESINI, Giovanni; RAMPONI, Virginia
- Gelosi 66, 100, 108 *Vedi anche:* ANDREINI, Francesco e Isabella
- Uniti 49, 66, 108, 132, 277, 498, 499, 505
- (senza nome) *Vedi:* BROCCHI, Stefano; CONCEVOLI, Florinda; FIDENZI, Iacopo Antonio; FIORILLO, Silvio; NELLI, Ercole; SCARIONI, Francesco

Compendio di tutte le gride... ne i governi... Iuan Fernandez de Velasco... (1600) 67
Concerto armonico (1649) 219-220
CONCEVOLI, Florinda 130-131; sua compagnia 130, 132, 298, 504
concili *Vedi:* Nicea; Trento
CONCINA, Paolo Daniele 30
  De spectaculis theatralibus... (1752) 30
  De' teatri moderni... (1755) 30, 71
Concordia... (1618) 134
Condé, principe 312
Confidenti *Vedi:* compagnie
confradías *Vedi:* compagnie
Confusione dell'ostinato peccatore Vedi: GATTICI, Francesco Girolamo

Congregazione delle Vergini Spagnole *Vedi:* Real casa delle Vergini Spagnole
Consiglio di Stato 310, 319
Consiglio d'Italia 214
Consiglio generale dei LX 35, 137, 257★, 286, 420; ingresso regina Margherita 35-37, 265, 266, 496; ingresso arciduchi d'Austria 45-46, 270, 271, 497; nascita di Anna Maria Maurizia 78, 499; nascita di Filippo IV 78, 500; canonizzazione di S. Carlo 87, 286-291, 503; canonizzazione di Loyola e Saverio 186, 379, 510; nascita di Baldassarre 189, 192, 193, 317, 319, 513; ingresso di Ferdinando cardinale 195, 208, 516; entrata di Monti arcivescovo 196, 518; elezione di Ferdinando III 197, 361-362, 519; ingresso regina Maria Anna 228, 526; sede *Vedi:* Broletto
Consiglio segreto 213★, 214, 257★, 298, 303-305, 308, 363★, 420
contrade *Vedi:* strade
contrascrittore 434, 435 *Vedi anche:* GRASSO MARINO; FAECCHIA; TORNIELLI; PANCERI, Bartolomeo; PLATONE, M. Antonio
Controlesina Vedi: CORNACCHINI, Domenico
conventi *Vedi:* chiese
COPPINI, Aquilino (accademico Inquieto) 85
  Musica tolta da madrigali... (1607-1609) 85
COQUI *Vedi:* COGHI
CORBELLETTI, Francesco (stampatore, Roma) 544
CORBETTA, Santo 286, 287, 291
CORDOVA *Vedi:* FERNANDEZ DE CORDOVA; SUAREZ DE FIGUEROA Y CORDOVA
Cordova *Vedi:* Tebes e Cordova, Iñes di
cori 172, 175, 176, 185-187, 373, 376-380, 450, 451, 453, 462-464, 469, 470, 474-476
Corinto pastore *Vedi:* ANDREINI, Francesco
CORNACCHINI, Domenico 456
  Commedia spirituale dell'Anima (1608) 456
  La Controlesina (1605) 456, 501

segue: CORNACCHINI, Domenico
Gl'inganni (1605) 456
Il pignatto grasso (1612) 456
Rappresentazione della nascita di nostro Signore (1607) 456
cornetti 105, 106, 108, 172, 180, 186, 198, 485
CORNIANI, Giovanni Battista 447
corno 487, 489
corrales 67
cortale 113, 114
Corte ducale *Vedi:* Palazzo Reale
corte delle commedie (di via delle Ore) *Vedi:* Palazzo Reale
corte grande (principale) *Vedi:* Palazzo Reale
Cortesia di Leone e di Ruggiero *Vedi:* FIORILLO, Silvio
CORYAT, Thomas L. 144
Costante (cavaliere in torneo) 81-84, 115, 376
COSTANTINI, Danilo *Vedi: Feste e cerimonie...*
Costantino imperatore 245, 248*, 256
Costantinopoli 255, 256
Costanza *Vedi:* PASTROVICHI, Luca: *Tirsi costante*
Costimeladoro, Innocentio (pseud.) 360
COTTA, Cesare 474
Giacomo (incisore) 241*, 244*, 245, 247*, 248*, 249*, 251*, 252*, 256*, 257*, 258*, 387, 388, 526
COZZO, Battista (portiere della Cancelleria segreta) 74, 277
CRAIG, Edward A. T*rattato sopra la struttura...* (1972) 144
CRASSO *Vedi:* GRASSO
Cremona 130, 219, 253*, 385
CREMOSANO, Marco 253, 526
CRESOINO, Gregorio 466
CRESPI, Giovanni Battista (il Cerano, pittore) 68, 170, 191, 346, 437*
Camilla 346
CRIPPA, B. (stampatore) 455
Carlo. *Le monete...* (1990) 430, 442
Crispo, Il 2, 3
CRIVELLI (collezione) 20
CROCE, Benedetto. *I teatri di Napoli dal Rinascimento...* (1966) 70
Martino de la (protofisico) 424
Odoardo 192, 317
Crocetta *Vedi:* strade: porta Romana
cromorno 100, 101, 112
CUEVA, Gabriele de la (duca d'Albuquerque, governatore) 439*
Curioso *Vedi:* Accademia dei Pacifici
CURLETTI, Silvestro (incisore) 41, 439*, 440*, 441*
Antonia *Vedi:* MONTI CURLETTI
CUSANI LITTA, Lucia (marchesa) 463
CUSANI, Agostino (cardinale) 496

D

D'ADDA, Francesco (conte) 82, 83, 471, 474, 362 *Vedi anche:* Bradamante dalla Lancia d'Oro (cavaliere in torneo)
Dafne 376
DAL GALLO *Vedi:* CERRACCHI DAL GALLO
D'ALAMBERT, Jean-Baptiste 101
Dalindo (cavaliere in torneo) 83
Dalla «Finta pazza» alla «Veremonda»... (BIANCONI-WALKER 1975) 184, 225, 226, 227, 231, 232, 523, 527
DALLAJ, Arnalda. *Gaspare Visconti, Federico Borromeo, Cesare Monti...* (1980) 196, 518
Le processioni a Milano... (1982) x
DALLE DONNE (stampatore, Verona) 540
DAL RE, Marcantonio (cartografo) 61
DAL VERME (palazzo) 361*, 362
DAMIANO, Gianfranco. *Il collegio gesuitico di Brera...* (1995) 43, 194, 453, 475, 499, 500, 509, 510, 511, 515, 516, 519, 527
D'AMICO, Silvio XVII
D'ANCONA, Alessandro. *Le origini del teatro...* (1872) 42, 371
Sacre rappresentazioni... (1891) 46, 48, 49, 423, 497

DANEDI *Vedi:* DONEDA
danza *Vedi:* ballo
DAOLMI, Davide. *I balli...* (1996) 136
DAVILA DE TOLEDO, Antonio Sancio (marchese di Velada, governatore) 330, 419, 441*
decurioni *Vedi:* Consiglio generale dei XL
Del miracolo del SS. Sacramento *Vedi:* BERNARDINI, Girolamo
DEL CORRAL, Rosario *Vedi: Arquitectura, iconologia...*
DE LENA, Giovanna 449
Delfa, La 88, 502
Delia sposa del Sole *Vedi:* STROZZI, Giulio
DELLA BELLA, Stefano (incisore) 116*, 117
DELLA FROCE, Battista (stampatore, Colonia) 234
DELLA ROVERE, Giovanni Battista (il Fiamminghino) 170, 191
  Giovanni Mauro (il Fiamminghino) 170, 191, 206*, 207*, 208, 213*, 214, 520
DELLA VALLE, Federico. *Ester* (1627) 458, 512
  Iudit (1627) 464, 512
  La reina di Scotia (1628) 472, 513
DELLA VIGNA (stampatore, Parigi) 510
DELL'ORTO, S. *Paraliturgie...* (1991) X
DEL RIO, Gonzalo (segretario) 272
DEL SOLE, Giovanni Battista (pittore) 245, 249*
DEL VERME *Vedi:* DAL VERME
Descrittione dell'apparato... (1632) 515
DESIO, Michele (bombardero) 289-291
Desiosi *Vedi:* compagnie
DE VECCHI, Carlo (Burattino) 88, 458
DEVERII, Deodato 83, 450
DI MAURO, Aniello (Cola) 108
Diamantina 341
Diana *Vedi:* GABRIELLI, Giulia
DIATRISTANO (DIETRICHSTEIN), Francesco (cardinale) 373
DIDEROT, Denis 101
Discalzi, padri 129
Discordati *Vedi:* compagnie
Disgrazie di Burattino *Vedi:* GATTICI, Francesco Girolamo
Dispersione di Euripide *Vedi:* Baruno Ramussatore
Divina visione *Vedi:* ANDREINI, Giovanni Battista
DIVITIO, Antonio (abate dei Calzolari) 80
DOBELLIO, Paolo Ludovico (barnabita) 515
Dodici di Provvisione *Vedi:* Tribunale di Provvisione
DOGLIO, Federico. *Il teatro tragico italiano...* (1960) 459, 472
  Maria Luisa. *Un dramma inedito...* (1969) 191
DONÀ, Mariangela XIV, 5
DONATI, Alessandro. *Ars poëtica* 44
DONEDA, Stefano (pittore) 245, 249*, 252*, (536*), 537
Dori 82, 83
DORIA *Vedi:* SPINOLA DORIA, Ambrogio
Dottor
  Boccalone *Vedi:* SCARIONI, Francesco
  Graziano *Vedi:* RIVANI, Giovanni
  Siciliano *Vedi:* ANDREINI, Francesco
Dottori *Vedi:* collegi
Dramatodia *Vedi:* GIACOBBI, Girolamo; MORANDO, Bernardo
Duchino *Vedi:* LANDRIANI, Paolo Camillo
Due commedie in commedia *Vedi:* ANDREINI, Giovanni Battista
dulciana 105
DUNN, Thomas D. *Marini Biagio...* (1980) 198
DUNNING, Albert XIV
Duo Leli simili *Vedi:* ANDREINI, Giovanni Battista
Duomo 10, 15*, 16-18, 19*, 24, 33, 40, 53, 55, 57, 61*, 63*, 89, 147, 214, 233, 237, 238, 316, 351*, 352*, 358*, 363*, 378, 501, 520; funerali 496, 504, 509, 515, 522, 524 *Vedi anche:* archivi
  cappella: musici 198, 291, 311, 344, 509, 522; maestri *Vedi:* TURATI, Antonio Maria; PELLEGRINI, Vincenzo

segue: Duomo
piazza 1, 15*, 16, 17*, 18, 19, 61*, 63*, 348*, 349, 351*, 510; archi 36, 254*, 255, 266, 358*; monti 79, 190-191, 203*, 204*, 205, 210, 323, 350*, 500; giostre 84-85, 281-282, 285, 286, 500, 502; fuochi 87, 288-291, 503, 514, 527; ingressi 194-195, 206*, 208, 245, 352*, 358*, 363*, 364, 382, 516, 518; detta 'Maggiore' 253
DURANTE, Sergio XIII
DURELLO, Stefano (incisore) 142*

E

Eaco 153
ebrei 67, 89
Edemondo Vedi: ODDONI, Giovanni Battista
editoria 183 *Vedi anche:* stampatori
EFREM, Muzio. *Musiche...* (1617) 134, 465
Egisto Vedi: Faustini, Giovanni
egloga *Vedi: Amor giusto*; *Arminia*; *Capriccio d'Amore*; *Ghirlanda*
EINSTEIN, Alfred XVII
EITNER, Robert. *Lexicon...* (1960) 188
Eleonora *Vedi:* GONZAGA
Eleonora Maddalena *Vedi:* ASBURGO
Elisabetta *Vedi:* BORBONE; VALOIS
ELLIO, Francesco 132
La sirena... (1612) 75, 132, 504, 507
Emanuele I (re del Portogallo) 421
EMANUELE, Marco XIV
Enciclopédie... 100
Enea in Italia Vedi: BUSSANI, Giacomo Francesco
ENRIQUEZ *Vedi:* AFAN DE RIVERA ENRIQUEZ
ENRIQUEZ DE ACEVEDO, Pedro (conte di Fuentes, governatore) 35, 68, 69, 76, 77, 80, 119, 124, 127, 276, 278-281, 318, 321, 418, 430, 440*; apprezza feste e comici 65-66, 75; concede l'emolumento dei comici al Collegio delle Vergini Spagnole 70, 72, 312-313, 425; distingue fra
segue: ENRIQUEZ DE ACEVEDO, Pedro
comici e ciarlatani 74; rapporti con gli Andreini 75-77, 462; licenza ai comici Uniti 277; ordina ripari nel salone 279, 284; morte 87, 89, 90
Enrico *Vedi:* BORBONE; TUDOR
Entrata e Spesa *Vedi:* Regia Camera
entrate solenni *Vedi:* occasioni celebrative: ingressi
Erario *Vedi:* Regia Camera
Erasmo da Rotterdam 71
erborari *Vedi:* ciarlatani
Eridano *Vedi:* Po
ERRICO, Scipione. *Le rivolte di Parnaso* (1626) 473, 512
Esposizione Musicale Milanese (1881) 9, 30
esercito *Vedi:* cavalleria; Tesoreria
esequie *Vedi:* occasioni celebrative
ESTE, Francesco I (duca di Modena) 219
Ester Vedi: DELLA VALLE, Federico
Estuante (accademico Inquieto) *Vedi:* CIMILOTTI, Ercole
Etna (monte) 114, 190-191, 196, 203*, 204*, 205, 206, 210, 348, 350*, 352, 381, 514
Europa (allegoria) 251
Eva 482, 484-493
EVANGELISTA, Anna Maria. *Le compagnie dei comici...* (1984) 117
Vedi anche: Sacre rappresentazioni...

F

FABBRI, Giovanni Paolo (Flaminio) 134, 465, 505
Rime varie... (1613) 134
Paolo. *Monteverdi...* (1985) 48
Il secolo cantante... (1990) 2
Fabrizio 341
FABRIS, Dinko. *Prime aggiunte italiane al volume RISM...* (1982) 400
FACOLI, Marco. *Il secondo libro...* (1588) 395
FAECCHIA (contrascrittore) 267-269, 272, 276, 278, 279

FAGNANI, Giacomo 362
 Giovanni Battista (tesoriere) 278, 279, 286
 Raffaele (fondo Ambrosiano) 73, 188, 424
fagotto 113
FALAVOLTI, Laura. *Commedie...* (1982) 465, 474
FALCIOLA, Enrica xiv
 Una istituzione educativa... (1985) 72, 74, 215
Falcone (osteria) 312
Falsa, porta *Vedi:* Palazzo Reale
Falsi Dei Vedi: CIMILOTTI, Ercole
Falsirone Vedi: ANDREINI, Francesco
Fama 258★, 387-389
Fariseo e il pubblicano Vedi: CINQUANTA, Benedetto
FARNESE, Rinuccio I (duca di Parma 1592-1622) 372
 Rinuccio II (duca di Parma 1646-49) 334
Farsa Musicale, La (1664) 2-3, 5, 144, 135
Fascia della Madonna 522
FASSANI, Filippo 171
FAUSTINI, Giovanni. *Egisto* (1643) 231
Faustiniano Vedi: Breve instruttione...
FAVECCHIA *Vedi:* FAECCHIA
favola pastorale *Vedi: Amaranta* (boscareccia); *Amor impossibile fatto possibile*; *Amorosa prudenza*; *Amoroso sdegno*; *Sdegno d'Erode*; *Falsi Dei*; *Ferite infelici*; *Filarmindo*; *Mirtilla*; *Monte Libano*; *Sancti Caroli pastoritia*; *Tirsi costante* (boscareccia); *Verno*
Febiarmonici *Vedi:* compagnie
Fedele *Vedi:* Accademia dei Pacifici
 (cavaliere in torneo) 376
Fedeli *Vedi:* compagnie
Federico *Vedi:* ASBURGO
FELINO, Luigi. *Orazione...* (1605) 501
Felicissima entrata... (1598) 41
Felicità rinvenuta, La (1671) 143★
Fenice 39, 368
Ferdinando *Vedi:* ARAGONA; ASBURGO
Feria, duca di *Vedi:* SUAREZ DE FIGUEROA Y CORDOVA, Gomez

Ferinda Vedi: ANDREINI, Giovanni Battista
FERIOLI, Gratiadio (stampatore) 83, 377, 457
Ferite infelici Vedi: GUALA, Giovanni Battista
FERNANDEZ DE CORDOVA, Gonzalo (governatore) 189, 319-320, 323, 418, 439★, 440★
FERNANDEZ DE VELASCO, Bernardino (conte di Haro, governatore) 37, 39, 334, 335, 419, 441★
 Inigo (conte di Haro, governatore) 419, 441★
 Pedro (connestabile di Castiglia, duca di Frias, governatore) 49, 65-67, 73, 87, 89, 90, 132, 135, 155, 160, 281, 285, 418, 440★, 496; fa costruire il salone di corte per le feste 32, 35, 37-39, 265-270, 272, 275, 368, 372, 442; disponibilità verso lo spettacolo 33, 48, 69, 366-367; ostilità con l'arcivescovo 33-34, 76, 366-367, 422; ordina un torneo 119-120, 291-293, 504; concede alla Casa delle Vergini i proventi degli spettacoli 120-122, 124, 157, 294-297, 425; nomina un responsabile della moralità delle commedie 131, 294
FERRANDI, Carlo (stampatore) 456
Ferrara 38, 39, 41, 43, 216, 231, 334, 385, 524
 stampatori *Vedi:* BALDINI
FERRARI, Antonio (il Balermo) 123, 307, 308
 Cherubino (teologo) 48
 Giovanni Battista (musico) 198
 Severino. *Documenti per servire all'istoria...* (1880) 392, 405
FERRARI BARASSI, Elena. *Feste, spettacoli...* (1984) 38
FERRARI DELLA TIORBA, Benedetto 224
 L'Andromeda (1644) 224, 472, 522
 L'Armida 522
 La maga fulminata 522
 La ninfa avara 522
 Il pastor regio 225-227, 470, 471, 522-524
 Poesie drammatiche Vedi: L'Andromeda
 Il principe giardiniere 522

FERRARIO, Bernardino (sonetto) 451
Bernardino (fondo Ambrosiano) 39, 58, 123
FERRER, Antonio (grancancelliere) 318, 320-324
FERRONE, Siro. *Attori mercanti corsari*... (1993) 70, 72, 75, 96, 98, 108, 109, 124, 131, 134-136, 506-509
La compagnia dei comici «Confidenti»... (1984) 134, 196, 506
Ferza *Vedi:* ANDREINI, Giovanni Battista
festa x, 77-78, 86, 300, 322
Vedi anche: ballo; banchetti; mascherate; Fascia della Madonna; giostre; occasioni celebrative; Perdono, festa del
Festa fatta in Milano... (1649) 228, 527
Feste e cerimonie con musica... (COSTANTINI-MAGAUDDA 1993) 231, 232, 525-527
FÉTIS, François-Joseph. *Biographie universelle*... (1865) 188
FIABANE, Armando. *Libro di sonate*... (1972) 403
Fiamme, delle (cavaliere in torneo) 83
Fiammetta 384
Fiamminghino *Vedi:* DELLA ROVERE
Fiandra 194, 196
Fidandro (cavaliere in torneo) 83, 85
FIDENZI, Iacopo Antonio (Cinzio) 198-199, 216, 326, 385, 517, 521; sua compagnia (Confidenti) 198, 326, 517; altra (senza nome) 199, 326, 521
FIGINO, Gabrio (pittore) 346
Figliol prodigo *Vedi:* CINQUANTA, Benedetto
FIGUEROA *Vedi:* SUAREZ DE FIGUEROA Y CORDOVA, Gomez
Filarmindo *Vedi:* CAMPEGGI, Rodolfo; MORANDO, Bernardo
FILIPPI, Claudio. *Capriccio poetico* (1640) 456, 521
FILIPPINO, Giacomo (musico) 198
Filippo *Vedi:* ASBURGO
Filippo III l'Ardito (re di Francia) 98
Filli di Sciro *Vedi:* BONARELLI, Guidobaldo de'
Fillide (ninfa) 99
Finale (marchesato) 32
Finta pazza *Vedi:* STROZZI, Giulio
FIORILLO, Giovanni Battista (Trappola) 100, 383; sua compagnia 108
Silvio (Capitan Mattamoros, Pulcinella) 108, 193, 385, 506, 521; comico Acceso 465
L'Amor giusto (1605, 1627) 193, 450, 451, 501, 512
La cortesia di Leone e di Ruggiero (1624) 193, 457, 511, 514
La Ghirlanda (1611) 193, 462, 477, 504
La Lucilla costante (1632) 193, 465, 515
Li tre capitani... (1623) 193, 477, 511
Il mondo conquistato (1624, 1627) 193, 468, 511
FIORIO, Maria Teresa. *Ospedale*... (1988) 17
Firenze 42, 48, 75, 77, 102, 225, 231, 386, 534
stampatori *Vedi:* Alle Scalee di Badia; SABATINI, F.; SERMATELLI; TIMAN, Volcmar
Vedi anche: archivi; biblioteche
Flaminia *Vedi anche:* CECCHINI, Orsola
Flaminia schiava *Vedi:* CECCHINI, Pier Maria
Flaminio 340 *Vedi anche:* FABBRI, Giovanni Paolo
flauto 100, 105, 106, 113, 115, 117, 173, 180, 186, 381, 485
a sette canne 99*, 101, 153
Flavia *Vedi:* LUCIANI, Margherita
Flavio *Vedi:* SCALA, Flaminio
Flores d'Avila, marchesa di 257
Floridano il Costante (cavaliere in torneo) 83
Florinda *Vedi:* RAMPONI, Virginia
Florinda *Vedi:* ANDREINI, Giovanni Battista
FOLCO, Girolamo 467
fondazioni *Vedi al nome*
fondi *Vedi:* BENVENUTO, Francesco; BIANCONI, Carlo; FAGNANI, Raffaele; FERRARIO, Bernardino; SILVESTRI, Ludovico Settimo
Vedi anche: libretti (collezioni)
FONSECA, Giovanni 312

FONTANA, Donato (stampatore) 455
FORCELLA, Vincenzo. *Milano nel secolo* XVII... (1898) 513
FORMENTINI, Marco. *Libello famoso contro la città di Milano*... (1878) 35, 36, 76
FOUCAULT, Michel. *Histoire de la folie à l'âge classique*... (1961) 71
Fragiletta 341
FRANCESCHINI (stampatore, Verona) 540
Francesco *Vedi:* ESTE; GONZAGA
Francesco Saverio, santo *Vedi:* XAVIER
Francesco di Sales, santo 30
Francia 6, 41, 45, 90, 132, 134, 300, 421, 505, 506, 510; re (imprecisato) 126
FRANCO, Giovanni Antonio (incisore) 259*, 530, 526
Frias, duca di *Vedi:* FERNANDEZ DE VELASCO, Pedro
Frigia 192
Frittellino *Vedi:* CECCHINI, Pier Maria
Fuensaldagna, conte di *Vedi:* PEREZ DE VIVERO, Alfonso
Fuente, marchese della 526
Fuentes, conte di *Vedi:* ENRIQUEZ DE ACEVEDO
funerali *Vedi:* occasioni celebrative: esequie
fuochi artificiali 79, 87, 88, 192, 259*, 286-291, 378, 380, 381, 423, 497, 500, 503, 505, 514, 526, 527 *Vedi anche:* bombarderi
Furie 149
FURNIO, Giorgio (notaio) 334

G

Gabineto (comico) 340
GABRIELI, Camillo de' (musico) 88, 281, 436
GABRIELLI, Giulia (Diana) 117, 136, 216, 224, 232, 340, 383, 384, 523
  Francesco (Scapino) 100, 104*, 105, 110*, 111, 114, 115, 117, 134, 136-137, 196, 224, 232, 383-386, 391*, 392, 518, 535*
  Gli strumenti di Scapino 136, 508
  Vedi anche: Aria di Scapino
GALARA *Vedi:* GALLARATE
GALIZI, Fede (pittrice) 52
  Nunzio (pittore) 25, 47, 51, 52, 84, 274
GALLARATE, Giovanni Tommaso (questore) 303-305, 307
galleria *Vedi:* Palazzo Reale
GALLO *Vedi:* CERRACHI DEL GALLO
GAMBI, Lucio *Vedi: Città nella storia*
GARAVAGLIA, Ioseph (incisore) 24
GARAVINI, Girolamo (Capitano Rinoceronte) 108
GARDANO (stampatore, Venezia) 134, 540
GAREFFI, Andrea. *Tragedie (Della Valle)*... (1988) 464, 472
GARIBOLDI, Dionisio (stampatore) 452, 544
  Roberta *Vedi: Allegrezze per il «Dies Natalis»*
GATTICI, Francesco Girolamo. *La bizaria di Pantalone* (1622) 454, 511
  La confusione dell'ostinato... (1626) 456, 512
  Le disgrazie di Burattino (1623) 457, 511
  Mathidia (1625) 467, 512
  Le pazzie giovanili (1621, 1629) 471, 510, 514
  Gli pensieri fallaci (1621) 471, 510
GAUFRIDO (marchese) 525
GAVIRATE, Ercole (mastro) 279
  Innocenzo (mastro) 122, 156, 159, 163-166, 285, 286, 299, 301, 302, 306
«Gazzetta di Milano» 231, 523, 525, 526, 527
Gelosi *Vedi:* compagnie
generi drammatici *Vedi:* azione; commedia; egloga; favola pastorale; opera in musica; sacra rappresntazione; tragedia; tragedia spirituale; tragicommedia
Genova 225, 227, 228, 385
GENOVESE, Ottavio 40
Genovesino *Vedi:* ROVERIO, Bartolomeo
GERARDINI *Vedi:* GHERARDINI
Gerusalemme liberata Vedi: TASSO, Torquato
Gesuiti *Vedi:* Società di Gesù
GHERARDINI, Melchiorre 16, 18, 20, 39, 125, 129, 141, 194, 196, 197, 201*, 205, 206,

segue: Gherardini, Melchiorre
210, 245, 258, 345*, 346, 347*-364*, 514, 516, 518, 519
Ghidiglia Quintavalle, A. *Cristoforo Munari...* (1964) 534
Ghirlanda *Vedi:* Fiorillo, Silvio
ghironda 114
Ghisi *Vedi:* Cibo Ghisi
Ghisolfi, Filippo (stampatore) 194, 228, 371, 449, 452, 453, 455, 456, 463, 470, 475, 477, 519, 543
Giacinto *Vedi:* Alessandro, Giacinto
Giacobbe 245, 247*
Giacobbi, Girolamo. *Dramatodia* (1608) 184
Giacomo i *Vedi:* Stuart
Giannazzo, Giovanni (mastro) 278
Giannessi, Ferdinando. *La letteratura dialettale...* (1958) 5
Giasone *Vedi:* Cicognini, Iacopo
Giazotto, Remo. *Musurgia nova...* (1959) 400
Gilardino *Vedi:* Gherardini 197, 518
Giostra grega 83
giostre 86, 126, 190, 281-283, 285, 286, 293, 323, 376, 341, 371, 375-377, 429, 433, 453, 500, 502, 504, 512, 514, 518, 521-523, 527; a carico della città 36; occasioni (1605-6) 78-85, (1611) 119-120; (1630) 192-193; (1641) 199; cavalieri in torneo *Vedi:* Aquilante; Bradamante dalla Lancia d'Oro; Clorinda; Dalindo; Fedele; Fiamme; Fidandro; Floridano; Grifone; Olimpico; Serpe
Giovanna *Vedi:* Aragona
Giovanni Battista [?] 462
santo 454
Giove 82, 153, 360, 381
Girardino *Vedi:* Gherardini
Giron *Vedi:* Tellez Giron
Gironi, Robustiano. *Pinacoteca...* (1833) 532
Giuditta *Vedi:* Anguissola, Antonio Maria
Giunone 368
Giuochi di Marte *Vedi:* Soranzo, Giovanni
giuramento di fedeltà *Vedi:* occasioni celebrative
Giussani, Giuseppe (impresario) 425
Giustina *Vedi:* Morone, Antonio Cataldo
Glorie d'amore (1648) 463, 525
Goano, Pier Francesco. *Antigono tradito* (1621) 452, 510
Gondi *Vedi:* Baron de' Gondi
Gonzaga 75
Carlo ii 421
Eleonora (figlia di Vincenzo i) 421
Eleonora (figlia di Carlo ii) 421
Ferdinando (duca di Mantova 1612-26) 103, 454, 461, 464, 465
Ferrante (principe di Molfetta, governatore) 439*
Francesco 132
Vespasiano 90
Vincenzo i (duca di Mantova 1587-1612) 90, 421, 423
Gor.[s] [?] 336
Gorgoni 210
Gosellini, Giuliano 52
governatori 418-419, 420, 439*-441*
Gozzoli, M. Cristina *Vedi:* *Città nella storia*
grancancelliere 420 *Vedi anche:* Ferrer, Antonio; Briceno Ronquillo, Antonio; Quijada, Gerolamo; Salazar, Diego
Grancini, Michelangelo 198, 228, 526
Grandis, Sonia. *Teatri di sontuosissima...* (1995) x, 32, 185, 496, 504, 509, 522
Il teatro della morte... (1990) x
Graphische Sammlung *Vedi:* pinacoteche
Grasso, Alessandro (questore) 310
Ambrosio (pittore) 330
Grasso Marino (contrascrittore) 318, 320-325, 330, 334, 335, 337-341
Gravedona, Giacomo Filippo (ballerino) 371
Graves, Robert. *Greek myths...* (1955) 82, 153
Graziano 458; come 'Dottor Graziano' *Vedi:* Rivani, Giovanni
Green, Henry. *Andrea Alciati...* (1872) 530

Grifone (cavaliere in torneo) 83
Grigioni *Vedi:* Svizzera
Grillo 385
GRIMANI, Luigi (vescovo di Bergamo) 213
GROSSO, Girolamo (pittore) 40
GROTO, Luigi (Cieco d'Hadria). *L'Hadriana* (1619) 463, 508
Guadalquivir (fiume) 445
GUALA, Giovanni Battista. *Le ferite infelici* (1625) 459, 512
GUALDO PRIORATO, Galeazzo 7
Relatione della città... (1666) 20, 26, 356
GUARINI, Giovanni Battista. *Il pastor fido* (1600) 470, 498, 522
GUERIGLI, Paolo (stampatore, Venezia) 75
GUIDERLOTTO, Federico 198, 344, 436
GUINIZZONI DA LUCCA, Alessandro. *Musiche... per la Maddalena* (1617) 134, 465
GUZMAN, Antonio de (marchese d'Ayamonte, governatore) 439*
Diego Felipe de (marchese di Leganès, governatore) 197, 419, 213*, 214, 337, 361*, 362, 441*
GUZMAN PONZE DE LEON, Luis (governatore) 441

H

Hadria *Vedi:* Adria; GROTO, Luigi
Hadriana *Vedi:* GROTO, Luigi
Haro, conti di *Vedi:* FERNANDEZ DE VELASCO, Bernardino e Inigo
Hermenegildus *Vedi:* TESAURO, Emanuele
HERRICO *Vedi:* ERRICO
Hinojosa, marchese della *Vedi:* MENDOZA
HOGEMBERG, Franz (cartografo) 24, 61
HOMODEI, Giovanni Battista (questore) 330, 338, 341

I

Iberia 388 *Vedi anche:* Spagna
Idilli della passione (1632) *Vedi:* CINQUANTA, Benedetto
Idilli di diversi ingegni (1618) 132, 507
Ignazio, santo *Vedi:* LOYOLA, Ignazio
Imeneo 388
IMPERIALE, Giovanni Battista ('fontanaro') 321
impresari teatrali *Vedi:* Real casa delle Vergini Spagnole
imprese (iscrizioni) 82, 83, 168, 170, 209-212, 247, 248, 251, 287, 499
Improvviso (accademico) *Vedi:* PASTROVICHI, Luca
INCARNATINI (casa) 67, 100
Incogniti *Vedi:* accademie
Indie 243
infante di Spagna *Vedi:* ASBURGO, Baldassarre Dominico, Ferdinando, Filippo IV, Isabella
Infermità, testamento e morte... (1638) 112, 137, 383-386, 391*, 392, 405*, 408
Infuocati *Vedi:* accademie
Inganni *Vedi:* CORNACCHINI, Domenico; SACCO, Nicolò
ingegnere camerale *Vedi:* Regia Camera
Inghilterra 127, 421
ingressi *Vedi:* occasioni celebrative
Ingressi solenni... (CENZATO-ROVARIS 1994) 228, 231, 237, 496, 526
Inojosa, marchese della *Vedi:* MENDOZA
Innocenzo XI *Vedi:* ODESCALCHI, Benedetto
Inquieti *Vedi:* accademie: Inquieti
inquisitore *Vedi:* SEGHIZZI, Michel'Angelo
Insubria *Vedi:* Lombardia
intavolature 393-412 *Vedi anche:* notazione
intermedi per...
Arminia *Vedi:* SCHIAFFENATI, Camillo
Bragato (*Vedi*)
Filarmindo *Vedi:* MORANDO, Bernardo
Filli di Sciro *Vedi:* BONARELLI, Guidobaldo
Giuditta *Vedi:* ANGUISSOLA, Antonio Maria
Giustina *Vedi:* MORONE, Antonio Cataldo
Maddalena convertita *Vedi:* CINQUANTA, Benedetto
Natività del Signore *Vedi:* CINQUANTA, Benedetto

segue: intermedi per...
Resurretione di Christo *Vedi:* CINQUANTA, Benedetto
Sdegno d'Erode *Vedi:* TORRE, Carlo
Silvia *Vedi:* VELLI, Leonardo
Intrigo *Vedi:* VERALDO, Paolo
Irena *Vedi:* MORONE, Antonio Cataldo
Iride 483, 484
Isabella (comica) 383
Isabella *Vedi:* ARAGONA, Borbone
Isabella di Portogallo 421
iscrizioni *Vedi:* imprese
ISELLA, Dante xiv, 2
Rabisch (di Lomazzo)... (1993) 8, 38, 40
Isola Bella (lago Maggiore, Stresa) 7 *Vedi anche:* archivi: Borromeo
Issione 149
Istituto Donizetti *Vedi:* biblioteche: Liceo musicale (Bergamo)
Italia del Settecento... (CARPANETTO-RECUPERATI 1986) 8
Iudit *Vedi:* DELLA VALLE, Federico
IVALDI, Armando Fabio. *Gli Adorno...* (1980) 134, 227, 228, 523, 524

J

JEPPESEN, Knud. *Über einigen unbekannte Frottolenhandschriften...* (1939) 400

K

KENDRICK, Robert L. *Celestial Sirens...* (1996) 49, 85, 228, 537
KIRCHER, Athanasius. *Musurgia universalis...* (1650) 100, 101, 534
KIRKENDALE, Warren. *L'Aria di Fiorenza...* (1972) 409, 410
Ancora sull'Aria... (1996) 409

L

LAFRÉRY, Antonio (cartografo) 24, 25, 61, 62
LALLI, Giovanni Battista 463
LAMAGNA *Vedi:* ALAMANNI, Basilio
LAMBERTI *Vedi:* ARCONATI LAMBERTI
LAMBRUGO, Giovanni Battista (musico) 188, 198
Lamentatione che fanno Beltram... (1630) 513
LAMPUGNANI, Agostino (Gio. Sonta Pagnalmino). *Della carrozza da nolo* 20
Della carrozza di ritorno 20
Giovanni Battista (incisore) 167*, 168, 169*, 177*-181*
Giovanni Francesco (incisore) 173*-176*,
LANDOLFI, Domenica *Vedi:* *Comici dell'Arte...*
LANDOLI, Bernardo 451
LANDRIANI (vescovo di Pavia) 380
Francesco (vicario di Provvisione) 323
Orazio 180
Paolo Camillo (il Duchino) 40, 84, 134, 506
LANTONI, Bernardino (stampatore) 83, 541, 542
Carlo (stampatore) 459, 460, 469, 470
Giacomo (stampatore) 458, 459
LANZA, Domenico *Vedi:* *Teatro ferrarese...*
LARA, Antonio (segretario) 305
Cristoforo (cristoforo) 324, 326
LA ROCCA, Patrizia. *La danza...* (1990) 44
LASAGNA, Giovanni Pietro (scultore) 191
LATUADA, Serviliano. *Descrizione di Milano...* (1738) 59, 125
laudi spirituali 400
Laudicea, vescovo di *Vedi:* BINAGO, Girolamo
LAURENZIO, Cesare (incisore) 143*, 148, 150
Lavinia *Vedi:* ANTONAZZONI, Marina Dorotea
Leandro *Vedi:* RICCI, Benedetto
Leganès, marchese di *Vedi:* GUZMAN, Diego Felipe
LEGGE, Adriano de 474
LEYVA, Antonio (principe d'Ascoli, governatore) 264, 439*
Diego 300
Lelio *Vedi:* ANDREINI, Giovanni Battista
Lelio bandito *Vedi:* ANDREINI, Giovanni Battista
LEON *Vedi:* GUZMAN PONZE DE LEON

Leon (Spagna) 312
Leone xi *Vedi:* Medici, Alessandro de'
Leonora 383
Leopoldina del Tirolo 525
Leopoldo *Vedi:* Asburgo
Lercano, Francesco *Vedi:* Cibo Ghisi, Innocenzo
Lerma, duca di 129, 317
Lesure, François xvii
Lesinanti *Vedi:* accademie: Affumicati Lesinanti
Leti, Gregorio 234
Lettere *Vedi:* Andreini, Isabella
Leva *Vedi:* Leyva
levadenti *Vedi:* ciarlatani: cavadenti
Levi Pisetsky, Rosita. *Le nuove fogge e l'influsso della moda...* (1958) 20
Libano, monte 196, 452, 518
Libero arbitrio *Vedi:* Tesauro, Emanuele
libretti (collezioni) 9, 236, 447, 448
licenze *Vedi:* comici
Lione 95; stampatori 541
Lippolis, Valeria 449
lira (strumento) 114, 174
 da gamba 112
Litta, Alfonso 173
 Agostino 193
 Lucia *Vedi:* Cusani Litta
 palazzo *Vedi:* Arese, Bartolomeo
Litterae Annuae... MDCI (1618) 374, 499
Litterae Annuae... MDCII (1618) 375, 499
liuto 105, 107, 175, 186, 385, 394, 395, 491, 529, 530, 533
Livia (comica) 383
lizza *Vedi:* giostra
locande *Vedi:* osterie
Locarni, Pietro Martire (stampatore) 77, 454, 458, 459, 468, 469, 540, 541
Locatelli, Marco 474
 Pietro Antonio (fondazione) xiv
Lodi, vescovo di *Vedi:* Seghizzi, Michel'Angelo
Loggia del Papa (stampatore, Siena) 456
Lomazzo, Filippo (stampatore) 450
 Giovanni Paolo (pittore) 8
Lombarda, Giulia 469
Lombardia 5, 108; Ammistrazione archivi privati 8; Insubria 40, 76
Lonati, Antonio (impresario) 148, 234, 238, 425; dal 1627 al 1676 amministratore del teatro di corte 222-223; detto 'impresario delle sedie' 215, 329; contratti (1641) 144, 217; (1646) 144, 217-222, 331-333; versa alla Casa delle Vergini una quota mensile 216, 217; in società con Casati 217, 331-333; sceglie le compagnie 222, 331; possibili rapporti con Genova 228; erroneamente ritenuto responsabile del salone di corte 11
 Ascanio (impresario) 236, 425
Londra 531
Longhi, Roberto 537
 I pittori della realtà... (1953) 534
Longonus (segretario) 267-269, 272, 276-278
Lopez de Mendicorroz, Fermino (questore) 156, 160, 162, 302-305, 307
 Observaciones de la vida del connestabile... (1625) 38, 40, 368, 496
Lorena, Carlo Enrico (principe di Vaudemont, governatore) 125
Lori, Benedetto 451
lotti 72, 131, 216, 217, 331-333
Loyola, Ignazio (santo) 150, 168-171, 174, 185, 191, 192, 374, 378, 510, 531
Lucca 134, 231
Lucchese, Angelo 67, 89, 90
Luciani, Margherita (Flavia) 108
Lucifero 484, 489-492
Lucilla costante *Vedi:* Fiorillo, Silvio
Lucino, Francesco 389
Luigi *Vedi:* Borbone
Lunati *Vedi:* Lonati
luoghi di spettacolo 67; privati 90
 Vedi anche: Incarnatini; Lucchese, Ange-

segue: luoghi di spettacolo
lo; Palazzo Reale; piazze: Mercanti; strade: Solada; teatri
«luogo solito» *Vedi:* Palazzo Reale
Lurago d'Erba (Como) 448

M

Maddalena *Vedi:* ANDREINI, Giovanni Battista
Maddalena lasciva e penitente *Vedi:* ANDREINI, Giovanni Battista
Maddalena convertita *Vedi:* CINQUANTA, Benedetto
MADERNO, Vincenzo (mastro) 286-287, 291
Madrid 33, 35, 70, 76, 189, 196, 214, 324, 445, 496
maestro di cerimonie 126, 321, 526 *Vedi anche:* CICOGNA, Giuseppe; TRENTINO, Benedetto
Maga fulminata *Vedi:* FERRARI DELLA TIORBA
MAGAUDDA, Ausilia *Vedi:* *Feste e cerimonie...*
MAGGI, Carlo Maria 2
Bianca di Castiglia (1676) 222
Magistrato camerale 156, 213*, 214, 257*, 296, 420, 435
ordinario 155, 156, 286, 291, 316, 420, 433-435; restauri di palazzo 264, 267-269, 278, 334, 337, 340-342; lavori nel salone 122, 268, 269, 278-280, 284, 291-293, 299-301, 303-309, 321, 330, 337-339; soldo a comici, musici, artigiani 272, 276, 278, 281, 285, 310, 318-320, 322-324, 343; palco delle commedie (1612) 157-166, 302, 306; ripari al tetto del teatro (1644) 220, 327 *Vedi anche:* uffici governativi
- presidenti 156, 272 *Vedi anche:* ARESE, Giulio; BOSSI, Simone
- questori 257, 331 *Vedi anche:* BRIVIO, Cesare; GALLARATE, Giovanni Tommaso; GRASSO, Alessandro; HOMODEI, Giovanni Battista; LOPEZ DE MENDICORROZ, Fermino; PIROVANO, Filippo; SALVATERRA, Giovanni; VILLODRE, Giovanni Battista
straordinario 156, 257*, 420
MAGLIETTI, R. (stampatore, Venezia) 456
Magueda *Vedi:* Maqueda
MAINERIO, Giorgio. *Il primo libro de balli...* (1578) 395
MAIOLI, M. *Descrittione delle allegrezze fatte in Milano...* (1634) 517
Nicolò (stampatore) 543
MALAGUZZI, P. Maria 451
MALAGUZZI VALERI, Francesco. *Pellegrino Pellegrini...* (1901) 68, 428
MALATESTA (famiglia di stampatori)
Carlo Antonio 455, 470, 471, 477
Gerolamo (erede Melchiorre) 205, 458, 464, 472, 542
Giovanni Battista 133, 255, 454, 460, 465, 466, 467, 470, 471, 472, 544
Giulio Cesare 133, 255, 466, 470, 471, 544
Marc'Antonio Pandolfo 545
Marco Tullio 83
Melchiorre 205, 458, 464, 472, 473, 542
Pandolfo 83, 450-451, 454, 462, 466, 468, 471, 473, 474, 475, 477, 510, 540
Paolo Pandolfo (erede Melchiorre) 205, 458, 464, 472, 542
? (stampatore, Vigevano) 542
Malcantone *Vedi:* strade
MALLONI, Maria (Celia) 136, 383, 508
MANARA, Curzio (architetto) 231, 232, 527
mandati di pagamento 433-435
MANDELLI, Giacomo (conte) 192
Tazio (vicario di Provvisione) 35, 265
mandola 107, 385, 533
mandolino 105, 107, 112, 113
MANDRUZZO, Cristoforo (cardinale, governatore) 439*
MANGONE, Giovanni Battista 314
Fabio (ingegnere collegiato) 123, 141, 307, 314-316, 346, 504

manifestazioni *Vedi:* Esposizione Musicale
Manlio Vedi: Argomento... Manlio
MANNELLI, Francesco 224, 225, 522
MANNI, Pietro 143★
«mantenitore» 84, 86
MANTICO, Antonio Maria (ballerino) 371
Mantova 43, 47, 75, 90, 132, 133, 423
  ambasciatori *Vedi:* BELLONI, Nicolò e Lelio
  duca di *Vedi:* GONZAGA
  duchessa 423
  Vedi anche: archivi
Manuel di Portogallo *Vedi:* Emanuele I
MANZOLI, Giuseppe 455
MANZONI, Alessandro. *I promessi sposi* 5, 101, 424
Maqueda, duca di 257
MARABOTTINI, Alessandro 133
MARAVALL, José Antonio. *La cultura del Barroco...* (1975) 71, 190, 413
MARCANDALLI, Carlo XIV
Marcello in Siracusa Vedi: NORIS, Matteo
Marco Antonio *Vedi:* ANTONIO, Marco
MARELLI (stampatore) 466
Margherita *Vedi:* ASBURGO
Margherita Maria Teresa *Vedi:* ASBURGO
Maria *Vedi:* ARAGONA; ASBURGO; TUDOR; VALOIS (Borgogna)
Maria Anna *Vedi:* ASBURGO
Maria Anna di Baviera 421
Maria Francesca (comica) 226, 336
Marinetta (comica) 341
MARINI, Biagio 198, 339, 436
MARINO 461; palazzo 27★, 61, 170
Mario (comico) 108
MARIOTTI, F. 510
MARITI, Luciano. *Commedia...* (1978) 185, 447
MARLIANI (conte) 195
  Luigi 286, 289
Marte (Ares) 82
MARTINELLI, Caterina 75
  Tristano (Arlecchino) 132, 135, 136, 507, 509

MARTINENGO, M. Angelo 451
MARTINI, Angelo. *Manuale di metrologia...* (1883) 38, 123, 282
mascherata 15★, 18, 19★, 126, 348★, 372, 423, 505, 513 *Vedi anche:* occasioni celebrative: carnevale
Mascherate Vedi: VERALDO, Paolo
maschere 15-19, 348-349 *Vedi anche:* comici
MASSARA, Giovanni Battista ('fontegaro') 318
Massimiliano *Vedi:* ASBURGO
Mattia *Vedi:* ASBURGO
Mathidia Vedi: GATTICI, Francesco Girolamo
MATIOLI, Giulio (musico) 219, 526
matrimoni *Vedi:* occasioni celebrative
Mattia *Vedi:* ASBURGO
MAZENTA, Giovanni Ambrogio 37
  Guido 37 *Vedi anche: Apparato fatto...*
MAZONE, Cesare 346
MAZZA, Fernando. *I pesi monetari...* (1982) 430
MAZZARINO, Giulio (cardinale) 194, 219
MEDA, Giacomo Maria (stampatore) 83, 456, 542
MEDICI (de'), Alessandro (papa Leone XI) 78
  Giovanni 134, 136, 196, 461
  Lorenzo 348
  Mattias 199
medico siciliano 424
MEER *Vedi:* VAN DER MEER
Melegnano 16, 17
MELFI, Giuseppe (protofisico) 424
MELZO, Antonio Maria 175
MENA, Lorenzo de (segretario) 336, 338
MENDICORROZ *Vedi:* LOPEZ DE MENDICORROZ
MENDOZA, Juan de (marchese della Hinojosa, governatore) 132, 134, 298, 155, 163, 299-301, 309, 418, 440★, 505; ingresso 127-128, 504; ordina restauri al salone di corte 122-124, 299, 303-306, 308
MENOCHIO, Giovanni 267-269, 272, 278, 279
  Vedi anche: Munizioni e lavori (ufficio): tesoriere
Mercurio 153, 255

MERSENNE, Marin. *Harmonie universelle...* (1637) 94, 112, 114
MESSINA, Antonio (musico) 198
MEZZANOTTE, Gianni. *Gli architetti...* (1961) 37
Paolo. *Apparati...* (1915) 206, 208, 516
L'architettura milanese... (1957) 37
Costruzioni e vicende... (1915) 9, 10, 11, 31, 37, 39-41, 46, 60, 123, 141, 229, 233, 236, 269, 497
Raccolta Bianconi... (1942) 55, 206
Mezzettino *Vedi:* ONORATI, Ottavio
MIARI, Alessandro 462
Michelangiolo di Napoli (minore Osservante) 474
Michele, arcangelo 488, 492, 493
Milano *passim* *Vedi:* archivi; arma; biblioteche; Brera; Arcivescovato; Castello Sforzesco; chiese; Duomo; manifestazioni; musei; Ospedale Maggiore; palazzi privati; Palazzo Reale; piazze; pinacoteche; porte; scuole; stampatori; strade; teatri
MINAGGIO, Dionisio (giardiniere) 18, 93, 94, 105, 106, 112
Codice Minaggio (1618) 93*, 104*, 105-108, 109*
MINARDI, Gian Paolo. *Marini...* (1986) 198
Minori Osservanti *Vedi:* CINISELLO, Michele; CINQUANTA, Benedetto; MORONE, Cataldo Antonio
Minosse 153
Miracolo del SS. sacramento *Vedi:* BERNARDINI, Girolamo
Miribia *Vedi:* CIBO, Innocenzo
Mirtilla *Vedi:* ANDREINI, Isabella
MISCHIATI, Oscar *Vedi: Piccinini Alessandro...*
misura, unità di 432 *Vedi anche:* monete
Modena 326, 517 *Vedi anche:* biblioteche
duca di *Vedi:* ESTE, Francesco I
Molfetta, principe di *Vedi:* GONZAGA, Ferrante
MOLINA, Angelo Maria ('fontegaro') 318
monasteri *Vedi:* chiese
Mondo conquistato *Vedi:* FIORILLO, Silvio
moneta (sistema) 430-431
Monferrato 124, 199
Mongibello *Vedi:* Etna
Montalto *Vedi:* DONEDA, Stefano
monte celebrativo con fuochi 79, 500 *Vedi anche:* Ararat; Atlante; Etna; Libano; Olimpo; Parnasso
Monte di S. Francesco *Vedi:* Tesoreria
Monte Libano *Vedi: Argomento... Monte Libano*
MONTECCHI, Giorgio 449
MONTEVERDI, Claudio 48, 49, 188
Madrigali 85
Musiche... per la Maddalena (1617) 134, 465
Vedi anche: Arianna; Orfeo
MONTI 277
Antonio *Vedi: Tre secoli di vita milanese*
Cesare (arcivescovo) 196, 213*; arcivescovo (1633) 210, 211*, 212, 353; cardinale (1634) 209*, 210, 517; ingresso (1635) 196, 210, 201*, 351, 353, 354, 358*, 452, 453, 518; funerali (1650) 16, 345*, 346, 349, 363*, 364, 444*, 445
MONTI CURLETTI, Antonia. *Compendioso catalogo...* (1667) 40-41, 439*-441*
montinbanchi *Vedi:* ciarlatani: saltimbanchi
Montreal *Vedi:* biblioteche
MONZA, Lodovico (stampatore) 449, 451, 544, 545
MORANDO, Bernardo 184
L'Aurora ingannata (1605) 183, 184, 460, 510
Poesie drammatiche (1662) 184
Giulio (mastro) 221, 329
MORAZZONI, Giuseppe. *Il Duomo...* (1919) 354
MORELLI, Giovanni XIV
MORONE, Antonio Cataldo (minore Osservante detto Francesco Bonaventura da taranto). *La Giustina* (1617) 463, 507
L'Irena (1627) 464, 512
Il mortorio di Christo (1612, 1515) 468-469, 505, 506
Francesco 346

MORONI, Angela 449
Morte del re di Svezia Vedi: CHIESA, Giacomo Maria
MORTIER, Pierre. *Nouveau Théâtre d'Italie...* (1704) 63
Mortorio di Christo Vedi: MORONE, Antonio Cataldo
MOSCA, M. *Vedi: Città «trasformata»...*
Mosè 179
MOUSNIER, Roland 4
MULAZZANI, Germano. *Carlo francesco Nuvolone...* (1973) 532
MUNARI, Cristoforo 100, 101, 113, 534*
Munizioni e lavori (ufficio) 156, 119, 160, 267
  commissario generale 122, 134, 157-159, 161-166, 220, 267, 268, 272, 275, 278-280, 284, 285, 286, 292, 293, 299,'300, 303-306, 318, 323, 327, 330, 331, 335, 341-343, 433, 435 *Vedi anche:* RUBINO, Giovanni Battista; SALAZAR, Giovanni
  soprastante 157, 162, 163, 285, 310, 433, 434 *Vedi anche:* BALDOVINO, Francesco; PRESTINO, Francesco
  tesoriere 307 *Vedi anche:* CARCANO, Ermes; MENOCHIO, Giovanni; VILLA, Giovanni Paolo
MUONI, Damiano. *Collezione d'autografi...* (1859) 34, 422
Muse 39, 173
musei *Vedi anche:* archivi, bibliteche, pinacoteche
  Civica raccolta di strumenti musicali del castello Sforzesco 533, 537
  Civico medievale (Bologna) 101, 113, 115
  di Milano XVI, 1, 15, 16, 17, 20, 22, 63, 349
  di Scienze naturali 106
  Settala 113, 150
  Teatrale alla Scala 96
Museo teatrale alla Scala... (1975) 96
Museo di Manfredo Settala... (1983) 101
musette 114
Musica tolta da madrigali Vedi: COPPINI, Aquilino
musici 88, 106-109, 185, 197-198, 268, 276, 278, 281, 311, 323-324, 343, 344, 357, 378-380, 391, 399, 436 *Vedi anche:* BIGLIA, Melchiorre; chiese: Santa Maria alla Scala; Duomo: cappella; Febiarmonici; Palazzo Reale: cappella; Pietr'Antonio; Vigevano

N

Napoli 70, 184, 185, 225, 231, 245, 251*, 385
  Vedi anche: Clemente da Napoli
Narciso 483
nascite *Vedi:* occasioni celebrative
Natività del Signore Vedi: CINQUANTA, Benedetto
NAVA, Giovanni Angelo (stampatore) 471
NEGRI, Cesare (il Trombone). *Le gratie d'Amore...* (1602) 45-48, 371-373, 393-399, 496-498, 505
  Nuove inventioni di balli... (1604) 395
NEGRO, Giovanni Battista 450
Nella famosa rappresentazione (sonetto) 136
NELLI, Ercole 232, 336, 339, 340; sua compagnia 217, 232, 336, 339, 340, 525-527
  Angela 232, 339, 340
Nemesi 445
NERI, Filippo (santo) 30
NERLI, Francesco (ambasciatore del duca di Mantova) 454, 464
Nerone, Il 231
Nettuno 82
Neuburg 198 *Vedi anche:* ASBURGO, Eleonora Maddalena
Nicea, concilio di 245, 248
NICODEMI, Giorgio. Alcune ignote acqueforti... (1622) 352, 353
NICOLINI, Fausto. *La peste del 1629-1632...* (1957) 47, 189, 193

NIGUARDA, Taddeo (accademico Incognito) 85
Ninfa avara Vedi: FERRARI DELLA TIORBA
NOBILI, Orazio 94
Vittoria (Ricciolina) 93*, 94
NORIS, Matteo. *Marcello in Siracusa Vedi (1670)* 222
Il re infante (1686) 236
notazione 108, 394
Nouburg, duca di 322
Novara 226, 310, 335
NOVATI, Francesco. *Milano prima e dopo la peste...* (1912) 90
Nuove Costituzioni 157
Nuovo Vogel... (1977) 532
NUVOLONE, Alessandro (musico) 532
Camilla 532
Carlo Francesco (pittore) 191, 243, 531*, 532-533
Dorothea 532
Giovanni Battista (pittore) 532, 533
Giuseppe Baldassarre (pittore) 532, 533
Marta 532
Massimiliano (musico) 532
Michclangelo (pittore) 532, 533
Isabella 532
Panfilo (pittore) 170, 191, 531

O

ocarina 113, 117, 534
occasioni celebrative
allegrezze 506, 520; elezione di Monti (1634) 209*, 210, 517; elezione di Ferdinando III (1637) 197, 361*, 362, 519; genetliaco di Filippo IV (1641) 521
canonizzazione di S. Carlo (1610) 87-88, 286-291, 503; dei SS. Ignazio e Saverio (1621) 185-188, 378-380, 510
carnevale 1, 16-18, 126, 127, 234, 322, 349; (1609) 281-283, 285-286, 502; (1611) 119-120, 291-293, 504; (1613) 127, 505; (1617) 507; (1624) 127, 511; (1627) 512; (1629) 514; (1630) 127,
segue: occasioni celebrative: carnevale 192-193, 514; (1635) 518; (1640) 521; (1641) 199; (1644) 522; (1646) 523; (1647) 524
esequie X, 32, 344; Filippo II (1598) 496; regina Margherita (1611) 504; Filippo III (1621) 185, 310, 311, 509; arcivescovo Borromeo (1631) 515; regina Isabella (1644) 197-198, 522; Baldassarre d'Asburgo (1647) 524; arcivescovo Monti (1650) 363*, 364
giuramento di fedeltà a Filippo III (1598) 496; a Filippo IV (1621) 310, 509
ingressi: regina Margherita (1598) 31-45, 265-266, 371, 496-497; arciduchi d'Austria (1599) 45-50, 269-273, 372-374, 393-399, 497; governatore (1612) 504; governatore (1629) 317, 513; regina d'Ungheria (1630, non avvenuto) 192-193, 195, 514; cardinale infante (1633) 194-195, 206*, 207*, 208, 352*, 382, 516; arcivescovo Monti (1635) 196, 201*, 211*, 212, 358*, 518; regina Maria Anna (1649) 228-232, 239*-258*, 337-342, 387-389, 526
matrimoni: Isabella-Filippo IV (1615) 134, 309, 506; Leopoldina-Ferdinando III (1648) 525; Tebes-Talento (1649) 526
nascite: Anna Maria Maurizia (1601) 499; Filippo IV (1605) 78-85, 376-377, 500; figlio del governatore (1612) 299, 505; Baldassarre Dominico d'Asburgo (1629) 189-193, 203*, 204*, 205, 317-323, 381-382, 513-514
visite: cardinale Cusani (1598) 496; cardinale Aldobrandini (1601) 499; cardinale infante (1623) 511; cardinale Trivulzio (1632) 515; opere pie 22, 69, 70-72, 426 *Vedi anche:* Real casa delle Vergini
Vedi anche: festa; giostra
ODDONI, Giovanni Battista. *L'Edemonto* (1621) 458, 510

ODESCALCHI, Benedetto (papa Innocenzo XI) 16, 18
Olimpico (cavaliere in torneo) 83
Olimpo (monte) 196
Olivetta *Vedi:* CIMA, Isabella
Omero 173
ONORATI, Ottavio (Mezzettino) 136, 383, 384
opera in musica 31, 74, 77, 86, 124, 143ss, 192, 224-233 *Vedi anche: Andromeda; Delia sposa del Sole; Filli di Sciro; Finta pazza; Giasone; Glorie d'Amore; Pastor regio*
Vedi inoltre: Antonio e Pompeiano; Arianna; Armida; Aurora ingannata (intermedio); *Bianca di Castiglia; Crispo; Egisto; Enea in Italia; Farsa musicale; Felicità rinvenuta; Orfeo; Maga fulminata; Marcello in Siracusa; Nerone; Ninfa avara; Principe giardiniere; Re Infante*
opere pie 22, 70-72 *Vedi anche:* Ospedale Maggiore; Real casa delle Vergini Spagnole
Orangia, L' (1589) 47
ORDEI, Ascanio (abate di Casoretto) 467, 510
Ordini reali... (1692) 193, 514
Orfeo 47-48, 149-150, 489
Orfeo, L' Vedi: STRIGGIO, Alessandro
organi amministrativi *Vedi:* Cancelleria segreta; Consiglio di Stato; Consiglio d'Italia; Consiglio segreto; Magistrato camerale; Regia Camera; Senato; Tesoreria; Tribunale di Provvisione; Consiglio dei XL decurioni; uffici governativi
organo 112, 113, 198, 311, 389
ORGONE *Vedi:* ORRIGONI
ORLANDI, Antonio. *Abecedario pittorico...* (1704) 531, 532
ORRIGONI, Giacinto (vicario di provvisione) 361
Orvieto *Vedi:* BERNARDINI, Girolamo
Osnago 531
OSORIO *Vedi:* TOLEDO DE OSORIO
Ossuna, duca d' *Vedi:* TELLEZ GIRON, Gaspar
Ospedale Maggiore 1, 16, 22*; cortile 17; Quadreria 15, 16, 17 *Vedi anche:* scuole: Università Statale
ospedali *Vedi:* opere pie
osterie *Vedi:* Falcone; Tre Re
orfanotrofi *Vedi:* opere pie
Ottaviano *Vedi:* AUGUSTO, Ottaviano
Ottocaro *Vedi:* PREMYSL
Ottone il Grande imperatore 245, 249*
OVIDIO NASONE, Publio. *Metamorfosi* 76, 101, 153

P

Pace universale *Vedi:* processioni
Pace Vedi: CINQUANTA, Benedetto
Padova, stampatori *Vedi:* TOZZI, Pietro Paolo; VIOTTI, Anteo
Padre discacciato... Vedi: TORRE, Carlo
Paesi Bassi 421
PAGANELLO, Francesco (stampatore) 83, 464, 541
Giovanni Battista (stampatore) 464
PAGANI, Gentile 29, 41
Del teatro in Milano... (1884) 29, 30, 32, 34, 35, 38, 69, 422
Notizie storiche... (1892) 30
PAGLICCI BROZZI, Antonio 9, 11, 29, 130
Contributo... (1894) 9-10, 29, 34, 41, 73, 66, 68, 69, 72, 75, 89, 90, 121, 134, 135, 136, 158, 193, 196, 198, 229, 422, 425, 499, 504, 505, 507, 508, 515, 517, 518, 520, 523, 524, 525
Il Regio ducal teatro... (1894) 9, 57, 233
Pagnalmino *Vedi:* LAMPUGNANI, Agostino
palazzi privati *Vedi:* ACERBO, Ludovico; ANNONI; ARESE, Bartolomeo; MARINO; SIMONETTA; Trotti (Vimercate)
Palazzo Reale 1-2, 9-11, 80, 130, 233, 299, 350, 379, 428-429; piante 53*, 54*, 55, 56*, 57, 58*, 59*, 61*, 63*, 146-148, 172*; unico luogo per commedianti 66-69; spettacoli (riferimento generico) 45,

segue: Palazzo Reale
66, 67, 89, 90, 122, 134, 218, 277, 297, 298, 310, 322, 326, 340, 371, 423, 499-501, 506, 521; ristrutturazioni 41, 156-157, 220, 267-269, 275, 278, 279, 321, 334, 337, 341 *Vedi anche:* Munizioni e lavori (ufficio); incendi 125, 233, 236

appartamenti dei governatori («quarto dei potentati») 57, 58★, 162, 233-235, 327

cappella, musici 88, 185, 197-198, 276, 278, 279, 281, 311, 343, 372-373, 399, 431, 509, 522

- maestri *Vedi:* CASATO, Teodoro *Vedi anche:* ALESSANDRO, Giacinto; ARDEMAGNI, Giulio Cesare; GABRIELI, Camillo; GUIDERLOTTO, Federico; MARINI, Biagio

cavallerizza 9, 59, 125, 232, 238, 342, 527

chiesa di San Gottardo (*Vedi*)

corte delle commedie (di via delle Ore) 10, 54★[n.4], 55, 61★, 67-68, 89, 129, 218, 222, 233, 428; supposto luogo di spettacolo 49, 428, 499, 501-509; luogo scoperto 136; restauri 49, 272, 275; palco 124, 155-166, 301, 302, 306; amministrazione 74, 122, 130, 425; ultimi anni di attività 238; forse trasformata in cavallerizza 232; poi detta della porta Falsa 58, 59★, 236 *Vedi anche:* ingresso posteriore; porta Falsa; strade: Ore

corte grande (o principale, attuale piazzetta Reale) 54★[n.1], 55★, 233, 496, 510; per giostre 130, 518, 341, 429, 453, 505

cortile (corte) del teatro 54★[n.6], 55, 58, 59★, 334

cortile della porta Falsa *Vedi:* corte delle commedie

galleria 229-230, 337, 342

giardino 40, 54★[n.2], 55, 141, 234, 236, 264, 267, 269, 272, 279, 280, 299, 300, 429; trasformato in cavallerizza 59

- giardiniere 275 *Vedi anche:* MINAGGIO, Dioniso

segue: Palazzo Reale
ingresso principale 13★, 15★, 18, 19★, 89-90; posteriore (porta delle commedie) 89-90, 129 *Vedi anche:* porta Falsa

«luogo solito» 67, 218, 223, 277, 298, 302, 340, 428 *Vedi anche:* corte delle commedie; stanza delle commedie; teatro di corte

porta Falsa 10, 55, 58, 59★, 236

quarto dei potentati *Vedi:* appartamenti dei governatori

Regio ducal teatro *Vedi:* Teatro di corte; Teatro regio ducale

sala degli imperatori 130, 322, 428, 513

sala delle commedie *Vedi:* stanza delle commedie

sala delle feste (o della danza, poi della Ringhiera) 130, 142★, 428, 527

salone del Senato 58★, 428

salone di corte («teatro») 54★[n.3], 55, 68, 130, 141★, 355★, 429; costruzione e feste (1598-1599) 32, 35-49, 84, 268, 269, 368, 372, 373, 393, 399, 497; manutenzione (1602-1613) 119, 278-280, 284, 300-301; torneo (1611) 119-120, 125, 291-293, 504; progetto fallito per destinarlo a spettacoli pubblici (1611) 120-122, 124; restauri (1612-14) 122-123, 299, 303-308, 315-316; (1621) 310; (1645) 330; (1649) 337, 338; palco 229, 269, 337, 497; usato come sala di rappresentanza 126-128, 185, 310, 353, 355★, 496, 509; feste (1615) 134, 506; (1630) 190, 321; (1633) 194; (1649) 124, 228-230, 238, 337, 338, 527; incendi (1695, 1708) 233, 236, 237; allestiti i palchetti e chiamato 'nuovo regio ducale' (1699) 57, 125, 237; trasformato nel Teatro regio ducale (1717) 57, 58; detto 'della regina Margherita' 185; arbitrariamente chiamato 'Salone Margherita' 9-11, 31; impropriamente chiamato 'teatro vecchio' 11; pretesi allestimenti pubblici 11, 125

segue: Palazzo Reale
'Salone Margherita' *Vedi:* salone di corte
scala Regia (o scalone) 57, 58, 146*, 147*, 234, 235, 344
scalone del Senato 235
scuderie 57, 232
soprastante *Vedi:* Munizioni e lavori (ufficio)
stanza «solita» (o appartamento) delle commedie 68, 130, 428, 498, 511
teatrino *Vedi:* Teatro di corte
«teatro» *Vedi:* salone di corte
Teatro di corte (o delle commedie) 2, 54*[n.5], 55, 143*, 235, 236, 429; identificazione 9-11; incerta la data di erezione (anni Venti?) 223, 233; rappresentazioni 228-232, 238, 340, 513, 515, 518, 521, 523-525, 527; 'nuovo' (1686) 11, 236; provvisoriamente riallestito (1708) 146*, 144, 237, 344 definitivamente smantellato (1717) 239
- detto 'ducale' 9; detto 'teatrino' 9, 11, 233, 237; detto 'vecchio inutile' 57, 58*, 233, 237-239, 344; confuso con il salone di corte 9; confuso con il Teatro regio ducale 234;
- gestione *Vedi:* Lonati, Antonio; Real casa delle Vergini Spagnole; impresari 3, 5, 222, 425 *Vedi anche:* Casati, Carlo; Giussani, Giuseppe; Lonati, Antonio e Ascanio; Piantanida, Antonio, Francesco e Giuseppe
- luoghi: disimpegno 219, 222, 332; gradinate 218, 144; nevera 335; palchetti 3, 144, 146, 148, 218, 222, 236; palco (scena) 57, 143*, 148, 150, 218, 235, 329, 334, 340, 344; pianta 146*, 147*, 148; rinfreschi 219, 222; sedie 218, 219, 222, 234, 236, 329; tetto 218, 220-222, 233, 327-328
teatro 'ducale' *Vedi:* salone di corte; Teatro regio ducale; Teatro di corte

segue: Palazzo Reale
teatro 'nuovo' *Vedi:* salone di corte; Teatro di corte
Teatro regio ducale (1717-1776) 57, 58, 239, 429
teatro 'vecchio' *Vedi:* salone di corte; Teatro di corte
palchetti *Vedi:* Palazzo Reale: salone di corte, Teatro di corte
palchi (per rappresentazioni) 232, 292, 342, 356, 357*, 433 *Vedi anche:* Palazzo Reale: corte delle commedie, salone di corte, Teatro di corte
Pallade 368, 382
Panceri, Bartolomeo (contrascrittore) 341-343
Panciatichi, Vincenzo 462
Panigarola (conte) 195
Pannella, Liliana. *Canali Isabella...* (1974) 66
Pantalone 2, 458
Paolini, Paolo xiv
Paolo, santo 179
Paolo v *Vedi:* Borghese, Camillo
Paracc.° [?], Muzio 281 *Vedi anche:* Tesoreria: tesoriere generale
Parigi 117, 133, 136, 198, 232, 461, 520, 523
stampatori *Vedi:* Callemont; Della Vigna *Vedi anche:* biblioteche
Parini, Giuseppe 20
Parma 257, 325, 405, 469
duca di *Vedi:* Farnese
stampatori *Vedi:* Viotti, Anteo
Parnasso (monte) 173
Parona, Cesare 78
Feste di Milano... (1607) 78-85, 115, 501
parrocchie *Vedi:* chiese
Pasqualini, Flaminio 360
passaggi *Vedi:* occasioni celebrative: ingressi; visite
passaporti *Vedi:* comici
Pasta, Cristoforo (musico) 198
Giovanni. *Il trionfo...* (1635) 196, 518

Pastor fido Vedi: GUARINI, Giovanni Battista
«pastor Monopolitano» *Vedi:* CORNACCHINI, Domenico
Pastor regio Vedi: FERRARI DELLA TIORBA, Benedetto
PASTROVICHI, Giovanni Battista 450
Luca 79
L'Amaranta (1603) 450, 500
Tirsi costante (1607) 79, 476, 501, 502
PATANÈ, Vincenzo XIV
PAVAN, Franco XIV
Pavia 130, 534
vescovo di *Vedi:* LANDRIANI
Pazzie giovanili Vedi: GATTICI, Francesco Girolamo
Pedrolino *Vedi:* PELLESINI, Giovanni
PEDUZZI, Nadia. *La rappresentazione tragica...* (1990) 47
La tragedia in ambiente... (1995) 47, 458
PELLEGRINI, Andrea (pittore) 68, 275
Pellegrino (pittore) 68
Vincenzo (maestro di cappella in Duomo) 311, 436
PELLESINI, Giovanni (Pedrolino) 49, 66, 272, 431, 498, 499
Penitenza, congregatione della 380
Pensieri fallaci Vedi: GATTICI, Francesco Girolamo
PEPOLI, Ercole 474
Laura 184
Percosso, il *Vedi:* VINTA, Francesco
Perdono, festa del 16, 22
PERETTI, Felice (papa Sisto V) 33
Francesco (abate di Chiaravalle) 457
PEREZ DE VIVERO, Alfonso (conte di Fuensaldagna, governatore) 441*
Persia, re di 128
Perugia 133, 385
Pescara, marchese di *Vedi:* AVALOS D'AQUINO, Ferdinando
pesi *Vedi:* misura; moneta
PESORI, Stefano 401
PESSINA, Diego (ingegnere camerale) 148, 237, 344
Cesare 346
PESTAGALLO, Paolo Antonio (musico) 197
Peste del MDCXXX *Vedi:* CINQUANTA, Benedetto
PETRONIO, Ugo. *Il Senato di Milano...* (1972) 36, 420
Piacenza 225, 227, 385
stampatori *Vedi:* BAZACHI, G.
PIANTANIDA, Antonio (impresario) 11, 144, 197, 236, 425
Carlo (mastro) 221, 334, 335, 341, 342, 522
Francesco (impresario) 425
Giovanni Giacomo 343
Giuseppe (impresario) 11, 144, 425
Pianto d'Apollo Vedi: ANDREINI, Giovanni Battista
PIAZZA, Diego de la (protofisico) 424
piazze *Vedi anche:* porte; strade
Castello *Vedi:* Castello Sforzesco
Cordusio 16, 17
Diaz 10
Duomo *Vedi:* Duomo
Maggiore *Vedi:* Duomo
Mercanti 67, 90
Mercato vecchio de cavalli 362
Missori 250
Ponte Vedro 379
Reale (piazzetta) 55*
San Fedele *Vedi:* chiese
PICCAGLIA, Giovanni Battista (stampatore) 451-453, 455, 474, 540-542
PICCIGALLO, Daniele Geofilo 462
Piccinini Alessandro... (MISCHIATI-TAGLIAVINI 1962) 198
PICCININO, Filippo (musico) 198, 324, 436
Alessandro (musico) 198, 324, 436
PICCOLOMINI, Alessandro. *L'Alessandra* (1548) 428
PICINELLI, Filippo. *Ateneo...* (1670) 188, 389
Piemonte, principe del 300

Pietr'Antonio (musico del duca di Parma) 372, 394
PIEROZZI, Antonino (santo) 42-43, 369
PIETRASANTA, Oliviero (il Reggiò) 80, 81
piffero 177, 180, 186
Pignatto grasso Vedi: CORNACCHINI, Domenico
PILASTRI, Francesco (comico) 108
pinacoteche *Vedi anche:* archivi, biblioteche, musei
  Brera XVI, 531
  Civica raccolta d'arte del castello Sforzesco XVI, 537
  Graphische Sammlung Albertina (Vienna) XV, 348, 350, 351, 514
  Tosio e Martinengo (Brescia) XV, 352, 353, 355, 357, 359
Pinacoteca di Brera... (1989) 531
Pinto ('El Marques Conde de Pinto' [?]) 335-342
Piombino *Vedi:* SALIMBENI, Girolamo
piramide con fuochi 87, 88, 259*, 260, 286-291 *Vedi anche:* fuochi artificiali
PIROVANO, Filippo (questore) 156, 299, 302-305, 307
PIRROTTA, Nino IX
  Commedia dell'arte... (1954) IX, 224
  Scelte poetiche... (1987) IX
Pistoia 98
Pizzighettone 336
PLANTANIDA *Vedi:* PIANTANIDA
PLATONE, M. Antonio (contrascrittore) 323, 325, 326, 334, 335, 339
Plutone 48, 149
Po 253, 334, 445
POCCETTI, Bernardino 98
pochette 115
podestà 420
Poesie drammatiche Vedi: MORANDO, Bernardo; FERRARI DELLA TIORBA
Poetica inventione... (1605) 83, 376-377
POLLI, Vincenzo (collezione) 534
POLO, Lorenzo (senatore) 367
Polonia, regina di 42
Pompa della solenne entrata... (1651) 231, 244*-256*, 526
pompe funebri *Vedi:* occasioni celebrative: esequie
POMPONAZZO, Aurelio (segretario di Vincenzo I GONZAGA) 423
PONTREMOLI, Alessandro. *La danza...* (1994) 44, 373
PONZE DE LEON *Vedi:* GUZMAN PONZE DE LEON
PONZIO, Pacifico (stampatore) 451-453, 455, 467, 540, 541
PORRO, Giovanni Battista (vicario di Provvisione) 286-287, 289-290
  Giulio. *Catalogo...* (1884) 65, 126, 188, 400
PORRO LAMBERTENGHI, Giulio. *Memorie storiche...* (1881) 253, 526
PORTA, Cesare 462
porte *Vedi anche:* piazze; strade
  Comasina 26, 362
  delle commedie *Vedi:* Palazzo Reale: ingresso posteriore
  Falsa *Vedi:* Palazzo Reale
  Giovia (di Giove) 26
  Nuova 362
  Orientale 16, 22, 314, 316, 362
  Portello 362
  Romana (per il corso *Vedi:* strade) 24*, 25, 36, 37, 41, 51*, 52, 170, 245, 246*, 247, 248, 258*, 362, 442*, 516, 527
  Ticinese 358
    archi 195, 207*, 208, 273, 352, 516
  Tosa 90, 100, 362
  Vercellina 26, 277, 315, 362
Portogallo 245, 252, 421; *Vedi anche:* Emanuele I; Isabella
POSBONELLI, Giuliano (pittore) 47, 274
POSMONI, Orsola *Vedi:* CECCHINI, Orsola
PRAETORIUS, Michael. *Syntagma musicum...* (1620) 112, 113
PRATA, Antonio Maria (mastro) 41, 49, 267-269, 272, 431, 496

Precipitio di Fetonte, Il 38, 429
PREMYSL, Ottocaro II (re di Boemia) 245, 249
Presagi Vedi: TESAURO, Emanuele
PRESTINO, Francesco (soprastante delle Munizioni) 220, 221, 233, 238, 329
PREVOSTO, Andrea (scultore) 191
   Girolamo (scultore) 191
Principe giardiniere Vedi: FERRARI DELLA TIORBA, Benedetto
PRISTINO, Tullio (mastro) 123, 308
PROCACCINI, Camillo (pittore) 103
   Carlo Antonio (pittore) 103★, 133, 450, 479★, 481★, 483★, 485★-489★, 491★-493★
   Ercole (pittore) 346
   Giulio Cesare (pittore) 103, 170, 191, 482
processioni 78, 87, 127
   Pace universale 213★, 214, 520
Production, consumption and political function... (BIANCONI-WALKER 1984) 70
PROFONDAVALLE, Valerio (pittore) 40, 43, 68, 123, 264, 269, 497
Prologo in dialogo fra Momo e la Verità Vedi: ANDREINI, Giovanni Battista
Prometeo 39, 368
Proserpina 149
protofisico 309, 425-427 *Vedi anche:* ASSANDRI, Bartolomeo; PIAZZA, Diego; REVESLATO, Francesco; SETTALA
Provinciali, congregazione dei 271, 273
Provvisione Vedi: Tribunale di Provvisione
PUGLISI, Filadelfio. *Signor Settala's...* (1981) 101
Pulcinella *Vedi:* FIORILLO, Silvio
PUSTERLA, Orazio 291
PUTEOBONELLI *Vedi:* POSBONELLI

Q

Quaderno de varias escrituras... (1597) 33, 34, 366, 422
QUADRIO, Francesco Saverio. *Storia e ragione di ogni poesia...* (1752) 39, 194, 455-459, 464-467, 470, 471, 473-476

segue: QUADRIO
   Girolamo (architetto, incisore) 245, 246★, 250★, 253★, 254★, 255
«quarto dei potentati» *Vedi:* Palazzo Reale: appartamenti dei governatori
Quercino *Vedi:* Accademia dei Pacifici
QUESTA, Cesare XIV
questori *Vedi:* Magistrato camerale: ordinario
QUILICI, Piccarda *Vedi:* Biblioteca teatrale...
QUINZIO, Federico (avvocato fiscale) 367
QUIJADA, Gerolamo (grancancelliere) 257, 331, 334-343

R

raccolte *Vedi:* collezioni; fondi
Raccolta di varie rime... (1608) 88
Racconto de gl'apparecchi... (1633) 194, 382, 516
Racconto della processione... (1638) 214, 520
Racconto delle publiche allegrezze... (1630) 191, 204★, 205, 381-382, 437★, 513, 514
Rachele 245, 247★
rackett *Vedi:* cortale
Radamanto 153
RAINOLDO, Antonio (decurione) 317
RAMELLATI, Giovanni Pietro Eustorgio (stampatore) 224, 225, 457, 460, 461, 472, 522
RAMPONI, Virginia (Florinda) 75, 102, 103, 108, 132, 153, 224, 300, 461, 462, 500, 502, 504, 507
Ramussatore *Vedi:* Baruno Ramussatore
RANGONE, Marco 336
rankett *Vedi:* cortale
RAPERIO, Domenico (cantore) 88, 268, 320, 436
Rappresentazione del re superbo 42, 497
Rappresentazione della nascita di nostro Signore Vedi: CORNACCHINI, Domenico
rappresentazioni scolastiche:
   Brera 374, 375, 496, 498, 499, 500, 508, 509, 513, 522
   S. Alessandro 508, 509, 515, 519-524

segue: rappresentazioni scolastiche
Arcimbolde 515, 516
S. Barnaba 516
S. Lorenzo in Torrigia 520
Vedi anche: scuole
RASI, Luigi. *I comici italiani...* (1905) 66, 75, 98, 132, 135, 136, 199, 216, 468, 504, 507, 508, 523
Ratio studiorum 44
Re Infante Vedi: NORIS, Matteo
Re superbo Vedi: Rappresentazione del re superbo
Real solenne entrata... (1649) 526
Real casa delle Vergini Spagnole 70ss, 120ss, 131ss, 155ss, 215ss, 425-427; fondazione 425; ottiene l'emolumento dei comici 70, 72, 74, 157, 160, 276, 277, 309, 312-314, 331-333, 423, 426; può affittare sedie durante gli spettacoli 72, 120, 124, 130, 135, 158, 164, 425, 294-298, 427; suo il palco delle commedie 157-166, 425, 302; restauro del tetto 220-222, 327-328; rapporti con le compagnie 131, 132, 216, 218, 295, 326, 340, 426-427; contratti con l'impresario 217-220, 238, 429; contabilità 215ss; lotti 216
agenti o amministratori 72, 120, 132, 155, 157-159, 163-164, 309, 314
impresari *Vedi:* CASATI, Carlo; GIUSSANI, Giuseppe; LONATI, Antonio e Ascanio; PIANTANIDA, Antonio, Francesco e Giuseppe
maggiordomo 216, 313 *Vedi anche:* VILLODRE, Giovanni Battista
tesoriere 333 *Vedi anche:* SBARRA
archivio (collegio della Guastalla, S. Fruttuoso, Monza) XV, 72
Reale, palazzo *Vedi:* Palazzo Reale
Reale, scala *Vedi:* Palazzo Reale
Rebecca 247
REBORA, Sergio XIV
RECCHIA, Roberto XIV
RECUPERATI, Giuseppe *Vedi: Italia del Settecento...* (1986)
REGGIA, Giuseppe (mastro) 284
Reggio Emilia 225
Reggiò *Vedi:* PIETRASANTA, Oliviero
Regia Camera 36, 128, 155-163, 166, 221, 267, 278, 279, 281, 299, 302-309, 316, 319-321, 323, 324, 327, 328, 338, 435; Ufficio della Spesa 320; Ufficio dell'Entrata 324 *Vedi anche:* Tesoreria
ingegnere (camerale, di palazzo, della Regia camera) 157, 279, 435 *Vedi anche:* BISNATE, Alessandro; PESSINA, Diego; RICHINO, Francesco Maria; RINALDI, Tolomeo; ROBECCO, Giuseppe Maria
Regia ducal corte *Vedi:* Palazzo Reale
Regia, scala *Vedi:* Palazzo Reale
Regina Ester Vedi: ROSSI, Leone
Reina di Scotia Vedi: DELLA VALLE, Federico
Relatione della festa fatta... (1610) 86, 503
REPOSSI, Cesare. *Bibliografia delle bosinate...* (1985) 80
REQUESENZ Y DE ZUNIGA, Luis (governatore) 439*
Resurretione di Christo Vedi: CINQUANTA, Benedetto
REVESLATO, Francesco (protofisico) 424
REZZANI, Girolamo 451
RIARIO, Ferdinando 184
RICCHINO *Vedi:* RICHINO
RICCI, Benedetto (Leandro) 108
Giuliana. *«Et parea che Milano...* (1993) 37, 38, 141, 149, 159, 208, 498, 516
Ricciolina *Vedi:* NOBILI, Vittoria
Ricco Epulone Vedi: CINQUANTA, Benedetto
richiamo per uccelli 106
RICHINO, Bernardo (architetto) 205
Francesco Maria (ingegnere camerale) 25, 53, 60*, 61, 63, 115, 191, 195, 205, 206*, 207*, 208, 212, 229, 260, 330, 334, 335, 337, 342, 350, 352, 514, 516
Gian Domenico (architetto) 205, 206

RICLA (segretario) 318, 320-323
RIGHENZI, Carlo 2 *Vedi anche: Crispo; Farsa musicale*
RIGONE, Girolamo 32
Rime *Vedi:* ANDREINI, Isabella
Rime funebri... *Vedi:* ANDREINI, Giovanni Battista: *Il pianto d'Apollo*
Rime varie *Vedi:* FABBRI, Giovanni Paolo
RINALDI, Tolomeo (ingegnere camerale) 41, 68, 85, 120, 141, 269, 272, 275, 278, 280, 283-286, 292, 293, 310, 504
Ringhiera, sala della *Vedi:* Palazzo Reale: sala delle feste
Rinoceronte *Vedi:* Capitano Rinoceronte
RINUCCINI, Ottavio. *L'Arianna* (1608) 75, 108
RINZIO, Marco Marcello (dottore) 424
RIO *Vedi:* DEL RIO
RIPAMONTI, Giuseppe. *De peste Mediolani...* (1640) 190
RIVA, Federica. *E dopo Sartori?...* (1996) 447
RIVANI, Giovanni (Dottor Graziano Campanaccia da Budri, Zan Badile) 108, 455
RIVERA ENRIQUEZ *Vedi:* AFAN DE RIVERA ENRIQUEZ
RIVOLA, Francesco. *Vita di Federico Borromeo...* (1656) 34, 78, 196, 422, 515
RIVOLTA, M. *Vedi: Città «trasformata»...*
Rivolte di Parnaso *Vedi:* ERRICO, Scipione
RÒ, Cesare da 82, 84, 375
Robbio (Pavia) 213
ROBECCO, Giuseppe Maria (ingegnere camerale) 56*, 57, 147, 148, 237, 238, 344
Rocchetta *Vedi:* strade: porta Romana
Rodi, isola di 256
Rodolfo *Vedi:* ASBURGO
ROLLA, Carlo Francesco (stampatore) 360, 453
  Giorgio (stampatore) 360
Roma 33-35, 78, 127, 133, 196, 245, 249, 255, 367, 378, 385, 466, 503, 534
  stampatori *Vedi:* CORBELLETTI, Francesco
  Vedi anche: archivi; biblioteche
ROMAGNOLI, Angela XIV
Romanengo, conte di *Vedi:* SALAZAR, Diego
RONGONE *Vedi:* RANGONE
RONQUILLO *Vedi:* BRICENO RONQUILLO
ROSALES (segretario) 337, 341
ROSCI, Marco. *Evaristo Baschenis...* (1985) 534
ROSSI (stampatore, Bologna) 184
  Antonio (stampatore, Bergamo) 543
  Francesco (musico) 2 *Vedi anche: Crispo; Farsa musicale*
  Francesco. *Evaristo Baschenis...* (1996) 534
  Leone. *La regina Ester* (1618) 472, 508
  Lovanio. *Bricci Giovanni...* (1972) 476
  Salomone. *Le musiche...* (1617) 134, 465
ROVARIS, Luisa. *Apparato fatto...* (1992) 496
  Vedi anche: Ingressi solenni...
ROVERE *Vedi:* DELLA ROVERE
ROVERIO, Bartolomeo (il Genovesino) 191
ROVIDA, Alessandro (avvocato fiscale) 367
RUBINI (musico) 405
RUBINO, Giovanni Battista 156, 264, 302 *Vedi anche:* Munizioni e lavori (ufficio): commissario generale

S

Saba, regina di 245, 247*
SABATINI, F. (stampatore, Firenze) 544
Sabbioneta (ducato) 90
SACCO, Francesco (Citrullo) 108
  Giovanni Battista (segretario addetto alla moralità delle commedie) 131, 274, 294, 298, 310, 424
  Nicolò. *Inganni* (1548) 48, 428
sacra rappresentazione X *Vedi anche: Adamo; Miracolo del SS. sacramento* (dramma); *Figliol prodigo* (morale); *Libero arbitrio* (dramma); *Maddalena; Maddalena convertita; Mathidia; Natività del Signore* (spirituale); *Pace* (spirituale); *Regina Ester; Resurretione di Christo; Ricco Epulone; Uranilla; Vedi inoltre: Commedia spirituale...; Maddalena lasciva e penitente; Rappresentazione della nascita...*

SACRATI, Paolo Francesco 117, 136, 225, 523
Vedi anche: Finta pazza
Sacre rappresentazioni... (1988) 42
Sacro Romano Impero 6, 35, 41, 197; *Vedi anche:* Austria; Spagna
SADIE, Stanley XVII
Saffo 456
Saggia egiziana *Vedi:* ANDREINI, Giovanni Battista
sala degli imperatori, della danza, della ringhiera, delle feste *Vedi:* Palazzo Reale
SALAZAR, Diego (conte di Romanengo, grancancelliere) 267-269, 272, 276-281, 284, 291-294, 298-301, 306, 308-310
Giovanni (commissario generale delle Munizioni) 304-305, 316
Sale (ufficio del) 433
Sales *Vedi:* Francesco di Sales
SALIMBENI, Girolamo (Piombino, Zanobio) 108
SALINA, Sancio 84
Salomone 245, 247*
salone di corte *Vedi:* Palazzo Reale
salone del Senato *Vedi:* Palazzo Reale
'Salone Margherita' *Vedi:* Palazzo Reale
salterio 105, 112, 113, 174, 392
saltimbanchi *Vedi:* ciarlatani
SALVATERRA, Giovanni (questore) 318
San Costanzo (Pesaro) 450
San Fruttuoso (Monza) *Vedi:* Real casa delle Vergini Spagnole: archivio
San Giminiano *Vedi:* biblioteche
Sancti Caroli pastoritia (1618) 473, 507-508
SANESI, Ireneo. *Note sulla commedia dell'arte...* (1938) 34, 49, 135, 422, 498
Sanità, ministro della 193
SANNAZARO, Jacopo 100
SANSONE, Nicola XIV, 403
Santa Caterina *Vedi:* CAZZANIGA, Francesco
Santa Croce, marchese di *Vedi:* BAZAN, Alvaro
SANTAGATA, Marco. *Incipitario unificato...* (1988) XVII, 410
Sant'Agnesa *Vedi:* CINQUANTA, Benedetto
SANTAGOSTINO, Francesco (mastro) 120, 292, 293, 310, 504
SANTI, Piero XIV
SANTORO, Caterina. *Tipografi milanesi...* (1965) 172, 360, 477, 519
Sapientia victrix (1599) 43, 374, 498
Saragozza 69
SARDONIA, Alessandra 226, 335
SARTORI, Claudio XVII
Satana 484, 487
SAVERIO, Francesco (santo) *Vedi:* XAVIER
SAVOIA 90
Carlo Emanuele 476, 496
Carlo Emanuele II 389
Savoia, ambasciatrice di 372
SBARRA (tesoriere della Casa delle Vergini Spagnole) 216
SCALA, Flaminio (Flavio, Claudione) 134, 136, 506, 508
scala Reale *Vedi:* Palazzo Reale
Scapino *Vedi:* GABRIELLI, Francesco
SCARABELLI, Francesco 101
Scaramuccia 341
SCARANO, Salvatore 462
SCARDINI DI LICIA, Pellegrino 463
SCARIONI, Francesco (Dottor Boccalone) 17, 216, 325, 516; sua compagnia 516
scenario 46-48, 66, 81, 131, 192, 228, 423, 367, 452, 453, 455, 464, 475, 483, 498, 514, 518, 520, 522
scenografia, scenotecnica 39, 40, 43, 47, 79, 80, 82, 133, 139-154, 167-181, 186, 190-191, 203-212, 229-231, 235, 244-256, 259-260, 350, 373, 381, 481-493, 497
Scheidtholt 113
SCHIAFFENATI, Camillo 39
Intermedi dell'Arminia (1599) 39, 47, 423, 464, 497, 498
Schiavetto *Vedi:* ANDREINI, Giovanni Battista
SCHILLER, Friedrich 421
SCHINO, Mirella *Vedi: Segreto della commedia...*

SCHIO, Giuseppe. *Feste milanesi...* (1923) 170, 186, 510
SCOTO 289
SCOTTI, Aurora. *Da 'rotonda'...* (1981) 61
  Paola 449
Scozia 151, 462
scuole *Vedi anche:* biblioteche
  Arcimbolde 211*, 212, 515, 516
  Brera 42-44, 171, 172, 194, 229, 369, 374, 375, 378-380, 453, 455, 475, 496-500, 503, 507, 510, 511, 513, 515, 516, 518, 527 *Vedi anche:* Società di Gesù
  Campo Santo 196, 452, 518
  Istituto Zaccaria XV
  McGill University (Montreal) *Vedi:* biblioteche: Blaker-Wood Library
  Paleografia e Filologia Musicale (Cremona) XIII
  Sant'Alessandro 212, 508, 509, 515, 518-524 *Vedi anche:* Arcimbolde
  Seminario Maggiore 191
  Università Cattolica 5
  Università degli Studi (Pavia) XIII
  Università Statale 449
Sdegno d'Erode Vedi: Argomento... Sdegno d'Erode
Sebastianone 15
SECCHI, Giovanni Battista (il Caravaggino) 170
SEGHIZZI, Michel'Angelo (inquisitore generale, poi vescovo di Lodi) 380, 468, 469
Segovia (città) 69
Segreto della commedia dell'Arte... (TAVIANI-SCHINO 1982) 117
SELLA, Domenico. *Crisis and Continuity...* (1979) 65, 430
Selvaggio (accademico Pacifico) *Vedi:* CINQUANTA, Benedetto
Senato 89, 213*, 214, 235, 257*, 303-305, 420, 428
  presidenti *Vedi:* ARESE, Bartolomeo; TROTTI, Giovanni Battista
  salone del *Vedi:* Palazzo Reale
  scalone del *Vedi:* Palazzo Reale
SENECA, Antonio. *De comicis spectaculis tollendis* (1597) 35, 422
SERBELLONI, Carlo Francesco (conte) 192, 195
  Giovanni Pietro (conte) 458
SERENIO, Andrea 316
  Francesco 316
SERMATELLI (stampatore, Firenze) 456
Sermoneta, duca di *Vedi:* CAETANI, Francesco
Serpe (cavaliere in torneo) 83
serpentone 113
Sesia (fiume) 253
SESSA (segretario) 310
  Claudia 49
Sessanta decurioni *Vedi:* Consiglio generale
SETTALA 325, 424
  Lodovico 101, 424
  Manfredo 100, 101, 105, 112, 114, 115, 534
  Senatore 101, 424
SFONDRATO, Filippo 362
Sfortunato poeta Vedi: ANDREINI, Giovanni Battista
SFORZA, Ercole Massimiliano (duca di Milano) 530
SFORZA VISCONTI, Muzio (marchese di Caravaggio) 451
SHAKESPEARE, William. *La tempesta* (1611) 151
Siena, stampatori 42 *Vedi anche:* Loggia del Papa
SIGNOROTTO, Gianvittorio. *Milano spagnola...* (1996) 4, 36, 214, 253, 420, 520
SILVESTRI, Ludovico Settimo 9, 30;
  fondo 9, 236
Silvia Vedi: VELLI, Leonardo
SIMONETTA, Paolo (decurione) 317
  palazzo (villa) 527
SIMONI, Livia *Vedi:* biblioteche
sinfonia 376
Sirena Vedi: ELLIO, Francesco
SIRTOCUS (segretario) 331
Sirvela, conte di *Vedi:* VELASCO DE LA CUEVA, Juan

Sisifo 149
Sisto v *Vedi:* PERETTI, Felice
SMITH-DAVY, collezione 531
Società di Gesù 42, 69, 186, 196, 229, 231, 269, 338, 369, 378-380, 453, 510; e il teatro 43-44 *Vedi anche:* archivi; scuole: Brera
padri gesuiti *Vedi:* ALAMANNI, Basilio; LOYOLA, Ignazio; XAVIER, Francesco
Società storica lombarda *Vedi:* biblioteche
SOLERTI, Angelo. *Precedenti del melodramma...* (1903) 48, 464, 498
Vedi anche: Teatro ferrarese...
SOLINI, Fortunio 450
SOMASCO, G.A. (stampatore, Venezia) 541
SOMMA, Francesco 29, 30, 59, 125, 222, 522
SONCINO, M. Antonio 451
Sonta Pagnalmino *Vedi:* LAMPUGNANI, Agostino
SONZONI, Salvatore (stampatore, Bologna) 510
soprastante *Vedi:* Munizioni e lavori (ufficio)
SORANZO, Giovanni 78-79, 85
Allegrezza di Milano per la celebrazione... (1606) 79, 501
Allegrezza di Milano per la nascita... (1606) 79, 501
Lo Armidoro (1611) 79, 188
Il Battista (1609) 454, 503
I giuochi di Marte (1606) 79, 86, 501
SORBELLONI *Vedi:* SERBELLONI
sordellina 112
SORESINA, Gabriele 451
Ottaviano 188
SORMANI ANDREANI VERRI, Luisa (collezione di libretti) 448
SOSTEGNO, Gheradino 98
Sovraintendenza archivistica per la Lombardia 8, 66
Spade arbitre del regno, Le (1685) 519
Spagna 6, 41, 45, 65, 66, 83, 90, 134, 156, 194, 243, 245, 252, 309, 418, 421
Speranza divina Vedi. BERNARDINI, Girolamo
Spesa ed Entrata *Vedi:* Regia Camera
Spiegazione della pianta... (1739) 59*
Spinetta (comica) 104*, 105, 136, 383, 384
spinetta 112
SPINOLA DORIA, Ambrogio (marchese de los Balbases, governatore) 126, 127, 189, 317, 320-323, 418, 440*
sposalizi *Vedi:* occasioni celebrative
SPRANZOTTO, Gaspar (vicario di Provvisione) 324
SQUARF: [?] 306
stampatori milanesi (per gli altri v. la città) *Vedi:* AGNELLI, Federico; ALZATO, Giovanni Battista; Archiepiscopale; BESOZZI, Alberto; BORDONI, Girolamo; CARDI, Giovanni Pietro; CERRI, Giovanni Battista; COLONNA, Giovanni Battista; COMO, Giovanni Giacomo; CRIPPA, B.; FERIOLI, Gratiadio; FERRANDI, Carlo; FONTANA, Donato; GARIBOLDI, Dionisio; LANTONI; LOCARNI, Pietro Martire; LOMAZZO, Filippo; MAIOLI, Nicolò; MALATESTA; MARELLI; MEDA, Giacomo Maria; MONZA, Lodovico; NAVA, Giovanni Angelo; PAGANELLO; PICCAGLIA, Giovanni Battista; PONZIO, Pacifico; RAMELLATI, Giovanni Pietro Eustorgio; Rolla; TINI; TRADATE; VIGONI, Francesco
Stampe storiche... (ARRIGONI-BERTARELLI 1932) 346
STEFANI, Gino. *Musica Barocca...* (1974) 78
STELLA, Paolo (pittore) 170
stemma *Vedi:* arma
STIGLIANI, Tommaso 473
STORER, Giovanni Cristoforo (pittore) 244*, 245, 247*-249*, 251*-253*, 256*
strade (contrade, corsi, vie)
Giardino 379
Borgo Nuovo 380
Brera 379
Calzolari 80
Dogana 379

segue: strade
Ore 9, 10, 55, 57, 58, 61, 68, 89-90, 159, 236 *Vedi anche:* Palazzo Reale: corte delle commedie
Magenta 260
Malcantone 253
Pecorari (già delle Ore) 10, 55, 68
Pennacchiari 255
porta Orientale (corso Venezia) 1, 16
porta Romana (corso) 20, 81, 190, 192, 250*, 323, 358, 500, 512, 521-523
- Crocetta 266
- Rocchetta 245, 248, 266
porta Ticinese (corso) 382
Rastrelli 9, 58, 89, 90, 303, 304
San Giovanni in Case Rotte 379
San Paolo in Compito 379
Santa Margherita 257
Solada 67, 90
Vedi anche: piazze; porte
STRIGGIO, Alessandro 475
La favola d'Orfeo (1607) 48, 150
STROZZI, Giulio. *La Delia sposa del Sole* (1647) 225, 227, 228, 448, 457, 524
La finta pazza (1645) 117, 136, 216, 225, 227, 231, 232, 448, 460, 461, 523
Strumenti di Scapino Vedi: GABRIELLI, Francesco
strumenti musicali 101, 105, 106, 111, 112, 187, 376, 380, 386, 394, 172
corde 112, 114 *Vedi anche:* arciliuto; arpa; bandora; bonacordo; cetra; chitarra; chitarrone; colascione; ghironda; lira; lira da gamba; liuto; mandola; mandolino; pochette; salterio; tiorba; tromba marina; viola; viola bassa; viola da gamba; viola da braccio; violino; violoncello
- accordatura 402, 404
fiato 83, 99, 100, 112-114, 172, 181, 187, 376 *Vedi anche:* «armonia di flauti»; avene; ciaramella; cornetto; corno; cortale; cromorno; dulciana; fagotto; flauto; flauto a sette canne; ghironda; musette; ocari-

segue: strumenti musicali: fiati
na; piffero; richiamo per uccelli; serpentone; sordellina; tromba; trombone; zampogna
percussioni 105 *Vedi anche:* campane; cembalo all'africana; cimbalino; tamburello basco; tamburo; triangolo; xilofono
tastiere *Vedi:* clavicembalo; organo; spinetta
STUART, Giacomo I (re d'Inghilterra) 127
SUAREZ DE FIGUEROA Y CORDOVA, Gomez (duca di Feria, governatore) 105, 128, 129, 135, 136, 183, 185, 189, 191, 194, 312, 313, 324, 325, 379-380, 418-419, 440*, 460, 465, 509
SUIGO, Giovanni Battista 371
Sultana Vedi: ANDREINI, Giovanni Battista
Supplica Vedi: BARBIERI, Nicolò
Svizzera (Grigioni) 125, 128, 355, 530, 128

T

TAGLIAVINI, Luigi Ferdinando *Vedi: Piccinini Alessandro...*
TALENTO FIORENZA, Geronimo 526
tamburello basco 112
tamburo 112, 177, 186, 381, 535
tamburino (ruolo di fanteria) 359
Tantalo 149
TANZI, Carlo Antonio (accademico Trasformato) 448
TAPIÉ, Alain. *Les Vanités...* (1990) 537
TARANTO, Francesco Bonaventura da *Vedi:* MORONE, Cataldo Antonio
Tartarea Vedi: BRICCIO, Giovanni
TASSO, Torquato. *Gerusalemme liberata* 79
TAVIANI, Ferdinando. *Bella d'Asia...* (1984) 66, 96, 502
Cecchini Pier Maria... (1979) 88, 461
La commedia dell'Arte... (1969) 30, 34, 35, 71, 422
Vedi anche: Segreto della commedia...
TEA, Eva. *La scenografia a Milano...* (1959) 11, 448, 482

«teatro» (nel senso di'apparato') 80, 123, 167*, 168, 169*, 170, 172, 204*, 205, 246, 250, 255, 229-230, 315-316, 337, 376, 381 *Vedi altrimenti:* Palazzo Reale: salone di corte
teatri *Vedi anche:* luoghi di spettacolo
Alla Scala 239 *Vedi anche:* biblioteche: Livia Simoni; musei: Teatrale alla Scala
di corte *Vedi:* Palazzo Reale
delle commedie *Vedi:* Palazzo Reale
Regio ducale *Vedi:* Palazzo Reale
Teatro ferrarese... (Solerti-Lanza 1891) 49, 498
Tebes e Cordova, Iñes di 526
Tecla *Vedi:* Andreini, Giovanni Battista
Tedeschi, Leonardo 462
Tellez Giron, Gaspar (duca d'Ossuna, governatore) 143, 234
Tempesta *Vedi:* Shakespeare, William
Tenenti, Alberto 4
Terranova, duca di 257, 389 *Vedi anche:* Aragona, Carlo;
Terzago, Agostino (canonico) 445
Paolo Maria. *Musaeum...* (1664) 101
Museo... (1666) 101, 105, 112-114
Tesauro, Emanuele 191
Hermenegildus (1621) 191, 509
Il libero arbitrio 191
I presagi (1629) 191
Racconto delle publiche allegrezze... (1939) 513
Teseo *Vedi:* *Argomento... Teseo*
Tesoreria 420, 433-435; nei mandati 268, 276, 278, 304, 319, 324, 330, 334, 337-339, 341; altrove 285; fondi dell'esercito 276, 278, 281; Monte di S. Francesco 338, 339 *Vedi anche:* Regia Camera
tesoriere generale 420, 433-435; nei mandati 280, 284, 292, 293, 299, 301, 304-306, 308, 309, 318, 320-324, 330, 335, 337-339, 341, 342 Vedi anche: Cignardi, Ferrante; Fagnani, Giovanni Battista; Paracch.°, Muzio; Visconti, Carlo
Testa, Giovanni Giacomo 320
Testamento di Scapino *Vedi:* *Infermità...*
Testaverde, Anna Maria *Vedi:* *Sacre rappresentazioni...*
Tetide 117, 192, 232, 381, 382
Tevere (fiume) 445
Thieme, U. *Vedi:* *Allgemeines Lexicon...*
Tibaldi, Pellegrino 208
Tiberio, Claudio Nerone 245, 256*
Ticino 253
Tiepolo, Paolo 463
Timan, Volcmar (stampatore, Firenze) 75, 540, 541
Tini, compagnia de' (stampatore) 450
tiorba 105, 113, 175, 186, 385
tipo di Lafréry *Vedi:* Lafréry
tipografi *Vedi:* stampatori
Tirolo *Vedi:* Leopoldina del Tirolo
Tirsi 85
Tirsi costante *Vedi:* Pastrivichi, Luca
Tizio 149
Tizzoni, Monica. *L'istanza tragicomica...* (1995) 46, 48, 497, 498
Tocco, Simone 320
Todeschino, Balthassar 346
Toffetti, Marina 188
Tognoli, Michele xiv
Toledo *Vedi:* Alvarez de Toledo; Benavides Carillo y Toledo; Davila de Toledo
Toledo de Osorio, Pedro (marchese di Villafranca, governatore) 105, 129, 134, 135, 309, 310, 418, 440*
Torciliano da Lucca, Girolamo 192
Torelli, Giacomo 117
Torino 88, 185, 225, 226, 232, 326, 334-336, 339, 461, 517, 524, 526
Vedi anche: biblioteche
Tormentato (accademico Pacifico) *Vedi:* Cinisello, Michele
tornei *Vedi:* giostre
Tornielli (contrascrittore) 122, 264, 280, 281, 284-286, 291-293, 299-301, 303-306, 308, 309, 319

Torre, Carlo 235
L'amor impossibile fatto possibile (1648) 451, 525
Il padre discacciato (1641) 470, 521
Ritratto di Milano... (1674, 1714) 20, 22, 24*, 25, 26*, 27*, 40, 57, 121, 142, 144, 235, 247
Lo sdegno d'Erode (1639) 453, 520
Tortona 316
stampatori *Vedi:* Viola, Eliseo
vescovo di *Vedi:* Arese, Paolo
Tozzi, Pietro Paolo (stampatore, Padova) 530, 542
Traccagnino (comico) 383
Tradate (famiglia di stampatori)
Alessandro 85
Agostino 85, 452, 458, 460
Melchiorre 85, 452, 460
Tradati, Angelo Maria (musico) 198
tragedia *Vedi: Antigono tradito*; *Baltasar*; *Battista*; *Confusione dell'ostinato peccatore*; *Delfa*; *Edemondo*; *Ester*; *Fariseo e il pubblicano*; *Florinda*; *Hadriana*; *Hermenegildus*; *Iudit*; *Miribia*; *Peste del* MDCXXX; *Reina di Scotia*; *Vedi anche: Morte del re di Svezia*
spirituale *Vedi: Giustina*; *Irena*; *Mortorio di Christo*; *Sant'Agnesa*; *Santa Caterina*; *Speranza divina*
tragicommedia *Vedi: Teseo*; *Faustiniano*; *Lelio bandito* (boscareccia); *Pastor fido* (pastorale); *Padre discacciato...*; *Re superbo*; *Sapientia victrix*; *Silvia* (pastorale)
Traiano imperatore 247
trascrizione musicale 395, 412 *Vedi anche:* accordatura; intavolature
Trastullo (comico) 93*, 94
Tre capitani vanagloriosi *Vedi:* Fiorillo, Silvio
Tre mascherate de' tre amanti scherniti *Vedi:* Veraldo, Paolo
Tre Re (osteria) 128
Tre secoli di vita milanese... (Bertarelli-Monti 1927) 15, 22, 26, 346, 364
Treccani (fondazione) xvi, xvii
Trentino, Benedetto (maestro di carimonie) 126
Trento, concilio di 371
Trezzano 316
Trezzi, Aurelio (architetto) 24, 37, 41, 170
Trezzino, Pietro Antonio (architetto) 58, 147
triangolo 114
Tribunale di Provvisione 35-37, 157-159, 190, 257*, 266, 274, 311, 317, 420, 423
sede (ufficio del Broletto) 265, 270
vicari 214, 257, 265, 270, 271, 274, 275, 317, 324, 420 *Vedi anche:* Calco, Cleodoro; Landriani, Francesco; Mandelli, Tazio; Orrigoni, Giacinto; Porro, Giovanni Battista; Spranzotto, Gaspar
Trionfo, Il 219, 220, 526
Trivulzio, famiglia 66
Teodoro (cardinale, principe di Mesocco, governatore) 362, 419, 441*, 515
tromba 82, 114, 186, 258, 378, 380, 381, 388, 487, 493
tromba marita 113
trombetto (ruolo di fanteria) 257, 258, 350, 359, 379
(nelle giostre) *Vedi:* giostre
Trombone *Vedi:* Negri, Cesare
trombone (strumento) 112, 385
Trotti (palazzo, Vimercate) 531
Filippo (canonico della Scala) 321
Giovanni Battista (presidente del Senato) 214, 326
Tudor, Enrico VIII 421
Maria 421
Tullo Ostilio 236
Tummermann, Abraham (incisore) 97*, 98, 99*
Tunisi 245, 251
Turati, Antonio Maria (maestro di cappella del Duomo) 198, 344, 436
Turca *Vedi:* Andreini, Giovanni Battista
Turro, Francesco (ballerino) 371

U

uffici governativi *Vedi:* Acque; Biade; Munizioni e lavori; Sale; *Vedi anche:* Magistrato camerale: ordinario
Ufficio Ricerca Fondi Musicali *Vedi:* archivi
Ungheria *Vedi:* Anna
re di *Vedi:* Asburgo, Ferdinando
unità di misura *Vedi:* misura
Uniti *Vedi:* compagnie
università *Vedi:* scuole
Uranilla *Vedi:* Boldoni, Nicolò
Urabano viii *Vedi:* Barberini, M.Vincenzo
Usimbardi, Lorenzo 98

V

Val di Taro, principe di 169
Valenti, Marco xiv
Valeri, Antonio. *Chi era Pedrolino?...* (1896) 49
Valerio, Matteo 472
Valladolid 78
Valois, Elisabetta 421
Maria di Borgogna 421
Valtellina 183
van der Meer, John Henry. *Strumenti musicali...* (1993) 101, 113, 115
Vanitas 537*
Vartemà Franchi, Ottavio 459
Vasto, marchese del *Vedi:* Avalos d'Aquino
Vaudemont, principe di *Vedi:* Lorena, Carlo Enrico
Veca, Alberto. *Vanitas...* (1981) 537
Vecchi, Giuseppe. *Dramatodia...* (1963) 184
Velada, marchese di *Vedi:* Davila de Toledo, Antonio Sancio
Velasco *Vedi:* Fernandez de Velasco
Velasco de la Cueva, Juan (conte di Sirvela, governatore) 199, 326, 419, 441*
Velli, Leonardo 194, 516
La Silvia (1633) 194, 475, 516, 517
Vedi anche: Racconto de gl'apparecchi...
Veneranda congregazione delle Vergini Spagnole *Vedi:* Real casa delle Vergini Spagnole
Venere 82, 84, 368
Venetiana *Vedi:* Andreini, Giovanni Battista
Venezia 75, 90, 98, 134, 136, 184, 185, 225, 227, 228, 385, 447, 456, 464, 465, 477; teatri veneziani 144
stampatori *Vedi:* Barezzi, F.; Gardano; Guerigli, Paolo; Maglietti, R.; Somasco, G.A.; Zaltieri
Vera relatione di quanto è seguito... (1599) 32, 496
Veraldo, Paolo 477
L'anima dell'intrigo (1621) 477
L'intrigo (1610) 477
Mascherate (1626) 477
Le tre mascherate de' tre amanti scherniti... (1621) 477
Verardo, Pietro. *Le grazie d'amore (di Negri)...* (1974) 393
Vercelli 226, 308, 335
Vercelloni, Virgilio. *Atlante storico...* (1989) 61, 346
La storia del paesaggio... (1989) 10, 17, 514
Verdi, Giuseppe 421
Verga, Ettore. *Catalogo ragionato...* (1911) 24, 60-62
Storia della vita milanese... (1931) 115, 192, 346, 356
Vergini Spagnole *Vedi:* Real casa della Vergini Spagnole
Veri sentimenti di S. Carlo intorno al teatro... (1759) 30
Veri sentimenti di S. Filippo intorno al teatro... (1755) 30
Veri sentimenti di S. Francesco di Sales vescovo di Ginevra... (1755) 30
Verno *Vedi:* Cinquanta, Benedetto
Verona 97, 98, 468
stampatori *Vedi:* Dalle Donne; Franceschini; Viotti, Anteo

VERRI, Luisa *Vedi:* SORMANI ANDREANI VERRI
Pietro 442
Storia di Milano... (1851) 65
Versailles 156
Vervins, pace di 32
Vespasiano *Vedi:* GONZAGA
VESME *Vedi:* BAUDI DE VESME
VIANELLO, Carlo Antonio. *L'amministrazione civica...* (1940) 87, 503
Feste, tornei, congiure nel Cinquecento milanese... (1936) 84
Teatri, spettacoli, musiche... (1941) 10, 11, 38, 41, 48, 79, 80, 89, 229, 236, 428, 477, 496, 497, 501, 502, 510, 512, 514, 517
VIANI, Antonio Maria (il Vianino, architetto) 47, 150, 423
Vianino *Vedi:* VIANI, Antonio Maria
vicari di Provvisione *Vedi:* Tribunale di provvisione
VICO, Francesco (munizioniere del castello Sforzesco) 309
vie *Vedi:* strade
Vienna 255
Vedi anche: Graphische Sammlung Albertina (pinacoteca)
Vigevano 316, 335
musici della cattedrale 88, 268, 319-320, 436 *Vedi anche:* RAPERIO, Domenico
stampatori *Vedi:* MALATESTA, ?
vescovo 268, 320
Vigilante *Vedi:* Accademia dei Pacifici
VIGONI, Francesco (stampatore) 449, 545
VILLA, Carlo Francesco (ingegnere camerale) 148, 237, 238, 344
Giovanni Paolo (tesoriere delle Munizioni) 279, 280, 284-286, 291-293, 299, 301, 303-306, 308, 309
Villafranca, marchese di *Vedi:* TOLEDO DE OSORIO, Pedro
VILLARI, Rosario. *L'uomo barocco...* (1991) 4
VILLIO *Vedi:* VELLI, Leonardo
VILLODRE, Giovanni Battista (questore, maggiordomo della Real casa delle Vergini Spagnole) 312, 326, 331-333
Vimercate, palazzo Trotti 531
VIMERCATI, Agostino 451
Vincenzo *Vedi:* GONZAGA
VINTA, Francesco (il Percosso accademico) 462
VIOLA, Eliseo (stampatore, Tortona) 544
viola 1, 18, 105, 106, 173, 179, 186, 188, 349, 385
bassa (violone) 198, 385, 392
da braccio 106, 108, 114
da gamba 533
VIOLANI, Carlo. *Un bestiario barocco...* (1988) 105, 106
violino 106, 198, 385, 533
Violon (comico, maschera) 383
violoncello 107
VIOTTI, Anteo (stampatore, Verona, Padova, Parma) 405, 469, 543
VIRGILIO MARONE, Publio 173
virtuosi *Vedi:* musici
VISCONTI *Vedi anche:* SFORZA VISCONTI
biblioteca 65
Alessandro. *La pubblica amministrazione...* (1613) 36, 156, 157, 420
Alessandro (mastro di campo) 362
Carlo (tesoriere) 337, 339
Carlo Maria 82
Cesare (decurione) 192, 195
Fabio 462
Francesco Maria (decurione) 192, 195
Gaspare (arcivescovo) 33
Giacomo (vice ragioniere dell'Entrata) 324
Giovanni Battista 47, 82, 192, 193, 317
L'Arminia 39, 45-47, 52, 65, 68, 82, 84, 149, 193, 373, 399, 454, 497, 498
De B. Carolo Borromaeo... (1602) 499
Stato della repubblica milanese (ms) 65-66
Giovanni Maria (decurione) 195, 362
Tommaso 451
Vercellino 362

visite *Vedi:* occasioni celebrative
VISTARINI, famiglia 44, 496, 505, 511
Alessandro 300
Lavinia 372
(marchese) 192
Viterbo 184
VIVERO *Vedi:* PEREZ DE VIVERO
VOGEL, Emil XVII
Vulcano 192, 323, 381, 382

W

WALKER, Thomas *Vedi: Dalla «Finta pazza»; Production, consumption...*
WARD NEILSON, Nancy. *The Quadroni di San Carlo...* (1969) 40
WHITE, Taylor 106
WURZBACH, Alfred. *Niederländisches Künstler-Lexicon...* (1910) 98

X

XAVIER, Francesco (santo) 168, 169, 150, 170, 171, 174, 185, 378, 510, 531
xilofono 105, 112

Y

Ynojosa, marchese della *Vedi:* MENDOZA

Z

ZACCARIA, Antonio Maria (barnabita) 508, 509
ZALTIERI (stampatore, Venezia) 541
zampogna 99, 101, 105, 108, 112, 114, 117, 153, 392, 534
Zan Badile *Vedi:* RIVANI, Giovanni
ZANATTA, Antonio (mastro) 119, 279, 280, 300, 301
ZANI, Pietro. *Enciclopedia... delle belle arti...* (1824) 170, 172
Zanni 458
Zanobio *Vedi:* SALIMBENI, Girolamo
ZANOLINI, Enrica XIV
ZANOTTI, Paolo 136
ZARDIN, Danilo. *L'arcivescovo Cesare Monti...* (1994) 445, 520
ZECCA, Livia (Cassandrina) 384
Nicolò (Bertolino) 383
ZECCA LATERZA, Agostina XIV
Una fonte inedita... (1994) 29
ZERBI, Geronimo 521, 523
Zeus *Vedi:* Giove
ZINANNI, Anna *Vedi: Comici dell'Arte...*
Zingara sdegnosa Vedi: BRICCIO, Giovanni
Zucagnino 340
ZUNIGA *Vedi:* REQUESENZ Y DE ZUNIGA

Finito di stampare nel mese di marzo dalla Tipografia COLOR ART - BS